華東理工大學
EAST CHINA UNIVERSITY OF SCIENCE AND TECHNOLOGY

2018

华东理工大学年鉴

East China University of Science and Technology Almanac

2018

华东理工大学年鉴编写组　组编

華東理工大學出版社
EAST CHINA UNIVERSITY OF SCIENCE AND TECHNOLOGY PRESS
·上海·

图书在版编目（CIP）数据

华东理工大学年鉴. 2018：汉文、英文/华东理工大学年鉴编写组组编. —上海：华东理工大学出版社，2021. 12

ISBN 978-7-5628-6578-0

Ⅰ. ①华… Ⅱ. ①华… Ⅲ. ①华东理工大学-2018-年鉴-汉、英 Ⅳ. ①G649. 285. 1-54

中国版本图书馆 CIP 数据核字(2021)第 183602 号

策划编辑　刘　军
责任编辑　章斯纯
装帧设计　肖祥德
出版发行　华东理工大学出版社有限公司
　　　　　地址：上海市梅陇路 130 号，200237
　　　　　电话：021-64250306
　　　　　网址：www. ecustpress. cn
　　　　　邮箱：zongbianban@ecustpress. cn
印　　刷　上海盛通时代印刷有限公司
开　　本　890mm×1240mm 1/16
印　　张　34. 75
插　　页　18
字　　数　663 千字
版　　次　2021 年 12 月第 1 版
印　　次　2021 年 12 月第 1 次
定　　价　178. 00 元

华东理工大学年鉴
编纂委员会

名誉主任：杜慧芳

主　　任：曲景平

委　　员：（以姓氏笔画为序）

王惠文　付　尧　朱　姝　朱为宏　朱育红　李　剑　李永生
李建伟　李新军　李德强　沈海涛　沈悦萍　张爱民　张雪芹
陈　坚　陈　康　范体军　林嘉平　岳海洋　周　玲　钟伟民
侯　宇　袁洪学　夏江雯　柴　华　倪　炜　黄　婕　龚学庆
阎海峰　葛铁群　蓝闽波

主　　编：　王爱祥

副 主 编：　陈莉丽

编　　纂：　王　阳

出版说明

一、《华东理工大学年鉴（2018）》（以下简称《年鉴》）是全面反映2017年华东理工大学基本情况及各项事业改革与发展的史料性文献、资料汇编，其中收录了2017年一年内学校的主要活动和各项工作的重要讲话、文献、照片、统计数据等资料。

二、本《年鉴》共分12个部分，涉及学科建设、教学与人才培养、科学研究、科技产业、师资队伍、行政管理、党群工作、学术交流与合作、办学支撑条件、表彰奖励等各个方面，并专题收录了重要活动的文件及2017年大事记。所刊内容由各单位确定专人负责提供，并经本单位主管领导审定。所有数据资料除另有注明外，均截至2017年12月31日

三、本《年鉴》各栏目和分目之首设有“概况”条目，集中记述有关领域的总体情况；分目下的条目，以“【】”号标识。条目是基本的撰稿形式和重要信息的记录单元。

四、本《年鉴》力求资料完整，内容翔实，数据准确。由于编辑力量和水平有限，疏漏、误差之处在所难免，恳请读者批评指正。

五、本《年鉴》由华东理工大学校长办公室组织编写，得到了学校领导、机关各部门及各学院的大力支持与帮助，谨此一并致谢。

2021年8月

目录

Contents

特载

Tezai

携手迈向新征程　开创多赢新格局

——在2017年对口支援青海大学工作会议上的讲话

杜慧芳

2017年8月8日

尊敬的各位兄弟高校领导、各位老师：

大家上午好！

很高兴又和各位领导、老师相聚在美丽的青海，相会在充满生机与活力的青海大学，通过一年一度对口支援工作会议，一起总结工作经验，分享工作感悟。今年是我到华东理工大学工作的第三个年头，也是我第三次到青海大学参加对口支援的会议。每次来到这里，我都会看到俞书记、王校长是那么的充满激情、充满干劲，看到青海大学发生的巨大变化，这让我备受鼓舞；在与兄弟高校共同支援青海大学的过程中，我们也结下了深厚的友谊，取得了共同的进步。

去年7月，习近平总书记在宁夏银川主持召开东西部扶贫协作座谈会时强调，东西部扶贫协作和对口支援，是推动区域协调发展、协同发展、共同发展的大战略，是加强区域合作、优化产业布局、拓展对内对外开放新空间的大布局，是实现先富帮后富、最终实现共同富裕目标的大举措，必须认清形势、聚焦精准、深化帮扶、确保实效，切实提高工作水平，全面打赢脱贫攻坚战。

一年来，华东理工大学围绕中央和教育部关于对口支援工作的一系列决策部署，本着“做一件就要做好一件”的思路，积极发挥优势学科的引领作用，做精常态化工作，探索开拓新交流合作领域，谋划未来发展，持续扎实推进学校对口支援工作。

一、将对口支援常态化工作做实、做精

通过这几年对口支援工作的开展，我和班子成员充分认识到对口支援工作不仅仅是一项政治任务，更是我们的分内之事。今年，我们着力完善了《与对口支援高校联合培养本科生管理规定》《关于对口支援高校教师进修和干部学习锻炼实施办法》《干部与教师参与对口支援工作相关规定》等相关制度办法，明确和简化了相关流程，使对口支援工作更规范、更顺畅。

我们选派徐世爱教授到青海大学挂职，今年已经是第五个年头了。他担任青海大学化工学院常务副院长兼2011协同创新中心主任，在学院教学科研、实验平台建设、师资队伍建设、青年人才引进、科研氛围营造等方面发挥了积极作用，有力地促进了化工学院的发展与成长。徐世爱以青海大学为依托单位主持国家自然科学基金2项，完成青海省科技厅项目1项并结题，新申报青海省科技厅项目1项，合同经费达250万元；通过两校的科研合作，2016—2017年度（2016.08—2017.07）联合发表SCI收录论文15篇；学校材料科学与工程学院袁晓研究员被聘为新能源光伏产业研究中心“特聘教授”以及三江研究院“三江学者”，带领团队教师协助青海大学新能源光伏产业研究中心开展了“50kW多功能光伏电站”“新图书馆110kW光伏和建筑一体

化系统”以及“太阳能综合利用展示厅”等项目的设计和实施工作，助推了启迪新能源学院“4个1”计划的落地生根。此外，学校还先后安排多名教授、名师到青海大学开展主题讲座、讲学、教学指导等工作。

在人才培养方面，学校继续争取教育部对口支援博士单招指标，用以支持青海大学教师攻读博士学位，从2016年到2017年，学校共录取7名青海大学教师定向读博。继续推进与青海大学的“1+2+1”联合培养本科生的工作，每年接收青海大学20名联合培养学生来校学习，已形成常态化、制度化的培养机制。各学院非常重视和关心来校交流的学生，引导其在完成学习任务之余，全面参与学校的各项活动，鼓励他们走出校门，了解社会，开阔眼界，增长见识；邀请他们参与社会实践过程，提高动手实践能力；鼓励来校交流的学生参与学校组织的“大创”、化工知识竞赛及USRP比赛，多动手，多思考，提升综合素质，获得良好效果。我们也希望这批学生在返回青海大学后的学习生活中能够继续发挥积极的示范作用。

二、深入互访沟通，探索了更广的工作领域

今年1月份，曲校长与分管科研的刘昌胜副校长一行到青海大学，和青海大学的俞书记、王校长深入交流了继续深化两校科研合作、校企合作等方面的工作。

今年7月，学校积极邀请青海大学本科生来校参加优秀生暑期夏令营活动，并免费安排食宿，报销往返交通费，共有9名青海大学学生申请参加并通过了审核。我们会在明年加大这项工作的力度。在推免生招录政策上，学校也给予倾斜，同等条件下优先录取对口支援高校学生，近年来接收了4名青海大学学生免试攻读华东理工大学硕士研究生。

这一年，两校二级学院和职能部门也在探索开展广泛的交流活动。青海大学基础英语部分别于2016年5月、10月，2017年5月安排三批教师来校进行为期一周的观摩学习；2016年10月，青海大学督导室一行7人来校，与学校教务处就教学督导基本组织建设和制度建设，教学各环节督导方式、方法及经验，教学督导与教学质量监控及评估之间相互协调的具体做法等问题进行了深入探讨及交流；2016年11月，青海大学受邀组队参加了在华东理工大学举办的第14届“21世纪·华澳杯”全国大学生中澳友好英语大赛并取得良好成绩；2017年5月，学校通过与青海大学对口支援共建关系的桥梁纽带作用，邀请青海省海西州民族歌舞团来校开展名为“祖国聚宝盆 神奇柴达木”的高雅艺术进校园专场演出，对进一步加强两校文化交流起到了积极作用。

三、面向未来，积极谋划新的支援合作领域

在参加这次会议之前，我与各学院特别是与青海大学合作学科相关的学院主要领导进行了交流，认真思考谋划未来可以支援合作的领域。

今年，教育部建议学校将三个学科作为“一流学科”来建设，这三个学科分别是化学、材料科学与工程、化学工程与技术。学校正在与国际一流科学家开展实质性合作，今年10月，将正式揭牌成立“费林加诺贝尔奖科学家联合研究中心”。我想，华东理工大学一定要继续依托自身强势学科及专业优势，协助青海大学在“十三五”期间大力发展、建设化学工程、应用化学等相关学科专业，为青海大学的“双一流”建设提供助力。

不断谋划、深化两校的科研合作，积极推动两校与地方政府、企业的协同创新工作。通过对盐湖化工人才的培养，促进青海大学盐湖化工学科的发展，在盐湖资源化学与过程工程的协同创新方面加强合作、共同进步，积极谋划并促进药学方面的发展。学校优秀青年教师张寿德于今年3月正式离职，到青海大学三江源生态与高原农牧业国家重点实验室工作，在王光谦院士团队中从事中藏药研究，华东理工大学今后可以在药物合成和药物结构修饰方面为青海大学提供支持与合作（这两个方面是张寿德老师自己提出来的）。

此外，我们还将积极推动两校高层次人才共享，支持有能力、有意愿的专家学者到青海大学任职、服务，协助培养和引进高端学术领军人才；积极联合青海大学共同申报国家级科研项目，特别是针对联合基金开展的合作申报，指导中、青年教师申报青海省科技厅科研项目；协助指导青海大学化工学院各专业开展工程教育认证的准备工作等。

各位领导、老师，举行对口支援工作会议，既是为了总结工作，更是为了谋划未来。和清华大学等兄弟高校相比，我们的工作做得还不够，我们会继续向各高校学习，坚持鱼渔同授，坚持智力支撑，创新思路，不懈努力，进一步发挥好我们的对口支援作用。同时，也希望我们几所支援高校积极发挥团队的力量，共同搭建合作平台，依托各自的优势学科，彼此取长补短，开展团队科研合作，在服务国家战略、服务社会经济发展过程中，发挥更大作用。

我坚信，同时也期待，我们几所兄弟高校，在组长单位清华大学的引领下，一定能够将理念转化为行动，将愿景转变为现实，携手迈向新征程，开创多赢新格局，为迎接党的十九大胜利召开贡献我们的力量！

谢谢大家！

深刻认识加强和改进教师党支部建设的重要意义 全面加强教师党支部书记队伍建设

——在2017年基层党组织书记培训班上的讲话

杜慧芳

2017年9月29日

同志们：

大家下午好！

首先，我代表学校党委对在座的二级党组织书记、副书记和广大基层教工党支部书记一直以来对学校党建工作做出的贡献表示衷心的感谢！刚才，李涛部长就学校《加强和改进教师党支部建设的实施意见（讨论稿）》进行了全面、细致的解读，三位教工党支部书记对主题党日和组织生活案例做了有针对性、示范性和引领性的交流发言。

从去年开始，针对教育部对学校巡视整改的意见和要求，学校党委提出了党支部书记培训计划，先后举办了离退休党支部书记培训班（2016 年 5 月）、2016 年基层党组织书记培训班（2016 年 9 月）、2016 级全体研究生党支部书记培训班（2016 年 12 月）。一年来，我们的支部建设悄然发生了变化，我们的教工党支部设置和人员结构更加合理；2016 年，根据二级党组织抓基层党建工作的评议结果，我们第一次下发了党建绩效津贴；2017 年上半年，我们又新增了支部书记岗位津贴，从机制上给予党建工作持续的保障，支部书记的工作得到了重视，支部书记对本职岗位有了自豪感，支部书记开展支部工作的意识也有了提高。今年，为深入贯彻落实全国高校思想政治会议精神，学校深化了党组织书记培训。今后，这项工作将是我们的常态化工作，需要常抓不懈。

下面我想从两个方面与各位基层党组织书记进行交流。

一、深刻认识加强教工党支部建设的重要意义

今年 3 月至 4 月，中央巡视组在对 29 所中管高校专项巡视中发现：教职工党支部建设薄弱，组织生活不规范、不严肃等问题较为普遍。一些支部政治功能弱化，支部组织生活不经常、不认真、不严肃，党员管理失之于宽、失之于软，教师思想政治工作相对薄弱；少数教师党员党的意识不强、先锋模范作用发挥不突出；少数党支部书记党务能力不足、工作积极性不高等。

这些问题的根源在哪？在于我们对党支部的建设不够。俗话说得好，基础不牢，地动山摇。党章中明确规定：“党的基层组织是党在社会基层组织中的战斗堡垒，是党的全部工作和战斗力的基础。”党支部是党组织的最基本的组织细胞，是党的肌体的神经末梢，是把党员组织起来的最基本的组织形式。早在武装斗争时期，党就强调“把支部建在连上”，高度重视党支部的功能和作用的发挥。习近平总书记在全国高校思想政治工作会议上的讲话中强调：“党支部是分布在教研室、实验室、教学科研团队、学生班级的‘火车头’，也是党联系和团结师生、做思想政治

工作的组织依托。”这充分说明，在学校基层党组织之中，教职工党支部是教育、管理、监督和服务教师党员的基本单位，是学生党支部建设的标杆，是部署落实党委决策的战斗堡垒，是团结和联系广大教师的桥梁纽带，是落实立德树人根本任务、建设世界一流大学的重要支撑。

火车跑得快，全凭车头带。为进一步加强和改进高校教师党支部建设，今年8月，教育部党组印发《关于加强新形势下高校教师党支部建设的意见》（教党〔2017〕41号，以下简称《意见》）。《意见》充分表明，高校教师党支部建设是高校党建工作的重要组成部分和基础工程，是推进全面从严治党向高校基层延伸的重要举措，是推动高校“两学一做”学习教育常态化、制度化的重要部署。

加强教师党支部建设是深入贯彻落实十八届六中全会和全国高校思想政治工作会议精神的重点任务，不断提高政治站位、强化“四个意识”，是新形势下高校思想政治工作中的根本性、基础性、引领性的重要工作。加强教师党支部建设是严格落实党章、党规、党纪的根本要求，是牢固树立党的一切工作到支部的鲜明导向，是把思想政治工作落到支部，把从严教育管理党员落到支部，把群众工作落到支部，推动全面从严治党向基层延伸的重要举措。加强教师党支部建设是补齐教师党支部建设制度“短板”，是以“两学一做”常态化制度化为抓手，着力解决高校党的领导弱化、党的建设缺失、从严治党不力等突出问题，带动高校基层党的建设全面进步、全面过硬的重要保障。学校将严格按照教育部党组的要求，把教师党支部建设作为学校党建工作最重要的基本建设，努力使教师党支部成为教育党员的学校、团结群众的核心、攻坚克难的堡垒。

二、全面加强教师党支部书记队伍建设

党支部书记是加强教师党支部建设工作中的“牛鼻子”，作用关键，只有支部书记强，才能确保党支部发挥战斗堡垒作用。按照中央31号文件和教育部党组《意见》要求，高校党支部书记要党性强、业务精、有威信、肯奉献，能够成为“双带头人”（党建带头人、学术带头人）。我们的支部书记队伍的整体水平距离中央对高校党支部书记提出的要求还有一定的差距。目前，学校有在职教师党支部140个，教师党支部书记平均年龄为40岁，博士研究生比例为62.1%；高级职称比例为55.7%，其中正高职称有14人，比例为10%，副高职称有64人，比例为45.7%；有人才“帽子”的仅有4位（“国家优青”1名、“浦江学者”2名、“晨光学者”1名）。“双带头人”教师党支部书记比例偏低，党建带头人格局还未形成；少数教师党支部书记擅长教

学、科研业务工作，党务工作经验相对缺乏，思想政治引领作用发挥不够；少数教师党支部书记严肃党内生活做得不够，组织生活不能做到每月一次，组织开展支部工作还不规范。这些都是我们面临的新问题。

第一，提高认识，切实增强政治意识。党支部是党的一切工作的落脚点，党的思想建设、组织建设、作风建设、反腐倡廉建设、制度建设都要落实在支部，党的统战工作、群团工作也要依靠支部。因此，党支部书记的党性修养、理论水平、工作能力和综合素质对一个党支部的发展建设与工作成效有着重要影响。我们在座的教师党支部书记基本上都是兼职，都有教学、科研、管理、服务等本职工作，有的同志还是学术科研带头人，承担着非常繁重的任务，但既然做了党支部书记，就要把“支部书记”作为第一身份，始终坚定理想信念，始终牢记岗位职责，不断增强“四个意识”，不断增强“四个自信”，始终坚决贯彻执行党的教育方针政策和上级党组织的决定，始终在思想上、政治上、行动上与以习近平同志为核心的党中央保持高度一致，把党的工作作为一项重要政治任务摆在突出位置，自觉认清并担负起“带头人”和“班长”应有的政治责任，尽心尽力做支部各项工作的组织者、推动者、实践者，团结带领支部委员和教师党员，认真贯彻落实党在高校的各项方针政策，确保党的旗帜在每一个教师党支部高高飘扬，确保把党组织的作用贯穿于教学、科研、管理和人才培养的全过程。

第二，严格要求，认真履行岗位职责。教师党支部书记同时肩负着党建和教学科研管理服务的重要任务，是推动学校建设发展的中坚力量，在工作中，我们要高标准、严要求。一方面，要抓好党建工作。教师党支部书记的党建工作抓得好不好，直接关系到党的路线方针政策能否在高校贯彻落实，关系到高校能否建设、发展和稳定。支部书记要加强对教师党员的教育、管理、监督和服务，要按照“两学一做”学习教育常态化、制度化的要求，组织好“三会一课”，真正让党内组织生活严起来、实起来。要带领支部成员利用课堂教学、课外活动、日常交流等机会，向广大师生宣传解释党的路线方针政策，团结带领广大师生与党同心同德、同力同行。另一方面，要努力创造一流的工作成绩。教师党支部书记要成长为“双带头人”，既是党建带头人，又是教学科研管理服务工作的带头人，要在抓好党建工作的同时，立足本职，看齐一流标准，创造一流成绩。要带头立德树人、弘扬社会主义核心价值观，做到坚持教书和育人相统一，坚持言传和身教相统一，坚持潜心问道和关注社会相统一，坚持学术自由和学术规范相统一；要带头提升个人品德，不断加强自身修养，增强人格魅力，引导教师潜心教书育人，教育学生全面健康成长。

第三，勤学善思，不断提高素质能力。教师党支部书记光有服务师生群众的愿望和热情还不够，必须有真才干、真本领。从目前教师党支部书记工作的实际情况和大家反馈的信息看，重点是要提高学习宣传和贯彻落实党的方针政策的能力，团结带领师生员工教书育人、科研育人、管理育人、服务育人的能力。在座各位书记都是知识渊博的高级知识分子，但“术业有专攻”，“学无止境”。作为党支部书记，大家还需要把握好以下几点：首先要学理论，深入学习习近平总书记系列重要讲话精神，学习党章党规，学习上级的最新精神。其次要学政策，深入学习党的路线方针政策，全面准确把握党和国家的教育政策法规，尤其是对教学课程改革、教师职称评定、科研经费使用、教师队伍建设、思想政治教育、师德师风建设、党风廉政建设等方面的规定，要真正学好用好，保证工作不出偏差。最后要善于思考，“学而不思则罔”，要善于总结工作中存在的问题，花一些时间来思考、提升，思考往往最能节省时间、最能提升效率。希望大家每做完一件事，都回头想一想，从这件事中能获得哪些启示，能发现哪些必须注意的问题，能得出哪些规律性认识，要在经常的总结反思中积累经验、优化思路、提升能力，真正做到活学活用。

第四，加强交流，不断改进工作作风。加强和改进教师党支部建设，不只是加强，同时还要改进。改进什么？改进工作作风。每位教师党支部书记都是所在群体中的一面旗帜，周围的教师、学生正是通过你们的一言一行和工作作风来认识和评价党的形象和作风，评价学校工作的。因此，要经常深入师生群众中，通过座谈、走访、谈心谈话等方式，了解广大师生的思想状况，倾听他们对学校教学、科研、管理、服务等工作的意见和建议。要切实关心师生群众的疾苦，通过结对帮扶、献爱心、志愿服务等方式，帮助他们解决思想、学习、工作和生活中最迫切的实际困难和问题。要乐于无私奉献。大家都是兼职做党支部书记的，学校要努力加强党支部书记队伍建设，为党支部书记开展工作提供保障。今年上半年，校党委制定了教师党支部书记津贴标准，各二级党组织也制定了相应的配套措施，虽然和支部建设的工作量相比，津贴还不是很多，但体现了学校党委对党支部书记这支队伍的关心、重视。在今后的工作中，希望各位书记提高觉悟、发扬风格，把名誉、权力和利益看得轻一些，把责任、担当和奉献看得重一些，严格要求自己，廉洁自律，守住底线，把为党工作、为师生群众服务的机会当成荣誉，永葆共产党人的先进性和纯洁性。

此外，各位书记对培训有哪些好的建议和意见也可以直接向我们组织部门提出。组织部门也要开展调查研究，听取大家的意见和建议，不断改进、完善培训机制和内容，让培训能够见实效。

同志们，党的工作最坚实的力量支撑在基层，突出的矛盾和问题也在基层。我们集中培训的时间有限、内容有限，希望书记们学后有思，思而后行，结合单位、支部的实际情况，以问题为导向，找准工作突破口，找到工作着力点，将全面从严治党落细、落实、落小，用实际行动迎接党的十九大胜利召开，为实现“两个百年”奋斗目标贡献自己的智慧和力量！

中秋节、国庆节马上要到了，请各位书记务必做好安全、稳定工作。预祝大家节日快乐！

谢谢！

在 2017 年学校党风廉政建设干部大会上的讲话

杜慧芳

2017 年 3 月 28 日

同志们：

刚才，陈麒同志代表党委对学校2016年党风廉政建设工作进行了总结，既肯定了成绩，又指出了问题，并对2017年的工作进行了全面部署，各部门、各单位要结合实际贯彻落实。借此机会，我再谈三点意见。

一、深刻领会习近平总书记在十八届六中全会和中央纪委七次全会上的重要讲话精神，把思想统一到中央要求上来

党的十八届六中全会是我国进入全面建成小康社会决胜阶段召开的一次十分重要的会议。全会明确了习近平总书记的核心地位，专题研究全面从严治党重大问题，审议通过了《关于新形势下党内政治生活若干准则》和《中国共产党党内监督条例》，对于深化全面从严治党，解决党内存在的突出矛盾和问题，有效应对党面临的“四大考验”，克服“四种危险”，不断增强党自我净化、自我完善、自我革新、自我提高的能力，具有十分重要的意义。

今年1月6日召开的中央纪委七次全会，就是对六中全会精神的贯彻落实，是以习近平同志为核心的党中央推动全面从严治党向纵深发展的一次重要会议。习近平总书记在讲话中指出，党的十八大以来，“连续开展党的群众路线教育实践活动，‘三严三实’专题教育，‘两学一做’学习教育，着力改进作风，着力严明纪律，着力惩治腐败，推动全面从严治党不断向纵深发展。经过四年多努力，党内法规制度体系更加健全，党风政风明显改善，不敢腐的目标初步实现，不能腐的制度日益完善，不想腐的堤坝正在构筑”。习近平总书记在讲话中强调：“尽管反腐败斗争取得了重大胜利，但是反腐败斗争形势依然严峻复杂。要克服‘届末之年反腐败可以收官’的思想，做到惩治腐败力度不减弱、零容忍态度坚决不改变。要锲而不舍、挖山不止，坚决铲除腐败这个最致命的‘污染源’，坚决打赢反腐败这场正义之战，为营造政治上的绿水青山不断努力。”总书记提出，深入推进全面从严治党，要坚持治标不松劲，不断以治标促进治本；坚持共产党人价值观，不断坚定和提高政治觉悟；依靠文化自信坚定理想信念；党的高级干部要做严肃党内政治生活的表率；党的各级组织要强化党内监督，重在日常、贵在有恒，不断增强全面从严治党的系统性、创造性、实效性。

各级党组织和广大党员要认真学习习近平总书记讲话精神，牢固树立“四个意识”，特别是核心意识和看齐意识，真正在思想上、政治上、行动上同以习近平同志为核心的党中央保持高度一致，自觉维护党中央的集中统一领导，不折不扣地把党中央的决策部署落到实处。

二、清醒认识全面从严治党形势，切实增强贯彻落实的自觉性和坚定性

从教育系统的情况看，党风廉政建设工作仍然需要不断加强。教育部部长陈宝生、驻部纪检组组长王立英在今年教育系统党风廉政建设视频会议上明确指出，目前教育系统中党的领导弱化、党的建设缺失、全面从严治党不力的问题尚未根本改变，管党治党宽松软问题依然突出，党风廉政建设和反腐败形势依然严重复杂。突出表现在：有的党委党组领导核心和政治执行力不强，管党治党的腰杆不硬，底气不足，意识形态领域阵地建设的勇气和魄力不足，党内监督乏力；有的党员领导干部党性意识淡漠，“一岗双责”不落实，全面从严治党不到位，理想信念缺失；有的党组织政治生活庸俗化、随意化、平淡化；有的高校意识形态工作存在薄弱环节，管党治党不严、责任意识不强，担当精神缺乏，制度机制不完善，措施办法不得力，不敢较真碰硬，雷声大雨点小，纪律规矩松弛；有的党员领导干部政治纪律政治规矩意识不强，不少干部、教师纪律观念意识淡薄，违反中央八项规定精神，违反廉洁纪律，甚至违法问题仍然易发多发，师德师风问题突出，监督管理乏力；等等。这都需要在今后的工作中采取有力措施切实解决。

从上海的情况来看，在年初召开的市纪委十届六次全会上，市委书记韩正同志在讲话中指出，上海市目前管党治党宽松软问题尚未根本改变，党风廉政建设和反腐败斗争形势依然严峻复杂。腐败行为虽然减少，不敢腐的氛围环境不断形成，但不能腐、不想腐的制度体系还没有健全，腐败依然易发多发。减少腐败存量、遏制腐败增量，需要长期不懈的斗争、坚忍不拔的努力，作风建设成效有目共睹，但一些深层次体制机制问题尚未得到根本解决。理想信念的坚定巩固、思想觉悟的提高升华，是不停歇的过程。党员干部管党治党意识总体增强，但理论上深刻理解、行动上高度自觉还要持续努力，仍有少数党员干部的认识模糊、行动滞后，全面从严治党任务仍然艰巨而繁重。必须冷静清醒地判断形势，保持坚强的政治定力，以更大的决心和勇气，以永远在路上的恒心和韧劲，强化监督执纪问责，坚定不移地把全面从严治党引向深入。

相关问题在学校同样存在。刚才陈麒同志在报告中谈到的教育部巡视反馈和移交的问题线索，以及学校纪检监察部门受理的信访举报、群众所反映的问题，值得每一位领导干部和广大党员高度重视。2016 年年底，资源与环境工程学院教师张建雨因危险物品肇事罪被判处有期徒刑二年，缓刑三年，学校根据相关规定，对其做出了开除党籍、开除公职的处理。事故的教训

是极其惨痛的。关于超标准使用办公用房问题，中央三令五申，学校也高度重视，分别于2015年11月开展自查自纠、2016年4月进行了回头检查，可是仍有单位怀有侥幸心理，没有严格执行，从处级干部到科级干部，都存在办公室超标使用问题，被群众举报，被巡视组查实。两位处级干部因此受到党纪处分，其所在单位的党政负责人也因执行中央八项规定精神不严被问责。这些问题告诫我们，学校的党风廉政建设形势不容乐观，部分干部的廉政意识还不够强，管党治党的责任心还不够到位，对纪律规矩执行不严，监管还存在漏洞。

各级党组织、各单位负责人要深刻认识全面从严治党的形势，以高度的政治自觉、更加坚定的态度做好职责范围内的管党治党工作。

三、全面压紧压实从严治党主体责任，形成逐级落实责任、层层传导压力的责任体系

刚才，各位书记和部处长与校党委签订了“落实党风廉政建设责任承诺书”，这是为了进一步明确各位负责人在全面从严治党中的主体责任，深入推进学校2017年党风廉政建设和反腐败工作的落实，所做出的庄严的政治承诺。

学校肩负着培养德智体美劳全面发展的社会主义事业的建设者和接班人的重大任务，必须始终坚持党的领导，始终坚持正确的政治方向，坚决维护以习近平同志为核心的党中央权威，坚决贯彻落实中央关于教育工作的决策部署，扎根中国大地，办中国特色的一流大学，做好教育改革发展稳定的各项工作。

各级党组织要带头遵守党纪，坚持以党章为根本遵循，坚决维护党章权威，不折不扣地贯彻执行好《关于新形势下党内政治生活若干准则》和《中国共产党党内监督条例》。

各级党组织要认真抓好党员思想教育，强化理论武装，加强党性教育、道德教育，教育引导广大党员压牢理想信念这个“压舱石”，加强和改进新形势下高校思想政治工作，紧紧抓住学生和教师这两大群体，引导学生铸就理想信念，掌握丰富知识，锤炼高尚品德；引导教师以德立身、以德立学、以德施教。要严格落实意识形态工作责任制，在中外对比、历史和现实对比中加强引导，严明课堂教学管理和教学秩序，要加强对学校讲座、论坛、报告会、研讨会的管理，对那些突破政治底线和价值观底线的现象，决不能听之任之。

各级党组织要坚持把纪律挺在前面，一方面，要把遵守政治纪律和政治规矩放在首位；另一方面，要坚持全面执纪，让“六大纪律”都立起来、严起来。要坚持抓早抓小，把握、运用

好监督执纪“四种形态”。学校制定发布了《华东理工大学关于践行监督执纪“四种形态”的实施办法》，就是为了落实中央的要求，认真执行《中国共产党党内监督条例》，把监督责任落实到位。所以，请各位领导干部认真学习、深刻理解监督执纪的“四种形态”，尤其是第一种和第二种形态，把“红脸出汗”融合到日常的工作生活之中。习近平总书记强调，党内监督要从点滴抓起，见物、见人、见细节；要从具体问题管起，及时发现问题、纠正偏差。党风廉政建设负责人要有个“婆婆嘴”，经常念“监督的经”，发现错误苗头及时谈话提醒，板起脸来批评教育，防止“小病拖成大病”。要坦诚相见、开诚布公，让正常的批评和自我批评成为党内整治空气的清洁剂，让党员、干部习惯在相互提醒和督促中进步。

各级党组织要严格党的组织生活，认真落实“三会一课”、民主生活会、领导干部双重组织生活、民主评议党员、谈心谈话等制度，坚持不懈地把批评和自我批评这个武器用好，着力增强党内政治生活的政治性、时代性、原则性、战斗性，要以“四个合格”（政治、执行纪律、品德、发挥作用合格）为目标和要求，推动“两学一做”学习教育常态化、制度化，切实把党的标准立起来，把党组织的形象树起来。

各级领导干部要做履行全面从严治党主体责任的表率；要严格落实“三重一大”决策制度，做贯彻执行民主集中制的表率；要带头落实中央八项规定精神，做加强作风建设的表率；要自觉遵守廉洁自律各项规定，做遵守党的纪律和规矩的表率。

校党委将统筹落实全面监督、专责监督、职能监督、日常监督、民主监督，健全党内监督体系。

纪检部门作为党内专责机关，要强化监督执纪问责职能，加强对所辖范围内党组织和领导干部遵守党规党纪、贯彻执行路线方针政策情况的监督检查。

党的工作部门要严格执行党的各项规章制度，加强职责范围内的党内监督工作，出现问题要及时了解并处置，不能都等着党委纪委去处理。

各基层党组织要发挥战斗堡垒作用，加强日常监督。

广大党员要本着对党和人民的事业高度负责的态度，积极开展民主监督，要把党内监督和审计监督、社会监督、舆论监督等有机结合起来，形成监督合力，对不履行或不正确履行职责造成严重后果的，要严肃依纪依规问责。

要强化关键领域监管。切实加强对重点领域、关键环节和重要岗位的管理监督。强化对重大决策、重要干部任免、重大项目安排、大额资金使用的管理监督，不断提升决策环节的科学化、民主化。要坚持正确的用人导向，选好用好干部。加强对重点岗位的管理监督，使其正确履行岗位职责、规范办事程序、提高工作效率和执行力。

今年，学校纪委办公室编印了《廉政工作手册》，这是落实巡视整改要求，督促每一位领导干部切实担负起党风廉政建设“党政同责”“一岗双责”的职责，使廉政工作留痕、可查。《廉政工作手册》年终由纪委办回收，统计干部履行廉政责任的情况，并作为干部考核的内容之一。

同志们，做好学校的党风廉政建设工作任务艰巨、责任重大。全面从严治党永远在路上，让我们紧密团结在以习近平同志为核心的党中央周围，不忘初心，继续前进，以优异成绩迎接党的十九大胜利召开。

奋发进取　勇于担当　共创学校发展新辉煌

——在校八届二次教代会、十五届二次工代会闭幕式上的讲话

杜慧芳

2017 年 3 月 31 日

各位代表、同志们：

下午好！在全体代表和与会同志的共同努力下，华东理工大学第八届第二次教代会、第十五届第二次工代会圆满完成了各项既定议程，即将胜利闭幕。在此，我代表学校，也代表曲景平校长和大会主席团，对本次大会取得圆满成功表示热烈的祝贺！向各位代表，向广大教职工一年来所付出的辛勤努力表示衷心的感谢！

在开幕式上，曲校长对学校2016年开展的工作进行了全面的梳理和总结，并对2017年的工作重点进行了部署。下面，我结合学校今年的中心工作，谈五点想法。

一、深入学习贯彻党的十八届六中全会精神，把广大教职工更加紧密地团结在以习近平同志为核心的党中央周围

党的十八届六中全会确立了习近平同志在全党的核心地位，审议通过了《关于新形势下党内政治生活的若干准则》，修订了《中国共产党党内监督条例》，对深入推进全面从严治党，具有重大的现实意义和深远的历史意义。

习近平总书记指出："我们正处在全面建成小康社会的决胜阶段，我们比以往任何时期都更接近中华民族伟大复兴的目标。""我们对高等教育的需求比以往任何时候都更加强烈。重视教育就是重视未来，重视教育才能赢得未来。"广大教职工要认真学习习近平总书记治国理政新理念、新思想、新战略，深入贯彻十八届六中全会精神，增强政治意识、大局意识、核心意识、看齐意识，在思想上、政治上、行动上同以习近平同志为核心的党中央保持高度一致；要主动适应新形势，准确把握新常态，紧密结合学校实际和发展要求，努力做到知与行相统一、学与用相结合，通过学习提高修养、强化纪律和规矩意识，切实推动学校"十三五"规划的落实和各项事业的发展。

二、全面落实全国高校思想政治工作会议精神，使广大教职工成为践行社会主义核心价值观的模范

去年12月7日和8日两天，中央在北京召开了全国高校思想政治工作会。习近平总书记发表了重要讲话，中央下发了31号文件。

习近平总书记在讲话中指出："每一代青年都有自己的际遇。他们朝气蓬勃、好学上进、视

野宽广、开放自信，是可爱、可信、可为的一代。对当代高校学生，党和人民充分信任、寄予厚望。”

习近平总书记指出：“学生在高校生活，少则三到四年，多则九到十年，正处在人生成长的关键期，需要加以正确引导。这好比小麦的灌浆期，这个时候阳光水分跟不上，就会耽误一季的庄稼。”“高校毕业生走入社会，他们的思想和言行往往影响他们这一代的年轻人。高校思想政治工作，表面上看做的是学生思想政治工作，实际上将影响一代青年的思想观念、价值取向、精神风貌。所以，高校必须引导学生铸就理想信念、掌握丰富知识、锤炼高尚品格，打下成长成才的基础。”

习近平总书记强调：“高校教师思想政治状况具有很强的示范性。传道者自己首先要明道、信道。”“高校教师要坚持教育者先受教育，努力成为先进思想文化的传播者、党执政的坚定支持者，更好地担起学生健康成长引导者和引路人的责任。”“高校教师思想政治工作，要落实到教学科研活动中，体现在育人育才过程中。”

为此，习近平总书记特别对教师提出要坚持“四个统一”，即坚持教书和育人相统一，坚持言传和身教相统一，坚持潜心问道和关注社会相统一，坚持学术自由和学术规范相统一。要求广大教师以德立身、以德立学、以德施教。总书记的讲话为我们深化师德师风建设指明了方向，是高校教师为人、为师、为学的重要遵循。广大教职工要自觉践行“四个统一”，充分认识自己所承担的庄严而神圣的使命，珍惜教师声誉，提升师德境界。

今年全国“两会”期间，习近平总书记在看望参加全国政协十二届五次会议的民进、农工党、九三学社委员时发表了关于知识分子工作的重要讲话。习近平总书记强调，知识分子要自觉做践行社会主义核心价值观的模范，坚持国家至上、民族至上、人民至上，始终胸怀大局、心有大我，始终坚守正道、追求真理，想国家之所想、急国家之所急，紧紧围绕经济竞争力的核心关键、社会发展的瓶颈制约、国家安全的重大挑战，不断增加知识积累，不断强化创新意识，不断提升创新能力，不断攀登创新高峰。

高校是知识分子集中的地方。广大教职工要将贯彻落实习近平总书记重要讲话精神同师德建设结合起来，做践行社会主义核心价值观的模范，把真善美的种子不断播撒到学生心中。

三、以立德树人为根本任务，突出重点，不断提高人才培养质量

习近平总书记强调：“只有培养出一流人才的高校，才能够成为世界一流大学。”建设一流

大学，培养一流人才，首先要建设一流本科。今天，我们学校本科重心在奉贤。

十年来，奉贤校区基础建设由2007年的25.3万平方米增加到2016年年底的34.9万平方米，投入基建（不包括装修、仪器、设备等）经费14.5亿元。我每次到奉贤上班，都会去教室、实验室、学院的办公场所、食堂等各个地方看看。很多学院的院领导办公室都是空着的，但有一群人一直在，教务员、实验员、辅导员，还有一些辅助部门的教职工都在岗位。

十年来，我们有一大批默默奉献在奉贤校区的老师们。化学和分子工程学院王燕老师是化学实验教学中心副主任，自2007年本科教学搬迁到奉贤后，一直负责化学实验教学中心的日常管理工作和实验教学工作。十年来每天在奉贤校区，做好教师和教学管理人员的双重工作。作为教师，她每学年超额完成教学工作，主讲分析化学理论课，完成实验教学400多学时；作为管理人员，她带领化学和分子工程学院实验教学中心的老师们完成近45万人学时的本科实验教学和管理工作，同时负责学院的创新实践活动；十多年来，她每年组织USRP项目50余项、大创项目50余项。

在奉贤校区图书馆工作的孙峭嵘、李雪岩、朱连花等一批老师，他们从最初临时馆到新馆的投入使用，十年扎根奉贤，提升服务理念，拓展服务项目，在上海高校图书馆界率先引入RFID自助借还系统，实施座位管理系统，开展丰富多彩的文化活动，以满足读者的各种需要。同时，为保障学校教学科研，十年来，从早上八点到晚上十一点，奉贤校区图书馆的老师们默默付出了他们的辛勤努力，使图书馆成为奉贤校区最有人气的地方。

在奉贤校区还有很多这样的老师，化工学院教务员高为民，药学院教务员姚蕾，体育学院公共体育系教务员吴伟忠，外语学院本科教务员盛雅华，信息科学与工程学院教务员沈亮、周继红，机械与动力工程学院实验中心严雪娟，理学院物理实验中心刘海清、高建平、赵慧华、朱云霞、杨明卫……还有为保障奉贤校区运行的后勤、保卫等部门的工作人员，与同学们朝夕相处的辅导员们，等等。

我们班子特别感谢十年来在奉贤校区运行过程中兢兢业业、默默无闻、无私奉献的教职员工。

去年，我们采取了一系列措施，进一步提高奉贤的人气：学工部主办了“通海茶叙”活动，工会组织了“乐教在奉贤”活动，后勤出台了奉贤教师用餐补贴政策、班车调整方案等，都得到了师生的广泛好评。今年开学前，教务处就率先将工作主体全部搬到了奉贤。为加强师生互动，开展“教授有约”系列活动；举办青年教师活动沙龙；每两周召开一次学生信息员座谈会，加强教务处与学生之间的沟通；加大教学管理人员听课力度，目前教务处领导两周一次随堂听课，培养与质量办公室全体工作人员、运行办公室主任、实践办公室主任均走进课堂，每周听课一次；教务处各位处长分别对口联系相关学院，了解一线教师、教学管理以及实验室教学等情况，为今年本科教学审核评估工作打下了扎实的基础。

开学初，信息科学与工程学院就打算今年投入100万元，在原有工作的基础上，进一步整合、优化、拓展空间，丰富建设内涵，利用奉贤实验一楼的三层、四层中厅打造思政教育与双创教育相协同的多维立体育人平台，进一步提升思政教育、双创教育水平。我们觉得这种做法很好，希望每个学院都能结合自己的实际情况进行合理的优化，积极作为。

在前天和代表团团长的沟通会上，有的代表团表示，学院愿意整体搬迁到奉贤校区。我们非常欢迎，学校一定给予第一个去奉贤校区的学院最大的支持。

据后勤提供的数据，本学期以来，教师公寓入住人数增长了13.8%，教工餐厅午餐接待人数增长了18.1%，教工班车日发车量增长了11.1%。

但着眼奉贤校区未来十年、二十年的发展，着眼一流人才的培养，我们对奉贤校区的建设标准还要进一步提高，管理的水平还要进一步提升，校园文化建设的内涵还要进一步深化。

四、以问题为导向，坚持整体规划分步实施，不断提升办学整体水平

我先给各位代表报几个数字：这几年北大、清华、上海交大等学校年收入已经进入百亿级了，我们的收入和一流大学相比，差距还是很大的。

我们可以看看跟我们相近的学校的收入。我们近三年的财政收入情况是：2015年度的收入是21.00亿元（教职工总数为3 129人，学生总数为24 500人），2016年度的收入是22.85亿元（教职工总数为3 085人，学生总数为25 636人）。2015年，大连理工大学的收入是31.0亿元（教职工总数为3 814人，学生总数为39 307人）；2016年，大连理工大学的收入是45亿元（教职工总数为3 961人，学生总数为40 491人）。2015年，北京化工大学的收入是18.28亿元（教职工总数为2 298人，学生总数为21 357人）；2016年，北京化工大学的收入是26.2亿元（教职工总数为2 354人，学生总数为21 555人）。今年（2017年），学校的当年预算收入为24.60亿元，比2016年实际收入增长7%。从这些数据可以看出，我们和兄弟院校相比，收入增长的速度还比较缓慢。

尽管学校这几年收入增长有限，实际数额不高，但我们班子在提高教师待遇这一问题上有高度共识。2015年，学校安排了3 500万元专项津贴，用于提高教职工待遇。当时考虑到学校

有三年多没有调整过教职工的收入，制定了普惠性提高方案。2016 年，学校共安排了 4 500 万元津贴增量，一方面，我们提高了高层次人才的薪酬标准，稳定高层次人才队伍；另一方面，向青年教职工倾斜，以提高青年教师的待遇。2015 年，博士进校讲师平均实拿工资为 10 万元左右，2016 年年底，这个数字是 12.7 万元左右。

再向大家汇报一下近三年来年收入 12 万元以上纳税申报人数：2014 年度（2015 年申报）有 942 人，占当年教职工总数（3 507 人）的 26.9%；2015 年度有 1 018 人，占当年教职工总数（3 129 人）的 32.5%；根据目前税务局统计（具体数字要到 4 月以后才能统计出来），2016 年度有 1 624 人，占教职工总数（3 085 人）的 52.6%。有代表提出学校收入增长要超过 CPI 数，我想这两年我们应该是做到了。

我们的财政收入一方面还处在低层次、低倍数的阶段，另一方面我们加大了教师待遇的改善力度。这对我们这样的学校是非常不容易的。扣除了吃饭财政，我们所剩下的经费就极其有限。怎么办？开源节流。

开源，校领导、学院领导、部处领导、教授们都要有对外争取资源的意识和行动。要提高本科生的招生规模，逐步争取硕士、博士的招生名额。要组建大团队，对外争取大项目，要提高科研经费的到款数，要积极争取校友捐赠，等等

节流，要有一分钱掰成两半花的意识，对不必要的开支进行缩减，提高资金使用率。要加快正在建设的项目，时间就是金钱，早日完工、早日使用可以创造更大的效益。

在本次教代会提案中，理学院靳勇飞、资源与环境工程学院陈继章、生物工程学院蔡海波、材料科学与工程学院侯锐钢、化工学院赵世成等不少教师的提案中提到了加快推进院校二级管理速度、校园空间综合利用、校园文化建设等问题。

在上次的教代会上，我也讲了学校存在的一些问题和我们的想法。一年多过去了，结合大家的提案，我把这些事情的进展和接下来的工作打算向各位代表汇报一下。

关于管理重心下移的问题。从 2016 年开始，常委会安排年初听取学院的年度重点工作汇报。第一轮听完学院的汇报，我们真的很无奈，相当一部分学院不知道工作重点在哪里，困难讲得多，办法想得少，普遍存在等、靠、要，等着学校给人才、给空间、给政策。去年一年，通过二级党组织书记会、院长座谈会等，校领导班子与各位院领导不断地交流思想，统一认识，强调学院兴、学校强，肯定大家的共同努力。今年，常委会已经听了 10 个学院的汇报，各学院都能围绕学校工作重点，结合学院实际情况，提出一些措施，体现了党政配合、规矩做事的准则。但是离广大教师的期盼、建设一流学科的目标还是有很大差距的，各学院还需要在调动广

大教师教书育人的积极性、主动对接国家战略需求等方面做更大的努力。我相信，只要大家投入精力、齐心协力，学院的工作一定会有更大的提高。

关于空间调整的问题，在上次教代会上，我说过："总体而言，我们徐汇校区还是有潜力可挖的。"

我们制定了五年的初步调整设想。目前的情况是："商学院大楼"已经完成了基本的土建、拆隔，正在进行精装修的招标工作，预计 8 月底前完成所有建设，9 月底必须完成搬迁。今天上午，曲校长和我，还有宝国校长等参加了实验十九楼暨信息科学与工程学院大楼的开工仪式，就是想为基建部门再鼓鼓劲，更好、更快地完成十九楼的建设。地铁 15 号线的动拆迁已经基本完成了，马上进入 15 号线的施工阶段，科研成果转化大楼地下土建设计、施工将同步进行。

我们还要提高奉贤校区的空间使用效率。我去看过几次奉贤校区的实验大楼，总体而言利用率不高。空间也是金钱。如果我们统筹安排，合理规划，提高空间的使用效率，一些基建的费用就可以暂时节省出来，用节省出来的钱也可以更好地调动广大教职员工的积极性。

关于校园文化建设。在上次教代会上，说到校园文化，我说学校的建筑是"五彩缤纷"，每个楼宇的洗手间是"五花八门"；各楼宇的门厅装修是"五光十色"。为了逐步改变这种分散、无序、缺少文化内涵的现象，去年学校成立了文化建设委员会，制定了学校《大学文化建设"十三五"规划》，艺术学院在这个过程中做了大量的工作。今年，以校庆 65 周年为契机，我们将积极推进校园文化建设，更好展现我们的校史、校园文化和华理人的价值观。

关于干部队伍建设。由于历史原因，这两年，我们干部调整的力度很大，统计了一下，对 78.3%的干部进行了调整，这在教育部直属高校当中都是非常少见的。在干部队伍年轻化的同时也出现了新的问题，大家不知道怎么干，不知道怎么当好"领头羊"。

教育部对校领导班子成员的要求是全身心投入管理工作，当管理工作和个人业务发生冲突时，以管理工作为先。常委会提出，校领导不在校内自己分管的领域中争资源，要向外争取资源。

我们对所有书记、院长、部处长的要求是全身心地投入管理当中，没有所谓的"双肩挑"。去年的绩效津贴，从学校的角度来讲，只给管理部分，其他额外承担的工作不做分配，就是为了让管理干部能够承担管理的全部职责。我一直觉得，我们全身心地投入学校管理，还不一定能完成上级的要求、符合广大师生的期盼。一心两用、一心三用，三心二意地做工作，能把工作做好吗？无论是历史经验还是现实情况，都告诉我们这是不可能的。我们不需要干部奉献一辈子，但是，既然答应做管理干部，那这几年你就要全心全意投入。以后不做领导干部了，可以再回到学术中去。

今年，围绕建设“双一流”的要求，我们分层次、分批次地对这两年新上岗的干部进行了培训，以提高干部的政治素质和管理能力。3月份，我们已经有12位院长、处长参加了培训，4月份还将有12位处级干部参加培训。到年底，我们将完成对所有新提任、新上岗的干部的培训工作。

在这里，我要跟广大代表说的是：机关是为基层服务的，服务第一，管理第二；处长是为院长服务的；院长是为全院师生服务的；我和校长是为全校服务的。

另外，我在代表团团长专场沟通会上也讲了，我们还有很多地方职责不明、管理不清，存在着没人管、没人负责的问题。在这里，希望各单位明确自己的职责，主动履行职责，在履责中把为师生服务作为第一要求。

学校工作的推进必然有改革，改革是一件难事，难在动利益、动关系上。表面看，短期利益、局部利益会受影响，但从长远角度看，全局都会受益。希望全校上下从态度上支持改革，从行动上参与改革，自始至终把学校的改革看作自己的事、发展的事、收获的事，为学校的“双一流”建设增加动力和活力。

五、服务广大教职工、服务学校中心工作，工会作为正当时

习近平总书记在中央群团工作会议上的讲话中指出：“群众性是群团组织的根本特点，群团组织开展工作和活动要以群众为中心，让群众当主角，而不能让群众当配角、当观众。要坚持眼睛向下、面向基层，坚持力量配备、服务资源向基层倾斜。”新形势下，工会要以自我革新的勇气，进一步打开眼界、打开思路、打开胸襟，及时研究并解决改革推进中的矛盾和问题，服务广大教职工、服务学校中心工作，多做坚定信心、凝聚共识、鼓舞士气的工作，更好汇聚广大教职工团结奋进的强大正能量。

一要夯实群众基础，架起党和教职工的“连心桥”。坚持党对高校的领导，极其重要的一项工作就是必须筑牢党在高校的群众基础。工会必须牢牢把握这个根本政治任务，着眼工作实际，自觉以习近平总书记重要讲话精神为指导，找准工作着力点和切入点，深入开展各种主题教育实践活动和建功立业活动，把广大教职工的思想和行动统一到以习近平同志为核心的党中央的决策上来。

二要发挥组织优势，做好学校发展的“助推器”。工会要充分发挥师德、师风、师能建设的

优势和作用，通过举办各类有针对性的培训活动、竞赛活动，提升广大教职工的思想政治工作能力和水平，通过高品位、高质量的校园文化建设和主题鲜明、内容丰富的群文群体活动，有效传播社会主义核心价值观，以文化人、以文育人。充分发挥以教代会为基本形式的民主管理作用，保障广大教职工的知情权、参与权、表达权与监督权，帮助学校党政与广大师生员工建立稳定、便捷、持久、有效的互动关系，为学校改革发展汇聚智慧、凝聚人心。除了每年一次的教代会、职代会作为集中沟通的渠道以外，平时各位代表的提案更是广大教职工与学校沟通的重要渠道，所以工会要充分发挥代表的积极作用，认真处理提案。

三要提升服务“供给”质量，成为教职工“贴心人”。工会要把满足广大教职工的“需求”作为工作的出发点和落脚点，努力提高服务的“供给”意识，增强有效的“供给”途径，实现“供给”质量的提升，让广大教职工更加身心愉悦地投入学校的改革发展事业中。

各位代表，同志们！

逆水行舟，不进则退。我们要拿出发展的恒心和韧劲，拿出改革的勇气和魄力，高标准、严要求，做实、做细点滴工作，朝着建设“双一流”的目标不断奋发进取，以优异成绩迎接党的十九大胜利召开！

谢谢大家！

秉承校训精神 勇担时代使命

——在华东理工大学2017级新生开学典礼上的讲话

曲景平

2017年9月20日

各位老师，全体同学：

大家晚上好！

今天我们隆重举行华东理工大学 2017 级新生开学典礼，喜迎来自祖国各地的 4 147 名本科新生和 3 585 名研究生新生。我代表学校，代表杜慧芳书记，代表全校师生员工，向你们表示衷心的祝贺和热烈的欢迎。

同学们，今年是学校建校 65 周年。65 年来，一代代华理人，砥砺前行，艰苦创业，积累了丰富的办学经验，取得了一系列重大科研成果，培养了一大批学术大师、行业精英、治国栋梁，被誉为中国“化学工程师的摇篮”。今天的华理已经成长为一所国际知名、特色鲜明，多学科、高水平研究型大学，综合实力位居国内前列。65 年栉风沐雨，华理积淀了深厚的文化底蕴，形成了“勤奋求实，励志明德”的校训精神。勤奋是一种品格，求实是一种作风，励志是一种追求，明德是一种境界，有品格、有作风、有追求、有境界，才铸就了薪火传承的华理精神。

同学们，大学之大，是你永无止境的探索，在正式开始这段美好的旅程之前，我对大家提几点希望：

希望你们锤炼勤奋努力的品格。“业精于勤而荒于嬉，行成于思而毁于随。”勤奋是中华民族的传统美德，也是华理人的传统品格。学校著名煤化工专家于遵宏先生就是靠着一股勤奋钻研的韧劲儿，秉承着“汗水哲学”的信念，20 年磨一剑，带领着洁净煤研究所成功研制出国际领先的水煤浆气化装置，填补了我国在该领域的技术空白。“百尺竿头立不难，一勤天下无难事。”学习是智慧之源，勤奋则是源头活水。作为肩负中华民族伟大复兴中国梦历史重任的青年一代，要勤于学习，勤于思考，勤于实践，还要勤于修身，勤于奉献。要把勤奋的品格升华为一种思想境界、一种精神追求、一种生活方式。要让勤奋学习成为青春远航的动力，让增长本领成为青春搏击的能量。

希望你们养成求实存真的作风。求实体现了华理的校风、教风和学风。习近平总书记指出：“道不可坐论，德不能空谈。”一个行动胜过一打纲领，远大的志向只有转化为今天实实在在的行动，才能赢得真真切切的未来。学校首任校长张江树先生将“德性宜笃实也，知识宜富实也，身体宜健实也”作为他创办华东化工学院的宗旨，不仅强调德智体全面发展，还告诉我们，做学问来不得半点虚假，更不可好高骛远，只有一步一个脚印，才能取得最后的成功。“纸上得来终觉浅，绝知此事要躬行。”华理学子要坚持勤学苦练，求实存真，不断提升自己的知识储备和创新能力，在时代的舞台上展现风采，发光发热。

希望你们坚持励志上进的追求。“功崇惟志，业广惟勤。”理想指引人生方向，信念决定事业成败，一代代华理人始终与国家共命运，与时代同发展，从研制出新中国第一支青霉素，到参与制定中国第一个科学发展规划，从参建中国第一座核电站，到中国第一部彩色电影诞生，从研制中国第一台生物反应器，到参与国产大飞机发动机的自主研发等，在科技报国、服务社会的道路上，树立起一座又一座的丰碑。华理学子要树立在继承前人的基础上超越前人的雄心壮志，“以青春之我，创建青春之国家，青春之民族”。

希望你们修持明德至善的境界。“德者，本也。”习近平总书记指出，道德之于个人、之于社会，都具有基础性意义，做人做事第一位是崇德修身。以顾毓珍、苏元复、琚定一、李世瑨、刘馥英等为代表的学校创始人，早年皆留学欧美，在国难当头之时，毅然回国，投身救国图强的行列，为中国化工教育和科学事业的发展付出了毕生精力。华理人要立志报效祖国、服务人民，这是大德，养大德者方可成大业。同时，还得从做好小事、管好小节开始，“见善则迁，有过则改”，踏踏实实修好公德、私德。你们来到大学最重要的目的，不是获得多少荣誉和赞美，而是让今天的自己比昨天的自己更好，这样也才能勇担重任，不负韶华。

同学们，你们选择了华理，就承担着作为华理人的使命与担当，今天是一个美好的开端，但我们还应当有更美好的期待，历史的接力棒已经交到你们手中，希望你们能够秉承“学在华理”的优良传统，奋发图强，锐意进取，书写充实、美好、灿烂的人生。华理也将以“勤奋求实，励志明德”的精神，以大师和大爱，为每一位青年学子插上腾飞的翅膀。——期待你们不忘初心，在书山学海中砥砺“勤奋求实”的精神品质，用你们的青春活力，在广阔天地间抒写“励志明德”的华美篇章。

华理，加油！同学们，加油！

与华理同行　为祖国添彩

——在华东理工大学2017届毕业生典礼上的讲话

曲景平

2017年6月16日

亲爱的同学们：

大家上午好！

今天，我们隆重举行华东理工大学2017届毕业典礼暨学位授予仪式。我代表杜书记和学校，向全体毕业生致以最热烈的祝贺！向辛勤哺育你们的父母，精心教育你们的老师，表示衷心的感谢和崇高的敬意！

同学们，你们多年来在华理求知学习、增长才干、陶冶情操、塑造自我。学校的楼宇课堂、青春河边、通海湖畔，回荡着你们勤奋求知的琅琅读书声，记载着你们潜心问道的理性思辨；八百人剧场、田径场边都留下了你们青春的身影、飞扬的激情和拼搏的汗水。此时此刻，你们就要作别栖息着无数青春梦想的校园，走向社会、服务国家、建功立业。华理因你们而感动，华理将因你们而自豪！

同学们，今年是我们学校建校65周年。65年前的1952年，当新中国百废待兴、起步发展之时，肩负着国家的使命和民族的期望，寄托着党和国家创办一所化工特色大学梦想的华东化工学院在上海诞生。65年来，学校由一所单科性的化工学院，发展成为今天特色鲜明、多学科协调发展的研究型全国重点大学和“双一流”建设大学。其间饱含着党和国家的关怀、社会各界的支持与厚爱，也凝聚着几代华理人的光荣与梦想、智慧与奉献。65年来，学校共培养了29万余名毕业生，涌现出像成思危先生那样的国家领导人，像王基铭院士那样的知名企业家和管理专家，像方月萍那样的优秀才俊，可谓人才济济、不胜枚举。他们在为祖国的建设和发展勤勉奉献、建功立业的同时，也为母校增光添彩、赢得声誉。

同学们，“勤奋求实，励志明德”的校训精神，正是学校65年的办学历史、深厚的文化渊源与精神追求的真实写照，铸就了全体华理人志存高远，贡献国家的高贵品格，激励着当代华理人追求卓越，砥砺前行的责任担当。此时此刻，我希望和祝愿同学们，与华理同行，为祖国添彩。

与华理同行，为祖国添彩，就要牢记使命，做有志华理人。“古之立大事者，不惟有超世之才，亦必有坚忍不拔之志。”青年一代有理想、有担当，国家就有前途，民族就有希望。一个人的理想志愿只有同国家的前途、民族的命运相结合才有价值，一个人的信念追求只有同社会的需要和人民的利益相一致才有意义。希望你们不要忘记父母的养育之恩和学校师长的谆谆教诲；不要忘记“勤奋求实，励志明德”的校训精神和华理人的家国情怀、使命担当。要做志存高远的华理人。

与华理同行，为祖国添彩，就要不断学习，做有为华理人。“人有高下，知物由学”，同学们踏入社会后，将不断面临着新环境、新岗位、新业态、新挑战，要养成终身学习的好习惯。只有不断勤奋学习，才能增加成长成才的新动力，只有提高本领，才能释放出驾驭岗位的正能量。梦想从学习开始，事业靠本领成就。要如饥似渴、孜孜不倦地学习，既多读有字之书，也多读无字之书，注重学习人生经验和社会知识。要虚心学习和欣赏他人身上的优点，学会积极主动与人交流相处，合作共事。要做大有作为的华理人。

与华理同行，为祖国添彩，就要有责任担当，做有德华理人。同学们，从今天起，当你们跨出校门，面对的便不再是象牙塔，而是一个充满竞争的社会。要面对困难不气馁，面对是非不妥协，面对诱惑不动摇，做到方向清、步子稳、是非明、肯担当。我真诚地希望同学们，无论身处何地，都能够心中有阳光，脚下有力量，永远保持乐观向上的心态。要把正确的道德认知、自觉的道德养成、积极的道德实践紧密结合起来，自觉树立和践行社会主义核心价值观，带头倡导良好的社会风气。要做品德高尚的华理人。

同学们，你们正处在一个伟大的时代。今天的中国已经站在了新的历史发展的起点上，我们比历史上任何时期都更接近实现中华民族伟大复兴的梦想，比任何时候都更需要同学们的激情奋斗、青春奉献。

有志，有为，有德，让我们与华理同行，为祖国添彩，让青春年华在为国家、为人民的奉献中绽放绚丽光彩。

谢谢大家！

在一流本科建设暨本科审核评估动员大会上的讲话

曲景平

2017年2月18日

各位老师，各位同仁：

“东方欲晓，莫道君行早。”新学期伊始，我们闻鸡起舞，150多名老师齐聚奉贤校区，共谋学校事业发展大计，共商一流本科建设大业，全面启动迎接本科教育教学成果评估的工作。这次会议的顺利召开和取得的成果必将载入学校的历史发展史册，是学校一流本科建设史上具有里程碑意义的重要会议，这是我对这次会议做的一个概括。昨天到现在，大家的报告、讨论、发言我也有很多心得和体会，今天我谈六点心得、三点思考。

总结和回顾本次会议，我想谈六个方面的心得：

一是时机佳。本次会议是在学校全面学习贯彻落实全国高校思想政治工作会议精神，部署教育部、财政部和国家发展改革委联合印发的《统筹推进世界一流大学和一流学科建设实施办法》的重要时期召开，也是站在学校建校65周年的新起点上，以一流本科建设奏响迎接本科教育教学审核评估的集结号，因此本次会议意义重大，恰逢其时。

二是立意高。本次会议的主题是落实中央精神，激发内在动力，建设一流本科，培养一流人才，这充分体现了华东理工大学顺势而上、乘势而为的担当精神和开拓意识。杜书记在会议上带领大家一起学习了习近平总书记的重要讲话精神。教育兴则国家兴，教育强则国家强，我们对高等教育的需求比以往任何时候都更加迫切，对科学知识和卓越人才的渴求比以往任何时期都更加强烈。重视教育就是重视未来，重视教育才能拥有未来，这充分体现了习近平总书记的教育思想，学习总书记的重要讲话精神，扎根中国大地办一流大学，立意高，方向明。

三是报告新。教育部评估中心主任吴岩以新理念、新标准、新文化做报告，对做好审核评估、建设一流本科提出明确要求。林萍华校长以高校本科人才培养的几点意识做报告，介绍了做好审核评估，建设一流本科的一些新的经验。辛忠副校长以一流本科教育和建设为主题，以学校在本科教育教学中存在的八个方面的问题为导向，介绍了新思考和我们即将采取的新举措。我想这三个报告必将为学校一流本科建设和做好这次审核评估起到重要的推动作用和指导意义。

四是思考深。昨天4个部门和5个学院在介绍学校本科教育教学方面好的做法、好的经验的同时，提出了相应的办法和举措。体现了本科培养质量责任主体在学院的使命意识和责任担当，表现出全校上下一盘棋，全力做好一流本科建设和本科审核评估工作的主人翁精神。

五是会风好。会议期间，大家表现出饱满的热情和高昂的斗志。在这次讨论中，大家踊跃发言，对照标杆找差距。为学校一流本科建设和做好本科审核评估工作建言献策、贡献智慧。刚才6个组的召集人也给大家介绍了各组的讨论情况，会后要把各个组的讨论情况、意见和建议梳理一下，加以改进，在日后学校的教育教学中广泛地进行介绍。

六是信心足。我们常讲良好的开端是成功的一半，本次会议时机佳、立意高、报告新、思考深、会风好，就更加增强了建设一流本科和做好本科审核评估工作的信心，更加坚定了我们立德树人，肩负起华理“双一流”建设的使命感。

以上是我对本次会议的六点感受。方才我们举行了教学名师团队的签约仪式，一起见证了6个团队的签约，一起分享了他们的喜悦，也听了洪来教授代表6个教学团队做的精彩发言。洪来教授物理化学课讲得好，发言也讲得好。在发言当中也讲了如何让我们的学生在知识结构方面更加全面，如何使我们的教师在科研和教学方面双促进，让我们学校的名师、名教授投入教学当中来，这个发言非常精彩。另外，今天我们也非常高兴地看到我校教学名师黑老师参加这个会议，我们也恳请黑老师给这6个教学团队一些指导，做好传帮带工作。我还要强调一下，6个教学团队仅仅是第一批，我们还要按照学校的本科教育教学事业发展，适当地发展第二批、第三批。希望这6支教学名师团队要勇立潮头，要做标杆、成榜样、出经验、出成果，还要出名师。

下面，我就落实好本次会议精神再谈三点思考，也就是三点要求。

一、以立德树人为己任，牢牢抓住全面提高人才培养能力这个核心点

一是加强学习，提高认识。习近平总书记指出，高校立身之本在于立德树人，只有培养出一流人才的高校才能成为世界一流大学。办好我国高校，办出世界一流大学，必须牢牢抓住全面提高人才培养能力这个核心点，要不断地学习，真正地站在国家、站在高等教育事业发展的高度上审视我们的本科教育。二是要广泛研讨，凝聚共识。要深刻认识扎根中国大地办大学的科学理念，坚持人才培养中心任务，巩固本科教学基础地位，全面提高人才培养能力，切实向课堂教学要质量。三是责任担当，措施到位。要把立德树人落实在提高本科教学水平上，正如陈宝生部长所要求的那样，提高教学水平，基础在本科，基础不牢，地动山摇，没有高质量的本科就建不成世界一流大学。高校领导不抓教学不是失职就是无知，至少是不称职。陈部长讲高校领导，不仅仅是说校级领导，也是对我们在座的各个部处的领导、各个学院的领导提出这样的要求。抓质量就是抓责任、抓标准、抓激励与评估，要让立德树人成为我们华东理工大学每一个教师的行动自觉，各项措施要横向到边，纵向到底，切实构建一流本科建设的长效机制。以立德树人为己任，牢牢抓住全面提高人才培养能力这个核心点。

二、以建设质量文化为抓手，全面培育弘扬和传承华理的优秀大学文化

习近平总书记去年7月1日在建党90周年的大会上发表了以“不忘初心，继续前行”为主题的重要讲话，要求全党要增强中国特色社会主义的道路自信、理论自信、制度自信和文化自信。我记得那一天我正好在英国伦敦大学，总书记在讲到文化自信时特别强调，文化自信是更基础更广泛更深刻的自信。那么为什么要讲这一点呢？正如昨天在传达习近平总书记的重要讲话精神当中曾提到：要更加注重以文化人，以文育人。文化滋养心灵，文化涵育德行，文化引领时尚。去年秋季，校长办公会专门就今年65周年校庆的工作进行了布置。5年前，2012年的10月20号，我在奉贤校区体育场参加了我们60周年的校庆，寒假期间，我重新学习了钱旭红校长所做的“华理因您而感动”的校庆致辞。从这里也看出了我们华理文化底蕴非常丰厚。钱旭红校长代表学校回顾了学校60年的办学历史，从中总结出了四个经验，第一个经验就是学校在人才培养方面的经验，我给大家读一下：“60年来，为了把青年学子培养成祖国的栋梁之材，我们上下求索。我们牢固确立人才培养的中心地位，不断深化教育思想、教育内容、教育方法和课程体系改革，积极创新和实践‘合格+特色’‘少而精、博而通’‘全面工程教育’‘注重过程’‘强化精神传授’等教育思想，在国内较早地探索了高等教育体制改革，实行了大学选课和辅修制度、大学生乒乓球运动员的体教结合培养机制、“家庭式、书院式、自治式、身心式”学生管理体制等，并与一批海外高水平研究型大学建立了联合培养机制。学校致力于培养厚基础、强实践、高素质、具有创新精神和国际视野的社会英才，推进人才的知识、能力和素质协调发展。”这说明华东理工大学在以往的各个时期，一直把人才培养放在整个办学的中心。还有一个讲的就是大学的文化。“六十年来，为了建设共同的精神家园，我们传承创新。回首华东理工大学走过的60个春秋，从无到有、从小到大、从弱到强，从简陋的校舍到今天的多校区办学，几代华理人在这个共同的精神家园中履行使命，精耕细作，成就事业。‘勤奋求实，励志明德’的校训精神，正是学校悠久的办学历史、深厚的文化渊源与精神追求的真实写照。经过60年的传承创新，纯正朴实优良的‘校风—教风—学风—考风’蔚然成风。学校现已形成了‘弘扬勤奋求实、励志明德的校风’‘重视本科教育，树立关爱学生的教风’‘活跃学生，建设执着求真的学风’“坚守底线，保持风清气正的考风”等优良文化传统。”今天站在65年这样一个新的历史发展起点上，回顾一下华理在人才培养上一些好的做法、好的经验，以及华东理工大学经过六十多年的建设和发展形成的一些好的文化，对做好一流本科建设工程和做好这次本科审核评估

都具有重大的意义。再给大家介绍一个例子：生物系反应工程国家重点实验室在评估中经过多方努力取得了良好的成绩。为了做好这次国家重点实验室的评估，可以说是举全校之力。我们党委常委会三次会议听取了建和主任代表国家重点实验室介绍迎评工作。生物工程学院的庄院长亲临一线，科研院充分参与。2015 年的 10 月，在启动迎评准备工作的动员会上，对做好重点实验室评估和建设好一个优秀的国家重点实验室应该具备什么条件的问题，我当时讲了“三个有”：第一是有实力，第二是有故事，第三是有文化。实力就是建设成效，故事就是把 5 年的建设成效用 35 分钟讲一个令人难忘的故事，文化就是要彰显华理的文化底蕴。我们的一流本科建设和本科评估审核工作一定要取得成效，取得好的成果，用我们取得的成效和成果讲好我们华理的故事。春节期间，我代表学校看望了我们三位老校长以及胡英院士，向老领导、老院士汇报了这次会议的设想，华东理工大学之所以能发展到今天，是几代华理人共同努力砥砺前行的结果，要虚心地、经常地听取我们老领导、老教授以及教学名师的建议。我经常讲，大学有别于企业和一些部门，大学需要传承，大学的传承在于大学精神和大学文化的传承，这次我们围绕着一流本科建设的大讨论，大家都要思考，我们华东理工大学站在 65 周年建设和发展的新起点上，如何来定位我们的办学理念，如何来彰显我们的特色，如何形成我们更加丰富的大学精神和办学文化，这是我讲的第二点思考，以建设质量文化为抓手全面培育、弘扬和传承华东理工大学优秀的大学文化。

三、以改革创新为动力，加快学校一流本科建设的步伐，全力做好本科审核评估工作

这次会议把一流本科建设和迎接本科审核评估的目标和任务确定以后，干部就起了决定性作用，干部就要干在先、走在前，各个部门的负责同志一定要高标准、严要求。一分布置，九分落实，各部门、各学院的一把手要率先垂范、真抓实干，要做表率、出实招、出实效。困难肯定有，正因为有困难才需要干部挺身而出，正因为有困难才能彰显我们的能力、体现我们的作为，所以专业建设以及课程体系建设，一定要落实在实验室，一定要落实在专业上，该自己实验室做的事情实验室先做好，不要什么都推到教务处，不要什么都推到实装处，自己的事情自己做好。二是持之以恒，久久立功，全面构筑一流本科建设体制机制，顺利完成本科审核评估工作。如果今年的审核评估是阶段性工作的话，一流本科建设是功在当代、利在长远的一项持续永恒的工作，一流本科建设永远是一项“在路上”的工程。三是优化资源配置，加大资金

投入，为一流本科建设和审核评估工作顺利推进提供有力保障。

各位老师，各位同仁，一年之计在于春，让我们只争朝夕、责任担当、主动作为，为学校一流学科建设和做好本科审核工作做出自己的贡献，以优异的成绩迎接党的十九大的召开，为建校 65 周年增光添彩。新学期刚刚开始，大家务必高度重视校园安全，特别是实验室安全。昨天教育部召开了全国教育系统安全工作会议，钱锋校长在上海会场参加了会议。陈宝生部长对做好今年全国教育系统安全工作提出了要求，各个部门和各个院系的同志还要担得起安全责任来，要确保我们事业的发展能有一个安全稳定的校园环境。以上就是我的交流发言，不当之处敬请大家批评指正。

谢谢大家！

凝心聚力　争创一流　以优异成绩迎接党的十九大胜利召开

——在2017年秋季学期全校干部大会上的讲话

曲景平

2017年9月10日

各位老师、同志们：

新学期已经开始，我代表学校，对上半年工作进行总结，对新学期工作进行部署。

一、上半年工作总结

（一）不断创新人才培养模式，人才培养质量稳步提高

深入贯彻落实全国高校思想政治工作会议精神，召开学校思想政治工作会议。积极开展思政课程改革，推动“思政课程”向“课程思政”转变，扎实推进学生党建和团学工作。与上海市教卫系统思想政治工作研究会等单位共同牵头成立“高校思想政治工作研究中心”。学生就业质量稳步提升，截至8月25日，毕业生总体就业率为96.7%，其中本科生为95.6%，研究生为98.3%。就业质量和就业结构进一步优化，在QS发布的2018全球毕业生就业竞争力排名中并列大陆高校第13名。2017届毕业生高羽烨在毕业典礼上的发言，被国内主流媒体大量转发，总阅读量过亿。热心公益活动的木纳瓦尔同学获评“中国大学生年度人物”称号。

实施本科专业大类招生，开展了上海市综合评价录取改革试点工作。录取本科生4 228名，扩招65名，增幅为1.6%。实行博士生招生名额向优势学科、优秀人才、优质平台、优秀专业的“四优”倾斜政策，74名导师享受定向指标。录取硕士研究生3 173名，扩招603名，增幅为23.5%；录取博士研究生412名，扩招25名，增幅为6.5%。

积极开展迎接教育部本科教学审核评估各项工作，按照审核评估64个要点，形成了9万字的自评报告、198份主体文件与支撑材料。创新创业教育取得新成果，学校入选教育部“全国深化创新创业教育改革示范高校”。开展首届“张江树教学名师奖”评选活动（已评选出6人，拟在开学典礼上予以表彰），树立立德树人、教书育人典范，引导广大教师倾心投入教育教学事业。全面修订专业课程大纲，探索基于学科大类平台的专业培养模式。6门课程获评上海市精品课程。初步建立校院两级教材建设管理委员会。成立人才培养质量监控与评估中心，不断加强本科教育质量管理与保障。

加强研究生导师管理，明确培养过程中导师的主体责任。完成导师遴选和上岗审核工作，修订退休博士生导师聘用管理规定，全面做好新上岗导师培训工作。完成覆盖7个一级学科博士点和10个一级学科硕士点的全英文培养方案，启动“研究生创新创业课程体系建设”项目。

完成继续教育专业建设与调整，增加10个高中起点升本科专业。建立了非学历—学历证书互认和转换渠道，实现80个非学历证书对应51门课程的替换。启动机械设计及其自动化和会

计学两个特色专业建设。

（二）持续开展人事制度改革，着力提高师资队伍水平

杜文莉入选2016年度长江学者特聘教授，白志山入选青年长江学者。杨化桂、杜文莉、张显程入选“杰青”。马骧、贺晓鹏、赵玉政、杨强入选“优青”。马丁（Martinus Abraham COHEN STUART）教授入选国家级人才计划长期项目。陈庐阳、陈宜峰入选国家级人才计划青年项目。加大海外招聘宣传力度，赴海外高校召开数场高层次人才招聘会。引进肖啸教授。

突出师资队伍在“双一流”建设中的关键作用，将“双一流”建设资金中的20%用于人才增量部分。持续提高教职工收入，在前两年津贴总量增加8 000万元的基础上，今年津贴总量再增加3 500万元。修订教师和其他专业技术职务评聘办法等6项制度，完善教师聘任和考核评价。完成本年度专业技术职务聘任与岗位等级调整工作，初步探索向学院下放副高级职称评审权。

（三）深化科研体制改革，激发科技创新活力

生物反应器工程国家重点实验室在2016年生物和医学领域国家重点实验室评估中获得了“优秀”的好成绩。结构可控分子工程国际合作联合实验室获教育部立项建设。积极筹建费林加诺贝尔科学家联合研究中心。启动第二批“科研创新团队”建设和“交叉研究中心”论证。制定和修订了科研创新团队建设与管理实施细则等6项制度文件。

截至8月底，学校科研经费总到款2.43亿元。获国家重点研发计划立项31项，立项经费达7 824万元。获国家自然科学基金资助项目立项143项，直接经费资助达7 525万元（尚未到款）。王辅臣领衔的项目获2016年度国家科技进步二等奖。龙亿涛、于云江、米普科、缪长喜领衔的项目分别获上海市科学技术一等奖，与学校牟伯中教授长期合作的米哈伊尔·弗拉基米诺维奇·伊万诺夫为学校捧回首个上海市国际科技合作奖，刘海峰获青年科技杰出贡献奖。洁净煤技术研究所团队获“2016年度中国石油和化工行业影响力人物”称号。与华谊集团、上海化学工业区共同牵头筹建上海国际化工新材料创新创业与成果转化科创基地。参加首届中国高校科技成果交易会，获“优秀展示奖”和“成果创新奖”。承办国家自然科学基金委员会第七届化学工程青年学者学术交流研讨会。

人文社会科学获省部级以上项目立项55项，立项经费达1 123.3万元。其中，国家社会科学基金、国家自然科学基金文科类项目以及教育部人文社会科学项目立项37项，立项经费达860.3万元。获批上海市教委科研创新计划人文社会科学重大项目，实现学校在该项目上零的突破。与上海市人民政府发展研究中心共建“上海公共经济与社会治理研究中心”。获批上海高校智库内涵建设计划项目、教育部高校示范马克思主义学院和优秀教学科研团队建设项目。出台和完善了人文社会科学科研经费管理和科研成果奖励办法。

（四）扎实推进“双一流”建设，学科建设取得新进展

化学、材料科学与工程、化学工程与技术等 3 个学科进入教育部一流学科建设名单，入选学科数居于全国高校前列。2017 年，中央高校建设世界一流大学一流学科和特色发展引导专项资金到款 4 000 万元，上海市配套经费到款 1 440 万元。组织召开 7 次一流学科建设方案征求意见会和总体建设方案专家论证会。召开学科战略发展研讨会，编制完成《一流学科建设高校建设方案》并上报教育部。启动学科公共研究平台、新兴学科交叉平台和学科（学科群）平台的建设及论证工作。投入 2 000 万元重点推进分析测试中心（公共学科平台）仪器设备的更新升级，已完成招标采购。

在近期发布的“2017 年世界大学学术排名”中，位列世界第 301 位至 400 位，国内高校第 24 名。在 2017 年“亚洲最具创新力大学”榜中位列大陆高校第 10 位。在 2017—2018 年度 QS 世界大学排名中，位列全球高校第 601 位至 800 位，国内高校第 26 位。在 2017 年自然指数排行榜中位列世界第 146 位，国内高校第 20 位。

化学、材料学、工程学、生物学与生物化学、药理学与毒理学 5 个学科进入 ESI 排名的全球前 1%，其中化学学科位列世界前 1‰。开展并完成了博士、硕士学位授权点的全面自我评估。完成了物理学等 6 个新增学位点的增设申报工作。

（五）加强国际合作与交流，提升国际化水平

组织教师出访团 181 个，拓展了与 20 所知名高校、科研机构和企业的合作关系，与美国加州大学伯克利分校、荷兰格罗宁根大学等高校签署了校际合作协议 10 份，涉及“一带一路”沿线国家合作 3 项。邀请 27 位海外知名专家学者来校讲授专业课程。与法国高等化学工程师学校联盟举办第四届中法双边研讨会，推进筹建中外合作办学机构。“澳大利亚研究中心”和“德语国家研究中心”入选 2017 年度教育部国别和区域研究中心备案名单。与奥地利莱奥本大学合作举办的高分子材料与工程专业通过教育部审批。

录取留学生 280 人，其中学历生 165 人，较 2016 年增加 31%。开设了学校首个全英语本科专业——国际经济与贸易。中国政府来华留学奖学金到款 741 万元，较 2016 年增加 250 万元，资助留学生 98 名，资助人数增加 33 名。

（六）优化资源配置，基本办学条件得到持续改善

截至 8 月底，学校实现财务收入 16.98 亿元，完成年度预算收入的 69.0%；财务支出 12.29

亿元，完成年度预算支出的50.0%。国库资金支出预算执行进度62.6%。接受了上级部门对学校中央高校教育教学改革专项资金绩效等5项评审，各项检查均表现良好。全面推进二级学院预算管理改革。启用财务预算管理系统。制定和修订了中央财政专项经费预算执行进度管理办法等四项制度，建立科研财务助理工作室，提升管理服务水平。

采购与招投标完成项目为112项，实际采购金额近2亿元。制定和修订了采购管理办法等6项管理制度，完善采购与招投标管理机制。完成采购信息化平台建设，对采购全过程实现电子化管理。完成二级单位采购备案项目82项，已注册供应商163家。

基本建设和修缮项目共完成投资1.29亿元。其中，基建项目完成投资5 072万元，已竣工建筑面积为2.6万平方米。学校近年来最大的基建工程，单体建筑面积为3.7万平方米的信息科学与工程学院大楼顺利开工建设，目前已完成30%基坑开挖和垫层浇筑。奉贤校区游泳馆已完成全部施工，学生公寓二期完成建筑单体施工。完成徐汇校区一食堂项目施工招标。修缮项目完成投资7 800万元，修缮面积为7.6万平方米。完成商学院大楼改造项目的装修施工。完成奉贤校区学生公寓、教学楼和徐汇校区12舍等楼宇修缮。

完成徐汇校区电力扩容，启动了徐汇校区学生宿舍空调安装工作。推进学生公寓和实验楼宇物业标准化建设。完成两校区食堂招投标工作，在学校从事餐饮服务经营的社会餐饮企业由4家增加到6家，师生的就餐选择更加多样。与徐汇区中心医院合作开展云医院诊疗服务。拆除校内梅陇港、张家港段河道边的临时搭建，将青春河纳入徐汇区区管河道治理范围。

启动实验室废液集中处置工作，将气体钢瓶统一纳入化学品管理平台，加强监管。出台学院用房定额管理办法等5项制度，规范对实验用房、实验药品和设备等的管理。开发“物资类采购平台”，提升物资采购的信息化水平。

制定校园交通规划，启动建设车辆出入校园智能化收费系统，完成徐汇校区部分停车场改造，增设211个停车位。完成徐汇校区学生宿舍区无线覆盖项目。完成图文信息中心院士墙建设。

召开学校安全工作会议，各二级单位安全责任人与学校签订了《综合治理目标管理责任书》。在师生中持续开展安全教育，特别是实验室安全教育，强化师生安全意识。组织了四次地毯式消防安全大检查。虽然我们反复强调实验室安全的重要性，采取措施加强实验室管理，但上半年仍然发生了4起实验室安全事故，安全隐患依然存在。总体来讲，上半年基本做到了对突发事件的妥善处置，维护了校园安全稳定。

（七）加强外部联系，提高服务社会能力

加强与海内外校友的联系，继续推进地方校友会、学院校友会、行业校友会三位一体校友工作体系的构建。完成 4 个地方校友会和 7 个学院校友会的成立及换届工作。积极培育行业校友会，开展各类校友活动，凝聚校友情感。签订捐赠合同 43 项，金额达 906.2 万元，到账 858.0 万元。完成校友信息化平台二期建设，校友信息激活率达 63.9%。

做好定点扶贫云南省寻甸县工作。实施“励志计划”和“国家专项计划”，共招收 5 名寻甸县家庭贫困学生。选派教师到寻甸挂职，派出暑期社会实践团队、研究生支教团服务地方发展。建设寻甸网络教育学习中心，首批招收 39 名网络教育学生。通过捐赠教学设备，举办特色农产品展销活动，开展暑期休养寻甸团等多种方式，助力寻甸 2017 年脱贫攻坚。

同志们，以上成绩的取得，离不开各位的辛勤付出。在这里，我代表学校向大家表示衷心的感谢！同时，我们必须清醒地认识到，对标学校“双一流”建设的任务要求，我们的工作还存在不足。今年是学校“双一流”建设的关键一年，学校的建设方案已上报教育部审批，标志着“双一流”建设正式全面启动。我们要深入学习贯彻习近平总书记系列重要讲话精神，认真贯彻落实全国高校思想政治工作会议精神，牢牢把握办好中国特色社会主义大学的根本遵循，坚持“四个服务”，紧紧抓住国家“双一流”建设战略机遇，按照学校“双一流”建设的任务要求，凝心聚力，真抓实干。

二、下半年工作部署

（一）建设平安校园，迎接党的十九大胜利召开

10 月 18 日，党的十九大将在北京召开，我们要从国家政治安全和意识形态安全的高度，认清维护学校和谐稳定的重要性，把学校建设成安定和谐的模范之地。切实维护学校政治安全，增强政治敏锐性和政治鉴别力，对境外非政府组织在学校的活动保持警惕。加强对课堂、学术研讨和社会活动的管理，防范校园传教，防范敌对势力渗透，加强网络舆论的监管和疏导，培育和引导全校师生形成理性平和的健康心态，引导学生形成“四个正确认识”，为社会和谐稳定不断注入正能量。

全面深化平安校园建设。全校上下要坚守安全红线，加强安全教育，牢固树立安全生产“重于泰山”的责任意识。强化问题导向，切实落实实验室安全准入制度，抓好实验室安全教育，提升实验室安全管理水平。加强安全隐患排查，以防为主，消除食品、交通、治安等安全隐患，严防各类安全事故的发生。做到安全责任到位、投入到位、培训到位、管理到位、应急处置到位，确保学校安全稳定。

（二）落实立德树人根本任务，全面迎接本科教学审核评估

进一步贯彻落实全国高校思想政治工作会议精神，牢牢抓住全面提高人才培养能力这个核心点，并以此带动学校其他工作。真正做到围绕学生、关爱学生、服务学生，加快改善学生学习生活的基本条件，满足好学生的学、食、住、行等基本需求。加快推进思政课课程改革，积极构建全员、全过程、全方位育人体系。加快推进大数据平台建设，构建基于大数据应用的学生培养模式。

认真做好 9 月 25—27 日的本科审核评估预评估工作，发现问题，及时整改。全力做好审核评估迎评工作，确保 11 月 17—23 日的教育部正式评估顺利进行。推进学校教学改革，落实年度教改项目的审查，完成精品专业建设、名师团队建设、课程建设的预定目标，推动新专业检查和专业认证工作。开展校级青年教师授课大赛。做好专业大类招生试点工作的跟踪反馈，确保招生改革顺利进行。

（三）完善教师成长支撑体系，打造一流师资队伍

加快推进教师考核评价制度改革，开展 2014—2017 年岗位聘期考核工作，并根据考核结果做好续聘、转岗、不聘等工作，促进教职员工合理流动。以 2018 年全校教职员工聘用工作为契机，完善以任务要求、考核评价、薪酬待遇为一体的工作聘用合同。充分发挥“双一流”建设资金在师资队伍建设和人才培养方面的引导作用，实施更具竞争优势的人才培养与引进政策，扩容高层次人才“蓄水池”。进一步完善与重点工作目标相符的绩效津贴分配机制，推行基于学院绩效评估的奖励性绩效工资动态分配，调动广大教职员工的积极性。加强教师思想政治工作，完善教师工作部组织机构和工作职能建设，引导广大教师把教育培养和自我修养结合起来，做到以德立身、以德修身、以德施教，按照“四个统一”和“四有”好老师的要求，更好地担当起学生健康成长指导者和引路人的责任。

（四）加强学科平台建设，完善科技创新保障体系

推进“双一流”建设，学科方向是基础，人才培养是核心，师资队伍是关键，平台建设是保障，文化建设是滋养。落实 2016—2017 年“双一流”和高峰高原学科建设项目的年度考核，推进公共交叉平台、优势学科（学科群）平台、高精尖（领军人才、团队）平台建设，夯实学科发展基础。

召开学校科技创新表彰会暨生物反应器工程国家重点实验室评估总结会。做好第一批科研创新团队的实施、跟踪，完成“交叉研究中心”和第二批“科研创新团队”的立项建设。围绕国家战略需求，做好重大项目的组织动员和培育。完成国家技术转移中心、校外研究院、校企联合科研机构运行机制的评估和改革。进一步提高横向经费总量和科技成果转化质量，确保完成全年科技工作目标。

完成社会科学高等研究院组建工作，初步形成融研究高地、人才高地、成果高地和交流高地为一体的跨学科、实体性学术研究机构。制定落实“双一流”特色人文建设方案，确定特色人文学科群领域及方向。落实校院两级管理体制，加强人文社会科学校级研究机构考核管理工作。

坚持以高水平科研支撑高质量的人才培养，强化科研育人。全面推进科研评价机制改革，评价重点从研究成果数量转向研究质量、原创价值和实际贡献，建立以能力和贡献为导向的评价和激励机制。大力推进科研诚信和信用体系建设，加强学术道德建设，建立学术诚信机制，规范学术评价监督流程，坚决遏制科研浮躁心态，杜绝学术不端行为。

（五）继续加强国际交流合作，提升国际化办学水平

召开学校国际化工作会议。举行“国际伙伴周”校庆系列活动，举办高校工程教育校长论坛、第二届国际文化节等活动，进一步提升学校国际影响力。依托“111 计划”引智基地的建设，推动科技部、教育部国际合作联合实验室的申报工作，筹建学校首个“一带一路”海外研究中心。完成国家留学基金委创新型人才国际合作培养项目申报，推进人才队伍国际化。

推进中德、中法对外合作办学项目的实施，落实中德工学院实体化改革方案，加快推动中外合作办学机构的设立。开发全英语教学师资海外培训项目，助力本科全英语教学专业建设。做好国际经济与贸易全英文课程的跟踪与反馈。稳步扩大外国留学生规模和质量，继续提高学历留学生比例。加强中外学生交流平台建设，开发创新创业等特色、短期国际交流项目，打造“留学华理”品牌。

（六）完善内部治理，改善学校基本办学条件

做好 2017 年中央财政专项资金预算执行进度管理，提前启动 2018 年中央财政专项建设，优先安排保障惠及学生的项目经费，加快改善学生学习生活条件。加快校园一卡通系统的升级改造。推进财政票据电子化管理系统的应用。试点建设科研财务助理工作室，在试点学院推行“预约报销不出楼”的财务服务新模式。筹划实行财务人员对口服务方案，为学院及部处提供更加精准的服务。完善以专项经费管理和科研经费管理为重点的财务管理体制与机制。

不断改善基本办学条件，做好各项基建和修缮工作。徐汇校区一食堂、奉贤校区新的教学楼即将开工建设，今年拟完成投资 4 500 万元。商学院大楼将正式投入使用。徐汇校区信息科学与工程学院大楼年底前完成地下室结构封顶和土方回填。奉贤校区学生公寓二期将于 11 月份竣工。团结1—4楼修缮工程也将在10月份竣工。学校基建任务重、时间紧，要进一步完善并规范工程项目管理制度与流程，强化预算管理，加强工程监督，保证工程质量和建设进度，确保施工安全。

全面推广“材料类物资采购平台”。落实学院用房定额收费制度，优化实验室用房管理。推进实验教学中心建设，加强本科教学实验室的规范管理，提高实验室对本科生的开放率。推进分析测试中心软硬件更新升级，加强学校、学科点以及各创新团队的三级仪器平台建设，提升大型仪器设备的使用效率。抓好废旧化学品集中专项处置工作。加强能源管理体系建设，完成奉贤校区节能监管平台验收。

（七）加强校园文化建设，提升文化软实力

以65周年校庆为契机，加强学校文化建设。发布学校宣传片，开辟校内媒体专栏，在校外重要媒体上宣传学校发展成就。开展丰富多彩的校庆文化活动，讲好华理故事，弘扬优良传统。邀请国内外知名专家学者举办系列学术交流活动，扩大学校的学术影响力。举办校友返校等系列校庆纪念活动，激发师生和校友的爱校荣校情感。

加快推进校园改造升级，营造良好的人文环境，注重以文化人、以文育人。结合上海市创建全国文明城区的要求，广泛开展文明校园创建，进一步提升校园文明程度。完成徐汇校区的校园更新五年总体规划。完成学校河道环境整治，做好徐汇校区商业街违章搭建和违法经营的拆除取缔工作。加强校园交通管理，完成徐汇校区临时停车场建设、校园主干道及停车场交通划线。改造徐汇校区西门和北门，新建梅陇路车辆出入大门，实现人车分流，为全校师生营造良好的校园环境。

同志们!

新学期、新气象、新任务、新作为。我们即将迎来65周年校庆，65年来，华理人始终秉承“勤奋求实，励志明德”的校训，不忘初心、砥砺前行。站在新的历史起点上，全校广大干部要在思想上、政治上、行动上始终同以习近平同志为核心的党中央保持高度一致，忠诚、干净、有担当，进一步坚定“四个自信”，做到“四个坚持不懈”，把握“四个统一”，树立“四个正确认识”，牢记“四个合格”，担当起“四个服务”的历史使命，以高度的历史责任感和强烈的忧患意识、宽广的胸襟，凝心聚力，真抓实干，扎实推进学校“双一流”建设，以优异的成绩迎接党的十九大胜利召开，为建校65周年增光添彩。

机构与干部

Jigou yu Ganbu

- 华东理工大学
  - 职能部门
    - 党委办公室
    - 纪委办公室（监察处）
    - 党委组织部（党校）
    - 党委宣传部（精神文明办公室）
    - 党委统战部
    - 党委学生工作部（处）（武装部）
    - 机关党委
    - 工会（妇委会）
    - 团委
  - 行政系统
    - 校长办公室
    - 人事处（党委教师工作部）
    - 教务处
    - 财务处
    - 科学技术发展研究院
    - 人文社会科学处
    - 研究生院
    - 学科与专业发展规划处
    - 校友与发展联络处
    - 国际合作与交流处（港澳台办公室）
    - 审计处
    - 保卫处
    - 信息化办公室
    - 实验室与装备处
    - 基建处
    - 采购与招投标管理中心
    - 档案馆
    - 离退休工作处
    - 后勤保障处
    - 图书馆
    - 高等教育研究所
    - 现代教育技术中心
    - 资产经营有限公司
    - 金山科技园管委会
  - 学院
    - 化工学院
    - 生物工程学院
    - 化学与分子工程学院
    - 药学院
    - 材料科学与工程学院
    - 信息科学与工程学院
    - 机械与动力工程学院
    - 资源与环境工程学院
    - 商学院
    - 社会与公共管理学院
    - 理学院
    - 艺术设计与传媒学院
    - 外国语学院
    - 法学院
    - 体育科学与工程学院
    - 马克思主义学院（人文科学研究院）
    - 国际教育学院
    - 中德工学院（国际工程师学院）
    - 网络教育学院
    - 继续教育学院

学校党政领导名单

党委书记	杜慧芳
副书记	曲景平
	宋　来
	陈　麒
副书记、纪委书记	沈志超（7 月到任）
校　长	曲景平
副校长	钱　锋
	吴柏钧
	刘昌胜
	辛　忠
	胡宝国
	轩福贞（4 月到任）
校长助理	宋恭华　朱广忠

校党政机构负责人名单

党群机构：

党委办公室	主　任	沈海涛
	副主任	王　珊
纪委办公室（监察处）	副书记兼监察处处长	童之敏
	副处级专职纪检员	苏建玲
党委组织部（党校）	部　长	王慧锋（5月离任）
		李　涛（5月到任）
	副部长兼党校常务副校长	柴　华
	副部长	张　攀
	副处级专职组织员	徐永桢（2月到任）
党委宣传部	部　长	夏江雯
（精神文明办公室）	副部长	房树芬
	副部长兼精神文明办公室主任	彭辉辉
党委统战部	部　长	焦家俊（7月离任）
		王慧锋（7月到任）
	常务副部长	焦家俊（7月到任）
学生工作部（处）	部（处）长兼武装部部长	岳海洋（9月离任）
（武装部）		倪　炜（9月到任）
	副部（处）长	司忠业（2月离任）
		崔姗姗
		郑　东
		胡　兵（2月到任）

	副部（处）长兼武装部副部长	蔡跃明
工会（妇委会）	主　席	宋　来
	常务副主席	沈悦萍
	副主席	朱志华　王　莉
		庄启昕（3月离任）
		陈　涛（3月到任）
	妇委会专职副主任	王　莉
	妇委会副主任	卢艳花
团委	书　记	倪　炜
	副书记	何　希（3月副处级）
		胡　兵（5月离任）
		魏　星（5月到任）
		张洺硕（5月到任）
党委教师工作部	部　长	王慧锋（兼）（6月到任）
	副部长	张雪芹（7月到任）

注：根据《关于成立党委教师工作部及王慧锋同志任职的通知》（华委字〔2017〕44号），“成立党委教师工作部，与人事处合署办公”。

机关工作党委	书　记	柴　华（兼）（1月到任）
	副书记	徐文方

注：根据《关于成立中共华东理工大学机关工作委员会的通知》（华委字〔2017〕12号），“撤销中共华东理工大学机关委员会建制，成立中共华东理工大学机关工作委员会，作为学校党委派出机构，负责机关党的工作的管理、指导、协调、研究和督查”。

离退休工作党委	书　记	葛轶群
	副书记	热　核
后勤党委	书　记	朱育红
	副书记	张善得
产业工作党总支	书　记	李　蓉（2月离任）
		包瑞荣（2月到任）
	副书记	姚　磊

行政机构：

校长办公室	主　任	王爱祥
	副主任	储　琰
		陈莉丽
		王海明（3 月到任）
校学术委员会	副秘书长	付　尧（9 月离任）
		吕　遐（9 月到任）
人事处	处　长	王慧锋
	副处长	胡若军（3 月离任）
		周晓梅
		周彦波（9 月离任）
		刘　敏（3 月到任）
教务处	处　长	黄　婕
	副处长	沈文君　项延训　张先梅
财务处	处　长	张爱民
	副处长	焦淑芝
	副处长兼国有资产办公室主任	欧阳红忠
	副处长	葛永盛
科学技术发展研究院	院　长	刘昌胜（兼）
	常务副院长	朱学栋（5 月离任）
		朱为宏（5 月到任）
	副院长	刘海峰　庄启昕
		徐　宏（9 月离任）
		陈　锋
人文社会科学处	处　长	范体军
	副处长	唐有财
研究生院	院　长	辛　忠（兼）
	常务副院长	龚学庆

	副院长	栾伟玲
	学位办公室主任	李　浩（7月离任）
		刘　涛（7月到任）
	培养办公室主任	栾伟玲
	招生办公室主任	孙洪峰
	党委研究生工作部部长	钱嫦萍
学科与专业发展规划处	处　长	轩福贞
	副处长	刘　涛（9月离任）
		周彦波（9月到任）
校友与发展联络处	处　长	李建伟
	副处长	王芝眉
国际合作与交流处	处　长	李永生
	（港澳台办公室）副处长	包　华　吴　唯
	副处长	徐　晶（3月离任）
		曹宵鸣
审计处	处　长	李德强
	副处长	赵俊玲（3月到任）
保卫处	处　长	陈　坚
	副处长	童克峰
		施　敏
信息化办公室	主　任	夏春明
	副主任	房一泉
实验室与装备处	处　长	袁洪学
	安全环保办公室主任兼副处长	叶肇敏（3月离任）
	副处长	董玉国
	副处长兼安全环保办公室主任	徐宏勇（3月到任）
基建处	处　长	黄　樑（4月离任）
	副处长	陈　龙（4月到任）
		孙国华

		潘元虎
		刘汉伟（6月到任）
采购与招投标管理中心	主　任	陈　康
	副主任	吴　炎
档案馆	馆　长	陆宪良（3月离任）
		王惠文（3月到任）
	副馆长	段义严
离退休工作处	处　长	葛铁群
	副处长	热　核　陆仲林
后勤保障处	处　长	高永煜（9月离任）
		岳海洋（9月到任）
	副处长	王海明（3月离任）
		李新军
		刘汉伟（6月离任）
		龚向明（6月到任）
创新创业教育中心	主　任	辛　忠（兼）
	常务副主任	阎海峰（兼）
	副主任	司忠业
	副主任	岳海洋（兼）
	副主任	倪　炜（兼）
	副主任	黄　婕（兼）
	副主任	龚学庆（兼）
	副主任	夏春明（兼）
	副主任	姚　磊（兼）

学院党政负责人名单

化工学院	党委书记	李　涛（5月离任）
		朱学栋（5月到任）
	党委副书记	高艺霞
	院　长	赵　玲（5月离任）
		朱学栋（5月到任）
	副院长	方　波　刘殿华
		赵双良
生物工程学院	党委书记	陆　兵
	党委副书记	庄英萍（兼）（6月到任）
	党委副书记	卢艳花
	院　长	庄英萍
	副院长	卢艳花
		王启要
		赵黎明
化学与分子工程学院	党委书记	张文清
	党委常务副书记	高永煜（9月到任）
	党委副书记	龙亿涛（兼）（6月到任）
	党委副书记	孟庆鹏
	院　长	朱为宏（6月离任）
		龙亿涛（6月到任）
	副院长	黄永民
		曲大辉
		徐首红
药学院	党委书记	王　喆（2月离任）

		李　剑（5 月到任）
	党委副书记	宋恭华（兼）（6 月到任）
	党委副书记	王　越
	院　长	宋恭华
	副院长	李　剑（7 月离任）
		邓卫平
		任国宾
		李　浩（7 月到任）
材料科学与工程学院	党委书记	唐颂超
	党委副书记	戴诚安
	院　长	李春忠
	副院长	李欣欣
		袁　媛
		林绍梁
信息科学与工程学院	党委书记	侍洪波
	党委副书记	杜文莉（兼）（6 月到任）
	党委副书记	刘志鹏
	院　长	杜文莉
	副院长	虞慧群（3 月离任）
		钟伟民
		万永菁
		王　喆（3 月到任）
机械与动力工程学院	党委书记	周邵萍
	党委副书记	杨　倩
	院　长	
	副院长	陈琴珠
		惠　虎
		章兰珠
资源与环境工程学院	党委书记	程　里

	党委副书记	修光利（兼）（6月到任）
	党委副书记	饶志雄
	院　长	修光利
	副院长	黄光团（3月离任）
		王辅臣（3月离任）
		陈雪莉（3月到任）
		孙贤波（3月到任）
		孙玉柱（3月到任）
商学院	党委书记	马　玲
	党委副书记	阎海峰（兼）（6月到任）
	党委副书记	朱　姝（3月离任）
	院　长	阎海峰
	副院长	黄庐进（11月离任）
		盛宝莲（11月离任）
		李玉刚（11月离任）
		侯丽敏（11月到任）
		马铁驹（11月到任）
		董临萍（11月到任）
		吴玉鸣（11月到任）
社会与公共管理学院	党委书记	张广利
	党委副书记	何雪松（兼）（6月到任）
	党委副书记	万胤婕
	院　长	何雪松
	副院长	杨发祥
		陈　丰
		刘晓亮
理学院	党总支书记	刘伟兰
	党总支副书记	黄文彬（正科级）
	院　长	李建奎

	副院长	刘朝晖
		龚尚庆
艺术设计与传媒学院	党总支书记	张　青
	党总支副书记	赵　菡
	院　长	
	副院长	傅蓉蓉
		周美玉（6月离任）
		赵　菡（2月离任）
		丁　伟（5月到任）
		于　炜（9月到任）
外国语学院	党总支书记	包瑞荣（2月离任）
		王　喆（2月到任）
	党总支副书记	樊　俊
	院　长	
	副院长	张正军
		吴建伟
		赵　宏
法学院	党总支书记	丁　灏
	党总支副书记	张　昱（兼）（7月到任）
	党总支副书记	周建国
	院　长	张　昱
	副院长	吴　亮
		周登谅
体育科学与工程学院	党总支书记	姚　文（2月到任）
	党总支副书记	姚　文（2月离任）
		韩　骏（兼）（5月到任）
		王　跃（兼）（6月到任）
	院　长	王　跃
	副院长	韩　骏

		叶心明
马克思主义学院	党总支书记	杜仕菊
（人文科学研究院）	院　长	夏江雯
	副院长	陈迎年
		徐国民
国际教育学院	直属党支部书记	包　华（1月到任）
	院　长	
	常务副院长	
	副院长	包　华（兼）
中德工学院	直属党支部书记	王惠文（3月离任）
（国际工程师学院）		朱　姝（3月到任）
	院　长	吴　唯（兼）
网络教育学院	院　长	鲁习文
	常务副院长	应卫勇（1月离任）
	副院长	程　华　刘百祥
继续教育学院	院　长	鲁习文
	副院长	欧　伶
		张雪芹（7月离任）
继续教育学院和网络教育学院联合直属党支部	书　记	程　华（9月到任）
	副书记	鲁习文（11月到任）

注：根据《关于成立中共华东理工大学继续教育学院和网络教育学院联合直属支部委员会的通知》（华委字〔2017〕70号），“撤销中共华东理工大学继续教育学院直属支部委员会、中共华东理工大学网络教育学院直属支部委员会建制，成立中共华东理工大学继续教育学院和网络教育学院联合直属支部委员会”。

直属单位负责人名单

图书馆	党总支书记	朱广忠
	馆　长	林嘉平
	副馆长	葛巧珍
		康　健
		武亚珍
高等教育研究所	直属党支部书记	周　玲（7月到任）
（工程教育学系）	所　长	周　玲（兼）
	主　任	周　玲
	副主任	徐世爱
人才培养质量监控与评估中心	主　任	周　玲（兼）（2月到任）
	副主任	凌　昊（5月到任）

注：根据《华东理工大学关于成立人才培养质量监控与评估中心的通知》（校规〔2017〕5号），成立人才培养质量监控与评估中心。

现代教育技术中心	直属党支部书记	王　晓
	主　任	王　晓
	副主任	郑　军
资产经营有限公司	总经理	徐殿胜（5月离任）
		付　尧（6月到任）
	副总经理	张武平

注：根据《关于恢复资产经营有限公司机构及相关职务行政级别的通知》（华委字〔2017〕40号），"恢复资产经营有限公司正处级职级，恢复总经理岗位正处级职级和副总经理岗位副处级职级"。

金山科技园管委会	直属党支部书记	周兴吉
	主　任	蓝闽波
	副主任	周兴吉

学校概况

Xuexiao Gaikuang

华东理工大学现有徐汇校区、奉贤校区和金山科技园区三部分，占地面积为 2 652 亩，各类建筑总面积为 92 万平方米，图书馆总藏书量为 323.4 万册。设有 20 个院系。学校学位授权点覆盖 11 个学科门类，36 个一级学科。有 68 个本科专业；26 个硕士学位授权一级学科，148 个硕士学位授权点；13 个博士学位授权一级学科，80 个博士学位授权二级学科点；设有 12 个博士后科研流动站，拥有 7 个国家重点学科、1 个国家重点（培育）学科、10 个上海市重点学科、7 个上海高校一流学科。学校有 9 个国家级研究基地、24 个省部级研究基地、2 个国际合作科研基地、55 个校级研究所（中心）。年内，学校化学、材料科学与工程、化学工程与技术入围一流学科建设名单，在教育部第四轮学科评估中，化学工程与技术获评 A+，位列全国首位。7 个学科进入 QS 世界大学学科排名前 500 名，其中化学、材料科学、化学工程挺进前 150 名。

人才培养。学校在校全日制学生有 25 759 人，其中，本科生有 15 808 人，研究生有 9 951 人（博士生有 1 754 人）。留学生有 1 127 人。录取本科生有 4 228 名。构建“三全”育人体系，推进课程思政改革，成立高校思想政治工作研究中心，获批上海高校思想政治教育智库，启动“形势与政策”课程改革，开发“爱思政”网络互动平台进行授课，改革成果在中央电视台《新闻联播》节目中播出。完成教育部本科教学审核评估，并根据反馈意见启动整改工作。推进专业大类招生，修订专业培养方案与课程大纲，实现本科生大类培养。修订本科教学管理制度，开展常态化教学质量过程监控。6 位教师获得首届张江树教学名师奖。新增 6 门上海市精品课程，3 门上海市示范性全英语教学课程，27 门上海市重点课程。3 个专业通过国内工程教育专业认证。本科生获得省部级及以上奖励 211 项，其中，国际级 13 项，国家级 54 项，省部级 144 项。本科生一次就业率达 97.1%。发放奖学金 1 200 余万元，发放助学金 700 余万元，发放临时帮困补助近 14 万元，勤工助学总额为 1 800 余万元。

录取硕士研究生 3 173 名，录取博士研究生 412 名。博士研究生招生中首次向重点人才定向分配名额。建设第三批全英文培养方案。新增博导 26 人，硕导 37 人，专业学位校外（企业）导师 74 人。修订学位论文评审及申请学位学术成果的相关制度。研究生一次就业率达 99.8%。发放研究生奖助学金近 1.6 亿元。

入选“全国第二批深化创新创业教育改革示范高校”“上海市第一批创新创业教育改革示范高校”。构筑“EHS（环境、健康、安全）理念+LCS（Lab + Club + Shop）模式”。建设 37 门创新创业课程和 948 名专兼结合的双创导师团队。建立 1 个虚拟现实 VR 教学实验室和 3 个 VR 工程教育案例。建成 300 平方米的创业苗圃，6 000 平方米的孵化基地，3.2 万平方米的园区加速器和 4 万平方米的创业基地。获批“上海市专业技术人员继续教育基地”。荣获腾讯网“2017

年度综合实力网络教育学院”称号。

师资建设。现有教职员工 3 041 人（专任教师 1 852 人），其中两院院士 6 名、双聘院士 4 名，另有国家级人才 84 人，基金委创新研究群体 2 个，教育部“长江学者和创新团队发展计划”创新团队 3 个，科技部重点领域创新团队 2 个，国家级教学团队 4 个。年内，新入职教职员工 47 人，80 名符合要求的原人才派遣人员集中进编。引进肖啸教授、马丁教授、青年人才陈宜峰。刘昌胜入选中国科学院院士；杜文莉、白志山入选教育部人才项目；轩福贞入选国家百千万人才工程；刘海峰入选科技部中青年科技创新领军人才。杨化桂、张显程、杜文莉入选国家“杰青”，马骧、贺晓鹏、赵玉政、杨强入选国家“优青”。刘海峰入选科技部中青年科技创新领军人才，龚学庆入选上海市优秀学术带头人，王海丰、王喆入选上海市“曙光计划”，10 人入选上海市浦江人才，7 人入选上海市青年科技启明星。完成专业技术职务聘任、职员职级晋升等相关文件的修订工作。聘任正高级专业技术职务 21 人、副高级 48 人、中级 24 人。

科技创新。科研经费到款 5.4 亿元。新签科研项目为 1 066 项，合同金额为 5.5 亿元。承担国家重点研发计划 1 项、子课题 9 项。国家自然科学基金立项 156 项。新签国防项目合同 4 170 万元。获 2016 年度上海市科学技术奖 11 项，其中，上海市科学技术一等奖 1 项、上海市国际科技合作奖 1 项、青年科技杰出贡献奖 1 项，参与项目获 2017 年度国家科技进步二等奖。获上海市自然科学牡丹奖 1 项，获药明康德生命化学研究奖学者奖 1 项，获侯德榜化工科技创新奖 1 项，获侯德榜化工科技青年奖 1 项。生物反应器工程国家重点实验室获评“优秀”。结构可控分子工程国际合作联合实验室获得教育部批准立项。召开学校科技创新大会，成立校科学技术协会。成立生命健康、现代能源技术、智能制造与人工智能 3 个交叉研究院。建立“创新平台 + 科研服务”的信息化平台，设立科研财务助理。举办第一届产业发展论坛。新签 12 项重大成果转化合同，总金额超过 1.2 亿元。新建 2 个校外研究院和 6 个校企联合科研机构。连续第七年被评为上海高校技术合同管理工作先进集体。参展第十九届中国国际工业博览会，获高校展区优秀展品特等奖 1 项。获首届中国高校科技成果交易会“优秀展示奖”和“成果创新奖”。2 项专利获第十九届中国专利优秀奖。

人文社会科学研究经费到款 3 255 万元，获省部级以上项目立项 56 项。制定《人文社会科学科研机构管理办法（试行）》。成立社会科学高等研究院。获批建设上海高校思想政治工作研究中心和上海公共经济与社会治理研究中心 2 个省部级研究基地。上海高校智库“社会工作与社会管理研究中心”建设通过了阶段性评估。获批上海高校智库内涵建设计划项目、教育部高校示范马克思主义学院和优秀教学科研团队建设项目。

国际交流与合作。与世界知名高校和科研机构新签、续签28份学生交流、学术合作协议或备忘录。545人次教师因公出国（境），726名学生参加公派留学和校际交流。接待国外代表团来访900余人次，接待来校授课的合作办学项目外籍教师45人次。举办2017年国际化学生物学会年会等13次国际（地区）会议，资助103个海外学者短期授课项目。成立“费林加诺贝尔奖科学家联合研究中心”。石油化工行业智能优化制造创新引智基地获教育部批准，化学反应工程科学与技术创新引智基地项目已经在上海石化的烯烃装置上运行。与包括哈萨克斯坦、俄罗斯、捷克、匈牙利等在内的“一带一路”沿线国家高校与企业签署5份合作协议。

招收留学生1 389人，其中学历生431人。公派留学学生类项目录取95人，其中联合培养博士研究生52人。首个全英文本科专业“国际经济与贸易”正式开班。与泰国清迈大学达成来华“2+2”学生交换项目协议。与奥地利莱奥本大学合办的“高分子材料与工程”本科专业中外合作办学项目获批建设。“石油化工领域全英语硕士”项目获国家留学基金委“丝绸之路”奖学金，全额资助12名。

校园治理。学校决算总收入22.9亿元，总支出24.2亿元。建立学院层级的全口径财务预算体系。试点建立财务助理室。实现无等候预约报销。完成《内部控制手册（经济活动2017年版）》修订，开展内部控制第三方内控评价和培训。开展全校房屋资产管理系统建设，完成主要房屋资产的数据录入。开展对学校所属企业无偿使用房屋资产情况的清理工作。完成审计项目179项。完成采购项目164项，备案二级单位采购项目400余项。

校园基础设施建设新开工建筑面积2.9万平方米，竣工建筑面积2.6万平方米。完成楼宇修缮面积8万平方米。完成徐汇校区商学院大楼改造和电力扩容，奉贤校区二期学生公寓和游泳馆项目建设，徐汇校区学生一食堂和奉贤校区C、D教学楼二期的开工建设。推进徐汇校区信息科学与工程学院大楼建设。校园修缮职能由后保处调整至基建处，完成徐汇校区学生12舍、团结1—4楼、大学生俱乐部，奉贤校区A、B教学楼、学生公寓5—8楼的修缮。启动徐汇校区校园更新规划工作。徐汇学生宿舍区无线网络全覆盖，升级用户带宽流量。完成核心数据库系统设施的升级改造。推进私有云基础设施建设。增强虚拟化防护及WEB安全监测。完成“多媒体教学系统升级改造二期”项目和“演播室数字高清摄录编设备升级改造”项目。完成“一师一麦”惠师项目。推出微信卡门禁扫码进图书馆、微信卡选座签到、在借图书查询及续借等功能。

落实用房管理制度，实现学院和实验室用房定额收费，回收各类用房101间（7 379平方米）。新增40万元以上大型仪器17台。正式上线运行“材料类物资采购平台”和实验室安全管理系统（第一期）。开展装备资产校内调剂。入账登记固定资产 6 983 台件。处置报废仪器设备 7.3 万台件。推行废液回收收费制度。引入第三方专业公司进行实验室安全检查。气体钢瓶统一纳入化学品管理平台。提高后勤保障水平，完成徐汇校区学生宿舍空调和奉贤校区篮球场夜间照明系统安装。徐汇校区新快递中心投入使用。开展徐汇校区环境专项整治行动。完成徐汇校区庭院灯改造项目。

开展 65 周年校庆活动，组织了 170 余项校庆活动。开展 291 场高端学术活动，主办、承办各类专业学术会议共 48 场。推出 65 周年校庆 *Nature* 期刊专版。接待来访诺贝尔奖获得者 4 人，两院院士 28 人，长江、杰青等近百人。完成院士文化墙建设工作。推出 16 期文化展览。启动档案信息化建设工作。撰写《抗生素厂与小白楼》等一批校史研究文章，出版《笃行——华理学人传略》校史研究图书。开展定点扶贫和对口支援工作，组织 15 批调研考察团队赴寻甸推进定点扶贫工作，首批研究生支教团赴寻甸县支教，捐赠价值 105.3 万元的教学物资，设立远程教育寻甸学习中心，开设第五期专题干部培训班。选派叶邦策挂职石河子大学化学化工学院院长，并成功申报国家自然科学基金重点项目 1 项。

院系概况

Yuanxi Gaikuang

化工学院

【概况】 年内，化工学院有教职员工 229 人，专任教师 183 人，其中正高级职称 53 人、副高级职称 84 人，博士生导师 40 人。学院设有 4 个本科专业，7 个硕士点，5 个博士点。2017 年招收本科生 420 人，其中化工与制药类专业 343 人，化学工程与工艺专业 36 人，轻化工程专业 15 人，油气与储运工程专业 17 人，资源循环科学与工程专业 9 人。招收博士 51 人，学术硕士 277 人，全日制工程硕士 98 人。授予博士学位 47 人，工学硕士学位 210 人，全日制工程硕士学位 63 人，非全日制工程硕士学位 45 人。2017 届本科毕业生共 367 人，就业率达到 96. 19%，签约率达到 85. 56%，升学率达到 54. 77%。2017 届研究生毕业生共 305 人，就业率达到 99. 34%，签约率达到 94. 43%，升学率达到 3. 61%。

师资队伍建设。坚持外部引进和内部培养并重，推进高层次人才引进工作，开展海外招聘宣传，提升人才招聘质量。朱学栋入选上海市领军人才，段学志入选上海市高校特聘教授东方学者、上海市青年科技启明星，王俊有入选上海市浦江人才计划，徐益升入选上海市人才发展资金，叶光华入选晨光学者。辛忠获“宝钢优秀教师奖”，王际童入选中国化工学会“青年人才托举工程”，赵玲获第九届“侯德榜化工科技创新奖”，段学志获第九届“侯德榜化工科技青年奖”，龙东辉获“第三届青年英才校长奖”，李少萍、赵双良晋升正高级专业技术职务，宗原、刘振晋升副高级专业技术职务。

教育教学工作。（1）本科教育。化工学院完成教育部本科教学工作审核评估。完成 2017 年中央修购基金建设项目 2 项，获批 2018 年中央修购基金建设项目 2 项；新增上海市重点建设课程 1 门；新建核心课程慕课 6 门，全英文课程 2 门。获校“2017 年度青年教师课堂教学竞赛”决赛工学组二等奖、三等奖各 1 项。承办全国大学生化工实验大赛华东区赛、大学生化工创新实践大赛、“华理东方仿真杯”华东地区大学生化工实践虚拟仿真大赛、上海市大学生化工设计大赛，华东区大学生化工设计选拔赛，化工设计全国教师培训，“新佑杯”化工工程设计大赛。参加亚太地区和全国大学生“Chem-E-Car”竞赛。获“全国大学生化工实验大赛华东赛”特等奖和一等奖，“全国大学生化工实验大赛全国总决赛”一等奖，“全国大学生化工设计竞赛华东赛区”一等奖，“第八届全国大学生化工设计竞赛全国决赛”特等奖，上海市挑战杯二等奖。

(2) 研究生教育。获 2016（秋）学期研究生课程优秀任课教师一等奖 2 名，二等奖 1 名。承办上海市研究生创新能力项目——上海市暑期学校“计算机模拟及在化工中的应用”。完成中国石油工程设计大赛（上海赛区）组织和评审工作，获得一等奖 1 项、二等奖 1 项、三等奖 3 项。组织 30 多名博士生参加高水平国际会议和访学项目。4 名博士、4 名硕士获校优秀学位论文奖。化学工程与技术一级学科博士学位授权点、油气储运工程二级学科硕士学位授权点和化学工程专业学位（硕士）授权点自评估工作以优秀成绩顺利通过。承担全国工程硕士专业学位研究生课程教学案例库项目，获教指委立项 16 个案例，并完成案例库的建设工作。完成工程硕士在线开放课程“化学反应工程”“高等分离工程”的项目建设工作。

学科建设。“化学工程与技术”一级学科入选“世界一流学科建设”。学院围绕“跨越过程与产品的化学工程与技术”这一主题，坚持问题导向和需求导向，以三个面向为根本任务，针对资源与能源高效转化与利用（过程高效化）、高性能化工产品结构调控（产品高端化）、化工清洁生产与安全（环境友好化）中的重大科学与技术问题，发挥基础研究与工程应用紧密结合的学科特色，建设“高效反应与分离工程”“高性能化学品及产品工程”“过程安全与风险控制”三个学科平台，以促进化工过程工程与化学产品工程方向的协调发展，特别将发展化学和生物产品与材料的精密制造、绿色制造与安全制造，并在高性能关键化工产品功能化与工程化技术领域取得重要进展，在新材料、先进制造和先进能源前沿技术上取得重点突破。“化学工程与技术”一级学科在全国第四轮学科评估中获评 A+。

科学研究。学院承担项目 315 个，到账经费共计 7 648 万元。其中获得国家重点研发计划，国家“863”“973”等国家级项目 14 项，国家自然科学基金项目 54 项，重点实验室专项经费 1 项，省部级项目 18 项，军工项目 13 项，博士后基金 4 项，横向项目 207 项，教育部基本科研业务费项目 4 项。SCI 收录论文 212 篇，其中，化工学科三大期刊共 38 篇（AIChE J12 篇、CES7 篇、IECR19 篇），《德国应用化学》1 篇，公开发明专利 129 件。李伟教授负责的“草酸二甲酯合成过程中双塔流程分离低浓度碳酸二甲酯的方法”签订上千万元的技术转让合同。施力教授负责的“脱除芳烃中烯烃组分催化剂技术开发”获 2017 年上海市科技进步三等奖，许振良教授负责的“功能膜结构及其分离性能调控技术”获 2017 年度高等学校自然科学二等奖。

国际合作与交流。在美国明尼阿波利斯 2017AIChE 年会上举办华理招待会。举办表界面介尺度理论与模拟国际研讨会，承办第八届亚太化学反应工程研讨会。新增本科合作项目 2 个：澳洲昆士兰大学“3+1+X”合作项目，美国俄克拉荷马州立大学合作项目。学院共有 16 个本科生出国交流项目运行，通过 8 个项目派出学生 26 人，遴选 6 位优秀学生参加休斯敦大学举办的2017优秀本科生国际暑期学校。

党建与学生工作。发展党员60人，33名预备党员转正，培养积极分子109人。依托理论学习型社团“星火社”，探索新形势下大学生党性教育工作的新方法，形成集思想引领、培养推优的党性教育平台。开展追寻红色足迹活动，前往党性锻炼基地锤炼党性觉悟，开展定期志愿服务。开展“喜迎十九大”主题教育活动。以活力、红旗团支部创建为依托加强班团建设。2017年获评新闻宣传工作先进集体。学院团委荣获校红旗团委，“化工集结地”连续两年荣获校新媒体应用先锋；化工145班团支部荣获2017年高校共青团“活力团支部”荣誉称号。1项优秀党组织生活案例获评校文明文化建设优秀项目；3个研究生班级获校先进班集体；18名研究生获上海市优秀毕业生；获第十四届中国研究生数学建模竞赛国家级二等奖、三等奖各1项。

（孙莉）

【化学工程与技术学科在全国第四轮学科评估中获评A+】 12月28日，教育部学位与研究生教育发展中心公布全国第四轮学科评估结果，化学工程与技术学科获评A+。

（孙莉）

生物工程学院

【概况】 年内，生物工程学院认真贯彻党中央精神和学校重点工作，落实“十三五”规划的各项任务，在党的建设、人才培养、科学研究、学科建设和师资队伍建设等方面取得了进步。学院正朝着建设国际一流研究型生物工程学院的目标迈进。

师资队伍建设。学院共有教职员工172人，专任教师156人，其中正高级职称40人、副高级职称56人。2017年度新录用教师3名，师资博士后5名。本年度有1人晋升教授，1人晋升副教授，1人晋升副研究员，1人晋升讲师，1人晋升实验师。积极赴海外招聘人才，利用学院青教联、青年教师教学能力培训基地等加强青年教师培养。设立首届青年英才培育计划——远志计划，10名青年教师获资助。

教育教学工作。（1）本科教育。学院获批建设并完成2门MOOC课程，立项上海市重点课程建设2门，教材建设5项，获批上海市生物科学全英文专业。（2）研究生教育。重视研究生创新培养，成功举办上海市“生物工程现在和未来”研究生学术论坛、第五届长三角海洋生物医药产学研科技论坛和上海海洋药物青年论文报告会等全国会议。加强研究生招生宣传，推免生留校率突破75%。

学科建设。理顺学院学科布局，组织完成了5个学位点自评估工作，组织参与学校一流学科群建设方案的起草和撰写工作。组织生物工程学科建设研讨会，促进一流学科内涵建设。

科学研究。生物反应器工程国家重点实验室在2016年生物和医学领域国家重点实验室评估中获评“优秀”。2017年度共发表SCI论文181篇，签订纵向课题33项、横向合同22项，科研经费净到账4 456万元，获国家自然科学基金资助项目20项。新增上海市青年科技英才扬帆计划2项，获得药明康德化学生物学奖1项。以第一完成单位获得中国轻工业联合会技术发明一等奖1项、上海市科技进步二等奖1项、教育部自然科学二等奖1项、中石化联合会发明二等奖1项。以第三完成单位（及完成人）获得上海市科技进步一等奖1项。成立了生物工程学院理事会，成功承办了ICBS国际化学生物学学会年会和第三届中国食品科学青年论坛。

党建与学生工作。认真执行《生物工程学院党政联席会议制度》《生物工程学院三重一大决策制度》，将院务公开和党务公开落到实处。开展党建创新研究，获批党建研究课题2项、党建创新项目1项、党建研究成果奖3项。荣获上海市“五四特色团组织”称号；获上海市知行杯社会实践大赛三等奖1项；通过组队参加国际基因工程机器大赛（International Genetically Engineered Machine Competition，iGEM），举办各类创新竞赛，鼓励大学生参加各种科研创新活动。进一步推动学生开展社会实践活动，天台学生实践基地续约，走访西藏企业和全国校友。

（李阳）

【庄英萍获上海市“五一劳动奖章”】 5月3日，上海市五一劳动奖状（章）揭晓，生物工程学院教授庄英萍获2017年上海市五一劳动奖章。

（李阳）

【生物反应器工程国家重点实验室评估获优秀】 6月26日，科技部发布2016年度生物和医学领域国家重点实验室评估结果（国科发基〔2017〕183号），生物反应器工程国家重点实验室在本次评估中获评“优秀”。

（李阳）

【学生在国际基因工程机器大赛（iGEM）比赛中荣获金奖】 11月13日，在美国波士顿Hynes会议中心举办的国际基因工程机器大赛中，学院代表队作为首次参赛队伍荣获金奖。

（李阳）

化学与分子工程学院

【概况】 年内，学院现有教职员工 230 人，专任教师 157 人，其中正高级职称 65 人、副高级职称 63 人。其中，中国科学院院士 2 人，发展中国家科学院院士 1 人，诺贝尔化学奖获得者伯纳德·L. 费林加（Bernard L. Feringa，国际知名大师客座教授），国家百千万人才工程 2 人，国家教学名师 1 人，全国优秀教师 1 人，教育部长江学者特聘教授 5 人，国家“973”首席科学家 1 人，国家杰出青年科学基金获得者 6 人，“万人计划”科技创新领军人才 1 人，上海市领军人才、上海市“东方学者”特聘教授、上海市教学名师等共 15 人，学院 50 余人次在国际学术刊物和组织任职，包括主编 1 人、副主编 2 人。招收本科生 272 人，招收硕士研究生 276 人，博士 73 人。2017 年本科生就业率为 97. 47%。

师资队伍建设。根据学科发展特点，统筹规划人才培养和引进工作。2016 年诺贝尔化学奖获得者费林加申报 2017 年国家人才计划外国专家资助项目（短期项目）。2 人获批“国家优秀青年科学基金项目”资助。引进申报国家人才计划青年项目 2 名，其中 1 名通过面试答辩。1 人入选校特聘研究员计划。1 人入选上海市优秀学术/技术带头人计划；1 人入选 2017 年度“曙光计划”；1 人入选上海市浦江人才计划（A 类）；3 人入选上海市浦江人才计划（D 类）；1 人入选上海市青年科技英才扬帆计划。推荐申报教学贡献奖（教育贡献奖、教学管理奖）3 人，1 人获得张江树教学名师奖。6 人获正高级专业技术职称，5 人获副高级专业技术职称。建设特色专业教育创新团队。获“工科化学系列课程创新教育团队”重点建设项目。完成“化学类青年教师教学能力培训”基地的验收总结工作，组织以“教必有方，诲而不倦”为主题的校级青年教师沙龙活动。完善、补充保障学院教学质量的各项规定、制度，学院正副教授的上课率上升至 90%，副教授全部承担本科教学工作。

教育教学工作。（1）本科教育。入学本科生 272 人，毕业 277 人，授予 246 人学士学位。10 人获上海市“优秀毕业生”称号，1 人获校“优秀毕业生”称号。9 人获国家奖学金，2 人获上海市奖学金，38 人获国家励志奖学金。国家级、上海市级和校级大学生创新项目立项数分别为 14 项、14 项和 28 项。170 名学生参与奉贤创新教育基地创新活动，100 多名学生参加化学与生活系列活动。1 人获得上海市化学竞赛一等奖，2 人获得二等奖。保研工作中。6 项教改项目顺利验收，获批教改项目12项，应用化学专业获批校精品专业建设，化学与分子工程学院获批校创新示范学院建设，无机化学、有机化学获批校示范课程建设。获批3门慕课课程。出版14本教材和教材参考书，撰写发表教学研究和教学改革论文21篇。获得校级教学成果奖一等奖3项，二等奖1项，三等奖4项。4人获教学贡献奖，1人获得张江树教学名师奖。开展2017年本科教学的迎评促建工作。申报化学专业中俄联合专业认证，完成新工科项目“精细化工与分子工程”的申报。(2) 研究生培养。招收硕士研究生276人。招收博士研究生73人。组织暑期夏令营活动，75人参加夏令营。公派留学国外高水平大学攻读博士学位8人，攻读联合培养博士学位7人。29名研究生获国家奖学金，14名研究生获上海市优秀毕业生，14名研究生获校优秀毕业生，51名研究生获校优秀学生，23名研究生获校优秀学生干部。修订硕士研究生招生目录和考试大纲；修订博士研究生招生目录和考试大纲。新增5名博导、5名硕导、7名企业导师。完成302名研究生的学位论文查重及盲审工作。授予学位人数：博士73人，硕士160人，工程硕士24人，全日制工程硕士28人。17名博士、13名硕士分别获得校优秀学位论文。11项研究生参加高水平国际会议和访学项目获批，申报4项第三届“做出突出贡献工程硕士学位获得者”。通过2项中央高校改善基本办学条件专项资金。获批东富龙科技股份有限公司校级实习基地。组织2016级全日制工程硕士进行为期6个月的企业实践。

学科建设。化学学科入选国家“世界一流学科”建设行列。引进化学/材料先进电镜重大仪器平台建设团队，促进化学、材料、生物、化工、药学、环境等多学科交叉融合，支撑多学科高水平研究。设立两个重大科研平台——费林加诺贝尔奖科学家联合研究中心和结构可控分子工程国际合作联合实验室。完成化学一级学科学位授权点自我评估，制药工程领域、轻工技术与工程领域专业学位授权点自我评估。

科学研究。年内，学院纵向到款经费为5 163万元，横向到款经费为1 325万元，合计6 488万元。田禾院士和朱为宏教授参加的国家科学中心项目获批。在2017年度市教委科研创新计划项目中，龙亿涛牵头的项目“单分子界面化学基础研究”获得300万元重点项目资助；马骧牵头的项目“纯有机室温磷光发射功能材料的构建及性能”获得100万元非共识项目资助。牟伯中获得国家重点研发专项课题资助，经费为333万元。军工项目：黄永民获得型号配套供货项目（337.5万元，已到款170万元）、装备预研专用技术项目（150万元）、华理－101所联合实验室建设项目（300万元）。马骧和贺晓鹏获得国家优秀青年科学基金项目资助。

国际合作交流。田禾院士代表学校与荷兰格罗宁根大学签署校级合作协议。筹建费林加诺贝尔奖科学家联合研究中心（获2 000万元的建设基金）并于2017年10月22日上午正式揭牌。

召开教育部“结构可控分子工程”国际合作联合实验室立项建设论证会，获批立项建设，实现了华理国际合作联合实验室零的突破。举办为期 4 天的“诺贝尔奖科学家校园行”系列学术活动。为费林加教授办理“外国人来华工作许可通知”、“外国人来华工作许可”、“工作居留许可”（1 年有效期）、“永久工作居留许可”（预计于 2017 年 12 月颁证）。撰写校庆 *Nature* 专辑。

（宋卓）

药学院

【概况】 年内，药学院在聘教职员工 113 人，专任教师 89 人，其中正高级职称 37 人，副高级职称 37 人，博导 46 人（含兼职导师）。学院设有 3 个本科专业、3 个硕士点、3 个博士点。招收本科生 213 人，其中制药工程专业 60 人，药学专业 58 人，药物制剂专业 61 人；招收博士研究生 41 人，学术型硕士研究生 127 人，全日制专业硕士学位研究生 63 人。毕业研究生 169 人，本科生 217 人，研究生就业率达到 97.06 %，本科生就业率达到 95.81%；授予博士学位 35 人，学术型硕士学位 91 人，专业学位硕士 37 人；本科生升学率达到 40%。

师资队伍建设。引进肖啸教授。赵玉政获批国家基金委优秀青年科学基金，李浩入选上海市高校特聘教授——东方学者（跟踪计划），毛斐入选上海市扬帆计划，任国宾获得中国产学研合作创新奖、上海市科技进步奖二等奖，李剑获得药明康德生命化学研究奖、第八届中国药学会—赛诺菲青年生物奖、华夏医学科技奖二等奖。罗晓燕、刘宏伟指导学生获得第七届“国药工程杯”全国大学生制药工程设计竞赛一等奖，赵建宏、马磊指导学生获得第七届“国药工程杯”全国大学生制药工程设计竞赛二等奖。1 人晋升教授，3 人晋升副教授。

教育教学工作。（1）本科教育。“制药工艺学”立项为上海市精品课程，“药品生产质量管理规范（GMP）”和“药物分析”立项为上海市重点课程，“药物化学”和“制药工艺学”立项为校专业核心课程建设项目，《药理学》和《药学专业实验教程（第二版）》立项为校教材建设项目。罗晓燕负责的制药工程实习教学被评为本科生实习教学优秀范例。获得校教学成果奖一等奖 2 项，二等奖 2 项，三等奖 5 项；第七届“国药工程杯”全国大学生制药工程设计竞赛获一等奖、二等奖各 1 项；大学生课外创新实践活动新增国家级项目 6 项；新增上海市级“大学生创新创业训练计划”项目 10 项，校级项目共 13 项。（2）研究生教育。在读全日制研究生共计 679 人，其中博士 152 人，硕士 527 人（含全日制专业学位硕士研究生 155 人）；在读非全日制专业学位研究生共计 189 人。

学科建设。与生物工程学院共同完成新药创制和生物制造学科平台建设方案；药理学和毒理学进入 ESI 前 1%；完成药学一级学科博士点、农药学二级学科博士点自评估材料的定稿，分别组织了以陈凯先院士（药学）、韩召军教授（农药学）为组长的专家组现场自评估会议；协助化学院完成制药工程专业学位点，协助化工学院完成制药工程与技术二级学科博士点的自评估材料的撰写；完成药学院“十三五”学科规划的定稿，进一步细化“十三五”各学科的考核指标。

科学研究。年内，到账经费合计5 965万元。主持1项重点研发计划项目（农业生物药物分子靶标发现与绿色药物分子设计）和3项重点研发计划项目子课题（超灵敏代谢物原位定量检测新技术、细胞氧化还原状态及其调控与全景图谱和蛋白机器与配体多重对映关系预测技术）。发表SCI论文157篇（第一单位），其中*Nature*子刊1篇，中科院一区期刊论文26篇，二区期刊论文42篇。获批国家自然科学基金项目9项，其中重点项目1项。李洪林研发的糖尿病药物实现技术转让。

国际合作与交流。共派出长短期交换本科学生11人次，其中短期交换生9人，长期交换生2人；研究生8人，其中参加国家建设高水平大学公派研究生项目4人，参加华东理工大学学生国外（境外）学习项目专项基金项目4人。长期境外访问学者2人次，短期访问教师（包括参加境外国际会议）17人次；接待境外来访6人次；邀请外籍教师授课1人次；引进国家级人才计划1人，国家级人才计划青年项目1人；2本国际学术杂志拟落地药学院。参加北美人才招聘工作，同波士顿和纽约的高校相关药理学人才洽谈。

党建与学生工作。药学院奉贤本科生联合党支部在全国高校“两学一做”支部风采展示活动中获评“推荐展示优秀作品”，“区校共建，推进药学党建服务中心建设”立项学校年基层党建创新项目。获第31届文化艺术节优秀组织奖、大学生暑期社会实践活动优秀组织奖、校青年志愿服务工作优秀组织奖。学院团委获评校五四红旗团委，刘蓉获校“青年五四奖章”称号；本科和研究生总共获评校先进班集体5个，校优良学风班集体9个；获评校优秀学生共64人，校优秀学生干部20人，校优秀毕业生共35人（其中19人同时入选上海市优秀毕业生）；获评校十佳团支部1个，红旗团支部3个，活力团支部6个，校优秀团干部9人，校优秀团员27人。1项作品获第十五届挑战杯全国大学生课外学术科技作品竞赛三等奖、上海市大学生课外学术科技作品竞赛一等奖，1项作品获上海市“知行杯”社会实践大赛三等奖。

（邓卫平、李浩、任国宾、王越、牛婧）

【药理学与毒理学进入ESI国际排名的前1%】 1月16日，据科睿唯安（原汤森路透）2017年1月发布的最新ESI数据，药学院药理学与毒理学进入ESI国际排名的前1%。

（牛婧）

【药学实践工作站开学典礼】 1月19日，华东理工大学药学实践工作站开学典礼在奉贤校区图文信息中心敬贤堂报告厅举行。上海市科委科普工作处处长曹宏明，上海科普教育促进中心主任郁增荣，以及学校教务处处长黄婕，科研院常务副院长朱学栋、副院长陈锋，药学院党委书记王喆等嘉宾及有关专家、实践点负责人、指导教师、68 名参与项目的高中生出席了开学典礼。

（牛婧）

【华东理工大学校友行业高峰论坛】 6 月 19 日，由学校药学院、校友会联合举办的首次华东理工大学校友行业高峰论坛——制药专场在徐汇校区逸夫楼演讲厅举行。

（牛婧）

材料科学与工程学院

【概况】 年内，学院有教职员工 163 人，专任教师 146 人，其中正高级职称 45 人，副高级职称 61 人，博士生导师 31 人。学院设有 4 个本科专业，3 个硕士点，2 个博士点，1 个专业学位点。招收硕士研究生 269 名，其中学术硕士 196 名，全日制工程硕士 73 名，招收博士生 56 名。本年度共授予学位 252 人，其中博士 29 人，学术型硕士 151 人，全日制工程硕士 39 人，非全日制工程硕士 33 人。招收录取本科生 359 人，2017 届本科毕业生共 334 人，就业率达到 97. 30%。研究生毕业生共 227 人，就业率达到 100%。

师资队伍建设。刘昌胜教授当选中国科学院院士，杨化桂教授获得国家杰出青年科学基金资助，江浩教授入选组织部青年拔尖人才计划，林志群教授入选上海市人才计划，江浩教授入选上海市东方学者跟踪计划，牛德超教授入选上海市东方学者计划，袁媛教授入选上海领军人才。孙金煜获第二届全国高校无机非金属材料专业青年教师讲课比赛特等奖，毛荐获二等奖。为进一步加强师资队伍建设，学院推出了伯乐奖制度，用于奖励推荐人才计划申报、扶持人才培养的教师。

教育教学工作。（1）本科生教育。高分子材料与工程专业通过第二次工程教育认证，无机非金属材料工程专业递交 2018 年参加工程教育认证申请并获批准。高分子科学与工程专业核心课程教学团队获批校教学名师培育团队建设。完成与奥地利莱奥本大学联合人才培养的课程对接和培养方案制定，8 月份获得教育部批准。学院获得校级教学成果奖励一等奖 2 项、二等奖 3 项、三等奖 7 项。举办了学生讲师团、导师推介会、优秀学长连连看、“青年堂”系列、材料企业行、“青椒”与“菜菜”的约会等一系列活动。与复旦大学、同济大学、东华大学、上海大学、上海理工大学、上海电力学院、上海工程技术大学等八所高校的材料科学与工程学院联盟成立了英材汇。1 人荣获成思危名誉校长奖学金一等奖，1 人荣获全国大学生数学竞赛一等奖，1 人荣获美国大学生数学建模 Honorable Mention 奖（二等奖），1 人荣获美国大学生数学建模三等奖，2 人荣获全国大学生英语竞赛二等奖，1 人荣获中国大学生物理学术竞赛二等奖，1 人荣获全国大学生计算机设计大赛二等奖，1 人荣获全国大学生计算机设计大赛三等奖，3 人荣获第九届上海市大学生计算机应用能力大赛三等奖，1 人荣获第十二届“华陆科技·奋进杯”大学生课外学术科技作品竞赛上海市一等奖，5 人荣获第十五届“挑战杯”上海市大学生课外学术科技作品竞赛上海市二等奖，1 人荣获第四届上海市大学生先进材料创意大赛三等奖，1 人荣获中国大学生机械工程创新创意大赛——“卓然杯”第八届过程装备实践与创新大赛二等奖。(2) 研究生教育。进一步优化研究生招生结构和招生政策，完善博士生招生“申请－考核”制；完成研究生招生政策宣讲 10 余次；制定博士、硕士 11 个专业招生目录（包括港澳台 5 个）；修订完善学院接受推免生的相关政策，成功举办了第七届全国大学生暑期夏令营，营员 94 名。完成硕士中期检查和博士资格认证，制订材料科学与工程硕士和博士全英文培养方案；加强外聘专家授课，组织安排各类研究生学术讲座、报告 70 余场。组织并完成 2016 级全日制工程硕士的实践教学，对相关实践教学基地（市级）进行维护。获批 2020 年度修购基金项目，完成 2017 年学院研究生国家奖学金奖惩委员会和 2017 年学院研究生计划外奖学金奖惩委员会的调整，完成 2017 年研究生国家奖学金奖（博士生 5 名、硕士生 17 名）和 2017 年研究生计划外学金奖的评选工作。严把学位授予质量关，学院研究生实行 20%的公开答辩。2016—2017 年度共有 6 名博士、8 名硕士获得校级优秀论文奖。

学科建设。材料科学与工程学科入选国家“世界一流学科”建设名单。在科学研究方面凝练出三个主要建设方向：先进聚合物材料、生物医用材料、纳米材料与工程。年内正在加紧推进学科平台建设。完成材料科学与工程一级学科学位授权点、生物医学工程一级学科学位授权点和材料工程专业学位授权点自评估工作。进一步修订完善了学院博士生和硕士生申请学位学术成果要求的暂行规定。组织申请生物医学工程博士学位一级授权点，通过上海市评审，年内已进入教育部评审环节。

科学研究。科研经费到款 6 886 万元，其中纵向经费为 4 736 万元，横向经费为 2 150 万元。获批国家自然科学基金项目 11 项，直接经费为 920 万元，包括杰出青年基金 1 项、面上项目 9 项和青年基金 1 项。发表 SCI 收录论文 225 篇，其中包括 Chem. Rev.（1 篇）、Chem. Soc. Rev.（1 篇）、Adv. Mat.（2 篇）、Angew. Chem. Int. Ed.（3 篇）、Adv. Funct. Mat.（1 篇）、Adv. Energ. Mat.（1 篇）、Nano Energy（1 篇）等高质量论文。李春忠教授领衔的项目“基于界面增容的多相协同改性聚合物复合材料及制品开发”获得上海市技术发明奖一等奖（评审通过），张玲教授领衔的项目“杂化增强体改性热塑性聚合物复合材料制备与应用”获得 2017 年度高等学校科学研究优秀成果奖科学技术进步奖二等奖。

国际合作与交流。组织召开了 2017 年全国“材料学科建设与学术前沿论坛”“高分子材料前沿论坛”“新能源材料前沿论坛”以及上海市青年科技启明星“新材料、新技术”学术论坛等活动。配合学校完成由学院承办的“第七届化学工程青年学者学术交流研讨会”。组织知名教授及研究生参与“2017 上海市先进低维材料研究生学术论坛”。承办 65 周年校庆活动之一的“2017 ECUST-CSIRO Advanced and Biomedical Materials Workshop”。8 名学生获批国家公派留学项目。4 位同学获批参加国外高水平学术会议。

党建与学生工作。学院党委对党风廉政建设责任制 32 条考核内容进行了责任分工，向班子成员发放了《廉政工作记录》，切实履行学院党政领导班子成员“一岗双责”。学院党委每月召开一次党委会或党委扩大会，进行党委中心组学习，布置指导各基层党支部的“三会一课”。每 1～2 周召开一次党政联席会议，讨论和决定本单位重要事项，对“三重一大”事项进行讨论决策。学院党政领导带头落实全国高校思政会议精神，党委书记为学生上党课和思想政治课，院长为研究生上思想政治课。第 11 次开展学院党委给教工党员过“政治生日”活动。举办“知行合一，筑梦前行”本科生党支部特色活动第九届思想研讨会。发展党员 31 人（其中研究生 6 人），42 名预备党员转正（其中研究生 18 人）。

（佘砚）

【国家自然科学基金委一行来校考察“无机纳米生物材料”创新研究群体】 3 月 22 日，国家自然科学基金委员会副主任姚建年率国家基金委考察组一行，来校考察由副校长刘昌胜牵头的创新研究群体项目推进情况。基金委工程与材料科学部副主任车成卫、无机非金属材料研究处处长陈克新、综合处处长王之中、无机非金属材料研究处副处长苗鸿雁等专家，校长曲景平、副校长刘昌胜，材料科学与工程学院院长李春忠、科研院副院长陈锋、化学与分子工程学院刘洪来，以及林嘉平、李永生、刘润辉、林绍梁等群体成员出席了会议。

（甘琪）

【刘昌胜当选中国科学院院士】 11 月 28 日，中国科学院正式公布 2017 年增选院士结果，华东理工大学材料科学与工程学院教授刘昌胜当选中国科学院院士（技术科学部），标志着学校高层次人才队伍建设再获重大突破。

（朱以华）

信息科学与工程学院

【概况】 年内，学院有教职员工213人，专任教师148人，其中正高级职称29人，副高级职称78人，博士生导师27人。学院设有自动化、测控技术及仪器、电气工程及其自动化、计算机科学与技术、软件工程、信息工程等6个本科专业，控制科学与工程、计算机科学与技术、信息与通信工程等3个一级硕士学位授权点，控制科学与工程一级博士学位授权点、计算机应用技术博士学位授权点。2017年招收本科生478人，其中电子信息大类314人、计算机大类164人。招收博士研究生29人，学术型硕士研究生138人，全日制工程硕士研究生100人。授予博士学位12人，工学硕士学位119人，全日制工程硕士学位58人，非全日制工程硕士学位49人。2017届本科毕业生364人，就业率达97.25%。

师资队伍建设。坚持外部引进和内部培养工作并重，杜文莉教授入选上海市领军人才，并获批国家杰出青年科学基金。郭卫斌教授获2017年宝钢优秀教师奖，王喆教授入选上海市曙光学者，姜庆超入选上海市浦江人才计划项目，赵芝芸、堵威2人入选上海市青年科技英才扬帆计划，钟伟民教授获首届"霍尼韦尔学者"称号，侍洪波教授荣获校第一届"张江树教学名师奖"二等奖，严怀成教授获校第三届"青年英才校长奖"，唐漾教授入选2017年"全球高被引科学家"，金晶教授入选2017年"中国高被引学者"。陈志华晋升教授，谭帅、杨明磊、姜庆超、赵亮、胡贵华5人晋升副教授。英国萨里大学计算科学系"计算智能"讲席教授金耀初入选上海人才计划，聘请美国国家工程院院士Babatunde A. Ogunnaike教授和中国工程院院士桂卫华教授为学校名誉教授，聘请中国化工蓝星集团总公司高级顾问冯恩波博士为学校客座教授。学院连续第5年评选"信息科学与工程学院年度优秀教师奖"，6名在本科与研究生教育教学、科研工作、管理服务等方面做出突出贡献的优秀教师受到学院表彰和奖励。学院连续第5批实施"信息科学与工程学院优秀青年骨干教师培育计划"，开展人才培育工程，5位青年教师入选。

教育教学工作。（1）本科生教育。做好电子信息类、计算机类本科大类招生与大类培养工作，完成大类招生培养方案的修订。加强与国际高水平大学开展合作办学，自动化系完成与英国谢菲尔德大学"Automation Department and System"的课程体系对接，自动化专业及测控技术与仪器专业签订并实施“3+1+X”合作协议。获批校教育教学规律及方法研究重点项目1项、一般项目1项，立项建设校核心课程3项、校教材建设项目1项、校基础课程教学团队建设项目2项、公选课课程建设项目5项，获批上海市重点课程建设项目2项。获得校级教育教学成果奖一等奖3项、二等奖8项、三等奖18项。文欣秀获校本科教学贡献——教书育人奖，杨富琴获校本科教学贡献——教学管理奖。陈兰岚、赵敏等2人获得校青年教师课堂教学竞赛工学组二等奖。首期学院级“创新实践育人计划”立项69项。侍洪波领衔的“自动化专业实习基地的建设及融入教学的实践”获批校本科生实习教学优秀范例。5项项目获批教育部高等教育司关于公布有关企业支持的产学合作协同育人项目。(2) 研究生教育。遴选2位副教授为博士生导师，新增硕士生导师3位；1人被评为校研究生课程优秀任课老师；新增“信息安全理论与应用”和“程序设计与算法设计”2门全英文授课课程；“计算机科学与技术”博士点与硕士点、“信息与通信工程”硕士点全英文培养方案立项建设。4篇博士论文、7篇硕士论文获校优秀研究生学位论文。3名博士生获批“研究生参加高水平国际会议和国际访学”项目。举办全国优秀大学生暑期夏令营活动，吸引了来自全国各大高校的46名学生参加。

学科建设。在第四轮学科评估中，“控制科学与工程”学科获评B+；“计算机科学与技术”学科首次参与学科评估，获评B。完成学院“2016—2020发展规划”报告，“过程工业智能制造”入选学校一流学科建设，凝练聚焦“智能自主控制与全流程运行优化”“智能感知与网络系统协同控制”“供应与生产链管理与智能决策”“安全环境足迹监控与溯源诊断”四个研究方向。在*Nature*期刊介绍华东理工大学建校65周年成果的专刊中，报道学院“Smart Manufacturing”领域的突出成果。“计算机科学与技术”学科稳定发展，完成了学校学科特色发展引导性支持项目各项绩效指标。积极推进国际合作联合实验室的筹建工作。与英国谢菲尔德大学、英国伦敦大学和英国萨里大学签署了合作协议，在人才培养、科学研究方面开展合作。

科学研究。获批“智能制造与人工智能”研究院和“炼化一体化智能优化制造”科研创新团队（重点支持类）。作为第一完成单位，获得中国专利优秀奖1项，第十九届工博会高校展区优秀展品奖特等奖1项，中国石油化工科技进步三等奖1项。以第二完成单位获得2017年度教育部高等学校科学研究成果自然科学奖二等奖1项，上海市科技进步二等奖1项。以第三完成单位获得上海市科技进步奖二等奖1项。年内，学院获批国家自然科学基金资助项目17项，其中，杰出青年基金1项、重大国际合作与交流项目1项、海外学者合作研究基金1项、人工智能专题应急管理重点项目1项，面上项目8项、青年基金5项，直接经费共1 102万元。获2项上海市自然科学基金项目，探索类项目1项。年内，科研经费到款4 532万元，其中纵向经费2 698万元，横向经费1 834万元。自动化系到款3 474万元，占比为76.7%；计算机系和计算机教学实验中心到款870万元，占比为19.2%；电信系和电信实验教学中心到款188万元，占比为4.1%。发表SCI论文117篇，EI论文94篇，其中，自动化系SCI论文94篇，占比为80.3%；计算机系SCI论文18篇，占比为15.4%；电信系SCI论文5篇，占比为4.3%。

国际合作与交流。邀请了美国德州农工大学、英国皇家工程院院士Stratos Pistikopoulos教授，英国伦敦大学、英国皇家工程院院士David Bogle教授，英国谢菲尔德大学、英国皇家工程院院士Mike Hounslow教授，澳大利亚莫纳什大学、澳大利亚两院院士Aibing Yu教授，香港科技大学、美国塑料工程协会院士高福荣教授，南非比勒陀利亚大学南非两院院士夏小华教授，于韦斯屈莱大学、芬兰科学院院士Petri Toiviainen教授，香港城市大学、欧洲科学院院士陈关荣教授等31人次来访并做相关学术专题报告。德国BeckHoff自动化有限公司的Frank Schiller教授分别为自动化系本科生和研究生开设16学时的全英文课程。依托“111”引智基地，邀请意大利米兰理工大学Hamid Reza Karimi教授、英国萨里大学金耀初教授、德国德累斯顿工业大学Klaus Janschek教授等3人进行全英文短期授课。学院与英国谢菲尔德大学、美国伊利诺伊大学芝加哥分校签订了合作备忘录，分别启动实施本科生“3+1”“3+2”合作交流访学项目。9名本科生参加了学校国际交流长期项目；23名本科生参加了学校国际交流暑期项目或短期学习交流项目。

党建与学生工作。学院党委深入贯彻党的十八届三中、四中、五中、六中全会，十九大和全国高校思政工作会议，以及习近平总书记系列重要讲话精神，落实全面从严治党主体责任，加强党风廉政建设和干部队伍建设，明确“一岗双责”岗位要求，确保“三重一大”决策制度落到实处。充分利用学校新闻网、学院网站、校报及“华理信院”微信公众号等宣传媒介，积极弘扬社会主义核心价值观，推动师德学风建设，做好对学院办学特色、学科建设、获奖成果、典型人物事迹等方面的宣传报道。学院获评2017年度校“新闻宣传工作先进集体”“信息系统建设和管理工作先进集体”，1人获评校“新闻宣传工作先进个人”。以构建“和谐学院”为目标，申报“校文明示范单位标兵”。关心支持工会群团组织建设，保证学院教代会履行职责。学院申报的“探索引导支撑机制，促进教工党支部书记的角色定位和作用发挥”“思政教育与双创教育相协同的多维立体育人平台——信息科学与工程学院阳光育人平台”——获批校基层党建创新立项项目。“计算机类专业概论”课程被列为首次进行课程思政教育教学改革试点的课程。坚持“文化育人、全员育人”的工作理念，扎实推进学风建设、学生党建、团学工作、毕业生就业工作、辅导员队伍建设等基础性工作。学院被评为徐汇区征兵工作先进单位、校征兵工作先进集体。

（许浩）

【信息科学与工程学院内设机构干部选拔】 4月28日，任命杨文任院长助理兼自动化研究所副所长；陈宁任院长助理兼电子与通信工程系主任；金晶任自动化系主任；谷小婧任自动化系副主任；郭卫斌任计算机科学与工程系主任；李建华任计算机科学与工程系副主任；黄如任电子与通信工程系副主任；王占全任计算机教学实验中心主任；万锋任计算机教学实验中心副主任；钟伟民任自动化研究所所长（兼）；阮彤任计算机技术研究所所长；陈志华任计算机技术研究所副所长；许浩任学院办公室主任。

（许浩）

机械与动力工程学院

【概况】 年内，机械与动力工程学院全体教职工在院党政领导班子的带领下努力工作，紧紧围绕学校总体工作部署及“迎接党的十九大召开”“开展本科审核评估”“开展双一流建设”“庆祝六十五周年校庆”等学校重点工作，着力推进学院内各项工作开展。学院现有教职员工159人，专任教师123人，其中正高级职称36人，副高级职称58人，博导27人。学院设有过程装备与控制工程、机械设计制造及其自动化、材料成型及控制工程、安全工程（安全检测技术）等四个本科专业，安全科学与工程一级学科硕士学位授予点、固体力学二级学科硕士学位授予点，以及动力工程、机械工程和安全工程等3个领域的工程硕士学位授予点，动力工程及工程热物理和机械工程两个一级学科博士学位授予点及博士后流动站。2017年招收本科生366人（大类招生）。招收博士27人、学术硕士131人、全日制工程硕士69人。授予博士学位23人、工学硕士学位107人、全日制工程硕士学位42人、非全日制工程硕士53人。2017届毕业本科生共353人，就业率达到97.73%，签约率达到86.97%，升学率达到32.01%；2017届毕业研究生共175人，就业率达到100%，签约率达到97.71%，升学率达到4%。

师资队伍建设。年内，学院新进教师7名，新进师资博士后1名；新晋正高级职称教师2名；新晋副高级职称教师3名；新聘校兼职教授1人。张显程获批国家自然科学基金杰出青年基金；杨强获批国家自然科学基金优秀青年基金；马新玲获评上海市教书育人楷模；高阳获评上海市东方学者；朱明亮、马良获评上海市科技启明星；雷学林入选上海市扬帆计划；另外，涂善东和汪华林老师冲击工程院院士且进入了第二轮。

教育教学工作。（1）本科教育。围绕“本科审核评估”开展工作，组织了教学质量检查工作，同时组织了听课活动，及时发现各教学环节中的问题，并进行整改；审核评估期间，接受了评估专家对教学资料、课程、实验室及实习基地的检查，接待了评估专家对学院的考察，相关工作也得到了专家的认可，保证了本科审核评估工作的顺利进行。（2）研究生教育。通过网络、微信等宣传平台，介绍学院培养和研究特色。优秀大学生夏令营学院实际报到人数为90人。博士统招采用“报名－审核”制，最终录取8人。统考硕士研究生录取128人，其中“211”及以上高校生源占47.69%。制定了研究生国家奖学金评定细则，以公平公正为基准，规范了评定程序，最终做到了“零”投诉。开展动力工程及工程热物理一级学科博士点和硕士点全英文培养方案的建设，动员教师积极建设全英文课程，争取吸引更多国际留学生的优质生源。

学科建设。过程装备与控制工程专业向中国认证学会提交了专业认证的申请报告，将于2018年迎接第3轮的专业认证，其他三个专业也按照OBE的教学理念确立了培养方案。学院开展了“机械工程”“动力工程及工程热物理”2个一级学科博士点、“安全工程”一级学科硕士点、“固体力学”二级学科硕士点，以及“机械工程”“动力工程”“安全工程”3个工程硕士点的学位点自评估工作，学院召集各学科骨干教授开展研讨，组织老师参加了自评估报告的撰写，梳理清楚了各学位点的现状及问题，并邀请了各领域内的专家进行了评审。提出了ESI工程学论文倍增计划，在《机械与动力工程学院教师综合业绩计算方法》中将ESI工程学论文的工作量提高到1.5倍，并对ESI高倍引论文给予奖金奖励。1个本科专业创新团队获得校重点培育团队资助，“先进能源与动力装备技术”获得学校一流学科，积极推进“高温常压设备与安全创新团队”科研创新团队的建设。温建锋老师的博士论文获得第一届中国机械工程学会压力容器分会优秀博士论文卓越奖。

科学研究。全院到款经费达4 188万元，其中横向经费2 704万元，纵向经费1 484万元，总经费比去年同期增长9.8%。合同额超过100万元的有22项，有两位教师获得国家重点研发计划子课题的支持，年内获得自然科学基金12项，比2016年的8项增长近50%。

国际合作与交流。继续推进动力工程及工程热物理硕士、博士研究生全英文培养方案及全英文课程的建设工作，所涉及的9门全英文课程根据建设任务安排，已完成一半以上建设工作。与日本东北大学续签了合作协议，完成印度理工学院（金奈）以及印度Vel Tech Dr. RR & Dr. SR Technical University两所学校合作交流协议的前期工作；与英国贝尔法斯特女王大学进行课程对接工作，与美国阿肯色州立大学洽谈合作事宜。召开了中国旅德学者化学化工学会教育部春晖代表团学术交流会，承办了ASME中国国际工作组2017年年会，协办了中国压力容器学会国际分会场报告，邀请了EDF英国能源公司雷月葆博士，美国工程院院士、美国西北大学（Northwestern University）机械工程系Joseph Cummings，华中科技大学丁汉院士、美国Edison Welding Institute（EWI）朱先奎博士，欧洲科学院院士、美国阿肯色大学（University of Arkansas）机械工程系Ashok Saxena教授，美国内布拉斯加大学林肯分校电气工程系Lott主席教授，中国长江学者奖励计划讲座教授陆永枫博士等专家学者来校进行学术交流。接受了30名来自英国邓迪大学的学生参加由国际教育学院和机械与动力工程学院共同组织的暑期班。组织18

名学生参加了新加坡南洋理工大学的暑期学校；8 位学生获得研究生院资助参加国际会议和访学。

党建与学生工作。强化制度建设，扎实推进基础党建：在入党前坚持选苗育苗“早”且“准”，严格落实三级党校培训机制；入党中坚持考察发展“严”且“精”，严格实行入党公开答辩机制；入党后坚持教育管理“奖”且“惩”，严格落实党员述责答辩与满意度测评机制。同时大力加强支部建设，不断创新和丰富支部生活的内容和形式。成立“华理创客”创新协会，同时获得了校“思想学术节”优秀组织奖、校“五四红旗团委”的荣誉称号。积极开展“就业引导工程”企业走访活动，2017 年暑假走访了中国核动力研究设计院、四川省交通投资集团等单位。学院从 2005 年开始连续 12 年被评为校“毕业生就业工作先进集体”。在特色创新活动方面，学院年内承办了中国大学生机械工程创新创意大赛 - 卓然杯第八届过程装备实践与创新大赛。

（李煜佳、程秀玲）

【学院教师完成“十三五”重大专项攻关任务】 机械与动力工程学院教授积极参与“十三五”重大专项“移动式承压特种设备风险防控及应急关键技术研究项目”的申报工作，承担了其中两项任务，年内该项目已通过评审。

（李煜佳、程秀玲）

【学院教师助力我国海洋油气资源开发】 4 月，机械与动力工程学院教授领衔开发的海上气田开采后期高乳化生产废水高效深度除油技术及装备在南海崖城 13 - 1 平台应用，并通过了现场验收，取得了排海石油类含量比当前国家标准低近 40%的成效，为我国海洋油气资源的开发利用提供了重要的技术支撑。

（李煜佳、程秀玲）

【中国大学生机械创新创意大赛在校举办】 8 月 26—27 日，中国大学生机械创新创意大赛在校举办、卓然杯第八届全国大学生过程装备实践与创新大赛在校举办。来自全国 64 所高校，439 个团队共 2 000 多名大学生参赛，大赛评选出特等奖 10 项、一等奖 25 项、二等奖作品 40 项、三等奖作品 71 项，优秀指导教师 44 名、优秀组织奖 15 项。同时召开了现场决赛及成果汇报会，多家媒体进行了现场报道。

（李煜佳、程秀玲）

资源与环境工程学院

【概况】 年内，学院有教职员工 105 人，专任教师 87 人，其中正高级职称 32 人，副高级职称 30 人，博士生导师 26 人。学院设有 3 个本科专业，2 个硕士点，2 个博士点，1 个专业学位点。2017 年招收本科生 180 人；招收硕士 112 人，其中学术硕士 79 人，全日制工程硕士 33 人；招收博士生 26 人。共授予学位 132 人，其中博士 25 人，学硕 77 人，全日制工硕 20 人，非全日制工硕 10 人。2017 届本科毕业生共 152 人，就业率达到 97.53%，升学率达到 50.7%。研究生毕业生共 149 人，就业率达到 100%。

师资队伍建设。通过赴美国、日本招聘和在上海召开博士后论坛等契机大力推进人才招聘力度。2017 年吸引海外人才面试 29 人，引进海外人才 6 名，其中特聘副研究员 3 名，选留师资博士后 4 名。落实华威大学上海市短期人才计划温晓玲教授的工作。与中组部企业人才计划获得者达成了双聘或引进的意向。新聘任兼职教授 2 人、客座教授 2 人、名誉教授 1 人。

教育教学工作。（1）本科教育。把“一流本科建设”作为工作重点，成立了本科教学指导委员会，顺利完成了本科审核评估工作，完成环境工程专业工程教育二次认证以及能源与动力工程专业、安全工程专业教学评估回头看等工作。鼓励并支持混合式教学等智能化教学模式，推动 VR 教学实验中心建设。积极参加学校“双一流”建设，环境、安全、资源三个方向与化工学院共建“绿色化工”一流学科方向建设，能源与动力工程参与机械学院的能源装备的一流学科群建设。积极融入和争取上海市 IV 类高峰学科建设，获得了同济大学牵头的上海市环境科学与工程 IV 类高峰学科建设。重视 ESI 学科排名的提升，在持续推动学院贡献全校 ESI 工程类 1%的 20%左右的基础上，积极发展环境和生态类向 1%冲击。与北京雪迪龙科技股份有限公司签署合作协议，公司董事长个人出资 50 万元设立奖教学金，上海宁和环境科技有限公司捐赠 20 万元设立奖教学金，上海安合环境检测技术有限公司捐赠 10 万元设立安合环境社会实践基金。（2）研究生教育。研究生工作从质量提升调整为质量保障与创新训练并重。强化答辩制度建设，博士生开展学院统一预答辩，非全日制工程硕士实施学位点统一答辩制度。推进学院本—硕—博贯通培养方案细则启动，推进研究生教学案例及在线课程建设。

科学研究。年内，科研经费到款 6 842 万元。新增国家重点研发计划课题 4 项。王辅臣教授、汪华林教授牵头和化工学院、机械学院的合作分别获得了学校创新团队的支持。与岛津公司建立联合实验平台，获批6项修购基金项目。重点启动高浓度难降解有机废水处理技术国家工程实验室建设，成功获得上海市环保局发文批准牵头建设“上海市环境保护化学污染物环境标准与风险管理重点实验室”，与上海市市政设计研究院合作建设“上海市环境保护场地风险防控技术工程中心”。

国际合作与交流。设置专项资金，支持本科生海外访学，支持学院教师参加国际会议；建立并启动学院的研究生全英文授课培养方案；加大支持邀请国外著名高校教授来校授课的广度和力度，年内来访授课近二十次。积极推动昆士兰科技大学的双博士学位计划，拓展与佛罗里达大学、法国FGL的合作办学计划，以及与香港理工大学等的交流合作。

党建与学生工作。倡导并践行“共同学习、共同成长”的教育模式，在奉贤开启“良师有约、优青同行”的茶话会活动，搭建年轻教师进入奉贤校区与本科生交流的平台。

（曹娜）

【上海—首尔—香港三城市公共交通室内空气质量标准研讨会举行】 7月15日—17日，上海—首尔—香港三城市公共交通室内空气质量标准研讨会在学校举行。本次会议由华东理工大学资源与环境工程学院和上海市疾病控制中心共同主办，来自首尔铁道研究院、香港理工大学、上海疾控中心公共服务与健康评价研究所、上海申通地铁有限公司、上海市环境监测中心、上海安和检测技术有限公司等单位的专家和代表出席了研讨会。来自全国各地的暑期学校研究生参加了研讨会。

（张熠）

【资源与环境工程学院校友会成立大会暨第一届校友代表大会】 资源与环境工程学院校友会成立大会暨第一届校友代表大会在和平楼第二会议室举行。校友与发展联络处处长李建伟、资源与环境工程学院党委书记程里、院长修光利与近百名校友代表出席本次大会。会议由资源与环境工程学院党委副书记饶志雄主持。大会审议通过了《华东理工大学资源与环境工程学院校友会章程》，选举了21名第一届理事会理事。随后，当选理事在和平楼324会议室召开了第一届理事会一次会议，选举杨敏为名誉理事长，修光利为理事长，王文西、方毅、刘新宇、周东、赵国靖、符虎为学院校友会副理事长，饶志雄为秘书长。

（张熠）

【第九届亚洲超大城市环境与公共健康研讨会第一次筹备会在学校召开】 11月22日，资源与环境工程学院院长修光利教授主持的第九届亚洲超大城市环境与公共健康研讨会第一次筹备会在学校召开，日本大阪府立大学资深教授前田泰昭、韩国国立首尔大学 Kiyoung Lee 教授、中国香港理工大学李顺诚教授、韩国铁道研究院 Duckshin Park 研究员，以及申通地铁公司技术研发中心、安和环境检测有限公司等单位的专家围绕研讨会的若干事宜进行了讨论，明确了会议的日程和专家委员会初步名单。

（张熠）

理学院

【概况】 理学院由数学系、物理系、应用数学研究所、近代物理研究所、核技术应用研究所、认知神经动力学研究所、物理实验教学中心、数学实验教学中心、光子学与生物医学研究中心构成。年内，学院有教职员工 149 人，专任教师 123 人，其中正高级职称 27 人，副高级职称 52 人，博导 14 人。学院设有 4 个本科专业，2 个硕士点，1 个博士点。招收本科生 180 人，其中物理学类 88 人、数学类 92 人。招收博士 3 人、学术硕士 31 人，授予博士学位 4 人、硕士学位 26 人。2017 届毕业生共 166 人，就业率达到 96. 99%。

师资队伍建设。年内，学院共引进、录用 3 人（其中 2 人为博士），有 5 名青年教师晋升副教授，1 名教师晋升教授。强化教师的分类管理，力争充分发挥教师的主观能动性和优势，为完成学院的核心工作和“十三五”发展规划奠定基础。完成第五期“数理类青年教师教学能力培训基地”2 位成员的培训工作。承办学校第三期以“提升教学质量，展现教师风采”为主题的青年教师教学能力培训沙龙活动。活动邀请了上海交通大学国家级教学名师胡其图教授，做了题为“青年教师如何站好讲台提升教学质量”的报告。组织 2017 年青年教师讲课比赛。

教育教学工作。承担全校数学类、物理类公共基础课程教学。根据学校其他各专业对基础课程数学、物理提出的要求，以及课程委员会对各专业基础课程设置的要求，协调各专业对基础课的需求，合理制定出数学、物理大面积必修课模块的课程菜单。制订 2017 年大类招生和分流方案。开展 2017 年本科审核评估各项工作：组织专门人员对学院 2016 学年的 26 669 份试卷进行全覆盖检查，对 2013 级的 158 篇本科生毕业论文逐本检查。完成本科教学审核评估工作。对成立的 8 个教学团队进行了中期检查。“现代传感技术与应用”“数理统计”获批上海市重点课程立项，校级公共选修课程建设立项 2 门，校级教育教学规律及方法研究项目教改立项 2 项，校级教材建设立项 2 项，校级专业核心课程建设立项 1 项，高等数学、大学物理和线性代数三个教学团队的建设获批校级基础课程团队建设立项，“高等数学”获学校 2016 年课程建设二等奖。获大学生创新实验计划项目国家级 3 项，上海市级 5 项，校级 5 项。完成校级 USRP 立项 18 项，组织 5 项面向全校的赛事（数模竞赛、数学大奖赛、大学物理竞赛、遥控游艇设计制作大奖赛、大学生物理学术竞赛），参与学生达千人次。获 2017 年美国大学生数学建模竞赛国际一等奖1项，二等奖5项，三等奖3项；获第8届全国大学生数学竞赛国家级一等奖1项，二等奖1项；获第33届全国部分地区大学生物理竞赛（上海赛区）一等奖1项，二等奖7项，三等奖12项；在2017年“第八届中国大学生物理学术竞赛”中学校学生获国家级二等奖1项（团队）；获“第四届上海市大学生物理学术竞赛”市级一等奖1项（团队），三等奖1项（团队）。

学科建设。完成数学学科一级博士点及物理学科一级硕士点的自评估工作；在夯实基础学科的基础上，拓宽思路，促进理、工、医、商学科的融合，促进理学与化工学科的交叉融合，促进理学与信息学的交叉融合，以及促进理学与机械学科的交叉融合。

科学研究。获批7项国家自然科学基金、2项上海市自然科学基金，获评1项科技启明星计划、1项扬帆计划，发表SCI论文80篇。发表教学研究论文5篇，出版新教材3本。2017年，举办“第三届上海市原子分子与光物理前言问题研讨会”“2017上海-新疆图论与组合数学研讨会”。

国际合作与交流。3位青年教师获得国家基金委资助出国，分别前往斯坦福大学、乌得勒支大学、普度大学进行为期一年的研修工作；5位在读研究生获得国家公派资格赴奥本大学、波士顿大学、东京大学、华盛顿州立大学、萨斯喀彻温大学进行学习研究，另有8位成绩优异的本科生参加学校“3+1”培养项目赴美国休斯敦大学及英国贝尔法斯特女王大学学习，10名同学参加各类国外知名高校暑期国际交流项目，如赴德国汉堡工业大学、英国伯明翰大学、加拿大英属哥伦比亚大学等进行短期学习。

党建和学生工作。加强思想引领和意识形态教育，以多种形式学习十九大精神和新党章。贯彻落实全国高校思想政治工作会议精神，加强党员干部队伍建设，注重师德师风建设。学院党总支通过校园网、学院网站、学生微信公众号、分团委微博平台等新媒体途径，宣传报道广大师生的思想动态和校园文化活动以及学术活动。2017年华东理工大学新闻网共刊载理学院上传的新闻稿件56篇，理学院获评“新闻宣传先进集体”。坚持发展党员标准、严格发展党员工作程序，保质保量地完成所有发展环节，严抓党员的质量与教育管理，全年按计划发展17人、转正19人。开展民主评议工作，加强党性教育；通过基层党建工作自查，规范党支部组织生活，严格执行“三会一课”制度；选举理学院出席校第十一次党代会代表；开展组织生活观摩交流，推进“两学一做”常态化、制度化工作；开展教工支部书记述职汇报，提升责任意识，加强基层党组织建设。获得校党建课题三等奖1项。细化党风廉政建设责任制，落实情况考核要点、评价标准及责任分工。通过实行专业班导师制度，扎实推进学风建设。胡豪杰同学获宝钢优秀奖。6名学生获2016—2017学年国家奖学金，2名学生获上海市奖学金，20名学生获

2016—2017 学年国家励志奖学金，3 名学生获社会奖学金。获暑期社会实践“优秀组织奖”、第 31 届文化艺术节“优秀组织奖”“中华源”传统文化博览会文化艺术节优秀项目奖、校园心理情景剧优秀奖、啦啦操大赛冠军等。年内共接待了 100 多位毕业 20 年、30 年的校友参加“校友返校日”活动。

（何丽雅）

商学院

【概况】　年内，商学院在职教职工为 179 人，其中专任教师 151 人，教授 37 人，副教授 72 人。目前设有管理科学与工程系、工商管理系、经济学系、会计学系、金融学系等 5 个系，能源经济与环境管理研究中心 1 个，上海高校人文社会科学重点研究基地 1 个，经济发展研究所、数据科学与商务智能研究所、运营与供应链管理研究中心和金融物理研究中心等 4 个校级研究所，欧洲研究所、金融工程研究所、能源经济与环境管理研究所、运营与供应链管理研究所、组织管理研究所、公司财务研究所、营销科学研究所、人力资源管理研究中心、会计信息化与财务决策研究中心、商务英语教学与研究中心等 10 个院级研究所和研究中心，虚拟商务研究中心、能源经济与环境管理研究中心、中国石油化工集团公司暨华东理工大学能源与化工经济管理研究中心等 3 个跨学科研究中心。

师资队伍建设。年内新入职教职工 1 人，退休教师 1 人，1 人晋升为教授，4 人晋升为副教授。

教育教学工作。（1）本科教育。商学院设有 11 个本科专业，2017 年获得大学生创新实验项目国家级 7 项、市级 12 项、校级 13 项。“电子商务概论”获评上海市精品课程，“运筹学”等 4 门课程获评上海市重点课程，进行校级教育教学改革项目 7 项，“风险管理”等 7 门校级公选课获得立项建设。完成 2015 级学生的专业分流，依据《商学院本科生学术研究能力培养计划实施方案》加强本科生学术研究能力的培养。（2）研究生教育。年内，商学院在读研究生近 500 人，含学术型硕士生、博士生和留学生。关涛获评 2015—2016 学年优秀研究生指导教师。李嘉晨、高亮亮、陶悦、胡珍苗等 4 人获校优秀研究生学位论文。（3）专业学位教育。年内，商学院招收专业学位研究生 832 人，毕业生人数为 567 人。

科学研究。获得省部级以上纵向课题 31 项，其中国家自然科学基金项目 12 项、国家社哲学社会科学基金项目 4 项、教育部人文社会科学研究项目 3 项、上海市软科学研究项目 2 项、上海市教委项目 3 项、浦江人才计划项目 3 项、上海市领军人才项目 1 项、上海市政府决策咨询项目 3 项。科研经费到款 932 万元。发表 SSCI/SCI 论文 56 篇、CSSCI 论文 62 篇，出版专著（教材）11 部（本）。青年教师唐松莲在国际知名期刊 *Review of Accounting Studies* 上发表论文

“Inside the ‘Black Box’ of Private In-House Meetings”。

国际合作与交流。年内，学院为学生提供的国际交流项目总计45项，其中新增校际、院际的双学位项目共有5项。学生出国交流65人，其中本科生47人、普研6人、专硕6人、博士生6人。专硕共有94人参加了海外游学项目。共接收国际留学生151人，其中有62人攻读本科学士学位，72人攻读研究生硕士学位（含MBA），4人攻读研究生博士学位，还有13名国外非学历生。组织44名来自合作院校的留学生参加游学项目。中澳MBA招生人数为70人，目前在读学生有两届共计143人。商学院教师出国交流和访问人员达50人次（其中参加国外/境外举行的国际会议的达到17人次）。共派出2名教师分别赴澳大利亚昆士兰大学等国际知名高校的访问学者。接待了来自美国、德国、澳大利亚、新加坡等国家和地区的外宾123人次。

党建与学生工作。学院26名本科生和17名研究生（含专业学位教育中心5人）被评为2017届市、校优秀毕业生。学院团委被评为“五四红旗团委标兵”，全院有68人被授予“优秀团员”称号，26人被授予“优秀团干部”称号，7个团支部被授予“活力团支部”称号，8个团支部被授予“红旗团支部”称号。在“知行杯”上海市大学生社会实践大赛中获特等奖一项、三等奖一项。商学院专业学位教育中心团队获2016年度“华东理工大学青年五四奖章集体”提名奖，蒋志强获2016年度“华东理工大学青年五四奖章”提名奖。工商类151班孙天峰、商管140班陈睿闻被授予华东理工大学2016年度“大学生年度人物”。陈庆升被评为“上海市优秀共青团干部”“华东理工大学优秀专职团干部”以及“华东理工大学优秀专职学生思想政治教育工作者”。本科生69人、研究生41人（含专业学位教育中心24人）被评为2015—2016年度校优秀学生，本科生41人、研究生20人（含专业学位教育中心11人）被评为2015—2016年度校优秀学生干部。学院被授予2016年度“青年志愿服务工作优秀组织奖”、第三十届思想学术节优秀组织奖、华东理工大学2017年征兵工作先进集体。接待校友人数超过800余人次，完成了学院第三届校友理事会换届大会工作，走访了40位校友和10余家校友企业。鼓励校友建立各类校友俱乐部，2017年新增俱乐部包括Sunrise日出音乐俱乐部、帆船俱乐部、读书会等。支持房产俱乐部（华居汇）成立“产业特色小镇研究中心”。获得校友及社会捐赠501万元。

（李宏辉）

【商学院迎来AMBA专家组再认证现场评估】 12月4—5日，商学院迎来了AMBA专家组对华东理工大学MBA项目为期两天的再认证现场评估。本次AMBA认证专家组由荷兰伊拉斯姆斯大学鹿特丹管理学院院长 Steef Van de Velde 教授、英国金斯顿大学副校长 Martyn Jones 教授、浙江大学全球创业研究中心主任王重鸣教授以及英国 AMBA 新兴市场发展总监 George Iliev 先生组成。校长曲景平及副校长吴柏钧、辛忠先后会见认证专家，与专家们进行了友好而诚挚的交流。

（李宏辉）

社会与公共管理学院

【概况】 年内，学院有教职员工 94 人，专任教师 73 人，其中正高级职称 20 人，副高级职称 29 人，博士生导师 15 人。学院设有 5 个本科专业，7 个硕士点，1 个博士点。招收本科生 197 人、博士 22 人、学术硕士 100 人、社会工作专业硕士 45 人、公共管理硕士 121 人。授予博士学位 17 人、全日制公共管理硕士 10 人、非全日制公共管理硕士 120 人。2017 届毕业生共有 194 人，就业率达到 93.81%，签约率达到 69.58%，升学率达到 22.68%。

师资队伍建设。学院新增博士生导师 1 名，新晋升教授 1 名、副教授 3 名。引进了具有海外教育背景的青年教师 2 人，师资博士后 5 人。

教育教学工作。（1）本科教育。完成本科教学评估工作，学院本科教学工作获评良好。组织新入职青年教师参加教学能力培训，帮助新入职青年教师快速适应本科教学岗位的工作。邀请了多位名师名家，为年轻教师们进行了系统的师德师风以及教学技巧等方面的培训。与利兹大学社会学与社会政策学院就本科、研究生项目合作以及教师互访机制达成初步合作意向。（2）研究生教育。连续第 5 年举办优秀本科生暑期夏令营。在研究生管理模式上，研究生学术督导（coordinator）制继续运行。组织研究生管理工作人员到苏州大学、江南大学、贵州大学、西南财经大学和西华大学开展招生宣传工作。成功申请上海市研究生暑期学校（“反贫困：社会政策与社会治理”）。博士招生实行考核制。3 名博士生分别到加拿大麦吉尔大学（赵云亭）、美国南加州大学（姜春艳）和美国休斯敦大学（康姣）联合培养一年。2 名博士生参加在加拿大麦吉尔大学召开的 NASCA2017 年年会。在站博士后多人获得国家自然科学基金、国家社会科学基金和教育部人文社会科学研究基金以及其他省部级项目，师资博士后先后出站并留校任教，年内已有 4 名师资博士后顺利出站。

学科建设。在教育部第四轮学科评估中，社会学学科被评为 B+，公共管理学科被评为 C+，按照上海软科的学科评估，社会学学科进入前 10%，公共管理学科进入前 25%。“社会风险治理决策支持系统设计与应用研究”正式设为学校科研创新团队。

科学研究。申报国家社会科学基金项目、自然科学基金项目 5 项，教育部项目 3 项，上海哲学社会科学规划项目 2 项。在《政治学研究》《社会科学》《中国行政管理》《城市发展研究》《公共行政评论》等中文权威期刊发表论文 12 篇，《新华文摘》全文转载 1 篇，《中国社会科学文摘》转载 2 篇。召开了“灾害、创伤与危机管理国际研讨会”“社会工作干预研究国际研讨会”“社会工作理论研讨会”“2017 中国城市管理学科发展上海年会”“第一届中国社会政策青年学者论坛”“纪念涂尔干逝世百年暨社会学理论学术研讨会”。邀请海内外专家做报告 20 余场。上海市高校智库社会工作与社会政策研究院建设在中期评估中收到较好评价。国际社会工作学院开始正式运作。

国际交流与合作。社会与公共管理学院、“上海高校智库”社会工作与社会政策研究院联合美国佛罗里达州立大学社会工作学院在上海举办“灾害、创伤与危机管理”国际研讨会。联合美国休斯敦大学、北卡罗来纳大学教堂山分校、佛罗里达州立大学、纽约大学、英国布里斯托大学和澳大利亚格里菲斯大学共同举办了“社会工作干预研究”国际研讨会。主办“公共服务与城市治理”国际学术会议。郭圣莉教授一行赴韩国首尔参加中日韩城市管理研讨会；黄玉琴副教授参加马来西亚吉隆坡马来亚大学举办的“The Revival of Religiosity and Its Impact on China Today”会议。朱琳和李晓霞两位老师获得国家留学基金委资助，赴美国访问学习；学院选派 14 位本科生和 3 位博士研究生参加了国际交流项目，与美国伊利诺伊大学芝加哥分校、英国利兹大学、英国南安普顿大学商谈了关于学生交流学习的计划。

党建与学生工作。学院有基层党支部 20 个，其中教工党支部 5 个，研究生党支部 13 个，本科生党支部 2 个，共有党员 238 人。研究生党支部的创新项目“社会工作专业视域下的服务型党组织建设”获得党委组织部的资助立项。成功举办学院初级、中级党校，按期完成学院党员发展计划。在本科生各年级中推行“班级攀升计划”，通过创新朋辈帮扶形式的学习小组“琢学项目”、“新生快乐成长营”、辅导员听课制度、学习辅导小组、读书会社团建设等方式，提升学生学习氛围。年内，5 个班级获评“优良学风班集体”，3 个班级获评“校先进班集体”，1 个班级获评“校十佳班集体”称号。48 人获“校优秀学生”，27 人获“校优秀学生干部”。学院本科生中来自预科班和内高班招录的少数民族学生涵盖 22 个民族共 117 人，占学生总数的 15%。针对这类学生，积极推行“少数民族成长计划”教育管理方案，成功举办第三届“民族文化博览会”。3 名少数民族学生通过自身努力积极向党组织靠拢，发展成为中共预备党员；17 名少数民族学生在学习上表现优秀，获校民族奖学金；多名少数民族学生在我院团学组织、学生会及艺术团中担任骨干。木纳瓦尔·木沙获“2017 全国大学生年度人物”称号。14 人获“上海市优秀毕业生”，16 人获“校优秀毕业生”。学院团委成功组织赴寻甸“情暖童心、助力脱贫”暑期社会实践，年内获得“校红旗分团委（标兵）”“文化艺术节优秀组织奖”“体育节优秀组织奖”“暑期社会实践优秀项目奖”等荣誉称号。基层支部方面，6个支部获评“活力团支部”，6个支部获评“红旗团支部”，30人获“优秀团员”称号，10人获“优秀团员干部”称号。新建学院直播公众号“社影”。

（梁晶华）

【三项研究项目举行国家社科基金重大项目开题论证会】 2017年1月16日，学院召开三项国家社科基金重大项目开题论证会：徐永祥教授领衔的“中国特色社会体制改革与社会治理创新研究”、何雪松教授领衔的“社会治理背景下我国社会工作行动本土化理论框架与实践体系研究”、张广利教授领衔的“特大城市社会风险系统治理研究”。

【范斌当选上海市红十字会理事会副会长】 2017年5月10日，我院范斌教授当选上海市红十字会理事会副会长。

【“国际社会工作学院”成立】 2017年12月18日，“国际社会工作学院”成立并挂靠我院，旨在联合拓展办学资源，建设一个国际化取向的，推动社会工作人才培养、社会服务、科学研究和国际合作与交流的专业化平台。与北京永真基金会正式签署捐赠协议，北京永真基金会将捐赠2 000万元支持学校建设国际社会工作学院，助力社会学一流学科建设。

（梁晶华）

艺术设计与传媒学院

【概况】 年内，艺术设计与传媒学院有教职员工 60 人，其中专任教师 42 人，教授及正高级专家 6 人，副教授 19 人，博士生导师 4 人。学院有工业设计、产品设计、视觉传达设计、环境设计、广告学、风景园林、数字媒体艺术 7 个本科专业，设计学一级学科硕士点、艺术硕士、工业设计工程硕士、景观规划设计交叉学科硕士点等 4 个硕士点，工业设计二级学科博士点。2017 届本科生就业率达 96.02%，研究生就业率达 100%。

师资队伍建设。学院继续从引进与培养两方面着手，全力加强学院师资队伍建设。学院加大人才招聘宣传力度，引进教师 5 人；青年教师冯璐获批上海市“晨光计划”项目；王计平副教授获批“教师专业发展工程”项目的产学研项目。闫爱宾、章彰、杨超翔等三名中青年教师获批于 12 月 31 日前赴美国、英国访学。根据《华东理工大学学院内设机构干部选拔任用工作规定》，学院完成了 9 名学院内设机构干部的聘任工作。

教育教学工作。(1) 本科教育。全方位进行院领导听课和同行专家听课，规范教材选用要求，加强考务管理，加强学风建设，进行实验室改造装修，开展青年教师授课大赛等。获得校级教学成果奖一等奖 1 项、二等奖 4 项、三等奖 2 项。(2) 研究生教育。推免生留校率连续三年超过 85%。研究生设计学和工业设计工程两个学位点的自评估通过。开设了面向全校的创新设计课程；2017 年度师生在德国红点奖、德国 IF 奖、“汇创青春”——上海学生文化创意大赛、第七届全国大学生广告艺术大赛、上图杯先进成图技术大赛等 23 个国内外设计竞赛上获奖 40 余项。学生积极参加各类大学生创新项目，参与国际级大创项目 6 项、市级大创项目 10 项、校级大创项目 20 项。

科学研究。年内，科研经费到账 283.81 万元，其中横向经费 229.31 万元、纵向经费 54.5 万元。发表学术论文 59 篇。参与上海市设计学 IV 高峰学科平台建设，程建新教授领衔产品与品牌创新设计方向学科研究方向，组建 4 个研究团队、推动建设 5 个重大领域专项。8 个国际联合实验室开放基金项目、4 个大师工作室专项基金项目等获准立项。继续大力推动国家自然科学基金、社会科学基金、艺术基金的申报，通过组织研讨会、专家咨询会等形式提升基金申报的命中率。学院新增教育部社科项目 1 项。

国际合作与交流。学院加入了中国教育国际交流协会“高校艺术学科师生海外学习项目（AAP）”联盟，为学生进入意大利佛罗伦萨大学、澳大利亚莫纳什大学和纽约州立大学帕切斯学院进行交流学习、开展“3+1+1”等项目打开通道。与英国普利茅斯大学、特伦特大学建立了初步合作交流意向。年内，学院参与本科生国际交流项目的同学共 11 人，韩国东西大学设计学部部长李东勋教授以及金暻源教授带领 10 名韩国学生来我院进行交流，并参与学院短期课程的学习和建设。

党建与学生工作。暑期实践活动“美丽中国视角下的乡村园林设计”“鼓岭历史文化的研究”分别获得上海市知行杯二等奖、三等奖。研究生党员孙启超到西藏就业，视觉 130 班有听力障碍的高羽烨同学在校毕业典礼的精彩演讲受到社会各界关注和称赞，励志女孩的事迹在网上的点击率超亿次。完成 1997 届校友 20 周年返校工作，召开艺术学院校友会成立大会，并选举产生了第一届校友理事会。围绕校庆 65 周年开展了“徐汇校区文化环境优化提升规划”项目的二期设计工作、65 周年学校 VIS 视觉形象系统提升设计及学校纪念册设计工作，协助图书馆完成“华东理工大学院士墙”的设计，组织 65 周年校庆“艺绘华理”手绘作品比赛。开设“创意巴士”系列主题活动，邀请了业界知名设计师和专家与学生面对面，9 月 27 日晚，博朗品牌设计总监 Du Phong Vu 的主题演讲开启了“创意巴士”第一班。

（范素娟）

【艺术学院成为上海 IV 类高峰学科平台成员】 1 月 5 日，上海设计学Ⅳ类高峰学科暨上海国际设计创新研究院揭幕。揭幕仪式上，学校艺术设计与传媒学院程建新教授被聘为上海设计学 IV 类高峰学科首批首席科学家，领衔“产品与品牌创新设计方向”。作为 5 所协同学校之一，学校将与 2016 年被正式确认为“上海高峰高原学科计划 IV 类高峰学科”的同济大学一起助力上海科创中心战略，建设世界一流的设计学科。

【华理学子喜获 2017iF 设计新秀奖】 4 月 11 日，学校艺术设计与传媒学院学生创新设计团队（李腾野、熊韬、丁文佳和刘晨婧）设计的作品——“Movable Rotation”斩获 2017iF 设计新秀奖暨 2017 汉斯格雅设计奖年度最佳奖。该团队由艺术学院教师程建新、章彰共同指导。

【我院学子再次斩获两项“设计奥斯卡”红点大奖】 10 月 25 日，学院创新设计团队的作品 *Coffee 100%*（设计者：许可葭、杨超翔、董睿）和 *DroneRay*（设计者：董睿、杨超翔、许可葭、陈德芳、叶俊男）凭借精巧的构思和创意斩获两项红点设计大奖。该团队指导老师为程建新教授。

【风景园林专业学生在 i. FUTURE 国际设计竞赛获奖】 6 月 14 日，在首届“i. FUTURE

未来城市概念设计国际竞赛”中，学院景观规划设计系赵浩宇、王梦飞、高茗晰、陈书含4位同学，在林铁南、冯璐两位老师的指导下递交了名为“无限之城——互联网+时代的创客聚落”的设计作品，获三等奖，作品得到专家肯定并将刊登于 *Future* 杂志。

（范素娟）

外国语学院

【概况】 年内，学院现有教职员工 111 人，专任教师 95 人，其中正高级职称 5 人，副高级职称 28 人，博士生导师 1 人。学院设有 3 个本科专业、1 个一级学科硕士点。招收本科生 184 人，其中英语专业 85 人、日语专业 52 人、德语专业 47 人。招收学术硕士 28 人、全日制翻译硕士 32 人。2017 届毕业生共 144 人，就业率达到 97.24%。研究生就业率继续保持 100%。

师资队伍建设。支持教师开展国内外访学研修，学院安排了 1 名教师赴美国高校开展为期 1 年的海外访学研修，1 名教师赴加拿大短期进修，1 名教师在驻外大使馆工作，3 名教师暑期带领学生赴德国曼海姆大学、英国曼彻斯特大学开展暑期短期交流。开展中青年教师教学大赛，提升教师教学能力，4 名教师进入青年教师基地学习。举办“2017 年教师课堂教学竞赛”，英语系教师方朝获得一等奖。张杰、王慧获得 2017 年校“教书育人奖”。实施《外国语学院教职工绩效考核实施细则》，将考核结果通过系部反馈给教师本人，考核结果与校岗位津贴挂钩。年内，2 名教师晋升为副教授。

教育教学工作。多渠道推进学风、教风建设，大学英语教学部开展了面向全校学生的第二届大学英语陈述大赛，奉贤校区晨读基地持续开展晨读活动，奉贤校区 E 教清晨教室晨读、大厅晨读蔚然成风。积极推进教学改革，提升专业的内涵式发展，组建 11 个科研、教学团队，落实扶持经费。有 3 个项目获得教育部的中央修购基金立项，将进一步改善本科办学条件。“日本概况”和“德语文学选读”2 门课程入选上海市重点课程，目前共有上海市重点课程 5 门、市精品课程 4 门，出版教材、教辅 11 部。学院学生在全国外语专业四级考试（TEM4）中的笔试合格率为 91.46%，比全国合格率高出 42 个百分点；日语专四合格率为 97.6%，比全国合格率高出 44 个百分点；德语专四合格率为 87.2%，比全国合格率高出 31 个百分点。我院英语专业 2013 级学生在高年级阶段八级（TEM8）统测成绩中获得佳绩，通过率达到 84.51%，比全国通过率高出 46.8%。学校辅修英语专业的 10 位学生也参加了本次考试，并且 100%通过考试，其中 1 人优秀，4 人良好。培养学生的表达能力和跨文化交际能力，推进 CCTC 演讲与辩论人才培养模式（课程 + 社团 + 训练 + 竞赛），学生在全国、华东地区及上海市各级、各类比赛中共获奖 50 人次。学生在上海赛区“外研社杯”英语演讲、辩论、阅读、写作、跨文化能力大赛、上海市大学生日语演讲比赛、CATTI 杯第二十九届韩素音青年翻译奖等赛事中连获佳绩，获得全国二等奖 2 项，三等奖 1 项；上海市一等奖 4 项，二等奖 4 项，三等奖 2 项。2 名学生获得“全国大学生英语竞赛”特等奖，4 名学生获得一等奖，另有多名学生获得二等奖、三等奖。参加 2017 年亚太模拟联合国大会，获“最佳立场文件奖”；参加第十四届中国模拟联合国大会，荣获“最佳组织奖”。5 月 5 日举办了华理第八届校际模拟联合国大会。

学科建设。开展了学位点自评估工作，日语语言文学二级学科硕士点首次招收 4 名硕士研究生。建立了笔译实验室，与上海文策翻译有限公司（上海文化贸易语言服务基地）签订实习协议，为迎接翻译硕士专业学位点的评估做准备。华东理工大学澳大利亚研究中心、德语国家研究中心获教育部国际合作与交流司备案，备案期为 3 年。承办由教育部高等学校大学外语教学指导委员会（日语）、中国日语教学研究会和中国大学日语教学研究会主办的“2017 年大学日语教育与日语测试国际论坛”。

科学研究。年内，学院科研成果总计 77 项。发表论文 61 篇，其中 CSSCI 来源期刊和集刊论文 14 篇、SCI 期刊论文 1 篇、A&HCI 期刊论文 1 篇，发表于 CSSCI 扩展版论文 4 篇、北大核心刊物论文 4 篇，发表于外国刊物 3 篇。出版译著 6 部，编著或教材、教辅 12 部。

国际合作与交流。积极推进师资国际化，鼓励教师参与国外访学，在国外发表学术论文、著作，与国外学者做合作研究。新聘请外教 3 名。推进学生培养的国际化水平，与美国加州大学河滨分校签订交流协议，英语专业的学生可参加加州大学河滨分校的“3 + 1 + 1”项目。继续开展学生暑期赴国外高校学习交流活动，本科大三、大四年级学生短期、长期国外交流达到 80 人。

党建与学生工作。认真学习习近平总书记系列重要讲话和十九大报告精神，加强和改进思想政治教育，做好新形势下意识形态领域工作，落实全面从严治党要求，加强基层党组织建设，加强班子作风建设，切实落实党风廉政建设责任制。推进“两学一做”学习教育常态化制度化建设，严格执行“三会一课”制度，各支部组织生活做到有主题、有内容、有记录。各支部从 7 月开始确定每月固定一天开展主题党日活动。开展校级、院级主题党日观摩活动，总支委员到非所属党支部参加组织生活，加强总支委员对支部组织生活的指导和监督。配备专职组织员，加强党建工作力量。3 次接待学校对口支援单位青海大学大学英语教师的调研，双方就大学英语教学工作展开交流。

（熊祥军）

【学校荣获第十四届中国模拟联合国大会“最佳组织奖”】 10 月 27 日，第十四届中国模拟联合国大会在浙江大学举行，华东理工大学模联代表团荣获“最佳组织奖”。

【颜静兰荣获学校首届“张江树教学名师奖”】 7 月 7 日，颜静兰荣获学校首届“张江树教学名师奖”一等奖。

（熊祥军）

法学院

【概况】 年内，法学院有教职员工34名，专任教师26人，其中正高级职称7人，副高级职称13人，博士生导师3人。学院设有1个本科专业、1个法学专业一级硕士学位授权点和1个法律硕士（法学、非法学）专业学位授权点、1个法社会学二级博士学位授权点。学院下设法律系、法律专业硕士（JM）教育管理中心、知识产权研究中心、法社会学研究中心、能源和资源环境法研究中心、食品药品监管研究中心等机构。年内招收本科生85人，其中法学专业85人。招收博士1人、学术硕士19人（含留学生2人）、全日制法律硕士21人。授予法学硕士学位14人、全日制法律硕士学位22人。2017届毕业本科生共63人，就业率达到95.24%。2017届毕业研究生共35人，就业率达到100%。

师资队伍建设。完成内设机构干部调整。1名教师晋升副教授。3名教师到国外参加培训、学术交流与访学，2名教师到国外进行为期1年的学术访问。法学院继续推行新老教师“结对子”活动，发挥新老教师之间的传帮带作用。

教育教学工作。（1）本科教育。组建基础法学教研室、民法经济法教研室、国际法教研室、刑法与诉讼法教研室、知识产权法教研室，出台《法学院教研室工作规范》，提升了本科教学成效。成立本科教学工作委员会、学科建设委员会、外事委员会、研究生工作委员会，动员全体教师参与学院建设。启动法学专业硕士培养方案的修订工作，探索本硕7年培养方案。推进“马工程”重点教材统一使用，“马工程”教材使用率达100%。刘金祥教授的“大学生劳动就业法律问题解读”课程成为全国高校“十三五”开放课程推荐项目。组织教师参与指导USRP和大学生创新项目。组织、培训本科生参加各类学科竞赛，如马来西亚国际模拟法庭辩论赛、上海市九校模拟法庭竞赛、“龙图杯”全国高校法庭辩论赛、第四届“小城杯”公益之星创意诉讼大赛等。与上海君澜律师事务所、弼兴律师事务所、邦信阳中建中汇律师事务所、浙江省玉环市司法局等签订产学研共建协议，目前已与20多家政府机关、法院、检察院、仲裁机构、律师事务所和企业建立合作关系，增进了学生对立法、司法实务前沿的了解。修缮和改造模拟法庭实验室，修订模拟法庭实验室使用规则。（2）研究生教育。学院完善教学质量监控体系，以硕士一级学位点评估为契机，下发和学习《研究生课程任课教师手册》，落实院内领导、同行教师听课制度，不断提高教学质量。制定教学事故预警和处理机制，实行课前提醒、课中听课和课后跟踪制度。强化对研究生招生、培养和学位的过程管理。完善研究生学位申请的考核机制，实施严格的预答辩制度，从学术论文的原创性和学术性角度审查，提高学生的学术自律性。

学科建设。围绕“城乡发展与社会治理”和“大数据与互联网治理”两个主题，完成4个研究中心的建设和评估工作，积极开展学科凝聚工作，获批学校特色学科引导项目资助。

科学研究。年内发表论文、出版著作和教材共55篇（部），其中CSSCI期刊论文10篇；出版专著7部，论文集1部，主编教材5部。各类项目到款经费140.86万元。学院教师参加各类学术会议共计59次，其中国际会议1次，全国性会议18次。

国际合作与交流。与英国BPP大学法学院和Essex大学法学院达成具体合作意向，继续与美国俄亥俄州立大学、美国密歇根大学、日本北海道大学、韩国诚信女子大学、马来西亚马来亚大学开展了密切的合作与交流，共接待和派出国际交流学生共计70余人次。

党建与学生工作。年内共发展预备党员15名，其中研究生6名，本科生9名。组织举办党支部主题组织生活、各年级主题班会、主题团日活动、形式政策课等活动27次，获得2017年征兵工作先进单位的荣誉称号。组织学术讲座、经验交流、辩论赛、知识竞赛、法院旁听等专题活动10余次，参与学生共计600余人次，其中赴奉贤区人民法院旁听2次，研究生赴律所参观1次。组织学生开展校内外志愿服务活动，发扬服务奉献精神，培养青年大学生的使命感。成功立项“爱心八院”助医项目、“光明天阶”助教项目、“时事说法”新媒体服务项目、“科学商店”法律服务项目等，组织法律宣传进社区等活动，累计提供服务200人次。

（王义坤）

【华东理工大学法律行业校友会成立】 10月21日，法学院校友理事会一届二次会议暨华东理工大学法律行业校友会成立大会在徐汇校区第五教学楼召开。大会审议通过了《华东理工大学法律行业校友会章程》，并选举成立了华东理工大学法律行业校友会第一届理事会，选举张昱为理事长，周登谅、胡鹏为副理事长，周建国为秘书长。随后，学院召开了华东理工大学法学院校友大会一届二次会议，大会审议通过了《华东理工大学法学院校友会章程》，选举成立了华东理工大学法学院校友会第一届理事会，选举丁灏为理事长，周登谅、沈金、陈恩深为副理事长，王义坤为秘书长。

（王义坤）

【法学院成为上海市司法鉴定理论研究会理事单位】 11 月 4 日，上海市司法鉴定理论研究会年会在华东政法大学松江校区召开。法学院副院长周登谅代表华理法学院参加了本次年会。法学院当选为司法鉴定理论研究会理事单位。

（王义坤）

体育科学与工程学院

【概况】 体育科学与工程学院由公共体育系、运动训练与教育中心、学生体质健康指导中心、体育经济理论研究所和体育运动材料研究所构成。年内，学院共有教授 4 名、副教授 35 名、讲师 28 名、助教 6 名，拥有博士学位的共有 13 人。共有博士生导师 3 名、硕士生导师 8 名、上海市教学名师 1 名、上海市人才计划外国专家 1 名。

师资队伍建设。年内新增教授 1 名、副教授 1 名，新进科研编制教师 1 名（博士）。新增体育产业经济学博士生导师 1 名、硕士生导师 1 名。

教育教学工作。（1）本科教育。承担全校体育公选课和选修课，有上海市精品课程 8 门，体质健康平台 3 个。在读国际经济与贸易本科学生有 115 名（高水平运动员班）。完成本科教学审核评估工作。积极组织群众体育活动，校内比赛以周周赛、月月赛为主线，共举办了 14 项比赛项目，参赛人员达 8 590 人次。在普通学生训练及竞赛工作中，学校学生在上海市大学生游泳锦标赛中获得女子 50 米自由泳冠军、女子 100 米蝶泳季军、男子 50 米蝶泳第四名，在上海市大学生羽毛球锦标赛中获得混双第三名，在上海市龙文化大学生龙舟赛中获得二等奖，在上海市大学生排球锦标赛中获得男子冠军、女子亚军，在上海市大学生龙舟锦标赛中获得混合 200 米大龙舟冠军、女子 200 米小龙舟亚军，在上海市大学生旱地冰球锦标赛中获得二等奖，在上海市大学生游泳阳光联赛中获得混合接力二等奖、男子接力二等奖，在上海市大学生网球比赛中获得西南赛区团体冠军，在上海市大学生棋类阳光联赛中获得团体总分第三名，在上海市大学生踢跳比赛中获得团体总分一等奖。共举办 20 多场龙舟赛，作为上海市龙舟基地，举办了第四届龙舟教练员舵手培训班。（2）研究生教育。体育人文社会学硕士培养点目前共有导师 10 名，年内招生 12 人，新入学博士研究生 1 名。毕业生去向趋好，攻读博士 2 人，赴美参加硕士生联合培养 6 人，就业率为 100%。（3）高水平运动队运动训练与竞赛获奖。乒乓队在拉脱维亚泛波罗的海大学生运动会获女单冠亚军、女双冠亚军、男单冠亚军和男双亚军；在 2017 年世界级比赛中获世界大学生校际运动会男单冠亚军、女单冠亚军、混双冠亚军、混合团体冠亚军；在 2017 年世界大学生运动会中获得女子团体季军；在第 22 届中国大学生乒乓球锦标赛中，学校乒乓球队夏易正、任浩获得男子双打冠军，夏易正获男子单打亚军，祁奋捷、郑诗畅、苏晨、王姝、魏闻声获女子团体冠军，孙晨、祁奋捷分别获女子单打冠军亚军，郑诗畅、祁奋捷获女子双打冠军，孙晨、魏闻声获女子双打季军，王少博、魏闻声获混双亚军；获得第二十一届全国大学生乒乓球锦标赛男子团体冠军、女子团体冠军，任浩、孙晨获得混合双打冠军，王麒凯、夏易正获男子双打季军，王麒凯获男子单打季军，王姝、周昕彤分获女子单打亚季军；在中华人民共和国第十三届学生运动会上一举夺得男女团体冠军，女子双打冠军、亚军，混合双打冠军，并包揽了女子单打冠军、亚军、季军。田径队许周政在2017年亚洲单项锦标赛中获4×100米第一名、全国田径冠军赛暨大奖赛总决赛100米第二名、全国大学生田径锦标赛男子甲B组100米第一名、中华人民共和国第十三届全国运动会4×100米第二名、第十三届学生运动会大学乙组100米第三名，丁超获第十三届学生运动会女子100米亚军、全国室内锦标赛南京站60米亚军、全国大学生田径锦标赛女子200米第一名。在全国大学生武术锦标赛中，武术队邱竞阅获女子甲组传统拳冠军，余嘉宸获男子甲组太极拳亚军。网球队于全国大学生网球锦标赛中获得女子团体第三名。女子篮球队获得中华人民共和国第十三届学生运动会女子篮球第六名、第十九届CUBA中国大学生篮球联赛上海赛区第二名。射击队获上海市大学生射击锦标赛第一名、第三名等多个奖项。

学科建设。下设体育人文社会学和体育运动材料学2个二级学科，基本形成了本—硕—博连续培养体系。体育人文社会学被列入学校特色人文一流学科发展引导性支持项目。体育人文社会学二级学科硕士点接受同行专家评估，专家给予了优秀评价。体育经济理论研究所团队被授予“上海市级体育创新研究团队”称号。体育运动材料二级学科成为学校学科交叉发展的一大亮点，目前已形成运动纤维材料、运动防护材料、体育建筑材料及康复器材等特色研究方向，入编《体育科学学科发展研究报告》。

科学研究。年内，学院科研总经费为153.22万元，其中科技经费为81万元，人文科学经费为72.22万元。发表SCI论文6篇、EI论文1篇、CSSCI论文9篇、SSCI论文3篇，申请专利1项。科研经费到账情况逐年提升，科研项目层级多样化，包括国家自然科学、国家社会科学、教育部、国家体育总局、上海市哲学社会科学规划、上海市教委、上海市体育局等各级各类纵向项目及来自上海及其他省市政府部门、企事业单位的横向科研课题。体育运动材料研究所与江苏联创草坪有限公司签订合作框架协议，每年资助100万元，共资助5年。

国际合作与交流。年内，学院共派出本科生9人次、研究生3人次赴美国、日本、西班牙、拉脱维亚、中国台湾等国家和地区参与学术和运动交流，2位同学成功获得海外硕士学位，2位同学赴美国圣托马斯大学、春田大学开始进行双硕士项目的学习。王跃院长率团访问日本大阪，参加中日体育教育学术交流。李荣日教授、倪晓鸣老师访问美国圣托马斯大学，进行学术交流。周晓燕老师率团访问美国春田大学，发表以“上海休闲体育产业集群化发展路径与对策研究”为主题的演讲。日本大阪成蹊学园胡山乔、林恒宏、藤森梓一行 3 人到访华理体育科学与工程学院，与学院师生代表围绕“中国大众体育运动和体育产业的发展”这一主题进行文化交流和学术研讨活动。

党建与学生工作。党总支目前一共有 5 个党支部，其中 3 个为教工党支部，2 个为学生党支部。现有中共党员 78 人，其中教工党员 41 人、学生党员 37 人。年内共计划发展新党员 9 名、预备党员转正 6 名。国贸运 170 班获得学校新生班集体“班徽设计展示大赛”第一名，国贸运 160 班获得 2016 年度“活力团支部”称号、2016—2017 学年度校“先进集体”称号，国贸运 150 班获得 2016—2017 学年度校“十佳班集体”称号。“弘武精神”社会实践活动项目荣获 2017 年校大学生暑期社会实践活动“优秀项目奖”，“从藏品纹理中寻觅体育前进的脚步”体育藏品展览活动被评为校第 31 届文化艺术节“优秀项目”。在文化建设方面，第十届全国体育收藏博览会于 10 月 22 日在上海华东理工大学体育科学与工程学院体育馆闭幕。《新民晚报》以“用最好的耐心做村民知心人”为题，深度报道了我院 2014 届优秀毕业生、大学生村官、上海市张江镇韩荡村党总支书记助理曹婧轶的基层就业故事。

（吴婷）

【学院党总支召开党员大会，选举产生学院校党代会代表】 10 月 27 日，体育科学与工程学院党总支在徐汇校区体育馆会议室召开党员大会，选举产生出席校第十一次党代会代表。学院全体党员、校党委组织部刘海宾出席了会议，会议由党总支书记姚文主持。经过大会选举，王跃、肖巧俐、姚文当选校第十一次党代会代表。

（倪晓鸣）

马克思主义学院

【概况】 学院是第二批上海高校示范马克思主义学院，现有马克思主义中国化研究二级学科博士点，马克思主义理论、哲学一级学科硕士点。现有教职工 52 人，其中教授 4 人、副教授 27 人，博士生导师 2 人、硕士生导师 11 人，具有博士学历教师 33 人。现有在读硕士生 38 人、博士生 14 人，其中留学生 1 人。毕业硕士研究生 13 人、博士研究生 3 人。

师资队伍建设。重视人才培养和队伍建设，推进教学科研团队和“人文社会科学类青年教师培训基地”建设，卢杨、刘芳两位教师晋升为副教授，新进倪明红、刘捷两位教师。原文法学院院长许福闳教授获马克思主义理论教学研究“终身荣誉奖”，马克思主义学院卢杨、徐国民、邱卫东等三位教师获马克思主义理论教学研究“中青年拔尖人才”称号。

教育教学工作。年内，学院以提升质量为根本，教学水平和教学质量得到了全面提升，在教育部本科教学工作审核评估过程中受到了专家的一致好评。学院获 2016 年华东理工大学教育教学成果奖一等奖 1 项、二等奖 2 项、三等奖 8 项，共计 11 项。杜仕菊老师领衔的“思想政治理论课名师培育团队”获名师培育团队；朱忆天老师领衔的“思政课程实践创新团队”获基础课程团队建设项目；任家瑜老师领衔编写的《中国文化导论（第三版）》获“教材建设项目”，并入选华东理工大学 2017 年本科教育教学立项建设项目资助。朱忆天老师主讲的“当代日本分析”、任家瑜老师主讲的“中国古建筑研究”、张璐倩老师主讲的“艺术哲学”等 13 门课程获华东理工大学 2017 年公共选修课程立项建设。徐国民老师获华东理工大学 2017 年本科教学贡献奖“教书育人奖”，汪斌锋老师获华东理工大学 2017 年青年教师课堂教学竞赛人文社会科学组三等奖，方以启老师获华东理工大学“2016（秋）学期研究生课程优秀任课教师”三等奖。举办了首届青年马克思主义理论学习班。中国传统文化教学和思想政治理论课教学受到了媒体的广泛关注和报道。

学科建设。完成学院学科自评估，调整学院学科布局，关闭政治学理论二级学科硕士点，并将现有师资充实到马克思主义理论学科导师队伍中，进一步凝练和聚焦了研究方向。在教育部第四轮学科评估中，马克思主义理论学科获得 B－。进一步明确申报马克思主义理论一级学科博士点和全国重点马克思主义学院的建设目标。

科学研究。教师共发表论文 67 篇，其中 CSSCI 核心期刊论文 21 篇（含 3 篇 CSSCI 扩展版），出版学术专著 3 本（含 1 本编著）。承担省级以上科研项目 8 项，国家社科基金一般项目 3 项，教育部课题 5 项，上海市教委课题 9 项。年度科研到款经费总额为 657.79 万元。其中，徐国民老师主持的“马克思所有制关系理论及其当代价值研究”课题、黄时进老师主持的“网络化科学的认识论研究”课题、张璐倩老师主持的“音乐哲学主体性问题研究”课题获得 2017 年度国家社科基金年度项目资助。

党建与学生工作。学手册，抓纪律，促党风，做好日常管理工作；举办读书会、论文年会，约请学者讲学，营造学术氛围；举办师生羽毛球比赛、迎新晚会等，参加学校各种文体活动，加强学院凝聚力；促进研究生会自我管理，举办就业指导分享会。

（杜仕菊）

【上好思政课，华理有个“课联网”】 2 月 1 日，《上海教育新闻网》报道，华东理工大学马克思主义学院经过积极探索，逐渐形成了以问题导入式专题化研究型教学为抓手，发挥课堂教学主渠道作用的“课联网”系统，为学生量身打造有温度的课程内容。

（张丽华）

【马克思主义学院举办首届青年马克思主义理论学习班】 2017 年 8 月 14 至 18 日，由学校马克思主义学院、上海市高校思想政治理论课名师工作室——徐国民工作室联合举办的“首届青年马克思主义理论学习班”在学校举行。

（张丽华）

【习近平新时代中国特色社会主义思想教学研究研讨会在学校举行】 10 月 27 日，继在党的十九大胜利闭幕当日下午全面启动集体备课会之后，上海高校思想政治理论课教学指导委员会、高校思想政治工作研究中心在华东理工大学举办“习近平新时代中国特色社会主义思想教学研究研讨会”，围绕学习宣传贯彻党的十九大精神，来自上海市 30 余所高校的 100 余位马克思主义理论专家学者和思想政治课教师就有效推进习近平新时代中国特色社会主义思想进课堂、进教材、进头脑展开热烈研讨。

（张丽华）

高等教育研究所（工程教育学系）

【概况】 年内，高教所与人才培养质量监控与评估中心合署办公，三部门围绕学校中心工作，立足学校实际，主要在院校研究、对外联络、学科建设、人才培养、期刊编辑等方面开展工作。

本科教学审核评估。 会同职能部门召开专题讨论会 20 余次，熟悉本科教学具体环节的文件材料，与学校主要部门共同完成 139 页 8 万余字的《审核评估自评报告》的撰写工作以及 230 余份支撑材料的整理工作，并编辑了《迎评促建宣传册》。成立本科审核评估迎评督察组，以部处工作督查组、院系工作督查组、评估工作条件督察组和听课看课督察组四个工作组开展审核评估的督查工作。在评估前夕，完成了专家工作手册和专家联络员工作手册的编写工作。顺利完成了审核评估的组织工作，形成 8 000 余字的调度中心反馈报告。评估结束后，整理汇总专家意见 1.5 万余字，梳理专家反馈意见和建议 74 条。

院校研究。 为配合本科教学评估，更新教育观念，理清办学思想，主办以“更新理念，立德树人，提升质量”为主题的教育思想大讨论推进会并做专题报告。为了庆祝 65 周年校庆，推出了《化工高等教育》校庆专栏。邀请学院、机关部处的教职工总结学校 65 年来的办学历史与传统；与教务处联合，在《华理教育评论》上推出了“校 2016 年教学成果奖”专辑。以“风雨 65 载，华理人物故事”为主题，访谈了朱裕贞、许一铭等老专家，讲述华理故事。配合学校“建校 65 周年校庆活动之校长论坛”工作，形成了“中欧大学工程教育校长论坛”校长报告。编写了《一流大学建设与发展研究报告》和《高等教育信息简报》，主题涉及“新工科建设与发展”“双一流建设”“拔尖人才培养”“本科教学审核评估工作”“高校‘广谱式’创新业教育研究”“以学生为本的学习成果（learning outcomes）评价研究报告”“华东理工大学四任校长的办学思想与实践”等，服务于学校的院校研究和“双一流”建设。完成《华东理工大学关于开展重大教育问题研究报告》《华东理工大学深化综合改革创新人才培养模式的探索与实践》《创新人才培养模式，培养具有国际竞争力的工程人才》《以 VR 教学实训基地建设促进工程教育教学改革——华东理工大学借力虚拟现实新技术提升实践教育质量与效果》等报告的撰写与申报工作。

学科建设。完成了高等教育学专业硕士学位点自评估工作，邀请校外评估专家对本学位点的办学水平进行了评估并提出建设性的意见和建议。年内，高教所老师们共申请校内外课题 18 项，公开发表多篇学术论文。

人才培养。做好各项研究生的招生、培养、思政、毕业及其他相关管理工作，切实保障研究生培养质量。年内，高教所共有在读研究生 12 人，其中 2014 级 3 人、2015 级 2 人、2016 级 3 人、2017 级 7 人，2014 级 3 位同学于 2017 年 1 月份被授予了硕士学位，全部顺利毕业。

杂志编辑。在信息办的支持下，高教所联系北京勤云科技发展有限公司，共同完成了《化工高等教育》期刊专题网站的建设。对期刊编委会编委进行重新梳理、更换，设置各化工高等院校联络员，并于中国化工教育协会第四届五次理事会期间召开《化工高等教育》编委会会议。

（赵延斌）

教育与教学

Jiaoyu yu Jiaoxue

本科教育

【概况】 围绕《华东理工大学综合改革方案》，以提高本科人才培养质量为目标，探索以学生能力达成为导向的本科教学培养体系，完善创新创业教育模式，深化专业内涵建设，提升课程质量，完善教学质量保障评价体系。

本科教学评估。对照教育部本科教学审核评估的要求，制定学校迎评工作实施方案并稳步推进，按照“以评促建、以评促改、以评促管、评建结合、重在建设”的方针，积极开展迎评各项工作。学校不断完善质量监控体系，完善质量评价反馈闭环。定期检查各专业建设的进展情况，形成基础与应用并重、优势特色鲜明的专业布局，进而切实促进专业内涵发展，提升本科人才培养质量。审核评估前期，召开本科教学审核评估动员大会及推进会，全校上下凝心聚力，积极开展实验室建设、教学质量检查、专业评估回头看、教育思想大讨论、审核评估预评估、评估前督查等迎评促建各项工作。完成审核评估 78 张表格的数据采集、核对与上报工作，撰写 8 万余字的审核评估自评报告、230 余份的支撑材料以及 195 本专家案头材料。高质量高水平完成了专家访谈、听课看课、企业走访等各项工作安排，顺利完成评估专家现场考察工作，顺利完成教育部本科教学审核评估工作。

本科招生和培养工作。首次在上海市、浙江省实施考试招生制度改革，重点研究制定合适的“选考科目组”，平稳有序地推进招生制度改革。首次开展专业大类招生工作，重点制订合理有效的后续专业分流方案。实施专业大类招生后，专业大类总体调剂率从 2016 年的 25%下降到 2017 年的 5%左右。根据大类招生的要求，修订 2017 级本科生培养方案，并根据课程的衔接与学分数，科学合理地调整课程进度，使学时与学分数在各学期分布合理，根据 OBE 理念，全面修订课程教学大纲。

教学改革。围绕教育教学规律及方法研究、课程建设、教材建设及基础课程团队建设等方面积极开展工作。立项建设 14 门 MOOC 课程、20 门核心课程、10 门全英语课程、60 门公共选修课、31 本教材，同时获得上海市精品课程立项 6 门、上海市示范性全英语教学课程立项 3 门、上海市重点课程立项 27 门。组织学校教学成果奖的申报和评选，鼓励广大教师积极投身教育教学建设、改革与研究，总结并推广教育教学改革成果与经验，不断提高学校教育教学水平和质量。经校评审专家委员会评审，共评出特等奖 1 项、一等奖 45 项、二等奖 62 项、三等奖 107 项。同时遴选 37 项申报上海市教学成果奖。

师资建设。开展张江树教学名师奖评选工作，最终确定“张江树教学名师奖”一等奖 2 人、二等奖 4 人。开展“国家教学名师培育团队”建设，首批建设 6 个团队，推动教学工作的传帮带，提高人才培育质量。青年教师教学能力培训基地每月开展一期沙龙，为教师搭建交流平台；开展青年教师课堂教学竞赛，为青年教师搭建展示的舞台。

实习实训教学工作。开展实验实习调研，加强实践与毕业论文过程管理。组织开展实验室专项调研工作，组织专家对学院的实验修购项目开展检查，了解仪器设备投入本科实验教学成效。组织开展实验教学与管理专项检查，开展实验室文化氛围建设工作。加强各学院实习实训基地签约及基地实习教学开展情况的统计工作，调研各学院实习实训教学总体情况和各学期实习教学具体情况，组织学院同金山石化商定具体实习安排，签订实习合同等。毕业论文过程管理深入各环节，包括论文开题和中期环节、论文重合率检测环节、论文答辩环节、优秀毕业论文认定环节等。

创新教育工作。“大学生创新创业训练计划”项目共计立项 418 项，其中，国家级项目 100 项（创新训练类 96 项、创业实践类 1 项、创业训练类 3 项），上海市级项目 140 项（创新训练类 134 项、创业实践类 2 项、创业训练类 4 项），校级项目 178 项（创新训练类 171 项、创业实践类 5 项、创业训练类 2 项）。2017 年度的项目共有 390 多名教师参与指导，1 600 多名学生受益。年内，本科生获得省部级三等奖及以上奖项 211 项，共有 623 人次获奖。其中，获国际级奖项 13 项、国家级奖项 54 项、省部级奖项 144 项。以学生为第一作者发表论文 45 篇，学生获得专利授权或软件著作权的项目共计 6 项。

本科教育质量保障体系建设。全面修订和完善本科教学管理制度。陆续修订了《全日制本科生学籍管理条例》《学分制管理规定》《本科专业建设规划》《本科教学工作管理条例》《本科教学教师工作规范》等文件，对教学运行管理、本科专业建设、教学改革与建设、教学质量监控等管理工作提供了机制体制保障。持续开展常态化教学质量过程监控，对开展随堂听课、毕业论文（设计）及实习、课程试卷、教材使用、实验室使用及实验大纲编写、学院教学质量监控工作的开展等十个方面的内容进行专项检查；成立考风考纪工作领导小组，加强教学学风考风的巡视，预防教学开展过程中的各项违纪违规行为。通过各项检查和巡视工作，进一步加强了常态管理和监控力度，及时反馈检查中所发现的问题和不足，各单位以问题为导向及时整改，持续完善了学院教学质量监控及保障体系。

（毛庆峰）

附录：

2017 年上海市精品课程一览表

序号	课程名称	学院	负责人	批准年度
1	电子商务概论	商学院	李英	2017 年
2	材料概论	材料科学与工程学院	陆冲	2017 年
3	制药工艺学	药学院	冀亚飞	2017 年
4	基因组学	生物工程学院	张惠展	2017 年
5	理论力学	机械与动力工程学院	马新玲	2017 年
6	中国近现代史纲要	马克思主义学院	刘震宇	2017 年

（胡欣敏）

2017 年上海市重点课程一览表

序号	课程名称	学院	负责人	批准年度
1	添加剂合成原理	化工学院	辛忠	2017 年
2	化工数值计算	化工学院	杨榛	2017 年
3	石油产品及添加剂	化工学院	吕涯	2017 年
4	细胞生物学	生物工程学院	吴海珍	2017 年
5	谱学导论	化学与分子工程学院	夏玮	2017 年
6	无机合成化学	化学与分子工程学院	杨宇翔	2017 年
7	药品生产质量管理规范（GMP）	药学院	罗晓燕	2017 年
8	药物分析	药学院	景秋芳	2017 年
9	安全法规及安全管理	资源与环境工程学院	孙东亮	2017 年
10	材料研究方法及实验	材料科学与工程学院	陈爱平	2017 年
11	材料科学基础	材料科学与工程学院	李蔚	2017 年
12	工程制图（机械类）	机械与动力工程学院	郭慧	2017 年
13	力学设计与操作	机械与动力工程学院	马新玲	2017 年
14	计算机程序设计	信息科学与工程学院	郭卫斌	2017 年
15	C 程序设计	信息科学与工程学院	文欣秀	2017 年
16	数理统计	理学院	朱坤平	2017 年
17	现代传感技术与应用	理学院	谢海芬	2017 年
18	运筹学	商学院	钱世超	2017 年
19	保险学	商学院	汪冬华	2017 年
20	消费者行为学	商学院	杜伟宇	2017 年
21	计量经济学	商学院	吴玉鸣	2017 年
22	日本概况	外国语学院	张正军	2017 年
23	德语文学选读	外国语学院	王涌	2017 年

续表

序号	课程名称	学院	负责人	批准年度
24	创意文案写作	艺术设计与传媒学院	傅蓉蓉	2017 年
25	模型与塑造	艺术设计与传媒学院	吴慧兰	2017 年
26	产品改良设计	艺术设计与传媒学院	郭永艳	2017 年
27	创业基础	团委	倪炜	2017 年

（胡欣敏）

2017 年上海市示范性全英语教学课程一览表

序号	课程名称	学院	负责人	批准年度
1	生物化学	生物工程学院	周勉	2017 年
2	微生物学	生物工程学院	吴辉	2017 年
3	病毒生物学	生物工程学院	马昱澍	2017 年

（胡欣敏）

2017 年上海市重点教改项目一览表

序号	学院	项目名称	负责人	批准年度
1	化工学院	基于 OBE 教育理念的化工原理课程建设与实践	黄婕	2017 年
2	化学与分子工程学院	以创新能力培养为导向，突出框架，优化内容，强化物理化学枢纽作用	彭昌军	2017 年

（胡欣敏）

2017 年校级教学成果奖一览表

特等奖（1 项）			
序号	成果名称	主要完成人	主要完成单位
1	籍 ABET 认证提升化学工程与工艺专业教育质量与内涵	辛忠、郭旭虹、司忠业、赫崇衡、乐清华、许志美、徐益升、徐菊美	化工学院
一等奖（45 项）			
序号	成果名称	主要完成人	主要完成单位
1	多方位构建具有创新性和工程化的高分子科学理论和实践课程体系	庄启昕、唐颂超、李欣欣、钱军、张德震、滕鑫、刘小云	材料科学与工程学院
2	点—线—面结合，构建材料类人才培养立体模式	李欣欣、唐颂超、庄启昕、腾鑫、曾惠丹、屈雪、陆冲、戴诚安	材料科学与工程学院
3	中国式慕课实践："大学生劳动就业法律问题解读"建设与探索	刘金祥、刘汉伟、刘源、储瑛、岳海洋、高建东	法学院、学工部
4	大学生创新创业教育实践体系建设	倪炜、胡兵、陈啸寅、陈庆升、金志超	共青团华东理工大学委员会
5	大学生艺术教育实践的探索与创新	倪炜、曹化勤、何希、魏星、万婷、包雷晶、何筠	共青团华东理工大学委员会

续表

序号	成果名称	主要完成人	主要完成单位
6	深化“化工原理”精品课程建设，努力提升教学质量	潘鹤林、黄婕、齐鸣斋、叶启亮、陈敏恒	化工学院
7	“十二五”国家级规划教材《化工工艺学》与教学改革实践（教材）	朱志庆、薛为岚、唐黎华、吕自红、房鼎业	化工学院
8	《化工原理（第四版）》（教材）	齐鸣斋、潘鹤林、黄婕、陈敏恒	化工学院
9	创新培养模式，化学工程领域全日制工程硕士培养的实践与成效	徐心茹、李涛、刘殿华、于靖、孙莉、庞祎晔、刘鹏、辛忠	化工学院
10	工程导论课程建设	辛忠、刘霞、蔡建国、赵世成、孟鑫、张相洋、殷强锋	化工学院
11	依托一流团队，聚集精品资源，开拓以培养创新能力为导向的课程建设之路	彭昌军、刘洪来、尚亚卓、熊焰、胡军、徐首红、黑恩成、胡英	化学与分子工程学院
12	基于两校区办学的“五位二体、三阶递进”	张文清、王燕、夏玮、徐志珍、胡坪、蔡良珍、刘金库、孙学芹	化学与分子工程学院
13	虚实互动，打造特色鲜明的国家级化学化工虚拟仿真实验教学中心	刘洪来、孙学芹、张文清、熊焰、潘鹤林、王燕、殷馨、白金瑞	化学与分子工程学院
14	围绕课程实践教学模式的学生创造发明能力的培养体系模式的探索	易建军、颜建军、束雯、罗飞、周炜	机械与动力工程学院
15	拓展工程制图课程建设，构建创新能力培养平台	郭慧、马惠仙、刘晶、赵菊娣、傅琴、张明忠、张纯楠	机械与动力工程学院
16	机械设计课程的长期教学改革与完善	安琦、王建文、王小芳、陈琴珠、覃新川	机械与动力工程学院
17	过程装备与控制工程专业卓越工程师培养的实践	惠虎、周邵萍、马新玲、张洪波、涂善东、杨倩、陈建钧	机与动力工程学院
18	成人高等教育混合式教学模式探索与实践	张雪芹、许学敏、黄婕、陈德庆、董小芹、陈琳	继续教育学院
19	华东理工大学创新创业教育新模式的实践与探索	黄婕、夏春明、倪炜、耿胥、秦添、胡兵、邓自洋	教务处、团委
20	构建本科专业自我评估管理体系，推动专业内涵建设	张先梅、夏春明、张正清、胡欣敏、范圣法、耿琰、刘冬梅、乐清华	教务处
21	以数学应用能力培养为导向，构建多层次的高等数学教学与实践体系	殷锡鸣、江志松、李红英、苏纯洁、杨勤民、李义龙、贺秀霞、吕雪芹	理学院
22	“以赛促教”——基本素质与创新能力培养相结合的物理实验教学新模式	钟菊花、顾英俊、罗锻斌、章登宏、房毅、谢湘华、葛自明、陈建华	理学院
23	思政课问题导入式专题化研究型教学新探索	徐国民、邱卫东、卢杨、奚建武、叶敏、米丹、包双叶、方以启	马克思主义学院

续表

序号	成果名称	主要完成人	主要完成单位
24	工程教育认证视域中高校青年教师工程实践教学能力培养体系的构建与实践	王慧锋、刘敏、毛庆峰、胡欣敏、张正清	人事处、教务处
25	面向重大战略需求，聚焦一流学科建设，培养管理科学与工程的专业人才	范体军、常香云、程岩、李英、夏卫红	商学院
26	建设金融工程实验室，构建多层次创新性金融实验教学体系	盛宝莲、叶志强、蒋志强、钱丽霞、单亚玲	商学院
27	“多元统计学”上海市精品课程建设与教学改革的研究与实践	汪冬华、任飞、马艳梅、郑庆寰、顾高峰	商学院
28	依托实验中心，多维度一站式创新创业教育体系的构建	常雅宁、庄英萍、张蕾蕾、李鹏飞、彭钰珂、张悦、胡晓鸣	生物工程学院
29	生物分离工程资源共享课建设	万俊芬、曹学君、赵延斌	生物工程学院
30	大数据背景下高水平大学生运动员培养模式研究与实践	周晓燕、韩骏、吴婷、曾理	体育科学与工程学院
31	基于外语演讲辩论的创新人才培养	高攀、颜静兰、杨慧敏、贾卉、华静	外国语学院
32	以上海市精品课“高级英语”为抓手，探索MOOC浪潮中“高级英语”课件建设与推广	颜静兰、赵宏、高攀、郑国锋	外国语学院
33	面向学分银行的在线课程互选互认与学分转移研究与实践	程华、姚俊D、应卫勇、刘百祥、孙莹、姚俊X、康小燕、万浩	网络教育学院
34	基于本科教学状态数据库的质量监控与评估体系建设及实践探索	夏春明、范圣法、裴小琴、刘冬梅、房一泉、李志华	信息办、教务处
35	自动化专业工程教育改革与实践	侍洪波、刘漫丹、孙自强、王华忠、孙京诰、顾幸生、叶西宁、谭帅	信息科学与工程学院
36	构建理工科计算机通识课程教学体系，培养学生工程实践能力和创新精神	王占全、文欣秀、虞慧群、刘江、胡庆春、杨泽平、罗勇军、杨建国	信息科学与工程学院
37	计算机类专业大学生程序设计与实现能力培养模式研究与实践	郭卫斌、王占全、罗勇军、何高奇、虞慧群、李建华、杨建国、郭健美	信息科学与工程学院
38	以“班级建设”为载体引领学生思想、学业、能力、素质全面攀升的长效机制与实践路径	岳海洋、王爱祥、张学洪、征春秀、刘少文、焦建辉、徐志伟	学生工作部（处）
39	“引导·服务·管理”——高校民族学生教育策略、载体与机制创新实践	宋来、司忠业、焦建辉、崔姗姗、宋晓涛、吴婷、刘少文	学生工作部（处）
40	加强实践育人，深化专业学位教育综合改革	栾伟玲、黄声、苏娜、徐心茹、修光利、周玲	研究生院
41	华东理工大学LCS研究生创新创业教育培养新模式的探索	栾伟玲、苏娜、周玲、蔡方、钱旭红	研究生院

续表

序号	成果名称	主要完成人	主要完成单位
42	新形态制药工程专业实践教学体系的建设	罗晓燕、任福正、赵建宏、刘宏伟、马红梅、任国宾	药学院
43	深化制药工艺学课程建设，践行“卓越工程师培养计划”素质教育	冀亚飞、刘宏伟、刘丹、赵建宏、张为革、廖道华、赵临襄	药学院
44	研究生精品课程“设计原理”建设	程建新、丁伟、张青、叶俊男、刘淼	艺术设计与传媒学院
45	工程理念在“水污染控制工程”教学中的强化和实现	刘勇弟、陈秀荣、曹国民、隋倩、孙贤波、嵇雅颖、盛梅、蒋晓凤	资源与环境工程学院

二等奖（62项）

序号	成果名称	主要完成人	主要完成单位
1	材料概论课程的持续建设与实践	陆冲、宋鹂、毛荐	材料科学与工程学院
2	新能源材料与器件专业建设	杨云霞、曾惠丹、陈新、王德强、李红波、李欣欣	材料科学与工程学院
3	运用计算机技术服务材料类实验教学、扩大国家级实验教学中心教学成果	滕鑫、杨晓玲、唐颂超、庄启昕、钱军	材料科学与工程学院
4	按照ABET认证标准，建设“化学工程与工艺专业实验”国家级精品资源共享课程	徐菊美、雷明、乐清华、许志美、朱志华、施云海、薛为岚、彭阳峰	化工学院
5	开拓创新，深化建设国家级精品课程“化学反应工程”	许志美、孙伟振、朱贻安、赵玲、刘涛、曹发海、邹滢、奚桢浩	化工学院
6	接轨国际、校企协同构建新培养模式——卓越工程师培养计划的研究与实践	赵双良、赫崇衡、许志美、吴艳阳、孙伟振、唐黎华、顾雄毅	化工学院
7	探索MOOC浪潮中全英语“Mass Transfer”网络视频公开课的录制与教学应用	金浩、杨祖安、李文华	化工学院
8	化工类青年教师教学能力培训机制的设计与实践	许志美、齐鸣斋、赫崇衡、黄光团、李杨	化工学院
9	强化工程教育，凸显专业特色	欧阳福生、徐心茹、凌昊、马宏燎、吕涯、杨敬一、李少萍、王昕	化工学院
10	潜心打造，构筑多层次化工设计竞赛平台，促进工程能力培养	顾雄毅、许志美、沈荣春、李瑞江、杨座国	化工学院
11	基于海量数据和拓展训练的全程化青年发展决策咨询体系	高晶、潘聪聪、司忠业、高艺霞、张黎、梅海东、董碧岚、李杨	化工学院
12	拓展精品课程教学资源建设，提升化工原理（少课时）教学质量	潘鹤林、黄婕、齐鸣斋、张辉、陈敏恒	化工学院

续表

序号	成果名称	主要完成人	主要完成单位
13	嵌入视角下大学生创新创业教育的实践模式探究	司忠业、潘聪聪、高晶、高艺霞、张黎、刘开振	化工学院
14	国家级化学实验教学示范中心的深化改革和建设	王燕、孙学芹、王月荣、熊焰、殷馨、俞晔、刘洪来	化学与分子工程学院
15	制药工程领域专业学位教育综合改革实践与探索	田禾、唐燕辉、沈永嘉、仇昭君	化学与分子工程学院
16	与时俱进，深化大一基础化学课程建设	徐志珍、张敏、田振芬、殷馨、卢怡、刘金库、孙慧萍	化学与分子工程学院
17	机械类专业应用型创新人才多元化培养模式的实践教育	陈琴珠、颜雪娟、王学生、蔡文明、陈聪	机械与动力工程学院
18	基于创新能力培养的机械设计制造及自动化专业内涵建设	章兰珠、安琦、夏春明、郭慧、高志、林砺宗、马惠仙	机械与动力工程学院
19	依托上海市精品课程，完善制造类课程虚实结合的教学方法	姚兴军、何云、陈琴珠	机械与动力工程学院
20	政府引导、市场化运作——高校继续教育的社会实践探索	欧伶、李本友、王丽霞、黄婕	继续教育学院
21	高效规范的高校继续教育新型行政办公模式的探索与实践	董宁、黄婕、陈德庆、胡伟、沈浚、鲁习文	继续教育学院
22	基于 MOOC 的混合式教学模式构建与实践	裴小琴、夏春明、张先梅、沈健、范圣法、杜龙兵、陈晓宁、朱斌峰	教务处、信息办、现教中心
23	微课教学设计及其应用	朱坤平、刘剑平、秦衍、俞绍文、万浩	理学院
24	挖掘演化物理学课程特征，基于质量管理培育创新人才	房毅、钟菊花、张先梅、章登宏、顾晓燕、张波	理学院
25	基于大创和竞赛的大学物理课程教学方法和教育技术新改进	张孟、陆慧、罗锻斌、章登宏、许飞	理学院
26	以提高人才培养质量为目标的大学物理教学改革	陆慧、张孟、谢海芬、汪溶、房毅、葛自明、谢湘华	理学院
27	光学课程系统化建设	陆慧、罗锻斌、林功伟、龚尚庆、祁义红、朱云霞	理学院
28	深化研究生数理统计方法课程改革，提高教学质量	刘剑平、朱坤平、俞绍文	理学院
29	以赛促教，全面提升青年教师教学水平的保障措施的实践	谢海芬、殷锡鸣、陆慧、张先梅、刘朝晖、李建奎、龚尚庆、刘书琦	理学院

续表

序号	成果名称	主要完成人	主要完成单位
30	提升“马克思主义基本原理概论”课程教学有效性的新探索	汪帮琼、杜仕菊、陈迎年、秦美珠、刘芳、张燕、汪斌锋	马克思主义学院
31	高校德育发展性教学模式的建构与实践	王荣发、朱建婷、彭纪春、王党辉、丁灏、曹东勃、张丽芬	马克思主义学院
32	打造“商务分析”课程模块，培养学生连接商务与 IT 技术的能力	刘璇、程岩、李英、马玲、李嘉、胡海波、陈晋	商学院
33	借助实践创新平台，培养知行合一的经管人才	朱姝、盛宝莲、李云芳、翟慧娟、董临萍、王晓光	商学院
34	改革“电子商务概论”课程，提升学生创新实践能力	李英、周伟、刘红丽、刘璇、陈晋、胡海波	商学院
35	聚焦供应链管理，系统提升物流管理专业教学质量	吴一帆、范体军、李淑霞、刘建香、李琳、刘丽萍、李田、夏卫红	商学院
36	完善商学院学生创新能力培养机制，培养知行合一的经管人才	盛宝莲、李云芳、李英、郇庆文	商学院
37	面向“卓越社工人才”培养的社会工作专业硕士实践教学体系	何雪松	社会与公共管理学院
38	华理学术英语综合素养教育体系——多平台课程建设	龚嵘、杨岱若、周晓萱、张艳	外国语学院
39	模拟联合国社团活动与课堂教学互补模式构建	华静、颜静兰、高攀、贾卉、张之燕	外国语学院
40	“语言文化探索”课程建设（含教材）	赵宏、封宗颖、董慧敏	外国语学院
41	“现代远程教育学习概论”课程建设（含教材）	应勇、刘百祥、孙莹、万浩、程华、康小燕、张宝凤、徐鹏	网络教育学院
42	探索并建成能适应混合式教学模式的教育技术平台	王晓、张先梅、沈健、郑军、朱斌峰	现代教育技术中心
43	以工程教育理念指导教学改革，提高计算机本科专业人才培养质量	郭卫斌、虞慧群、李建华、过弋、刘江、王占全、何高奇、范贵生	信息科学与工程学院
44	思维训练和创新实践并重的数据库原理课程建设	王占全、朱法枝、李建华、郑红、应方立	信息科学与工程学院
45	基于 SPOC 的混合式教学与多元评价方法的实践	胡庆春、刘江、王占全、黄建华、杨泽平、赵敏、付歌	信息科学与工程学院
46	《过程控制工程》教材建设（教材）	顾幸生、俞金寿、刘漫丹、罗健旭、刘爱伦	信息科学与工程学院
47	信息工程专业创新实践能力培养内涵建设	朱煜、李振坡、袁伟娜、蒋翠玲、木昌洪	信息科学与工程学院

续表

序号	成果名称	主要完成人	主要完成单位
48	紧密结合时代和学生需求，积极推进 Python 课程教学研究与实践	文欣秀、杨泽平、赵敏、叶元卯	信息科学与工程学院
49	基于“电子系统设计实践”课程设计改革，提升学生实践创新能力	万永菁、张淑艳、冯伟国、郁金明	信息科学与工程学院
50	开发基于 ARM 的电子设计教学实验箱，培养学生综合设计和开发能力	马国荣、杨富琴	信息科学与工程学院
51	积极心理学视阈下心理情景剧应用于大学生心理健康教育的探索与实践	李永慧、朱育红、王爱丽、徐兰、周冠华、司忠业	学生工作部（处）
52	需求导向，价值引领：社会主义核心价值体系下的就业引导工程建设	郑东、岳海洋、徐国庆、邹玉梅、盖钧超、裴文波、穆为来、周全华	学生工作部（处）
53	互动体验式教学模式在大学生心理健康课程教学中的应用（教材）	王爱丽、朱育红、李永慧、徐玉兰、周冠华、司忠业	学生工作部（处）
54	研究生思想政治教育工作机制的探索与实践	钱嫦萍、崔靖园、杨晶、戎思淼、杨维明	研究生院
55	全日制专业学位研究生实践能力培养与评价研究	钱嫦萍、戎思淼、杨晶、崔靖园	研究生院
56	现代化制药企业电子沙盘展示系统及 GMP 实训仿真系统	罗晓燕、刘宏伟、邓卫平、任福正、赵建宏	药学院
57	具有创新药物研究能力的药学专业人才培养体系改革与实践	邓卫平、唐赟、刘桂霞、李剑、郑文云、马磊、刘建文、黄瑾	药学院
58	“陶艺基础设计与制作”课程创新与实践	吴慧兰	艺术设计与传媒学院
59	面向工业 4.0 的工业设计人才培养机制教学课程改革	周美玉、程建新、章彰、刘淼	艺术设计与传媒学院
60	景观教学模式及创新机制的探索与艺术实践	张杰、姚子刚、王计平、方田红、冯璐	艺术设计与传媒学院
61	国家精品视频公开课“设计创新与城市发展”建设	程建新、姚志刚、叶俊男	艺术设计与传媒学院
62	建设“流体力学”精品课程，培养创新人才	李伟锋、赵辉、陆海峰、刘海峰、王辅臣	资源与环境工程学院

三等奖（107 项）

序号	成果名称	主要完成人	主要完成单位
1	聚焦“复杂工程问题”复合材料与工程专业课程体系的构建	周权、宋宁、倪礼忠、邵佳敏、朱芸	材料科学与工程学院

续表

序号	成果名称	主要完成人	主要完成单位
2	院级研究生管理创新与实践	李永生、袁媛、陈亚琴、李晶、杨婷、李思悦、汪济奎、唐颂超	材料科学与工程学院
3	根据 90 后特点，依托信息技术，更新培育理念——“无机材料工艺原理”教学改革	曾惠丹、牛德超、袁晓、张金朝	材料科学与工程学院
4	基于“OBE”理念的“复合材料与工程专业实验”课程建设	周权、宋宁、倪礼忠、朱亚平、方俊	材料科学与工程学院
5	新能源材料科学基础专业及实验课程建设	陈新、曹红亮、王德强	材料科学与工程学院
6	以“材料物理”专业课为支撑多角度培养创新人才（《材料物理》教材）	孙金煜、田晓慧、元以中	材料科学与工程学院
7	发挥朋辈互助功能，培养学生自主学习能力——材料科学与工程学院“学生讲师团”教育新模式改革创新	戴诚安、李彦晓、佘砚、李廷雨、王婧	材料科学与工程学院
8	“高等反应工程”课程建设	应卫勇、江洪波、曹发海、马宏方、李涛、翁惠新	化工学院
9	“化工热力学”课程教学体系改革理论和创新实践	施云海、童天中、赵双良、彭阳峰、王艳莉、徐晶	化工学院
10	注重实效，反映创新——分离工程课程建设和教学教法改革	朱家文、武斌、纪利俊、吴艳阳	化工学院
11	《化工原理（网络版）》（教材）	齐鸣斋、熊丹柳、刘玉兰、叶启亮	化工学院
12	ABET 认证背景下的化工专业实验室安全建设	李秀军、雷明、徐秋菊、宁雷、张秋华	化工学院
13	强化实践创新，搭建竞赛平台因材施教培养优秀人才	金浩、叶启亮、熊丹柳、潘正官、曹正芳、袁萍	化工学院
14	实验装备及安全建设	张秋香、金浩、黄莉萍、路明辉、张秀瑾	化工学院
15	“石油产品及添加剂”的教学方法与创新人才培养	吕涯、徐心茹、欧阳福生	化工学院
16	“安全技术导论”课程建设	王评、袁萍、陈辉、何美琴	化工学院
17	精品课程平台下“化工原理课程设计”的建设	刘玉兰、潘鹤林、张辉、叶启亮	化工学院
18	多举措全方位提升应用型专业课教学效果——以“应用无机化学”为例	刘金库、张华、卢怡、孙慧萍	化学与分子工程学院

续表

序号	成果名称	主要完成人	主要完成单位
19	“两学两便”练内功，教学相长出成绩	罗千福、王朝霞、许胜	化学与分子工程学院
20	化学改变生活系列创新实践活动	刘金库、王燕、张文清、李艳、宋小瑜、卫雪梅、庞朝霞	化学与分子工程学院
21	机械设计课程的系列教材建设（教材）	安琦、王建文、王小芳、殷勇辉、夏守浩	机械与动力工程学院
22	以赛促教、以做促学、知行合一的创新实践立体化教学模式的探索与实施	马新玲、惠虎	机械与动力工程学院
23	基于校企合作的机械原理创新设计能力培养	章兰珠、高志、殷勇辉、石岩、覃新川	机械与动力工程学院
24	以学生为本，创新成人高等教育学生工作管理机制	陶右香、黄婕、陈玉婷、鲁习文	继续教育学院
25	关于搭建终身教育“立交桥”学习体系和转换模式的探索研究	王毅、张雪芹、许学敏、黄婕、杨龙霞、朱坚华	继续教育学院
26	自学考试毕业环节管理系统的建设	钱群、张雪芹、陈德庆、黄婕、茅晓东、艾勇、秦丽华、宋英	继续教育学院
27	两校区办学背景下奉贤校区创新实践联动平台的运行机制	沈文君、张浩然、王光耀、张达中	教务处
28	创新型人才培养模式下高校考试管理改革的思考与实践	沈文君、耿琰、裴小琴、张浩然、林国辉、毛庆峰	教务处
29	以共享课建设为契机，推动通识课程建设与改革	范圣法、夏春明、张先梅、胡欣敏、朱涛、裴小琴、刘田、杜龙兵	教务处、信息办
30	基于统一高考基础上的自主招生选拔模式的研究与设计	朱涛、刘卫华、李玉俊	教务处
31	全方位、立体化、深层次的线性代数课程改革	刘剑平、鲍亮、施劲松、朱坤平、张启迪	理学院
32	光电信息科学与工程专业建设	沈冬、龚尚庆、谢海芬、罗锻斌、谢湘华、陆元成、郑致刚	理学院
33	独辟蹊径构建欣赏物理学课程体系，创新翻转课堂，激发学生自主性学习	房毅、钟菊花、陈建华、阴其俊、章登宏、顾晓艳、张波	理学院
34	立足工程应用，建设复变函数与积分变换精品课程	赵建丛、李建奎、赵唯	理学院
35	任务驱动法在“现代传感技术与应用”课程中的实践	谢海芬、牟海川、许飞、朱云霞	理学院

续表

序号	成果名称	主要完成人	主要完成单位
36	深化概率统计精品课程建设，推进随机处理创新能力培养	秦衍、朱坤平、俞绍文、郭继明、林爱红、温涛	理学院
37	光电显示技术教学中探究式学习与创新人才培养研究	谢湘华、顾英俊、罗锻斌、陈建华、章登宏、钟菊花	理学院
38	物理教学中的微观思维、宏观拓展与自主性、研究性学习	章登宏、房毅、顾英俊、陈建华、赵丽霞、谢湘华、高建平、朱云霞	理学院
39	数学系金融类课程的教学模式改革	俞绍文、鲍亮、朱坤平、黄定江、温涛	理学院
40	教学相长促进“大学物理实验”课程建设	罗锻斌、钟菊花、谢湘华、许飞、朱江转	理学院
41	将数学建模思想融入线性代数教学实践	鲍亮、刘剑平、施劲松、解惠青、俞绍文	理学院
42	当代大学生马克思主义信仰问题研究——基于《马克思主义基本原理概论》的实践反思	刘芳、秦美珠、汪帮琼	马克思主义学院
43	构建大学生婚恋观教育的长效机制——以华东理工大学为例	秦美珠、朱育红、刘芳	马克思主义学院
44	艺术素养课程教学中对学生审美理想的实践探索	张璐倩、陈蔷、唐纯	马克思主义学院
45	案例导入式教学法在《马克思主义基本原理概论》教学中的有效运用	秦美珠、刘芳、汪帮琼、张燕	马克思主义学院
46	学术成果在化解思想政治理论课热点难点问题中的有效运用——以“毛泽东思想和中国特色社会主义理论体系概论”课程为例	邱卫东、徐国民、卢杨、奚建武、叶敏、米丹、包双叶	马克思主义学院
47	“思想政治教育理论与方法研究”研究生精品课程建设	王荣发	马克思主义学院
48	深挖思想政治理论课教学资源，激活党课教学活力——以“毛概”课余学校党校教学结合为例	卢杨、徐国民、邱卫东、易如、奚建武	马克思主义学院
49	当代大学生“环境价值观”教育的探索与实践	杜仕菊、汪帮琼、张璐倩	马克思主义学院
50	“企业研究方法”课程改革与实践	陈洪安、李玉刚、阎海峰、张艳辉、马艳梅、戚海峰、汪金爱、彭泽余	商学院
51	《管理学原理》教材与配套案例教学资料	陈洪安、朱姝、陈亮	商学院

续表

序号	成果名称	主要完成人	主要完成单位
52	化工类经济管理型“经济学原理”课程的教学改革实践研究（教材）	杨继波、盛宝莲、许志美	商学院、化工学院
53	上海市外国留学生全英示范性课程建设结项	秦一琼	商学院
54	消费者行为学课程的情境化教学改革：理论与实践并重的探索	杜伟宇、朱凌、陈峻松	商学院
55	“金融市场学”成人教育课程建设探索	郑庆寰、刘建国、崔惠贤、单艳玲、马艳梅	商学院
56	《金融学》（上海市精品课程教材）	刘建国、钱丽霞、盛宝莲、崔惠贤	商学院
57	依托“职业导师计划”平台，建构商科大学生全程式立体化就业服务体系	朱姝、崔美娜、陈庆升	商学院
58	面向产学研互动和国际化的运筹学课程教学改革，培育学生创新能力	刘丽萍、吴一帆、李田、夏海洋、陈骏、李琳	商学院
59	大数据环境下“金融数值分析”课程建设与实践探索	蒋志强	商学院
60	“读书”育人：“阅读经典、励志明德”读书沙龙（奉贤校区）	彭德雷、朱姝、陈庆升	商学院
61	“金融学”课程参与式教学改革实践	郑庆寰、刘建国、汪冬华、钱丽霞、叶志强	商学院
62	基于创新平台的研究型人才双向互动培养模式探索	赵健、范立强、叶江、吴海珍、辛秀娟、孙丽云、李鹏飞、张惠展	生物工程学院
63	面向产业实需、与时俱进、国际化导向的“食品工程原理”教学和教材创新实践	赵黎明、邱勇隽、夏泉鸣	生物工程学院
64	半自主模块化实验教学提高学生兴趣与科研能力	辛秀娟、蒋宇、张悦、吴海珍、范立强、孙丽云、张惠展	生物工程学院
65	“细胞工程”教学设计与实践	周燕、谭文松、常雅宁、范立强、蔡海波	生物工程学院
66	人类疾病易感基因鉴定大赛	范立强、张惠展、赵健、吴海珍、欧阳立明、李鹏飞、叶江、辛秀娟	生物工程学院
67	大学生全程职业教育体系	吴蓉、周伟佳、富琳桦、王超、周全华、征春秀	生物工程学院
68	“阳光体育”背景下的多民族体育文化在全民健身中的融合与应用	徐立功、赵炜、韩骏	体育科学与工程学院
69	文献检索教学拓展研究	朱世琴、刘颖、吉久明、曾媛	图书馆
70	“日语视听说”课程建设（含教材、网络教学平台）	梁海燕、陈雪、蒋青	外国语学院

续表

序号	成果名称	主要完成人	主要完成单位
71	教育生态学视角下大学英语教学模式的构建	吴丽环、颜静兰	外国语学院
72	英语报刊阅读引入大学英语教学	朱晓琴、董慧敏、丁青华、秦颖	外国语学院
73	教育国际化视野下的日语专业人才培养研究	黄育红、何玮、梁海燕、杨吟	外国语学院
74	双一流高校本科学生学术英语能力素养教学范式研究	饶小飞、郭敬维、於瑞华、胡骅、李慧、季频、常亚青	外国语学院、中德工学院
75	多层次混合式教学模式研究及“计算机网络”课程实践	程华、房一泉、姚俊 X、姚俊 D、万浩、蔡方、徐鹏	网络教育学院
76	基于 CDIO 的在线实验能力评价及考核方法研究与实践	姚俊 X、万浩、姚俊 D、徐鹏、蔡方、康小燕、伍帅、孔巍	网络教育学院
77	校地合作，探索农民工在线学历教育培养模式	商敏锋、姚俊 D、金晓冉、宋红鹰	网络教育学院
78	“互联网＋工程”双向人才培养模式探索与实践	姚俊 D、程华、姚俊 X、房一泉	网络教育学院
79	面向复杂工程问题的计算机系统能力培养	李建华、郭卫斌、罗飞、过弋、罗勇军	信息科学与工程学院
80	以工程素养和实践能力培养为核心，推进电工电子实践教学改革	张雪芹、宋继荣、李振坡、朱奇、陆勇峻、陈成良	信息科学与工程学院
81	基于多层实践平台的本科生计算机创新实践能力培养模型	胡庆春、王占全、刘江、叶元卯、杨泽平、李攀、叶琪	信息科学与工程学院
82	新环境下的大学计算机基础课程教学改革与实践	刘江、王占全、文欣秀、杨泽平	信息科学与工程学院
83	基于智能数字化虚拟仿真工厂的过控创新实验教学	孙京诰、侍洪波、孙自强、刘漫丹、王华忠	信息科学与工程学院
84	强实践、抓创新、重素质，“电子产品设计技能训练”创新教育开花结果	杨富琴、于文静、郁金明、蔡益军韩宇光、马国荣、潘军兴、陈小弟	信息科学与工程学院
85	基于自主学习、自主实验、自主创新的电路实验教学探索	罗小娟、吴雪、张秋萍、黄如	信息科学与工程学院
86	启发实践式教学方法及计算机创新人才培养模式的研究与探索	翟洁、胡国玲、朱法枝、张海腾	信息科学与工程学院
87	全方位实施信息化建设，促进教学、管理高效率	杨富琴、陈小弟、宋海虹、冯伟国	信息科学与工程学院
88	多维度随机组卷在线考试系统	黄建华、钱嫦萍、杨晶、崔靖园、杨维明	信息科学与工程学院
89	面向工程应用实践的物联网课程研究生教学系统建设（教材）	黄如、朱煜、袁伟娜、吴雪	信息科学与工程学院

续表

序号	成果名称	主要完成人	主要完成单位
90	基于云计算的虚拟实验室系统的建设	罗飞、李建华、罗勇军	信息科学与工程学院
91	“过程控制工程”全英文课程建设	罗健旭、顾幸生、刘漫丹	信息科学与工程学院
92	自动化系工业控制类课程建设	王华忠、郭丙君、孙自强、孙京诰	信息科学与工程学院
93	构建创新实验云平台，探索计算机课程实验教学方法	杨泽平、万锋、文欣秀、赵敏、陈苏	信息科学与工程学院
94	基于移动 App 的课堂互动教学方法	黄建华、刘江、冷春霞、罗勇军	信息科学与工程学院
95	自动化作业管理和作业抄袭检测系统	张海腾、郑红、翟洁、冷春霞	信息科学与工程学院
96	Piclass 教学辅助系统	文欣秀、王家辉、蒲艺华、张斌杰	信息科学与工程学院
97	以“教授与学生面对面”为引领，多措并举促进师生交流互动提升育人实效	司忠业、储琰、刘少文、征春秀、徐志伟	学生工作部（处）
98	“推免生”招生制度改革的探索与实践	孙洪锋、李旭、王帅	研究生院
99	《组合化学》（教材）	段梅莉、冀亚飞、马红梅	药学院
100	药物制剂专业由工科向理科转型的建设	高峰、唐赟、刘建文、任福正、赵建宏、朱维平、楼开炎、杨弋	药学院
101	全方位、多元化开展实验教学建设和改革，培养高素质制药工程专业人才	马红梅、徐仲玉、刘宏伟、孙仲颖、马小思、石慧	药学院
102	强化学生自主管理，有效推进两校区大学生创新教育活动的开展	韩伟、王春丽、周永传、张敏	药学院
103	药学实验教学中心综合管理平台建设	徐仲玉、马磊、孙仲颖、马小思、李晓东、刘朝阳、周翾、吕霞	药学院
104	《人因工程实验》（教材）	吴慧兰	艺术设计与传媒学院
105	“风景资源学”课程教学改革探索	王计平、居伟忠	艺术设计与传媒学院
106	创新型多层次安全工程专业教学实验平台的构建与实践	陆强、乔建江、王晓霞、黄光团	资源与环境工程学院
107	环境工程专业卓越工程师教育培养计划建设经验总结	孙贤波、吕树光、修光利、刘勇弟、隋倩	资源与环境工程学院

（张正清）

2017 年上海市教学成果奖一览表

特等奖（1 项）

序号	成果名称	主要完成人	主要完成单位
1	以 ABET 认证为契机，提升化工高等教育质量，增强中国模式自信	辛忠、郭旭虹、司忠业、赫崇衡、许志美、徐益升、徐菊美、乐清华、钱旭红	华东理工大学

一等奖（10 项）

序号	成果名称	主要完成人	主要完成单位
1	树立 OBE 理念，构建理工类高校创新创业教育的新模式	黄婕、倪炜、沈文君、司忠业、耿胥、栾伟玲、姚磊、邓自洋、胡兵、郑东	华东理工大学
2	面向重大战略需求，聚焦一流学科建设，探索管理科学与工程人才培养模式	范体军、常香云、李英、齐国友、夏卫红、程岩、李淑霞、刘建香、李琳、吴一帆	华东理工大学
3	多方位构建系统性、创新性和工程化的高分子科学理论和实践课程体系	庄启昕、唐颂超、李欣欣、钱军、张德震、滕鑫、周权、刘小云	华东理工大学
4	依托一流团队，聚集精品资源，开拓以培养创新能力为导向的课程建设之路	彭昌军、刘洪来、尚亚卓、熊焰、胡军、徐首红、胡英	华东理工大学
5	课内外融合的大学生程序设计能力立体化培养模式的研究与实践	郭卫斌、王占全、罗勇军、何高奇、虞慧群、李建华、杨建国、赵敏	华东理工大学
6	自动化专业工程教育改革与实践	侍洪波、刘漫丹、孙自强、王华忠、孙京诰、顾幸生、叶西宁、谭帅	华东理工大学
7	基于两校区办学的“五位二体、三阶递进”的创新实践体系的构建和理论探索	张文清、徐志珍、夏玮、王燕、胡坪、徐首红、蔡良珍、孙学芹、刘金库	华东理工大学
8	智能型、个性化、多层次高等数学能力培养新模式的实践	殷锡鸣、江志松、李红英、苏纯洁、杨勤民、陆海湖、孙玉芹、安玉莲、贺秀霞、朱焱	华东理工大学、上海电力学院、上海应用技术大学
9	加强信息与教学管理深度融合，创建基于数据驱动的教学质量监控与评估机制	张先梅、夏春明、范圣法、骆华锋、乐清华、裴小琴、刘冬梅、张正清、房一泉、王源远	华东理工大学、上海喆思电子技术有限公司
10	构建制药工程专业“四位一体”的实践教学体系，提升专业人才的工程能力培养	罗晓燕、宋恭华、邓卫平、任福正、赵建宏、刘宏伟、马红梅、任国宾	华东理工大学

二等奖（15 项）

序号	成果名称	主要完成人	主要完成单位
1	过程装备与控制工程专业卓越工程师培养的探索与实践	惠虎、周邵萍、马新玲、张洪波、涂善东	华东理工大学

续表

序号	成果名称	主要完成人	主要完成单位
2	以赛促教、以赛促学、以赛促研——理工特色院校基于外语学科竞赛的创新人才培养	高攀、颜静兰、杨慧敏、贾卉、华静	华东理工大学
3	思政课问题导入式专题化研究型教学新探索	徐国民、邱卫东、卢杨、奚建武、叶敏	华东理工大学
4	大数据背景下高水平大学生运动员培养模式研究与实践	周晓燕、韩骏、吴婷、曾理、叶心明	华东理工大学
5	在线开放课程教学模式的创新实践:“大学生劳动就业法律问题解读”的开发和运行	刘金祥、刘汉伟、刘源、储琰、岳海洋	华东理工大学
6	基于OBE理念,构建“化工原理”课程群的教学模式探索与实践	潘鹤林、黄婕、齐鸣斋、叶启亮、张秋香	华东理工大学
7	夯实基础、融合专业、强化实践,推进理工科计算机基础教学改革与实践	王占全、文欣秀、虞慧群、刘江、赵双良	华东理工大学
8	融合先进成图技术,构建工程制图创新能力培养新模式的改革与实践	郭慧、马惠仙、刘晶、赵菊娣、张明忠	华东理工大学
9	三维一体的定量金融人才培养新模式的探索和改革	汪冬华、盛宝莲、钱丽霞、蒋志强、郑庆寰	华东理工大学
10	以多工科专业为背景的物理课程体系构建和人才培养模式探索	钟菊花、房毅、顾英俊、陆慧、章登宏	华东理工大学
11	工程教育认证视域中高校青年教师工程实践教学能力培养体系的构建与实践	王慧锋、刘敏、毛庆峰、胡欣敏、张正清	华东理工大学
12	“点面线结合,四位一体”的成人高等教育混合式教学模式探索与实践	张雪芹、许学敏、黄婕、陈德庆、董小芹	华东理工大学
13	依托实验中心,多维度一站式创新创业实践人才培养体系构建	庄英萍、常雅宁、魏东芝、王启要、彭钰珂	华东理工大学
14	机械设计课程的长期教学改革与完善	安琦、王建文、陈琴珠、王小芳、夏守浩	华东理工大学
15	以“设计原理”为导向的专业认知和创新能力培养体系建设	程建新、丁伟、于炜、叶俊男、章彰	华东理工大学

(张正清)

2017年本科专业设置一览表

学院		系别		专业	
代码	名称	代码	名称	代码	名称
1	化工学院	011	化学工程	081301	化学工程与工艺
				081303T	资源循环科学与工程
		012	石油加工	081504	油气储运工程
		013	产品工程	081701	轻化工程
2	生物工程学院	021	生物工程	083001	生物工程
		022	应用生物学	071001	生物科学
				071002	生物技术
		023	食品科学与工程	082701	食品科学与工程
				082702	食品质量与安全
3	化学与分子工程学院	031	化学	070301	化学
				070302	应用化学
				080403	材料化学
4	材料科学与工程学院	041	高分子材料	080407	高分子材料与工程
				080408	复合材料与工程
				080402	材料物理
		042	无机材料	080406	无机非金属材料工程
				080414T	新能源材料与器件
5	机械与动力工程学院	051	机械工程	080202	机械设计制造及其自动化
		052	动力工程及过程机械	080206	过程装备与控制工程
				082901	安全工程（安全检测技术）
		053	材料与装备工程	080203	材料成型及控制工程
6	信息科学与工程学院	061	自动化	080801	自动化
				080301	测控技术与仪器
				080601	电气工程及其自动化
		062	电子与通信工程	080706	信息工程
		063	计算机科学与工程	080901	计算机科学与技术
				080902	软件工程
7	资源与环境工程学院	071	能源化工	080501	能源与动力工程
		072	环境工程	082502	环境工程
				082901	安全工程
8	理学院	081	数学	070101	数学与应用数学
				070102	信息与计算科学
		082	物理	070202	应用物理学
				080705	光电信息科学与工程

续表

学院		系别		专业	
代码	名称	代码	名称	代码	名称
9	商学院	091	管理科学与工程	120103	工程管理
				120102	信息管理与信息系统
				120601	物流管理
		092	工商管理	120201K	工商管理
				120202	市场营销
				120206	人力资源管理
		093	会计学	120203K	会计学
				120204	财务管理
		094	经济学	020401	国际经济与贸易
				020101	经济学
		095	金融学	020301K	金融学
10	社会与公共管理学院	101	公共管理	120401	公共事业管理
		102	社会工作	030302	社会工作
		103	行政管理	120402	行政管理
		104	社会学	120403	劳动与社会保障
				030301	社会学
12	设计与传媒学院	121	艺术设计	130502	视觉传达设计
				130503	环境设计
				130504	产品设计
		122	景观规划设计	082803	风景园林
		123	工业设计	080205	工业设计
		124	传媒	050303	广告学
				130508	数字媒体艺术
13	外国语学院	131	英语	050201	英语
		132	日语	050207	日语
		133	德语	050203	德语
14	体育科学与工程学院	141	体育	020401	国际经济与贸易（运动员）
15	药学院	151	制药工程	081302	制药工程
				100702	药物制剂
		152	药物科学	100701	药学
31	法学院	311	法律	030101K	法学
33	中德工学院			081301	化学工程与工艺（环境科学与工程）
				080601	电气工程及其自动化（电子信息工程）
				081301	化学工程与工艺

（范圣法）

2017 年辅修专业设置一览表

辅修专业名称	所属学科门类	学分数	辅修专业学士学位类别
英语	文学	60	文学辅修学士学位
日语	文学	60	文学辅修学士学位
德语	文学	60	文学辅修学士学位
金融学	经济学	60	经济学辅修学士学位
财务管理（投资理财方向）	管理学	60	管理学辅修学士学位
数学与应用数学	理学	60	理学辅修学士学位
信息与计算科学	理学	60	理学辅修学士学位
法学	法学	60	法学辅修学士学位
视觉传达设计	艺术学	60	艺术学辅修学士学位
计算机科学与技术	工学	60	工学辅修学士学位

（林国辉）

2017 年本科生竞赛获奖情况一览表

序号	学生信息		教师信息	竞赛名称	获奖时间	获奖类别	获奖等级
	学号	学生姓名	指导教师姓名				
1	10140194	刘晓玲	曹正芳、童天中、赵红亮	全国大学生化工设计竞赛	2017 年 7 月	省部级	三等奖
	10140222	张郑珂					
	10140032	张艳					
	10140156	高鹏					
	10140191	乔倩					
2	10140130	闫瀚钊	曹正芳、童天中、赵红亮、杨座国、顾雄毅	全国大学生化工设计竞赛	2017 年 8 月	国家级	一等奖
	10140123	沈迪					
	10140133	崔海峰					
	10140131	李天越					
	10140164	蔡颖					
3	10140058	侯林怡	顾雄毅、袁佩青	全国大学生化工设计竞赛	2017 年 8 月	国家级	二等奖
	10140081	陈顾中					
	10143380	田丽颖					
	10140031	李安					
	10140036	刘颖					
4	10140130	闫瀚钊	曹正芳、童天中、赵红亮、杨座国、顾雄毅	化工设计大赛（华东赛区）	2017 年 7 月	省部级	一等奖
	10140123	沈迪					
	10140133	崔海峰					
	10140131	李天越					
	10140164	蔡颖					

续表

序号	学生信息		教师信息	竞赛名称	获奖时间	获奖类别	获奖等级
	学号	学生姓名	指导教师姓名				
5	10140052	奚靖宇	曹正芳、童天中、赵红亮	第八届上海市大学生化工设计竞赛	2017 年 7 月	省部级	三等奖
6	10140033	钱智玲	沈荣春 宋宏宇	第八届上海市大学生化工设计竞赛	2017 年 7 月	省部级	三等奖
	10140040	杨柳					
	10140025	张啸					
	10140008	高维群					
	Q2014101	龚宁					
7	10140125	刘慧清	束忠明、奚桢浩	第八届上海市大学生化工设计竞赛	2017 年 7 月	省部级	二等奖
	10140120	沈君尧					
	10140116	丁晓旭					
	10140113	俞洁					
	10140221	李茜					
8	10140130	闫瀚钊	曹正芳、童天中、赵红亮、杨座国、顾雄毅	第八届上海市大学生化工设计竞赛	2017 年 7	省部级	一等奖
	10140123	沈迪					
	10140133	崔海峰					
	10140131	李天越					
	10140164	蔡颖					
9	10140019	杜威	顾雄毅、袁佩青	第八届上海市大学生化工设计竞赛	2017 年 7 月	省部级	一等奖
	10140004	李萍萍					
	10140117	杨宇琦					
	10140006	简雨培					
	10140137	贾梦蕾					
10	10140041	李鑫磊	潘鹤林	首届全国大学生化工实验大赛华东赛区选拔赛	2017 年 7 月	省部级	一等奖
	10140033	钱智玲					
	10140049	吉龙彪					
11	10140118	王鹏宇	熊丹柳、潘鹤林、金浩	首届全国大学生化工实验大赛	2017 年 8 月 16 日	国家级	一等奖
	10140120	沈君尧					
	10140037	吴钰哲					
12	10140118	王鹏宇	熊丹柳	首届全国大学生化工实验大赛华东赛区选拔赛	2017 年 7 月	省部级	一等奖
	10140120	沈君尧					
	10140037	吴钰哲					
13	10140074	斯泽浩	熊丹柳	首届全国大学生化工实验大赛	2017 年 7 月	省部级	一等奖

续表

序号	学生信息		教师信息	竞赛名称	获奖时间	获奖类别	获奖等级
	学号	学生姓名	指导教师姓名				
14	10140014	王伟	金浩	全国大学生化学实验竞赛	2017年7月	省部级	一等奖
15	10140081	陈顾中	纪利俊	2017 APCChE Chem-E-Car Competition	2017年8月	省部级	一等奖
	10140074	斯泽浩					
	10140037	吴钰哲					
	10140611	施华溢					
16	10160184	彭城	童天中	2017 Avery Dennison Scholarship	2017年8月	国家级	冠军（金奖）
	10160201	黄怡佳					
17	10151747	李睿涵	纪利俊	2017 APCChE Chem-E-Car Competition	2017年8月24日	省部级	冠军（金奖）
	10151743	郭佳雯					
	10151787	刘恒源					
	10151871	万雨婷					
	10152003	袁满林					
18	10151785	陈晴川		全国大学生英语竞赛	2017年6月	国家级	二等奖
19	10151970	宋文达		全国大学生英语竞赛C类	2017年6月1日	国家级	三等奖
20	10160202	茆雨欣		全国大学生英语竞赛	2017年5月	省部级	一等奖
21	10148005	王迪		美国大学生数学建模大赛	2017年1月	国家级	三等奖
22	10140037	吴钰哲		美国建模数学竞赛	2017年1月	国家级	二等奖
23	10140164	蔡颖		美国大学生数学建模竞赛（对等国赛）	2017年1月	国家级	三等奖
	10140182	何铜					
24	10160405	黄楠		美国数学模型竞赛（MCM）	2017年3月	国家级	二等奖
	10162579	潘俊汝					
	10162789	戴爱君					
25	X2016006	刘莉		美国大学生数学建模竞赛（MCM/ICM）	2017年1月	国家级	二等奖
26	10152003	袁满林		美国数学模型竞赛	2017年4月8日	国家级	二等奖
27	10152118	朱剑楠		2017年美国大学生数学建模大赛	2017年3月	国家级	二等奖
28	10152118	朱剑楠		2016—2017年全国大学生数学建模大赛	2016年12月	省部级	三等奖

续表

序号	学生信息		教师信息	竞赛名称	获奖时间	获奖类别	获奖等级
	学号	学生姓名	指导教师姓名				
29	10140435	王文辉	孙学芹、王燕、王月荣	上海大学生化学实验竞赛	2017年7月9日	省部级	一等奖
30	10140606	杨怡德	孙学芹、王燕、王月荣	第十一届上海大学生化学实验竞赛	2017年7月9日	省部级	二等奖
31	10160839	殷佳苗		全国大学生英语竞赛	2017年5月1日	国家级	三等奖
32	10140368	张雨康		2017年（第十届）中国大学生计算机设计大赛	2017年8月	国家级	二等奖
33	10140368	张雨康		2017年（第九届）上海市大学生计算机应用能力大赛	2017年4月	省部级	二等奖
34	10140850	张家豪	江浩	第十二届“华陆科技/奋进杯”大学生课外学术科技作品竞赛	2017年4月	省部级	一等奖
35	10140850	张家豪	江浩	第十五届“挑战杯”上海市大学生课外学术科技作品竞赛	2017年6月	省部级	二等奖
36	10140907	张李巽	余若冰	全国大学生英语竞赛（NECCS）	2017年5月	国家级	二等奖
37	10140864	顾雪莺	王庚超	华东理工大学第十二届“华陆科技奋进杯”	2017年4月	省部级	三等奖
	10140872	吴伊旸					
38	10131431	余海峰	江浩	第十五届“挑战杯”上海市大学生课外学术科技作品竞赛	2017年6月	省部级	二等奖
	10131443	陈帅					
	10131429	宁宝星					
39	10150320	汪宇明	江浩	第十五届“挑战杯”上海市大学生课外学术科技作品竞赛	2017年6月	省部级	二等奖
40	10141054	高小榆		美国大学生数学建模竞赛	2017年4月	国家级	二等奖
41	10150466	韩强		第九届上海市大学生计算机应用能力大赛	2017年6月	省部级	三等奖
	10150463	赵加悦					
	10150457	郑皆鑫					
42	10150500	汪昭明		全国大学生计算机设计大赛	2017年8月	国家级	三等奖
43	10150428	戚功文		2017年（第十届）中国大学生计算机设计大赛	2017年7月—8月	国家级	二等奖

续表

序号	学生信息		教师信息	竞赛名称	获奖时间	获奖类别	获奖等级
	学号	学生姓名	指导教师姓名				
44	10150188	丁宁		全国大学生英语竞赛	2017 年 5 月	国家级	二等奖
45	10150454	贺聪泽		第四届上海市大学生先进材料创意大赛	2017 年 8 月	省部级	三等奖
46	10140753	许晴	李剑	第十五届“挑战杯”上海市大学生课外学术科技作品竞赛	2017 年 6 月	省部级	一等奖
	10140761	孙冰					
	10150018	张茜					
	10150121	马慧君					
47	10149008	钱剑勇	马新玲	第六届上海市大学生机械工程创新大赛	2017 年 5 月	省部级	一等奖
	10149007	张金辉					
	10143462	郑嘉镭					
	10141020	陈艺中					
	10132103	严武林					
48	10150647	王紫阳	马新玲	第六届上海市大学生机械工程创新大赛	2017 年 5 月	省部级	一等奖
	10150675	李沁霏					
	10150696	肖邦					
	10150684	郑枫弋					
	10143298	陈泽坤					
49	10150677	侯嘉良	马新玲	第六届上海市大学生机械工程创新大赛	2017 年 5 月	省部级	一等奖
	10150686	魏文强					
	10153038	覃胜					
50	12140055	金前程	马新玲、潘家祯	第六届上海市大学生机械工程创新大赛	2017 年 5 月	省部级	二等奖
	12140053	王何					
	12140050	张鹏					
	10143385	冷仓田					
	10143367	吴峋					
51	10150592	周相阳	姚兴军	第六届上海市大学生机械工程创新大赛	2017 年 5 月	省部级	二等奖
	10150811	廖书信					
	10159012	周正旸					
	10150569	吉悦					
52	10143337	王新平	郭慧、吴滨	第六届上海市大学生机械工程创新大赛	2017 年 5 月	省部级	一等奖
	10143517	戚昊晨					
	10143339	何家隆					
	10141297	王嘉隆					

续表

<table>
<tr><th rowspan="2">序号</th><th colspan="2">学生信息</th><th>教师信息</th><th rowspan="2">竞赛名称</th><th rowspan="2">获奖时间</th><th rowspan="2">获奖类别</th><th rowspan="2">获奖等级</th></tr>
<tr><th>学号</th><th>学生姓名</th><th>指导教师姓名</th></tr>
<tr><td rowspan="5">53</td><td>10150582</td><td>王建</td><td rowspan="5">马惠仙、郭慧</td><td rowspan="5">上海市第六届“上图杯”大学生先进成图技术大赛</td><td rowspan="5">2017 年 6 月</td><td rowspan="5">省部级</td><td rowspan="5">一等奖</td></tr>
<tr><td>10150603</td><td>张小奇</td></tr>
<tr><td>10150602</td><td>许更书</td></tr>
<tr><td>10150811</td><td>廖书信</td></tr>
<tr><td>10143324</td><td>王媛媛</td></tr>
<tr><td rowspan="5">54</td><td>10162125</td><td>邵荣辉</td><td rowspan="5">郭慧、马惠仙</td><td rowspan="5">上海市第六届“上图杯”大学生先进成图技术大赛</td><td rowspan="5">2017 年 6 月</td><td rowspan="5">省部级</td><td rowspan="5">一等奖</td></tr>
<tr><td>10152945</td><td>蔡文韬</td></tr>
<tr><td>10162112</td><td>姚亦雨</td></tr>
<tr><td>10150647</td><td>王紫阳</td></tr>
<tr><td>10150643</td><td>张浩楠</td></tr>
<tr><td rowspan="5">55</td><td>10162264</td><td>房杰</td><td rowspan="5">马惠仙、郭慧</td><td rowspan="5">上海市第六届“上图杯”大学生先进成图技术大赛</td><td rowspan="5">2017 年 6 月</td><td rowspan="5">省部级</td><td rowspan="5">一等奖</td></tr>
<tr><td>10162073</td><td>赵洲翔</td></tr>
<tr><td>10150757</td><td>曹建方</td></tr>
<tr><td>10150759</td><td>方艺伟</td></tr>
<tr><td>10143401</td><td>郑风华</td></tr>
<tr><td rowspan="5">56</td><td>10162153</td><td>李帆鑫</td><td rowspan="5">郭慧、马惠仙</td><td rowspan="5">上海市第六届“上图杯”大学生先进成图技术大赛</td><td rowspan="5">2017 年 6 月</td><td rowspan="5">省部级</td><td rowspan="5">一等奖</td></tr>
<tr><td>10162032</td><td>顾琦悦</td></tr>
<tr><td>10150764</td><td>陆柠檬</td></tr>
<tr><td>10143363</td><td>曾洛镔</td></tr>
<tr><td>10150596</td><td>王一凡</td></tr>
<tr><td rowspan="5">57</td><td>10162208</td><td>郭昕育</td><td rowspan="5">马惠仙、郭慧</td><td rowspan="5">上海市第六届“上图杯”大学生先进成图技术大赛</td><td rowspan="5">2017 年 6 月</td><td rowspan="5">省部级</td><td rowspan="5">一等奖</td></tr>
<tr><td>10162139</td><td>赵可佳</td></tr>
<tr><td>10150734</td><td>元皓</td></tr>
<tr><td>10162285</td><td>殳韬</td></tr>
<tr><td>10162246</td><td>黄吉</td></tr>
<tr><td rowspan="5">58</td><td>10150696</td><td>肖邦</td><td rowspan="5">郭慧、马惠仙</td><td rowspan="5">上海市第六届“上图杯”大学生先进成图技术大赛</td><td rowspan="5">2017 年 6 月</td><td rowspan="5">省部级</td><td rowspan="5">一等奖</td></tr>
<tr><td>10150592</td><td>周相阳</td></tr>
<tr><td>10150619</td><td>严昊</td></tr>
<tr><td>10150509</td><td>刘丁楠</td></tr>
<tr><td>10150569</td><td>吉悦</td></tr>
<tr><td rowspan="5">59</td><td>12150031</td><td>滕图</td><td rowspan="5">马惠仙、郭慧</td><td rowspan="5">上海市第六届“上图杯”大学生先进成图技术大赛</td><td rowspan="5">2017 年 6 月</td><td rowspan="5">省部级</td><td rowspan="5">一等奖</td></tr>
<tr><td>10150740</td><td>任和</td></tr>
<tr><td>10150736</td><td>鞠然</td></tr>
<tr><td>10150593</td><td>王乔</td></tr>
<tr><td>10162215</td><td>孙敏</td></tr>
</table>

续表

序号	学生信息		教师信息	竞赛名称	获奖时间	获奖类别	获奖等级
	学号	学生姓名	指导教师姓名				
60	10150740	任和	郭慧、马惠仙	上海市第六届“上图杯”大学生先进成图技术大赛	2017 年 6 月	省部级	一等奖
	10143462	郑嘉镭					
	10150736	鞠然					
61	10150788	徐虎	郭慧	上海市第六届“上图杯”大学生先进成图技术大赛	2017 年 6 月	省部级	一等奖
	10150809	杨佳程					
	10141628	宋光权					
62	10150760	卢秉伦	郭慧	上海市第六届“上图杯”大学生先进成图技术大赛	2017 年 6 月	省部级	二等奖
	10150759	方艺伟					
	10150757	曹建方					
63	10162243	孙兆星	赵菊娣、刘晶	第七届“上图杯”先进成图技术与创新设计大赛	2017 年 6 月	省部级	一等奖
	10162033	孔婕					
	10162088	孟紫薇					
	10162116	夏添					
	10162292	冯凯					
64	10162119	邱邢轩	赵菊娣、刘晶	第七届“上图杯”先进成图技术与创新设计大赛	2017 年 6 月	省部级	一等奖
	10162099	范煜斌					
	10162133	阮慧祺					
	10162098	盛然					
	10162113	郝若夷					
65	10162213	吴洪淼	赵菊娣、刘晶	第七届“上图杯”先进成图技术与创新设计大赛	2017 年 6 月	省部级	一等奖
	10162136	陆子民					
	10150563	肖伟铜					
	10161974	赵景欣					
	10162224	卜志超					
66	10149011	陈怡州	刘晶	第七届“上图杯”先进成图技术与创新设计大赛	2017 年 6 月	省部级	二等奖
	10143532	吴荣耀					
	10143491	郑文龙					
67	10149008	钱剑勇	马新玲	第十五届“挑战杯”上海市大学生课外学术科技作品竞赛	2017 年 6 月	省部级	三等奖
	10149007	张金辉					
	10143462	郑嘉镭					
68	10150684	郑枫弋	郭慧、马惠仙	第十届“高教杯”全国大学生先进成图技术与产品信息建模创新大赛	2017 年 7 月	国家级	一等奖
	10150696	肖邦					
	10162125	邵荣辉					
	10162112	姚亦雨					
	10150592	周相阳					

序号	学生信息		教师信息	竞赛名称	获奖时间	获奖类别	获奖等级
	学号	学生姓名	指导教师姓名				
69	10150748	缪云鹏	马惠仙、郭慧	第十届“高教杯”全国大学生先进成图技术与产品信息建模创新大赛	2017年7月	国家级	二等奖
70	10150740	任和	郭慧、马惠仙	全国3D大赛10周年精英联赛	2017年7月	国家级	一等奖
	10143462	郑嘉镭					
	10150736	鞠然					
71	10143503	张君天	夏春明、吴清	第十二届“恩智浦”全国大学生智能车竞赛（华东赛区电磁追逐）	2017年7月	省部级	三等奖
	10143452	迪盼祺					
	10143502	孟宸宇					
	10143481	王富豪					
72	10143327	谷琳	夏春明、吴清	第十二届“恩智浦”全国大学生智能车竞赛（华东赛区电磁普通）	2017年7月	省部级	三等奖
	10148106	刘雨辰					
	10150643	张浩楠					
73	10121859	钟思蒙	姚兴军、胡德兴	第十一届“三菱电机杯”全国大学生电气与自动化大赛	2017年8月	国家级	二等奖
	10143303	胡丰怀					
	10141284	洪惠芬					
74	10150512	陈锴	惠虎、吴清	第十一届“三菱电机杯”全国大学生电气与自动化大赛	2017年8月	省部级	三等奖
	10150788	徐虎					
	10150644	李起扬					
75	10149008	钱剑勇	马新玲	中国大学生机械工程创新创意大赛——“卓然杯”第八届过程装备实践与创新大赛	2017年8月	国家级	一等奖
	10149007	张金辉					
	10143462	郑嘉镭					
	10141020	陈艺中					
76	10150788	徐虎	惠虎、吴清	中国大学生机械工程创新创意大赛——“卓然杯”第八届过程装备实践与创新大赛	2017年8月	国家级	一等奖
	10150708	徐毅翔					
	10150718	李杨帆					
	10150644	李起扬					
	10150512	陈锴					
77	10143387	钟文清	李锦	中国大学生机械工程创新创意大赛——“卓然杯”第八届过程装备实践与创新大赛	2017年8月	国家级	二等奖
	10139016	魏毓涛					
	10143388	张宇庭					
	10143401	郑风华					

续表

序号	学生信息		教师信息	竞赛名称	获奖时间	获奖类别	获奖等级
	学号	学生姓名	指导教师姓名				
78	10150702	魏赟杰	周先桃	中国大学生机械工程创新创意大赛——“卓然杯”第八届过程装备实践与创新大赛	2017 年 8 月	国家级	二等奖
	10150709	陈迩文					
	10150701	许爽					
	10150717	王黎望					
79	10131936	马郢程	王学生	中国大学生机械工程创新创意大赛——“卓然杯”第八届过程装备实践与创新大赛	2017 年 8 月	国家级	二等奖
	10151807	冯玮瑶					
	10150212	贺子芮					
80	10150569	吉悦	姚兴军	中国大学生机械工程创新创意大赛——“卓然杯”第八届过程装备实践与创新大赛	2017 年 8 月	国家级	三等奖
	10150592	周相阳					
	10150811	廖书信					
	10159012	周正旸					
81	10131955	陈超峰	周邵萍	中国大学生机械工程创新创意大赛——“卓然杯”第八届过程装备实践与创新大赛	2017 年 8 月	国家级	三等奖
	10132063	漆宏俊					
	10131937	叶泽昊					
82	10143367	吴峭	马新玲、杨刚、何录武	第十一届全国周培源大学生力学竞赛	2017 年 8 月	国家级	三等奖
83	10143367	吴峭	马新玲、杨刚、何录武	第十一届全国周培源大学生力学竞赛（上海赛区）	2017 年 8 月	省部级	一等奖
84	10143532	吴荣耀	马新玲、杨刚、何录武	第十一届全国周培源大学生力学竞赛（上海赛区）	2017 年 8 月	省部级	二等奖
85	10143517	戚昊晨	马新玲、杨刚、何录武	第十一届全国周培源大学生力学竞赛（上海赛区）	2017 年 8 月	省部级	二等奖
86	10143404	杨琳	马新玲、杨刚、何录武	第十一届全国周培源大学生力学竞赛（上海赛区）	2017 年 8 月	省部级	二等奖
87	10149009	夏慧	马新玲、杨刚、何录武	第十一届全国周培源大学生力学竞赛（上海赛区）	2017 年 8 月	省部级	二等奖

序号	学生信息		教师信息	竞赛名称	获奖时间	获奖类别	获奖等级
	学号	学生姓名	指导教师姓名				
88	10150740	任和	马新玲、杨刚、何录武	第十一届全国周培源大学生力学竞赛（上海赛区）	2017 年 8 月	省部级	二等奖
89	10150748	缪云鹏	马新玲、杨刚、何录武	第十一届全国周培源大学生力学竞赛（上海赛区）	2017 年 8 月	省部级	二等奖
90	10150592	周相阳	马新玲、杨刚、何录武	第十一届全国周培源大学生力学竞赛（上海赛区）	2017 年 8 月	省部级	二等奖
91	10150713	马铭键	马新玲、杨刚、何录武	第十一届全国周培源大学生力学竞赛（上海赛区）	2017 年 8 月	省部级	二等奖
92	10150736	鞠然	马新玲、杨刚、何录武	第十一届全国周培源大学生力学竞赛（上海赛区）	2017 年 8 月	省部级	二等奖
93	10150659	陈李炜	马新玲、杨刚、何录武	第十一届全国周培源大学生力学竞赛（上海赛区）	2017 年 8 月	省部级	二等奖
94	10143355	许柯华	马新玲、杨刚、何录武	第十一届全国周培源大学生力学竞赛（上海赛区）	2017 年 8 月	省部级	三等奖
95	10150684	郑枫弋	马新玲、杨刚、何录武	第十一届全国周培源大学生力学竞赛（上海赛区）	2017 年 8 月	省部级	三等奖
96	10150696	肖邦	马新玲、杨刚、何录武	第十一届全国周培源大学生力学竞赛（上海赛区）	2017 年 8 月	省部级	三等奖
97	10150643	张浩楠	马新玲、杨刚、何录武	第十一届全国周培源大学生力学竞赛（上海赛区）	2017 年 8 月	省部级	三等奖
98	10150811	廖书信	马新玲、杨刚、何录武	第十一届全国周培源大学生力学竞赛（上海赛区）	2017 年 8 月	省部级	三等奖

序号	学生信息		教师信息	竞赛名称	获奖时间	获奖类别	获奖等级
	学号	学生姓名	指导教师姓名				
99	10150541	万舟	马新玲、杨刚、何录武	第十一届全国周培源大学生力学竞赛（上海赛区）	2017 年 8 月	省部级	三等奖
100	10150760	卢秉伦	马新玲、杨刚、何录武	第十一届全国周培源大学生力学竞赛（上海赛区）	2017 年 8 月	省部级	三等奖
101	10150582	王建	马新玲、杨刚、何录武	第十一届全国周培源大学生力学竞赛（上海赛区）	2017 年 8 月	省部级	三等奖
102	10150719	姚佳旭	马新玲、杨刚、何录武	第十一届全国周培源大学生力学竞赛（上海赛区）	2017 年 8 月	省部级	三等奖
103	10153185	王亦凡	杨建国	“蓝桥杯”全国软件和信息技术专业人才大赛	2017 年 4 月	省部级	一等奖
	10152975	史亿帆	郑红	“蓝桥杯”全国软件和信息技术专业人才大赛	2017 年 4 月	省部级	一等奖
	10153225	翁天东	郭卫斌	“蓝桥杯”全国软件和信息技术专业人才大赛	2017 年 4 月	省部级	一等奖
	10153241	杨镇源	郑红	“蓝桥杯”全国软件和信息技术专业人才大赛	2017 年 4 月	省部级	一等奖
	10141352	劳正达	王占全	“蓝桥杯”全国软件和信息技术专业人才大赛	2017 年 4 月	省部级	一等奖
	10153135	金鹏	郭卫斌	“蓝桥杯”全国软件和信息技术专业人才大赛	2017 年 4 月	省部级	一等奖
	10161827	李霄	郭卫斌	“蓝桥杯”全国软件和信息技术专业人才大赛	2017 年 4 月	省部级	一等奖

续表

序号	学生信息		教师信息	竞赛名称	获奖时间	获奖类别	获奖等级
	学号	学生姓名	指导教师姓名				
104	10141382	张传法	杨建国	“蓝桥杯”全国软件和信息技术专业人才大赛	2017 年 4 月	省部级	二等奖
	10153186	姚远	罗勇军	“蓝桥杯”全国软件和信息技术专业人才大赛	2017 年 4 月	省部级	二等奖
	10161834	赵李洋	郑红	“蓝桥杯”全国软件和信息技术专业人才大赛	2017 年 4 月	省部级	二等奖
	10153191	张晗	郭卫斌	“蓝桥杯”全国软件和信息技术专业人才大赛	2017 年 4 月	省部级	二等奖
	10150917	王泽宸	王占全	“蓝桥杯”全国软件和信息技术专业人才大赛	2017 年 4 月	省部级	二等奖
	10162500	姚慧敏	杨建国	“蓝桥杯”全国软件和信息技术专业人才大赛	2017 年 4 月	省部级	三等奖
	10161818	柳俊	罗勇军	“蓝桥杯”全国软件和信息技术专业人才大赛	2017 年 4 月	省部级	三等奖
105	10151876	刘佳文	郭卫斌	“蓝桥杯”全国软件和信息技术专业人才大赛	2017 年 4 月	省部级	三等奖
	10141358	黄斌浩	罗勇军	“蓝桥杯”全国软件和信息技术专业人才大赛	2017 年 4 月	省部级	三等奖
	10161881	孙鸿彬	罗勇军	“蓝桥杯”全国软件和信息技术专业人才大赛	2017 年 4 月	省部级	三等奖
	10141370	金季豪	王占全	“蓝桥杯”全国软件和信息技术专业人才大赛	2017 年 4 月	省部级	三等奖
	10153201	马榕	郑红	“蓝桥杯”全国软件和信息技术专业人才大赛	2017 年 4 月	省部级	三等奖
	10143250	孟宇宸	罗勇军	“蓝桥杯”全国软件和信息技术专业人才大赛	2017 年 4 月	省部级	三等奖
	10150893	韩朝霖	王占全	“蓝桥杯”全国软件和信息技术专业人才大赛	2017 年 4 月	省部级	三等奖

续表

序号	学生信息		教师信息	竞赛名称	获奖时间	获奖类别	获奖等级
	学号	学生姓名	指导教师姓名				
106	10162674	翁啸天	郑红	“蓝桥杯”全国软件和信息技术专业人才大赛	2017 年 4 月	省部级	三等奖
	10150870	曾健骏	郑红	“蓝桥杯”全国软件和信息技术专业人才大赛	2017 年 4 月	省部级	三等奖
	10161886	王寅宇	罗勇军	“蓝桥杯”全国软件和信息技术专业人才大赛	2017 年 4 月	省部级	三等奖
	10161844	姚迟亮	杨建国	“蓝桥杯”全国软件和信息技术专业人才大赛	2017 年 4 月	省部级	三等奖
	10161745	肖嘉瑞		“蓝桥杯”全国软件和信息技术专业人才大赛	2017 年 4 月	省部级	三等奖
	10162014	李侃		“蓝桥杯”全国软件和信息技术专业人才大赛	2017 年 4 月	省部级	三等奖
	10141368	姚逸夫		“蓝桥杯”全国软件和信息技术专业人才大赛	2017 年 4 月	省部级	三等奖
107	10153185	王亦凡	杨建国	“蓝桥杯”全国软件和信息技术专业人才大赛	2017 年 5 月	国家级	二等奖
	10152975	史亿帆	郑红	“蓝桥杯”全国软件和信息技术专业人才大赛	2017 年 5 月	国家级	一等奖
	10153225	翁天东	郭卫斌	“蓝桥杯”全国软件和信息技术专业人才大赛	2017 年 5 月	国家级	二等奖
	10153241	杨镇源	郑红	“蓝桥杯”全国软件和信息技术专业人才大赛	2017 年 5 月	国家级	三等奖
	10141352	劳正达	王占全	“蓝桥杯”全国软件和信息技术专业人才大赛	2017 年 5 月	国家级	三等奖
	10153135	金鹏	郭卫斌	“蓝桥杯”全国软件和信息技术专业人才大赛	2017 年 5 月	国家级	二等奖
	10161827	李霄	郭卫斌	“蓝桥杯”全国软件和信息技术专业人才大赛	2017 年 5 月	国家级	三等奖

序号	学生信息		教师信息	竞赛名称	获奖时间	获奖类别	获奖等级
	学号	学生姓名	指导教师姓名				
108	10153191	张晗	杨富琴、王嵘	2017全国大学生智能互联创新大赛	2017年8月	国家级	三等奖
	10153192	严诗烨					
	10153193	李天恒					
	10153196	陈志刚					
	10153187	王博玮					
109	10153044	安杰	王嵘、倪洁人	2017全国大学生智能互联创新大赛	2017年8月	国家级	三等奖
	10153042	朱彦伦					
	10161715	孙鑫宇					
	10161966	董泽宇					
	10161959	谢锋					
110	10153191	张晗	杨富琴、王嵘	2017全国大学生智能互联创新大赛	2017年7月	省部级	一等奖
	10153192	严诗烨					
	10153193	李天恒					
	10153196	陈志刚					
	10153187	王博玮					
111	10153044	安杰	王嵘、倪洁人	2017全国大学生智能互联创新大赛	2017年7月	省部级	一等奖
	10153042	朱彦伦					
	10161715	孙鑫宇					
	10161966	董泽宇					
	10161959	谢锋					
112	10153221	程磊	杨富琴、陈小弟	2017全国大学生智能互联创新大赛	2017年7月	省部级	二等奖
	10153243	张斌杰					
	10153232	唐仙娥					
	10153251	方传涛					
	10153224	刘志航					
113	10153097	顾庞	于文静、王嵘	2017全国大学生智能互联创新大赛	2017年7月	省部级	二等奖
	10153091	彭竞超					
	10153051	石运达					
	10153083	方芳					
	10161957	任文杰					
114	10153191	张晗	杨富琴、王嵘	2017年第十三届“博创杯”全国大学生嵌入式设计大赛	2017年7月	国家级	二等奖
	10153192	严诗烨					
	10153193	李天恒					

续表

序号	学生信息		教师信息	竞赛名称	获奖时间	获奖类别	获奖等级
	学号	学生姓名	指导教师姓名				
115	10153097	顾庞	于文静、杨富琴	2017 年第十三届“博创杯”全国大学生嵌入式设计大赛	2017 年 7 月	国家级	三等奖
	10153091	彭竞超					
	10153051	石运达					
116	10153191	张晗	杨富琴、王嵘	2017 年第十三届“博创杯”全国大学生嵌入式设计大赛	2017 年 6 月	省部级	一等奖
	10153192	严诗烨					
	10153193	李天恒					
117	10153044	安杰	王嵘	2017 年第十三届“博创杯”全国大学生嵌入式设计大赛	2017 年 6 月	省部级	二等奖
	10153042	朱彦伦					
	10161715	孙鑫宇					
118	10153097	顾庞	于文静、杨富琴	2017 年第十三届“博创杯”全国大学生嵌入式设计大赛	2017 年 6 月	省部级	二等奖
	10153091	彭竞超					
	10153051	石运达					
119	10153023	孙琦钰	韩宇光	2017 年第十三届“博创杯”全国大学生嵌入式设计大赛	2017 年 6 月	省部级	二等奖
	10153076	李阳					
	10153052	陈学良					
120	10112123	任强	王占全	海峡两岸大学生创新、创业活动	2017 年 8 月	省部级	冠军（金奖）
	10153027	虞倩雅					
	10152965	吴思玥					
121	10112123	任强	王占全	中国计算机设计大赛	2017 年 8 月	国家级	二等奖
	10153027	虞倩雅					
	10152965	吴思玥					
122	10152647	邢政	文欣秀	中国计算机设计大赛	2017 年 8 月	国家级	二等奖
	10140368	张雨康					
	10153154	严婷					
123	10150428	戚功文	文欣秀	中国计算机设计大赛	2017 年 8 月	国家级	二等奖
	10161871	邹昕					
	10133334	喻泽中					
124	10161640	张嘉寅	赵敏	中国计算机设计大赛	2017 年 8 月	国家级	二等奖
125	10153154	严婷	文欣秀	中国计算机设计大赛	2017 年 8 月	国家级	三等奖
	10153390	杜傲					
	10142040	赵嘉豪					
126	10153698	陈亮	王占全、徐明	中国计算机设计大赛	2017 年 8 月	国家级	三等奖
	10153672	刘志毅					
	10150054	祝晨宇					

续表

序号	学生信息		教师信息	竞赛名称	获奖时间	获奖类别	获奖等级
	学号	学生姓名	指导教师姓名				
127	10153134	刘金琳	胡庆春	中国计算机设计大赛	2017 年 8 月	国家级	三等奖
	10153238	纪宏杰					
	10141430	林毅凯					
128	10150457	郑皆鑫	胡庆春	中国计算机设计大赛	2017 年 8 月	国家级	三等奖
	10150500	汪昭明					
	10153135	金鹏					
129	10132405	王家辉	文欣秀、过弋	中国计算机设计大赛	2017 年 8 月	国家级	三等奖
	10161640	张嘉寅					
	10162555	唐佳诚					
130	10141363	何奕昕	杨泽平、文赓	中国计算机设计大赛	2017 年 8 月	国家级	三等奖
	10141375	孙浛					
	10141374	毕成					
131	10141373	苗书宇	王占全	中国计算机设计大赛	2017 年 8 月	国家级	三等奖
	10147012	林哲纬					
	10141370	金季豪					
132	10141358	黄斌浩	王占全	中国计算机设计大赛	2017 年 8 月	国家级	三等奖
	10141352	劳正达					
	10141348	王子晨					
133	10132405	王家辉	文欣秀、过弋	上海市大学生计算机应用能力大赛	2017 年 6 月	省部级	一等奖
	10152647	邢政					
	10151888	谈天					
134	10112123	任强	王占全	上海市大学生计算机应用能力大赛	2017 年 6 月	省部级	一等奖
	10153027	虞倩雅					
	10152965	吴思玥					
135	10153698	陈亮	王占全、徐明	上海市大学生计算机应用能力大赛	2017 年 6 月	省部级	二等奖
	10153672	刘志毅					
	10150054	祝晨宇					
136	10161640	张嘉寅	赵敏	上海市大学生计算机应用能力大赛	2017 年 6 月	省部级	二等奖
137	10152647	邢政	文欣秀	上海市大学生计算机应用能力大赛	2017 年 6 月	省部级	二等奖
	10153154	严婷					
	10140368	张雨康					

续表

序号	学生信息		教师信息	竞赛名称	获奖时间	获奖类别	获奖等级
	学号	学生姓名	指导教师姓名				
138	10131693	蔡妤婕	杨泽平、文赓	上海市大学生计算机应用能力大赛	2017 年 6 月	省部级	二等奖
	10131690	马佳敏					
	10131773	陈嘉凡					
139	10141345	张知行	王占全	上海市大学生计算机应用能力大赛	2017 年 6 月	省部级	二等奖
	10141342	方翔					
	10141343	王哲文					
140	10150428	戚功文	文欣秀	上海市大学生计算机应用能力大赛	2017 年 6 月	省部级	三等奖
	10161871	邹昕					
141	10153154	严婷	文欣秀	上海市大学生计算机应用能力大赛	2017 年 6 月	省部级	三等奖
	10142040	赵嘉豪					
	10150630	白瑞杰					
142	10141358	黄斌浩	王占全	上海市大学生计算机应用能力大赛	2017 年 6 月	省部级	三等奖
	10141353	王家峰					
	10141348	王子晨					
143	10153134	纪宏杰	胡庆春	上海市大学生计算机应用能力大赛	2017 年 6 月	省部级	三等奖
	10153134	刘金琳					
	10141430	林毅凯					
144	10150457	郑皆鑫	胡庆春	上海市大学生计算机应用能力大赛	2017 年 6 月	省部级	三等奖
	10150463	赵加悦					
	10150466	韩强					
145	10131737	曹逸尘	张雪芹	第十五届“挑战杯”上海市大学生课外学术科技作品竞赛	2017 年 6 月	省部级	二等奖
	10149014	顾秋晨					
146	10141295	张贤益	李绍军	“西门子杯”中国智能制造挑战赛	2017 年 7 月 24 日	省部级	一等奖
	10141242	蓝鑫					
	10141229	冉启兰					
147	10141289	王杰	李绍军	“西门子杯”中国智能制造挑战赛	2017 年 7 月 24 日	省部级	二等奖
148	10141283	黄佳琳	李绍军	“西门子杯”中国智能制造挑战赛	2017 年 7 月 24 日	省部级	二等奖
	10141298	王世豪					
	10141286	田一彤					
149	10141175	房柏辰	郭丙君	“西门子杯”中国智能制造挑战赛全国总决赛	2017 年 8 月	国家级	二等奖
	10141224	何逸辉					
	10141225	孙浩					

续表

序号	学生信息		教师信息	竞赛名称	获奖时间	获奖类别	获奖等级
	学号	学生姓名	指导教师姓名				
150	10141175	房柏辰	郭丙君	“西门子杯”中国智能制造挑战赛华东区初赛	2017 年 8 月	省部级	一等奖
	10141224	何逸辉					
	10141225	孙浩					
151	10141175	房柏辰	郭丙君	上海市大学生工业自动化挑战赛	2017 年 8 月	省部级	二等奖
	10141224	何逸辉					
	10141225	孙浩					
152	10141302	董政霖	孙京诰、王华忠	第五届“AB 杯”全国大学生自动化系统应用大赛	2017 年 7 月	国家级	冠军（金奖）
	10141303	陈志超					
153	10141240	罗伟杰	孙京诰、王华忠	“西门子杯”中国智能制造挑战赛，连续过程设计开发赛项	2017 年 7 月	省部级	二等奖
	10141255	李诏阳					
	10141234	周俊杰					
154	10141117	左春玲	孙京诰、王华忠	“西门子杯”中国智能制造挑战赛，连续过程设计开发赛项	2017 年 7 月	省部级	三等奖
	10141160	夏蒋羽					
	10141149	张曾辉					
155	10141260	李佳鑫	孙京诰、王华忠	“西门子杯”中国智能制造挑战赛工业软件研发赛项	2017 年 7 月	国家级	二等奖
	10141272	洪朱超					
	10141270	秦博					
156	10141131	朱理森	杜红彬、何云	第十二届“恩智浦杯”全国大学生智能汽车竞赛	2017 年 7 月	省部级	二等奖
	10141303	陈志超					
	10141302	董政霖					
157	10141139	李远志	杜红彬、刘迪	第十二届“恩智浦杯”全国大学生智能汽车竞赛	2017 年 8 月	国家级	二等奖
	10141307	房金宝					
	10141269	董奇超					
	10141295	张贤益					
	10141199	王赛威					
158	10141287	赵超强	刘笛、杜红彬	第十二届“恩智浦杯”全国大学生智能汽车竞赛	2017 年 7 月	省部级	二等奖
	10141260	李佳鑫					
	10141224	何逸辉					
159	10141797	王宇帆	刘笛、杜红彬	第十二届“恩智浦杯”全国大学生智能汽车竞赛	2017 年 7 月	省部级	三等奖
	10141157	包怿杰					
	10141137	杨金良					
	10141246	邬东辉					

续表

序号	学生信息		教师信息	竞赛名称	获奖时间	获奖类别	获奖等级
	学号	学生姓名	指导教师姓名				
160	14140008	闫瑞宁		全国大学生英语竞赛	2017 年 5 月	国家级	三等奖
161	10162401	张紫薇		全国大学生英语竞赛	2017 年 5 月	国家级	三等奖
162	10150377	邹君逸	殷锡鸣、江志松	第 8 届全国大学生数学竞赛决赛	2017 年 3 月	国家级	一等奖
163	10152958	姜沁源	殷锡鸣、江志松	第 8 届全国大学生数学竞赛决赛	2017 年 3 月	国家级	二等奖
164	10121186	李梦楠	苏纯洁	美国大学生数学建模竞赛	2017 年 3 月	国家级	一等奖
	10140117	杨宇琦					
	10140083	邢钰					
165	10141804	徐陈铭	鲁习文	美国大学生数学建模竞赛	2017 年 3 月	国家级	二等奖
	10141806	郝珊锋					
	10141808	陈梓浩					
166	10153202	李昀灿	刘朝晖	美国大学生数学建模竞赛	2017 年 3 月	国家级	二等奖
	10153222	袁智杰					
	10153221	程磊					
167	10131955	陈超峰	苏纯洁	美国大学生数学建模竞赛	2017 年 3 月	国家级	二等奖
	10153265	徐佳颖					
	10143355	许柯华					
168	10152223	许嘉琰	钱夕元	美国大学生数学建模竞赛	2017 年 3 月	国家级	二等奖
	10152118	朱剑楠					
	10151620	陈铃之					
169	10142100	李嘉淇	靳勇飞	美国大学生数学建模竞赛	2017 年 3 月	国家级	二等奖
	10142083	陈佳浓					
	10141796	王禹卿					
170	10153034	左佳斌	鲁习文	美国大学生数学建模竞赛	2017 年 3 月	国家级	三等奖
	10152911	王鑫					
	10151201	顾佳萍					
171	10153097	顾庞	刘朝晖	美国大学生数学建模竞赛	2017 年 3 月	国家级	三等奖
	10153091	彭竞超					
	10153043	宋夏					
172	10141088	丁虹	钱夕元	美国大学生数学建模竞赛	2017 年 3 月	国家级	三等奖
	10133036	刁亚雯					
	10142133	刘竞择					

续表

序号	学生信息		教师信息	竞赛名称	获奖时间	获奖类别	获奖等级
	学号	学生姓名	指导教师姓名				
173	10150821	陈雅馨	钟菊花、顾英俊、房毅、章登宏、罗锻斌、朱云霞、赵慧华、刘海清、李明达	2017年上海市大学生物理学术竞赛	2017年7月	省部级	二等奖
	10150500	汪昭明					
	10150938	段卉					
	10150844	王超					
	10151904	董赫					
174	10162628	胡胜宇	钟菊花、顾英俊、房毅、章登宏、罗锻斌、朱云霞、赵慧华、刘海清、李明达	2017年上海市大学生物理学术竞赛	2017年7月	省部级	三等奖
	10152800	徐豪					
	10150823	段新宇					
	10150950	赵国淦					
	10162619	高子和					
175	10150950	赵国淦	钟菊花、顾英俊、房毅、朱云霞、赵慧华、刘海清、李明达	第八届中国大学生物理学术竞赛	2017年8月	国家级	二等奖
	10150821	陈雅馨					
	10152800	徐豪					
	10150823	段新宇					
	10151904	董赫					
176	10152540	鲁珍	刘璇	电子商务三创赛	2017年6月	省部级	二等奖
	10151046	向伟林					
	10151081	逄增阳					
	10151226	王珊珊					
	10153157	李增鹏					
177	10151435	蔡雨晗	蒋志强	美国数学模型竞赛（MCM）	2017年4月	国家级	一等奖
	10151433	张亦欣					
	10151446	朱子敬					
178	10142080	刘哲宏	蒋志强	美国数学模型竞赛（MCM）	2017年4月	国家级	二等奖
	10142082	胡天仪					
	10142732	高金峰					
179	10143074	黄琴琴	蒋志强	美国数学模型竞赛（MCM）	2017年4月	国家级	三等奖
	10151416	王馨卉					
	10151333	潘枝峰					
180	10151455	李聪聪	钱丽霞	第七届全国大学生电子商务“创新、创意及创业”挑战赛总决赛	2017年8月	国家级	三等奖
	10151464	赵玉玲					
	10151417	赵晓雅					
	10151060	吴静悦					
	10141019	郑道杨					

续表

序号	学生信息		教师信息	竞赛名称	获奖时间	获奖类别	获奖等级
	学号	学生姓名	指导教师姓名				
181	10151455	李聪聪	钱丽霞	第七届全国大学生电子商务“创新、创意及创业”挑战赛上海赛区总决赛	2017 年 6 月	省部级	一等奖
	10151464	赵玉玲					
	10151417	赵晓雅					
	10151060	吴静悦					
	10141019	郑道杨					
182	10142022	周瑞琪	李英	“神雾杯”第十届全国大学生节能减排社会实践与科技竞赛	2017 年 8 月	国家级	三等奖
	10142000	李明霏					
	10142045	毛谦昂					
	10141157	包怿杰					
	Y45160100	王大伟					
183	10151139	李非凡	李英	全国大学生电子商务“创新、创意及创业”挑战赛	2017 年 6 月	省部级	二等奖
	10151137	申嘉钰					
	10151382	刘冰					
	10151380	盛翠梅					
184	10141856	蒋文赟	任宏涛	第四届全国高校物联网应用创新大赛挑战赛	2017 年 5 月	省部级	三等奖
185	10151133	李哲曦	陈晋	第七届全国大学生电子商务“创新、创意及创业”挑战赛	2017 年 6 月	省部级	三等奖
	10151135	蒋馨月					
	10159018	余书勤					
186	10162832	吕钟林	吴青芳	全国大学生电子商务“创新、创意及创业”挑战赛	2017 年 6 月	省部级	三等奖
	10163060	王燕萍					
	10163129	曹君杰					
	10163137	李家彬					
187	10163074	林雨澄	夏汝卿	第三届中国“互联网＋”大学生创新创业大赛	2017 年 6 月	省部级	三等奖
	10162882	张鑫苗					
	10162705	左子麒					
188	10133121	刘晨婧	程建新、章彰	德国 iF 奖	2017 年 3 月	国家级	一等奖
189	10133122	陈嘉瑶	章彰	第三届国际大学生艺术作品展	2017 年 6 月	省部级	一等奖
190	10142596	李想	单浩	时报金犊奖	2017 年 6 月	国家级	三等奖
	10142600	金方					
	10142604	倪超群					

序号	学生信息		教师信息	竞赛名称	获奖时间	获奖类别	获奖等级
	学号	学生姓名	指导教师姓名				
191	10142581	吴婧垚	单浩	时报金犊奖	2017 年 6 月	国家级	三等奖
192	10142607	邹铬贝	单浩	时报金犊奖	2017 年 6 月	国家级	三等奖
	10142602	姜倩					
	10142603	杜飒					
193	10142490	王梦飞	冯璐、林铁南	i. FUTURE：未来城市概念设计国际竞赛	2017 年 5 月	国家级	三等奖
	10142478	陈书含					
	10142477	高茗汐					
	10133105	赵浩宇					
194	10142445	怀露	冯璐、林铁南	2017 大学生晋江市乡村营造夏令营乡村微景观大赛	2017 年 8 月	省部级	三等奖
	10153465	曹叶晨					
	10153463	顾雪阳					
	10153474	吴佳利					
195	10133090	丁诗意	林铁南	“行走上海”——2017 社区空间微更新设计竞赛	2017 年 5 月	省部级	一等奖
	10142486	吴静宇					
	10142448	郑宇璐					
196	10142419	裘梦芸	徐力、刘森	第七届“上图杯”先进成图技术大赛	2017 年 6 月	省部级	一等奖
	10142514	曹文灏					
	10142416	李艺晖					
	10142506	陈珊					
197	10142505	周文嘉	徐力、刘森	第七届“上图杯”先进成图技术大赛	2017 年 6 月	省部级	一等奖
	10142511	陈德芳					
	10142494	吴倩倩					
	10142504	周雪薇					
198	10142445	怀露	林铁南	第二届“汇创青春”——上海大学生文化创意作品展示活动	2017 年 6 月	省部级	三等奖
199	10142557	汪怡帆	尚慧芳	第二届“汇创青春”——上海大学生文化创意作品展示活动	2017 年 6 月	省部级	三等奖
200	Y51160008	陆诗怡	肖黎迦	第二届“汇创青春”——上海大学生文化创意作品展示活动	2017 年 6 月	省部级	三等奖

续表

序号	学生信息		教师信息	竞赛名称	获奖时间	获奖类别	获奖等级
	学号	学生姓名	指导教师姓名				
201	Y45160391	王伟	于炜	第二届“汇创青春”——上海大学生文化创意作品展示活动	2017 年 6 月	省部级	三等奖
202	10142585	潘怡迈	单浩	第二届“汇创青春”——上海大学生文化创意作品展示活动	2017 年 6 月	省部级	三等奖
203	10113732	王晓玲	周美玉	第二届“汇创青春”——上海大学生文化创意作品展示活动	2017 年 6 月	省部级	二等奖
204	10152423	沈丹伊	叶俊男、杨超翔	第二届“汇创青春”——上海大学生文化创意作品展示活动	2017 年 6 月	省部级	一等奖
205	10142510	许可葭	杨超翔、叶俊男	第二届“汇创青春”——上海大学生文化创意作品展示活动	2017 年 6 月	省部级	一等奖
	10142511	陈德芳					
206	10142514	曹文灏	杨超翔、叶俊男	第二届“汇创青春”——上海大学生文化创意作品展示活动	2017 年 6 月	省部级	一等奖
	10142513	董睿					
	10142429	王立麟					
207	10142494	吴倩倩	叶俊男、杨超翔	第二届“汇创青春”——上海大学生文化创意作品展示活动	2017 年 6 月	省部级	一等奖
208	10153585	曹皪昂	叶俊男、杨超翔	第二届“汇创青春”——上海大学生文化创意作品展示活动	2017 年 6 月	省部级	一等奖
209	10142572	陈子玄	冯艳	第二届“汇创青春”——上海大学生文化创意作品展示活动	2017 年 6 月	省部级	一等奖
	10142573	高亦心					
	10142571	林瑞雪					
210	10142514	曹文灏	杨超翔、叶俊男	第二届“汇创青春”——上海大学生文化创意作品展示活动	2017 年 6 月	省部级	二等奖
	10142513	董睿					
211	10142510	许可葭	杨超翔、叶俊男	第二届“汇创青春”——上海大学生文化创意作品展示活动	2017 年 6 月	省部级	二等奖
	10142511	陈德芳					
212	10122733	贝典徽	刘淼	第二届“汇创青春”——上海大学生文化创意作品展示活动	2017 年 6 月	省部级	二等奖
	Y30161422	熊韬					
	10122730	郭建咏					

续表

序号	学生信息		教师信息	竞赛名称	获奖时间	获奖类别	获奖等级
	学号	学生姓名	指导教师姓名				
213	Y30151417	孙蕾蕾	周美玉、聂桂平	第二届“汇创青春”——上海大学生文化创意作品展示活动	2017 年 6 月	省部级	二等奖
	Y45150304	连家一					
214	10142595	李静文	单浩	第二届“汇创青春”——上海大学生文化创意作品展示活动	2017 年 6 月	省部级	二等奖
215	Y30151400	陈维安	张杰	第二届“汇创青春”——上海大学生文化创意作品展示活动	2017 年 6 月	省部级	二等奖
	Y30151419	孙晓琪					
	10142299	刘子嘉					
216	Y30161434	扬子桥	张杰	第二届“汇创青春”——上海大学生文化创意作品展示活动	2017 年 6 月	省部级	二等奖
	10122725	周秀秀					
	10131122	马丽					
217	10142569	向园	谭睿光	第二届“汇创青春”——上海大学生文化创意作品展示活动	2017 年 6 月	省部级	二等奖
	10142575	龚筑媛					
	10142568	陈芸					
218	10151561	蔡弋鸣	高攀、颜静兰	第 21 届“21 世纪杯”全国英语演讲比赛全国总决赛	2017 年 3 月	国家级	三等奖
219	10133395	徐雅恬	高攀	第 20 届“外研社杯”全国大学生英语辩论赛华东赛区	2017 年 4 月	省部级	一等奖
	10151561	蔡弋鸣					
220	10133395	徐雅恬	高攀	第 20 届“外研社杯”全国大学生英语辩论赛全国总决赛	2017 年 5 月	国家级	二等奖
	10151561	蔡弋鸣					
221	10151634	李佳蔚	高攀	China Open 第八届中国辩论公开赛	2017 年 6 月	国家级	三等奖
222	10151586	周叶子	高攀	China Open 中国（东部）辩论公开赛	2017 年 3 月	省部级	一等奖
	10151595	田雨涵					
223	10151634	李佳蔚	高攀	China Open 中国（东部）辩论公开赛	2017 年 3 月	省部级	二等奖
	10151587	谢飞					
224	10151583	丁圣彦	金春岚	第八届商业英语辩论大赛	2017 年 5 月	省部级	二等奖
	10162987	白娅曦					
	10151631	周毅					
	10151630	罗梦玲					

续表

序号	学生信息		教师信息	竞赛名称	获奖时间	获奖类别	获奖等级
	学号	学生姓名	指导教师姓名				
225	10152636	张慧文	金春岚	第八届商业英语辩论大赛	2017 年 5 月	省部级	三等奖
	10158092	金钰尧					
	10151612	金柳含					
	10152639	石嘉楠					
226	10142733	郑植	华静	2017 亚太模拟联合国大会	2017 年 6 月	国际级	最佳立场文件奖
	10151586	周叶子					
227	10153698	陈亮	徐明	2017 年（第九届）上海市大学生应用能力大赛	2017 年 5 月	省部级	二等奖
	10153672	刘志毅					
228	10153698	陈亮	徐明	2017 年（第十届）中国大学生计算机设计大赛	2017 年 8 月	国家级	三等奖
	10153672	刘志毅					
229	10142771	单晓慧	周登谅	上海市大学生“挑战杯”	2017 年 4 月		二等奖
230	10153653	葛奕男		2017 年全国大学生英语竞赛	2017 年 5 月	国家级	三等奖
231	10163798	王倩		全国大学生英语竞赛	2017 年 5 月	国家级	三等奖
232	10142267	张苑松	方学梅	“挑战杯”全国大学生学术科技竞赛	2017 年 6 月	省部级	一等奖
233	10142332	伍方仪	徐选国	第九届中国社会工作大学生论坛暨第二届 MSW 研究生论坛	2017 年 8 月	国家级	二等奖
234	10142386	王晨	冷凤彩	“挑战杯”全国大学生科技作品竞赛	2017 年 6 月	省部级	二等奖
235	10152497	吕思凡	吉久明	2017 年高校图书馆发展论坛	2017 年 5 月	国家级	二等奖
	10152498	王小语					
	10152499	赵阿楠					
	10152506	宋雨沁					
236	10152519	蔡梓萌		2017 年全国大学生学术英语词汇竞赛	2017 年 6 月	国家级	二等奖
237	10160080	张浩磊	靳勇飞	全国大学生数学建模竞赛	2017 年 12 月	国家级	一等奖
	10160081	杨邵毅					
	10150432	刘家和					

续表

序号	学生信息		教师信息	竞赛名称	获奖时间	获奖类别	获奖等级
	学号	学生姓名	指导教师姓名				
238	10152915	王建远	刘朝晖	全国大学生数学建模竞赛	2017 年 12 月	国家级	二等奖
	10152917	辛佳德					
	10152998	赵雪晴					
239	10153072	周照	刘朝晖	全国大学生数学建模竞赛	2017 年 12 月	国家级	二等奖
	10153057	丁怡					
	10152312	李怡凡					
240	10153023	孙琦钰	苏纯洁	全国大学生数学建模竞赛	2017 年 12 月	国家级	二等奖
	10153091	彭竞超					
	10153097	顾庞					
241	10150684	郑枫弋	钱夕元	全国大学生数学建模竞赛	2017 年 12 月	国家级	二等奖
	10152987	徐庆					
	10162635	彭佳臻					
242	10160080	张浩磊	靳勇飞	全国大学生数学建模竞赛	2017 年 11 月	省部级	一等奖
	10160081	杨邵毅					
	10150432	刘家和					
243	10152915	王建远	刘朝晖	全国大学生数学建模竞赛	2017 年 11 月	省部级	一等奖
	10152917	辛佳德					
	10152998	赵雪晴					
244	10153072	周照	刘朝晖	全国大学生数学建模竞赛	2017 年 11 月	省部级	一等奖
	10153057	丁怡					
	10152312	李怡凡					
245	10153023	孙琦钰	苏纯洁	全国大学生数学建模竞赛	2017 年 11 月	省部级	一等奖
	10153091	彭竞超					
	10153097	顾庞					
246	10150684	郑枫弋	钱夕元	全国大学生数学建模竞赛	2017 年 11 月	省部级	一等奖
	10152987	徐庆					
	10162635	彭佳臻					
247	10150421	李文婧	靳勇飞	全国大学生数学建模竞赛	2017 年 11 月	省部级	一等奖
	10150430	李炀					
	10150246	胡雪莹					
248	10150054	祝晨宇	苏纯洁	全国大学生数学建模竞赛	2017 年 11 月	省部级	二等奖
	10151836	罗蕴涵					
	10150059	徐智康					

续表

序号	学生信息		教师信息	竞赛名称	获奖时间	获奖类别	获奖等级
	学号	学生姓名	指导教师姓名				
249	10151009	汤怡	钱夕元	全国大学生数学建模竞赛	2017年11月	省部级	二等奖
	10151189	王柏超					
	10151165	龚嘉楠					
250	10162560	邵博文	杨勤民	全国大学生数学建模竞赛	2017年11月	省部级	二等奖
	10161957	任文杰					
	10160011	刘开达					
251	10152958	姜沁源	杨勤民	全国大学生数学建模竞赛	2017年11月	省部级	二等奖
	10152637	李圆圆					
	10152947	范广兴					
252	10152166	廖俊楠	苏纯洁	全国大学生数学建模竞赛	2017年11月	省部级	三等奖
	10150402	周扬					
	10150403	李轲					
253	10163870	吴晓炜	苏纯洁	全国大学生数学建模竞赛	2017年11月	省部级	三等奖
	10162600	李明辰					
	10162546	甘人壬					
254	10153142	张志鹏	苏纯洁	全国大学生数学建模竞赛	2017年11月	省部级	三等奖
	10153243	张斌杰					
	10153010	蒲艺华					
255	10161658	徐哲真	刘朝晖	全国大学生数学建模竞赛	2017年11月	省部级	三等奖
	10162629	袁哲诚					
	10162588	陆李威					
256	10150219	伍璐琦	钱夕元	全国大学生数学建模竞赛	2017年11月	省部级	三等奖
	10150217	应蕾					
	10150233	李朋翰					
257	10150210	杨婷玉	杨勤民	全国大学生数学建模竞赛	2017年11月	省部级	三等奖
	10150267	刘杰					
	10152921	谢祖洪					
258	10150767	杨鼎	杨勤民	全国大学生数学建模竞赛	2017年11月	省部级	三等奖
	10150188	丁宁					
	10150395	叶佶恺					
259	10150967	童雨欣	杨勤民	全国大学生数学建模竞赛	2017年11月	省部级	三等奖
	10152663	王若瑶					
	10150362	何恬蕾					

序号	学生信息		教师信息	竞赛名称	获奖时间	获奖类别	获奖等级
	学号	学生姓名	指导教师姓名				
260	10152995	李倩玉	靳勇飞	全国大学生数学建模竞赛	2017年11月	省部级	三等奖
	10153008	刘涛					
	10153073	丁佳谦					
261	10151858	柳彦恺	靳勇飞	全国大学生数学建模竞赛	2017年11月	省部级	三等奖
	10151854	陈哲琪					
	10152114	乔奕达					
262	10162578	余婕	靳勇飞	全国大学生数学建模竞赛	2017年11月	省部级	三等奖
	10162543	王思璇					
	10161718	邱云程					
263	10153186	姚远	靳勇飞	全国大学生数学建模竞赛	2017年11月	省部级	三等奖
	10141699	杨璐					
	10150886	苏晨昊					
264	10150911	侯静阳	靳勇飞	全国大学生数学建模竞赛	2017年11月	省部级	三等奖
	10150913	卢满红					
	10151451	温佳林					
265	10160424	付金硕	殷锡鸣	第九届全国大学生数学竞赛上海赛区赛暨第九届上海市大学生数学竞赛	2017年12月	省部级	一等奖
266	10162285	殳韬	江志松	第九届全国大学生数学竞赛上海赛区赛暨第九届上海市大学生数学竞赛	2017年12月	省部级	一等奖
267	10161695	钟传宇	李红英	第九届全国大学生数学竞赛上海赛区赛暨第九届上海市大学生数学竞赛	2017年12月	省部级	一等奖
268	10150377	邹君逸	李义龙	第九届全国大学生数学竞赛上海赛区赛暨第九届上海市大学生数学竞赛	2017年12月	省部级	一等奖
269	10160080	张浩磊	殷锡鸣	第九届全国大学生数学竞赛上海赛区赛暨第九届上海市大学生数学竞赛	2017年12月	省部级	一等奖

续表

序号	学生信息		教师信息	竞赛名称	获奖时间	获奖类别	获奖等级
	学号	学生姓名	指导教师姓名				
270	10169007	孙超彧	江志松	第九届全国大学生数学竞赛上海赛区赛暨第九届上海市大学生数学竞赛	2017 年 12 月	省部级	一等奖
271	10141662	胡润泽	李红英	第九届全国大学生数学竞赛上海赛区赛暨第九届上海市大学生数学竞赛	2017 年 12 月	省部级	一等奖
272	10162630	牛泽宇	李义龙	第九届全国大学生数学竞赛上海赛区赛暨第九届上海市大学生数学竞赛	2017 年 12 月	省部级	二等奖
273	10160944	李浩	殷锡鸣	第九届全国大学生数学竞赛上海赛区赛暨第九届上海市大学生数学竞赛	2017 年 12 月	省部级	二等奖
274	10160200	张祥雪	江志松	第九届全国大学生数学竞赛上海赛区赛暨第九届上海市大学生数学竞赛	2017 年 12 月	省部级	二等奖
275	10162059	谢广年	李红英	第九届全国大学生数学竞赛上海赛区赛暨第九届上海市大学生数学竞赛	2017 年 12 月	省部级	二等奖
276	10160677	丁杰	殷锡鸣	第九届全国大学生数学竞赛上海赛区赛暨第九届上海市大学生数学竞赛	2017 年 12 月	省部级	二等奖
277	10163021	高家萍	江志松	第九届全国大学生数学竞赛上海赛区赛暨第九届上海市大学生数学竞赛	2017 年 12 月	省部级	二等奖
278	10161796	叶田地	李红英	第九届全国大学生数学竞赛上海赛区赛暨第九届上海市大学生数学竞赛	2017 年 12 月	省部级	二等奖
279	10162628	胡胜宇	殷锡鸣	第九届全国大学生数学竞赛上海赛区赛暨第九届上海市大学生数学竞赛	2017 年 12 月	省部级	二等奖

续表

序号	学生信息		教师信息	竞赛名称	获奖时间	获奖类别	获奖等级
	学号	学生姓名	指导教师姓名				
280	10161706	薛盛丰	江志松	第九届全国大学生数学竞赛上海赛区赛暨第九届上海市大学生数学竞赛	2017 年 12 月	省部级	二等奖
281	10160801	潘登	李红英	第九届全国大学生数学竞赛上海赛区赛暨第九届上海市大学生数学竞赛	2017 年 12 月	省部级	二等奖
282	10161017	梁舒瑜	李义龙	第九届全国大学生数学竞赛上海赛区赛暨第九届上海市大学生数学竞赛	2017 年 12 月	省部级	二等奖
283	10141140	金俊贤	殷锡鸣	第九届全国大学生数学竞赛上海赛区赛暨第九届上海市大学生数学竞赛	2017 年 12 月	省部级	二等奖
284	10163066	王璐	江志松	第九届全国大学生数学竞赛上海赛区赛暨第九届上海市大学生数学竞赛	2017 年 12 月	省部级	三等奖
285	10160181	赵渊	李红英	第九届全国大学生数学竞赛上海赛区赛暨第九届上海市大学生数学竞赛	2017 年 12 月	省部级	三等奖
286	10161355	石隽秋	李义龙	第九届全国大学生数学竞赛上海赛区赛暨第九届上海市大学生数学竞赛	2017 年 12 月	省部级	三等奖
287	10150338	李珣	殷锡鸣	第九届全国大学生数学竞赛上海赛区赛暨第九届上海市大学生数学竞赛	2017 年 12 月	省部级	三等奖
288	10162722	沈张琪	江志松	第九届全国大学生数学竞赛上海赛区赛暨第九届上海市大学生数学竞赛	2017 年 12 月	省部级	三等奖
289	10161917	钟雪颖	李红英	第九届全国大学生数学竞赛上海赛区赛暨第九届上海市大学生数学竞赛	2017 年 12 月	省部级	三等奖

续表

序号	学生信息		教师信息	竞赛名称	获奖时间	获奖类别	获奖等级
	学号	学生姓名	指导教师姓名				
290	10160044	朱佳龙	李义龙	第九届全国大学生数学竞赛上海赛区赛暨第九届上海市大学生数学竞赛	2017 年 12 月	省部级	三等奖
291	10160016	卢亚辉	殷锡鸣	第九届全国大学生数学竞赛上海赛区赛暨第九届上海市大学生数学竞赛	2017 年 12 月	省部级	三等奖
292	10160014	田果	江志松	第九届全国大学生数学竞赛上海赛区赛暨第九届上海市大学生数学竞赛	2017 年 12 月	省部级	三等奖
293	10160013	章涛	李红英	第九届全国大学生数学竞赛上海赛区赛暨第九届上海市大学生数学竞赛	2017 年 12 月	省部级	三等奖
294	10160631	张嘉北	李义龙	第九届全国大学生数学竞赛上海赛区赛暨第九届上海市大学生数学竞赛	2017 年 12 月	省部级	三等奖
295	10162244	郑阳阳	殷锡鸣	第九届全国大学生数学竞赛上海赛区赛暨第九届上海市大学生数学竞赛	2017 年 12 月	省部级	三等奖
296	10161949	虞自立	江志松	第九届全国大学生数学竞赛上海赛区赛暨第九届上海市大学生数学竞赛	2017 年 12 月	省部级	三等奖
297	10160595	徐佳	李红英	第九届全国大学生数学竞赛上海赛区赛暨第九届上海市大学生数学竞赛	2017 年 12 月	省部级	三等奖
298	10162453	李华华	李义龙	第九届全国大学生数学竞赛上海赛区赛暨第九届上海市大学生数学竞赛	2017 年 12 月	省部级	三等奖
299	10162822	孔文彬	殷锡鸣	第九届全国大学生数学竞赛上海赛区赛暨第九届上海市大学生数学竞赛	2017 年 12 月	省部级	三等奖

续表

序号	学生信息		教师信息	竞赛名称	获奖时间	获奖类别	获奖等级
	学号	学生姓名	指导教师姓名				
300	10162162	侯皞	江志松	第九届全国大学生数学竞赛上海赛区赛暨第九届上海市大学生数学竞赛	2017 年 12 月	省部级	三等奖
301	10160440	申小蝶	李红英	第九届全国大学生数学竞赛上海赛区赛暨第九届上海市大学生数学竞赛	2017 年 12 月	省部级	三等奖
302	10161538	蔡文磊	李义龙	第九届全国大学生数学竞赛上海赛区赛暨第九届上海市大学生数学竞赛	2017 年 12 月	省部级	三等奖
303	10150467	秦明鑫	殷锡鸣	第九届全国大学生数学竞赛上海赛区赛暨第九届上海市大学生数学竞赛	2017 年 12 月	省部级	三等奖
304	10169015	任昱鑫	江志松	第九届全国大学生数学竞赛上海赛区赛暨第九届上海市大学生数学竞赛	2017 年 12 月	省部级	三等奖
305	10161607	王玉昊	李红英	第九届全国大学生数学竞赛上海赛区赛暨第九届上海市大学生数学竞赛	2017 年 12 月	省部级	三等奖
306	10162116	夏添	殷锡鸣	第九届全国大学生数学竞赛上海赛区赛暨第九届上海市大学生数学竞赛	2017 年 12 月	省部级	三等奖
307	10161524	王宇鑫	江志松	第九届全国大学生数学竞赛上海赛区赛暨第九届上海市大学生数学竞赛	2017 年 12 月	省部级	三等奖
308	10161065	殷语	李红英	第九届全国大学生数学竞赛上海赛区赛暨第九届上海市大学生数学竞赛	2017 年 12 月	省部级	三等奖
309	10152089	李沐豪	殷锡鸣	第九届全国大学生数学竞赛上海赛区赛暨第九届上海市大学生数学竞赛	2017 年 12 月	省部级	三等奖

续表

序号	学生信息		教师信息	竞赛名称	获奖时间	获奖类别	获奖等级
	学号	学生姓名	指导教师姓名				
310	10161245	王慈松	江志松	第九届全国大学生数学竞赛上海赛区赛暨第九届上海市大学生数学竞赛	2017 年 12 月	省部级	三等奖
311	10140563	金欣	李红英	第九届全国大学生数学竞赛上海赛区赛暨第九届上海市大学生数学竞赛	2017 年 12 月	省部级	三等奖
312	10140270	吴玉学	殷锡鸣	第九届全国大学生数学竞赛上海赛区赛暨第九届上海市大学生数学竞赛	2017 年 12 月	省部级	三等奖
313	10141120	李靖	江志松	第九届全国大学生数学竞赛上海赛区赛暨第九届上海市大学生数学竞赛	2017 年 12 月	省部级	三等奖
314	10141661	沈汉	李红英	第九届全国大学生数学竞赛上海赛区赛暨第九届上海市大学生数学竞赛	2017 年 12 月	省部级	三等奖
315	10162588	陆李威		第九届全国大学生数学竞赛（数学类）	2017 年 11 月	省部级	三等奖
316	10162588	陆李威		第九届上海市大学生数学竞赛（高教社杯）数学类	2017 年 12 月	省部级	三等奖
317	10162597	梁鑫		第九届上海市大学生数学竞赛（高教社杯）数学类	2017 年 12 月	省部级	三等奖
318	10162590	陶翌成		第九届上海市大学生数学竞赛（高教社杯）数学类	2017 年 12 月	省部级	三等奖
319	10150925	王巍翰		第九届上海市大学生数学竞赛（高教社杯）数学类	2017 年 12 月	省部级	三等奖
320	10161307	李子繁	陆慧、汪溶、张孟、房毅	第 34 届全国部分地区（上海赛区）大学生物理竞赛（物理类组）	2018 年 1 月	省部级	二等奖

序号	学生信息		教师信息	竞赛名称	获奖时间	获奖类别	获奖等级
	学号	学生姓名	指导教师姓名				
321	10162537	陈翔宇	陆慧、汪溶、张孟、房毅	第34届全国部分地区（上海赛区）大学生物理竞赛（物理类组）	2018年1月	省部级	三等奖
322	10160631	张嘉北	陆慧、汪溶、张孟、房毅	第34届全国部分地区（上海赛区）大学生物理竞赛（非物理专业类A组）	2018年1月	省部级	二等奖
323	10160080	张浩磊	陆慧、汪溶、张孟、房毅	第34届全国部分地区（上海赛区）大学生物理竞赛（非物理专业类A组）	2018年1月	省部级	二等奖
324	10162434	陈仕镇	陆慧、汪溶、张孟、房毅	第34届全国部分地区（上海赛区）大学生物理竞赛（非物理专业类A组）	2018年1月	省部级	三等奖
325	10162014	李侃	陆慧、汪溶、张孟、房毅	第34届全国部分地区（上海赛区）大学生物理竞赛（非物理专业类A组）	2018年1月	省部级	三等奖
326	10161996	张逸豪	陆慧、汪溶、张孟、房毅	第34届全国部分地区（上海赛区）大学生物理竞赛（非物理专业类A组）	2018年1月	省部级	三等奖
327	10160044	朱佳龙	陆慧、汪溶、张孟、房毅	第34届全国部分地区（上海赛区）大学生物理竞赛（非物理专业类A组）	2018年1月	省部级	三等奖
328	10160504	马一川	陆慧、汪溶、张孟、房毅	第34届全国部分地区（上海赛区）大学生物理竞赛（非物理专业类A组）	2018年1月	省部级	三等奖
329	10162590	陶翌成	陆慧、汪溶、张孟、房毅	第34届全国部分地区（上海赛区）大学生物理竞赛（非物理专业类A组）	2018年1月	省部级	三等奖
330	10161017	梁舒瑜	陆慧、汪溶、张孟、房毅	第34届全国部分地区（上海赛区）大学生物理竞赛（非物理专业类A组）	2018年1月	省部级	三等奖

续表

序号	学生信息		教师信息	竞赛名称	获奖时间	获奖类别	获奖等级
	学号	学生姓名	指导教师姓名				
331	10169007	孙超彧	陆慧、汪溶、张孟、房毅	第34届全国部分地区（上海赛区）大学生物理竞赛（非物理专业类A组）	2018年1月	省部级	三等奖
332	10161778	王诗珂	陆慧、汪溶、张孟、房毅	第34届全国部分地区（上海赛区）大学生物理竞赛（非物理专业类A组）	2018年1月	省部级	三等奖
333	10152975	史亿帆	罗勇军、郭卫斌、王占全	ACM-ICPC亚洲区域赛（广西）	2017年11月	国家级	三等奖
	10153241	杨镇源					
	10153201	马榕					
334	10153186	姚远	罗勇军、郭卫斌、杨建国	ACM-ICPC亚洲区域赛（西安）	2017年10月	国家级	二等奖
	10150917	王泽宸					
	10153185	王亦凡					
335	10153225	翁天东	罗勇军、郭卫斌、王占全	ACM-ICPC亚洲区域赛（北京）	2017年11月	国家级	三等奖
	10150870	曾健骏					
	10153135	金鹏					
336	10161844	姚迟亮	罗勇军、郭卫斌、王占全	ACM-ICPC亚洲区域赛（青岛）	2017年11月	国家级	三等奖
	10161834	赵李洋					
	10161827	李霄					
337	10153186	姚远	罗勇军、郭卫斌、王占全	ACM-ICPC亚洲区域赛（青岛）	2017年11月	国家级	三等奖
	10150917	王泽宸					
	10153185	王亦凡					
338	10153186	姚远	罗勇军	ACM-ICPC亚洲区域赛（EC决赛）	2017年12月	国家级	三等奖
	10150917	王泽宸					
	10153185	王亦凡					
339	10161844	姚迟亮	罗勇军	CCPC（秦皇岛）	2017年1月	国家级	三等奖
	10161834	赵李洋					
	10161827	李霄					
340	10140228	张鹏举	程亮、刘玉兰	全国大学生化工设计竞赛	2017年9月	省部级	三等奖
	10140262	曹峻博					
	10140301	何牧					
	10140249	林宇欣					
	10140225	林瑞儒					

序号	学生信息		教师信息	竞赛名称	获奖时间	获奖类别	获奖等级
	学号	学生姓名	指导教师姓名				
341	12150047	张念民	王学东	“养乐多杯”全国高校食品创意大赛	2017年11月		
	12150046	邹若琛					
342	10152831	刘平辉	蒋丽华	“康师傅”校园创意大赛	2017年12月	国家级	二等奖
	10152826	李沂蔚					
	10152830	缪书婷					
	10152832	新雪较					
343	10152639	石嘉楠	张立新、庄英萍及生物工程学院创新团队教师	国际遗传工程机器大赛	2017年11月	国家级	一等奖
344	10150788	徐虎	郭慧	2017年全国三维数字化创新设计大赛	2017年10月	省部级	特等奖
	10150809	杨佳程					
	10141628	宋光权					
345	10150740	任和	郭慧、马惠仙	2017年全国三维数字化创新设计大赛	2017年10月	省部级	一等奖
	10143462	郑嘉镭					
	10150736	鞠然					
346	10150760	卢秉伦	郭慧	2017年全国三维数字化创新设计大赛	2017年10月	省部级	二等奖
	10150759	方艺伟					
	10150757	曹建方					
347	10152460	徐光鑫	方学梅	第十五届中国银行“挑战杯”全国大学生课外学术作品竞赛	2017年11月	国家级	二等奖
348	10152460	徐光鑫	方学梅	第一届“华政杯”长三角大学生调研大赛	2017年11月	省部级	一等奖
349	10142373	杨洁	李琼	第二届全国大学生城市管理竞赛	2017年9月	国家级	二等奖
350	10142386	王晨	牛星	第二届全国大学生城市管理竞赛	2017年9月	国家级	一等奖
	10142383	张郁芊					
	10142393	王雅雄					
351	10141994	宋佳	齐国友	全国高等院校项目管理大赛	2017年10月	省部级	特等奖
	10142003	金诗博					
	10142048	刘婷					
	10142053	李娜					

序号	学生信息		教师信息	竞赛名称	获奖时间	获奖类别	获奖等级
	学号	学生姓名	指导教师姓名				
352	10142003	金诗博	夏卫红	第四届上海市大学生创业决策仿真大赛	2017 年 11 月	省部级	一等奖
	10142049	黄彦婕					
	10142053	李娜					
	10141994	宋佳					
	10142026	胡玥歆					
353	10151024	王昌豪	夏卫红	第四届上海市大学生创业决策仿真大赛	2017 年 11 月	省部级	二等奖
	10151148	叶思宇					
	10151117	许智超					
	10162851	侯雪洁					
	10162850	肖思琦					
354	10151300	刘莉	夏卫红	第四届上海市大学生创业决策仿真大赛	2017 年 11 月	省部级	二等奖
	10151265	宋晓芳					
	10152825	颜莉琴					
	10151303	年思思					
	10151067	李嘉欣					
355	10162991	施文予	夏卫红	第四届上海市大学生创业决策仿真大赛	2017 年 11 月	省部级	三等奖
	10162947	兰天					
	10162987	白娅曦					
	10163001	董怡君					
	10162988	丁悦					
356	10151166	李曼玉	夏卫红、刘建香	第四届上海市大学生创业决策仿真大赛	2017 年 11 月	省部级	三等奖
	10151102	张倩					
	10152759	崔世杰					
	10151234	俞倩					
	10151162	朱依蕊					
357	10142101	刘启帆	单亚玲	上海市第四届大学生创业决策仿真大赛	2017 年 11 月	省部级	三等奖
358	10151354	张银婷	谢文杰	第四届上海市大学生创业决策仿真大赛	2017 年 11 月	省部级	三等奖
359	10151803	陈宥霖	吴一帆	美国大学生数学建模竞赛	2018 年 2 月	国家级	三等奖
	10150935	达毅婷					
	10150316	郑家昕					
360	10142513	董睿	杨超翔	IF Award	2017 年 10 月	国际	Winner

序号	学生信息		教师信息	竞赛名称	获奖时间	获奖类别	获奖等级
	学号	学生姓名	指导教师姓名				
361	10142513	董睿	程建新	德国红点奖	2017年10月	国际	红点奖
	10142510	许可葭					
	10142511	陈德芳					
362	10142510	许可葭	程建新	德国红点奖	2017年10月	国际	红点奖
	10142513	董睿					
363	10142513	董睿	杨超翔	全国大学生艺术展	2017年9月	全国	一等奖
364	10142521	谈家辰	沈唯	2017年第九届全国大学生广告艺术大赛	2017年9月	全国	一等奖
	10142535	叶晓妮					
	10142533	姚静夜					
	10142523	倪昊莹					
365	10142521	谈家辰	沈唯	2017年第九届全国大学生广告艺术大赛（上海赛区）	2017年9月	上海赛区	二等奖
	10142535	叶晓妮					
	10142533	姚静夜					
	10142523	倪昊莹					
366	10142525	徐晨薇	沈唯	2017年第九届全国大学生广告艺术大赛（上海赛区）	2017年9月	上海赛区	三等奖
	10142524	杨非絮					
367	10142538	蒋文月	沈唯	2017年第九届全国大学生广告艺术大赛（上海赛区）	2017年9月	上海赛区	优秀奖
	10142596	李想					
368	10153542	马意溘	沈唯	2017年第九届全国大学生广告艺术大赛（上海赛区）	2017年9月	上海赛区	优秀奖
	10153548	黄嘉年					
	10153531	叶成环					
	10153534	王伊雯					
	10153553	陈郑					
369	10153444	杨嘉妍	林轶南	奉贤南桥镇口袋公园更新设计国际竞赛	2017年12月	国际	提名奖
	10153465	曹叶晨					
	10153478	孙菁鸿					
	10153437	邹远昊					
370	10142519	胡家晖	王焱	2017上海市大学生工业设计大赛	2017年9月	省部级	二等奖
371	10153585	曹皪昂	叶俊男	2017上海市大学生工业设计大赛	2017年9月	省部级	二等奖
	10153583	陈怡州					

续表

序号	学生信息		教师信息	竞赛名称	获奖时间	获奖类别	获奖等级
	学号	学生姓名	指导教师姓名				
372	10142508	张晓燕	郭永艳	2017上海市大学生工业设计大赛	2017年9月	省部级	二等奖
373	10133122	陈嘉瑶	章彰	2017上海市大学生工业设计大赛	2017年9月	省部级	二等奖
374	10133121	刘晨婧	刘森	2017上海市大学生工业设计大赛	2017年9月	省部级	二等奖
375	10142509	程莹靓	王焱	2017上海市大学生工业设计大赛	2017年9月	省部级	二等奖
376	10153585	曹皪昂	叶俊男	2017上海市大学生工业设计大赛	2017年9月	省部级	二等奖
	10153510	万子贤					
377	10133129	黄美娟	程建新	2017上海市大学生工业设计大赛	2017年9月	省部级	二等奖
378	10133190	金晨音	陈虹	2017上海市大学生工业设计大赛	2017年9月	省部级	三等奖
379	10133135	张宁	刘森	2017上海市大学生工业设计大赛	2017年9月	省部级	三等奖
380	10142509	程莹靓	郭永艳	2017上海市大学生工业设计大赛	2017年9月	省部级	三等奖
381	10142406	胡又琦	郭永艳	2017上海市大学生工业设计大赛	2017年9月	省部级	三等奖
382	10142502	陈程珺	郭永艳	2017上海市大学生工业设计大赛	2017年9月	省部级	三等奖
383	10133188	杜敏菱	章彰	2017上海市大学生工业设计大赛	2017年9月	省部级	三等奖
384	10133125	何宇瑶	徐力	2017上海市大学生工业设计大赛	2017年9月	省部级	三等奖
385	10153562	吴润闰	杨超翔	2017上海市大学生工业设计大赛	2017年9月	省部级	三等奖
386	10153574	林捷	叶俊男	2017上海市大学生工业设计大赛	2017年9月	省部级	三等奖
387	10133185	刘家倩	周美玉	2017上海市大学生工业设计大赛	2017年9月	省部级	三等奖

<table>
<tr><th rowspan="2">序号</th><th colspan="2">学生信息</th><th>教师信息</th><th rowspan="2">竞赛名称</th><th rowspan="2">获奖时间</th><th rowspan="2">获奖类别</th><th rowspan="2">获奖等级</th></tr>
<tr><th>学号</th><th>学生姓名</th><th>指导教师姓名</th></tr>
<tr><td>388</td><td>10133128</td><td>李晨羽</td><td>丁伟</td><td>2017上海市大学生工业设计大赛</td><td>2017年9月</td><td>省部级</td><td>三等奖</td></tr>
<tr><td>389</td><td>10133174</td><td>宓幸蕊</td><td>丁伟</td><td>2017上海市大学生工业设计大赛</td><td>2017年9月</td><td>省部级</td><td>三等奖</td></tr>
<tr><td>390</td><td>10142501</td><td>陈秋仪</td><td>丁伟</td><td>2017上海市大学生工业设计大赛</td><td>2017年9月</td><td>省部级</td><td>三等奖</td></tr>
<tr><td>391</td><td>10133117</td><td>于建平</td><td>丁伟</td><td>2017上海市大学生工业设计大赛</td><td>2017年9月</td><td>省部级</td><td>三等奖</td></tr>
<tr><td rowspan="3">392</td><td>10142518</td><td>颜睿康</td><td rowspan="3">王焱</td><td rowspan="3">2017上海市大学生工业设计大赛</td><td rowspan="3">2017年9月</td><td rowspan="3">省部级</td><td rowspan="3">三等奖</td></tr>
<tr><td>10142517</td><td>朱哲灏</td></tr>
<tr><td>10142519</td><td>胡家晖</td></tr>
<tr><td>393</td><td>10142510</td><td>许可葭</td><td>王焱</td><td>2017上海市大学生工业设计大赛</td><td>2017年9月</td><td>省部级</td><td>三等奖</td></tr>
<tr><td rowspan="4">394</td><td>10142494</td><td>吴倩倩</td><td rowspan="4">王焱</td><td rowspan="4">2017上海市大学生工业设计大赛</td><td rowspan="4">2017年9月</td><td rowspan="4">省部级</td><td rowspan="4">三等奖</td></tr>
<tr><td>10142495</td><td>刘丽莎</td></tr>
<tr><td>10142493</td><td>舒婷婷</td></tr>
<tr><td>10142492</td><td>宋如意</td></tr>
<tr><td rowspan="4">395</td><td>10142518</td><td>颜睿康</td><td rowspan="4">王焱</td><td rowspan="4">2017上海市大学生工业设计大赛</td><td rowspan="4">2017年9月</td><td rowspan="4">省部级</td><td rowspan="4">三等奖</td></tr>
<tr><td>10142517</td><td>朱哲灏</td></tr>
<tr><td>10142519</td><td>胡家晖</td></tr>
<tr><td>10142514</td><td>曹文灏</td></tr>
<tr><td>396</td><td>10142511</td><td>陈德芳</td><td>王焱</td><td>2017上海市大学生工业设计大赛</td><td>2017年9月</td><td>省部级</td><td>三等奖</td></tr>
<tr><td>397</td><td>10153574</td><td>林捷</td><td>刘淼</td><td>第二届“冠瑞杯”外观及工业设计大赛</td><td>2017年12月</td><td>市级</td><td>一等奖</td></tr>
<tr><td>398</td><td>10153558</td><td>张王垠萱</td><td>刘淼</td><td>第二届“冠瑞杯”外观及工业设计大赛</td><td>2017年12月</td><td>市级</td><td>二等奖</td></tr>
<tr><td>399</td><td>10153572</td><td>刘毅</td><td>刘淼</td><td>第二届“冠瑞杯”外观及工业设计大赛</td><td>2017年12月</td><td>市级</td><td>二等奖</td></tr>
<tr><td>400</td><td>10153579</td><td>管鑫</td><td>刘淼</td><td>第二届“冠瑞杯”外观及工业设计大赛</td><td>2017年12月</td><td>市级</td><td>三等奖</td></tr>
<tr><td>401</td><td>10153562</td><td>吴润闰</td><td>刘淼</td><td>第二届“冠瑞杯”外观及工业设计大赛</td><td>2017年12月</td><td>市级</td><td>三等奖</td></tr>
</table>

续表

序号	学生信息		教师信息	竞赛名称	获奖时间	获奖类别	获奖等级
	学号	学生姓名	指导教师姓名				
402	10153565	王潇阳	刘淼	第二届“冠瑞杯”外观及工业设计大赛	2017年12月	市级	三等奖
403	10153583	陈怡洲	刘淼	第二届“冠瑞杯”外观及工业设计大赛	2017年12月	市级	入围奖
404	10153568	孙望	刘淼	第二届“冠瑞杯”外观及工业设计大赛	2017年12月	市级	入围奖
405	10151561	蔡弋鸣	黄育红、岛田由利子	上海市大学生第三十届日语演讲比赛	2017年11月	省部级	特等奖

（耿胥）

2017年国家级、市级、校级大学生创新创业训练计划立项一览表

2017年度“大学生创新创业训练计划”国家级项目

项目编号	学院	项目名称	项目类型	项目负责人	指导教师
201710251001	化工学院	超临界发泡制备口腔软硬组织修复用PCL/PLGA仿生膜材料	创新训练类	柳彦恺	奚桢浩
201710251002	化工学院	基于高压流变学研究LDPE/LLDPE共混物发泡行为	创新训练类	陈哲琪	刘涛
201710251003	化工学院	球形中孔炭在新型液流电容器中的应用研究	创新训练类	李睿涵	凌立成
201710251004	化工学院	多级孔道的高性能正渗透膜的制备	创新训练类	刘慧清	吕慧
201710251005	化工学院	耐盐耐高温缔合压裂液流变性及减阻性能研究	创新训练类	雷霆钧	方波
201710251006	化工学院	螺旋锥型鱼骨式纳米碳纤维的微观结构研究	创新训练类	李婷	朱贻安
201710251007	化工学院	整装式Pd/CNTs/CFs泡沫陶瓷催化剂调控制备及其用于聚合物催化加氢研究	创新训练类	陈荣起	曹贵平
201710251008	化工学院	“核-壳”结构纳米碳微球的结构控制及其电化学性能	创新训练类	俞小叶	詹亮
201710251009	化工学院	基于小分子添加剂对阿司匹林抗凝血药物结晶行为的影响	创新训练类	李吉利	辛忠
201710251010	化工学院	多孔纳米结构材料用于锂硫电池负极抑制锂枝晶生长的研究	创新训练类	陈棹桦	王际童

续表

项目编号	学院	项目名称	项目类型	项目负责人	指导教师
201710251011	生物工程学院	芳香性中草药精油对口腔厌氧菌的抗菌活性研究	创新训练类	肖志宏	卢艳花
201710251012	生物工程学院	人 Irisin 基因的真核表达及重组蛋白的纯化	创新训练类	刘宜林	孙丽云
201710251013	生物工程学院	新型抗口腔厌氧菌生物碱的发现	创新训练类	刘白杨	安法梁
201710251014	生物工程学院	人肝细胞样细胞（hiHep）无血清培养基的研制	创新训练类	王天宇	周燕
201710251015	生物工程学院	一种新型的抗肿瘤药物的活性研究	创新训练类	叶佳琳	赵健
201710251016	生物工程学院	腈水解制备酰胺的方法优化	创新训练类	邢政	魏东芝
201710251017	生物工程学院	细胞分子表型决定的细胞自显影及细胞自杀	创新训练类	洪秀菁	李鹏飞
201710251018	化学与分子工程学院	刺激响应性纳米粒子自组装	创新训练类	王骞	曲大辉
201710251019	化学与分子工程学院	铂纳米粒子的尺寸效应在光催化中的应用	创新训练类	龚建秋	张金龙
201710251020	化学与分子工程学院	自清洁涂层的研制与应用	创新训练类	桑晴晴	杨先金
201710251021	化学与分子工程学院	抗生素高效降解光催化剂的构建及其应用研究	创新训练类	池智力	田宝柱
201710251022	化学与分子工程学院	钙钛矿太阳能电池空穴传输材料设计与开发	创新训练类	徐子星	朱为宏、吴永真
201710251023	化学与分子工程学院	便携式多源光谱仪的优化及其在中药质量分析中的应用	创新训练类	师航	倪力军
201710251024	化学与分子工程学院	新型离子液体微乳液的构建与性质研究	创新训练类	沈佳	殷天翔
201710251025	化学与分子工程学院	硫掺杂介孔碳材料的制备及其氧还原催化性能研究	创新训练类	王一丹	王海文
201710251026	化学与分子工程学院	新型炭材料/等离子体复合光催化剂的制备及性能研究	创新训练类	鲍延	龙应钊、赵丹丹
201710251027	化学与分子工程学院	吸附和光催化双功能多孔复合材料的设计合成及其对水中抗生素的脱除作用	创新训练类	贺聪泽	胡军
201710251028	化学与分子工程学院	一类基于 POSS 香料潜香体的设计、合成	创新训练类	高师泉	王成云

续表

项目编号	学院	项目名称	项目类型	项目负责人	指导教师
201710251029	化学与分子工程学院	银杏多糖的分离、鉴定和构效关系的研究	创新训练类	周佳祺	张文清
201710251030	化学与分子工程学院	燃料电池非贵金属氧还原电催化剂的制备	创新训练类	任宇轩	刘劲刚
201710251031	化学与分子工程学院	用于工业源VOCs净化催化的整体式催化剂的开发	创新训练类	曹琛	郭杨龙
201710251032	药学院	抗超级细菌候选新药开发	创新训练类	许晴	李剑
201710251033	药学院	酶法预处理、β-环糊精辅助微波提取甘草黄酮的工艺及体外抗氧化性研究	创新训练类	方芳	韩伟
201710251034	药学院	光敏剂维替泊芬对肿瘤微环境的影响	创新训练类	杨佳鸿	刘建文
201710251035	药学院	脱氧核糖核酸（DNA）纳米机器的构建与功能操控	创新训练类	潘日钊	杨泱泱
201710251036	药学院	ToxCast数据分析及其在毒性预测中的应用研究	创新训练类	楼超峰	唐赟
201710251037	药学院	c-Met抑制剂BMS-777607类似物的合成及活性测试	创新训练类	祝晨宇	邓卫平
201710251038	材料科学与工程学院	石墨烯/钛酸铜钙/苯并唑类聚合物三相耐高温高介电复合材料的研究	创新训练类	马文隽	庄启昕
201710251039	材料科学与工程学院	一种基于螺噁嗪的分子逻辑门的设计	创新训练类	杨双	孙金煜
201710251040	材料科学与工程学院	聚光太阳能法制备MxOy/C复合材料及其储能研究	创新训练类	蒯颐熹	赵崇军
201710251041	材料科学与工程学院	基于金属-有机框架（MOFs）材料的多孔复合物纳米线阵的构建及性能	创新训练类	曾通	程起林
201710251042	材料科学与工程学院	聚硅氮烷杂化氰酸酯树脂及其复合材料的结构与性能研究	创新训练类	徐时杰	齐会民
201710251043	材料科学与工程学院	锂离子电池用聚酰亚胺隔膜材料制备及性能的研究	创新训练类	陈鼎涵	关士友
201710251044	材料科学与工程学院	二氧化钛表面聚合物包覆及应用研究	创新训练类	曾思凡	王彦华
201710251045	材料科学与工程学院	新型Mn2+激活多色复合发光玻璃的研究	创新训练类	谢瑾	陈国荣
201710251046	材料科学与工程学院	高性能锂电池负极用三维多孔碳/硅复合材料	创新训练类	叶佶恺	李永生

续表

项目编号	学院	项目名称	项目类型	项目负责人	指导教师
201710251047	材料科学与工程学院	双面太阳电池组件材料改善及性能评测	创新训练类	潘德豪	李红波
201710251048	材料科学与工程学院	高分子胶束的二次组装及光控解聚	创新训练类	汪宇明	林绍梁
201710251049	材料科学与工程学院	智能吸附材料 PDMS 的制备及三维多孔网状结构的可控构建	创新训练类	高一涵	汪济奎
201710251050	机械与动力工程学院	基于实感与 SLAM 技术的智能避障车	创新训练类	侯嘉良	郑毅
201710251051	机械与动力工程学院	全自动苹果削皮去核一体机	创新训练类	钱剑勇	马新玲
201710251052	机械与动力工程学院	Arduino - IoT 智能空间模块位移系统	创新训练类	王紫阳	马新玲
201710251053	机械与动力工程学院	缆索攀爬机器人设计与运动学分析	创新训练类	冯正军	李锦
201710251054	机械与动力工程学院	具备热点功能的平版式巧克力 3D 打印机	创新训练类	戚昊晨	钱波
201710251055	机械与动力工程学院	确保燃气热水器稳定工作的冷热水混合阀开发	创新训练类	吉悦	姚兴军
201710251056	机械与动力工程学院	高楼电梯坠落的非能动安全防范措施	创新训练类	陶贤超	潘家祯
201710251057	机械与动力工程学院	校园智能式双层自行车停放架设计	创新训练类	关瑞	周邵萍
201710251058	机械与动力工程学院	微流控技术用于模拟体内力学微环境	创新训练类	刘畅	张洪波
201710251059	信息科学与工程学院	钢琴乐音识别技术的研究	创新训练类	黎思泉	万永菁
201710251060	信息科学与工程学院	智能移动空气检测系统的设计	创新训练类	孙琦钰	韩宇光
201710251061	信息科学与工程学院	异构无线传感器网络病毒传播控制策略研究	创新训练类	彭竞超	黄如
201710251062	信息科学与工程学院	一种项圈式智能喉麦克风的研发	创新训练类	贺忆宁	郁金明
201710251063	信息科学与工程学院	基于 html5 的精准教育平台	创新训练类	沈子良	杨建国

续表

项目编号	学院	项目名称	项目类型	项目负责人	指导教师
201710251064	信息科学与工程学院	用智能优化方法求解窃贼旅行问题	创新训练类	才乐千	刘漫丹
201710251065	信息科学与工程学院	新型摩拜单车控制系统的设计	创新训练类	郎凯琪	颜秉勇
201710251066	信息科学与工程学院	基于医疗大数据的常用中医药知识图谱分类体系构建	创新训练类	秦锦玉	翟洁
201710251067	资源与环境工程学院	中国城市区域大气污染对其气候效应的影响	创新训练类	朱盛强	王丽娜
201710251068	资源与环境工程学院	金属有机骨架去除水中重金属锑	创新训练类	汪敏	张巍
201710251069	资源与环境工程学院	从废 SCR 催化剂中回收有价金属的研究	创新训练类	钦传慧	邱兆富
201710251070	资源与环境工程学院	微生物燃料电池修复重金属 Cd 污染土壤的研究	创新训练类	杜云珠	黄光团
201710251071	资源与环境工程学院	杭州湾地区臭氧生成机理和输送机制研究	创新训练类	杜慧爽	修光利
201710251072	理学院	磁控溅射法低温沉积柔性半导体薄膜研究	创新训练类	束智杰	陆慧
201710251073	理学院	基于石墨烯的氧化锌纳米结构的制备和气敏性研究	创新训练类	袁雨桐	谢海芬
201710251074	理学院	石墨烯/半导体复合材料光催化降解性能研究	创新训练类	李洋	梁莹
201710251075	商学院	基于 IBM Bluemix 的物联网创新实验平台研究	创新训练类	周瑞琪	李英
201710251076	商学院	网约车平台的合同机制与监管：基于不完全合同的视角	创新训练类	洪永年	蒋士成
201710251077	商学院	互联网+背景下各电商平台农产品零售调查研究	创新训练类	张筱典	谢国娥
201710251078	商学院	车辆租赁（共享）企业的运作模式对比研究	创新训练类	金诗博	吴一帆
201710251079	商学院	中国企业跨国并购中人力资源整合风险及防范策略研究	创新训练类	汤怡	董临萍
201710251080	商学院	基于摩拜单车商业模式的公共租赁自行车发展的思考	创新训练类	符晓雯	迟春洁

续表

项目编号	学院	项目名称	项目类型	项目负责人	指导教师
201710251081	社会与公共管理学院	中学生研究性学习的实践问题及解决路径——以上海和贵州为例	创新训练类	王冰清	方学梅
201710251082	社会与公共管理学院	利益相关者视角下社会稳定风险评估研究——以某建设工程为例	创新训练类	向依琳	李琼
201710251083	社会与公共管理学院	新媒体背景下对上海市大学生性观念、性行为及性安全知识水平的研究	创新训练类	朱惠藓	黄玉琴
201710251084	社会与公共管理学院	摩拜单车与政府主导下的公共自行车模式比较研究——基于公共服务主体多元化视角	创新训练类	王湖葩	刘德吉
201710251085	社会与公共管理学院	农村宗教生态的区域比较研究	创新训练类	王灿	熊万胜
201710251086	艺术设计与传媒学院	基于空间句法的中国遗产影响评估（HIA）方法研究——以七宝老街为例	创新训练类	林杨	冯艳
201710251087	艺术设计与传媒学院	以奉贤非遗项目为核心的设计研发	创新训练类	沈丹伊	程建新
201710251088	艺术设计与传媒学院	黄浦江滨江自行车道景观系统研究与设计	创新训练类	吴涵	汪军
201710251089	外国语学院	语音加工技能、单词解码及一般认知能力在汉语儿童英语读写能力发展中的作用	创新训练类	贺清新	韦晓保
201710251090	外国语学院	英语演讲辩论与大学生跨文化交际能力探究	创新训练类	周叶子	颜静兰
201710251091	外国语学院	任溶溶英语儿童绘本翻译策略研究	创新训练类	金柳含	王慧
201710251092	外国语学院	我国少数民族人名和地名英译的语言和文化策略探讨	创新训练类	刘庆龄	王建国
201710251093	法学院	刑事案件认罪认罚从宽制度研究	创新训练类	孙铭悦	周登谅
201710251094	体育科学与工程学院	上海服务型城市热门体育项目微信公众平台建设的现状及可推广策略研究	创新训练类	范博容	阎珏
201710251095	马克思主义学院	成长，成人，成才："面向农村贫困地区自主招生专项计划"实施状况调查	创新训练类	普江琳	杜仕菊
201710251096	图书馆	大学生科学数据素养教育实证研究	创新训练类	吕思凡	吉久明
201710251097	机械与动力工程学院	一种带海水淡化附件的救生衣	创业实践类	魏赟杰	周先桃
201710251098	外国语学院	学术英语工作站	创业训练类	左子麒	龚嵘
201710251099	商学院	B2B 名厨料理单品外卖	创业训练类	范新晨	陈万思
201710251100	外国语学院	易简双语博雅课程（三、四级）	创业训练类	孙敏唯	赵宏

2017 年度“大学生创新创业训练计划”上海市级项目					
项目编号	学院	项目名称	项目类型	项目负责人	指导教师
S17001	化工学院	非碱性条件下甘油选择性氧化高效 Pt 基催化剂的制备与性能研究	创新训练类	吴鉴清	钱刚
S17002	化工学院	甲烷吸附储存材料的制备及性能研究	创新训练类	汪瑜懿	刘纪昌
S17003	化工学院	纳米炭催化材料的制备及其在有机废水处理中的应用	创新训练类	刘雅如	段学志
S17004	化工学院	适用于燃料电池微型重整器的网状催化剂开发	创新训练类	郭继宁	张琪
S17005	化工学院	适用于土壤修复的热降解炉内部结构及尾气处理系统设计	创新训练类	王海榕	张琪
S17006	化工学院	环氧植物油紫外光固化制备高性能环保涂料	创新训练类	张梦洋	奚桢浩
S17007	化工学院	Pt/石墨烯催化剂的微波吸收性能研究	创新训练类	洪可正	李平
S17008	化工学院	金属-炭复合物纳米催化剂的结构与性能调控	创新训练类	马哲杰	段学志
S17009	化工学院	DMAC 精馏回收的节能研究	创新训练类	郭佳龙	熊丹柳
S17010	化工学院	锰铈氧化物/石墨烯催化剂的制备及其低温催化还原脱硝性能	创新训练类	李鉴玙	王艳莉
S17011	化工学院	以 CO_2/水乳液为模板制备多孔材料的研究	创新训练类	孙晨轩	刘涛
S17012	化工学院	丁醇氧化反应工艺研究	创新训练类	朱沁宇	曾作祥
S17013	化工学院	用于甲醛脱除的金属氧化物催化剂的制备与性能研究	创新训练类	张越成	乔文明
S17014	生物工程学院	具有纳米限域效应的生物-化学复合纳米催化剂体系的构建与研究	创新训练类	吴宇扬	白云鹏
S17015	生物工程学院	解脂耶氏酵母菌生物合成蒎烯的代谢工程研究	创新训练类	石嘉楠	花强
S17016	生物工程学院	玫瑰“鲜花标本”制备工艺的探索	创新训练类	王蕾	辛秀娟
S17017	生物工程学院	营养强化型 ω-3 微胶囊的开发	创新训练类	陈梦丽	周家春
S17018	生物工程学院	基于超电荷荧光蛋白的乳腺癌靶向性给药系统的建立与应用	创新训练类	刘亚统	范立强
S17019	生物工程学院	去甲金霉素基因工程菌的构建	创新训练类	胡逍悠	郑一涛
S17020	生物工程学院	甲基化试剂对螺旋霉素生物合成的影响	创新训练类	徐一鸣	叶蕊芳
S17021	生物工程学院	壳寡糖分子特征对各种酸奶乳酸菌的益生效果评价及机制初探	创新训练类	李汧蔚	赵黎明
S17022	生物工程学院	利用甜醅菌群对青稞进行发酵饮料的开发与研究	创新训练类	于一帆	周英

续表

项目编号	学院	项目名称	项目类型	项目负责人	指导教师
S17023	生物工程学院	水翁花中 DMC 对肿瘤细胞多药耐药逆转活性作用机制研究	创新训练类	郝亚丽	魏星
S17024	化学与分子工程学院	双重响应型载体的释药动力学研究	创新训练类	胡绍艳	徐首红
S17025	化学与分子工程学院	玫瑰花渣中多糖的提取分离、结构鉴定以及生物活性初步研究	创新训练类	席璟睿	夏玮
S17026	化学与分子工程学院	贵金属纳米催化材料的控制制备及催化性能	创新训练类	郑皓文	詹望成
S17027	化学与分子工程学院	二氧化碳加氢转化制取 C_2 化学品的研究	创新训练类	丁敏	侯震山
S17028	化学与分子工程学院	基于氮杂芘近红外菁染料的 H_2S 比率型荧光传感器	创新训练类	李思凡	花建丽
S17029	化学与分子工程学院	纤维素水解脱水制备 5-羟甲基糠醛的高效固体酸的研究	创新训练类	马宝润	王艳芹
S17030	化学与分子工程学院	生物相容性水凝胶的构建及应用	创新训练类	吴利城	张伟安
S17031	化学与分子工程学院	掺铝氧化锌/银系含氧酸盐光电互补型复合材料的简易合成及光催化性能	创新训练类	张鹤儒	刘金库
S17032	化学与分子工程学院	氢键作用对反胶束萃取蛋白质的影响	创新训练类	宋健	陈志云
S17033	化学与分子工程学院	糖基二维材料的构建与应用	创新训练类	张晓东	陈国荣
S17034	化学与分子工程学院	禽流感病毒的荧光探针构建探针	创新训练类	帅雅静	贺晓鹏
S17035	化学与分子工程学院	新型光催化复合微球的制备及其对有机污染物降解的研究	创新训练类	余行健	刘鑫
S17036	化学与分子工程学院	液晶复合乳化剂的开发	创新训练类	惠成功	尚亚卓
S17037	化学与分子工程学院	3-苯并噻唑对羟基苯甲醛的合成研究	创新训练类	刘晨皓	赵春常
S17038	药学院	新型螺吡咯胂胺催化剂的设计合成及其在不对称合成手性四氢咔唑的应用研究	创新训练类	王艳兵	邓卫平
S17039	药学院	免疫纳米递药系统治疗结肠肿瘤的研究	创新训练类	周韵	高峰
S17040	药学院	基于免疫反应的碳纳米管纸基传感器的构建及其在生物标志物检测中的应用	创新训练类	赵琳	张敏

续表

项目编号	学院	项目名称	项目类型	项目负责人	指导教师
S17041	药学院	Beta-内酰胺酶检测芯片研究	创新训练类	吴雨	谢贺新
S17042	药学院	PBO类杀虫剂增效剂的作用模式、构效关系及分子设计	创新训练类	丁心慧	程家高
S17043	药学院	肿瘤细胞来源的外泌体上肿瘤诊断标志物的寻找	创新训练类	叶骐嘉	何薇薇
S17044	药学院	丙型肝炎病毒NS5B RNA聚合酶抑制剂的筛选	创新训练类	吴佳芸	朱丽丽
S17045	药学院	多发性硬化症的动物模型及药物研究	创新训练类	孙佳敏	王蕊
S17046	药学院	pH敏感的近红外荧光纳米探针的合成及性能研究	创新训练类	林韵琛	朱维平
S17047	药学院	新型八元桥杂环化合物作为杀虫增效剂的筛选研究	创新训练类	郭仕勋	须志平
S17048	材料科学与工程学院	面向骨质疏松引发缺损的骨修复材料研制	创新训练类	汪昭明	陈芳萍
S17049	材料科学与工程学院	生物可降解的AIE荧光探针的合成与应用研究	创新训练类	邹景橙	张琰
S17050	材料科学与工程学院	Yb3+掺杂硅磷酸盐玻璃的架构与发光性能研究	创新训练类	李文婧	曾惠丹
S17051	材料科学与工程学院	具有内皮细胞选择性的多肽聚合物类血管修复材料研究	创新训练类	崔影	刘润辉
S17052	材料科学与工程学院	多功能磁性纳米微球的制备及性能研究	创新训练类	刘杰	李玉林
S17053	材料科学与工程学院	柔性全固态锂硫电池的研制	创新训练类	赵明磊	王庚超
S17054	材料科学与工程学院	热塑性PVA阻隔材料研究	创新训练类	周秦鹏	陆冲
S17055	材料科学与工程学院	RTIPS法制备聚砜微孔膜及其血液相容性的研究	创新训练类	关子奇	刘敏
S17056	材料科学与工程学院	有机-无机杂化介孔二氧化硅纳米颗粒的制备及其生物应用	创新训练类	陈婧雯	牛德超
S17057	材料科学与工程学院	基于植物叶介孔碳的制备与结构及性能研究	创新训练类	谢淼	徐云龙
S17058	材料科学与工程学院	快速充放电层状镍钴锰三元/石墨烯复合正极材料的设计与制备	创新训练类	孙志光	胡彦杰
S17059	材料科学与工程学院	硅藻土改性吸附废水中的铅离子	创新训练类	马睿	赵春花

续表

项目编号	学院	项目名称	项目类型	项目负责人	指导教师
S17060	材料科学与工程学院	具有荧光功能的己内酯单体设计、合成及性能	创新训练类	王诗佳	郎美东
S17061	材料科学与工程学院	晶硅电池选择性金属化工艺研究	创新训练类	刘家和	仝华
S17062	材料科学与工程学院	大面积稳定柔性的钙钛矿基LED显示器件制备	创新训练类	郭文涛	朱以华
S17063	材料科学与工程学院	可控含氟嵌段共聚物的合成及自组装研究	创新训练类	魏凯杰	李欣欣
S17064	机械与动力工程学院	面向机电设备远程监控与诊断的云平台	创新训练类	顾钧诚	易建军
S17065	机械与动力工程学院	基于有限元的高温合金专用刀具开发与切削实验研究	创新训练类	李东鹏	雷学林
S17066	机械与动力工程学院	一种自主出行的多功能智能专用轮椅	创新训练类	缪云鹏	郭慧
S17067	机械与动力工程学院	NMF新型多功能自动童车	创新训练类	刘丁楠	郭慧
S17068	机械与动力工程学院	基于Adams的重力势能驱动小车动力学仿真研究与应用	创新训练类	谢剑斌	严莹
S17069	机械与动力工程学院	一种轻巧的液压搬运装置的设计与制造	创新训练类	张小奇	潘林勇
S17070	机械与动力工程学院	爆破片装置的自动化制造系统	创新训练类	陈锴	惠虎
S17071	机械与动力工程学院	多规格外螺纹加工装置的设计与制造	创新训练类	王妍君	姚胥康
S17072	机械与动力工程学院	基于深度学习的机器人视觉识别研究	创新训练类	李诗豪	吴清
S17073	机械与动力工程学院	四旋翼无人机自动规避系统研究	创新训练类	王淘	王建文
S17074	机械与动力工程学院	基于数字图像相关法的纳米尺度应变测量试验研究	创新训练类	宗家剑	朱明亮
S17075	机械与动力工程学院	新型可穿戴式中医脉诊手环的研究	创新训练类	南浩	颜建军
S17076	机械与动力工程学院	智能轨道检测小车结构设计及驱动方案设计	创新训练类	李潇宁	周邵萍
S17077	机械与动力工程学院	基于冷凝吸附及热脱附原理的小型室内VOCs气体处理装置	创新训练类	张世光	曹军

续表

项目编号	学院	项目名称	项目类型	项目负责人	指导教师
S17078	机械与动力工程学院	复杂曲面的三维扫描与实体建模的实验研究	创新训练类	徐虎	孙路
S17079	信息科学与工程学院	基于 Python 的可视化数据分析系统	创新训练类	严婷	文欣秀
S17080	信息科学与工程学院	基于脑电心电信号监测的安全驾驶辅助系统研究	创新训练类	莫泽坤	陈兰岚
S17081	信息科学与工程学院	四旋翼飞行器姿态解算方法设计	创新训练类	周照	朱远明
S17082	信息科学与工程学院	基于人脑的同步随动系统的设计	创新训练类	袁聿琨	王嵘
S17083	信息科学与工程学院	风力发电的建模、仿真与监控	创新训练类	吴伟强	常虹
S17084	信息科学与工程学院	计算机程序设计教学辅助 App	创新训练类	薛魁	郭卫斌
S17085	信息科学与工程学院	基于 Android 的自动监控系统的开发	创新训练类	顾庞	于文静
S17086	信息科学与工程学院	旋转叶片动态信号的无源无线感知	创新训练类	高君钢	李钰
S17087	信息科学与工程学院	打折活动发布 App 的设计与实现	创新训练类	陈志阳	张海腾
S17088	信息科学与工程学院	共融机器人社会行为实现	创新训练类	罗永翔	冯翔
S17089	资源与环境工程学院	溶析结晶强化铝酸钾溶液晶种分解过程研究	创新训练类	龚珊	刘程琳
S17090	资源与环境工程学院	UV/PMS 去除饮用水中喹诺酮类抗性微生物和抗性基因	创新训练类	任炯秋	崔长征
S17091	资源与环境工程学院	盐差发电工艺探索研究	创新训练类	张婷	孙玉柱
S17092	资源与环境工程学院	镁空气电池的研制	创新训练类	唐睿	路贵民
S17093	资源与环境工程学院	反蛋白石结构光催化材料的制备及其处理废水中六价铬的研究	创新训练类	刘志航	雷菊英
S17094	资源与环境工程学院	电解法制备氢氧化锂工艺研究	创新训练类	杨壹荃	于建国
S17095	资源与环境工程学院	不同气氛下生物质微波裂解实验研究	创新训练类	刘婉莹	许庆利

续表

项目编号	学院	项目名称	项目类型	项目负责人	指导教师
S17096	理学院	基于 3DTAPBP 的双分子激发态发光	创新训练类	朱唯一	吕昭月
S17097	理学院	“编织”光学格子	创新训练类	李文昌	罗缎斌
S17098	理学院	信息物理系统的可靠性模型问题研究	创新训练类	陈梓浩	邵方明
S17099	理学院	激光偏转技术的研究	创新训练类	王炜畅	薛迎红
S17100	理学院	毛细管桥中液膜性质的研究	创新训练类	段卉	钟菊花
S17101	商学院	网约车新政对其市场发展的影响	创新训练类	张凯霖	沈琪
S17102	商学院	金融集聚提升工业效率的空间溢出效应分析——基于城市面板数据	创新训练类	高聪	马艳梅
S17103	商学院	PPI 项目治理形式的驱动因素：基于制度理论的视角	创新训练类	冯洁妮	齐国友
S17104	商学院	商业银行与中小企业投贷联动模式研究——基于新三板科创企业视角	创新训练类	周宇慧	钱丽霞
S17105	商学院	会计档案无纸化理论与实践研究	创新训练类	刘维	胡仁昱
S17106	商学院	PPP 模式下项目失败的驱动因素及风险治理研究	创新训练类	胡立晗	余金凤
S17107	商学院	基于股票关联网络拓扑结构的市场风险度量指标研究	创新训练类	龚嘉楠	谢文杰
S17108	商学院	互联网金融对金融系统结构的影响研究——以长三角零售银行为例	创新训练类	罗昊	刘桂荣
S17109	商学院	对互联网货币基金的需求结构优化和集约增长效应的研究——基于 T+0 模式下对银行、企业和消费者的调研	创新训练类	程泽宇	孙定东
S17110	商学院	“一带一路”背景下海外投资的风险与防范对策研究措施	创新训练类	龚雪雯	彭德雷
S17111	社会与公共管理学院	网络舆论和教育政策的关系研究——以 2016 江苏高考减招为例	创新训练类	周自恒	李琼
S17112	社会与公共管理学院	城市社区治理的公共性重构研究	创新训练类	陆媛静	杨君
S17113	社会与公共管理学院	上海市远郊新生代农民工留沪意愿及其影响因素	创新训练类	严贤玥	徐丙奎
S17114	社会与公共管理学院	大学生群体的微整形与自我重构研究	创新训练类	陈曦	赵方杜
S17115	社会与公共管理学院	退伍复学大学生群体现状研究——以上海市部分高校为例	创新训练类	马力	张燕

续表

项目编号	学院	项目名称	项目类型	项目负责人	指导教师
S17116	艺术设计与传媒学院	用户中心理论在健身装备设计中的应用研究	创新训练类	周文嘉	谢臻
S17117	艺术设计与传媒学院	基于微信与 GIS 平台的文化历史遗产交互系统——以上海市静安区为试点	创新训练类	吕智慧	林铁南
S17118	艺术设计与传媒学院	现代艺术在微景观中的应用	创新训练类	顾雪阳	冯璐
S17119	艺术设计与传媒学院	老年卒中病人腿部康复产品设计研究	创新训练类	吕祎琳	陈虹
S17120	外国语学院	大数据时代的英语学习	创新训练类	黄静	杨慧敏
S17121	外国语学院	音乐文献翻译的方法与思考——基于语境意识探讨音乐文献 *The Choral World* 的翻译方法	创新训练类	朱如意	王懿
S17122	外国语学院	高等院校校园公示语翻译体系研究	创新训练类	张道安	饶小飞
S17123	外国语学院	关于海湾英语平台的搭建——OTO 模式下大学生英语口语学习可行性研究	创新训练类	吴文君	彭颖
S17124	外国语学院	公共英语演讲的评价维度	创新训练类	谢飞	王捷
S17125	外国语学院	英语预制语块学习策略	创新训练类	王巍翰	徐宝华
S17126	外国语学院	德国父母津贴政策研究——论父母津贴政策的实行与推动对德国人口现状及发展的影响	创新训练类	邵奕	何剑
S17127	外国语学院	华理民族生课外英语自主学习策略研究	创新训练类	佟圣智	吴碧宇
S17128	法学院	大数据时代消费者信息权益保护问题研究	创新训练类	葛奕男	徐明
S17129	法学院	“一带一路”倡议与跨国民商事争端解决创新机制研究	创新训练类	邵东来	任虎
S17130	体育科学与工程学院	当前我国大学生体育动机调查研究——以上海部分高校为例	创新训练类	冯逸文	周传尧
S17131	体育科学与工程学院	基于信息流双向干预的高校网络舆情治理与思政教育协同创新机制研究	创新训练类	郑娉	吴婷
S17132	体育科学与工程学院	论中国体育产业发展需要科学技术创新	创新训练类	丁超	魏婷
S17133	图书馆	MOOC 课程知识产权策略实证研究	创新训练类	高歆琰	吉久明
S17134	人文学院	互联网时代条件下大学生阅读新常态	创新训练类	胡浚韬	包双叶

续表

项目编号	学院	项目名称	项目类型	项目负责人	指导教师
S17135	商学院	实验室智慧管理者	创业实践类	刘尚彬	赵炎
S17136	艺术设计与传媒学院	百花教育网	创业实践类	王晗	于炜
S17137	艺术设计与传媒学院	艺术设计交流服务平台研究——基于信息分享到设计服务的模式创新实践	创业训练类	陆钰怡	肖黎迦
S17138	社会与公共管理学院	让失独者不再孤独——社会工作介入失独家庭服务计划	创业训练类	吕艳艳	徐选国
S17139	商学院	基于移动互联网的“及时雨”计划——天气变幻下的“地铁便利包”	创业训练类	张璇	程岩
S17140	化工学院	基于学生多媒体和互联网技术支持以促进师生互动的体系构建	创业训练类	施天协	司忠业

2017 年度“大学生创新创业训练计划”校级项目

项目编号	学院	项目名称	项目类型	项目负责人	指导教师
x17009	化工学院	Pd/CNTs/FeNiOx 高性能催化剂调控制备及其用于聚苯	创新训练类	冯少越	曹贵平
x17011	化工学院	液相等离子体聚合合成新型环境友好润滑油	创新训练类	陈铭	徐心茹
x17013	化工学院	高电导率聚合物固态电解质的制备和电化学性能表征	创新训练类	冯昊	许军
x17018	化工学院	石墨烯在油品脱硫方面的应用	创新训练类	赵丹阳	施力
x17019	化工学院	聚苯并噁嗪基复合防腐蚀涂层制备研究	创新训练类	袁满林	陆馨
x17023	化工学院	具有恒喷射气速的垂直管型板式反应精馏塔研究	创新训练类	王千红	程振民
x17024	化工学院	仿生凝胶的制备	创新训练类	郑智源	徐益升
x17025	化工学院	一种高分散度贵金属催化剂的制备及其在空气净化系统中的结构化设计	创新训练类	万雨婷	张琪
x17026	化工学院	亚磷酸酯功能化聚硅氧烷的制备及其扩链 PLA 的过程研究	创新训练类	罗福院	孟鑫
x17027	化工学院	热交换器超疏水涂层的研制	创新训练类	高永盛	彭阳峰
x17028	化工学院	石墨烯聚合物复合材料的性能研究和应用	创新训练类	童奕皓	吕慧
x17030	化工学院	高级氧化法处理水中有毒有害污染物	创新训练类	翟咏昕	徐晶
x17031	化工学院	光敏表面活性剂胶束体系强制对流换热研究	创新训练类	吴航	金浩
x17032	化工学院	可控团聚体胶束负载的贵金属液相催化加氢研究	创新训练类	刘元诚	周生虎、王俊有

续表

项目编号	学院	项目名称	项目类型	项目负责人	指导教师
x17034	化工学院	离子液体作用下碳酸乙烯酯绿色合成工艺的研究	创新训练类	段海风	施云海
x17039	化工学院	多通道 PVC 超滤膜的制备及其性能表征	创新训练类	徐淑妮	程亮
x17046	生物科学与工程学院	浅究微藻对城市污水的净化以及微藻作为水产养殖饲料的再利用	创新训练类	刘雅倩	万民熙
x17047	生物科学与工程学院	不同特异性碳水化合物结合模块（Carbohydrate Binding Module，CBM）的克隆与表达	创新训练类	温静怡	高淑红
x17048	生物科学与工程学院	病原菌感染“宿主”武器的发现与应用	创新训练类	骆骞	王启要
x17050	生物科学与工程学院	EsrE 基因上游转录因子的筛查	创新训练类	曹源	吴海珍
x17051	生物科学与工程学院	高效定向降解聚乳酸菌株的构建	创新训练类	滕馨雨	蔡海波
x17052	生物科学与工程学院	谷氨酰胺转氨酶的分子改造及催化机理研究	创新训练类	徐文皓	李春秀
x17055	生物科学与工程学院	产抗癌药物安丝菌素的放线菌代谢组学分析方法的建立及其应用	创新训练类	冯锦尧	胡凤仙
x17056	生物科学与工程学院	自身免疫性疾病抗原蛋白在昆虫细胞/杆状病毒体系中的表达与纯化	创新训练类	陈茹	刘晓红
x17060	生物科学与工程学院	代谢工程改造毕赤酵母促进乙酸的代谢利用	创新训练类	宋丽丽	蔡孟浩
x17061	生物科学与工程学院	嗜热菌普鲁兰酶工业化酶开发及结构域拼接进化研究	创新训练类	鲍幗	魏巍
x17064	生物科学与工程学院	一种功能性低聚糖的益生元特性探究	创新训练类	李春丽	刘少伟
x17066	生物科学与工程学院	药物对流感病毒感染自然杀伤细胞凋亡通路的影响	创新训练类	郭益博	马荣
x17067	生物科学与工程学院	啤酒酵母抽提营养液的制备研究	创新训练类	郑荣淇	王善利
x17070	生物科学与工程学院	高产 β-甘露聚糖酶的大肠杆菌基因工程菌的构建	创新训练类	曹冬梅	叶江
x17071	生物科学与工程学院	自控式涡轮萃取塔在抗生素提取中的应用	创新训练类	蒋陈添	万俊芬

续表

项目编号	学院	项目名称	项目类型	项目负责人	指导教师
x17072	生物科学与工程学院	Geobacillus uzenensis 来源脂肪酶催化及其在香料合成中的应用	创新训练类	冯涛涛	魏巍
x17082	化学与分子工程学院	新型 OLED 材料以及 VIE 现象研究	创新训练类	贺逸昕	苏建华
x17084	化学与分子工程学院	油脂的胺解及动力学	创新训练类	黄宁	杨世忠
x17089	化学与分子工程学院	光致变色应用——光控凝胶	创新训练类	吴诚祺	邹雷
x17091	化学与分子工程学院	纳米荧光探针的制备及其对生物分子的检测	创新训练类	乔子淳	钱俊红
x17096	化学与分子工程学院	聚醚多元醇脂类成膜助剂的制备	创新训练类	张杰	赵敏
x17098	化学与分子工程学院	光刺激-响应分子机器及超分子聚合的构建及性能	创新训练类	王雨航	马骧
x17099	化学与分子工程学院	柔性量子点敏化太阳电池制备及封装技术初探	创新训练类	刘丹丹	张华
x17103	化学与分子工程学院	催化湿法空气氧化在废水治理中的应用	创新训练类	李东治	王筠松
x17104	化学与分子工程学院	新型卟啉类光敏剂的构建及其在光动力疗法中的应用	创新训练类	姚蕊	赵红莉
x17105	化学与分子工程学院	离子液体系统中离子迁移数、电导率性质的测定及模型研究	创新训练类	程益品	彭昌军
x17108	化学与分子工程学院	功能化修饰色谱材料的设计及制备优化	创新训练类	王国华	蓝闽波
x17109	化学与分子工程学院	盐湖卤水体系热力学和相平衡研究与模型关联	创新训练类	吴文静	熊焰
x17110	化学与分子工程学院	特种光敏树脂的研发	创新训练类	周雨	窦清玉
x17111	化学与分子工程学院	CMK-3 和氧化石墨烯共掺杂的复合材料在偶氮染料吸附中的应用	创新训练类	陈智渊	殷馨
x17112	化学与分子工程学院	复合金属氧化物材料的制备工艺优化及其特异性富集分离应用研究	创新训练类	汪肖原	盛骞莹
x17113	化学与分子工程学院	以纤维素制备呋喃二甲酸的研究	创新训练类	夏紫薇	许胜
x17114	化学与分子工程学院	不对称铑催化羰基亚乙烯基环丙烷环异构化反应研究	创新训练类	李鑫圣	施敏

续表

项目编号	学院	项目名称	项目类型	项目负责人	指导教师
x17116	化学与分子工程学院	罗汉菜籽活性成分的分离及活性鉴定	创新训练类	王佩瑶	徐志珍
x17117	化学与分子工程学院	新型中药溶致液晶载药系统的构建及性质研究	创新训练类	张照悦	田振芬
x17118	化学与分子工程学院	高分子忆阻材料的设计、制备和器件	创新训练类	吴亦凡	张斌
x17119	化学与分子工程学院	油脂直接烷基化及检测	创新训练类	刘帅君	杨世忠
x17120	化学与分子工程学院	糖基石墨烯荧光探针构建	创新训练类	王迎群	王朝霞
x17122	化学与分子工程学院	2-［苯基（苯胺基）甲基］环己酮的合成	创新训练类	郝同港	吴海霞
x17123	化学与分子工程学院	TiO2 与 MOF 材料联合降解处理染料	创新训练类	赵治全	马云飞
x17124	化学与分子工程学院	氟芳基碘盐亲电芳基化反应方法学研究	创新训练类	汪钰	王利民
x17125	化学与分子工程学院	新型信息化学品电镀助剂的研究及其工艺研究	创新训练类	周尚武	杨雪艳
x17127	化学与分子工程学院	功能化 g-C3N4 负载金属中心对 ORR/OER 电催化的研究	创新训练类	钟诚兵	韦萍洁
x17128	化学与分子工程学院	高灵敏高选择性分子光谱检测方法研究及其在食品安全快检中的应用	创新训练类	卢睿	杜一平
x17133	药学院	基于半合成路线的天然产物那可丁（Noscapine）结构改造与抗肿瘤活性研究	创新训练类	王运召	张永强
x17138	药学院	活性氧的诱导和清除对人白血病细胞增殖的调控作用研究	创新训练类	徐智康	黄青春
x17140	药学院	复杂样品中痕量亚硝酸根的测定方法研究	创新训练类	李占鰲	杨丙成
x17144	药学院	P450 酶介导的代谢抑制预测研究	创新训练类	韩文婷	李卫华
x17145	药学院	光控释放与荧光定量一体化锌离子载体分子的合成	创新训练类	王娜	楼开炎
x17146	药学院	糖尿病药物 SGLT-2 抑制剂的合成研究	创新训练类	叶晨钰	杨友
x17147	药学院	丹参酮 IIA 衍生物的合成及生物活性研究	创新训练类	施浩宇	李浩

续表

项目编号	学院	项目名称	项目类型	项目负责人	指导教师
x17150	药学院	药效团取代苯并咪唑的绿色合成方法的设计及研究	创新训练类	徐博涵	赵建宏
x17152	药学院	基于网络药理学的多靶点抗Ⅱ型糖尿病药物发现研究	创新训练类	孔琴怡	刘桂霞
x17153	药学院	基于丝素蛋白的穿心莲内酯纳米粒的开发	创新训练类	吕英妮	徐仲玉
x17154	药学院	血小板与肿瘤细胞黏附抑制剂的筛选模型的建立	创新训练类	尹蕾	梁欣
x17156	药学院	甲酸酯与活泼亚甲基化合物的Knoevenagel反应及其在喹诺酮类药物合成中的应用	创新训练类	倪思炜	虞心红
x17157	药学院	谷氨酰胺转氨酶调控白血病细胞增殖和药物敏感性的作用研究	创新训练类	郎佳琳	黄青春
x17162	材料科学与工程学院	高粘结强度高导热环氧胶膜的研究	创新训练类	杜亦谦	宋宁
x17164	材料科学与工程学院	多级微纳结构支架表面拓扑结构的调控与优化	创新训练类	蔡湉鋆	袁媛
x17166	材料科学与工程学院	支化聚乙烯的功能化研究	创新训练类	高文豪	张丹枫
x17167	材料科学与工程学院	生物基可降解尼龙-聚乳酸共聚物的合成及性能	创新训练类	王敏	陈涛
x17169	材料科学与工程学院	氰酸酯树脂尺寸稳定性的研究	创新训练类	邓天博	王帆
x17170	材料科学与工程学院	基于氧化石墨还原法制备OLED石墨烯阳极的可行性探究	创新训练类	周扬	钱秀珍
x17172	材料科学与工程学院	多重生物响应性纳米微球的制备及用于药物缓释	创新训练类	王丹	何宏燕
x17173	材料科学与工程学院	具有自修复功能的高延展性凝胶研究	创新训练类	叶祥飞	王婷兰
x17176	材料科学与工程学院	低成本复合材料板材制备与“小板房”多功能集成化关键技术研究	创新训练类	贺子芮	侯锐钢
x17178	材料科学与工程学院	纳米杂化填料Ag@CNTs的制备及其对PA6/BN材料协效导热性能研究	创新训练类	冯兰	吴唯
x17181	材料科学与工程学院	结晶诱导的聚乳酸嵌段共聚物自组装研究	创新训练类	文应强	唐颂超

续表

项目编号	学院	项目名称	项目类型	项目负责人	指导教师
x17184	材料科学与工程学院	人体组织微波仿真材料及其3D打印墨水的研制	创新训练类	高国恒	吴国章
x17186	材料科学与工程学院	聚合物基石墨烯复合材料的制备与表征	创新训练类	应蕾	张杰
x17188	材料科学与工程学院	尼龙3聚合物的合成及抗菌表面的构筑	创新训练类	钱祺弘	刘润辉
x17191	材料科学与工程学院	共聚物引导自组装长程有序纳米结构的研究	创新训练类	赵泽成	张良顺
x17193	材料科学与工程学院	石墨烯制备导电复合材料及其导电原理的研究	创新训练类	游莉	郭卫红
x17196	材料科学与工程学院	嵌段多肽修饰的金纳米棒自组装研究	创新训练类	王福君	姚远
x17197	材料科学与工程学院	手机用薄玻璃板化学钢化增强的研究	创新训练类	陈靖钰	薛明俊
x17198	材料科学与工程学院	新型钙钛矿太阳能电池关键材料的设计与制备	创新训练类	王泊	杨化桂
x17199	材料科学与工程学院	仿生自清洁涂层的制备及其在食品包装中的应用	创新训练类	卢杨	管涌
x17204	材料科学与工程学院	面向新能源领域的电催化产氧新材料设计与制备	创新训练类	陆鸣雷	杨晓华
x17206	材料科学与工程学院	β-环糊精接枝DOPO与三聚氰胺合成新型膨胀阻燃剂研究	创新训练类	穆凌霄	吴唯
x17208	材料科学与工程学院	负载茂金属催化剂制备聚烯烃弹性体	创新训练类	王冠宇	米普科
x17224	机械与动力工程学院	车梳切削新工艺加工仿真及实验研究	创新训练类	伍丹	何云
x17226	机械与动力工程学院	复杂曲面攀爬机器人的运动控制	创新训练类	全宸希	李锦
x17232	机械与动力工程学院	液体自动灌装控制系统虚拟实验装置开发	创新训练类	蒲俊吉	章兰珠
x17233	机械与动力工程学院	3D建模技术在工艺品铸造中的应用	创新训练类	单百轩	金伟健
x17235	机械与动力工程学院	零件CAD模型的特征自动提取研究	创新训练类	白逸凡	刘晶
x17236	机械与动力工程学院	3D打印高效换热器技术研究	创新训练类	赵恒泰	侯峰

续表

项目编号	学院	项目名称	项目类型	项目负责人	指导教师
x17237	机械与动力工程学院	基于图像技术的钢瓶表面文字识别方法（机器人技术及应用实验室）	创新训练类	荆为记	刘爽/余醉仙
x17241	信息科学与工程学院	无人机 GPS 与 INS 组合导航设计	创新训练类	孙浩	唐漾
x17250	信息科学与工程学院	四旋翼无人机的精准悬停控制	创新训练类	辛佳德	王学武
x17253	信息科学与工程学院	Web 评论的话题挖掘和可视化技术研究	创新训练类	刘金琳	胡庆春
x17254	信息科学与工程学院	大型公共场所室内立体定位技术及室内导航	创新训练类	林昊琪	王慧锋
x17258	信息科学与工程学院	5G 通信技术研究——纠错码的设计与实现	创新训练类	金圣皓	袁伟娜
x17259	信息科学与工程学院	面向隐私保护的密文图像可逆信息隐藏技术	创新训练类	陈晨	蒋翠玲
x17261	信息科学与工程学院	基于物联网的安防监控系统设计与开发	创新训练类	李佳鑫	罗小娟
x17263	信息科学与工程学院	医疗数据可用性评估的研究和工具的实现	创新训练类	王世豪	叶琪
x17265	信息科学与工程学院	基于单片机的植物生长 LED 光照控制系统	创新训练类	范玮	刘济
x17267	信息科学与工程学院	基于图像识别技术的汽车主动导航系统	创新训练类	叶晓波	叶炯耀
x17268	资源与环境工程学院	Fe（Ⅱ）催化的类芬顿体系螯合甲酸对多种氯代烃去除作用的研究	创新训练类	彭思雨	吕树光
x17269	资源与环境工程学院	微型撞击流反应器流动可视化研究	创新训练类	严嘉玮	李伟锋
x17270	资源与环境工程学院	应用于低温 H_2－SCR 脱除 Nox 的高效稳定催化剂研究	创新训练类	丁彦桢	曹礼梅
x17274	资源与环境工程学院	铁盐复合过氧化钙高效降解地下水中污染物的研究	创新训练类	符家瑞	周彦波
x17277	资源与环境工程学院	煤化工废水中镓的分离富集	创新训练类	姚志强	宋兴福
x17281	资源与环境工程学院	树脂负载非均相 Fenton 催化剂的制备和应用	创新训练类	刘文菲	孙贤波
x17283	资源与环境工程学院	奉贤校区盐碱土壤环境质量监测及改良对策研究	创新训练类	杨儒民	李辉

续表

项目编号	学院	项目名称	项目类型	项目负责人	指导教师
x17284	资源与环境工程学院	褐煤温和液化过程中铁碱复配催化剂的性能研究	创新训练类	杨澜	黄胜
x17285	资源与环境工程学院	液液复分解反应萃取制备磷酸二氢钾过程研究	创新训练类	张以任	陈杭
x17287	资源与环境工程学院	特级渗透探伤组剂的研制	创新训练类	张锟	乔建江
x17290	资源与环境工程学院	生物油催化重整制备合成气工艺研究	创新训练类	杨施默	廖丽芬
x17291	理学院	二维 ZnO 吸附零维小团簇的电子和磁性质设计与研究	创新训练类	李素雅	张孟
x17296	理学院	易碎物品下落保护装置的研究	创新训练类	赵国淦	房毅
x17298	理学院	力学之逆风行驶模型研究	创新训练类	杨钰林	刘海清
x17299	理学院	物理演示实验在多媒体终端的推送	创新训练类	冯佳俊	朱云霞
x17303	理学院	我国上市公司大股东违规行为的风险监测研究	创新训练类	李玉琛	俞绍文
x17304	理学院	关于层次分析法的若干问题研究	创新训练类	钟岳	朱坤平
x17310	商学院	信息与通信技术对我国空巢老人心理健康的影响研究	创新训练类	刘楚芸	彭泽余
x17316	商学院	房地产去库存形式下公积金制度对房地产市场量价波动影响研究——以马鞍山为例	创新训练类	贺佳琦	郑庆寰
x17317	商学院	中国机电产品出口欧盟市场波动增长的研究	创新训练类	关佳怡	杨逢珉
x17319	商学院	房地产价格、上市公司融资成本与投资效率	创新训练类	李潘	郑凯
x17320	商学院	复合因子定价模型及基于复合因子的量化选股研究	创新训练类	陈家宜	许海川
x17322	商学院	中国的高铁建设与城市经济地理重塑	创新训练类	岑晓天	潘春阳
x17323	商学院	消费者购买后处置产品的影响因素研究	创新训练类	李锦锦	杜伟宇
x17324	商学院	“90后”（移动）网购行为研究——基于自我概念理论	创新训练类	王冰洁	朱凌
x17326	商学院	媒体渲染与房价预期	创新训练类	梁超	熊艳
x17329	商学院	以学术社团为载体培养大学生创新竞赛能力的研究	创新训练类	朱匆匆	夏卫红
x17333	社会与公共管理学院	城市智慧养老的模式探索与创新研究	创新训练类	陶敏	龚秀全

续表

项目编号	学院	项目名称	项目类型	项目负责人	指导教师
x17337	社会与公共管理学院	城市安全治理：能力结构与评价体系—基于国内城市的比较分析	创新训练类	葛丽君	刘晓亮
x17339	社会与公共管理学院	市场转型中传统手工业制品的产业化发展研究	创新训练类	丁静坤	赵方杜
x17342	社会与公共管理学院	国外医患纠纷防治制度及其对我国的启示	创新训练类	裴隽	姜尔林
x17345	社会与公共管理学院	新媒体时代下对微信订阅号快餐化现象的研究	创新训练类	陆旻婕	刘晶
x17346	社会与公共管理学院	不合理使用药物的社会心理因素及公共治理对策研究：以滥用抗生素为例	创新训练类	顾思佳	张良
x17347	社会与公共管理学院	发达地区低收入农户增收的长效机制研究	创新训练类	饶予昊	罗恩立
x17348	社会与公共管理学院	影响文科类大学生就业专业对口度的因素研究	创新训练类	张梦婷	汪华
x17349	社会与公共管理学院	大学生焦虑情绪与盲目从众相关性分析研究	创新训练类	董萌宇	赵雨
x17350	社会与公共管理学院	精准帮困：面向经济贫困大学生的高校帮困资源配置机制研究	创新训练类	崔方婷	王芳
x17354	艺术设计与传媒学院	“福禄寿”——吉祥文化象征的文创产品设计	创新训练类	汤心怡	王焱
x17359	艺术设计与传媒学院	法国艺术设计信息传播O2O模式的创新实践	创新训练类	王一楚	单浩
x17360	艺术设计与传媒学院	老龄化背景下南桥新城社区公园的调查与再设计研究	创新训练类	李培	方田红
x17363	外国语学院	从日英大学系统看日英社会结构	创新训练类	刘天旭	蒋青
x17365	外国语学院	从日本小学国语教材看日本人的自然观	创新训练类	蔡弋鸣	张凤云
x17367	外国语学院	模拟联合国活动对中国大学生发展核心素养影响的研究	创新训练类	赵新然	华静
x17368	外国语学院	外语学习动机对于词汇学习策略选择的影响	创新训练类	张希藤	方朝
x17369	外国语学院	御宅文化及其对日本社会影响的探究	创新训练类	韩梅	何玮
x17370	外国语学院	汉语新词中的日语词根研究	创新训练类	朱文捷	张正军
x17372	外国语学院	中日高中生社团对比研究	创新训练类	陆嘉妮	陈雪

续表

项目编号	学院	项目名称	项目类型	项目负责人	指导教师
x17375	外国语学院	生态翻译学视角下英文字幕翻译策略的研究	创新训练类	杨天航	杨岱若
x17379	外国语学院	武术（太极）对外语学习审辨性思维形成的影响	创新训练类	张妍	金春岚
x17380	外国语学院	非英语专业本科生利用语料库提升英文学术写作能力	创新训练类	朱国强	张艳
x17381	外国语学院	文化生产视阈下美俄电影文学之大国性格研究	创新训练类	王舒姣	马丽丽
x17384	法学院	同人小说的合法性研究	创新训练类	张京京	傅利英
x17387	法学院	规制电力输送垄断法律问题研究	创新训练类	邓洁雅	董溯战
x17388	法学院	“分享冰箱”食品安全保障法律问题研究	创新训练类	张慎言	于杨曜
x17390	法学院	律师收费模式现状分析与改革思考	创新训练类	陈亮	刘源
x17392	体育科学与工程学院	互联网＋时代体育O2O营销模式研究	创新训练类	苗颢严	周晓燕
x17394	体育科学与工程学院	出行方式与运动健康及环境影响的调查研究	创新训练类	毛镇达	汪艳
x17396	体育科学与工程学院	移动互联网时代体育APP整合与创新研究	创新训练类	李钰	杜梅
x17405	商学院	大学社团信息化共享平台构建	创业训练类	迟晓彤	郝斌
x17407	生物科学与工程学院	一种新型生姜红枣茶的制备	创业训练类	刁诗晴	刘少伟
x17412	商学院	新经济环境下创新创业类综艺节目商业模式与营销策略的发展——基于内容营销的视角	创业实践类	周成臣	费鸿萍
x17414	商学院	基于众筹平台的《微权力》系列小视频的制作和运营	创业实践类	方洁	陈洪安
x17415	材料科学与工程学院	高性能防水透气PTFE基微孔膜产品的研发	创业实践类	张宁	李秋影
x17417	体育科学与工程学院	全民健身背景下大学生体育服务配送模式与运营	创业实践类	曾繁荣	陈林华
x17418	信息科学与工程学院	基于moodle平台学生行为数据挖掘的研究	创业实践类	苗书宇	王占全

（耿胥）

2017 年在校本科生人数

单位：人

学院	2014 级	2015 级	2016 级	2017 级	合计
材料科学与工程学院	296	334	363	359	1 352
法学院	58	63	82	84	287
化工学院	400	439	441	421	1 701
化学与分子工程学院	258	263	285	277	1 083
机械与动力工程学院	345	335	368	360	1 408
理学院	165	182	201	181	729
商学院	469	532	574	549	2 124
社会与公共管理学院	190	197	203	197	787
生物工程学院	281	294	338	357	1 270
体育科学与工程学院	27	27	27	34	115
外国语学院	126	143	169	185	623
信息科学与工程学院	389	405	474	478	1 746
药学院	182	181	183	208	754
艺术设计与传媒学院	199	210	207	231	847
中德工学院	69	106	85	64	324
资源与环境工程学院	163	173	176	178	690
合计	3 617	3 884	4 176	4 163	15 840

（刘田）

2017 年授予学士学位人员名单一览表（共计 3 621 人）

材料科学与工程学院（共 314 人）

吴永辉　康伟伟　高　婧　张乐臻　卢昌健　沈文喆　吕言言　顾雅洁　葛　雅　马　丽　刘　琦　沈　桐
夏　睿　周锦南　蔡庆万　张水铨　罗人睿　夏金凯　吴　溢　汪　赟　施俞帅　谢佳洋　罗　炜　江伟男
陈　胜　陈　凯　李业泓　钟沛耘　曹　勇　范　钊　胡雅茜　罗海兰　高菲菲　高　桐　刘威彤　汤靖伟
赵瑞达　姚　舜　谷承甫　梁豪辉　周南辉　郭　峰　杨博文　邱　烨　邵思尧　常　峻　东春晓　庞文富
张鹏宇　田润文　戴妮娉　陈玮祥　马明明　文绘晶　刘晶晶　杨晓燕　王梦妍　侯璐烨　徐杰宇　黄灵丽
金　鑫　郑文伟　尤韦霖　洪　宇　陆思晨　孙宇华　严　鑫　王　涛　刘嘉伟　程　意　苑伟豪　范东亮
张　俊　崔瑞骅　孙　尧　杨晓磊　吴德振　吕昱宏　倪鑫瑶　王　颖　黄琦婧　李紫莹　朱涵睿　游　洋
马晓宁　许建启　王　斐　宋天赐　姜　男　张志豪　黎记显　胡　湘　黄紫旭　颜麟欢　孙尉程　李勇强
刘昊鑫　黄建伟　蔡海峰　吴　锴　施　祥　沈　冲　韩　磊　顾单飞　殷积斌　胡强强　陈　平　包喆赟
秦　凡　李成煜　章仕祺　赵　莉　耿泽南　陆艺唯　朱卓成　郑　磊　梁嘉诚　邓雪峰　俞佳灵　李晨非
王　涛　孙　博　张嘉颖　俞小舟　刘　瑾　张瀚文　刘波儿　干　宁　沈怡丹　金　玲　郭玥蕾　王立轩
李心迪　李艳晓　周博健　吴春林　马　骁　李夏蒙　骆佳伟　徐　威　张　涛　伍书祺　季已捷　徐君峰
龙俊聪　代承志　李丹阳　陶思劼　林家豪　陈致远　应　孜　吴晓颖　古沁懿　黄舒悦　侯嘉倩　钱　锦
张旭雯　马景阁　金莉莉　卢　玥　侯得时　陈克迅　徐光远　程晓军　魏大庸　王正一　蒋永和　杨　奕

曹艺霖　周秀鑫　宋鹏宇　沈骁遥　程志鹏　曹伟男　张晓东　师丙超　陈明翀　梁子豪　李进杰　宋群
刘婧媛　刘思源　邢嫣然　张仪　潘伊静　倪竟男　朱晗艺　吴梦婕　党昊星　徐诗俊　孟祥申　杨奕晟
熊志健　刘俊峰　宋梦凯　张诣钧　张哲源　崔方旭　卢恒　王帆　张逸枫　周振宇　葛文哲　陈商
王清华　杨建华　苟敬　程志敏　邵宁　程乐　单怡琳　沈莎莎　王宜鑫　魏志鹏　瞿褚雷　李子白
施小明　吴帅　刘林捷　刘杨　李昱羿　钟鹏　郭敬　陈嘉俊　周嘉伟　张恬　高镜铭　李姝怡
葛俊鹏　尹睿　赵鹏宇　周旭东　高柳杉　刘晏辛　忻伟　刘雨婷　牛汐铭　曾发平　秦伟　崔津铭
王浩腾　李欣禧　李一擎　张涛　杨柳　赵丽玮　张潇丹　田甜　辇思宇　陈佳　文泰国　蒋嘉远
钱文斌　张铖羲　杨朔　朱立志　毛嘉毅　赵桐瑶　熊志凯　刘峻豪　谷玮　刘思远　张超然　郑勇健
菅雪　刘英辉　李应荣　姚懿珂　何苗　岳昌泽　李赟恒　顾翔宇　严江豪　胡俊杰　陈中南　陈应爽
徐东　秦兴　乔祥　潘建开　张毅琦　屠天成　李萌芮　谢天培　顾凯文　陈梁　闵罡红　王雨田
袁静　袁梦　曹永坤　许佳辉　华昊　马嘉　王祎　林嘉豪　刘艺军　宁宝星　陈晨　余海峰
刘哲　杜鹤源　张可夫　方冠华　沈永杰　范伟明　张明　何欣　江全　陈帅　张强　贾宁
李郝然　苗馨文

法学院（共 63 人）

张艳　刘思奇　胡佳好　徐以秦　柳琛　周希　章诗媛　金瑶　陈冰茹　沈嘉伟　洪丹怡　谷丽施
周婷　汪星灿　田康平　朱童榕　冯子芮　沈艳邱　奚雨莹　刘薇　沈土华　胡孝寿　刘海川　穷达次仁
吴义和　张旭东　孟繁迪　吴凡　刘天飞　段程祥　杨光　潘佳　汤怡佳　王琴允　陈菲菲　扈芳琼
孙佳斐　彭佳欣　周兰曲　鲍丹丹　刘欣琪　喻沛　胡欣琪　刘晓玲　马杰　张优优　黄孔婕　钱妍
燕晶晶　郑鑫　金鑫　王子剑　尼玛平措　周殷霖　张睿智　益西措姆　洛桑罗布　嘎玛索措
阿布地热西提·吐尔地　苏明月　亚地卡·亚力坤　钱珏　詹芮

化工学院（共 357 人）

钱佩玲　王禹威　毛子越　况哲宇　魏磊　项高朋　周志浩　邓云夫　郭起彬　平嘉鑫　赵家祺　李栋
陈若楠　杨坤　朱思博　刘美琪　张晶　郑晨旭　李竑宇　胡开莉　朱佳雯　凌诗佳　王莹　张颖
王朝　许博文　曹正　刘江鸿　吴华初　贺辰昱　张和伟　王龙　朱墨涵　李恒羽　黄盛　林飞腾
吴博航　陆舟洲　陈玎乐　谢德旋　黄嘉益　李畅维　陈雪琴　周桐　刘怡娴　曹飘　韩宇晴　姜彦君
单宏伟　齐麟　杨保峰　张政　谈天　霍士康　张琦　王新宇　宗兆建　刘连杰　申雨萌　王艺霖
施煜超　陆奕权　张秋源　尹怡　韩翔宇　史怡坤　孙宁莞　尚秋驰　葛霞　刘梦雪　李斓蒨　唐艳玲
苑媛　蔡铠锋　司巍　李嘉辉　汤人杰　傅忠旺　吴一墨　何昱衡　张力　倪文韬　叶思睿　顾皓
沈夏禹　毕斐　周自扬　陈明哲　夏成志　王圳男　滕玥　许晨宪　赵依凡　张榕芯　张丁方　沈冰洁
王诚盈　盛想英　曹建成　杨硕　李宇翔　许正东　贺睿　马榆垒　董浩　谈金辉　韩鹏飞　童钰涛
安嘉元　马翀玮　刘锦泽　付宛铮　王雨明　窦佳红　孙悦　王天琪　牛琪玥　彭思源　刘博洋　高经天
刘宏韬　庞博　宁力源　吴宏翔　赵川　郭天浩　蔡峥伟　储笠　胡海洋　张嘉骏　朱昊程　王志强
王猛　吕成　许思祺　陈亦佳　曹俊翔　汪若晨　黄倩　周佳琦　徐桂馨　王尊　许晨　吴克德
陈泽华　刘迅　江浩然　项家乐　于弘平　齐家逸　秦泽贤　黄鉴峰　何清　郭建荣　鲁维轩　李逸涵
刘伟良　马帅　焦一然　罗伟　刘亚婵　金恒超　范雯婷　余雅心　陈思睿　吴锴　马莉茹　辛玮玥
邱召梅　穆艳雨　曹天浩　向安迪　阿曼·阿吉　李莎婷　徐一鸣　陈锴男　王维婷　焦行昆　吴缺

阮旌豪 王鸿 杨学会 郭懿文 刘昕玉 王思佳 宋巍 夏璇 阿热曼江·阿力木江 钱伟娟 陈宛莹
蒋彤 施梦婷 哈静婷 韦萍 杜叶馨 张文静 李倩茹 王颖 柯若昊 张超群 刘霖 王登杰
罗吉 冯熙博 汪潭 杞林辉 贾兆辉 萧傲 罗毅 应佳迪 李宇浩 朱涛 梅玺源 邬龙安
杨海波 徐东 刘晓华 赵雅婧 张梦琪 张睿璇 朱奕潼 周倩 朱丹凤 王利杰 梁娟 陈澜
赵婧 李松柏 储楠 谢兴泽 王超 阎旭冉 王梦凡 韩丽宏 仁天华 王伟鑫 成涛 金俞杰
李昂 赵天 崔秀 高翔 李纯 胡加布都拉·买买提孜 王开宇 韩智斌 李志华 王书毅
周保霖 龙宇嘉 冯新慧 殷婷 丁宁 王丹 石晓雨 张思夏 温珊 张宇昕 曹明伦 徐智良
汪成 吴田 曾昭炼 张鹏 潘润发 杨光 张博文 华渠成 冯晨霄 宋城浩 谭家伦 徐人
孔祥伟 王昭楠 楼仕丰 刘义涛 周伟凯 魏征 赵康 陈人越 李颖 朱艺斐 彭博 马清艳
王菁兰 蔡文药 李晨丹 张佳 蒋为璇 张俊 陈旸 李曙有 王璞 刘凡毅 张钧博 张昊天
李昱 钱荣 吴正文 王鑫凯 张明远 徐敏杰 范军 张磊 马潘明 董红博 王宁 赵晓晖
宋贵瑶 田莹 欧苏慧 陈琼茵 成晓敏 张迈文 訾雪 赵楠 邹琪 赵汉秦 张震宇 陈阳
周思依 高楠 江鹏 周楠 杜家奇 高栋凯 张弛 熊达 孙航天 李晓羿 彭梦德 王茂森
颜培坤 叶晓瑞 李亦儒 于欣水 孙静 汪语扬 李睿 袁纯怡 孙晶莹 施晓艳 蒋佳恋 代超燕
王思琪 王丹 张倩倩 陆鹏程 王晨阳 张松岩 汪昆锋 尚奕政 卜敏 李东雨 余承洋 郭捷
高先阳

化学与分子工程学院（共262人）

姚孟 王安然 赵晨嘉 徐智闻 梁媛 陈璐 毕思琦 顾凡 郜瑞潇 苏玉云 周雅玲 米晓晓
赵辉 万松 曹晋 张政成 承伟杰 韩致全 王伟鉴 王一川 王琦 程浩 薛陈伟 胡宏龙
马兆宁 李嘉千 寿利斌 金彦焕 夏倩 朱莹 赵灵珊 孔新越 白璟 刘雅洁 陈思如 胡景娟
张凡 陈蕾 钟娅 肖颖 方文博 薛炜楠 朱金康 陈迪志 张新雨 张飞 谢瑞杰 万皓哲
秦明建 蒋会杰 孔康屹 刘祥隆 苏宇轩 陶梦麒 黄帅 王元 王学斌 李竹韵 王争妍 姜青伶
杨仪 李维伟 李洁 王佳熠 夏之莲 马嘉渝 王正 谢宝成 雒玉升 邓凌辉 牛景琦 刘玉谋
韩金洋 窦玄圣 李立柏 管志鹏 陈星 岳明健 武国威 李乐航 肖逸飞 潘礼汉 樊俊余 吴坚磊
石俸臣 项晨吉 张建飞 刘显峰 吕月珊 晁明坤 孙峤昳 丁媛媛 李芯蕊 武雪原 胡倩玉 陈志远
郎剑桥 董言欣 张枫易 杨昊烨 李泽宇 徐俊杰 刘国强 潘诗涛 王宇 张向坤 彭财财 游阳
袁晓宇 候琦琳 朱明明 尚莹 程效美 唐会玲 王曼 郑景阳 彭明月 芦捷 王子昂 陈钰晟
侯晓明 曹丰 费晨 毛文乐 周海进 胡松昌 孙家伟 牛恩阳 詹国豪 蒋少成 武魁龙 苑鸿宇
王廷书 郭晓涵 唐璇 桂绍军 樊玲玉 贾宾 顾奇雄 李立双 平晏 沈雨沁 李方舟 张沛瑶
李奂其 王磊 鲍英彤 李江龙 周绩元 谭贤志 王超 颉晨亮 陆艳双 夏婕 许乐瑾 李红亮
华玲嫣 赵珏棕 徐天龙 张玮杰 刘湘尧 王朝阳 杨博健 戈尔东 申岳 詹启亮 刘冬宁 李君邦
鄢立阳 赵长兴 郭昕 王思雨 王蕾 胡诗渝 李淳纯 邢若洁 林妙 李思佳 刘振兴 王志扬
孙凯琦 廖杰 冯锦明 刘原东 贺常全 蔡鹏飞 王振兴 王昀 赵天豪 吕继钢 杨铖宇 樊孝祥
李缘杰 付志博 杨楠 施磊 傅春伟 张婷婷 李馨源 文语秋 高洁 罗柳晋 徐程 杨洁
柏蓓蕾 任冠华 王丽莹 李诗文 刘广 张源铭 马一宇 黄琮展 李傲然 马汉光 王东斌 林鸿宇

梁志超　董春光　王睿喆　于　尧　罗睿翰　孟　辰　蔡瑞林　胥　琳　侯咏馨　陈司蕴　覃　颖　杨　帆
李永琪　孙文倩　渠亚蓉　许晓佳　卢欢欢　覃　潇　李　菲　蔡志远　卢海洋　何霄宇　王　帅　郑鑫芝
徐天奕　李宙显　张耀宸　吴永雷　顾咏康　李颖弢　石星宇　李绍程　王　婷　杨梦媛　刘修芮
伊力亚尔·帕尔哈提　权力龙　乌兰巴依尔　黄　昊　王惜时　于　丽　程用熹　李　爽　车顺秋
张诗雅　张焱诚

机械与动力工程学院（共336人）

李宏奎　余沁智　王　横　卢晓芹　徐　优　刘佳蕾　姚子叶　胡豆豆　陈　莹　盖赛优　刘雅丽　闫冬秀
潘　斌　姚　成　陈逸飞　陈高坤　岑泽努　刘龙华　范晓怡　钱拾雨　方焕杰　宋吉豪　宋劲坤　董状状
江泽胜　江雨航　刘雨尘　谢云鹏　赵　晨　朱嘉炜　李新宇　徐重阳　宋雪雁　许　聪　李金铭　滕雪飞
雷　鹏　陈　郡　王方伟　朱惠豪　王　海　丁大有　蒋龙飞　万冬良　胡家勉　林一超　谢　昱　王田田
钱　旭　程　锐　程诗铎　王　帅　段昊男　王　尧　单喜良　崔庆为　曾金繁　王杨慧　李晓婵　张沁春
陈宇宙　陈凯伦　周　汉　杨　中　王栋林　孙皓源　银　信　王　彤　罗　俊　杨争争　张　振　易怀旺
宋　果　许　鑫　叶延挥　方小亮　张　雪　刘　琼　李依莎　梁　靓　张冰剑　张贝伦　丁　晶　赵　明
周城宇　张　航　路浩浩　付旺琪　宋明远　任启涛　崔晋恺　吴旭伟　史玉凯　官业欣　李　浩　黄狄星
沈柳冰　罗　潇　张容与　谭晓东　王海刚　陈志强　李媛媛　勾续年　闫　垦　刘　鹏　刘建成　文昱尧
周恩岑　张宇恒　焦纳申　陈　鑫　管珊珊　鲍晓冰　邱长亮　余　婷　王　婷　张　倩　沙美娇　秦佳怡
何嘉欣　杨　晨　李　昊　罗　刚　周清影　薛　彬　周　平　王德琪　余昱东　史　文　马郢程　叶泽昊
毛逸闻　董安琪　刘　凯　葛家豪　胡宁轩　韩思聪　时　欣　陈薇苇　左继会　王艺霖　崔雪晴　陈一苇
陈超峰　赵智煌　肖　睿　李　杨　毛炜炜　危邱迪　陈　鑫　朱晨鑫　孙鑫南　何佳琦　吴　浩　钱锦烨
刘张羽　黄应霞　郝　韵　孟　璟　肖　清　赵钰琪　黄艺卉　刘明睿　杨　帆　罗　萧　王志心　沈　磊
马　晗　刘　斌　李　涛　黄　昊　任道远　沈学成　郝良伟　刘晶晶　翁之钥　高　航　魏怡飞　王永乐
熊雪瑶　刘梦珂　朱荣铭　张　黎　崔　津　张书成　徐　磊　于国辉　黄　超　李思宽　王少楠　程世玮
杨玉铭　冉龙巍　李长青　陈炜铭　黄　帆　张开霖　吴　赣　林　峰　刘宗凯　吴　仪　沈肖峰　陈元龙
池浩航　李　尧　王志斌　张　帅　赵　亮　黎萧峰　郭旭光　魏　冠　徐英杰　季潇逸　蒋　浩　申一淇
熊红波　淡　京　陈伟奇　洪炳辉　王　超　韦昱晨　薛进前　胡　都　王升誉　陈升泰　韩　鹏　尹　保
何　旺　李志远　郑　炎　张　悦　甄一羽　李铭杰　许尔超　程雅卉　黄礼龙　闵锦阳　陈施栋　潘奕辰
韩　奔　张文栋　颜世荀　唐梓豪　赵敏龙　贾腾飞　崔　聪　王　飞　吴镜清　陈　韬　马若飞　李连福
朱建龙　蒋天蕊　代　玥　牛天怡　韩颖璐　詹天磊　张思超　刘金科　吴炫毅　孔军根　陈梦涛　耿祥峰
田振峰　岳其霖　韩雁泽　周　波　吴显富　李崇华　陆鹏斐　李晟浩　漆宏俊　李斐然　朱培英　粟爽格
赵伟豪　余　静　任　旭　宋天宇　汪　俊　张　昭　许海生　曹恒督　叶　东　孔胜佩　任宝龙　钱恒岳
王宗宇　夏天晨　蒋之文　许浩杰　朱　盾　刘　荣　周厚波　王英灏　张耀中　邓厚阳　张诗雨　张雅梦
顾慧君　樊雨薇　邢成亮　符蓝天　严武林　吴恒达　张文康　赵子建　钱　磊　马哲锴　赵开国　谢佳智
万敏俊　黄勇智　唐东生　冯　瑜　龚　炜　许明甲　李秉健　沈家翰　熊泽科　阮克英　宝音吉雅　丁路佳
任仔壮　欧玉丽格　阿尔拿乐·哈甫赛买提　傅　正　王钰豪　魏毓涛　张　旭　杨　珂　张邱威　姜　超
罗　彬　朱俊宇

理学院（160 人）

李　妍　程　迪　黄新倩　李连花　张宇清　刘炳辉　李松霖　刘隽逸　贾　尧　陈　川　王　煜　吴赛博
傅鸿鑫　台牧时　王美杰　汤勇灏　任宣玮　陈　星　许鸿铭　杨宗耀　韩　飞　薛燕翔　张　桐　王丽玲
况心怡　刘　洋　沈彦平　严仕凯　王　玮　邬卓成　董方腾　蒋　烨　马春良　沈　成　魏松明　蒲虹宇
张津铭　陈　昕　王定树　刘　鑫　杜志伟　贺　沁　吴婧婧　陈基玮　李凌云　庄子迪　丁玉洁　陆雨涵
干晨晨　程璐华　徐一丹　申钦钰　孙语星　袁昳桢　闵晶莹　李嘉琛　冯晓亮　顾逸飞　高哲成　彭先伦
熊家丰　林俊辰　江铭臣　徐　翔　汪　迪　曹晨杰　陈　永　刘景文　孙佳华　吴倚天　余　金　颜　昊
王晨晨　迟景升　杨　洋　魏鹿鸣　李梦雨　张　赟　钱文佳　李琳仪　刘知倞　郑增豪　申弋斌　毛卓远
汪　鹏　刘　啸　张一飞　龚前飞　梁　超　王毅诚　张子健　肖　辉　王家辉　何当阳　李沅汐　周立丰
张　鑫　苏　杭　徐景杰　丁孟冬　朱宇峰　朱志文　张　瑶　杨嘉梁　杜　莹　付禹然　梁秀钊　盛旭雯
张　银　万明倩　李佳玮　秦棠霜　尹　赵　胡　倩　张玉洁　张震霄　张　超　祝子航　洪世杰　张儒林
凌海天　何天赐　吴佳宇　武　越　唐亦丰　苏忠政　张　寓　王子扬　许晨杰　张君立　马天瑞　潘星林
徐晓俊　刘　磊　白　雪　姚　颖　张　敏　高在青　辛良辰　刘杨洋　华津宇　成　功　朱程灿　周宣宇
于家伟　王　蒙　钱　僮　颜吕钧　吴赵龙　叶跃振　刘　宁　余玮玥　陈枭腾　姚清照　赵其峰　马炳璋
陈盼盼　周　晋　韩嘉明　孙鹏飞

商学院（共 464 人）

卫珈其　黄蔚达　王子豪　毛　艳　李旻旸　高　悦　冯连连　郁天豪　龚佳春　寿文昊　俞政苗　梁津铭
陆炎立　曲　瑞　陈峻逸　周　涛　童　栋　李雅妮　杨　静　高小曼　舒　丁　范贵方　林新波　刘迎柱
马晓晴　柴金伊　李思奇　姚雪薇　吕文凯　葛云峰　王语溪　蒋微微　曹容宪　丁雨馨　沈燕凤　沈昱蓉
向　彤　谢金清　蒲　琪　黄　钇　康　妍　马方明　郑文韬　陈豪威　戴　玥　陈　璐　陈　艳　刘　宇
李志伟　阮　茜　徐　帆　张　月　周　翔　沈倚天　马宏宇　高　海　王洪东　于　豪　陈泽艇　陆施敬儒
邹凤莉　张　舒　陈　蓉　姚思梦　张　硕　向雨兰　姚　越　李梦露　徐若芬　姜宇倩　周　培　杨鑫丽
陈　曦　徐　宁　林泽华　兰云清　张甜子　宋兆宇　兰佳楠　倪豪俊　陈佳圆　李　鹏　柳鹏浩　侯兆坤
金文浩　关小雨　李　浩　王　琦　赵东芳　张佳璐　李振宇　黄正夷　许雁林　陈　帅　曹陆添　朱可钦
杨　筱　朱元晟　冯静雯　宋逸伦　冯楹楹　智艳文　田国昌　乔雪莹　赵佳嫣　张翰韵　王文佳　林清越
杨馥玮　刘可欣　谢永生　陈小华　丁悦茗　沈韩斌　高　敏　李芾恺　程文文　刘一伯　陆舜天　王晨炜
王海宇　胡晏雪　孙晓蕾　杨家琪　曹鑫怡　秦　玥　向　鑫　金宇澄　戴　兵　池浩艺　于鹏飞　宋兆盈
王　欣　孙亦仁　唐诗韫　朱靖祎　靳函琨　王　玉　费鹏升　吕　健　韩　洪　陆依芸　徐　旸　曾沁雪
焦　妍　徐　溪　陈明杰　诸　悦　裘雁翔　贾雷雷　吴梦怡　陈奕霖　钱佳琳　潘竹莹　宋羽纶　陆元轲
傅思辉　徐郑龙　陆　煜　王玫美　王雯婷　钟智超　戚玉婷　倪赛塘　杨睿琪　梁鑫鑫　魏嘉琪　李仰素
于　娇　朱雨静　袁星宇　王　翰　陈宇鹏　黄砚颢　李叶童　王　敏　关锦鸿　彭　艳　黄小鸥　吴艾琳
腾格尔　王圆美　赵雪妍　郑作栋　郭梓樱　董佳艳　徐　婷　高夏莉　章宇宁　刘　婧　戴文镜　王禀清
贺小亮　郭雯瑜　仇丽娟　夏　雪　何云冲　李　双　徐书卷　杨　璐　周雅娟　沈祥杰　鞠莲悦　赵嘉欣
李金泽　李炎炎　郭　鹏　李　妍　文　婧　刘　颖　李欣宇　姜晓丹　王明慧　李西亚　赵　一　丁　馨
尤　娜　兰　琼　周　乔　陈璐瑜　徐　雷　李海越　吕可夫　刘烨慧　阮丽娟　吴长锵　徐　骞　高英伦

李滕如 苗沁菁 郭晓阳 王雨婷 徐亦奇 吴炘蒨 孔梦雪 顾天宇 赵琳 谢梦琪 钟奕恩 凌伟豪
王成锴 陆裔 黄海博 郭瑞 任静妍 王文静 张田 陈一帆 王文君 沈超丹 杨屹 许诺
钱隆 陈铭杰 戴文华 杨志伟 陈林 吴优 鞠晓雨 李晨雪 郭倩 蒋天惠 陈欢 张熳琪
宋梅春怡 王暖 吴志坤 唐梦泽 蒋伟 李综宁 丁逸佳 纪卉莹 陈晔 周潭雷 余韵涵 葛英婕
朱诗雯 杜曼华 范依婕 蔡美玲 程曦 赵昊坤 苗双麒 张无缺 陈俊如 彭雅哲 唐陈华 毛文盈
刘靖爽 陈诗涵 王梦茹 宋晨璐 刘雨浓 张哲宇 倪成亮 刁亚雯 李潇睿 蔡钰芸 华双仕 毛蓓蓉
卢倩 张翠珺 马旭鸥 余亚男 顾伊沁 熊浴希 祁娇娇 沈灼 辛泽锋 李骁驰 张杰 叶翔宇
俞怡清 刘晓曦 贾丽婷 陈宁 吕庆凯 张子睿 回俊彦 潘明亮 孟旭 牟海伟 刘露薇 李泽宇
王茹文 董玥 丁一鸣 彭纯 孙梦静 杜红彪 李里 蔡晨斌 李若松 周洁 蒋喆 马月箫
杨晟 陈雅雯 曹佳莉 尤安凯 冶玉婷 黄哲闻 陈超洋 段建姝 夏菁 翟玉莹 张慧伦 鲁梦琪
周士吉 胡启凡 陈先强 张顺星 朱永强 焦林 徐一丹 迪达尔·别力彦汉 玛伊热·麦麦提 汪庭任
陈斌 茅沁钰 何晨玮 徐则霖 杨莉 全鹏 陆玮 赵艳 詹海婷 方頔 叶佳文 肖丹琦
廖航 陈武财 聂宇鸣 栾志宏 王琳 王彦力 吴元明清 蔡庆 严迪 罗文江 华亚飞 章俊海
吕良益 苗赛 陈广 张致远 金山 安琪 王子越 芮伟强 王之传 陈金龙 王亚茹 刘磊
向攀 李伊琪 王偲玥 张维江 李佳家 王佳璐 屈雅萍 孙彦文 汪恺利 郭妙 肖雅 毛诗雨
祁家宝 后兴乐 朱嘉弘 顾皓 马海程 邹书雅 王爵天 张泽华 刘超 余哲 史俊俊 何乔丹
齐那尔·沙坎 缪荣高 岳青青 项诗卉 黄奕 李文涛 冯骄 李敏霞 张未央 周冬颖 周佳倩
刘梦秋 姜灵雨 唐洁 孙敏 戴星晨 沈嘉莹 史宇薇 高雅 马倩昱 李育苗 姜宁 龚玉龙
倪嘉辉 丁沂 丁渭 吴佳迅 张昱 徐若瑜 赵婷婷 吴琼琼 严怡婷 陈慧兰 施媛媛 谢莹莹
石燕卓 姜志腾 张晋通 朱斐 金胜昔 周璟 郑锐 何欣航 王传盛 谢逸凡 王妤纤

社会与公共管理学院（共 195 人）

覃新旺 宋雅文 徐滢 阴慧媛 李晶晶 王春玲 唐秀玲 王晶 张媛 王杏然 黄双桑 汤子璇
伏徐霜 袁晓静 刘盈盈 王森然 杜嘉诚 王宇青 相文珺 刘亚飞 支润楠 徐佳颖 侯凯悦 张欣
钱磊磊 赵雪芳 白晓曦 张颖 张一鸣 于雪艳 陆依婷 王贺 雷奕鸣 张鑫 施祥 张忠强
扎西央宗 扎西卓玛 陈田田 李莹 阿尔森江·阿地力 迪依娜 王和琳 田欢欢 周轩臣 赵偲涵 毛恺林
王鑫曼 任佳艺 孙承琳 王晓芳 单晨霄 吴思月 姜慧 茅乾渊 许安琪 周慧慧 杜婧 史伟玉
王世绮 孙艺一 龚一波 杨雨莎 王伟光 王超 张洺硕 丁晓菁 许迎宁 付洋 杨欣怡 章婕
王梦驰 胡敏 孙雯 石楠 时小雅 吴姿怡 周晓玥 李萍 曹琳岑 徐娟 王洪涛 赵宇鑫
侯兴晨 索朗次仁 比丽克孜·吾甫尔 罗布曲珍 孟云婷 莫振业 西尔艾力·日杰甫 苏布德 花蕾 拉巴卓嘎
郭临月 朱昱锦 木合塔尔·万力 符宇 龚思慧 周雨婷 王玉莹 苏展 陆计静 沙涵 丁彤
陈懿雯 罗语初 吕源 陶唯叶 王雅倩 彭溪 施旅 吴军 王太阁 刘超 刘俞如 张婷婷
李文静 赵茗茗 倪晓惠 许海玲 韩雯 罗晨 赵琦 李园璐 高晓萌 张智英 李乐琪 刘远晴
刘安 巴才旺 卓玛央宗 边巴次仁 德吉曲珍 普尺 措姆 张振邦 王品方 徐莹莹 唱思迪 韩雨晴
钱智玲 仲洁露 赵倩 梁媛 周旭迪 顾微波 冯敏欣 陈芷睿 薛会 朱佳欣 陈志舜 王俊舒

王　丹　张丹妮　卢楚怡　徐佳玮　桑思雨　郑珊珊　张丽丽　赵雨桐　钱　堃　努尔吾·吴尔娜　杜　楠
韦杰夫　晋　美　热海曼·阿扎提　克迪丽娅·希尔扎提　李梦婷　寸成方　顾诗依　刘华露　刘　萌
杨　婉　钟超慧　杨　韵　张沁菲　杨曼玥　刘天虞　马诗思　潘　樾　孙晓彤　闫　堃　姚莉馨　樊思怡
王　璐　姚淑宁　尹慧青　陈思齐　逄程涵　黄文草　王永亮　徐　文　杨雨龙　杨嘉睿　次邓尼玛

生物工程学院（共 299 人）

姜羡漾　陶建民　彭新月　白春丽　张　宁　黄慧敏　李　敏　李婧韡　张佳妮　马宁冉　龙虹玫　何沛芳
王晨桐　张幸子　华康敏　应丹妮　薛志宏　邱嘉辉　陈靖杰　曹夏尧　郭一凡　高鸿飞　寿　超　贺建伟
白皓宇　伍仪权　韩　振　夏祎凡　王治才　韩　峰　孙　颖　何文榕　姚天琪　朱睿文　杨　洁　颜　悦
胡昀蔚　王梦蕊　肖　霞　黄河舟　罗西茜　邢燕子　陆嘉育　王奕辉　饶森乐　王东申　胡　木　于少洋
徐名强　田　桢　李　琦　张　晶　姚溢融　邹　茂　刘　先　徐梦帆　龚美玲　姚　静　王　彤　李　杰
张　敏　孙　祥　胡宇钊　张炜坚　黄志刚　陈天宇　虞佳宇　陈华宁　栾邹杰　李宗霖　赵嘉伦　周海铖
黄智勇　郑高帆　张欣然　胡　蝶　李俊贤　高海铭　李雯恬可　朱瑾瑜　赵　舸　陈　志　葛叶欣　朱筱婧
谢　玲　陈奕蕾　李雨嘉　翟星帏　汪丹妮　刘筱菲　窦云云　郑芬彬　崔　杨　顾超杰　熊明浩　林海洋
黄靖淼　孟庆川　张登强　龙思达　王国栋　李航宇　杨兰兰　汤　依　顾赵嫣　张乂嫕　何秋琳　詹云婷
陈焕芸　张　锦　屈　咪　梁冰玉　傅雅文　唐卢屹　瞿　立　周乐豪　姚　辉　曹正涛　肖润林　杨清泽
沈彤彤　周英骏　庄　伟　肖凌峰　王　攸　王鹏飞　朱梓昂　梁　旭　朱　倩　希尔扎提·吐尔逊　刘学民
唐政泓　田　弘　王映真　丁星月　刘琳玥　赵琪琪　陈　雯　陈姜蕊　康雅君　孙雨薇　余招伟　聂朧骕
杨培君　夏　枫　吴齐全　朱双红　毕　成　张　丹　朱祎诚　黄胜浩　杨敬林　欧文超　李嘉祥　郭利成
白雪狄　梁　潇　尹晓梦　孔婧雯　霍雨佳　韩　娇　蒙灿兴　田雪帆　叶　蓓　王丽平　张　璇　满　金
徐弘臣　张　磊　吴　传　林宇晨　王永发　王乃琪　刘大卫　林阳琛　黄绪蒙　周洪旭　徐　豪　司马王奕
王　可　刘佳星　陈　磊　黎　聪　李虹锐　朱佳莹　金琪琪　陈诗怡　吴荟初　汪湘湘　黄　珍　佘思瑶
谢丽炎　甘思华　张嘉雯　曹慧君　陈秀秀　黄丽华　叶莉婷　李卫杰　管其舜　李炜桓　张加豪　李林红
茅毓文　刘　禹　周挺峻　刘旭东　唐启明　杜晓东　孙兆骐　王亚妮　谢伊代·塞提瓦尔地　艾散江·亚库普
邢　特　闫帝宇　金梓闻　黄钊禹　王　鑫　林　旺　张　力　郑佳伟　张凯宁　黄　洋　詹　傲　徐　彤
林嘉宇　王　轩　于化鹏　翟纬坤　潘家成　孙　圳　孙阳阳　贺鸿伟　潘柏霖　冯　亢　刘　意　陈文旭
凌金保　丁　晟　许博为　朱嘉亮　施　荣　徐　浩　于鹏洁　赵晶舟　李昭晰　彭　璜　陆　雯　李雅波
傅淑霞　马静怡　裘丹妮　赵丽东　张晚桐　郑英美　邓思敬　陈淑敏　王欣页　欧乙慧　张鹏云　谭振严
张添添　包宇田　史中天　岳　超　高智文　王鸣雨　韩舒迟　陆　烨　盛一凡　曹承嘉　宋宇锋　段　镝
戴祎昊　张　榕　程贝贝　何　瑞　张钰瑶　张条红　石　雪　晏　鸣　杜嘉佳　王倩文　陈劚璐　刘　静
张译文　周士琪　高景文　易　俊　周定鹏　彭　凯　王　磊　隋川石　王诗博　王珉琰　邱雨楠　俞贤康
李炜锋　杨鹤翔

体育科学与工程学院（36 人）

冯博威　刘　涛　江　越　朱　琳　何建华　周景晶　王　玥　姚　欣　朱　烨　江浩岚　张美慧　许嘉铭
修婉欣　李欢欣　田　然　徐梦泽　刘芸希　李敏佳　黄文倩　刘炎斌　姚嘉贤　袁文章　陈佳刚　谢雨潇
王麒凯　许周政　李中豪　陈英杰　文　闻　张　玄　甄子伟　顾　超　顾秉成　朱　涛　王　迪　任　浩

外国语学院（共 138 人）

金伟枫　林琼芳　李林珊　高佩玉　胡一琦　傅紫涵　刘　瑶　范凌云　蔡媛媛　韦　麒　胡越风　蒋佳君
韦天金　钱悦威　宗韵佳　朱　婕　张云帆　李润丽　朱嘉依　赵　楠　章　媛　张雨晖　阮嘉慧　张雨思
张语嫣　黄逸莹　陆　莹　李宇侃　樊晓庆　金一琪　袁泽玮　钱晨皓　格桑央宗　邹桠楠　王欣月　江珺蕊
吴珍妮　华嘉琪　杨梦倩　郁可风　盛铭叶　张雪薇　张诗剑　鲍楚楚　范晓晔　郭诗韵　罗贇吟　高沁雨
袁曦皞　张家赫　张小航　张丽丽　张士君　王倩雯　冯晨纯　周润洋　刘美然　唐妍斐　吕雨洁　张宇雁
周舒叶　朱海蓉　肖　杨　王泽达　丁徐徐　张　维　郭莉慧　余孙文　薛晨蕾　王　琪　周　茵　董玉文
姜洛捷　王书盈　殷斯琦　顾梦婷　刘晓宇　蒋晓蔚　罗冰洁　龙晓晨　汪华庆　罗　辉　刘欣熠　刘明轩
刘　洋　张　晶　朱雅清　艾　雾　吴　蕾　梁芳莹　韩　奔　李　妍　许苑祺　乐凌艳　姜　蕾　李炜嘉
瞿雅婷　尚娅晴　俞　鹏　江后韬　谌东平　娄逸嘉　山洪萍　刘　璇　王永伊　张振瑜　陈齐隽　唐丽霞
包晓雪　张怡琳　唐　雯　林　玥　刘　舒　徐雅恬　郭如松　王亦宗　王鹏凯　蒋润园　吴晓珍　周雪凡
许　可　陆怡玮　沈　莹　范友娟　裴芸婷　卞嘉慧　聂亚男　马晓怡　应丽琴　董秀秀　葛军华　蒋泽铉
袁　湛　范　彬　闫仁彬　茹鲜姑丽・吾拉音　阿依努尔・麦麦提敏　格桑卓玛

信息科学与工程学院（共 365 人）

焦健飞　张哲晨　马　硕　王晶洁　于慧晶　叶春玲　刘静秋　鞠瑞格　杨沪豪　滕　腾　屠敏懿　李许强
黄　松　肖鹏博　杨　涛　程　超　王天鹏　南　军　任扬扬　邝永康　龙　博　王晓晗　方　成　蒋成福
包一帆　刘禹含　孟艳雯　王　凤　俞袁缘　李宇琦　丁斋生　魏树威　胡　晨　顾吉峰　张晓宇　张廷龙
金　旭　陈方杰　钱　锋　周彦捷　崔恒滔　曹文康　吕旭升　杨尊涵　张兴全　陈　肯　孙凯凯　王一鸣
张思雨　蔡丽娜　田辛雨　刘建杞　谢景仲　潘兆杰　袁巧迪　伍文慧　罗廷慧　王泽泰　朱学辉　陶　涛
高　涵　周思量　王宇光　王东源　乔辛磊　陈宇杰　徐滇军　李　强　陈思青　陈凯炎　刘颖超　陈兰萍
李彦昕　顾施源　王文铃　单瑞康　李振彦　周　鑫　余锦浩　徐晨伟　汪海涛　周　涵　万　祎　郑应豪
陈裕如　杨皓钦　贾萌川　邱志楠　梅伟旸　刘健伟　刘宇璇　石　川　王　玮　林增鸣　何　彪　江　伟
毛铁鑫　戴镜宇　李昕昊　江晓迪　冯丹妮　程　冉　程堂继　蔡　圣　楼旻轩　杨俊杰　李佳佳　黄乙哲
徐晓阳　王延龙　吴　璇　郭梦洁　林静娴　王轶琪　杨　晓　熊燕然　陈　聪　倪天杰　王瑞源　杨　帆
王　强　郑　昊　邱家辉　郑小宇　刘旭利　蒋琪雷　邬彦泽　江　鼎　许乔依　陈文丽　杨　嫔　阮丹薇
胡超亭　李瑾瑾　马振伟　张博颜　刘顺裕　高守信　李　应　严俊杰　赵维杰　朱皓岩　曾　明　陆佳琦
刁旭炀　卢光怡　赵鹏飞　田金灿　丁　垒　刘　潇　魏　亮　马佳敏　饶婷霜　江　嘉　蔡妤婕　林静雯
孙晓田　钱　俊　王军超　张天越　李嘉恒　葛学伟　刘道文　蔡振宇　蔡沛文　陈　诚　姜　靖　刘俊池
张毅德　朱　昀　童　顶　吴剑飞　魏嘉旺　钟华新　李　俊　肖　豪　王率普　王一凡　王天泽　邢国强
谢　非　徐英皓　张　元　白子康　张甲强　何栋良　迟一恒　李　权　靳　喜　陈　阳　李　坤　王　程
周一帆　陆　鹏　谈　桥　王　巍　杨锦莹　何秀谭　林静宜　李相达　徐　宁　施宇豪　沈　健　薛顺元
张　宇　王　黎　梁崇福　高宇涵　蔡　静　秦佳妮　吴安雯　于文欣　徐丹阳　张熙江　余堉松　魏江平
俞佳宸　刘文力　马国剑　李昱池　孙融清　陈学斌　董德平　胡　靖　董　凯　张乐天　杨泽贤　李丰甫
邢智聪　曹逸尘　周小龙　张　巍　陈　伟　朱　萍　谭杰西　林敏静　肖　悦　陈　群　杨秋婷　严　秋
吴　俊　牛茂宇　李沛东　甘宇鹏　许奕杰　彭　飞　梁　帆　马一男　吴　真　王守宇　洪杉铷　袁　野

王玉珏 肖昆 涂东辰 张伟良 张荣哲 赵冰冰 陈嘉凡 曾慧然 陈红兰 李晨玥 李娜 朱玉
姜雯祎 陈心蕾 李彧 钱毅诚 金富孝 康周茂 丁振寰 陈家辉 叶剑 李博睿 贾啸天 李豪
宋宇晖 李春龙 张哲轲 黄帅 陈丹阳 葛天宇 刘昱成 谢峰 程家栋 王玉琪 任强 童德麟
曹惟 郭俊宸 马圣 许天仑 徐腾 颜世福 孙月 郑淑慧 赵芮 李健舒 张薇 张偲蒙
郑紫芊 许祯琪 梁青山 李登科 费凡 吕天麒 王砚溱 黄家豪 张路 林瀚宇 曹孚瑞 孔昳昊
黄泷 黄鹏飞 黄昊杰 韩世位 张丫丫 汪婷婷 肖语堂 王雪 赵婧秀 宋圳杰 贾文栋 林戍华
谢锦波 毛帅 段续皇 刘振 何海洋 应宇晖 仇奕森 余天宇 王孔越 王立豪 杜星 张明
王鑫 彭志诚 吴潇颖 李凡 张倩翎 周俊男 桑森恋 唐植文 金宇晨 徐城 夏哲一 沈乾
张一范 毛晓栋 曲俣键 毕涛 卢伟鹏 徐哲豪 戴鑫 席超 龚正 徐金金 邬健 王路宽
谢雨珩 赵经纬 程锐进 陈曦 郑宇欣

药学院（共 216 人）

益西曲措 顾婷 王丹妮 孙斯琪 林诗源 师语聃 王铁平 苏琳 王少男 孟煜嘉 徐逸凡 陆佳颖
李野 郭静 诸芳娟 冯琳斐 郑贤子 张雨萌 雷梦琦 刘意灵 郑雅 尚晓叶 胡时娇 孙德鹏
吴一 卜程阳 章宇轩 张亮亮 曹文峰 张杰 陈晨 金志豪 陈晨 王熳炯 姚瑛洁 郑新羽
宁尚琦 孙宇薇 郝艳萍 胡绮卉 胡潇艺 梁馨予 龚倩怡 段珩 马利溶 郭靖雯 杨佳杰 张东阳
茅书文 寿晨汀 尉英泽 徐嘉俊 许昭然 刘盼龙 陈智煌 朱星杰 韩云枫 陈剑辉 杨晨誉 郑中尧
张丙南 刘也 朱嘉惠 张晗 李梦园 胡家晶 邓湘茹 方梦悦 王玥玥 张欢欢 黄赛须 黄悦蕾
刘煜 彭悦鸣 尚能 沈文妍 束瑞 王万艳 房元周 唐晓娟 王婷 何露青 王盈悦 赵倩文
钟隽晔 王开 杨涛 覃清源 郝勇俊 姜枫 潘鹏飞 刘荣坤 杜瑶瑶 范先煜 顾蕾 彭佳依
江晓帆 焦学思 万子旖 毛之凡 廖若岑 江念慈 王璐 王梦 吴伊晨 张海玲 石晓玉 杨晓月
辛蕾 万枫 夏家骏 叶建勋 林钰颖 陆齐天 汤文涛 曹晓峰 陈曦 陈旭飞 黄亮 刘佳君
张琬苓 楼琦欣 葛丽曼 申晨晨 张金媚 蔡基玮 张鹏 陈佩真 张晓艺 方晓雪 赵文莉 李安妮
丁佳琦 刘一静 张雯 胡雅雯 吕欣 黎析蔓 王焜 徐秀 李洁 葛媛媛 陈雨寒 董建博
陈同 陆征宇 徐宁 马先强 李至博 杨宸 臧涛 胡佳奇 刘寰 史雨青 叶超 黄智勇
金震昊 陈静雯 杨吉娜 姚璇 朱璐男 孙姝佳 燕鸣 陈欣彤 钱佳琦 郭颖华 郭家伶 张培培
张晗 王艳妮 李旭峰 胡秉鑫 牟树彬 盛尚书 朱泽亚 朱润宇 刘正杰 王彬 刘杰 沈昕源
李宗英 高金晖 杨帆 周天成 李彦 牛东 孙湘柏 周晔璇 孙雯 罗淇瑜 仲文博 凌涵
肖胜男 刘菁 杨志空 孙晓梦 朱骆岚 顾星雨 闫梦迪 许歆瑶 李俊遇 邓克钻 张键 陈叶锋
耿辉亮 徐俊南 陈文煜 凤宇杰 杜涛 陈文涛 徐见云 王启帆 周旭烨 华佳栋 刘子越 黄艳

艺术设计与传媒学院（共 180 人）

王晓玲 华星杰 强宜媛 宓幸蕊 谭笑容 黄哲燕 刘雨蒙 鲍欣宁 吴双菲彦 丁一凌 缪莹怡 陈昕儿
耿俊怡 陈泽涵 刘家倩 毕亦清 杜敏菱 孙悦敏 金晨音 郑晶晶 孙正宇 刘雯 黄一帆 张志亮
王谊东 陆金尧 陈志峰 高宇 朱汉宇 林坦 丁煜 杨伊鸣 柳烨 薛茸茸 乔宇 祝悦华
何甜雨 郭玫君 丁诗意 刘巧玲 李欣昱 苗堃 崔佳圆 王文君 王慧杰 刘惠倩 黎厚星 蒋澄雯
刘缙 潘晓雯 赵浩宇 单超 王涌泉 林诗达 应浩然 蓝庭光 顾金辉 马予哲 姜佳政 王奇

严丹桦 倪冰清 陈琳丹 王嫣 顾诗婕 孔德维 于建平 殷佩琦 袁盈 陶雪敏 刘晨婧 陈嘉瑶
谢青 杨柳 何宇瑶 高正争 倪洁 李晨羽 黄美娟 庄依婷 丁文佳 叶向荣 翁琛隆 吉喆
张宁 陈思诚 吴麒霖 夏啸天 孙龙泉 丁亮 蒋中铖 张浩 朱艾琳 沈歆斐 张佳焱 朱梦瑾
任慧 卢弥君 刘佳旻 张全灵 汪维晶 左文静 冯嘉晖 郭维雯 马佳晨 陈馨韵 吕姗姗 葛姝
张乐伊 章悦琦 史璐 徐旭 陶圣 郦奇耀 李煜 金天昊 李芯驰 印思炜 白果 王安琪
徐婧 赵琪 陆伊涔 潘彦云 王征宇 林瑜 冯璐 孙海洋 高杨 祝金怡 钱青 顾欣宜
马依琳 丁沁玥 许泽丰 林麦琪 盛文瑾 蔡雯婷 叶倩薇 袁越 胡正圆 郑晟灏 宋子健 王思齐
顾佳男 王顺安 曹庆松 潘行超 刘洵 卫昊 马咻文丽 张肖 窦楚盈 倪斐 高羽烨 张楚媛
纪静怡 何相贞 张咪娜 徐佳叶 叶琪 徐佳 柴惠婧 焦雪琦 蒋品伟 黄晓朦 蒋偲佳 陆心怡
王璐璐 蒋晶晶 王俊逸 张冬鸣 李博浩 石涛 王磊 江洁 陈月 陈许文 凌嫣然 豆卓亚

中德工学院（共 80 人）

曹殷赫 虞芊蕙 龚晓婷 周亦珺 黄巾 龚嘉樱 陈铭羽 孙赟 舒柯玮 黎晨 刘涛 贺利军
张昊泽 顾鸣轩 钱栋成 周子凯 张亿 申遥 马晓琦 符举宏 崔钦钦 张民佳 郭旦威 李周堃
彭奕霖 刘昊成 吴泽灵 吕天奇 王立洲 吴滋鹏 文彦博 龚钊文 徐活泼 王也 黄顾浩 郑博
黄永盛 蒋睿 梁源志伟 李思佳 张誉腾 丁娆 郭若璇 李佳凤 陈君懿 朱文怡 徐小琪 蔡梦媛
朱茜昕 陶然 丁梦苑 邓茹今 刘思楠 洪洪 屈子韬 胡泽铭 王承杰 章欣澔 朱明远 张晨启
高陶友维 肖何子建 宋亭锋 邹旭 杨林翰 徐逸晨 申逸飞 郑莫言 徐璟 裘明昊 尹滔 王雯卿
刘志浩 顾思帆 顾宸夷 沈琰函 蔡朱杰 黄海华 管东仁 陶嘉元

资源与环境工程学院（156 人）

张宏伟 张泓 侯晓林 陈婷 冯娟娟 王培雅 黄佳萍 王珂 李嘉晨 陈潇 杨泽钧 钱昊
张超 邓吉安 方若诚 龚峥 陆飞 龙贵 孔晓旭 伍思敏 梁黎 卢琛 杜宁宁 黄少卿
许磊 王蕾雅 倪天翊 姜琪 拜合提亚尔·马合木提 李慧 张溆 李晴宜 杨雪瑞 宋友桂
诸葛杨炀 杨澍 王芙蓉 周婷 潘滔 米潭 杨涛 徐若超 卢泽海 田云浩 姚金池 蒋威宇
朱飞 马成龙 王鸿仪 戴小龙 黄俊侨 王怡乔 陆薇儿 黄韵竹 陈璇 何璇婷 李惜然 郭盈
俞霞 徐永烨 刘亚兰 王舒扬 董晨 钱梦成 吴璐超 邱远航 程灿 王烨锴 晏广 李松松
王佳琦 蒋晓东 董思远 解豪杰 孙淑慧 张宁 徐晓庆 刘丽萍 李雪花 刘杰 陈军营 杨家乐
田小炀 罗凯伦 刘佩鑫 黄荣洲 周嘉昊 沙凯健 沈其铖 唐晓勇 孙勇 赵灿 王松林 周其骏
艾合买提·牙森 马乐 者霄 郭志远 刘炎 房军 高鑫 靳萍 王春雨 王逸群 罗莹洁
刘琪铭 陆子叶 冯鹏 骆程 鄢博超 赵悦涵 施张峰 窦世龙 单朋 景炀钖 陈文兵 王成林
徐斌 张继轩 杨曹立 徐杰 姚志鹏 郭俊 方正美 董世豪 王帅 沈尹 李简单 龚碧瑶
何忠励 魏旗 符弘岚 许多 王安滨 朱利卓 孙靖云 李柏凡 尹振辉 姜壮壮 黄宇宸 李杰
王嘉剑 周志豪 唐彪 丁作鹏 田敬冕 武岳峰 遇家轩 牛永健 赵纪源 吴晓翔 李致煜 程杨
钱玛歆 应汉涛 张培龙

学生思想品德教育与管理

【概况】 年内，学生工作部（处）（武装部）深入学习宣传贯彻党的十九大精神和全国高校思想政治工作会议精神，以立德树人为根本任务，以培养担当民族复兴大任的时代新人为着眼点，围绕学生、关照学生、服务学生，紧紧围绕学生成长发展需求和期待，加强理想信念教育和价值引领，努力提升部门工作能力和效率，保障学生工作顺利开展。

思想政治工作。以深入学习宣传贯彻党的十九大精神为主线，充分发挥形势与政策课的课堂主渠道作用，将党的十九大精神融入课堂教学，通过翔实的数据、丰富的案例和多样的教学手段不断加强理想信念教育和价值引领，确保党的十九大精神入脑入心。通过组织开展“爱国学堂”系列讲座，向同学们深刻解读党的十九大精神和习近平新时代中国特色社会主义思想，共组织“爱国学堂”40余场，受众达8 000余人。结合十八届六中全会、“两会”、五四青年节、建党96周年、建军90周年、党的十九大胜利召开、一·二九运动、国家宪法日、革命烈士纪念日等重大历史事件、重要时间节点，分阶段、分层次开展不同内容的主题教育活动，形成了“主题+朋辈+不同的艺术表现形式”思想政治教育新模式，在全校形成了学习、宣传、贯彻党的十九大精神的热潮。组织开展“通海茶叙”系列活动40余场，将主题教育活动从总体上的“漫灌”和因人而异的“滴灌”结合起来。组织开展第三届以“中华民族一家亲，同心共筑中国梦”为主题的少数民族文化博览会，少数民族师生全员参与，全方位展示各民族文化特色，极大地推动了华理民族团结进步教育事业的发展。

辅导员队伍建设。完成辅导员选聘、职称职级的调整与新聘、辅导员考核及优秀思政评选等工作。新聘辅导员19名，专业技术职务新聘6人（副教授2人、讲师4人），专业技术岗位等级调整13人，管理岗位等级调整6人，评选10名优秀思政工作者。制订《辅导员职业能力建设方案》，对辅导员培训研修、辅导员沙龙活动、辅导员科研发展等做了细致梳理与安排。全年安排新老辅导员校内培训与沙龙活动15场，先后选派12位同志参加教育部全国高校辅导员骨干培训，15位同志参加上海高校辅导员专题培训，同时依托“上海高校辅导员培训基地（华东理工大学）”，分别于2017年6月、2018年1月开展主题为“学生骨干培养”和“实践育人”的专题培训，共有来自上海各兄弟高校近80余名辅导员参加培训学习。积极组织开展辅导员建设月活动。按照上海市要求组织开展校内辅导员年度人物评选、辅导员职业能力大赛、辅导员论坛、辅导员素质拓展等活动，其中高晶获得上海市辅导员职业能力大赛三等奖，学校获第六届上海高校辅导员团队拓展活动“最佳风尚奖”。推荐10篇论文参加上海市辅导员论坛，吴青芳、李永慧获得第十四届上海市辅导员论坛二等奖，杨倩获得第十四届上海市辅导员论坛三等奖。

心理健康教育。学校在“上海国际心理咨询理论与实践论坛暨上海高校心理咨询协会第25届学术年会”上被评选为“2017年度上海市高校心理健康教育工作先进集体”。学校在第八届上海高校心理健康教育“移动微课程”大赛中获“优秀组织奖”，徐玉兰老师荣获“三等奖”和“最佳人气奖”，刘蓉和高晶老师皆获得“最佳人气奖”。学校在“和谐校园，阳光人生”第三十届心理健康教育宣传周荣获“2017年上海学校心理健康教育活动月优秀组织奖”。华东理工大学“阳光剧场”荣获“2017年上海学校心理健康教育活动月优秀微视频奖”。筹办第三十届心理健康教育宣传周暨心理情景剧大赛，参与师生近千人。王爱丽、朱育红、李永慧、徐玉兰、周冠华等老师的“互动体验式教学模式在大学生心理健康课程教学的应用”荣获华东理工大学教育教学成果二等奖，李永慧、朱育红、王爱丽、徐玉兰、周冠华等老师的“积极心理学视域下心理情景剧应用于大学生心理健康教育的探索与实践”荣获华东理工大学教育教学成果二等奖。

武装工作。完成2016级4 000余名本科生18学时的军事理论教学任务。完成2017级4 100余名本科生为期10天的军训，教官由上海警备区海防二旅的96名官兵担任。67名大学生光荣入伍，50名退伍学生返校复学。在春节、八一两大节日，组织对全校烈军属、伤残和复退转军人以及共建部队——上海警备区海防二旅进行慰问。结合庆祝建军90周年，以刘佳玮、曾繁荣等进藏从军本科生事迹为原型，自编、自导、自演原创军旅题材话剧《金珠玛米》，通过巡演激发学生的报国热情。施健同志被徐汇区人民武装部评为基层武装工作先进个人，学校获评民兵工作先进单位、基层先进武装部等。

招生与就业

【概况】 年内，教育部下达学校招生计划数为 4 155 名（全部为本科计划），面向全国 31 个省（直辖市、自治区）招生，全部实行网上远程录取。内地西藏班、内地新疆班首次实行网上远程录取。

实际录取数为 4 147 人。包括上海市合计 772 人，占总录取人数的 18. 62%。普通本科 566 人［其中科目组 1（科目要求：物理或化学）334 人，科目组 2（科目要求：不限）232 人］，自主招生录取 9 人，综合评价录取 148 人，高水平运动员 2 人，艺术设计类 42 人，外语类保送生 5 人。外省 3 375 人，占总录取人数的 81. 38%。第一批本科录取 2 689 人（其中文科 247 人，理科 2 151 人），自主招生 109 人，农村学生单独招生“励志计划”（以下简称“高校专项计划”）77 人，外语类保送生 5 人，高水平运动员 27 人，艺术设计类 98 人，内地班 51 人，农村贫困地区定向招生专项计划（以下简称“国家专项计划”）251 人，少数民族预科转正 60 人，新疆南疆单列计划 3 人（统计时该计划可纳入国家专项计划），保送运动员 5 名。

少数民族预科（占 2018 年招生计划，预科就读地点：新疆考生为新疆农业大学，其余省份预科培养地点为南昌工学院。学制 1 年）合计 57 人。其中内蒙古 6 人、辽宁 2 人、湖北 4 人、湖南 4 人、广西 4 人、贵州 5 人、云南 2 人、西藏 2 人、甘肃 2 人、青海 4 人、新疆 22 人（民考汉，协作计划）。所有预科新生均在录取时确定专业。

港澳台侨（不占教育部下达招生计划）合计 81 名，其中全国联招 27 人（其中文科 9 名，理工 18 名），台湾免试生 41 名，澳门保送生 2 人，香港免试生 11 人。

其他招生类型。 插班生录取 27 人，按“插班生”途径升入学校二年级相关专业就读，进校后按学校学籍管理办法管理。

毕业生就业情况。 华东理工大学 2017 届各学历层次的毕业生共计 6 069 人，与 2016 年基本持平，其中本科毕业生 3 710 人，硕士毕业生 2 080 人，博士毕业生 279 人，毕业研究生总计 2 359 人。截至 2017 年 8 月 31 日，华东理工大学 2017 届毕业生总体就业率为 96. 66%，其中本科毕业生就业率达到 95. 61%，毕业研究生就业率达到 98. 30%，继续保持较高水平。本科毕业生中，1 980 人落实工作，1 121 人升学读研，446 人出国出境留学。毕业研究生中，2 218 人落实工作，67 人升学攻读博士学位或从事博士后研究，34 人出国出境留学。

附录：

新生情况（不包括少数民族预科、港澳台侨及插班生）

类别	录取人数	占本科招生数百分比
中共党员	1	95.51%
中共预备党员	2	
共青团员	3 958	
往届生	153	3.69%
女生	1 931	46.56%
农村户口	1 296	31.25%

本科录取情况

单位：人

省份	本科一批	自主招生	综合评价录取	高校专项计划	国家专项计划	南疆单列计划	艺术类	外语类保送生	高水平运动员	内地班	少数民族预科转正	港澳台侨	合计
北京	39												39
天津	50	1											51
河北	133	8		10	8			1	2				162
山西	59	2			2								63
内蒙古	30				6				1		6		43
辽宁	98	7							1		4		110
吉林	78				1								79
黑龙江	69	2			3				2				76
上海	566	9	148				42	5	2				772
江苏	267	11					15		3				296
浙江	291	8					16	1	5				321
安徽	216	11		29	20		13		4				293
福建	110	2											112
江西	97	5			13		12		1				128
山东	213	32					10		2				257
河南	154	14		22	32		8		1				231
湖北	84	1			11		8		1		4		109
湖南	79	2			16		8		3		4		112
广东	48	1						3	3				55
广西	40				9						4		53

续表

省份	本科一批	自主招生	综合评价录取	高校专项计划	国家专项计划	南疆单列计划	艺术类	外语类保送生	高水平运动员	内地班	少数民族预科转正	港澳台侨	合计
海南	17								1				18
重庆	62				10								72
四川	80	2		4	17				1				104
贵州	44			7	27						4		82
云南	45			5	19						6		75
西藏	2				2					22	2		28
陕西	76				17		8		1				102
甘肃	95				26						3		124
青海	16				3						3		22
宁夏	23				3								26
新疆	74				6	3				29	20		132
合计	3 255	118	148	77	251	3	140	10	34	51	60		4 147
澳门												2	2
华侨												1	1
台湾												58	58
香港												20	20
合计												81	4 228

说明：1. 港澳台侨学生的录取，不占教育部下达给学校的普通高考录取招生计划。

2. 内地班（内地新疆班、内地西藏班）是单列招生计划。

3. 部分省份一本、二本合并，统称本科普通批。浙江省不分批次，改为普通类专业。本表中本科一批代表本科一批、本科普通批（上海、山东、海南）、普通类专业（浙江）。

2017 年毕业生就业单位性质流向表

单位性质	本科生单位性质流向	研究生单位性质流向
机关	1. 17%	0. 66%
国有企业	13. 69%	12. 65%
三资企业	28. 54%	32. 53%
民营私营企业	54. 04%	46. 54%
高等学校	0. 08%	3. 16%
其他教学单位	1. 56%	1. 14%
科研设计单位	0. 31%	1. 58%
医疗卫生单位		0. 65%
其他事业单位	0. 61%	1. 09%
总计	100. 00%	100. 00%

2017年毕业生就业地区流向表

就业地区	本科生流向比例	研究生流向比例
上海市	66.92%	76.55%
华东六省	15.35%	17.72%
西部地区	9.85%	1.22%
环渤海地区	2.27%	1.35%
中部地区	2.17%	1.40%
珠三角地区	1.36%	1.44%
东北地区	1.52%	0.14%
其他	0.56%	0.18%
总计	100.00%	100.00%

研究生教育

【概况】　招生工作。年内，共有 678 名考生报考博士研究生，录取 412 名。其中，以普通招考方式录取 146 名，硕博连读 244 名，直接攻博 22 名。共有 8 286 人报考学校硕士研究生，录取硕士研究生 3 173 名。按照学习形式划分，其中全日制硕士研究生有 2 568 名，非全日制硕士研究生有 605 名。按培养类型划分，其中学术型硕士研究生有 1 604 名，专业学位全日制硕士研究生有 1 569 名；按照考试方式划分，推荐免试硕士研究生有 887 名，全国统招硕士研究生有 2 286 名。

培养工作。召开研究生课程建设委员会会议，立项建设两门新开设的全英文课程，分别为“微分方程数值方法”和“中国文化”。立项通过 14 个一级学科（7 个博士一级学科、7 个硕士一级学科）全英文培养方案。资助开设研究生工程能力培养讲座 12 个。召开研究生教育督导组专家组会议，评选出 21 名研究生课程教学优秀任课教师，其中，一等奖 3 名、二等奖 6 名、三等奖 12 名。郭卫红的“聚合物材料科学与工程”项目获得上海市高校外国留学生英语授课示范性课程立项。获得 2018 年上海市研究生创新教育项目立项共计 11 个，其中市级示范级实践基地继续经费 5 项、新增市级实践基地 1 项、专业学位研究生人才培养改革试点项目 2 项、研究生课程建设 1 项、暑期学校 1 项、学术论坛 1 项。完成资助研究生参加国际高水平会议和访学立项共 71 项。经教育部对学校修购基金项目进行现场评审，研究生系统获得 2018 年、2019 年、2020 年三年的项目立项资助，其中 2018 年获批并拨款 2 项，2019 年获批 4 项，2020 年获批 5 项。参加清华大学组织的工程伦理师资培训。

新增校企合作建设校级专业学位研究生实践教学基地 4 家（上海东富龙科技股份有限公司、上海宝钢化工有限公司、上海药明康德新药开发有限公司、立邦投资有限公司），校级实践教学基地总数达到 20 家。新增上海市示范级实践基地 2 家，新增上海市市级实践基地 1 家。组织年度优秀校级专业学位研究生实践教学基地评选、院级专业学位研究生实践教学基地评优工作，其中，中石化上海工程有限公司基地、索尔维投资有限公司基地、浦东社会工作协会基地、巴斯夫（中国）有限公司基地等 4 家基地获得 2017 年度优秀校级专业学位研究生实践教学基地，上海生农生化制品有限公司实践教学基地、一诺仪器（中国）有限公司研究生实践基地等 2 家基地获得院级优秀称号，升级成为校级专业学位实践基地。

全国工程教育指导委员会对工程硕士进行全国评选，学校 3 名工程硕士（化学工程 2 人、动力工程 1 人）获得第三届“做出突出贡献的工程硕士学位获得者”荣誉称号，另有 1 名工程硕士（化学工程 1 人）获得第四届“工程硕士实习实践优秀成果获得者”荣誉称号。

学位工作。完成新增硕士生导师遴选及招收硕士生导师名单确定工作。新遴选硕士生导师 40 人，上岗招收硕士生的导师 984 人。完成新增博士生导师遴选工作，批准新遴选博导 24 人。进行博士生导师上岗招生审核工作，完成招收博士研究生导师名单确定工作，确定招收博士生的导师 360 人。完成工程硕士企业导师遴选工作，新增企业导师 76 人。召开三次校学位评定委员会，经表决同意授予博士学位 308 人、硕士学位 2 563 人（其中硕士专业学位 1 251 人）。

学籍、学生事务、奖助管理及就业。完成秋季 3 439 名 2017 级研究生的入学报到和 4 770 名老生学年注册等工作。完成 311 名博士生、2 115 名硕士生的毕业工作。为学生办理出国事宜 480 多人次，回国事宜 456 人次，转专业 87 人次，转导师 117 人次，转学院 63 人次；博士改硕士答辩 6 人次，退学 33 人次，休学 27 人次，复学 23 人次。组织 375 名学生献血。完成研究生奖助学金工作，国家奖学金 211 人（472 万元），学业奖学金 7 199 人（6 812 万元），新生励志奖学金 629 人（727 万元），高水平期刊论文 196 篇（36 万元），社会捐赠奖学金 249 人（142 万元），国家助学金 7 163 人（4 966 万元），三助津贴 5 020 人（3 482 万元）。在 2017 年共有 311 名博士生、2 115 名硕士生毕业，其中 214 位学生获得上海市优秀毕业生和学校优秀毕业生称号。学校 2017 届毕业生总体就业率为 98. 27%。登记未就业博士毕业生 8 人、未就业硕士毕业生 32 人。硕士生就业率为 97. 13%，博士生就业率为 98. 46%。毕业研究生的平均薪酬分别为硕士 7 411. 11 元、博士 11 120. 73 元，分别较上年提升 3. 93%和 14. 20%。

研究生思想政治工作。强化价值引领，组织研究生开展学习十九大报告、习近平总书记系列重要讲话精神和党中央治国理政新理念新思想新战略等主题学习、研讨和实践活动 20 余场；以学校 65 周年校庆为契机，将社会主义核心价值观教育落细、落小、落实，全年举办 35 场讲座或学术研讨会，邀请两院院士、国家杰青、企业精英等和广大研究生谈做人、做事、做学问。强调科研规范，加强学术道德与学术规范教育，修订完善《教育读本》，采取线上线下学习和测试相结合的形式，做到新生全覆盖；先后邀请陈凯先院士和钱锋院士为全体研究生做学术规范专题报告，做到研究生群体全覆盖；该项工作得到《文汇报》、《青年报》、《中国科学报》、央广网、中青在线、上海教育新闻网等多家媒体的关注和报道。开展第四届良师益友表彰活动，协同组织2017年新上岗导师培训工作。开展“名师讲坛”活动，邀请两院院士、杰青、长江学者以及企业精英等20余位，与研究生谈人生、谈科研。组织开展第二十一届研究生论文年会。在2017年全国研究生数学建模大赛中，学校学生获得全国二等奖8项、三等奖17项。组织博士研究生参加教育部开展的博士生“蓝火计划”，学校获得“优秀组织单位”的称号。打造“梅雅博论”品牌活动，为广大青年搭建一个思想交锋、文化交融的课堂，一个以文化人、以人育人的平台，活动于12月1日第一期正式开始。完善“华东理工大学研究生”微信公众号功能，微信平台粉丝数达25 000余人。根据《研究生兼职辅导员工作条例（试行）》的相关要求，对研究生兼职辅导员进行考核、续聘、改聘，形成由11名专职辅导员和54名专业教师担任的兼职辅导员组成的研究生思政队伍，兼职辅导员中有高级职称25人，其中20人为研究生导师。同时依托研究生辅导员工作室，通过辅导员年度培训、辅导员午间工作坊、课题立项和主题征文等形式，积极推进辅导员能力培养、研究生工作项目推进和研究生思想政治工作考核评价等方面的工作创新。在聘任专业教师担任研究生兼职辅导员一年后，开展兼职辅导员风采展示与评优活动，评选出10位优秀研究生兼职辅导员，并给予表彰和奖励。在研究生党建工作方面，积极组织研究生党员学习、宣传、贯彻党的十九大精神，组织第二期“研思班”新生党支部书记培训，邀请校党委书记、知名专家教授为研究生上党课，组织研究生党员参观中共一大、二大纪念馆，通过案例教学、实景教学提升广大党支部书记做思想政治工作的能力，立项支持27项优秀组织生活案例，其中重点项目5项、一般项目15项、培育项目7项，并给予其经费支持和跟踪指导。

附录：

华东理工大学2018年1月研究生情况

单位：人

类　别		非定向	定向	委培	自筹	小计
学术型学位	博士生	1 419	101	195	1	1 716
	硕士生	4 522	9	5	1	4 537
	合 计	5 941	110	200	2	6 253
全日制专业学位	全日制 MBA	291	188	72	62	613
	全日制 MPA	0	114	9	0	123
	全日制工程硕士生	1 279	4	1	0	1 284
	全日制法律硕士生	52	1	0	0	53
	全日制社工硕士生	76	1	0	0	77
	全日制艺术硕士生	18	0	0	0	18

续表

类别		非定向	定向	委培	自筹	小计
全日制专业学位	全日制国际商务硕士生	2	0	0	0	2
	全日制药学硕士生	64	0	0	0	64
	全日制中药学硕士生	3	0	0	0	3
	全日制会计硕士生	98	84	2	1	185
	全日制工程管理硕士生	0	58	0	0	58
	全日制金融硕士生	61	1	0	0	62
	全日制翻译硕士生	59	2	0	0	61
	合　计	2 003	453	84	63	2 603
非全日制专业学位	高校教师	0	0	5	0	5
	非全日制 MBA	0	188	42	0	230
	EMBA	0	0	300	0	300
	非全日制 MPA	0	119	209	0	328
	非全日制工程硕士生	0	0	2 429	0	2 429
	非全日制会计硕士生	0	165	0	0	165
	非全日制工程管理硕士生	0	102	0	0	102
	合　计	0	574	2 985	0	3 559
合　计		7 944	1 137	3 269	65	12 415

注：统计数据不包含休学和保留学籍学生（含留学生）。

2017 年博士生录取情况统计表

单位：人

报考人数	录取人数				录取人数（按类别）		录取人数（按生源学历）				
	小计	公开招考	硕博连读	直接攻博	非定向	定向	已获硕士	应届硕士	在学硕士	应届本科	同等学历
678	412	146	244	22	383	29	110	36	244	22	0

2017 年硕士生录取情况统计表

单位：人

招生规模	录取人数	录取人数（按学习方式划分）		录取人数（按类别划分）		录取人数（按考试方式划分）			录取人数（按考生学历划分）			保留入学资格
		全日制	非全日制	非定向		定向	全国统考	推荐免试	研究生毕业	大学本科	同等学力	
				硕博	其他							
3 192	3 173	2 568	605	174	2 349	650	2 286	887	7	3 088	78	8

2017 届毕业研究生就业去向统计

类别	博士生人数	硕士生人数	总人数	所占比例
签约	191	1 644	1 835	77.79%
升学	45	22	67	2.84%
出国	5	29	34	1.44%
合同就业	3	96	99	4.20%
灵活就业	13	68	81	3.39%
定向委培	14	189	203	8.61%
未就业	8	32	40	1.74%
合计	279	2 080	2 359	100.00%

2017届签约研究生就业地域流向统计

单位地域	就业博士生		就业硕士生	
	人数	所占比例	人数	所占比例
上海市	153	69. 23%	1 545	77. 37%
华东六省	44	19. 91%	349	17. 48%
西部地区	3	1. 36%	24	1. 20%
东北地区	1	0. 45%	2	0. 10%
环渤海地区	8	3. 62%	22	1. 10%
珠三角地区	4	1. 81%	28	1. 40%
中部地区	7	3. 17%	24	1. 20%
其他地区	1	0. 45%	3	0. 15%
总计	221	100. 00%	1997	100. 00%

博士学位授权点一览表

学科门类	一级学科名称	二级学科名称	所在行政单位
经济学	应用经济学▲	国民经济学（原西方经济学）	商学院
		区域经济学	
		财政学（含：税收学）	
		金融学（含：保险学）	
		产业经济学	
		国际贸易学	
		劳动经济学	
		统计学	
		数量经济学	
		国防经济学	
法学	社会学▲	社会学	社会与公共管理学院
		人口学	
		人类学	
		民俗学（含：中国民间文学）	
		社会工作（学）△	
		社会管理与社会政策△	
		法社会学△	
	马克思主义理论	马克思主义中国化研究	人文科学研究院
理学	数学▲	基础数学	理学院
		计算数学	
		概率论与数理统计	
		应用数学	
		运筹学与控制论	
	化学▲	无机化学	化学与分子工程学院
		分析化学	
		有机化学	
		物理化学（含：化学物理）	
		精细合成化学与分子工程△	
		高分子化学与物理	材料科学与工程学院
	生物学	生物化学与分子生物学	生物工程学院

续表

学科门类	一级学科名称	二级学科名称	所在行政单位
工学	机械工程▲	机械制造及其自动化	机械与动力工程学院
		机械电子工程	
		机械设计及理论	
		车辆工程	
		工业设计△	
		材料成型与装备△	
	材料科学与工程▲	材料物理与化学	材料科学与工程学院
		材料学	
		材料加工工程	
		生物材料△	
		纳米材料与技术△	
		体育运动材料△	
		高分子化工△	
		先进复合材料△	化学与分子工程学院
		先进材料与制备技术△	
		光信息物理与量子材料△	理学院
	动力工程及工程热物理▲	热能工程	资源与环境工程学院
		工程热物理	机械与动力工程学院
		动力机械及工程	
		流体机械及工程	
		制冷及低温工程	
		化工过程机械	
	控制科学与工程▲	控制理论与控制工程	信息科学与工程学院
		检测技术与自动化装置	
		系统工程	
		模式识别与智能系统	
		导航、制导与控制	
		通信与网络化控制△	
	计算机科学与技术	计算机应用技术	
	化学工程与技术▲	化学工程	化工学院
		化学工艺	
		过程系统工程△	
		材料化学工程△	
		能源化学工程△	
		应用化学	化学与分子工程学院
		工业催化	
		制药工程与技术△	药学院
		化学生物技术与工程△	
		生物化工	生物工程学院
	环境科学与工程▲	环境科学	资源与环境工程学院
		环境工程	
	生物工程▲	不设二级学科	生物工程学院

学科门类	一级学科名称	二级学科名称	所在行政单位
农学	植物保护	农药学	药学院
医学	药学▲	药物化学	
		药剂学	
		生药学	
		药物分析学	
		微生物与生化药学	
		药理学	
管理学	管理科学与工程▲	不设二级学科	商学院

注：博士学位点涉及7个学科门类，17个一级学科。标注“▲”的为博士学位授权一级学科，共13个；标注“△”的为在博士学位授权一级学科下自主设置的学科专业，共19个。共78个二级学科博士学位点。

硕士学位授权点一览表

学科门类	一级学科名称	二级学科名称	所在行政单位
哲学	哲学▼	马克思主义哲学	人文科学研究院
		中国哲学	
		外国哲学	
		逻辑学	
		伦理学	
		美学	
		宗教学	
		科学技术哲学	
经济学	应用经济学▼	国民经济学（原西方经济学）	商学院
		区域经济学	
		财政学（含税收学）	
		金融学（含保险学）	
		产业经济学	
		国际贸易学	
		劳动经济学	
		统计学	
		数量经济学	
		国防经济学	

续表

学科门类	一级学科名称	二级学科名称	所在行政单位
法学	法学▼	法学理论	法学院
		法律史	
		宪法学与行政法学	
		刑法学	
		民商法学（含劳动法学、社会保障法学）	
		诉讼法学	
		经济法学	
		环境与资源保护法学	
		国际法学（含国际公法、国际私法、国际经济法）	
		军事法学	
	政治学	政治学理论	人文科学研究院
		中外政治制度（暂停招生）	
	社会学▼	社会学	社会与公共管理学院
		人口学	
		人类学	
		民俗学（含中国民间文学）	
		社会工作（学）▽	
		社会管理与社会政策▽	
		法社会学▽	
	马克思主义理论▼	马克思主义基本原理	人文科学研究院
		马克思主义发展史	
		马克思主义中国化研究	
		国外马克思主义研究	
		思想政治教育	
		中国近现代史基本问题研究	
教育学	教育学	高等教育学	高等教育研究所
	体育学	体育人文社会学	体育科学与工程学院

续表

学科门类	一级学科名称	二级学科名称	所在行政单位
文学	外国语言文学▼	英语语言文学	外国语学院
		俄语语言文学	
		法语语言文学	
		德语语言文学	
		日语语言文学	
		印度语言文学	
		西班牙语语言文学	
		阿拉伯语语言文学	
		欧洲语言文学	
		亚非语言文学	
		外国语言学及应用语言学	
历史学	中国史	中国近现代史（暂停招生）	人文科学研究院
理学	数学▼	基础数学	理学院
		计算数学	
		概率论与数理统计	
		应用数学	
		运筹学与控制论	
	物理学▼	理论物理	
		粒子物理与原子核物理	
		原子与分子物理	
		等离子体物理	
		凝聚态物理	
		声学	
		光学	
		无线电物理	
		核技术应用▽	
	化学▼	无机化学	化学与分子工程学院
		分析化学	
		有机化学	
		物理化学（含化学物理）	
		精细合成化学与分子▽	
		高分子化学与物理	材料科学与工程学院
	海洋生物学	海洋生物学	生物工程学院
	生物学	微生物学	
		生物化学与分子生物学	

续表

学科门类	一级学科名称	二级学科名称	所在行政单位
工学	力学	固体力学	机械与动力工程学院
	机械工程▼	机械制造及其自动化	
		机械电子工程	
		机械设计及理论	
		车辆工程	
		工业设计▽	
		材料成型与装备▽	
	动力工程及工程热物理▼	工程热物理	
		动力机械及工程	
		流体机械及工程	
		制冷及低温工程	
		化工过程机械	
		热能工程	资源与环境工程学院
	材料科学与工程▼	材料物理与化学	材料科学与工程学院
		材料学	
		材料加工工程	
		生物材料▽	
		纳米材料与技术▽	
		体育运动材料▽	
		先进材料与制备技术▽	化学与分子工程学院
		高分子化工▽	材料科学与工程学院
		先进复合材料▽	
		光信息物理与量子材料▽	理学院
	信息与通信工程▼	通信与信息系统	信息科学与工程学院
		信号与信息处理	
	控制科学与工程▼	控制理论与控制工程	
		检测技术与自动化装置	
		系统工程	
		模式识别与智能系统	
		导航、制导与控制	
		通信与网络化控制▽	
	计算机科学与技术▼	计算机系统结构	
		计算机软件与理论	
		计算机应用技术	
	石油与天然气工程	油气储运工程	化工学院

续表

学科门类	一级学科名称	二级学科名称	所在行政单位
工学	化学工程与技术▼	化学工程	化工学院
		化学工艺	
		过程系统工程▽	
		材料化学工程▽	
		能源化学工程▽	
		资源循环科学与工程▽	
		应用化学	化学与分子工程学院
		工业催化	
		制药工程与技术▽	药学院
		化学生物技术与工程▽（暂停招生）	
		生物化工	生物工程学院
	食品科学与工程	食品科学	
	生物工程▼	不设二级学科	
	环境科学与工程▼	环境科学	资源与环境工程学院
		环境工程	
	生物医学工程▼	不设二级学科	材料科学与工程学院
	安全科学与工程▼	不设二级学科	机械与动力工程学院
农学	植物保护▼	植物病理学	药学院
		农业昆虫与害虫防治	
		农药学	
医学	药学▼	药物化学	
		药剂学	
		生药学	
		药物分析学	
		药理学	
		微生物与生化药学	
管理学	管理科学与工程▼	不设二级学科	商学院
	工商管理▼	会计学	
		企业管理（含：财务管理、市场营销、人力资源管理）	
		技术经济及管理	
		旅游管理	艺术设计与传媒学院
	公共管理▼	行政管理	社会与公共管理学院
		社会保障	
		土地资源管理	
		社会医学与卫生事业管理（未招生）	
		教育经济与管理	高等教育研究所
	图书情报与档案管理▼	情报学	科技信息研究所
		图书馆学	
		专业信息分析	
艺术学	设计学▼	暂不设二级学科	艺术设计与传媒学院
		景观规划设计▽	

注：硕士学位点共涉及12个学科门类，36个一级学科。标注“▼”的为硕士学位授权一级学科，共27个；标注“▽”的为在硕士学位授权一级学科下自主设置的学科专业，共22个。共150个二级学科硕士学位点。

硕士专业学位授权点一览表

专业学位名称	工程领域名称	所在行政单位
工程硕士（ME）	化学工程	化工学院
	制药工程	化学与分子工程学院
	轻工技术与工程	
	材料工程	材料科学与工程学院
	动力工程	机械与动力工程学院
	机械工程	
	安全工程	机械与动力工程学院 资源与环境工程学院
	控制工程	信息科学与工程学院
	软件工程	
	计算机技术	
	电子与通信工程	
	仪器仪表工程	
	环境工程	资源与环境工程学院
	食品工程	生物工程学院
	生物工程	
	工业设计工程	艺术设计与传媒学院
	项目管理	商学院
	物流工程	
工商管理硕士（MBA、EMBA）		
会计硕士（MPAcc）		
金融硕士（MF）		
工程管理硕士（MEM）		
公共管理硕士（MPA）		社会与公共管理学院
社会工作硕士（MSW）		
药学硕士（M Pharm）		药学院
中药学硕士（MCMM）		
法律硕士（JM）		法学院
艺术硕士（MFA）		艺术设计与传媒学院
翻译硕士（MTI）		外国语学院

注：共12个硕士专业学位类别。

硕士研究生指导教师名单

专业代码及名称	导师名单									
010100 哲学	陈迎年	黄时进	秦美珠	张璐倩	鲍宗豪					
020200 应用经济学	董银果	伏玉林	蒋志强	孔令丞	李佑平	林 黎	刘桂荣	麦 勇	孟 磊	任 飞
	申 朴	宋福铁	汪冬华	王荣芳	吴柏钧	吴玉鸣	谢国娥	徐 琤	杨逢珉	杨剑侠
	杨上广	于立宏	赵 炎	刘钻石						
030100 法学	邓刚宏	董溯战	郭曰君	李瑜青	刘金祥	刘 源	秦 涛	任 虎	阮赞林	孙晓东
	吴 亮	于杨曜	张平	张晓东						
030201 政治学理论	杜仕菊	范明英	赵赟	朱忆天						

专业代码及名称	导师名单									
030301 社会学	曹锦清	程　毅	储　琰	董国礼	范　斌	范志海	黄玉琴	唐有财	王　芳	熊万胜
	徐丙奎	徐永祥	杨发祥	曾守锤	张广利	张　昱	赵方杜	胡宝国	胡　兵	孙中伟
	李　琮	汪　华	赵　环	朱眉华						
030302 人口学										
0303Z1 社会工作（学）	费梅苹	何雪松	赵　环	朱眉华	萧易忻					
0303Z2 社会管理与社会政策										
030500 马克思主义理论	鲍宗豪	曹东勃	方以启	金家厚	邱卫东	奚建武	徐国民	叶　敏	范明英	王　芳
040106 高等教育学	潘艺林	周　玲	胡　兵	姜尔林	栾伟玲	曲景平	夏春明	辛　忠		
040301 体育人文社会学	陈林华	杜　梅	李荣日	王　跃	徐昱玫	叶心明	朱晓东	朱洵韬	杨　艳	
050201 英语语言文学	陈　丽	华　静	黄淑芳	贾　卉	颜静兰	张之燕	王建国			
050211 外国语言学及应用语言学	龚　嵘	管　博	金春岚	王建国	王　懿	王　涌	韦晓保	吴碧宇	吴建伟	赵　宏
	郑国锋									
070100 数学	鲍　亮	邓淑芳	杜　莹	郭继明	黄定江	姬　超	解惠青	黎野平	李建奎	李启慧
	廖　杰	刘朝晖	鲁习文	马先锋	潘晓川	钱夕元	邵方明	王如彬	王　薇	谢　纲
	余　炜	周炜星	朱　焱	李芳菲	林辉球	范体军	伏玉林	何高奇	赖焕新	廖　玮
	任　飞	袁玉波								
070200 物理学	陈学谦	程红波	窦晓鸣	龚尚庆	贺黎明	侯　莹	梁　莹	廖　玮	陆　慧	罗有华
	牟海川	钮月萍	山口佳则		沈　冬	谢海芬	张　孟	张先梅	郑致刚	钟菊花
	林功伟	方　斌								
070301 无机化学	李　艳	刘金库	刘劲刚	杨宇翔	张　华	钟新华	陈爱平	黄永民	卢冠忠	
070302 分析化学	杜一平	胡　坪	蓝闽波	李大伟	龙亿涛	倪力军	钱俊红	施超欧	卫　钢	夏　玮
	张立国	张凌怡	张维冰	张文清	章弘扬	赵红莉	应佚伦	张玲帆	黄　瑾	
070303 有机化学	蔡良珍	刘培念	罗千福	马海燕	沙　风	施　敏	王朝晖	王飞军	伍新燕	许　胜
	杨先金	杨雪艳	张　军	赵梅欣	赵　敏	邹　刚	Ben L. Feringa		胡爱国	解永树
	龙亿涛	沈　冬	田　禾	吴君臣	游书力					
070304 物理化学	安学勤	蔡　钧	陈启斌	胡　军	胡　英	姜建文	李和兴	刘洪来	刘金峰	卢运祥
	彭昌军	尚亚卓	沈伟国	王小永	徐首红	杨世忠	叶汝强	邹爱华	刘培念	卢冠忠
	牟伯中									
070305 高分子化学与物理	丁　云	田晓慧	徐世爱	张丹枫	张德震	张　杰	蔡春华	陈庐阳	陈　新	程起林
	邓诗峰	郭卫红	胡爱国	黄发荣	郎美东	李　宾	李　亮	李欣欣	李玉林	林嘉平
	刘小云	陆　冲	米普科	齐会民	施剑林	唐颂超	汪济奎	王贵友	王晓松	吴国章
	吴　唯	袁荞龙	张良顺	赵崇军	郑安呐	庄启昕				

专业代码及名称	导师名单									
0703Z1 精细合成化学与分子工程	苏建华	唐燕辉	包春燕	陈 锋	陈国荣	郭志前	花建丽	解永树	刘培念	马 骧
	曲大辉	田 禾	王成云	王利民	王巧纯	伍新燕	武文俊	赵春常	赵梅欣	朱麟勇
	朱为宏									
071005 微生物学	储 炬	杭海峰	胡凤仙	谭高翼	常雅宁	崔长征	范建华	宫 衡	马兴元	马昱澍
	欧 伶	欧阳立明		王启要	王永红	魏巍	辛秀娟	杨 弋	叶蕊芳	张惠展
	郑高伟	庄英萍								
071010 生物化学与分子生物学	范立强	冯耀宇	李素霞	李亦学	林金萍	马兴元	马昱澍	欧 伶	欧阳立明	
	任宇红	史 萍	魏东芝	魏 巍	吴海珍	辛秀娟	杨胜利	杨 弋	张惠展	张 新
	张永莲	赵 健	周胜敏	曹旭妮	常雅宁	杜一平	黄青春	李春秀	全 舒	王 平
	王启要	肖立华	熊志奇	叶邦策	易小萍	尹斌成	张井岩	郑高伟	周 勉	
080102 固体力学	何录武	李勇	王和慧							
080201 机械制造及自动化	何 云	李 英	钱 波	王庆明	姚兴军	曹 恒	高连新	林砺宗	易建军	章文俊
	郑建荣									
080202 机械电子工程	曹 恒	林砺宗	刘长利	刘 爽	钱志勤	夏春明	颜建军	易建军	章兰珠	郑建荣
	周 炜	高 阳	高 志	章文俊						
080203 机械设计及理论	安 琦	陈建钧	高 志	郭 慧	王建文	王 旭	杨士模	张修庆	章文俊	谢林生
	轩福贞									
080204 车辆工程										
080500 材料科学与工程	蔡春华	陈爱平	陈芳萍	陈国荣	陈建定	陈庐阳	陈 麒	陈 涛	陈 新	程起林
	邓诗峰	方 斌	杲 云	顾金楼	顾真安	关士友	管 涌	郭卫红	何宏燕	胡爱国
	胡彦杰	扈艳红	黄发荣	黄建国	江 浩	姜海波	郎美东	李 宾	李春忠	李红波
	李 亮	李秋影	李 蔚	李欣欣	李星玮	李永生	李玉林	林嘉平	林绍梁	刘昌胜
	刘润辉	刘小云	刘育建	陆 冲	米普科	牛德超	齐会民	钱 军	屈 雪	沈学宁
	施剑林	唐颂超	仝 华	万里强	汪济奎	王德强	王庚超	王贵友	王健农	王 靖
	王立权	王晓松	王以群	魏 杰	吴驰飞	吴国章	吴 唯	肖 艳	徐云龙	杨化桂
	杨晓玲	余若冰	袁荞龙	袁双龙	袁 媛	曾惠丹	张良顺	张 玲	张 衍	张 琰
	章圣苗	赵崇军	赵文茹	郑安呐	郑柏存	周 权	朱以华	庄启昕	沈建华	朱 芸
	陈雪梅	丁 云	关凯书	李 冰	梁 莹	刘京雷	刘坐镇	马新胜	马玉录	田晓慧
	卫 钢	徐 宏	徐世爱	张丹枫	张德震	张 杰	张修庆	郑致刚		
0805Z5 先进材料与制备技术	陈彧	韩霞	黄永民	尚亚卓	田宝柱	张金龙	张伟安			
080702 热能工程	陈彩霞	陈雪莉	代正华	郭庆华	郭晓镭	李伟锋	刘海峰	王辅臣	王兴军	王亦飞
	吴诗勇	吴亭亭	许庆利	龚 欣	王 杰	王学生	吴幼青	严晋跃	于广锁	张德祥
	张建雨	张乐华	张素平	周先桃	周彦波	周志杰				
080703 动力机械及工程	严晋跃	白志山	胡明慧	涂善东	王国珍	王卫泽	曾为民	张洪波	周帼彦	周邵萍

专业代码及名称	导师名单									
080704 流体机械及工程	葛晓陵	赖焕新	苏永升	张洪波	周邵萍	章兰珠				
080706 化工过程机械	白志山	高连新	关凯书	侯 峰	胡明慧	黄毓晖	惠 虎	贾九红	刘京雷	栾伟玲
	马玉录	涂善东	汪华林	王 辰	王国珍	王明义	王卫泽	王学生	王元华	夏翔鸣
	谢林生	谢苏江	徐 宏	轩福贞	杨 强	于新海	曾为民	张 莉	张显程	张艳红
	赵 鹏	周帼彦	周先桃	郭素娟	马 良	朱明亮	葛晓陵	刘长军	王和慧	项延训
081002 信号与信息处理	常 青	陈 宁	程 华	樊凌涛	黄 如	李 钰	林家骏	万永菁	吴耀军	叶炯耀
	袁伟娜	张雪芹	朱宏擎	朱 煜	邵方明					
081100 控制科学与工程	曹萃文	陈兰岚	程 辉	杜文莉	顾幸生	和望利	黄海燕	金 晶	李绍军	凌志浩
	刘 济	刘漫丹	罗健旭	罗 娜	牛玉刚	彭亦功	祁荣宾	钱 锋	侍洪波	孙京诰
	孙白强	唐 漾	王 蓓	王华忠	王慧锋	王学武	王振雷	吴胜昔	徐建平	徐震浩
	严怀成	颜秉勇	颜学峰	杨 文	叶西宁	余昭旭	张建华	张 杰	张凌波	赵海涛
	钟伟民	邹俊忠	邹媛媛	谷小婧	王梦灵	张 宇	李进龙	林家骏	王如彬	叶贞成
	朱 煜									
081200 计算机科学与技术	蔡立志	陈志华	范贵生	冯 翔	高大启	顾春华	郭卫斌	过 弋	何高奇	黄建华
	李建华	罗 飞	阮 彤	邵志清	王占全	王 喆	徐 贤	虞慧群	袁玉波	张欢欢
	张 静	郑 红	李洪林							
081701 化学工程	Martien CohenStuart			蔡建国	曹贵平	陈剑佩	陈 葵	陈立芳	程振民	方 波
	方云进	顾雄毅	韩一帆	黄 婕	纪利俊	金 浩	李 冰	李进龙	李 平	李 平
	李 伟	刘 涛	刘 宇	龙东辉	龙湘犁	路贵民	马晓华	马新胜	潘鹤林	彭阳峰
	漆志文	钱 刚	乔秀臣	沈春银	沈卫华	施云海	宋兴福	隋志军	孙世刚	孙伟振
	吴艳阳	武 斌	奚桢浩	辛 忠	徐 晶	许振良	许志美	杨 虎	杨为民	叶启亮
	叶贞成	于建国	袁佩青	袁渭康	曾作祥	张秋香	张相洋	张新胜	赵 玲	赵 培
	赵双良	周静红	周晓东	周兴贵	周志明	朱家文	朱卡克	朱贻安	段学志	韩 伟
	胡 军	胡培君	胡 英	刘洪来	彭昌军	郑柏存				
081702 化学工艺	曹发海	程瑞华	龚 欣	郭旭虹	江洪波	李瑞江	李少萍	李 涛	梁晓怿	凌 昊
	凌立成	刘柏平	刘殿华	刘纪昌	吕 涯	欧阳福生		施 力	宋月芹	孙 辉
	王基铭	王 杰	王艳莉	吴本芳	吴幼青	肖天存	徐心茹	徐益升	薛为岚	杨敬一
	应卫勇	于广锁	詹 亮	张德祥	张海涛	张建雨	张素平	赵基钢	周晓龙	周志杰
	朱学栋	朱志华	邹 滢	钮东方	王 杰	王俊有	陈雪莉	代正华	刘海峰	乔文明
	王辅臣	王亦飞	许庆利							
081703 生物化工	白云鹏	鲍 杰	蔡海波	蔡孟浩	曹学君	郭美锦	李元广	刘坐镇	牟伯中	钱江潮
	孙 彦	谭文松	王风清	王 平	王学东	谢静莉	徐殿胜	叶邦策	易小萍	尹斌成
	郁惠蕾	张道敬	张 建	张 杰	张 旭	郑高伟	钟建江	左鹏储炬		高淑红
	胡国华	花 强	黄明志	李志敏	林金萍	刘 琴	卢艳花	魏东芝	魏 巍	吴 辉
	夏建业	许建和	杨胜利	叶朝阳	张元兴	周祥山	周 燕	周 英		

专业代码及名称	导师名单									
081704 应用化学	包春燕	陈锋	陈国荣	郭志前	贺晓鹏	花建丽	解永树	马骧	曲大辉	曲景平
	沈永嘉	田宝柱	田禾	王成云	王利民	王灵芝	王巧纯	吴君臣	武文俊	邢明阳
	张斌	张金龙	张伟安	赵春常	朱麟勇	朱为宏	邹雷	晏琦帆	陈彧	龚学庆
	蓝闽波	李忠	梁鑫淼	刘劲刚	马海燕	牟伯中	施敏	宋恭华	苏建华	伍新燕
	赵红莉	钟新华								
081705 工业催化	曹宵鸣	龚学庆	郭杨龙	郭耘	侯震山	胡培君	刘晓晖	卢冠忠	王海丰	王筠松
	王丽	王幸宜	王艳芹	谢在库	詹望成	刘柏平	张金龙			
0817Z1 能源化学工程	郭旭虹	韩一帆	李莉	李平	龙东辉	乔文明	徐益升	应卫勇	张锐	朱卡克
0817Z2 资源循环科学与工程	李平	乔秀臣	宋兴福	孙淑英	孙玉柱	孙泽	于建国			
0817Z3 制药工程与技术	SAnGhO Koo		褚长虎	韩伟	冀亚飞	金郁	柯燕雄	梁鑫淼	刘仁华	刘岩
	罗晓燕	任福正	任国宾	邵旭升	施小新	汤文军	叶金星	游书力	虞心红	张彦涛
	朱进	曹松	邓卫平	高峰	蓝闽波	李忠	马磊	倪力军	沈永嘉	宋恭华
	唐燕辉	唐赟	陶黎明	王卫	徐晓勇	杨丙成	曾步兵	张敏	张维冰	张文清
	章飞芳	朱维平								
0817Z4 过程系统工程	曹发海	陈剑佩	杜文莉	李绍军	李涛	刘殿华	漆志文	钱锋	钱刚	王振雷
	颜学峰	叶贞成	应卫勇	袁渭康	赵玲	周兴贵				
0817Z6 材料化学工程	岑莲	陈雪梅	李莉	陆馨	孟鑫	乔文明	许海涛	杨景辉	杨座国	张锐
	赵世成	郑实	周生虎	曹贵平	郭旭虹	李春忠	梁晓怿	凌立成	刘柏平	沈春银
	辛忠	许振良	曾作祥	詹亮	周晓东					
082003 油气储运工程	江洪波	李少萍	凌昊	刘纪昌	吕涯	欧阳福生		施力	宋月芹	孙辉
	徐心茹	杨敬一	赵基钢	周晓龙	邹滢					
082203 发酵工程										
082204 皮革化学与工程										
0822Z1 生物工程与技术										
083001 环境科学	林匡飞	王丽娜	肖立华	修光利	闫莹	雷菊英	冯耀宇	刘仁华	龙亿涛	吕树光
	张博	张卫								
083002 环境工程	蔡兰坤	曹国民	陈康	陈秀荣	崔长征	崔心红	丁雷	冯长春	黄光团	金锡标
	李辉	刘莉莉	刘勇弟	吕树光	罗启仕	邱兆富	沈根祥	隋倩	孙淑英	孙贤波
	孙玉柱	孙泽	吴来明	杨骥	张乐华	张巍	张卫	周彦波	孙东亮	林匡飞
	路贵民	乔建江	乔秀臣	宋兴福	汪华林	王兴军	吴诗勇	修光利	于建国	
083100 生物医学工程	陈芳萍	顾金楼	何宏燕	李永生	刘昌胜	屈雪	沈学宁	王靖	魏杰	肖艳
	袁媛	张琰	赵文茹							

专业代码及名称	导师名单									
083201 食品科学	常雅宁	胡国华	蒋丽华	李　爽	刘少伟	张鲁嘉	赵黎明	周家春	周　英	谢静莉
	张　杰	左　鹏								
083700 安全科学与工程	刘长军	乔建江	项延训	张　博	曹国民	黄光团	惠　虎	贾九红	林匡飞	刘勇弟
	栾伟玲	孙贤波	修光利	于新海	张　卫	张显程				
090400 植物保护	曹　松	程家高	黄青春	李　忠	宋恭华	陶黎明	徐文平	徐晓勇	钱旭红	邵旭升
	王　伟	徐玉芳								
100700 药学	毕利军	邓卫平	段文虎	高　峰	何薇薇	胡立宏	胡泽岚	黄　瑾	蒋华良	李　浩
	李洪林	李卫华	刘成海	刘桂霞	刘建文	楼开炎	马大为	马　磊	钱旭红	沈　旭
	唐　赟	王春丽	王　蕊	王　卫	翁伟宇	谢贺新	熊志奇	徐玉芳	杨丙成	杨　友
	杨有军	余星昕	曾步兵	张井岩	张　敏	张卫东	章飞芳	赵玉政	赵振江	郑　静
	郑文云	朱丽丽	朱维平	梁　欣	肖　啸	杨泱泱	SAnGhO Koo		程家高	冀亚飞
	梁鑫森	施小新	杨　弋	叶金星	虞心红					
120100 管理科学与工程	常香云	陈　晋	陈智高	程　岩	迟春洁	董大旻	范体军	胡海波	胡继灵	李　嘉
	李　琳	李淑霞	李　田	李　英	刘　刚	刘红丽	刘丽萍	刘　璇	楼高翔	马　玲
	马铁驹	佘金凤	吴一帆	徐燕翼	闫宏斌	杨洪涛	马海英	陶　峰	谢文杰	许海川
	蒋志强	汪冬华	周炜星							
120200 工商管理	陈洪安	陈峻松	陈　亮	陈万思	杜伟宇	费鸿萍	高　松	葛永盛	关　涛	郭　毅
	郝　斌	侯丽敏	胡仁昱	花贵如	解　宏	景奉杰	雷　英	李玉刚	戚海峰	阮永平
	宋渊洋	唐松莲	王俊秋	吴　冰	阎海峰	杨桂菊	俞丽辉	张爱民	张艳辉	李佑平
120401 行政管理	岑树海	陈　丰	郭圣莉	黄忠怀	姜尔林	李　琼	刘德吉	刘晓亮	刘　燕	罗建平
	石超艺	曾　莉	张　良	纪晓岚	俞慰刚					
120404 社会保障	龚秀全	罗恩立	汪　华	程　毅	范　斌	范志海	纪晓岚	徐丙奎	徐永祥	杨发祥
	曾守锤	张广利	张　昱							
120405 土地资源管理	纪晓岚	牛　星	俞慰刚	陈　丰	黄忠怀	罗建平	石超艺			
120502 情报学	陈荣	吉久明	李建霞	任福兵	李　楠					
130500 设计学	陈　虹	程建新	丁　伟	傅蓉蓉	高　茜	蒋正清	尚慧芳	沈　榆	王计平	王　仲
	徐　力	许懋琦	于　炜	周美玉	方田红	汪　军	温全平	闫爱宾	张　杰	杨明刚
99J100 景观规划设计	方田红	汪　军	温全平	闫爱宾	张　杰	姚子刚	程建新	傅蓉蓉	王计平	

博士研究生指导教师名单

专业代码及名称	导师名单									
020200 应用经济学	鲍曙明	董银果	孔令丞	麦　勇	任　飞	阮永平	宋福铁	汪冬华	王俊秋	王　跃
	吴柏钧	吴玉鸣	杨上广	于立宏	李荣日					
030300 社会学	陈　丰	程　毅	董国礼	范　斌	费梅苹	郭圣莉	何雪松	王　芳	徐永祥	杨发祥
	曾守锤	张广利	张　昱	熊万胜						

续表

专业代码及名称	导师名单									
030503 马克思主义中国化研究	张平	杜仕菊	朱忆天	王　芳						
070100 数学	郭继明	黎野平	李建奎	刘朝晖	鲁习文	潘晓川	邵方明	王　薇	周炜星	马铁驹
	任　飞	唐　赟								
070301 无机化学	刘金库	刘劲刚	杨宇翔	钟新华	黄永民	卢冠忠	朱以华			
070302 分析化学	杜一平	胡　坪	蓝闽波	龙亿涛	卫　钢	张维冰	张文清			
070303 有机化学	Ben L. Feringa		陈凯先	刘培念	马海燕	施敏	王朝晖	伍新燕	邹　刚	陈宜峰
	张志鹏	胡爱国	田　禾	游书力						
070304 物理化学	陈启斌	胡　军	胡　英	李和兴	彭昌军	尚亚卓	沈伟国	徐首红	杨世忠	叶汝强
	刘洪来	刘培念	卢冠忠	牟伯中						
070305 高分子化学与物理	徐世爱	陈　新	郭卫红	胡爱国	黄发荣	郎美东	林嘉平	齐会民	施剑林	田晓慧
	汪济奎	魏　杰	吴国章	吴　唯	庄启昕					
0703Z1 精细合成化学与分子工程	花建丽	解永树	马骧	曲大辉	苏建华	田禾	王利民	王巧纯	伍新燕	赵春常
	朱为宏									
071010 生物化学与分子生物学	陈志南	马兴元	任宇红	史　萍	王　平	魏东芝	杨胜利	杨　弋	叶邦策	张惠展
	张永莲	赵　健	吴海珍	杜一平	冯耀宇	刘建文	刘少伟	钱江潮	全　舒	王启要
	王　伟	肖立华	熊志奇	尹斌成	张井岩	张立新				
080201 机械制造及其自动化	惠　虎	刘长军	夏春明	易建军	于新海	张显程	章文俊			
080202 机械电子工程	高　阳	夏春明	易建军							
080203 机械设计及理论	安　琦	王　旭	叶　林	章文俊	涂善东	轩福贞	于新海	张显程		
0802Z1 工业设计	张　杰	周美玉	安　琦							
080500 材料科学与工程	陈爱平	陈建定	陈庐阳	陈　新	程起林	窦晓鸣	杲　云	龚尚庆	顾金楼	顾真安
	关士友	郭卫红	胡爱国	胡彦杰	黄发荣	江　浩	蒋士成	郎美东	李　冰	李春忠
	李红波	李永生	梁兴杰	林嘉平	林绍梁	刘昌胜	刘润辉	聂广军	钮月萍	齐会民
	山口佳则		施剑林	唐智勇	田晓慧	汪济奎	王　琛	王庚超	王健农	魏　杰
	吴驰飞	吴国章	吴　唯	杨化桂	袁　媛	张　玲	赵宇亮	郑柏存	朱以华	庄启昕
	钱　军	王　靖	关凯书	路贵民	卫　钢	徐世爱				
0805Z5 先进材料与制备技术	陈　彧	黄　维	黄永民	王艳芹	朱麟勇					
080702 热能工程	陈彩霞	陈雪莉	成少安	方梦祥	李伟锋	刘海峰	王辅臣	王　杰	王树荣	王亦飞
	吴幼青	于广锁	张德祥	张素平	代正华	龚　欣	栾伟玲	徐　宏		
080703 动力机械及工程	严晋跃	项延训	惠　虎	赖焕新	刘长军	王国珍	王健农	轩福贞	周帼彦	

专业代码及名称	导师名单									
080704 流体机械及工程	赖焕新	安　琦	刘海峰							
080706 化工过程机械	白志山	关凯书	惠　虎	刘长军	栾伟玲	涂善东	汪华林	王国珍	王卫泽	王学生
	谢林生	徐　宏	轩福贞	于新海	张　莉	张显程	周帼彦	周邵萍	赖焕新	章文俊
081100 控制科学与工程	James Lam		杜文莉	顾幸生	金　晶	李绍军	凌志浩	牛玉刚	钱　锋	侍洪波
	唐　漾	王振雷	严怀成	颜学峰	张　杰	赵海涛	钟伟民	朱宏擎	朱　煜	邹俊忠
	和望利	杨　文								
081203 计算机应用技术	冯　翔	高大启	顾春华	过　弋	邵志清	王　喆	虞慧群	易建军		
081701 化学工程	Martien Cohen Stuart			曹贵平	程振民	方向晨	方云进	韩一帆	李　平	李　平
	李　伟	刘洪来	龙湘犁	路贵民	漆志文	宋兴福	孙世刚	辛　忠	徐　晶	许振良
	杨为民	于建国	袁渭康	曾作祥	张新胜	张　懿	赵　玲	赵双良	周晓东	周兴贵
	周志明	朱卡克	朱贻安	胡培君	胡　英	李元广	彭昌军	乔秀臣	谭文松	
081702 化学工艺	曹发海	龚　欣	郭旭虹	凌　昊	凌立成	刘柏平	刘殿华	施　力	王基铭	徐心茹
	应卫勇	周晓龙	朱学栋	刘海峰	乔文明	王辅臣	王亦飞	于广锁		
081703 生物化工	鲍　杰	蔡海波	曹学君	储　炬	李元广	牟伯中	钱江潮	谭文松	许建和	周祥山
	周　燕	郁惠蕾	郭美锦	花　强	李志敏	刘昌胜	刘　琴	卢艳花	任宇红	沈亚领
	王　平	王永红	魏东芝	杨胜利	叶邦策	张元兴	赵黎明	庄英萍		
081704 应用化学	包春燕	陈　锋	花建丽	解永树	马　骧	曲大辉	曲景平	苏建华	田宝柱	田　禾
	王成云	王利民	王巧纯	张金龙	张伟安	赵春常	朱麟勇	朱为宏	郭志前	贺晓鹏
	吴永真	陈　彧	梁鑫淼	刘劲刚	刘培念	牟伯中	施　敏	宋恭华	伍新燕	张文清
	钟新华									
081705 工业催化	龚学庆	郭杨龙	郭　耘	侯震山	胡培君	卢冠忠	王幸宜	王艳芹	谢在库	王海丰
	陈爱平	马海燕	张金龙							
0817Z1 能源化学工程	龙东辉	詹　亮	曹发海	郭旭虹	韩一帆	李　平	凌立成	乔文明	施　力	辛　忠
	徐心茹	应卫勇	周晓龙							
0817Z3 制药工程与技术	褚长虎	冀亚飞	柯燕雄	梁鑫淼	刘仁华	任国宾	邵旭升	宋恭华	汤文军	叶金星
	游书力	虞心红	曹　松	邓卫平	蓝闽波	李　忠	王　卫	徐晓勇	杨丙成	杨　友
	曾步兵	张维冰	朱维平							
0817Z4 过程系统工程	杜文莉	李绍军	漆志文	钱锋	王基铭	颜学峰	应卫勇	袁渭康	赵　玲	钟伟民
	周兴贵									
0817Z6 材料化学工程	刘　涛	乔文明	周生虎	曹贵平	郭旭虹	李春忠	凌立成	刘柏平	辛　忠	许振良
	周晓东									
082203 发酵工程										
082204 皮革化学与工程										

专业代码及名称	导师名单									
0822Z1 生物工程与技术										
083000 环境科学与工程	蔡兰坤	冯耀宇	金锡标	李 辉	林匡飞	刘勇弟	吕树光	乔秀臣	肖立华	修光利
	杨 骥	张 卫	李 平	龙亿涛	宋兴福	汪华林	许振良	于建国	张德祥	
083600 生物工程	陈代杰	郭美锦	花 强	李志敏	刘 琴	刘少伟	卢艳花	全 舒	沈亚领	王启要
	王永红	肖 啸	尹斌成	张立新	张元兴	赵黎明	庄英萍	鲍 杰	蔡海波	曹学君
	储 炬	李元广	马兴元	史 萍	谭文松	许建和	张惠展	赵 健	周祥山	周 燕
090403 农药学	曹 松	李 忠	陶黎明	王 伟	徐晓勇	SAnGhO Koo		钱旭红	邵旭升	宋恭华
	徐玉芳									
100700 药学	SAnGhO Koo		邓卫平	高 峰	何薇薇	胡立宏	黄 瑾	蒋华良	李 浩	李洪林
	李 剑	刘桂霞	刘建文	马大为	钱旭红	沈 旭	唐 赟	王 蕊	王 卫	谢贺新
	熊志奇	徐玉芳	杨丙成	杨 友	杨有军	俞 飚	曾步兵	张井岩	张卫东	赵玉政
	朱维平	梁鑫淼	刘仁华	肖 啸	杨 弋	叶金星	虞心红			
120100 管理科学与工程	陈洪安	程 岩	范体军	景奉杰	李 英	李玉刚	刘 刚	马铁驹	阎海峰	蒋志强
	楼高翔	闫宏斌	顾幸生	刘朝晖	鲁习文	侍洪波	汪冬华	王基铭	周炜星	

博士研究生分专业人数统计表

编号	专业名称	人数
1	应用经济学	47
小计：经济学		47
3	社会学	54
4	法社会学	2
5	社会工作	34
6	社会管理与社会政策	11
7	社会学学科	7
8	马克思主义中国化研究	29
小计：法学		137
9	基础数学	1
10	应用数学	8
11	数学	19
12	无机化学	8
13	分析化学	36
14	有机化学	30
15	物理化学（含化学物理）	43

续表

编号	专业名称	人数
16	高分子化学与物理	5
17	精细合成化学	3
18	生物化学与分子生物学	60
19	精细合成化学与分子工程	7
20	生物化学与分子生物学	60
小计：理学		280
21	机械制造及其自动化	5
22	机械电子工程	2
23	机械设计及理论	3
24	工业设计	20
25	机械工程	27
26	材料学	1
27	材料加工工程	1
28	材料科学与工程	187
29	先进材料与制备技术	10
30	热能工程	34
31	化工过程机械	4
32	动力工程及工程热物理	23
33	动力工程及工程热物理学	68
34	控制理论与控制工程	3
35	检测技术与自动化装置	1
36	控制科学与工程	74
37	计算机应用技术	28
38	计算机科学与技术	1
39	化学工程	149
40	化学工艺	92
41	生物化工	113
42	应用化学	100
43	工业催化	65
44	化学生物技术与工程	1
45	过程系统工程	8
46	能源化学工程	10
47	材料化学工程	26
48	制药工程与技术	39
49	发酵工程	26

续表

编号	专业名称	人数
50	皮革化学与工程	1
51	生物工程与技术	12
52	环境科学	1
53	环境工程	2
54	环境科学与工程	51
55	生物工程	11
小计：工学		1 199
56	农药学	21
小计：农学		21
57	药物化学	1
58	药学	79
小计：医学		80
59	管理科学与工程	50
小计：管理学		50

硕士研究生分专业人数统计表

编号	专业名称	人数
1	马克思主义哲学	3
2	中国哲学	1
3	外国哲学	1
小计：哲学		5
4	国民经济学	8
5	区域经济学	14
6	金融学（含保险学）	35
7	产业经济学	20
8	国际贸易学	18
9	金融	64
小计：经济学		159
10	法学理论	6
11	刑法学	5
12	经济法学	28
13	环境与资源保护法学	1
14	国际法学（含国际公法、国际私法、国际经济法）	8
15	政治学理论	13
16	社会学	41

续表

编号	专业名称	人数
17	人口学	6
18	社会工作	126
19	社会管理与社会政策	10
20	马克思主义理论	20
21	法律硕士	22
22	法律	31
小计：法学		317
23	高等教育学	12
24	体育人文社会学	33
小计：教育学		45
25	英语语言文学	37
26	日语语言文学	4
27	外国语言学及应用语言学	34
28	翻译	61
小计：文学		136
29	基础数学	3
30	应用数学	10
31	运筹学与控制论	3
32	数学	53
33	物理学	34
34	无机化学	32
35	分析化学	92
36	有机化学	102
37	物理化学（含化学物理）	99
38	高分子化学与物理	54
39	精细合成化学与分子工程	28
40	微生物学	19
41	生物化学与分子生物学	100
42	生物医学工程	36
小计：理学		655
43	固体力学	11
44	机械制造及其自动化	7
45	机械电子工程	17
46	机械设计及理论	15
47	机械工程	85

续表

编号	专业名称	人数
48	材料科学与工程	476
49	先进材料与制备技术	15
50	热能工程	64
51	动力机械及工程	2
52	流体机械及工程	8
53	化工过程机械	56
54	动力工程及工程热物理学	76
55	动力工程及工程热物理	77
56	信号与信息处理	36
57	信息与通信工程	19
58	控制科学与工程	238
59	计算机科学与技术	105
60	化学工程	391
61	化学工艺	250
62	生物化工	162
63	应用化学	153
64	工业催化	95
65	过程系统工程	9
66	资源循环科学与工程	2
67	材料化学工程	96
68	油气储运工程	41
69	制药工程与技术	115
70	发酵工程	40
71	能源化学工程	9
72	皮革化学与工程	4
73	生物工程与技术	39
74	环境科学与工程	150
75	食品科学	38
76	生物工程	51
77	安全科学与工程	17
78	工程	1 316
小计：工学		4 285
79	农药学	40
小计：农学		40
80	药学	266

续表

编号	专业名称	人数
81	中药学	16
小计：医学		282
82	管理科学与工程学科	32
83	管理科学与工程	59
84	会计学	35
85	企业管理（含财务管理、市场营销、人力资源管理）	72
86	技术经济及管理	3
87	行政管理	39
88	社会保障	29
89	土地资源管理	15
90	情报学	12
91	工商管理	991
92	工商管理硕士	4
93	公共管理	283
94	会计	380
95	工程管理	184
小计：管理学		2 138
96	景观规划设计	20
97	设计学	78
98	艺术	27
小计：艺术学		125

2017年研究生学位授予人员名单

2017年1月研究生学位授予名单

一、经校第十二届学位评定委员会第二次会议审议表决，同意授予以下65人博士学位。

学历教育博士65人

法学：4人

社会学（2人）

张　玲　席小华

社会工作（学）（1人）

叶淑静

马克思主义中国化研究（1人）

王　晗

理学：11人

数学（1人）

孔庆钊

有机化学（1人）

黄　淼

物理化学（1人）

陆　亮

分析化学（2人）

康　燕　张　宁

高分子化学与物理（1人）

雷　晖

生物化学与分子生物学（5人）

张　欢　施露露　尤　迪　王　娟　张宏森

工学：48人

机械设计及理论（1人）

蔄靖宇

材料科学与工程（5人）

王　佳　王榕艳　李永亮　滕福爱　李庚南

动力工程及工程热物理（6人）

鞠　峰　崔庆丰　王　飞　钱　鹏　吕文杰　王剑刚

化工过程机械（1人）

刘　波

控制科学与工程（3 人）

宋　冰　胡　源　赵晶晶

化学工程（3）

秦　磊　杨　颖　曹文荣

化学工艺（7 人）

闻振浩　高　睿　皮志鹏　王维娜　李　华　孟庆洋　王　雷

生物化工（5 人）

路　飞　张晓旭　姚婧妘　刘　禹　孙忠洋

应用化学（3 人）

吴　岳　黄　睿　孙黄辉

工业催化（4 人）

谢宇洁　张　庆　柯清平　杨盼盼

制药工程与技术（1 人）

赵亚平

过程系统工程（1 人）

张　弛

材料化学工程（2 人）

刘小驰　王卫霞

发酵工程（1 人）

王　涛

环境科学与工程（5）

李辰晨　缪周伟　刘世友　吕丽娜　达尼史

医学：2 人

药学（2 人）

李祥民　张　磊

二、经校第十二届学位评定委员会第二次会议审议表决，同意授予以下 1 004 人硕士学位。

1. 学历教育（学术型）硕士学位 269 人

哲学：4 人

马克思主义哲学（1 人）

张　欣

中国哲学（1 人）

姚　旺

外国哲学（1 人）

张艳文

哲学（1 人）

姚利林

经济学：32 人

国民经济学（2 人）

秦进进　张　娜

区域经济学（4 人）

曹　东　姚心怡　刘鲁艳　朱　林

金融学（含：保险学）（11 人）

杨　钊　张　静　樊东坡　杨　森　贾瑞林　周　剑　马海强　颜梦雅　季沈丹　瞿佳骅　凌晟煜

产业经济学（6 人）

张　晶　胡尊芳　欧阳璐璐　张竞元　李　晔　梁　瑶

国际贸易学（9 人）

珍　雅　丁建江　汪之蕾　张　亮　陈媛媛　施延红　艾　迪　杜 胜　刘　杰

法学：38 人

法学理论（2 人）

张波涛　夏　伟

刑法学（1 人）

迟秋爽

经济法学（9 人）

杨传玺　龚志强　马加朋　姚书林　段　浩　李佳睿　黄青水　吉常兴　彭　娟

国际法学（2 人）

王良元　刘胤辰

政治学理论（7 人）

夏梅英　谭　甜　董小涵　胡飞宇　汪　君　魏　玮　黄　盼

社会学（13 人）

余　跃　郑中瑞　孟媛利　王　晗　徐立娟　梁增力　马云博　阮氏幸　吕　萌　谭仁希　杨　磊　朱灵艳
刘　谨

社会工作（学）（2 人）

彭雁楠　赵　阳

马克思主义理论（2 人）

郝楠晖　濮鲁萍

教育学：3 人

高等教育学（3 人）

卢　婷　杨伟伟　孙晓娟

文学：21 人

英语语言文学（9 人）

唐逸男　罗正婷　李珊妮　叶程林　刘　宏　吴方静　赵雨菡　张玉玲　尹向男

外国语言学及应用语言学（12 人）

赵松柏　蔡璐璐　蒋甜雨　杨雁童　鲍兰兰　靳晓丹　肖志月　马梦琳　孙方燕　徐　洁　韩其君　夏雪梅

理学：11 人

有机化学（1 人）

黄旭娇

物理化学（1 人）

阳　立

高分子化学与物理（2 人）

聂祖宝　张　杨

海洋生物学（1 人）

陈　然

微生物学（1 人）

赵孟江

生物化学与分子生物学（5 人）

杜国秀　张晓楠　俞华齐　周超强　陈康玲

工学：35 人

材料科学与工程（2 人）

辛　浩　刘志远

热能工程（1 人）

陈　琪

化工过程机械（1 人）

王朝阳

控制科学与工程（2 人）

刘进东　刘　雯

化学工程（2 人）

杨其健　陈　冰

化学工艺（1 人）

孙雪莹

生物化工（13 人）

陈小东　刘　平　王利群　薛　莹　黄猛猛　高燕云　刘绍梅　林明祥　张玉鹏　陈以衡　李　敏　寇凤雨
吕　鑫

应用化学（5 人）

宋应峰　魏田田　陈　超　简　妮　赵　恺

制药工程与技术（3 人）

张　凡　卢淼青　薛　静

油气储运工程（2 人）

玛瑟琳　阿赛尼奥

发酵工程（3 人）

徐成宁　应降果　聂雪彤

农学：3 人

植物保护（3 人）

宗蜜蜜　吴勇超　李丛杉

医学：3 人

药学（3 人）

宫荥恢　吴方舒　毛开哲

管理学：94 人

管理科学与工程（23 人）

金思颖　蔡少劲　黄雅丽　李　瑞　范俊杰　李　惠　张　亚　蒋　玲　滕乔其　刘佳娟　龙　梅　姜晓方
朱　玲　黄忻怡　刘　莎　崔华玉　李佳佳　李小梅　薛　飞　成　琪　李　伟　孙思凡　伊子鹏

会计学（11 人）

孔令曼　桑银银　陈　伟　陈佳娴　刘文月　顾筝筝　杜由之　黄李辉　李慧心　朱嘉琳　康　恺

企业管理（24 人）

吴少华　夏　冰　武秋恒　叶　洋　刘炜贤　牛亚茹　孙凯伦　鲁　婷　吴茜茜　江　河　刘伟静　夏汝卿
毕瑜欢　褚志强　蒋　林　陈　文　严　洁　谢　天　李维瑶　丁丹丹　蒋东程　李　桐　倪文洁　康海华

技术经济与管理（2 人）

杜念茹　蒋　佶

行政管理（13 人）

王亚捷　王海洋　王逯璐　吴双金　郑明明　李　旭　张同妹　乔绪义　刘　琳　夏佳琦　岳琪琛　晏阵方
阿衣努尔·艾在子

社会保障（13 人）

徐少睿　常亚琼　苏晓芳　钱思寒　陈薇科　焦晓晓　孙亚楠　赵　进　杨发萍　李少丹　陆鸣宇　席红艳
李佳佳

土地资源管理（4 人）

陈亚琪　周静雯　李　玲　高　娟

情报学（4 人）

张　宇　曹　明　王　鑫　赵晓黎

艺术学：25 人

设计学（25 人）

盖秀秀　汪志永　吴灯科　景　程　吕　静　田　佳　柏玉荣　郭志番　童　杰　孙弘真　赵方歆　王亚运
严　欢　朱韦茜　李燕巧　袁　淞　曹亚苹　杜佳佳　戴益东　高　悦　黄溶青　夏圣雪　赵　灿　李宗丽
马　翀

2. 硕士专业学位 735 人

法律（法学）：1 人

姚　骁

社会工作：21 人

陈秀丽　代文瑶　邓亚珊　樊红娜　付汝康　傅文书　高虹琳　高　丽　何婷婷　江盼盼　李翠霞　刘婷婷
茅沈佳　欧阳晃平　彭春燕　司艳红　苏彦曌　孙百慧　王　静　向丽虹　张晓灿

工程：371 人

机械工程（32 人）

白　钰　丁鹏飞　范志杰　郭　娟　季　杰　李叶翔　刘红周　刘　伟　刘馨雨　楼少杰　吕　颖　孙元坤
王立人　王忠建　张　路　张西洋　张宣政　周　斐　朱慧彪　王庆程　左旭岩　赵志凌　侍吉清　温志忱
刘　鑫　鲁华东　邵毅翔　张行雯　王振兴　孙　策　徐佳奇　李伟伟

材料工程（43 人）

王一鸣　柏　波　崔佳垠　邓声玉　丁逸飞　龚敏杰　何志飞　黄群峰　金理福　李首瑞　李文振　栗良良
林启志　刘　浩　刘守超　孙彩侠　汪婷雯　王传鑫　王梦雪　王清清　王童心　温乐斐　徐　超　徐晨辉
徐昱捷　张艺镡　张雨潇　周晓琴　朱鹏飞　朱麒霏　刘锡涛　李博慰　王　娟　顾良男　施宇康　薛玲华
孙大伟　苏哲鹏　李　霞　陈蓓蓓　陈孝波　张国强　史　进

动力工程（26 人）

朱冬啸　陈学辉　高　琼　高小慧　胡承云　李　晓　宁诗琪　潘凤洋　庞富龙　曲　浩　孙长周　王　峰
谢能达　谢文谦　邢耀华　徐　驰　薛凯凯　严皖金　曾文清　张伟锋　赵健棋　钟　健　周倩倩　周　旭
蔡国建　耿春雨

电子与通信工程（18 人）

俞　优　朱奕龙　龚旭龙　林　伟　房喜飞　盖瑞敏　厉颂翔　任舜文　沈惠玲　王　欣　吴　喆　熊梦宇
杨　伟　张鹏飞　张海冬　张慧媛　张富平　徐　磊

控制工程（40 人）

王卫平　李志成　沈刘玉　朱卓玲　黄显德　曹　敏　陈剑强　陈　晴　方海舟　黄志禄　江　伟　李　彬
李　畅　李　菁　李俊晖　李雪岩　李枝琴　练子丹　林　杰　林蕴青　刘　坤　吕露露　马　凯　孟　浩
戚付涛　钱立义　史传赟　宋勐翔　孙志斌　王君如　王　儒　魏　鹏　许春龙　张　磊　赵希发　郑　超
周亚飞　郑　江　王小维　汤振耀

计算机技术（16 人）

董　键　王君武　贾斌玮　任　鹏　秦瑶祺　高　翔　丁　鼎　江海慧　孙　菲　汤　伟　唐文武　王梦婕

张志杰　郑建丽　徐　鹏　陆　勇

软件工程（3 人）

丁　毅　蔡志强　王乐天

化学工程（50 人）

蔡　政　范　军　高江超　葛　梦　龚　帅　何艳芳　李　布　李　婷　李　弋　吕雅楠　毛　杰　梅海龙
汤　健　王斌榕　王建军　王　圆　伍楚诗　许　华　阳斯拯　杨超杰　杨　宁　杨艳婷　曾　翔　张慧慧
张　盈　赵志翔　周同心　朱仪玫　许　琨　姜志辉　江　洪　王　昊　黄　斌　施淡淡　张学煜　沈　帅
康兴娟　彭　勇　王小艳　田小军　马　飞　蔺世桢　慕善文　李　翔　王建英　陈超云　高　懿　李倩怡
王　勇　汤育娟

轻工技术与工程（18 人）

董　欢　李超群　林美庆　卢春彬　马国栋　钱凯丽　宋美婷　孙　鹏　徐舒嘉　叶苗苗　张丽丽　朱云峰
郁琼花　施　斌　顾剑勇　桂中秀　黄　燕　陈慧琴

安全工程（7 人）

王　旸　辛　滨　沈　斌　邓　晶　费文旻　袁　超　曾宇春

食品工程（6 人）

邵　予　陈秋平　马　征　黄玉琦　曹佳玮　唐立伟

制药工程（28 人）

王　朋　沈海宾　周健兰　孙　波　钱晓明　陈佳丽　冯静静　果　实　李玉琪　钱　彬　严　珺　杨　帆
杨凯娅　杨康康　张　霖　周　林　周梦娜　李妍哲　王　曼　应一君　李冬冬　丁福斗　楼少杰　陈　浩
赵素芳　刘涵迪　薛东升　徐光明

工业设计工程（18 人）

郝晓伟　陈廷浩　胡安妮　李雪蓉　罗军波　桑嘉桧　孙启超　汪文才　王丹蕾　王正斌　吴　刚　叶春阳
叶卓雅　虞路遥　张　瑛　赵佳佳　周　萌　周　友

生物工程（6 人）

刘素霞　杨　琪　钱铭敏　齐雪莹　傅坚刚　张　皓

项目管理（51 人）

邓丽君　贾　微　张黎萍　孙羽佳　唐　钰　张　凯　程丹丹　王龙妹　陈陆亮　黄　超　汪清莉　衣　琦
张　彬　李二飞　李　英　周　丹　吴　南　金春雷　周　妍　禹　雪　庄　凯　李　康　王诗涵　王　杰
苏　沁　孙　森　金茂强　张慧娟　王　萌　刘　玮　李　念　方　勤　张延强　梁雅娟　高　伟　孟　卉
郎智超　王爱平　卢　军　奚修彬　牛　健　赵　鹏　肖　翠　王　丹　王文继　薛马锋　周晟捷　吴　限
应寒风　黄利松　张化冰

物流管理（9 人）

刘　金　单　慧　张　凛　王怡颖　张　莹　张　乾　王　玮　彭　鹏　许骁勇

药学：4 人

安　强　马明星　任　洁　杨迎芳

中药学：2 人

葛文瑞　朱珍珍

工商管理：244 人

工商管理（206 人）

胡 军	蒋志浩	闵俊超	唐江辉	魏 芝	余锦凤	张 娟	张珅炜	左卫强	杜思建	高万付	高云花
李 敏	李雪松	林用兴	刘 超	刘红吉	刘明浩	倪晓波	彭 丽	邵 晔	沈新华	万 荣	王 波
翟磊磊	张 媛	卞文梅	蔡 婧	戴妮娜	丁瑜华	范东栋	贾 亮	金浩智	林勇真	汪家政	杨 峰
花陈祥	刘剑清	覃艳红	伍 伟	武 萍	赵迎莉	郑 剑	朱彩云	陈 全	顾 晶	何 的	何仁杰
胡妍敏	华 强	李宝华	李红祥	李 宁	李秋侠	林 星	刘回春	刘 杰	钱涤钧	沈鑫佳	石 峰
姒 亮	孙广志	王 健	王 静	王巧芳	徐 浩	薛海燕	杨东庆	张 杰	张敬文	章 咏	赵 龙
周 围	朱骥飞	庄丹青	鲍刘峰	陈书秀	陈媛媛	陈泽明	程银霞	邓国蔚	丁 菲	范玲燕	冯 哲
韩海宁	李 茉	林春晓	刘克俭	卢 亮	牟昆霞	聂剑维	钱姝宇	汪 敏	王 松	王为群	王 永
王永梅	吴小兵	熊 浩	杨 辉	杨 剑	易明贵	张铁铮	赵晓亮	郑 星	周诗锦	周 颖	祝海滨
曹曦蓉	陈丽蓉	陈玉静	崔恒进	冯 波	顾晓峰	李 娜	李 婷	刘 彬	刘 威	刘新杰	陆 赟
毛祖杰	钱宾佳	任颖莹	孙 玙	王 良	徐 磊	徐玮杰	徐正秋	许世乾	杨 璟	杨树娟	余加荣
张 欢	张乃舒	张 鹏	章宇平	周秋红	左晓雯	安小丹	陈 群	陈文杰	陈新霞	程 帅	戴建兵
杜 静	范东引	范志聪	郭家欢	郝春海	洪心洁	黄柳莎	姬红茹	蒋路生	靳 杰	李 立	李 鹏
李 强	厉媛媛	廖迎松	林 玲	莫 欣	倪 帅	牛林德	潘 希	邱 深	沙 丽	沈 伟	唐兴鹏
提金鸣	屠浩锋	王石龙	吴旦生	吴柳成	伍伟伟	项 瑜	谢友坤	修泽荣	徐 健	许婷婷	闫 堃
杨小明	尹建军	虞伟丽	昝学兵	张 文	赵振华	周 超	朱慧君	殷文灏	严海云	沈 阳	顾建伟
徐爱民	周蔚菁	金瞻仰	刘瀚文	严 威	张 萍	李庆洋	苏 宁	汤俊杰	田 萌	王燕佺	徐张龙
余 颖	周益红										

高级管理人员工商管理（38 人）

曹龙军	杨 磊	潘国平	徐 雷	陆爱国	付 华	张爱文	朱立新	符丽萍	刘志新	周艳玲	刘 佳
张志军	罗 文	吴巍屿	赵 珊	成 斐	孟克巴雅尔		许晓晶	曹德标	陈会军	张 铮	朱 泉
陶志清	董振鹏	邵志华	王晓娟	马晓东	陈 浩	刘德志	张玉莲	姚志伟	蒋伟峰	钱英华	沈建东
陈建纲	杨宏勇	孙 杰									

公共管理：59 人

方 阳	黄姗婕	梁晓丽	梁亦共	王鸿雁	包盛楠	蔡惠婉	曹 迪	陈 颖	程顾春	程 云	池绵绵
丁 洁	董文来	杜宇枫	高 峰	龚淑蓉	归骁骁	黄学鑫	黄妍琼	李元宾	陆 莉	马玲玲	钱剑怡
钱 彧	滕 娟	王珅辰	王 雪	韦莹莹	邬旖旎	徐远飞	薛 吉	严 婷	殷钰婷	于国斌	俞 璐
郁颖珠	郑传奇	周 锐	周 晔	朱晓兰	梁永贺	张凌宁	乔 琳	潘洲洋	虞 斐	戴 锋	徐红静
林丽娜	鲁 艳	宋贵强	沈奕宏	王 燚	王超慧	董晨琳	党 硕	陈凌申	顾 娴	倪张琴	

会计：23 人

陈海荣	陈恺崙	丁 姝	高燕霞	何清云	还咸楠	黄利华	黄 伟	刘 齐	孟 洁	彭 勃	田 莉
万雅宁	吴娟婷	肖 冰	肖丽君	徐慧婵	杨济帆	余 力	张 栋	张俊杰	章 赟	赵红桥	

艺术：10 人

鲍如霜　陈天宇　程志鹏　李　进　栾文杰　沈　裔　陶　悦　张盼盼　张　赟　朱婧婷

2017 年 6 月研究生学位授予名单

一 、经校第十二届学位评定委员会第四会议审议表决，同意授予以下 198 人博士学位。

学历教育博士 198 人

经济学：1 人

应用经济学（1 人）

石怀龙

法学：10 人

社会学（6 人）

程秋萍　侯利文　罗兴奇　田　雄　王伯承　王　欣

社会工作（学）(3 人)

雷海波　李　伟　杨　超

马克思主义中国化研究（1 人）

高建东

理学：38 人

数学（1 人）

朱雅婷

应用数学（1 人）

王毅泓

无机化学（4 人）

杜中林　焦　爽　王菲菲　王　青

分析化学（7 人）

曹　婵　孙　倩　王晓飞　谢　涛　张　姝　赵立军　周丽芳

有机化学（8 人）

高宇宁　刘　凯　刘晓冬　倪春节　史可记　孙　润　王　强　邹开贺

物理化学（5 人）

郝伟举　何　妍　李烈列　刘丹阳　吴蔚闳

高分子化学与物理（1 人）

张　俊

精细合成化学与分子工程（3 人）

蔡云松　顾开智　卫小东

生物化学与分子生物学（8 人）

陈利锋　侯　婷　姜　浩　姜水琴　刘　地　徐骏宇　徐丽琴　陶荣坤

工学：126 人

机械工程（1 人）

张　洋

机械制造及自动化（1 人）

姜　辉

机械电子工程（1 人）

孙　波

材料科学与工程（23 人）

方　荀　陈淑丹　陈　潇　方新亮　管　洲　黄宝林　江金贵　李　楠　李晓伟　潘秀伟　钱建华　钱　岭
芮磊磊　王　铮　王重午　吴钊英　许冠哲　杨朝应　张栋葛　张雯静　张祖磊　朱　勤　朱星宇

先进材料与制备技术（1 人）

杨军伟

动力工程及工程热物理（6 人）

罗陵华　母明钰　石仲璟　杨　滨　杨　留　于　伟

热能工程（6 人）

陈汉鼎　方晨辰　李新宇　沈中杰　王大川　尤　全

化工过程机械（2 人）

王统才　应　翔

控制科学与工程（7 人）

高　勇　李　智　吕照民　彭　鑫　王晓强　夏　南　于坤杰

计算机应用技术（1 人）

溥冬梅

化学工程（9 人）

卞志诚　桂振友　刘庆坤　宋　震　万　辰　王　迪　张雯斐　练　成　陈贵兰

化学工艺（19 人）

单贤根　樊飞跃　贾献峰　柯　媛　李　军　刘　璐　刘乃旺　孙　坚　孙巧巧　王　梅　张　赛　张紫晓
赵亚伟　种艳平　崔童敏　刘　一　颜留成　张家佳　张　杰

生物化工（10 人）

蔡祥海　陈　豪　董玉国　刘　刚　刘　洋　马金亮　沈　伟　熊亮斌　张国秀　张鑫涛

应用化学（14 人）

曹占奇　陈　飚　陈　辉　陈　怡　高　杰　何　业　江　涛　麻玉雯　邱博诚　沈重金　瓦西德　杨林钢
姚德帆　张琦松

工业催化（6 人）

陈宗家　杜辰昊　韩学旺　孟冬梅　王　超　吴明周

制药工程与技术（9 人）

胡习乐　姬丁坤　郭　瑛　宋广军　孙仍蔚　吴　伟　袁晓倩　张旭雪　邹春城

过程系统工程（1 人）

张　禹

材料化学工程（1 人）

汤永健

发酵工程（4 人）

吕向云　王　霞　高书良　李　晴

皮革化学与工程（1 人）

钱晓飞

环境科学与工程（3 人）

孙　伟　唐初阳　徐旻辉

农学：2 人

农药学（2 人）

杨明俊　张　阳

医学：17 人

药学（17 人）

常　康　程建昕　何福生　侯彦杰　雷祖海　李健军　刘霁纬　刘毅夫　马　飞　毛梧宇　孟　江　彭雅慧　孙德恒　仝红娟　王　霞　张众音　周　鼎

管理学：4 人

管理科学与工程（4 人）

应　璇　赵江江　郑　琪　李　楠

二、经校第十一届学位评定委员会第二十次会议审议表决，同意授予以下 1 372 人硕士学位。

1. 学历教育（学术型）硕士学位 937 人

经济学：1 人

金融学（含：保险学）（1 人）

罗　丹

教育学：8 人

体育人文社会学（1 人）

高　源　黄红媛　阚　洁　林梦娜　司　民　羊铭沁　郁　桦　张紫涵

文学：1 人

外国语言学及应用语言学（1 人）

潘如垒

理学：140 人

数学（2 人）

寿　涛　吴　磊

基础数学（1 人）

杨君齐

计算数学（3 人）

蔡兆克　代　周　秦伟莉

概率论与数理统计（1 人）

钱　瑾

应用数学（9 人）

陈钰莹　胡　铨　景雷程　林　薇　慕　迪　任纪云　任腾飞　朱　燕　朱征露

物理学（6 人）

包成钧　刘甜甜　刘羽桐　刘　桢　孙沛智　汪丹萍

无机化学（10 人）

封文亮　郭　敏　国文霞　刘意成　彭文祥　沈　娟　王凤蕊　魏文栋　杨　城　赵　敏

分析化学（20 人）

陈爱连　陈兆洋　程佳佳　崔　景　方琳美　干央央　李小庆　刘建云　刘　莉　沈　杰　沈艳红　宋玉玲
孙昌荣　王兵兵　王南南　王永香　颜玮韬　张传静　赵祎曼　朱天懿

有机化学（24 人）

曹　飞　胡庆霞　胡旭波　姬小玉　季　程　蒋亮亮　蒋盼盼　金飘飘　金　乔　李　蕾　梁春超　马文静
蒲小秋　秦　剑　孙原明　汪吉伟　谢先涛　杨哲曜　姚晨晖　张彩云　张冬冬　张　南　赵海泳　周　军

物理化学（14 人）

崔　慧　董亚娟　黄晨升　蒋　峰　彭　露　陶晓毅　王冠石　徐　磊　许文洁　张菊华　张　宁　张　莎
张玉琛　赵晓彤

高分子化学与物理（12 人）

陈剑波　侯　佳　霍　晓　李　耀　司书帅　吴柄含　吴红林　杨唐俊　虞惠艳　张坤涛　张　丽　周王帆

精细合成化学与分子工程（11 人）

冯雪晴　付幼心　高　川　李　燕　刘　洋　马柳磊　潘　骏　吴　杰　徐　垒　张骏达　朱晓燕

海洋生物学（1 人）

孙佳敏

微生物学（6 人）

董风晴　聂　鑫　苏立宇　余　波　张亚飞　赵宇晴

生物化学与分子生物学（12 人）

陈　坤　成　磊　贾　宁　李全学　林　冰　沈　阳　吴延成　于　勇　张一平　张玉琛　赵路遥　朱　颖

生物医学工程（8 人）

杜振飞　顾岩岩　廖健俊　汪　冬　王金鹅　杨庆涛　赵雅文　朱娇阳

工学：721 人

固体力学（4 人）

杜伟杰　杨存攀　姚　擎　喻　程

机械制造及其自动化（10 人）

黄涛显　黄友欢　李　姚　李　宜　刘素琴　罗　伟　吴翔实　吴亚军　徐俊锋　朱鑫波

机械电子工程（16 人）

陈肖肖　陈志青　高　杰　顾浩炜　胡宗杰　蒋婷婷　李　晓　龙　德　施尚杰　宋　飞　王术钊　谢　涛
徐飞翔　徐明天　章　悦　朱国星

机械设计及理论（15 人）

陈枫娟　陈兴祁　陈延星　高　雄　胡方尚　黄　聪　李豪赛　潘　铎　苏燕玲　唐　薇　王　斌　奚铎闻
徐文杰　徐　阳　徐勇强

材料科学与工程（113 人）

柴延军　陈　刚　陈　豪　陈凌志　陈鹏宇　陈　奇　陈诗英　陈腾辉　程丽坤　代亚男　董　亮　方立军
冯世鹏　傅丽娜　傅志伟　葛正祥　耿　杰　耿　悦　顾渊博　韩梦娜　韩　蕊　侯　雨　胡嘉驹　胡美玲
黄近都　黄文景　江松达　姜　欢　蒋仙友　孔雪丽　黎迎春　李成佳　李巧萍　李山剑　李申喆　李　旭
李雪芹　李　壮　厉宇翔　刘超凡　刘　辉　刘　权　刘帅帅　刘　松　刘　嵩　刘　雪　刘源滔　刘　柱
罗　磊　吕永蕾　马超凡　马一帆　漆定庆　乔士杰　任福乐　阮湘政　尚琪冬　沈如宝　施张宇　孙辛杰
万晓敏　汪　玲　王佳玮　王健强　王　论　王培磊　王　倩　王素慧　王　昀　王　钊　温广文　吴光雨
夏旭峰　谢德彪　谢　飞　胥　莹　徐　蕾　徐　璐　徐　南　许小强　闫　玮　严　谨　严　嵩　杨崇文
叶　峰　叶　靖　叶志林　殷月月　于松禾　余　涛　原文冉　岳翠芳　张傲峰　张白雪　张　臣　张芳芳
张恒达　张军晖　张来胜　张路路　张鹏程　张青岚　张伟健　张　翔　张　阳　张　勇　张　勇　章海泳
赵伟如　周　乔　周晓辉　周云飞　朱嘉婉

先进材料与制备技术（4 人）

高　兰　胡文慧　江国灿　潘　航

热能工程（14 人）

查　杰　樊文克　樊友雯　冯婉璐　付　琳　付　明　韩　冬　黄园园　芦俊洁　王熠梦　魏　艳　姚　奎
张金刚　章文斌

动力机械及工程（8 人）

程恺迪　冯争取　汤　俊　童今鸣　汪保安　王　莹　徐鹍鹏　郑银城

流体机械及工程（10 人）

李　松　李长龙　林　健　刘洪生　戚敏新　肖光凯　邢天龙　张彩凤　赵　涛　赵志伟

化工过程机械（40 人）

蔡　振　陈成舟　陈立猛　陈　硕　方元元　付亚波　高中正　葛强强　弓　辉　韩腾腾　侯甜甜　黄　楠
黄永阔　吉华丽　金建立　李海聪　李昀泽　李正亮　廖洋威　刘　森　刘统军　缪晓芳　史燕华　孙　柯
陶良权　王冬星　王　军　文　城　宿冠群　许立萌　许　翔　严博锐　姚子豪　于明磊　余　磊　詹　晶
张少甫　钟　飞　钟祺欣　朱　勇

信号与信息处理（17 人）

丁星芸　范　涛　顾晓峰　贺晓军　寇晓淮　黎　鹏　刘　蕊　刘远远　刘子鸣　路智静　邵耀东　唐玲艳

王诗俊　王逸宁　谢群义　许　凡　张　静

控制科学与工程（69人）

鲍春瑜　陈　诚　陈登乾　陈飞跃　陈　剑　陈立芳　陈　帅　陈　伟　崔兴华　单妍妍　丁舒阳　丁英涛
高　锋　耿冬冬　侯秋华　胡　飞　胡小祥　黄浙铭　江　朋　金雪梅　孔祥东　赖永杭　雷　丽　李佳宾
李金乐　李苏南　李先超　李知聪　刘树明　刘秀领　刘学彦　鲁佳颖　毛福兴　南　男　戚　川　乔　成
石蓬军　司有为　苏　旭　孙茂准　唐旗平　王　猛　王文凯　吴陶迪　谢成阳　邢熔华　徐志伟　许　路
许文夕　许圆圆　严益鑫　杨　楼　杨　倩　杨文翠　杨一航　俞灵杰　岳宇飞　宰　娜　占子赫　张寒寒
张　浩　张笑冬　赵宇伟　赵　玉　郑文静　郑智刚　朱红林　朱天娴　祖其武

控制理论与控制工程（2人）

盛立纲　周文活

计算机科学与技术（27人）

陈环环　陈　琪　陈逸斐　陈　禹　邓　晓　冯圣威　洪亚东　李飞标　李乐乐　李　阳　梁炎超　刘登洪
刘贺飞　陆佳文　孟　冰　邱文强　宋　凯　王鹏程　王渊博　王振祝　吴满芳　谢毅刚　徐永斌　姚玲玲
张国威　张　勋　赵子明

化学工程与技术（2人）

盖德成　韩复谦

化学工程（98人）

安艳停　曹　锋　曹梦习　陈　静　陈湘玲　陈　益　崔言进　达米尔　邓云香　方锋猛　方舒逸　方文化
高鲁友　古扎娜　顾加兴　顾　勇　郭荷叶　郭文君　郭雪娇　郝晓磊　贺尧毅　胡　伟　黄邦印　黄锦锋
黄明玲　黄志娟　贾　微　江无忧　姜　哲　蒋玉莹　雷文龙　李晨旭　李姮丽　李德鹏　李洁文　李倩倩
李思超　李小倩　李亚男　李玉洋　李祖尧　林　程　刘佳威　陆瑞晨　吕俊铎　马　鹏　牟媛春　聂　琴
潘现路　彭思瑶　秦宝刚　尚欢欢　石鎏杰　石玉翔　水　晨　孙媛媛　谭亚洲　汪莹莹　王健沛　王俊超
王　凯　王澜洁　王　磊　王　鑫　王有才　王正磊　吴　睿　谢文秀　辛双梅　徐宏杰　严婷婷　严晓栋
杨金锁　杨李慧　杨　林　叶鹏飞　尹　增　应鹤天　余　点　余　石　张　洪　张化良　张　建　张晋玮
张静静　张　俊　张历朴　张维义　张希宝　张宇婕　张志盼　章　超　赵梦琪　赵　轩　赵艳艳　郑少华
钟　佳　朱佳欢

化学工艺（81人）

包燕君　曹庆胜　陈　峰　陈　华　陈　亮　陈　楠　陈　琪　陈学永　邓亚凯　丁　鼎　丁立新　丁　亮
董雁春　杜　铭　方彬彬　葛　晴　顾春思　郭　琪　胡晓飞　黄　帅　焦冷康　冷九够　李佳佳　李　凯
李　黎　李　鹏　李文博　李献宇　李小安　李宗北　梁艳华　刘帮明　刘　克　刘克峰　刘石金　刘文旭
刘艺文　刘逸锋　刘永吉　鲁　航　栾雨骅　吕七军　马靖淼　潘婷婷　彭　东　秦　雪　秦跃强　邱志强
邵光印　沈　陶　施丽丽　石　策　舒　阳　索倩倩　王兰磊　王思远　王天潇　王先涛　王昭晖　谢安东
谢　浩　徐丹丹　徐　佳　许　琳　杨大强　余丹丹　余荣兵　詹国雄　张建华　张　凯　张前程　张　岩
张益坤　张玉瑞　赵　亮　赵　青　赵文焕　周　茁　朱　靖　诸　亮　邹　涛

生物化工（18 人）

阿马恩　丁健健　董文颖　贾　敬　乐亚莉亚　李时飞　刘艳丽　柳　颖　彭雯娟　秦　鹏　唐　柳　田延军
万俊仙　王红亚　谢潘潘　熊志苗　许家慧　叶　瑞

应用化学（32 人）

阿尔菲德　崔传锋　郭文珍　化泽瑞　赖燕华　李　尚　齐艾妮　刘沣慧　刘蒙蒙　陆念念　阮　星　史　文
宋熊荣　王文志　王艳红　王　宇　王宇航　吴强芳　项怀德　项　宁　徐　杰　徐立溪　余　潆　岳　欢
张静怡　张　萍　张思铜　张文旭　赵鹏飞　赵长林　周　峰　周伟平

工业催化（11 人）

车　祥　董奇峰　金玉松　李　琨　彭凯浩　浦春华　邵逊哲　宋明光　王　伟　谢鸿凯　钟素红

制药工程与技术（22 人）

陈景艳　陈　龙　陈万尚　董淑鹏　杜亚军　付丽霞　高振红　户　晖　李吉美　梁　芳　林赢银　盛　哲
孙晓华　仝岭峰　王铭铭　王　瑜　熊　卉　虞坤昆　张家毓　张亚男　周佳斌　朱传雷

过程系统工程（1 人）

陈自正

材料化学工程（19 人）

代博文　邓　洁　高　雷　韩　瑜　李晨阳　李岩松　马　俊　沈哲琦　孙士宝　陶颖卿　田　薇　王晓晓
吴佳伟　吴亚东　徐　云　杨　青　张雪英　郑　苗　郑天文

油气储运工程（8 人）

储伟伟　段圆梦　何　萧　徐　超　晏陶燕　于惠波　张洪莹　张　迁

轻工技术与工程（3 人）

郭亚丽　罗　钊　谈孟杰

发酵工程（12 人）

白　灵　董　莹　何　伟　李佳瑞　李英英　李　珍　廖建国　舒　威　徐　庆　张　强　钟俭鸿　周小辛

皮革化学与工程（4 人）

江志伟　邢晓平　苑月杰　张洁慧

环境科学与工程（44 人）

安　娜　蔡　敏　蔡玄玄　陈　强　陈亚琴　陈　颖　陈　园　程　锦　程　娜　崔　航　丁　义　方兴斌
盖瑞哲　高　磊　郭倩倩　胡启迪　黄　蒸　李佳慧　李贤清　李志杰　梁　峻　刘天杰　卢　鑫　孟庆瑞
彭洪江　史笔函　唐庆杰　田　振　汪孝岚　王　琳　吴雪威　谢宇雷　徐开泰　徐　怡　许永艾　杨志龙
姚振楠　殷　俊　于　潇　张玉莹　赵梦飞　赵哲萱　周　阳　朱以亮

环境工程（1 人）

杜　娜

食品科学（12 人）

方　月　李　明　李尧尧　孙　晔　王　晶　王苗苗　徐　帆　杨小幸　张丽双　郑云翀　周　雯　朱巧沙

安全科学与工程（4 人）

段树军 方 雨 徐俊圣 张颐年

农学：5 人

农药学（5 人）

常雅宁 侯 爽 吴继纲 郓新明 张 超

医学：41 人

药学（30 人）

陈菲菲 陈建钦 陈强强 陈维维 陈 艳 丁一容 杜汉文 冯 舒 韩海燕 黄 翠 解菲菲 李伏兴 李 义 刘静远 刘 远 鲁彦丽 马夏珍 宓薛梦 潘慧玲 时海洋 孙万圣 王 芹 王引引 吴强勇 谢亚楠 熊加伟 许富旺 姚 雪 张亚军 郑双双

中药学（11 人）

高国瑗 贾有梅 刘利军 钱丁寅 邱 岑 盛晓笑 王 方 徐红梅 徐 静 徐 婷 袁 云

管理学：17 人

管理科学与工程（1 人）

张孝琴

工商管理（9 人）

艾 琳 安克莱尔 陈碧丝 马格特 麦 克 尼克拉 索 菲 雅 各 朱塞佩

企业管理（5 人）

芭塔纳 达瓦苏伦 海尤恩 王曹琼 伊希卡

社会保障（1 人）

敖 云

情报学（1 人）

蒋辛未

艺术学：3 人

设计学（3 人）

龙腾腾 魏旗萌 张延安

2. 硕士专业学位 435 人

金融：14 人

曹思宇 陈超逸 单 树 丁 锐 高文焰 刘 凯 刘 祥 梅 硕 苏诗淇 孙 临 卫 萍 吴 昊 徐 煜 张 韵

法律：22 人

陈必成 陈 全 戴小玄 杜俊辰 冯 涛 顾肖豫 郭琼鸽 金颖莹 孔 琪 刘泽洋 马思琦 潘灵翼 彭楷茵 孙 磊 姚有原 詹建平 战妍宏 张佩玉 赵庆新 赵 睿 赵威洋 周小玉

翻译：16 人

毕雪琴 曾祥红 陈 雪 丁晴晴 顾娟娟 李华阳 林 赢 林裕莹 马雪娇 沈 洁 盛镇浪 王 杰

王梦蝶　叶碧玲　马　坦　李紫东

工程：244 人

机械工程（11 人）

姜凌岷　蒋传悦　蒋国华　解文昌　李　鹏　陆寅啸　罗　伟　莫俊宝　彭　元　王　媛　袁吉闻

控制工程（8 人）

李　伟　李宜萱　严鹤翔　杨　锴　张建宇　周必军　周凯丽　朱世杰

化学工程（56 人）

班　衡　包永鑫　曹　韬　曾咏芳　陈金斌　陈天俊　陈云锋　邓欣苗　凡前峰　凤丽华　甘　泉　高晶晶
高亚光　谷兖生　顾亮亮　胡　杰　蒋俊彦　晋　忠　乐宇翔　李大龙　李昊鹏　李　靖　李　茂　李　鹏
李松松　廖　强　刘松豪　刘志杰　陆加亮　倪林峰　牛梦旗　潘晓峰　曲　成　沈振华　盛羽静　司　丹
孙凤强　王国华　王　龙　王　梦　王依璐　魏雄飞　巫林芮　吴海华　吴劲松　夏维坚　熊妍岚　徐川川
徐延学　杨　眉　杨艳辉　于文明　张开放　张　瑜　张　悦　周苏苏

轻工技术与工程（4 人）

陈伟东　张震东　章文刚　祝林峰

环境工程（21 人）

陈跃安　范书婷　冯万里　高　爽　胡润麟　季洪金　李　焕　林小小　刘　高　沈立业　沈晓强　施震东
石　杰　陶倩倩　涂宝声　温东东　邬莎娜　吴梅群　张金妹　张　禛　赵泫然

生物工程（22 人）

程可利　崔明明　冯嘉炜　贾宗晓　孔垂杏　李敏捷　刘冬琴　刘继富　倪自鹏　潘红霞　孙家琪　孙为俊
孙要飞　谭晶晶　王伟飞　王　玥　吴惠玲　吴　姗　肖　昱　谢　超　张嵩洁　郑　青

材料工程（27 人）

蔡婉萍　曹宝华　陈昌林　陈春蕾　陈　磊　陈帅锋　陈志冰　丁隽琛　高群锋　韩亦钦　姜　雄　蒋成华
刘　奇　孟庆文　钱　浩　唐似铁　王金明　王志成　武瑞黄　徐晨斐　徐　泰　殷红娟　于栋萍　翟楠楠
张宝亮　赵方家　周志豪

动力工程（11 人）

陈晓庆　范廷峰　高　丽　胡新卓　黄国冠　鲁长锁　王　鹤　王　林　王明涛　向　忠　姚诚良

电子与通信工程（8 人）

梁夕雨　刘　涛　沈　健　沈正浩　孙俊峰　王嘉璇　徐　罗　杨金森

计算机技术（7 人）

刘炫麟　鲁　岳　罗　斌　瞿炜超　沈晶磊　史佩纲　吴辰侣

软件工程（7 人）

贺丽娜　蒋晓珺　冷志成　孙　珉　吴思聪　张俊超　朱　峰

安全工程（3 人）

陈天明　梅溢灵　赵　坤

食品工程（3 人）

孟 茜 王赟杰 王海玲

制药工程（23 人）

曾 彦 陈一鸣 仇宝珠 崔佳麒 高云霄 桂 抗 韩梦茹 黄 雷 梁 军 廖 凡 陶庆璇 王恩夫 吴 俊 徐 浩 杨丛斌 余小亮 张 帆 张帅康 张贤尉 张向群 赵菲熠 周 辉 周生锁

项目管理（30 人）

曹成亮 陈 娟 陈 晓 甘 静 胡奇风 胡晓骏 黄 翔 黄晓霞 金文俊 寇凤翔 李 威 刘秀雯 邵宋邵 宋俊宜 宋竹田 孙丹艳 孙柯伟 王 凯 王玉超 魏雅博 吴亚明 武文捷 肖海荣 徐 芬 徐 俊 徐姆安 詹江琴 张湖曦 赵 杰 周东荣

物流工程（3 人）

潘振贞 沈 洁 赵 桔

药学：15 人

陈宪勇 程 燕 恩 科 范嘉莹 高玉伟 李 林 卢 琳 浦佳倩 秦文静 王 浩 夏令英 薛佳怡 尹 乔 俞雪婷 张 鹏

中药学：1 人

王士博

工商管理：79 人

工商管理（64 人）

操汉卿 曹德华 曹剑伟 曾 琦 陈 荻 陈民豹 陈弋弋 邓宇航 凤 麒 何钧超 侯 波 黄 峰 霍玲枝 贾斯廷 卡洛斯 李威杰 李文彬 李跃宗 李振中 刘 茜 刘 艳 刘艳梅 刘艳艳 罗伯特 吕 品 满艳丽 裴 隆 齐 渢 钱海珊 渠 晗 任晓静 沈 智 石芳菲 石娜娜 史谦夫 史玉香 宋 剑 孙春晖 孙凤娟 孙琳琳 王 淳 王雪昆 王 颖 王玉刚 魏晓露 温兰铭 吴 敏 吴文龙 徐会敏 徐 谦 许道光 许 露 薛 衡 易平丽 盈 彬 张佳佳 张明晦 张 彦 张志成 赵 杰 钟 晨 周晨燕 周 勇 朱 明

高级管理人员工商管理（15 人）

蔡俊铣 陈利友 崔继春 丁加虎 何泽巨 蒋蓉婷 刘子元 史 朔 吴胜勇 吴 涛 徐霞斌 徐彦来 易习刚 张春荣 周 颖

公共管理：43 人

卞寿峰 曹 挺 陈 琤 陈 佳 陈庆丰 陈 啸 丁媛晶 高 蓓 高 琦 葛晓娇 葛晓伟 顾翼飞 黄升晖 黄心洁 姜 丹 蒋露佳 康 嘉 刘 畅 刘瀚舟 彭叶青 祁飞艳 钱 亮 瞿立真 邵 炜 施蓉蓉 孙 超 孙露璐 田 鹏 吴婷婷 邢 霞 徐 琳 徐 炜 徐文君 许嘉炜 薛 均 应秋晨 袁丽敏 袁 鑫 张 娜 张熙熙 张 振 周文秀 朱 韡

会计：1 人

谭广宇

2017 年 9 月研究生学位授予名单

一、经校第十二届学位评定委员会第五次会议审议表决，同意授予以下 45 人博士学位。

学历教育博士 45 人

法学：2 人

社会学（1 人）

易伍林

马克思主义中国化研究（1 人）

黎永红

理学：6 人

数学（1 人）

何　俊

分析化学（1 人）

孙旭东

有机化学（1 人）

毛枭峰

物理化学（1 人）

卞鹏程

精细合成化学与分子工程（1 人）

孔佳辉

生物化学与分子生物学（1 人）

范海洋

工学：33 人

机械工程（1 人）

李春雷

材料科学与工程（3 人）

王雪红　步晓君　景希玮

动力工程及工程热物理（2 人）

黄　渊　杨高品

热能工程（3 人）

郭晓峰　竹怀礼　张　庆

化工过程机械（1 人）

吴　桐

化学工程（6 人）

吕佳逊　孟　晨　陈　驰　郑经纬　靳栋梁　田鹏飞

化学工艺（5 人）

邴雪峰　傅　婷　魏振浩　金玉龙　王义明

生物化工（3 人）

彭帅英　徐　磊　余婷婷

应用化学（3 人）

孟福娜　方文章　徐黎明

工业催化（3 人）

付　宇　商　周　赵振阳

发酵工程（3 人）

曹　选　陈佳伶　洪　铭

医学：4 人

药学（4 人）

董　栋　杨武林　黄林伟　雷克晟

二、经校第十二届学位评定委员会第五次会议审议表决，同意授予以下 187 人硕士学位。

1. 学历教育（学术型）硕士学位 106 人

理学：24 人

计算数学（1 人）

李翔翔

应用数学（2 人）

卢颖霞　翟丹丹

物理学（1 人）

陈泠坤

分析化学（3 人）

丁泊洋　魏荷月　张田丽

有机化学（1 人）

张　翠

物理化学（2 人）

张大鹏　史学伟

高分子化学与物理（4 人）

李　平　张玉军　周雅茹　宁金凤

海洋生物学（1 人）

邓　佳

微生物学（2 人）

万婷婷　史梦菲

生物化学与分子生物学（7 人）

余　侨　孙冰洁　陆雨星　杨希晨　朱佳欢　李宝玲　袁翠娟

工学：70 人

材料科学与工程（16 人）

范嘉明　杜峰可　居　卫　于晓晓　梁蒙蒙　胡　乾　张南杰　胡雪峰　杨　芳　陈飞燕　付建伟　周罗肖
彭　翔　刘胜优　强　磊　朱威武

先进材料与制备技术（1 人）

龚　伟

计算机科学与技术（1 人）

栾伟锋

计算机应用技术（1 人）

杰　姆

化学工程（3 人）

聂　敏　孙　凯　王　恒

化学工艺（1 人）

俞凯健

生物化工（10 人）

邹星星　陈科材　贺　磊　梁承品　张　超　吴　媛　蒋　莹　姚瑞苗　牟　翰　杨　韬

应用化学（6 人）

刘彭薇　张　鹏　薛灵芝　马亚光　谭　杰　罗深圳

工业催化（8 人）

戴怡梦　纪璇璇　刘　款　陈　星　王荆林　王　晶　吴彦町　杨铭霞

制药工程与技术（3 人）

关　禹　吕　霞　刘雅琴

材料化学工程（3 人）

李博民　陈　红　胡　念

油气储运工程（1 人）

周义龙

发酵工程（6 人）

赵骏飞　张永强　姚开亚　吴宝峰　王若文　胡俊朗

轻工技术与工程（2 人）

李　辉　潘　攀

环境科学与工程（2 人）

李　雪　芦　伟

生物医学工程（3 人）

杨　峰　张楚楚　刘孝丽

食品科学（2 人）

郭明荣　赵　瑜

安全科学与工程（1 人）

张皓羽

农学：1 人

农药学（1 人）

吴嘉瑶

医学：11 人

药学（10 人）

朱　倩　何增辉　孟佳佳　苏若恒　程　涛　戴一星　张文娟　葛一会　李艳芳　董　斌

中药学（1 人）

杨毕超

2. 硕士专业学位 81 人

工程：28 人

材料工程（6 人）

王剑波　毛国翔　时海峰　史文斌　梁博秦　黄宝存

化学工程（15 人）

吴　晶　马　超　郭　峰　储　俊　瞿　静　章　帆　陈　峰　彭友山　王雨东　陆本申　李　帅　斛小晋
朱晓渊　马　磊　吴　冬

轻工技术与工程（3 人）

乔　伟　黄海明　钱　辉

制药工程（3 人）

陈建国　花文杰　邵靖渊

生物工程（1 人）

代为俊

中药学（1 人）

潘　辉

工商管理（37 人）

曹　巍　王　婧　徐朱悦　张慧萍　苌艳格　丁银芬　范宇翔　高　寒　高金红　胡京城　梁　鑫　刘艳辉
马　慧　马咏梅　乔加伟　唐　慧　田衔衔　田艳萍　吴春明　熊铁超　徐明峰　严　瑾　杨启东　袁　静
袁　炜　张　浩　张娇娇　张秀平　张振栋　张治涛　赵　冀　赵鹏程　赵秀敏　赵月华　郑真远　朱巧丽
左文凯

会计（15 人）

喻　萍　陈健骏　单宇婷　葛　溪　管月鸣　何驹麟　胡　玥　黄云霞　来瑾丽　李清林　李溪月　谢林琦
姚佳音　易婷婧　袁均晓

2017 年研究生指导教师分职称、分导师情况

单位：人

学院名称	总计	其中：女	分职称		分导师		
			教授	副教授	博士生、硕士生导师	博士生导师	硕士生导师
合　计	984	292	486	498	337	23	624
国际教育学院	0	0	0	0	0	0	0
化工学院	116	27	58	58	34	3	79
化学与分子工程学院	10	31	6	43	58	2	50
生物工程学院	1	32	0	41	35	1	55
机械与动力工程学院	7	19	0	37	26	1	50
材料科学与工程学院	8	22	5	43	36	6	56
信息科学与工程学院	5	32	4	51	22	1	62
资源与环境工程学院	8	15	4	34	25	5	38
药学院	7	20	1	26	39	2	36
理学院	5	15	1	24	13	0	32
商学院	6	31	3	53	24	2	60
社会与公共管理学院	4	14	7	27	14	0	30
外国语学院	9	13		14	0	0	19
艺术设计与传媒学院	1	8		16	4	0	17
马克思主义学院	6	3		12	2	0	14
体育科学与工程学院	0	3		7	2	0	8
高等教育研究所		1		0	0	0	2
科技信息研究所		4		5	0	0	5
法学院		2		7	3	0	11
商学院专业学位中心		0		0	0	0	0
MPA 教育中心		0		0	0	0	0

成人继续教育

【概况】 继续教育学院下设四室二部，在职在聘教职工 20 人，外聘职工 18 人。在册学历学生 11 122 人（其中业余学生 10 993 人，函授学生 129 人）。参加高等教育自考生 17 483 人次。各类继续教育年培训量达 3 726 人。

招生毕业工作。根据教育部文件上报 2017 年成人教育招生计划。教育部根据报名人数的 85%，下达招生计划数总数 4 857 人，其中，高起本上海计划 992 人；专升本上海计划 3 775 人，专升本函授计划 90 人。最终上海市共录取：高起本 964 人，专升本 3 843 人；函授录取专升本 71 人。录取总人数为 4 878 人。完成计划总数的 100. 43%。年内，评选夏萍、郯信裕、杨龙霞、武玉华等 4 位班导师为继续教育学院 2016 年度优秀班导师。授予吴晓燕等 100 名同学“优秀学生”称号，授予杜红芳等 62 名同学“优秀学生干部”称号，授予周媛聪等 50 名同学“优秀新生”称号。授予财务 140（业升）钟军等 33 人成人高等教育 2017 届“优秀毕业生”荣誉称号。

教育管理工作。根据上海市考试院对自考专业进行分类管理的精神，自考商务管理（本科）、商务管理（基础科段）、社会工作与管理专业分别被归类为优势专业、常规专业和预警专业三类。在对自考社会工作与管理专业近年报名报考数据进行详细分析后，结合专业实际情况，将社会工作与管理专业于 2018—2019 年进入停考过渡期，2020 年停考。上海市国家保密局会同上海市教育考试院对学校自学考试试卷保密室进行保密安全工作联合检查，自学考试试卷保密室以综合 98 分的高分顺利通过了 2017 年度保密安全检查。

教育培训工作。与国内大中型企业及地方政府合作开办多项培训项目：为上海石油化工研究院举办专业技术人员培训班；为学校人事处举办 2017 年度职员培训；为苏州市科技局举办苏州科技行——产学研研修班；为中国石化上海石油化工股份有限公司举办改制企业经营者培训班；为中国石化上海石油化工股份有限公司举办第四期兼职教师培训班；为徐汇区区委组织部举办特大城市社会治理创新培训班；为上海华谊能源化工有限公司举办有效沟通、提升效能培训班；为山东淄博化工行业协会举办监控化学品生产企业研修班；为苏州市科技局举办协同创新训练营和镇长团岗前培训；为苏州高新区培训中心举办企业中高层管理技能提升训练班；为苏州市经信委举办苏州“i 赢学堂”企业领袖人才培养系列讲座；为江苏省医疗器械产业园举办DISC 识人用人沙龙；为苏州君康医疗科技有限公司举办卓越班组长管理能力五项修炼；为苏州纽迈分析仪器股份有限公司举办骨干精英综合能力提升训练营；为苏州通锦精密股份有限公司举办现场管理与精益改善培训班等。

【学院对校外教学点优秀管理人员和优秀教师进行表彰】 根据华东理工大学继续教育学院《校外教学点教师及教学管理人员评优条例》规定，经校外教学点推荐，学院各职能部门评议，由学院党政联席会通过，决定表彰宋珏岚等 16 位教职员工为 2015—2017 年校外教学点优秀管理人员，陈玉冬等 5 人为优秀教师。

附录：

成人高等学历教育学生人数统计表 单位：人

学习类型		函授		业余		
层次		专升本	高起专	高起本	专升本	高起专
年级	一年级	28	104	578	2 555	863
	二年级	47	103	417	1 832	793
	三年级	54	109	338	1 774	640
	四年级			354		75
	五年级			458		
小计		129	316	2 145	6 161	2 371

注：统计数据截至 2017 年 9 月。

成人非学历教育学生人数统计表

项　　目	委培单位	班　　级	人数	办 班 时 间
中高端内训	宁夏宁东能源基地	煤化工专业技术人才高级研修班（1）	52	1 月 8 日—1 月 14 日
	江苏省医疗器械产业园	DISC 与识人用人沙龙	22	3 月 14 日
	苏州市科技局	苏州科技行——产学研研修班	60	3 月 15 日—3 月 17 日
	上海市人保局	老年服务与社会工作	54	3 月 30 日—4 月 1 日
	上海市人保局	电子商务师（高级）	86	4 月
	嘉兴教育学院	嘉兴市名师信息应用能力培训一期	50	4 月 9 日—4 月 13 日
	宁夏宁东能源基地	煤化工专业技术人才高级研修班（2）	55	4 月 9 日—4 月 15 日

续表

项　　目	委培单位	班　　级	人数	办班时间
中高端内训	中国石化上海石油化工股份有限公司	中国石化上海石油化工股份有限公司改制企业经营者培训班	61	4月26日—4月27日
	苏州君康医疗科技有限公司	卓越班组长管理能力五项修炼	23	5月4日—5月5日
	嘉兴教育学院	嘉兴市名师信息应用能力培训二期	50	5月16日—5月20日
	学校人事处	2017年度职员培训	150	5月16日—6月15日
	东方航空公司	“GE”英语强化培训	25	6月
	中国石化上海石油化工股份有限公司	中国石化上海石油化工股份有限公司第四期兼职教师培训班	30	6月25日—6月29日
	嘉兴教育学院	嘉兴市名师信息应用能力培训三期	90	7月3日—7月7日
	嘉兴教育学院	嘉兴市经开区骨干教师信息应用能力培训	50	7月5日—7月8日
	苏州纽迈分析仪器股份有限公司	企业骨干精英综合能力提升训练营	39	7月21日—7月29日
	苏州高新区培训中心	MTP中高层管理技能提升训练班	30	8月4日—8月12日
	云南寻甸	云南寻甸干部扶贫培训	400	8月22日—8月23日
	徐汇区委组织部	特大城市社会治理创新	130	8月24日—9月28日
	上海石油化工研究院	上海石油化工研究院专业技术人员培训班	80	8月25日—8月30日
	东方航空公司	“罗罗班”英语强化培训	25	9月
	山东淄博化工行业协会	淄博监控化学品生产企业研修班	50	9月19日—9月20日
	上海市人保局	禁毒社会工作	54	9月20日—9月22日
	厦门翔安区教师进修学校	厦门翔安区德育干部培训	75	9月20日—9月22日
	苏州通锦精密股份有限公司	现场管理与精益改善	26	9月24日—9月25日
	苏州市经济与信息委员会	苏州“i赢学堂”企业领袖人才培养系列讲座	150	11月9日—11月23日
	上海华谊能源化工有限公司	有效沟通，提升效能	120	11月15日—12月11日

续表

项　　目	委培单位	班　　级	人数	办 班 时 间
执业资格、证书类培训	社会报名	经济师	33	
	社会报名	托福	13	
	社会报名	雅思	27	
自考助学辅导	社会报名	自考毕业论文辅导班	786	7 月 2 日—10 月 29 日
	社会报名	商务管理（业余本科）	108	
成考辅导班	社会报名	高中起点辅导班	235	3 月—10 月
	社会报名	专科起点辅导班	411	3 月—10 月
大学英语四级辅导	社会报名	大学四级英语辅导	76	4 月—12 月

夜大招生专业一览表

序号	专业名称	修业年限/年	科类	学习形式	学历层次
1	英语	3	文史、中医类	业余	专升本
2	高分子材料与工程	3	理工类	业余	专升本
3	自动化（电气工程测控技术）	3	理工类	业余	专升本
4	机械设计制造及其自动化	3	理工类	业余	专升本
5	机械设计制造及其自动化（模具设计）	3	理工类	业余	专升本
6	计算机科学与技术	3	理工类	业余	专升本
7	信息工程（电子与电力技术）	3	理工类	业余	专升本
8	化学工程与工艺	3	理工类	业余	专升本
9	国际经济与贸易	3	经管类	业余	专升本
10	金融学	3	经管类	业余	专升本
11	生物技术	3	经管类	业余	专升本
12	生物技术（食品工程与检测）	3	经管类	业余	专升本
13	财务管理	3	经管类	业余	专升本
14	药学	3	经管类	业余	专升本
15	工程管理（项目管理）	3	经管类	业余	专升本
16	工程管理（质量管理与检测）	3	经管类	业余	专升本
17	工商管理	3	经管类	业余	专升本
18	会计学	3	经管类	业余	专升本
19	人力资源管理	3	经管类	业余	专升本
20	物流管理	3	经管类	业余	专升本
21	信息管理与信息系统	3	经管类	业余	专升本
22	行政管理	3	经管类	业余	专升本
23	法学	3	法学类	业余	专升本
24	信息工程	5	理工类	业余	本科
25	计算机科学与技术	5	理工类	业余	本科
26	机械设计制造及其自动化	5	理工类	业余	本科

续表

序号	专业名称	修业年限/年	科类	学习形式	学历层次
27	药学	5	理工类	业余	本科
28	财务管理	5	文理	业余	本科
29	工商管理	5	文理	业余	本科
30	国际经济与贸易	5	文理	业余	本科
31	物流管理	5	文理	业余	本科
32	人力资源管理	5	文理	业余	本科
33	行政管理	5	文理	业余	本科

函授招生专业目录

序号	专业名称	层次	科类	函授站地址
1	药学	专升本	经管类	深圳函授站
2	工程管理	专升本	经管类	深圳函授站
3	会计学	专升本	经管类	贵州函授站
4	工商管理	专升本	经管类	贵州函授站

自学考试专业目录

序号	专业名称	层次	科类
1	商务管理	专升本	经管类
2	商务管理	专科	经管类
3	社会工作与管理	专科	文史类

成人高等学历教育毕业生及授予学位学生数一览表

单位：人

名称	函授		夜大		
层次	专升本	高起专	高起本	专升本	高起专
毕业生数	79	124	419	2 083	886
授予学位学生数	5	—	125	771	—

注：统计数据截至2017年9月。

高等教育自学考试情况一览表

自学考试时间	报考人次	中英合作商务管理本科报考人次/门次	中英合作商务管理专科报考人次/门次	社会工作与管理专科报考人次/门次
4月8、9、15、16日 5月20、21日	7 673	7 097/19 832	556/1 923	20/47
10月14、15、21、22日 11月18、19日	9 810	6 889/20 486	2 826/10 660	95/168

高等教育自学考试毕业生一览表

单位：人

毕业时间	中英合作商务管理本科	中英合作商务管理专科	社会工作与管理专科	合计
6月	762	19	2	783
12月	955	25	3	983
授学士学位	441	—	—	441

继续教育学院校外教学点一览表

编号	教学点（授课点）	依托单位	上课地点
1	医药职大	上海医药职工大学	长宁区江苏北路 89 号
2	闵行行知	上海行知进修学院	闵行区东川路 1779 号 A 座二楼
3	华文进修学院	上海华文进修学院	宝山区南陈路 259 号
			闸北区阳曲路 421 号
			虹口区三门路 661 号
			宝山区友谊路 327 号
			浦东川沙镇临园路 55 号
4	纺织职大	上海纺织工业职工大学	普陀区长寿路 652 号
5	大华	上海市计算机进修学院	宝山区大华三路 99 号
			浦东新区源深路 158 号
6	博学科技	徐汇区博学科技专修学校	徐汇区老沪闵路 777 号
7	工业技术学校	上海市工业技术学校	徐汇区喜泰支路 8 号
8	裕德教育	上海裕德进修学院	徐汇区裕德路 99 号
9	群星职校	上海市群星职业技术学校	浦东新区德州路 240 号
10	嘉定汽车城	上海汽车城人才培训学院	嘉定区金沙路 200 号
			安亭民丰路 988 号四楼
11	震旦学院	上海震旦进修学院	黄埔区复兴中路 369 号
12	智优学院	上海智优经理人进修学院	普陀区曹杨路 535 号（汇融大厦）5 楼
13	晨光学院	上海晨光进修学院	金山区石化蒙山北路 611 号
14	食品科技	上海金山区广益培训中心	金山区朱泾镇万安街 381 号
15	大成思苑	上海大成思苑进修学院	浦东新区惠南镇工农南路 235 号
16	自力教育	上海自力进修学院	黄浦区云南南路淮云大夏 14 楼
			闵行区沪闵路 6088 号 1005 室
17	市中教育	上海市中教育进修学院	浦东新区沪南路 859 号
			浦东东方路 428 号
			闵行区莘松路 58 号
18	昌硕科技委培点	昌硕科技（上海）公司	黄埔区瑞金一路 8 号四楼

网络教育

【概况】 年内，网络教育学院有员工 41 人（其中校编在职员工 19 人，公司编制在职员工 22 人），在聘网络教育兼职教师 177 人。学院设有 20 个专升本专业、10 个高起本专业、19 个高起专专业。2017 年学籍注册新生 13 755 人，其中春季 5 900 人、秋季 7 855 人。2017 届毕业生共 7 947 人，其中春季 4 331 人、秋季 3 616 人；授予学士学位 679 人。

推进网络教育项目合作。与北京弘远博学科技有限公司签署 2018 年网络教育项目合作协议书。按照学校审计要求，配合审计处完成学院经济责任审计与内部控制审计工作。

招生规模进一步扩大。首次尝试地铁车站灯箱广告推广品牌宣传，利用地铁高人流量的特性提高华理网院品牌的影响力。秋季重启高起本招生工作，开设 10 个专业。拓展行业、企业生源，承接昆山市安监局面向昆山市区域内安全监管、一线管理岗位人员的学历教育项目，新增台积电企业委培班。继续联合杭州教育中心参与杭州市总工会的“优秀外来务工人员上大学”项目。年内，秋季招收新生 400 余人。对接学校教育扶贫工作，免费帮助云南寻甸县基层干部提升学历层次，春季首批入学 38 人。非学历教育稳步开展。高级工商管理（MBA）硕士研修班项目录取新生 15 名，高级企业管治硕士研修班项目录取新生 35 名，毕业学生 30 名。

中心管理水平不断加强。新增海益、培英、南汇跃鼎等 3 家学习中心（筹），完成上海地区 6 家学习中心的申报与现场答辩工作。在丽水举办现代远程教育的转型与发展研讨会，有 41 个学习中心共 89 人参加。在校逸夫楼演讲厅举办了现代远程教育校外学习中心第 30 次工作会议，有 44 个学习中心共 76 人参加。会上，为普陀等 12 家获奖学习中心颁奖。

教学管理能力显著提升。年内，在聘主讲教师 177 人，其中副教授职称及以上的主讲教师占 63%，校内主讲教师占 95%。秋季制定高起本 10 个专业教学计划，筹备 2018 年春季高起专安全技术与管理、药学专业教学计划以及设置安全技术与管理专业方向。建设全视频课程课件 19 门，更新课件 16 门，开发在线实验课件 8 个和在线实验考核课件 8 个；继续出版网络教育专用教材 4 本，累计达到 88 本。建设一套虚拟演播室系统，实现虚拟场景课件建设。继续改进考务工作，优化考试日程安排，有效降低缺缓考率。2016 年 12 月、2017 年 4 月、2017 年 9 月三次统考计算机的平均合格率为 83.65%，比国家线高出 14 个百分点，统考英语的平均合格率为

70.83%，与国家线基本持平。组织完成两次网络教育学位英语考试和学位论文答辩组织工作。

校园文化建设成效明显。组织春、秋两季班主任工作培训，共75人次参加；完成年度班主任考核评优工作，其中优秀班主任34名，获得鼓励奖37名。举办“唱响青春，梦想飞扬”第九届学生十大歌手比赛，有12个中心共300余人参加；举办第十一届师生运动会，有20个中心共400余人参加；组织并通过网络直播2017年春季、秋季新生开学典礼；组织2017届秋季网络教育学生毕业典礼，有19个中心共900余名毕业生参加；定期组织学生评优工作，全年评选出优秀毕业生538名、优秀学生431名。

附录：

网络教育学生人数统计表

年　份	项　目	学生数/人
2017年	注册学生	13 755
	毕业学生	7 947
	授予学位	679

注：统计时间截至2017年12月底。

网络教育招生专业一览表

层次	招生专业
专科起点本科	工商管理、行政管理、会计学、国际经济与贸易、工程管理、物流管理、金融学、法学、社会工作、劳动与社会保障、化学工程与工艺、过程装备与控制工程、机械设计制造及其自动化、电气工程及其自动化、药学、计算机科学与技术、信息工程、生物工程、自动化、安全工程
高中起点本科	工商管理、行政管理、财务管理、国际经济与贸易、工程管理、物流管理、计算机科学与技术、化学工程与工艺、机械设计制造及其自动化、药学
高中起点专科	工商企业管理、会计、行政管理、国际经济与贸易、计算机信息管理、劳动与社会保障、物流管理、建筑工程管理、市场营销（医药营销）、药学、药物制剂技术、计算机应用技术、应用化工技术、安全技术管理、机电一体化技术、电气自动化技术、生产过程自动化技术、广告设计与制作、艺术设计

校外教学点一览表

省份	校外教学点名称	依托建设单位
上海市	华东理工大学网络教育学院徐家汇工商学院教育中心	徐家汇工商管理进修学院
	华东理工大学网络教育学院上海科技教育中心	上海市业余科技进修学院
	华东理工大学网络教育学院轻工教育中心	上海第二轻工业学校
	华东理工大学网络教育学院奉贤教育中心	上海市奉贤中等专业学校

续表

省份	校外教学点名称	依托建设单位
上海市	华东理工大学网络教育学院嘉定教育中心	上海嘉华进修学院
	华东理工大学网络教育学院长宁科技教育中心	上海长宁科技进修学院
	华东理工大学网络教育学院医药教育中心	上海市医药学校
	华东理工大学网络教育学院群星教育中心	上海市群星职业技术学校
	华东理工大学网络教育学院市北教育中心	上海市市北职业高级中学
	华东理工大学现代远程教育崇明学习中心	上海崇明中华职业进修学校
	华东理工大学现代远程教育普陀学习中心	上海智优经理人进修学院
	华东理工大学现代远程教育普陀信息学习中心	上海信息技术学校
	华东理工大学现代远程教育闵行学习中心	上海西南工程学校
	华东理工大学现代远程教育新长宁学习中心	上海新长宁教育培训中心
	华东理工大学现代远程教育东辉学习中心	上海市东辉职业技术学校
	华东理工大学现代远程教育杨浦学习中心	上海百联职业技术学校
	华东理工大学现代远程教育黄浦学习中心	上海市商贸旅游学校
	华东理工大学现代远程教育宝山华文学习中心	上海华文进修学院
	华东理工大学现代远程教育新世界学习中心	上海新世界进修学院
	华东理工大学现代远程教育闵行电力学习中心	上海电力工业学校
	华东理工大学现代远程教育中华职校学习中心	中华职业学校
	华东理工大学现代远程教育静安学习中心	上海第二工业大学
	华东理工大学现代远程教育南汇学习中心	上海工商外国语职业学院
	华东理工大学现代远程教育济光学习中心	上海济光职业技术学院
浙江省	华东理工大学网络教育学院宁波教育中心	宁波工程学院
	华东理工大学网络教育学院杭州教育中心	杭州市工人业余大学
	华东理工大学网络教育学院金华教育中心	金华职业技术学院
	华东理工大学网络教育学院桐乡教育中心	桐乡市工会职工学校
	华东理工大学网络教育学院丽水教育中心	丽水市审计培训中心
	华东理工大学网络教育学院临安教育中心	临安市职工业余学校
	华东理工大学现代远程教育嵊州学习中心	嵊州市中等职业技术学校
	华东理工大学现代远程教育湖州学习中心	浙江信息工程学校
	华东理工大学现代远程教育舟山学习中心	舟山职业技术学院
江苏省	华东理工大学网络教育学院南化教育中心	南京科技职业学院
	华东理工大学现代远程教育昆山学习中心	江苏省昆山第一职业高级中学
	华东理工大学现代远程教育常州工程学习中心	常州工程职业技术学院
	华东理工大学现代远程教育常熟学习中心	常熟理工学院
	华东理工大学现代远程教育南通业大学习中心	南通市工人业余大学

续表

省份	校外教学点名称	依托建设单位
广东省	华东理工大学网络教育学院顺德教育中心	顺德职业技术学院
	华东理工大学现代远程教育中山学习中心	中山火炬职业技术学院
	华东理工大学现代远程教育深圳学习中心	华东理工大学深圳研究院

注：以上报网络教育阳光招生平台数据为统计口径，信息截至 2017 年 12 月底。

科学研究与学科建设

Kexue Yanjiu yu Xueke Jianshe

自然科学研究

【概况】 年内，学校科技工作围绕“坚持改革创新，开创学校科技工作新局面”的工作目标，以“完善科研组织模式和机制、争取重大科技创新项目、加强科研团队和基地建设、促进科技成果转移转化”为工作重点，勇担使命，攻坚克难，学校科技创新能力不断提升，科技事业发展取得明显进步。

科研经费总量。年内，学校承担各类科研课题900余项，科研经费到款共计5.37亿元，同比增长8%。新签科研项目1 066项，合同金额超5.54亿元，同比增长26%。组织申报国家重点研发计划，学校作为第一承担单位立项1项，负责课题9项，立项经费共计7 824万元。国家自然科学基金立项156项，立项直接经费突破1亿元。同时，学校参与的“分子聚集发光”基础科学中心项目获批立项，该项目截至目前全国仅批准了7项。

科研基地和人才队伍建设。揭牌成立费林加诺贝尔奖科学家联合研究中心，打造具有重要影响力的国际化科研平台。生物反应器工程国家重点实验室评估获得“优秀”。结构可控分子工程国际合作联合实验室获得教育部批准立项建设，实现了学校国际合作联合实验室“零的突破”。杨化桂、张显程、杜文莉3人入选国家“杰青”，马骧、贺晓鹏、赵玉政、杨强4人入选国家“优青”。刘海峰入选科技部中青年科技创新领军人才，龚学庆入选上海市优秀学术带头人，王海丰、王喆入选上海市曙光计划，10人入选上海市浦江人才，7人入选上海市青年科技启明星。

科技奖励。惠虎等参与的项目获2017年度国家科技进步二等奖。学校获2017年度上海市科学技术奖14项、2017年度教育部高等学校科学研究优秀成果二等奖4项。龙亿涛领衔的项目获中国分析测试协会科学技术特等奖，于广锁领衔的项目获中国石化联合会科技进步一等奖。杨化桂获上海市自然科学牡丹奖，王辅臣获上海市科技精英提名奖，张立新获药明康德生命化学研究奖学者奖，赵玲获侯德榜化工科技创新奖，段学志获侯德榜化工科技青年奖。

产学研合作。新签12项重大成果转化合同，涉及合同总金额超过1.2亿元。新建青岛、洛阳2个校外研究院和华理－西陇科学超净高纯试剂联合实验室等6个校企联合科研机构。学校参展第十九届中国国际工业博览会，王振雷领衔的项目获高校展区优秀展品特等奖，易建军领衔的项目获高校展区优秀展品二等奖。学校获首届中国高校科技成果交易会“优秀展示奖”和

“成果创新奖”。钱锋等的发明专利和李忠等的发明专利分获第十九届中国专利优秀奖。任国宾获中国产学研合作创新奖（个人）。

学校科技影响力。成功举办国家自然科学基金委员会化学科学部的第七届化学工程青年学者学术交流研讨会和基金申请代码调整宣讲会。胜利召开2017年科技创新大会，与上海市徐汇区人民政府签订合作框架协议，揭牌成立华东理工大学科学技术协会。学校在*Nature*期刊上推出65周年校庆纪念专版，介绍学校的学科特色和科研成果，并在*Nature Index*中介绍学校前沿科技工作，取得良好的宣传效果和社会反响。

（陈啸寅、黄婉君）

【洁净煤技术研究所团队荣获“2016年度中国石油和化工行业影响力人物”】 1月15日，由中国石油和化学工业联合会指导、中国化工报社主办，主题为“向社会讲好化工故事”的2016年度中国石油和化工行业十大新闻暨行业影响力人物发布盛典在北京举行。第十届全国人大常委会副委员长顾秀莲、中国石油和化学工业联合会会长李寿生出席盛典。华东理工大学洁净煤技术研究所团队荣获“2016年度中国石油和化工行业影响力人物”，洁净煤技术研究所所长于广锁教授代表团队领奖。

（曹学）

【市科技奖励大会召开，华理揽11项大奖】 3月22日，上海市委、市政府在上海展览中心友谊会堂召开上海市科学技术奖励大会。华理共有11项成果（人）获得表彰，其中，华理作为牵头单位的项目获一等奖4项、二等奖3项、三等奖1项，华理教师参与的项目获一等奖1项，刘海峰获青年科技杰出贡献奖，学校合作科学家米哈伊尔·弗拉基米诺维奇·伊万诺夫（俄）获国际科技合作奖。

（孙凯文）

【结构可控分子工程国际合作联合实验室获批立项建设】 10月，教育部公布了2017年度国际合作联合实验室立项建设评审结果，华东理工大学结构可控分子工程国际合作联合实验室获批立项建设，实现了华理国际合作联合实验室“零的突破”。该国际合作联合实验室依托华东理工大学建设，由田禾院士担任实验室中方主任，以色列科学院院士、德国科学院院士、欧洲科学院院士 Itamar Willner 院士担任外方主任，国家自然科学基金委化学学部主任、清华大学张希院士担任学术委员会主任，2016年诺贝尔化学奖获得者 Benard L. Feringa 院士担任国际咨询委员会主任。

（曹学）

【华理科协成立暨第一次全体代表大会举行】 11 月 8 日，华东理工大学科学技术协会第一次全体代表大会在和平楼第二会议室召开，标志着华理科协正式成立。副校长吴柏钧、刘昌胜出席会议。科研院副院长陈锋主持会议，共有来自全校各二级单位的 110 名代表参加了会议。科研院常务副院长朱为宏做了华理科协筹备工作报告，介绍了高校科协成立的背景、意义及作用。陈锋宣读了上海市科学技术协会关于同意华理科协成立的复函。会议审议通过了华理科协章程和第一届委员会建议名单，选举产生了第一届委员会常委会，涂善东当选为第一届主席，吴柏钧、刘昌胜当选为副主席，朱为宏、范体军当选为秘书长。

（黄婉君）

【华理召开科技创新大会】 11 月 10 日，学校 2017 年科技创新大会在逸夫楼报告厅隆重召开。会上，学校与上海市徐汇区人民政府签订合作框架协议，揭牌成立华东理工大学科学技术协会，为 3 个交叉研究院和 15 个科研创新团队授牌，研究部署学校科技工作，总结表彰先进集体和个人。

（陈啸寅）

【华理－鑫泰稀土功能材料联合研究中心成立】 12 月 21 日，华东理工大学领导、吉安高新区管委会领导及鑫泰科技管理人员齐聚一堂，共同为“华理－鑫泰稀土功能材料联合研究中心”揭牌，华理与鑫泰科技将通过该联合研究中心推动稀土功能材料的快速发展，发挥各自优势，实现合作共赢。

（刘开振）

附录：

2017 年华东理工大学科技人力资源情况统计表　　单位：人

类别	合计	其中：女性	教师技术职务系列人员						其他技术职务系列					辅助人员
			小计	教授	副教授	讲师	助教	其他	小计	高级	中级	初级	其他	
合　计	1 987	914	1 152	311	390	411	40	0	833	427	356	50	0	2
自然科学	642	320	354	120	146	82	6	0	288	156	119	13	0	0
工程与技术	1 237	520	715	183	216	282	34	0	520	266	219	35	0	2
医药科学	24	18	12	0	5	7	0	0	12	3	7	2	0	0
农业科学	5	3	4	3	1	0	0	0	1	1	0	0	0	0
其　他	79	53	67	5	22	40	0	0	12	1	11	0	0	0
博士研究生	1 073	402	609	275	277	57	0	0	464	349	114	1	0	0
硕士研究生	548	326	335	22	71	242	0	0	213	35	155	23	0	0
大学本科	283	137	177	13	42	89	33	0	106	36	51	19	0	0

续表

类别	合计	其中：女性	教师技术职务系列人员						其他技术职务系列					辅助人员
			小计	教授	副教授	讲师	助教	其他	小计	高级	中级	初级	其他	
大学专科	74	47	31	1	0	23	7	0	43	7	31	5	0	0
中　专	9	2	0	0	0	0	0	0	7	0	5	2	0	2
30岁及以下	151	93	52	0	1	42	9	0	99	1	75	23	0	0
31～35岁	315	149	147	1	56	76	14	0	168	56	99	13	0	0
36～40岁	383	182	205	12	91	93	9	0	178	112	60	6	0	0
41～45岁	329	161	197	33	97	65	2	0	132	97	35	0	0	0
46～55岁	657	299	443	195	118	125	5	0	212	128	76	8	0	2
56～60岁	132	25	91	53	27	10	1	0	41	30	11	0	0	0
61岁及以上	20	5	17	17	0	0	0	0	3	3	0	0	0	0

2017年华东理工大学科技项目情况表（一）

研究类别	课题数/项	当年投入经费/千元	当年支出经费/千元	当年投入人员/人年						参与项目的研究生人数/人		
				合计	女	高级职务	中级职务	初级职务	其他	合计	博士	硕士
合计	1 986	605 104	467 644	913.5	100	508	350.7	54.8	0	4 432	1 256	3 176
基础研究	757	224 333	192 862	371.6	40	210.2	142.2	19.2	0	1 527	404	1 123
应用研究	731	188 202	134 040	315.1	40.1	168.5	122.8	23.8	0	1 812	535	1 277
试验与发展	340	121 816	86 460	150.2	15.6	83.4	58.4	8.4	0	767	211	556
R&D成果应用	144	62 731	48 712	69.1	3.9	40.2	25.6	3.3	0	300	97	203
其他科技服务	14	8 022	5 570	7.5	0.4	5.7	1.7	0.1	0	26	9	17
自然科学	657	185 055	148 054	295.9	29.8	162.8	116	17.1	0	1 359	373	986
工程与技术	1 180	379 899	288 173	546.7	61.3	307	207.6	32.1	0	2 727	780	1 947
医药科学	145	38 889	30 578	69	8.5	37.1	26.4	5.5	0	333	98	235
农业科学	4	1 261	839	1.9	0.4	1.1	0.7	0.1	0	13	5	8

2017年华东理工大学科技项目情况表（二）

研究类别	课题数（项）	当年投入经费（千元）	当年支出经费（千元）	合计	女	高级职务	中级职务	初级职务	其他	合计	博士	硕士
合计	1 986	605 104	467 644	913.5	100	508	350.7	54.8	0	4 432	1 256	3 176
国家“973”计划	7	6 742	4 639	6.2	0.4	4.3	1.6	0.3	0	24	7	17
国家科技支撑计划	7	5 296	4 920	4	0.2	2.5	1.4	0.1	0	20	7	13
国家“863”计划	17	8 036	7 863	10	0.6	5.8	3.4	0.8	0	37	13	24
国家科技重大专项	5	2 935	2 238	3.1	0.2	1.9	1	0.2	0	14	5	9
国家重点研发计划	33	68 162	46 609	38.2	1.6	30.7	6.6	0.9	0	97	41	56

续表

研究类别	课题数（项）	当年投入经费（千元）	当年支出经费（千元）	合计	女	高级职务	中级职务	初级职务	其他	合计	博士	硕士
国家自然科学基金项目	399	120 317	105 045	211. 8	23. 7	125. 4	74. 9	11. 5	0	859	233	626
主管部门科技项目	320	57 403	56 678	122. 3	11. 6	53. 7	59. 4	9. 2	0	643	169	474
国家部委其它科技项目	26	21 143	16 103	19. 7	2. 6	14. 2	5	0. 5	0	59	21	38
省、市、自治区科技项目	226	44 730	28 934	102. 6	13. 6	62. 3	36	4. 3	0	417	110	307
地市厅局（含县）项目	9	820	695	2	0. 2	1. 3	0. 6	0. 1	0	12	2	10
企事业单位委托科技项目	920	264 977	190 611	387	45. 2	202. 3	158	26. 7	0	2 228	643	1 585
国际合作项目	11	3 808	2 677	4	0	2	2	0	0	13	2	11
自选课题	6	735	632	2. 6	0. 1	1. 6	0. 8	0. 2	0	9	3	6
其他课题	0	0	0	0	0	0	0	0	0	0	0	0

2017 年华东理工大学科技成果统计表

学科门类	发表论文/篇		三大检索系统/篇		
	其中：国外学术刊物发表		SCIE	EI	ISTP
合　　计	4 970	2 578	1 935	1 648	131
自然科学	2 309	1 349	1 007	760	49
工程与技术	2 491	1 158	850	845	78
医药科学	155	68	74	35	4
农业科学	15	3	4	8	0

学科门类	科技著作						编著	
	合计/部	合计/千字	其中：国（境）外出版		大专院校教科书			
			部	千字	部	千字	部	千字
合　　计	3	228	3	228	7	1 574	2	63
自然科学	0	0	0	0	1	15	0	0
工程与技术	3	228	3	228	6	1 559	2	63
医药科学	0	0	0	0	0	0	0	0
农业科学	0	0	0	0	0	0	0	0

2017 年华东理工大学理工科学院论文与专利情况表

学院名称	论文收录/篇	专利与软件著作/项					
	SCI 收录总数	专利公开	专利授权	其中国内	其中国外	实用新型	软件著作
化工学院	236	78	54	51	3	3	0
生物工程学院	197	54	20	19	1	4	0
化学与分子工程学院	442	92	61	61	0	2	1

续表

学院名称	论文收录/篇	专利与软件著作/项					
	SCI 收录总数	专利公开	专利授权	其中国内	其中国外	实用新型	软件著作
药学院	160	49	31	29	2	0	0
材料学院	212	104	45	44	1	2	0
信息科学与工程学院	90	24	15	15	0	0	8
机械与动力工程学院	120	84	53	51	2	24	1
资源与环境工程学院	147	51	25	25	0	13	0
理学院	101	4	3	3	0	0	0
总计	1 705	540	307	298	9	48	10

2017 年华东理工大学自然科学类科技奖励情况表

类别	项目	数量	学校奖励/元	配套奖励/元
重大科技项目奖励	重大项目	16	590 000	590 000
	项目到款	223	1 583 422	1 583 422
高水平科技论文奖励	三大刊及权威子刊	4	0	120 000
	SCI	1521	3 374 000	3 374 000
	ESI	23	0	115 000
科技成果获奖奖励	合计	25	1 012 000	1 262 000
知识产权与成果转化奖励	知识产权	318	653 000	653 000
	重大科技成果转化奖	1	100 000	100 000
人才与科研团队建设奖励	高等学校学科创新引智基地	1	50 000	50 000
	国家杰出青年科学基金	3	150 000	150 000
	国家优秀青年科学基金	4	80 000	80 000
科研基地建设奖励	省部级新建	4	330 000	330 000
科技管理奖励	学院综合业绩奖	8	495 000	495 000
	学院管理奖	18	27 000	27 000
	突出贡献奖	1	480 000	480 000
	突出业绩奖	10	100 000	100 000
往年补充奖励	合计	34	95 700	82 050
全校奖励	总计		9 120 122	9 591 472

2017 年华东理工大学技术转让与知识产权情况统计表

受让方类型	合同数/项	合同金额/千元	当年实际收入/千元
合　　计	61	129 675	52 335
其中：专利出售	61	129 675	52 335

续表

受让方类型	合同数/项	合同金额/千元	当年实际收入/千元
国有企业	10	38 740	21 500
外资企业	0	0	0
民营企业	50	90 655	30 555
其　他	1	280	280
其他知识产权出售	0	0	0
知识产权类别	**申请数/项**	**授权数/项**	**专利拥有数/项**
合　计	614	363	1 918
其中：国外	12	4	54
发明专利	568	302	1 629
实用新型	46	61	289
外观设计	0	0	0
其他知识产权	0	0	0

2017 年华东理工大学科技交流统计表

形式	合计	国（境）内	国（境）外
合作研究 | 派　遣 | /人次	14	5	9
合作研究 | 接　受 | /人次	4	3	1
国际学术会议 | 出席人员 | /人次	174	152	22
国际学术会议 | 交流论文 | /篇	135	37	98
国际学术会议 | 特邀报告 | /篇	39	12	27
国际学术会议 | 主　办 | /次	2	2	0

2017 年华东理工大学出版刊物情况表

序号	刊名	国内刊号	创刊时间	出版周期	开本	期刊类型	页数	语种	定价/元	印数/册	发行量/本	年载文量/篇	学科门类	主管部门
1	华东理工大学学报（自然科学版）	CN31－1691/TQ	1957 年 1 月	双月	A4	学术类	152	汉文	12	1 050	700	180	自然科学	教育部
2	功能高分子报	CN31－1633/O6	1988 年 1 月	季刊	A4	学术类	112	汉文	15	800	500	80	自然科学	教育部
3	华东理工大学学报（社会科学版）	CN31－1779/C	1986 年 1 月	双月	A4	学术类	116	汉文	10	1 000	800	90	社会科学	教育部
4	化工高等教育	CN31－1043/G4	1984 年 9 月	双月	A4	学术类	112	汉文	8.8	2 000	1 900	162	社会科学	教育部

2017 年华东理工大学科技获奖情况表

序号	获奖者或获奖项目	完成学院	完成单位	主要完成人	获奖名称及等级
1	重型压力容器轻量化设计制造关键技术及工程应用	机械与动力工程学院	华东理工大学（第六完成单位）	惠虎（第八完成人）	国家科技进步奖二等奖
2	有机功能染料稳定性强化	化学与分子工程学院	华东理工大学	朱为宏、郭志前、吴永真等	上海市自然科学奖一等奖
3	高效光催化材料的制备及其机理研究	化学与分子工程学院	华东理工大学	张金龙、邢明阳、田宝柱等	上海市自然科学奖一等奖
4	长周期服役设备在线安全评估及蚀损控制机制	机械与动力工程学院	华东理工大学	关凯书、徐彤、王琼琦等	上海市自然科学奖二等奖
5	MEMS 气敏传感器及基础力学问题研究	理学院	华东理工大学（第二完成单位）	谢海芬（第四完成人）	上海市自然科学奖二等奖
6	小量子体系光学特性的量子调控研究	理学院	华东理工大学	钮月萍、祁义红、钱军等	上海市自然科学奖三等奖
7	基于界面增容的多相协同改性聚合物复合材料及制品开发	材料科学与工程学院	华东理工大学	李春忠、张玲、王庚超等	上海市技术发明奖一等奖
8	极端工况高端阀门关键技术及应用	机械与动力工程学院	华东理工大学	于新海、涂善东、高开科等	上海市科技进步奖一等奖
9	城市再开发场地土壤污染控制与修复关键技术及其应用	资源与环境工程学院	华东理工大学（第三完成单位）	李辉（第八完成人）	上海市科技进步奖一等奖
10	大型煤气化系统高压高温黑水能量高效回收新技术	资源与环境工程学院	华东理工大学	王亦飞、于广锁、郭庆华等	上海市科技进步奖二等奖
11	基于物联网的智慧消防监控云平台研发及其产业化	机械与动力工程学院	华东理工大学	易建军、范体军、张雪芹等	上海市科技进步奖二等奖
12	基于数字化分子描述符及相变前超分子组装调控的药物新型固体形态发现与制备关键技术及应用	药学院	华东理工大学	任国宾、齐明辉、洪鸣凰等	上海市科技进步奖二等奖
13	水产精细养殖物联网及数字化技术研究与应用	信息科学与工程学院	华东理工大学（第三完成单位）	何高奇（第五完成人）	上海市科技进步奖二等奖
14	基于物联网技术的起重机综合监控检验及安全评估关键技术与应用	机械与动力工程学院	华东理工大学（第二完成单位）	周邵萍（第四完成人）	上海市科技进步奖三等奖
15	脱除芳烃中烯烃组分催化剂技术开发	化工学院	华东理工大学	孟璇、刘乃旺、王昕等	上海市科技进步三等奖
16	功能膜结构及其分离性能调控技术	化工学院	华东理工大学	许振良，杨虎，马晓华	高等学校科学研究优秀成果奖（科学技术）二等奖
17	控制网络行为机理的分析与测试	信息科学与工程学院	华东理工大学（第二完成单位）	严怀成（第三完成人）等	高等学校科学研究优秀成果奖（科学技术）二等奖

续表

序号	获奖者或获奖项目	完成学院	完成单位	主要完成人	获奖名称及等级
18	杂化增强体改性热塑性聚合物复合材料制备与应用	材料科学与工程学院	华东理工大学	张玲，李春忠，李荣群等	高等学校科学研究优秀成果奖（科学技术）二等奖
19	强化传热型高效换热设备研制及应用	机械与动力工程学院	华东理工大学	徐宏，刘京雷，张莉等	高等学校科学研究优秀成果奖（科学技术）二等奖
20	甾体药物细胞工厂与绿色制造技术	生物工程学院	华东理工大学	魏东芝、王风清、陶欣艺等	中国石油和化学工业联合会科学技术奖技术发明二等奖
21	日处理煤 3 000 吨级清洁高效水煤浆气化技术	资源与环境工程学院	华东理工大学（第二完成单位）	于广锁、祝庆瑞、王亦飞等	中国石油和化学工业联合会科学技术奖科技进步一等奖
22	基于可控纳米功能界面的单分子、单细胞分析方法研究	化学与分子工程学院	华东理工大学	龙亿涛、应佚伦、李大伟等	中国分析测试协会科学技术奖特等奖
23	离子色谱新技术及应用	药学院	华东理工大学	杨丙成、黄淑君、章飞芳等	中国分析测试协会科学技术奖二等奖
24	乙烯装置中裂解炉裂解深度的智能控制方法	信息科学与工程学院	华东理工大学	钱锋、刘漫丹、胡春等	第十九届中国专利优秀奖
25	二醛构建的具有杀虫活性的含氮或氧杂环化合物及其制备方法	药学院	华东理工大学	李忠、钱旭红、邵旭升等	第十九届中国专利优秀奖
26	大型乙烯装置全流程先进控制与运行优化系统应用	信息科学与工程学院	华东理工大学	王振雷	第十九届中国国际工业博览会高校展区优秀展品特等奖
27	一种基于深度学习的超声波铁轨探伤小车	机械与动力工程学院	华东理工大学	易建军	第十九届中国国际工业博览会高校展区优秀展品二等奖
28	第十二届上海市自然科学牡丹奖	材料科学与工程学院	华东理工大学	杨化桂	上海市科委
29	第十五届上海市科技精英提名奖	资源与环境工程学院	华东理工大学	王辅臣	上海市科协
30	药明康德生命化学研究学者奖	生物工程学院	华东理工大学	张立新	药明康德评委会
31	侯德榜化工科技创新奖	化工学院	华东理工大学	赵玲	中国化工学会
32	侯德榜化工科技青年奖	化工学院	华东理工大学	段学志	中国化工学会
33	中国产学研合作创新奖	药学院	华东理工大学	任国宾	中国产学研合作促进会

2017 年华东理工大学科研基地情况表

级别	科研基地名称	成立时间/负责人	挂靠单位
国家级（9）	化学工程联合国家重点实验室	1991.03	化工学院
	生物反应器工程国家重点实验室	1995.10	生物工程学院
	国家超细粉末工程研究中心	1994.06	化工学院
	国家生化工程技术研究中心（上海）	1996.06	生物工程学院
	国家盐湖资源综合利用工程技术研究中心	2008.11	资源与环境工程学院
	高浓度难降解有机废水处理技术国家工程实验室	2016.06	资源与环境工程学院
	国家医用生物材料动员中心	2003.03	材料科学与工程学院
	国家技术转移中心	2001.09	校部
	国家大学科技园	2005.11	校部
省部级（25）	国家环境保护化工过程环境风险评价与控制重点实验室	2008.04	资源与环境工程学院
	超细材料制备与应用教育部重点实验室	2000.10	材料科学与工程学院
	结构可控先进功能材料及其制备教育部重点实验室	2003.11	化学与分子工程学院
	承压系统与安全教育部重点实验室	2005.11	机械与动力工程学院
	煤气化及能源化工教育部重点实验室	2007.02	资源与环境工程学院
	特种功能高分子材料及相关技术教育部重点实验室	2008.05	材料科学与工程学院
	化工过程先进控制和优化技术教育部重点实验室	2008.10	信息科学与工程学院
	上海市化学生物学重点实验室	2001.12	药学院
	上海市新药设计重点实验室	2011.12	药学院
	上海市先进聚合物材料重点实验室	2008.11	材料科学与工程学院
	上海市功能性材料化学重点实验室	2010.06	化学与分子工程学院
	上海市多相结构材料化学工程重点实验室	2014.12	化工学院
	医用生物材料教育部工程研究中心	2001.04	材料科学与工程学院
	大型工业反应器工程教育部工程研究中心	2006.06	化工学院
	过程系统工程教育部工程研究中心	2006.06	化工学院
	资源（盐湖）过程工程教育部工程研究中心	2007.10	资源与环境工程学院
	绿色高校过程装备与节能教育部工程研究中心	2009.04	机械与动力工程学院
	制药工程与过程化学教育部工程研究中心	2007.10	药学院
	生物采油教育部工程中心	2013.12	化学与分子工程学院
	上海煤气化工程技术研究中心	2011.12	资源与环境工程学院
	上海海洋动物疫苗工程技术研究中心	2014.12	生物工程学院
	国家能源煤气化技术研发中心	2014.08	资源与环境工程学院
	中国轻工业生物基材料工程重点实验室	2016.07	生物工程学院
	教育部结构可控分子工程国际合作联合实验室	2017.08	化学与分子工程学院
	上海市精准化学国际联合实验室	2017	化学与分子工程学院
引智基地（6）	神经退行性疾病相关蛋白与药物发现科学创新引智基地	2007	药学院
	化学反应工程科学与技术创新引智基地	2008	化工学院
	先进过程装备技术创新引智基地	2012	机械与动力工程学院
	生物材料与工程创新引智基地	2013	材料科学与工程学院
	结构可控分子工程创新引智基地	2015	化学与分子工程学院
	石油化工行业智能优化制造创新引智基地	2017	信息科学与工程学院

续表

级别	科研基地名称	成立时间/负责人	挂靠单位
其他重点科研基地（7）	教育部科技查新工作站	1995. 12	图书馆
	上海市科学技术成果查新工作站	1998. 11	图书馆
	分析测试中心	1993. 11	化学与分子工程学院
	国家宝石检测中心	1998. 12	材料科学与工程学院
	上海市稀土材料研究中心	2008. 10	化学与分子工程学院、上海市经信委
	联合化学反应工程研究所华东理工大学分所	1983. 11	化工学院、国家教委、中石化
	发酵工业分离提取技术研发中心（发酵工业协会）	2010	生物工程学院、发酵工业协会
校级研究机构（54）	生物医药纳米技术中心	王平	生物工程学院
	化学工程研究所	许振良	化工学院
	石油加工研究所	施力	化工学院
	化学产品工程国际研究中心	辛忠	化工学院
	精细化工研究所	田禾	化学与分子工程学院
	工业催化研究所	郭扬龙	化学与分子工程学院
	应用化学研究所	牟伯中	化学与分子工程学院
	材料科学研究所	袁荞龙	材料科学与工程学院
	国防材料研究所	黄发荣	材料科学与工程学院
	无机材料研究所	陈国荣	材料科学与工程学院
	环境工程研究所	曹国民	资源与环境工程学院
	洁净煤技术研究所	于广锁	资源与环境工程学院
	危险化学物质风险评价与控制研究中心	林匡飞	资源与环境工程学院
	资源过程工程研究所	于建国	资源与环境工程学院
	生物质能源研究中心	王杰	资源与环境工程学院
	化工机械研究所	轩福贞	机械与动力工程学院
	防腐蚀技术开发中心	刘坐镇	机械与动力工程学院
	应用数学研究所	鲁习文	理学院
	近代物理研究所	廖玮	理学院
	核技术应用研究所	杨存忠	理学院
	计算机技术研究所	邵志清	信息科学与工程学院
	自动化研究所	侍洪波	信息科学与工程学院
	药物化工研究所	李忠	药学院
	中药现代化工程中心	韩伟	药学院

续表

级别	科研基地名称	成立时间/负责人	挂靠单位
校级研究机构（54）	药品生产质量管理规范研究中心（GMP研究中心）	宋恭华	药学院
	计算化学中心	胡培君	化学与分子工程学院
	食品药品监管研究中心	阮赞林	法学院、药学院、生物工程学院
	政治文明研究所	范明英	马克思主义学院
	社会福利与社会政策研究所	范斌	社会与公共管理学院
	公共政策与公共管理研究所	罗建平	社会与公共管理学院
	应用社会学研究所	徐永祥	社会与公共管理学院
	社会发展研究中心	曹锦清	社会与公共管理学院
	电子商务研究所	钱世超	商学院
	欧洲研究所	杨逢珉	商学院
	经济发展研究所	程岩	商学院
	商业自动化研究所	丁玉章	信息科学与工程学院
	认知神经动力学研究所（2008年）	王如彬	理学院
	科技信息研究所	孙济庆	图书馆
	外国语言研究所	邵志洪	外国语学院
	广告与品牌文化研究所	杨明刚	艺术与传媒设计学院
	居住形态与城市文化研究所	陈国宏	艺术与传媒设计学院
	旅游与会展研究所	张杰	艺术与传媒设计学院
	设计与艺术研究所	程建新	艺术与传媒设计学院
	华东社会发展研究所	朱忆天	马克思主义学院
	都市文化与现代化研究中心	鲍宗豪	马克思主义学院
	中国城乡发展研究中心	熊万胜	马克思主义学院
	马克思主义理论研究中心	鲍宗豪	马克思主义学院
	哲学研究所	秦美珠	马克思主义学院
	高校思想政治工作研究中心	杜慧芳	马克思主义学院
	体育经济理论研究所	王跃	体育科学与工程学院
	能源与资源环境法研究中心	董溯战	法学院
	知识产权研究中心	于杨曜	法学院
	法律社会学研究中心	李瑜青	法学院
	廉政文化研究中心	杜仕菊	马克思主义学院
国际合作（2）	中德先进材料联合研究中心	吴唯	材料科学与工程学院
	中法化学与环境工程可持续性发展联合实验室	袁渭康	化工学院

续表

级别	科研基地名称	成立时间/负责人	挂靠单位
校企合作（24）	万华化学－华东理工大学协同创新联合实验室	刘柏平	化工学院
	华东理工大学-山东成泰新材协同创新联合实验室	刘柏平	化工学院
	汇纳科技-华东理工大学大数据技术研究中心	过弋	信息科学与工程学院
	华理-梅斯生物医药开放链接大数据研究中心	阮彤	信息科学与工程学院
	华东理工金融大数据联合研究中心	赵文瑜	信息科学与工程学院
	华理-申能能源大数据研究中心	虞慧群	信息科学与工程学院
	华东理工大学-上海数据交易中心数据创新联合实验室	过弋	信息科学与工程学院
	中国石化-华东理工大学气化技术研究中心	刘海峰	资源与环境工程学院
	华理-聚能固废资源化利用联合研究所	李伟锋	资源与环境工程学院
	阿华生物工程研究所	张元兴	生物工程学院
	华理海正研究院	谭文松	生物工程学院
	华理-恒天生物基材料研究院	赵黎明	生物工程学院
	华东理工大学—长龙生物壳寡糖研发中心	赵黎明	生物工程学院
	同联集团上海研究中心	庄英萍	生物工程学院
	天方-华东联合生物技术研发中心	叶蕊芳	生物工程学院
	威高研究院	刘昌胜	材料科学与工程学院
	永利-华东理工大学轻型输送带研发中心	张杰	材料科学与工程学院
	华理-睿聿科技化工新材料研究中心	李春忠	材料科学与工程学院
	华理-西陇科学超净高纯试剂联合实验室	许振良	化工学院
	华理-鑫泰稀土功能材料联合研究中心	郭杨龙	化学与分子工程学院
	华理-中西三维绿色制药共性技术联合研究中心	赵建宏	药学院
	华理-顶立新材料联合研究中心	钱军	材料科学与工程学院
	中石化镇海炼化-华理-中科院宁波材料所联合创新研究中心	钟伟民	信息科学与工程学院
	华理-联创体育新材料联合研究中心	林珩	体育科学与工程学院

人文社会科学研究

【概况】 年内，学校人文社会科学研究抓住学校综合改革的重要发展机遇，在学科建设、科研成果、科研项目和科研基地等方面取得新进展。

科研项目。省部级以上项目立项数继续增长，获省部级以上项目立项56项，国家社会科学基金、国家自然科学基金文科类项目以及教育部人文社会科学项目立项数略有提高，共计立项38项，立项率远高于全国平均水平，在上海高校之中名列前茅。国家社科基金各类项目总立项数为14项（含重点项目2项、一般项目10项、青年项目2项），立项率位列上海市第三，创历史新高。国家自然科学基金总立项数为13项（含面上项目8项、青年项目3项、其他项目1项），立项数较2016年上涨44.4%。教育部人文社会科学项目总立项数为11项（含规划项目2项、青年项目8项、其他项目1项），立项数位列上海市第七，较2016年上涨83.3%。省部级其他项目共计立项18项，含上海市哲学社会科学规划课题7项、上海市教委科研创新计划1项、上海市“科技创新行动计划”软科学研究2项、上海市决策咨询研究重点课题7项、上海高校智库内涵建设计划1项。

科研成果奖励。经费再创新高，人文社会科学研究各类科研经费到款总额达3 255万元，较2016年同期增长16%，其中纵向经费有2 000万元，占总经费的61.40%；横向经费有1 255万元，占总经费的38.60%。学校文科教师新签订人文社会科学类科研项目合同256项，合同金额达3 062.63万元，其中纵向项目共117项，合同金额达1 627.33万元；横向项目139项，合同金额达1 435.30万元。发表学术论文490篇，其中CSSCI、SSCI、源刊论文有279篇。在新的优秀成果奖励办法的引导下，普通CSSCI期刊论文数量略微下降，SSCI和中文优秀期刊论文数量有所增长，政策的导向效应初步显现。

社会服务。基地内涵建设、资政建言取得新进展。华东理工大学社会科学高等研究院正式成立，社会科学高等研究院的成立是学校实施“十三五”发展规划和“双一流”建设计划的重要举措，是创新和完善人文社会科学科研体系的一种探索。新建立上海公共经济与社会治理研究中心以及上海高校思想政治工作研究中心2个省部级研究基地。以智库基地为主体，组织报送决策咨询报告，其中获得党和国家领导人批示2篇，上海高校智库“社会工作与社会管理研究中心”顺利完成上海高校智库建设成效阶段性评估工作。年内，共发表成果要报23篇，深度介入了社会工作与社会治理等方面国家相关政策条例的制定。上海公共经济与社会治理研究中心获得了省部级科研项目7项，计划编写的《城市公共经济与社会治理创新研究丛书》获2018年度上海市文教结合“高校服务国家重大战略出版工程”资助。

（王超）

【华东理工大学社会科学高等研究院成立】 华东理工大学社会科学高等研究院举行揭牌仪式。社会科学高等研究院的成立是学校实施“十三五”发展规划和“双一流”建设计划的重要举措，是创新和完善人文社会科学科研体系的一种探索。

（王超）

【新增省部级研究基地2个】 2017年新建立2个省部级研究基地：1月由学校联合上海市教卫工作党委、上海市教委、上海市教卫系统思研会、上海市学生德育发展中心等相关部门共同成立高校思想政治工作研究中心；4月与上海市人民政府发展研究中心共同成立上海公共经济与社会治理研究中心。

（王超）

【两篇决策咨询类报告获党和国家领导人批示】 2017年两篇决策咨询类报告获党和国家领导人批示：《从励志毕业生高羽烨现象思考如何做有温度的高校思政工作》获刘延东批示，《华东理工大学筹建“费林加诺贝尔奖科学家联合研究中心”积极参与上海科创中心建设》获韩正批示。

（王超）

【人文社会科学处获“2017年度上海市社科规划管理工作先进单位”荣誉称号】 2017年12月，人文社会科学处获“2017年度上海市社科规划管理工作先进单位”荣誉称号，另有1人获“2017年度上海市社科规划管理工作先进个人”荣誉称号。

（王超）

附录：

人文、社会科学研究与发展经费情况统计表

项目类别	经费数/千元
当年经费收入合计	37 286. 22
政府资金投入	23 229. 17
其中：科研活动经费	20 225. 37

续表

项目类别	经费数/千元
科技活动人员工资	3 003.8
科研基建费	
非政府资金投入	14 057.05
其中：企事业单位委托项目经费	14 057.05
金融机构贷款	
自筹经费	
国外资金	
其他资金	

人文、社会科学研究课题情况统计表

项目类别	课题数/项	当年拨入经费/千元	当年支出经费/千元
合计	715	31 552.42	17 992.4
国家社科规划项目	78	3 545.0	3 051.89
国家社科基金单列学科项目	3	415.0	127.8
教育部人文、社科规划项目	63	1 137.0	610.07
高校古籍整理研究项目	0		
国家自然科学基金项目	62	5 574.07	4 116.24
中央其他部门社科专门项目	22	343.0	108.6
省、市、自治区社科项目	52	579.0	297.64
省教育厅社科项目	68	4 166.0	883.47
地、市、厅、局等政府部门项目	117	1 736.3	1 341.88
国际合作研究项目	0		
与港、澳、台合作研究项目	1	0.0	0.0
企事业单位委托项目	249	14 057.05	7 454.81
学校社科项目	0		
外资项目	0		
其他课题	0		

人文、社会科学研究成果统计表

项目类别		数量	单位
出版著作	总计	42	部
	专著	24	部
	编著教材	18	部
	工具书、参考书	0	部
古籍整理		0	部

续表

项目类别		数量	单位
译著		7	部
发表译文		0	篇
发表论文	总计	490	篇
	国内学术刊物	436	篇
	国外学术刊物	53	篇
	港澳台刊物	1	篇
获奖成果数	合计	0	项
	国家级奖	0	项
	部级奖	0	项
	省级奖	0	项
研究与咨询报告	合计	0	篇
	其中：被采纳数	0	篇

人文、社会科学国内外交流情况

学术交流类别	校办学术会议		学术会议			受聘讲学		社科考察		进修学习	
	本校独办数/次	与外单位合办数/次	参加人次		交论文/篇	派出人次	来校人次	派出人次	来校人次	派出人次	来校人次
			合计	其中：赴境外人次							
合计	39	14	353	37	132	97	170	70	84	18	7
国际学术交流	9	4	49	28	45	22	61	13	20	10	0
国内学术交流	30	10	293	0	83	75	109	55	64	8	7
与港澳台地区学校交流	0	0	11	9	4	0	0	2	0	0	0

学科建设

【概况】 年内，学校稳步推进和落实学科建设整体规划，积极投身“双一流”建设工作中。

“双一流”建设。认真学习并贯彻落实《国务院关于印发统筹推进世界一流大学和一流学科建设总体方案的通知》与《统筹推进世界一流大学和一流学科建设实施办法（暂行）》文件精神，根据教育部总体部署，在学校各学科及职能部门充分沟通、学科群组织专家充分论证的基础上，编制完成《华东理工大学世界一流学科建设方案》，于7月上报教育部办公厅。学校一流学科建设方案紧密围绕“五大建设任务、五大改革任务”，力求在重点建设学科（群）的基础上，实现学科优势强化和新兴交叉学科的新突破，打造新的学科高峰。

学科发展规划。制定《华东理工大学“十三五”学科建设与发展专项规划》，总结了学校“十二五”期间的学科建设成效，分析了学科发展面临的机遇与挑战，确定了学校“十三五”及中长期学科建设目标与发展定位及建设思路。制定《华东理工大学“一流学科”建设项目管理实施办法（试行）》，确保学校“一流学科”建设项目顺利实施，提高“双一流”专项建设资金的使用效益。推进学校承担上海市I类及IV类高峰学科建设任务，积极争取上海市“一流学科”建设经费配套以及第二阶段（2018—2020年）上海市高峰学科建设经费。依据“夯实优势、拓展新兴”的建设原则，重点支持10个方向的团队，实施绩效管理和动态支持，目前已完成“化学工程与技术”I类高峰学科的第一阶段建设绩效评审总结和第二阶段建设预算申报答辩工作。

完成《ESI 14－16ESI学科发展报告》《材料学科进入ESI前1‰方阵的分析与展望》《化学学科进入ESI前0.3‰方阵的分析与展望》《工程学科进入ESI前1‰方阵的分析与展望》《ESI工程学科期刊目录》等学科数据分析报告，分析了学校在学科建设、科学研究等方面的优势与潜力，为改进工作、实施改革、提升学校整体学科实力提供参考和依据。

刊出12期《学科建设通讯》，及时通报和总结学校学科建设工作的进展，了解国内外其他高校的发展近况与改革措施，分享学科建设经验，营造争创一流的学科氛围。

（冉博）

【实施学科特色发展引导性支持项目】 2月21日，学校正式启动学科特色发展引导性支持项目。项目旨在建设传统优势学科和强势学科的同时，推动学科布局优化和战略必争学科点的共同发展，有效带动学校的学科整体实力与人才培养质量提升。12月8日，学校召开学科特色发展引导性支持项目2017年度绩效总结与评审会，对2017年支持学科进行绩效总结与评价。

【完成博士、硕士学位授权点的增设申报工作】 7月29日，根据《上海市2017年新增博士硕士学位授权审核工作实施方案》（沪学位〔2017〕6号）的有关规定，学校统筹规划，组织申报增设“物理学”“工商管理”“计算机科学与技术”“生物医学工程”四个博士一级学位授权点及“图书情报与档案管理”硕士一级学位授权点，所有申报材料在上海市审查通过，交由教育部审批。

【完成博士、硕士学位授权点的全面自我评估工作】 9月20日，完成学校针对博士、硕士学位授权点的全面自我评估工作。本次参与自评估的学术学位授权点有34个，分别为一级博士点10个、二级博士点4个、一级硕士点13个和二级硕士点7个。专业学位授权点20个。学位授权点自评估工作是对学位授权点的“合格性”评估，亦是对学校研究生高层次人才培养质量的全面审查。后期学校将根据评估结果，结合学校学科建设整体规划，提出学位授权点调整方案，通过周期性和常态化的评估与认证，打破学位授权点终身制，打造特色鲜明、优势凸显的学科生态体系。

【完成“十三五”学科建设与发展专项规划编制】 11月16日，完成《华东理工大学“十三五”学科建设与发展专项规划》，总结了学校“十二五”期间的学科建设成效，分析了学科发展面临的机遇与挑战，确定了学校“十三五”和中长期学科建设目标与发展定位及建设思路。

【制定“一流学科”建设项目管理实施办法】 12月1日，《华东理工大学“一流学科”建设项目管理实施办法（试行）》制定完成并发布。“一流学科”建设项目管理实施办法是在征求各职能部门以及学院、学科意见的基础上制定完成的，旨在确保学校“一流学科”建设项目顺利实施，提高“双一流”专项建设资金的使用效益。

【启动“一流学科（群）”平台建设项目】 根据《华东理工大学世界一流学科建设方案》与《华东理工大学“十三五”学科建设与发展专项规划》精神，在各学科、各学院多轮调研论证会的基础上，启动建设学校“一流学科（群）”平台建设项目。12月5日，学校学术委员会学科专业专门委员会召开校内专家论证会，围绕“精准化学与分子工程”与“高性能材料与工程”学科平台建设方案进行论证，先期启动“精准化学与分子工程”与“高性能材料与工程”先进电镜重大仪器平台建设。

【组织申报 2018 年中央高校建设世界一流大学（学科）和特色发展引导专项资金项目】

12 月 8—12 日，发展规划处会同财务处、人事处、科研院、国际交流处、研究生院、教务处与人文社会科学处等职能部门，落实 2018 年中央特色引导资金预算申报工作。通过多次组织召开 2018 年中央特色引导资金预算申报工作协调会，撰写并整合“拔尖创新人才培养、提升自主创新和社会服务能力、师资队伍建设、国际合作交流、文化传承与创新”五个建设项目的申报材料，积极争取国家及上海市的“双一流”建设资源，为 2018 年度“一流学科”建设助力。

（张宇晴）

附录：

学校“双一流”建设学科名单

“世界一流学科”建设学科一览
化学
材料科学与工程
化学工程与技术

国家与上海市重点学科一览表

国家重点学科	上海市重点学科
化学工程与技术（一级学科）	材料学
化工过程机械	化工过程机械
控制理论与控制工程	控制理论与控制工程
材料学（培育）	发酵工程
	环境工程
	农药学
	社会学
	化学工程
	生物工程
	应用化学

学位授权点自评估参评学科——一级学科博士学位授权点（10 个）

序号	学位点代码	学位点名称	批准时间
1	0303	社会学	2011 年
2	0701	数学	2011 年
3	0703	化学	2006 年
4	0802	机械工程	2011 年

续表

序号	学位点代码	学位点名称	批准时间
5	0805	材料科学与工程	2003 年
6	0807	动力工程及工程热物理	2006 年
7	0811	控制科学与工程	2003 年
8	0817	化学工程与技术	1998 年
9	0830	环境科学与工程	2006 年
10	1007	药学	2011 年

学位授权点自评估参评学科——一级学科硕士学位授权点（13 个）

序号	学位点代码	学位点名称	批准时间
1	0101	哲学	2006 年
2	0301	法学	2011 年
3	0305	马克思主义理论	2006 年
4	0502	外国语言文学	2015 年
5	0702	物理学	2011 年
6	0810	信息与通信工程	2015 年
7	0812	计算机科学与技术	2006 年
8	0831	生物医学工程	2006 年
9	0837	安全科学与工程	2011 年
10	0904	植物保护	2006 年
11	1202	工商管理	2006 年
12	1204	公共管理	2006 年
13	1305	设计学	2011 年

学位授权点自评估参评学科——二级学科博士学位授权点（4 个）

序号	学位点代码	学位点名称	批准时间
1	030503	马克思主义中国化研究	2006 年
2	071010	生物化学与分子生物学	2006 年
3	081203	计算机应用技术	2006 年
4	090403	农药学	2006 年

学位授权点自评估参评学科——二级学科硕士学位授权点（7 个）

序号	学位点代码	学位点名称	批准时间
1	040106	高等教育学	2003 年
2	040301	体育人文社会学	2003 年
3	071005	微生物学	2003 年

续表

序号	学位点代码	学位点名称	批准时间
4	080102	固体力学	1981 年
5	082003	油气储运工程	2006 年
6	083201	食品科学	1998 年
7	120502	情报学	2003 年

学位授权点自评估参评学科——专业学位授权点（20 个）

序号	专业学位名称	代码（工程领域）	批准时间
1	工程（ME）	085201 机械工程	2001 年
2		085203 仪器仪表工程	2006 年
3		085204 材料工程	1999 年
4		085206 动力工程	1999 年
5		085208 电子与通信工程	2005 年
6		085210 控制工程	1999 年
7		085211 计算机技术	2000 年
8		085212 软件工程	2002 年
9		085216 化学工程	1997 年
10		085221 轻工技术与工程	2003 年
11		085224 安全工程	2006 年
12		085229 环境工程	2001 年
13		085231 食品工程	2002 年
14		085235 制药工程	1997 年
15		085237 工业设计工程	2004 年
16		085238 生物工程	2003 年
17		085239 项目管理	2004 年
18		085240 物流工程	2004 年
19	工商管理（MBA、EMBA）	1251	1997 年、2009 年
20	公共管理（MPA）	1252	2005 年

人事管理

Renshi Guanli

教职工队伍建设

【概况】 建设高水平师资队伍。2016年诺贝尔化学奖得主、荷兰格罗宁根大学Bernard Lucas Feringa教授入选国家人才计划短期项目，张志鹏、王金虎入选国家人才计划青年项目；李洪林、刘海峰、赵黎明入选“万人计划”科技创新领军人才，王海丰、江浩入选“万人计划”青年拔尖人才；李剑入选教育部特聘教授项目，赵玉政、郭志前入选教育部青年学者人才项目；朱学栋、杜文莉、袁媛入选上海领军人才；齐若德入选上海人才计划长期项目；段学志、牛德超、高阳入选上海高校特聘教授（东方学者），李浩、江浩入选东方学者跟踪计划；陈万思、吴一帆、杨剑侠、姜庆超、李大伟、邢明阳、詹望成入选上海浦江人才计划CD类；龙东辉入选上海青年拔尖人才；徐益升、王立权获上海人才发展资金资助。赵黎明、彭昌军、郭卫斌、郭慧等4位教师获“宝钢教育优秀教师奖”。做好“教师专业发展工程”有关项目，资助6名青年教师赴海外访学进修，资助25名青年教师赴企业开展产学研践习。

健全人事管理制度。进一步完善教师遴选机制，规范教师选录程序，严把“进人关”。充分发挥《“特聘研究员”“特聘副研究员”计划实施办法（试行）》《教师招聘管理办法》的作用，于2017年引进、录用教学科研教师39人，博士率达100%，其中正高2人。加强兼职教师队伍建设，不断创新用人观。按照《名誉教授、兼职教授和客座教授管理办法（试行）》的要求聘请了包括两院院士在内的27位海内外知名学者担任名誉教授（17人）、客座教授（6人）和兼职教授（4人）。受聘人员在促进学科建设与发展、加强对外交流与合作等方面发挥了重要作用。继续实施《人才派遣管理办法（修订）》《退休教职工聘用管理规定》《教师长期公派出国（境）管理办法》。

按照学校规定开展职称聘任工作。2017年度聘任正高级专业技术职务21人（其中教授18人、研究员2人，享受教授待遇的高级实验师1人），副高级专业技术职务人48人[其中副教授32人、副教授（专职思政教师）2人、副研究员8人、高级实验师4人，高级工程师1人，副研究馆员1人]，中级专业技术职务人24人[讲师（专职思政教师）4人、工程师6人、实验师9人、馆员4人、主治医师1人]。

推进薪酬制度改革。学校2017年津贴总额为3.74亿元，较之2016年增长5 500万元。在

2016 年分配框架的基础上，优化整合校岗位津贴，增量部分由二级单位全权决定分配方式和发放方法。根据学校重点工作目标，合理设置各业绩津贴和专项津贴比例，优化专项指标，增加党建专项。在坚持学校总体调控、二级单位二次分配执行方案的基础上，给予二级单位更大的津贴分配调控权。

进一步提高岗位津贴标准。在专技、管理、其他专技、工勤四个系列科学合理的岗位津贴标准体系基础上，考虑同一岗位级别增量保持相同，维持原有级差，对岗位津贴标准在 2016 年的基础上做了调整。同时考虑按月、年终计税情况，将部分增长作为年终一次性发放执行。高层次人才实施协议岗贴，基本工资部分正常实施。岗位津贴全年总量为 2.39 亿元。

进一步完善年终绩效津贴分配模式，突出新增贡献奖励。在分别由教务处、科研院、研究生院、人文社会科学处、人事处、学科发展规划处主导的本科教学、研究生教学、科研绩效、人才专项、学科专项的基础上，新增党建专项和其他专项，作为绩效奖励整体分配的有效补充。继续实行分块制定分配办法，汇总下达至各二级部门，二级部门结合任务目标完成情况进行二次分配的高效有序操作模式。圆满完成 2017 年绩效津贴 1.2 亿元的发放。

加强博士后管理。学校设有博士后科研流动站 12 个。与 30 多家企业博士后工作站合作，设立了华东理工大学博士后创新实践基地，2017 年年底在站学科博士后有 169 人，企业博士后有 40 余人。年内，进站博士后有 68 人（师资博士后有 43 人、学科博士后有 21 人、企业博士后有 4 人）；出站博士后有 52 人，其中出站师资博士后有 32 人（有 28 人留校任教），学科博士后有 11 人，企业博士后有 9 人；退站 4 人。有国际交流计划派出项目 1 人、学术交流项目 1 人、国际交流计划引进项目 2 人；香江学者计划 1 人。博新计划中全国遴选 300 名，7 人申报，材料科学与工程方向的 2 人和动力工程及工程热物理方向的 1 人获得资助，获资助比例为 42.9%，全国平均获资助比例为 27.5%。博士后基金资助总额再创新高，38 人次博士后获各项基金资助，总资助金额为 240 万元。第 60 批面上资助一等 2 人、二等 10 人，获批比率为 35.5%；第 61 批面上资助一等 3 人、二等 15 人，获批比率为 34.6%；第十批特别资助 5 人获批，获批比率为 33.3%。博士后资助项目得到基金：博新计划 3 人（180 万元），香江学者 1 人（60 万元），派出计划 1 人（60 万元），上海市日常经费 3 人（48 万元），获得 348 万元。总计 588 万元，比 2016 年提高 19.8%。中国博士后科学基金会开展的资助工作对进一步激发博士后创造性和积极性，提高博士后培养工作质量，推进博士后工作发展，起到了重要的促进作用。

附录：

2017 年教职工情况统计表　　单位：人

教职工总数	女性	专业技术岗位			管理岗位	工勤技能岗位
		专技总数	专任教师	其他专技		
3 031	1 390	2 357	1 867	490	515	159

2017 年各学院专任教师情况统计表　　单位：人

部门	正高（年龄分布）						副高（年龄分布）					中级	初级及以下	合计	博士	硕士
	≤35 岁	36～40 岁	41～50 岁	51～60 岁	＞60 岁	小计	≤35 岁	36～40 岁	41～50 岁	51～60 岁	小计					
化工学院	1	3	21	24	4	53	7	16	32	26	81	56	4	194	145	42
生物工程学院	1	5	14	19	1	40	6	14	25	9	54	60	3	157	124	22
化学与分子工程学院	3	6	29	21	3	62	8	11	28	9	56	50	1	169	145	15
药学院	0	6	17	14	0	37	5	11	17	4	37	23	0	97	89	7
材料科学与工程学院	0	5	18	23	2	48	4	15	19	18	56	32	1	137	111	20
信息科学与工程学院	1	4	13	11	0	29	9	16	29	13	67	69	2	167	124	31
机械与动力工程学院	0	5	12	15	4	36	7	5	30	16	58	43	2	139	103	26
资源与环境工程学院	0	2	16	15	0	33	6	15	7	2	30	24	3	90	79	11
商学院	0	0	20	13	4	37	12	18	29	15	74	50	4	165	130	28
社会与公共管理学院	0	1	6	10	2	19	3	6	18	3	30	33	3	85	65	16
理学院	1	1	11	13	1	27	11	16	12	13	52	45	2	126	102	23
艺术设计与传媒学院	0	0	2	1	2	5	2	8	6	5	21	21	1	48	21	23
外国语学院	0	0	2	2	1	5	2	3	16	8	29	64	1	99	37	50
法学院	0	0	2	3	2	7	1	4	7	1	13	7	1	28	18	7
体育科学与工程学院	0	0	1	3	0	4	1	5	12	18	36	22	4	66	10	28
人文科学研究院	0	0	1	2	0	3	1	3	12	10	26	18	0	47	36	4
合计	7	38	185	189	26	445	85	166	299	170	720	617	32	1 814	1 339	353

2017 年高层次人才计划名单

2017 年国家人才计划短期项目

Bernard Lucas Feringa

2017 年国家人才计划青年项目

张志鹏　王金虎

2017 年教育部长江学者奖励计划特聘教授

李　剑

2017 年教育部长江学者奖励计划青年学者

赵玉政　郭志前

2017 年万人计划科技创新领军人才

李洪林　刘海峰　赵黎明

2017 年万人计划青年拔尖人才

王海丰　江　浩

2017 年上海领军人才

朱学栋　杜文莉　袁　媛

2017 年上海外专人才计划长期项目

齐若德

2017 年上海高校特聘教授（东方学者）

段学志　牛德超　高　阳　李　浩（跟踪计划）　江　浩（跟踪计划）

2017 年上海青年拔尖人才

龙东辉

2017 年上海浦江人才计划 C、D 类

陈万思　吴一帆　杨剑侠　姜庆超　李大伟　邢明阳　詹望成

2017 年上海人才发展资金

徐益升　王立权

2017 年首次聘任高级专业技术职务人员名单

教授（18 人）

王海丰（优青）　李少萍　李伟锋　李欣欣　张　军　张　良　陈志华　陈秀荣　邵旭升　郁惠蕾　郑致刚　项延训（优青）　赵双良　徐立功　郭志前（优青）　常香云　曾惠丹　詹望成

研究员（2 人）

陈芳萍　聂　波

享受教授待遇的高级实验师（1 人）

孙学芹

副教授（32 人）

王　宁　王　潇　王圣强　韦晓保　方学梅　卢　杨*　卢崴诩　任江萌　刘　芳　刘　振　刘宏伟*　安丰鹏　李　锦　杨继波*　肖婧凡　沈晓波　张之燕　张永强　张启迪　张隽佶　陆海峰　郑　凯　姚　远　姚媛媛　顾高峰　徐　明　高杰荣　黄　锐　梅　菊　章　彰　彭德雷　谭　帅

副教授（专职思政教师）（2 人）

崔美娜　魏　星

副研究员（8 人）

马　巍　许建良　杨明磊　宗　原　姜庆超　赵　亮（生工）　赵　亮（信息）　胡贵华

高级实验师（4 人）

王月荣　王晓霞　吴　清　滕　鑫

高级工程师（1 人）
吴　婷
副研究馆员（1 人）
严素梅

注：* 为教学系列。

2017 年外籍教师

聘请学院	名字	性别	国籍
商学院	Yan Zhao	男	加拿大
化学与分子工程学院	Bernard Lucas Feringa	男	荷兰
化工学院	Martinus Abraham Cohen Stuart	男	荷兰
理学院	Yoshinori Yamaguchi	男	日本
资源与环境工程学院	Israel Pedruzzi	男	巴西
外国语学院	Amanda Theodora Hilton-Sandhi	女	德国
外国语学院	Yuriko Shimada	女	日本
外国语学院	Stephen Eric Sandelius	男	美国
外国语学院	王涌	男	德国

2017 年新聘任名誉教授、兼职教授、客座教授名单

类别	序号	姓　名	国　籍	聘请部门
名誉教授	1	Michael Grätzel	瑞士	化学与分子工程学院
	2	张希	中国	化学与分子工程学院
	3	丁奎岭	中国	化学与分子工程学院
	4	刘云圻	中国	化学与分子工程学院
	5	Babatunde A. Ogunnaike	美国	信息科学与工程学院
	6	李玉良	中国	化学与分子工程学院
	7	Manfred T. Reetz	德国	生物工程学院
	8	Eiichi Nakamura	日本	化学与分子工程学院
	9	邹志刚	中国	化学与分子工程学院
	10	刘鸿文	中国	生物工程学院
	11	Karl Barry Sharpless	美国	生物工程学院
	12	Jean-Pierre Sauvage	法国	化学与分子工程学院
	13	Andrew Cooper	英国	化学与分子工程学院
	14	张洪杰	中国	化学与分子工程学院
	15	桂卫华	中国	信息科学与工程学院
	16	谢在库	中国	化学与分子工程学院
	17	张远航	中国	资源与环境工程学院

续表

类别	序号	姓　名	国　籍	聘请部门
兼职教授	1	梁秀兵	中国	机械与动力工程学院
	2	齐涛	中国	资源与环境工程学院
	3	李会泉	中国	资源与环境工程学院
	4	梁秀兵	中国	法学院
客座教授	1	木山精一	日本	材料科学与工程学院
	2	雷焕丽	加拿大	创新创业中心
	3	Tasnim Hassan	美国	机械与动力工程学院
	4	冯恩波	加拿大	信息科学与工程学院
	5	Bernd Meyer	德国	资源与环境工程学院
	6	吉川邦夫	日本	资源与环境工程学院

博士后科研流动站设置一览表（一级学科）

设站学科	设站部门	设站时间
化学工程与技术	化工学院、生物工程学院、化学与分子工程学院	1985 年
控制科学与工程	信息科学与工程学院	2001 年
材料科学与工程	材料科学与工程学院	2003 年
动力及工程热物理	机械与动力工程学院	2003 年
环境科学与工程	资源与环境工程学院	2003 年
机械工程	机械与动力工程学院	2007 年
化学	化学与分子工程学院、药学院	2007 年
药学	药学院	2009 年
社会学	社会与公共管理学院	2009 年
植物保护	药学院	2012 年
轻工技术与工程	生物工程学院	2012 年
管理科学与工程	商学院	2014 年

离退休工作

【概况】 年内，学校退休教职工共 2 780 人，其中男性 1 355 人，女性 1 425 人；教授等正高级职称人员 304 人，副教授等副高级职称人员 641 人。退休人员中正副局级有 21 人，正副处级有 94 人，并有 883 名共产党员和 229 名民主党派人士。离休干部共 30 人，平均年龄为 90.01 岁，最大年龄为 97 岁。其中原副局级 2 位，享局级待遇 8 位，参照局级三项待遇 2 人，原正处级 4 人，原副处级和享处级待遇 13 人，其他干部 1 人。抗日战争时期参加革命的有 7 人，解放战争时期参加革命的有 23 人。具有正高级职称的有 4 人，副高级职称的有 6 人。中共共产党员 28 人。丁西三、开顺心、田林、魏玉峰、郭正等 5 位同志享受按副省（部）长级标准报销医疗费的待遇。

离退休行政工作。“夏送清凉”普遍慰问全体离退休教职工 2 768 人，重点关心其中八类离退休教职工 761 人；“冬送温暖”普遍慰问 2 808 人，重点关心其中八类离退休教职工 801 人；敬老节发放慰问金和生日慰问金共计 222 万元。继续为全体退休人员购买“上海市总工会住院医疗保险”，总计金额为 69 万元。为孤老等 19 名特殊人员购买“颐养宝服务”。协调原工作部门共同妥善处理 47 名去世人员善后事宜。举办“互联网能力培训班”，通过 6 个课时的培训，让离退休支部书记学会高德地图、共享单车等多种常用 App 的使用方法。强化网络服务，微信公众号全年发送信息 300 余条，点击量达 10 万多次，阅读量近 6 万人次。引入优质社会体检机构为离退休人员提供体检服务，今年体检时间延长为 6 个月，体检方式有个人自行前往和团队体检，体检通知寄送给每个人，微信平台推送相关消息。对患大病特定人员给予慈善帮困基金的资助，今年帮困 21 人，资助金额达 23.6 万元。首次评选出 22 名退休先进个人，在敬老节予以表彰。为庆祝校老教协摄影沙龙成立五周年，老教授协会出版摄影集《摄影愉悦人生》；乐龄文体协会下属的 14 支兴趣团队体现了学校退休教工“老有所乐”丰富多彩的休闲生活。

离退休工作党委工作。对离退休支部再次进行优化调整，分离出 3 个对应二级单位的独立党支部，与二级单位更好对接。探索取消了原来依托居住地设置的块组长建制，将关心、慰问和服务离退休人员的功能赋予离退休支部。“冬送温暖”“夏送清凉”，由支部牵头组成一支支慰问队伍，上门看望高龄、生病和家庭困难的离退休人员。组织离退休支部书记和支委参观上海中心和浦东新区，召开支部书记“畅谈十八大以来的发展变化”和“建言十九大”交流座谈会。参加教育部离退休干部局举办的本市部属高校离退休干部代表和离退休工作处负责同志建言十九大座谈会。

附录：

2017 年去世退休教职工名单（43 人）

许先高　陈丕亚　黄振昌　尤大衡　钱　珍　严　靖　张建明　刘斯鑫　吴阿荣　施家沅　陈学让　孙仁治　龚祖慈　蒯乃功　程述贤　周浩然　朱玉华　朱顺良　张凤鸣　郑斯雄　赖家丘　吴定一　娄鸿珍　钱慰民　薛锦屏　屠耀元　王俊贤　许龙生　史永明　杭铮伍　谈智和　盛克俭　朱广玉　张忠文　沈婉芬　陈幸达　戴吉亮　徐德元　强振南　孙海霖　范文坚　袁金庙　宋　彬

2017 年去世离休干部名单（4 人）

潘伟成　苏友元　迟英良　程仲梅

外事工作

Waishi Gongzuo

对外合作与交流

【概况】 年内，学校共接待国（境）外来访外宾近900人次，其中包括2016年诺贝尔化学奖获得者荷兰格罗宁根大学伯纳德·L.费林加教授、法国斯特拉斯堡大学的让-皮埃尔·索瓦日教授、美国西北大学的詹姆斯·弗雷泽·斯托达特勋爵。与谢菲尔德大学、法国高等化学工程师大学校联盟（Federation Gay Lussac，FGL）、澳大利亚昆士兰科技大学等，先后签署20多份合作协议。资助50多个短期英语授课项目，举办国际会议8次，聘请9名长期外国文教专家。受理500多人次因公出国（境）的申请、申报及公务普通护照和签证手续，受理近30位教师长期出国（境）的申请及申报，审批300多位学生因公出国（境）的申请。

（万婷）

【费林加诺贝尔奖科学家联合研究中心揭牌】 10月22日，学校在徐汇校区逸夫楼报告厅举行了费林加诺贝尔奖科学家联合研究中心揭牌仪式。

【第四届中法双边研讨会在学校召开】 7月10至12日，法国FGL代表团一行12人到访学校，参加FGL与学校共同举办的第四届中法双边研讨会。副校长辛忠热情接待了来访客人。

（万婷）

附录：

来访人员国家/地区分布

国家	美国	英国	法国	德国	日本	沙特	阿联酋
人数	261	89	80	74	68	2	2
国家	墨西哥	哈萨克斯坦	澳大利亚	加拿大	中国香港	中国台湾	中国澳门
人数	3	7	32	46	33	12	1
国家	比利时	罗马尼亚	瑞士	荷兰	新加坡	瑞典	南非
人数	6	1	9	8	11	9	1
国家	挪威	丹麦	意大利	韩国	泰国	新西兰	
人数	1	1	11	67	5	5	
国家	波兰	以色列	印度	捷克	俄罗斯	泰国	
人数	3	5	1	2	1	5	
国家	斯洛伐克	阿尔及利亚	斯里兰卡	芬兰	葡萄牙	越南	
人数	1	1	2	5	1	2	

（黄河）

签署协议情况一览表

合作单位	国家/地区	协议名称
加州大学伯克利分校	美国	备忘录
俄克拉荷马大学	美国	教育与科技合作协议
华盛顿大学布朗社会工作学院	美国	硕士、社会政策硕士双学位合作协议
密苏里大学	美国	谅解备忘录、合作协议
谢菲尔德大学	英国	备忘录、海外学习项目协议
萨里大学	英国	关于成立石油化工行业智能优化制造国际联合实验室备忘录
亚琛工业大学	德国	学生交流协议、合作谅解备忘录
勃兰登堡工业大学	德国	合作举办生物工程专业本科学历教育项目补充协议
鲁汶大学	比利时	备忘录
托马斯拔佳大学	捷克	备忘录、中－捷新能源材料和器件联合研究实验室协议
罗兰大学	匈牙利	谅解备忘录
昆士兰大学	澳大利亚	合作协议
昆士兰科技大学	澳大利亚	国际合作协议
格罗宁根大学	荷兰	备忘录
那不勒斯第二大学	意大利	研究生课程双证书项目协议
拉帕斯维尔应用技术大学	瑞士	备忘录
卡拉干达州立科技大学	哈萨克斯坦	备忘录
大阪工业大学	日本	备忘录
东京海洋大学	日本	学生交换项目联合声明
台湾清华大学	中国台湾	学术交流合作备忘录、学生交换计划备忘录、自费研修生交流计划备忘录

（唐纪敏）

学校教师因公出国（境）类型

单位：人

访问	会议	访问学者	研修	科研	夏令营	展览会	培训	讲学	比赛	招聘	合唱团	小计
182	239	30	5	24	8	11	7	1	15	12	3	537

（张闻）

学校师生申报国家留学基金委各类项目获批情况

项目名称	获批人数
国家留学基金委全额资助出国留学人员项目	14
国家留学基金委青年骨干教师出国研修 1：1 配套项目	12
国家留学基金委高等教育行政管理人员出国项目	3
国家留学基金委创新型人才国际合作培养项目	4 个项目 5 人

（张闻）

长期境外文教专家聘请情况一览表

序号	聘请学院	名字	性别	国籍
1	商学院	Yan Zhao	男	加拿大
2	化学与分子工程学院	Bernard Lucas Feringa	男	荷兰
3	化工学院	Martinus Abraham Cohen Stuart	男	荷兰
4	理学院	Yoshinori Yamaguchi	男	日本
5	资源与环境工程学院	Israel Pedruzzi	男	巴西
6	外国语学院	Amanda Theodora Hilton-sandhi	女	德国
7	外国语学院	Yuriko Shimada	女	日本
8	外国语学院	Stephen Eric Sandelius	男	美国

（邢佳惟）

港澳台及华侨学生奖学金获奖名单

姓名	学生类别	等级	生源类别	姓名	学生类别	等级	生源类别
赵禹定	本科	特等	中国台湾	颜国峰	本科	三等	中国台湾
吴业琴	本科	一等	中国台湾	廖冠凯	本科	三等	中国台湾
谢秀真	本科	一等	中国台湾	张欣霓	本科	三等	中国台湾
丁莞芸	本科	一等	中国台湾	高鸣远	本科	特等	中国香港
田佑慈	本科	一等	中国台湾	任佳莹	本科	一等	华侨
毛静文	本科	一等	中国台湾	陈睿闻	本科	一等	中国香港
陈亭谕	本科	二等	中国台湾	梁丽萍	本科	一等	中国香港
张孚维	本科	二等	中国台湾	蔡家颖	本科	二等	中国香港
姚昕妤	本科	二等	中国台湾	胡钰婷	本科	二等	中国香港
林哲纬	本科	二等	中国台湾	张怡莹	本科	二等	中国香港
陈宗棋	本科	二等	中国台湾	古伟鸿	本科	二等	中国澳门
丁于翔	本科	二等	中国台湾	钟颖诗	本科	二等	中国香港
陈泓叡	本科	二等	中国台湾	梁诺愉	本科	三等	中国香港
温韦诚	本科	三等	中国台湾	唐勇杰	本科	三等	中国香港
李宜儒	本科	三等	中国台湾	黄治谦	本科	三等	中国澳门
刘昱妏	本科	三等	中国台湾	梁展浩	本科	三等	中国香港
陈俊凯	本科	三等	中国台湾	王影	本科	三等	中国香港
李育希	本科	三等	中国台湾	叶雯惠	本科	三等	中国香港
余彦诚	本科	三等	中国台湾	彭晟	本科	三等	中国香港
陈禹铨	本科	三等	中国台湾	张一秀	本科	三等	中国香港
凃振谦	本科	三等	中国台湾				

（叶晓松）

国际（地区）会议情况

会议名称	举办部门
第六届国际化学生物学会年会	生物工程学院
第 8 届亚太化学反应工程研讨会	化工学院
社会工作干预研究国际研讨会	社会与公共管理学院
跨国并购：新兴市场跨国企业的崛起	商学院
流程工业智能优化制造国际研讨会	信息科学与工程学院
第三届中日体育学术交流会	体育科学与工程学院
“灾害、创伤与危机管理”国际研讨会	社会与公共管理学院
“公共服务与城市治理”国际学术研讨会	社会与公共管理学院
表界面介尺度理论与模拟国际研讨会	化工学院
空间分析方法在城市与区域科学研究中的应用研讨会	商学院
“应对老龄化的骨修复及骨修复材料”国际研讨会	材料科学与工程学院

（叶晓松）

外国学者短期访问资助名单

学院	外国专家姓名	所在单位	职务/职称
材料科学与工程学院	S. H. Gellman	威斯康星大学－麦迪逊	院士/教授
材料科学与工程学院	Mary Chan-Park	南洋理工大学	教授
材料科学与工程学院	杨义燕	新加坡生物工程与纳米技术研究所	副教授
材料科学与工程学院	Jayanta Haldar	Jawaharlal Nehru Centre for Advanced Scientific Research	副教授
材料科学与工程学院	Zuankai Wang	香港城市大学	教授
材料科学与工程学院	Jianwei Li	芬兰 University of Turku	副教授
材料科学与工程学院	Dietmar Drummer	埃尔兰根－纽伦堡大学工学院	教授/副院长
材料科学与工程学院	周晓东	南卡大学	教授/副主编
高等教育研究所	Harold P. Sjursen	纽约大学	教授
化学与分子工程学院	Lance C. Seefeldt	犹他州立大学	教授
化学与分子工程学院	Joanne Xie	巴黎 Saclay 高师	教授
化学与分子工程学院	Marc Lemaire	里昂第一大学	教授
化学与分子工程学院	戴胜	橡树岭国家实验室	Group Leader
化学与分子工程学院	Jong Seung Kim	高丽大学	教授
化学与分子工程学院	Rémi Métiver	卡尚高等师范学校	高级研究员
化学与分子工程学院	Walter Leitner	亚琛工业大学	教授
化学与分子工程学院	T. Gunnlaugsson	都柏林大学	院士/教授
化学与分子工程学院	Tony James	巴斯大学	教授
化学与分子工程学院	J. L. Sessler	得克萨斯大学（奥斯汀）	教授/副主编
化学与分子工程学院	M. O. Coppens	英国伦敦大学学院	系主任/教授

续表

学院	外国专家姓名	所在单位	职务/职称
化学与分子工程学院	Steven De Feyter	鲁汶大学	教授/副主编
化学与分子工程学院	Matteo DalPeraro	洛桑联邦理工学院	教授
化学与分子工程学院	A. Savvichev	科学院微生物研究所	教授
化学与分子工程学院	Bernand L. Feringa	格罗宁根大学	诺贝尔奖得主
化学与分子工程学院	Itamar Willner	耶路撒冷希伯来大学	院士
化学与分子工程学院	J. F. Stoddart	西北大学	诺奖得主
化学与分子工程学院	N. Giuseppone	斯特拉斯堡大学	教授
化学与分子工程学院	Michel Che	巴黎第六大学	院士/教授
化学与分子工程学院	A. Z. Moshfegh	谢里夫理工大学	教授
化学与分子工程学院	Sang-Eon Park	仁荷大学	教授/主编
化学与分子工程学院	Shashank Mishra	里昂一大	副教授
化学与分子工程学院	Stephane Daniele	里昂一大	教授
化工学院	B. M. Weckhuysen	乌得勒支大学	院士/教授
化工学院	De Chen	挪威科学技术大学	院士/教授
化工学院	S. B. Jaffe	ExxonMobil（退休）	院士
化工学院	Wolfgang Peukert	埃尔朗根-纽伦堡大学	所长/教授
化工学院	D. G. Vlachos	美国特拉华大学	教授
机械与动力工程学院	陆永枫	内布拉斯加大学-林肯分校	教授
机械与动力工程学院	陈浩峰	Strathclyde 大学	教授
机械与动力工程学院	黄志红	University of Dundee	教授
机械与动力工程学院	Tasnim Hassan	北卡罗来纳州立大学	教授
理学院	T. K. Minton	蒙大拿州立大学	教授/副主编
理学院	Stephen D. Hogan	University College London	副教授
理学院	J. Connerade	英国帝国理工和医学院物理系	教授
商学院	Teo Hock Hai	新加坡国立大学	教授
商学院	William Meyers	密苏里大学	教授
商学院	William Dupor	美联储圣路易斯储备银行	Assistant Vice President
商学院	Gary Tian	Macquarie University	教授
商学院	徐定海	University of Waterloo	副教授
商学院	Paul Gomme	Concordia University	教授
社会与公共管理学院	Monit Cheung	休斯敦大学社会工作研究生学院	教授
社会与公共管理学院	Paul Garrett	国立高威大学	高级讲师
社会与公共管理学院	Bruce Thyer	佛罗里达州立大学	教授
社会与公共管理学院	周敏	加拿大维多利亚大学	副教授

续表

学院	外国专家姓名	所在单位	职务/职称
社会与公共管理学院	徐彬	埃默里大学	副教授
社会与公共管理学院	Timothy J. Dowd	埃默里大学	系主任/教授
社会与公共管理学院	赖庆	美国佛罗里达国际大学	副教授
社会与公共管理学院	Mark Fraser	北卡大学教会山分校	教授
生物工程学院	J. C. Janson	Uppsala 大学	教授
生物工程学院	田斌	罗格斯大学	教授
生物工程学院	松川真吾	东京海洋大学	教授
体育科学与工程学院	Seok-Ho Song	美国 St. Thomas University	教授
信息科学与工程学院	Guy B. Marin	根特大学	教授
信息科学与工程学院	Frank Schiller	BeckHoff 自动化公司	首席科学家
信息科学与工程学院	Klaus Janschek	德累斯顿工大	教授
学工部	毕玉/V. Orozco	加州大学伯克利分校心理咨询服务中心	高级心理咨询师
艺术设计与传媒学院	Antonio Apicella	坎帕尼亚大学	教授/院长
中德工学院	Jörg Steinbach	勃兰登堡工业大学	校长/教授
资源与环境工程学院	Lichong Xu/ C. A. Siedlecki	宾州州立大学医学院	研究员/教授
资源与环境工程学院	Charles J. Banks	南安普敦大学	教授
资源与环境工程学院	Zoran Ristovski	昆士兰科技大学	教授
资源与环境工程学院	Changyu Wu	佛罗里达大学环境工程科学系	教授/系主任
资源与环境工程学院	Joshua E. Muscat	滨州州立大学医学院	教授

（叶晓松）

中德工学院（国际工程师学院）

【概况】 中德工学院下设直属党支部（团学工作办公室）、学院办公室、教学管理部和项目管理部4个部门和中德先进材料联合研究中心，共14名教师。年内，国际工程师学院以积极推进国际化办学和加大本科生国际交流力度为重点，以面向全校、服务全校、全方位开展人才培养国际合作交流项目的管理与协调为主要工作目标，开发服务于国家发展战略的学生交流项目，实施10个暑期国际交流项目，共派出141人；各类公派留学学生项目共录取95人；协助国外（境外）公派留学、中外合作办学、校际交流、暑期项目等各类项目的401名学生办理了各类派出手续。

办学项目。积极开发服务于国家战略发展的学生交流项目，结合学校学科优势，创立服务于“一带一路”倡议的高水平大学合作交流关系。与德国勃兰登堡工业大学和奥地利莱奥本大学签署了本科学历教育项目协议。

基金资助。继续实施学校“学生国外（境外）学习项目专项基金”对优秀贫困学生参加国际交流的资助，全年资助2批共计129名学生。

信息发布。2017级新生入学报到当天，国际工程师学院在报到现场，采用宣传墙报和印发《华东理工大学学生国际交流项目》宣传册的方式，向全校新生及新生家长进行了“华东理工大学学生国际交流项目展示”。与此同时，进一步完善国际工程师学院网站建设，及时发布和更新各项目及项目管理信息，方便学生和各学院的信息获取，让国际交流成为学生成才的一个重要环节。

渠道拓展。结合学校学科优势，创立服务于“一带一路”倡议的高水平大学合作交流关系，以及适当发展服务于“金砖五国”国家战略的高水平大学交流项目。牵头访问西班牙马德里卡洛斯三世大学和加泰罗尼亚理工大学。

荣誉表彰。年内，中德工学院（国际工程师学院）获评2017年度校文明单位。中德工学院工会获评2016—2017年度合格教工小家。王亚美获评华东理工大学2015—2017年度优秀档案员荣誉称号。吴志先获评华东理工大学2016年优秀专职学生思想政治教育工作者标兵荣誉称号。在校第31届文化艺术节中，学院主办的“想用相片装下华理”摄影活动荣获优秀项目奖。

【再次受到上海市示范性中外合作办学项目表彰】 5月26日，上海市教委召开上海市中外合作办学党建工作暨第二届示范性表彰会议。中德工学院实施的中德合作中外合作办学项目荣获2016年度“上海市中外合作办学表扬项目”。这是中德合作中外合作办学项目自2011年获得表扬项目后第二次获此殊荣。

【中德工学院校友会成立】 7月1日，学院在励志公寓205举行中德工学院校友成立大会暨首届会员代表大会。大会通过了中德工学院校友会的章程及理事会成员名单，选举吴唯、吴志先、王亚美、孙聪和牛湛等5名理事会成员。在第一届理事会第一次会议中，选举吴唯为理事长、王亚美为秘书长。7月20日，德国吕贝克应用科技大学在吕贝克市隆重举行了2017届毕业生毕业典礼。德方毕业典礼之后，合作双方联合召开了中德工学院中德合作项目首次校友大会，合作办学项目2017届全体新校友、在德国及德国周边国家工作和学习的近20名往届校友、中德双方教师和项目管理人员代表等近130人参加了此次校友大会。

【教育部批准学校“生物工程”专业中外合作办学新项目】 由中德工学院联合生物工程学院申报的与德国勃兰登堡工业大学合作举办“生物工程”专业本科学历教育项目获得教育部批准。这是中德工学院继2003年获批2个中外合作办学项目（专业）、2013年获批1个中外合作办学项目（专业）之后，又一次获批新的中外合作办学项目（专业）。新获批的中奥合作办学“高分子材料与工程”双学位本科专业，将于2018年开始招生。这一项目的实施与管理，将由中德工学院与材料科学与工程学院共同完成。

附录：

中德工学院2017届毕业生被国外（境外）大学录取为研究生情况清单

德环专业：

序号	姓名	录取高校	录取专业
1	蔡梦媛	德国慕尼黑工业大学 （Technische Universität München）	可持续发展能源管理 （Sustainable Resource Management）
2	洪洪	德国慕尼黑工业大学 （Technische Universität München）	可持续发展能源管理 （Sustainable Resource Management）
3	陈君懿	德国慕尼黑工业大学 （Technische Universität München）	可持续发展能源管理 （Sustainable Resource Management）
4	屈子韬	德国慕尼黑工业大学亚洲分校 （Technische Universität München，Asia）	工业化学 （Industrial Chemistry）
5	朱茜昕	德国斯图加特大学 （Universität Stuttgart）	空气质量管控、固体废物和废水处理工程 （Air Quality Control，Solid Waste and Waste Water Process Engineering）

续表

序号	姓名	录取高校	录取专业
6	裘明昊	德国斯图加特大学（Universität Stuttgart）	空气质量管控、固体废物和废水处理工程（Air Quality Control，Solid Waste and Waste Water Process Engineering）
7	宋亭锋	德国斯图加特大学（Universität Stuttgart）	空气质量管控、固体废物和废水处理工程（Air Quality Control，Solid Waste and Waste Water Process Engineering）
8	龚钊文	德国斯图加特大学（Universität Stuttgart）	信息技术（Information Technology）
9	徐逸晨	德国斯图加特大学（Universität Stuttgart）	空气质量管控、固体废物和废水处理工程（Air Quality Control，Solid Waste and Waste Water Process Engineering）
10	邹旭	德国卡尔斯鲁厄理工学院（Karlsruher Institut für Technologie）	水科学与工程（Water Science and Engineering）
11	章欣皓	德国卡尔斯鲁厄理工学院（Karlsruher Institut für Technologie）	水科学与工程（Water Science and Engineering）
12	李佳凤	德国德累斯顿工业大学（Technische Universität Dresden）	水科学与工程（Hydro Science and Engineering）
13	刘思楠	德国德累斯顿工业大学（Technische Universität Dresden）	水科学与工程（Hydro Science and Engineering）
14	朱文怡	德国德累斯顿工业大学（Technische Universität Dresden）	水科学与工程（Hydro Science and Engineering）
15	郑莫言	德国德累斯顿工业大学（Technische Universität Dresden）	水科学与工程（Hydro Science and Engineering）
16	朱明远	德国弗莱堡大学（Albert-Ludwig-Universität Freiburg）	环境科学（Environmental Sciences）
17	申逸飞	香港科技大学（The Hongkong University of Science and Technology）	环境工程与管理（Environmental Engineering and Management）
18	张晨启	香港科技大学（The Hongkong University of Science and Technology）	环境工程与管理（Environmental Engineering and Management）
19	高陶友维	美国乔治亚理工学院（Georgia Institute of Technology）	环境工程（Environmental Engineering）
20	肖何子健	美国密歇根大学（University of Michigan）	环境工程（Environmental Engineering）
21	杨林翰	美国哥伦比亚大学（Columbia University）	地球与环境工程（Earth and Environmental Engineering）

德电专业：

序号	姓名	录取高校	录取专业
1	钱栋成	德国斯图加特大学 （Universität Stuttgart）	信息工程 （Information Technology）
2	申遥	德国斯图加特大学 （Universität Stuttgart）	信息工程 （Information Technology）
3	龚晓婷	德国斯图加特大学 （Universität Stuttgart）	信息工程 （Information Technology）
4	马晓琦	德国亚琛工业大学 （RWTH Aachen University）	媒体信息学 （Media Informatics）
5	张民佳	德国亚琛工业大学 （RWTH Aachen University）	通信工程 （Communications Engineering）
6	徐活泼	德国埃尔朗根-纽伦堡大学 （Friedrich-Alexander-Universität Erlangen-Nürnberg）	计算机科学 （Computational Science）
7	顾鸣轩	德国埃尔朗根-纽伦堡大学 （Friedrich-Alexander-Universität Erlangen-Nürnberg）	计算机工程 （Computational Engineering）
8	龚嘉樱	德国柏林工业大学 （Technische Universität Berlin）	大地测量与地理信息科学 （Geodesy and Geoinformation Science）
9	王立洲	德国慕尼黑工业大学亚洲分校 （Technische Universität München，Asia）	集成电路设计 （Integrated Circuit Design）
10	孙赟	德国哥廷根大学 （Georg-August-Universität Göttingen）	应用计算机科学 （Applied Computer Science）
11	陈铭羽	德国哥廷根大学 （Georg-August-Universität Göttingen）	应用计算机科学 （Applied Computer Science）
12	周子凯	德国慕尼黑工业大学 （Technische Universität München）	通信工程 （Communications Engineering）
13	彭奕霖	香港大学 （Hongkong University）	工业工程与物流管理 （Industrial Engineering and Logistics Management）
14	虞芊蕙	香港理工大学 （The Hongkong Polytechnic University）	信息工程 （Information Technology）
15	吴泽灵	美国康奈尔大学 （Cornell University）	电气及电脑工程学 （Electrical and Computer Engineering）
16	郭旦威	美国南加州大学 （University of Southern California）	电气工程学 （Electrical Engineering）

续表

序号	姓名	录取高校	录取专业
17	舒柯玮	美国南加州大学 (University of Southern California)	电气工程学 (Electrical Engineering)
18	黄巾	美国伍斯特理工学院 (Worcester Polytechnic Institute)	计算机科学 (Computer Science)

(周文嘉)

与德语国家高校开展校际交流本科生项目清单

序号	合作学校	项目形式	涉及学院
1	德国亚琛工业大学	3+1	材料科学与工程学院
2	德国柏林工业大学	3+1	材料科学与工程学院 资源与环境工程学院
3	德国埃朗根-纽伦堡大学	3+1	材料科学与工程学院 机械与动力学院 生物工程学院 信息科学与工程学院
4	德国汉诺威大学	3+1	商学院 艺术设计与传媒学院 信息科学与工程学院
5	德国曼海姆大学	交流项目(一学年)	外国语学院
6	德国萨尔大学	3+1	化学与分子工程学院 材料科学与工程学院
7	德国伊尔梅瑙工业大学	毕业设计	材料科学与工程学院 机械与动力学院 信息科学与工程学院 理学院
8	德国克劳斯塔尔工业大学	中外合作办学项目	中德工学院
9	德国吕贝克应用技术大学	中外合作办学项目	中德工学院
		毕业设计	理工科及管理类专业
10	奥地利莱奥本大学	3+1	材料科学与工程学院
11	奥地利维也纳工业大学	3+1	化工学院 化学与分子工程学院 机械与动力学院 信息科学与工程学院
12	德国勃兰登堡工业大学	3+1	生物工程学院 资源与环境工程学院 机械与动力学院

(冯瑷媛)

2017 年优秀本科生国际交流项目获批项目一览表

序号	项目名称	留学国别	留学单位	选派专业
1	华东理工大学与新西兰奥克兰大学优秀本科生国际交流项目	新西兰	奥克兰大学	计算机科学与技术，电气工程及其自动化，社会学，机械设计制造及其自动化，社会工作，过程装备与控制工程
2	华东理工大学与新西兰坎特伯雷大学优秀本科生国际交流项目	新西兰	坎特伯雷大学	英语，社会学，社会工作，生物科学，生物技术，经济学，金融学，国际经济与贸易，工商管理，市场营销，人力资源管理，会计学，财务管理，电气工程及其自动化，高分子材料与工程，复合材料与工程
3	华东理工大学与奥地利雷奥本矿业大学优秀本科生国际交流项目	奥地利	雷奥本矿业大学	材料物理，高分子材料与工程，复合材料与工程
4	华东理工大学与奥地利维也纳工业大学优秀本科生国际交流项目	奥地利	维也纳工业大学	化学工程与工艺，应用化学，机械设计制造及其自动化，电气工程及其自动化
5	华东理工大学与德国埃郎根纽伦堡大学优秀本科生国际交流项目	德国	埃朗根-纽伦堡大学	材料物理，高分子材料与工程，复合材料与工程
6	华东理工大学与德国勃兰登堡工业大学优秀本科生国际交流项目	德国	科特布斯勃兰登堡工业大学	生物工程，生物技术，环境工程，能源与动力工程，机械设计制造及其自动化，过程装备与控制工程
7	华东理工大学与俄罗斯门捷列夫化工大学优秀本科生国际交流项目	俄罗斯	门捷列夫化工大学	化学工程与工艺，应用化学，信息与计算科学，计算机科学与技术，复合材料与工程，安全工程
8	华东理工大学与加拿大维多利亚大学优秀本科生国际交流项目	加拿大	维多利亚大学	机械设计制造及其自动化，材料成型及控制工程，过程装备与控制工程，电气工程及其自动化，信息工程，计算机科学与技术
9	华东理工大学与美国休斯敦大学优秀本科生国际交流项目	美国	休斯敦大学	安全工程（安全检测技术），材料成型及控制工程，轻化工程，化学工程与工艺，过程装备与控制工程，机械设计制造及其自动化，油气储运工程
10	华东理工大学与美国密苏里大学优秀本科生国际交流项目	美国	密苏里大学哥伦比亚校区	测控技术与仪器，计算机科学与技术，电气工程及其自动化，轻化工程，化学工程与工艺，机械设计制造及其自动化，过程装备与控制工程，生物工程，油气储运工程
11	华东理工大学与美国西佛罗里达大学优秀本科生国际交流项目	美国	西佛罗里达大学	电气工程及其自动化，计算机科学与技术，光电信息科学与工程，信息与计算科学，数学与应用数学，应用物理学

续表

序号	项目名称	留学国别	留学单位	选派专业
12	华东理工大学与美国佛罗里达大学优秀本科生国际交流项目	美国	佛罗里达大学	环境工程
13	华东理工大学与英国贝尔法斯特女王大学优秀本科生国际交流项目	英国	贝尔法斯特女王大学	资源循环科学与工程，化学工程与工艺，应用化学
14	华东理工大学与英国邓迪大学优秀本科生国际交流项目	英国	邓迪大学	安全工程（安全检测技术），材料成型及控制工程，过程装备与控制工程，生物工程，机械设计制造及其自动化
15	华东理工大学与英国伦敦大学玛丽女王学院优秀本科生国际交流项目	英国	伦敦大学玛丽女王学院	经济学，金融学，国际经济与贸易，信息管理与信息系统，工程管理物流管理，工商管理，市场营销，人力资源管理，会计学，财务管理，高分子材料与工程，复合材料与工程，新能源材料与器件，无机非金属材料工程
16	华东理工大学与法国化学工程师学校联盟优秀本科生国际交流项目（国立高等化学工艺技术工程师学院）	法国	法国化学工程师学校联盟国立高等化学工艺技术工程师学院	环境工程，化学工程与工艺
17	华东理工大学与法国化学工程师学校联盟优秀本科生国际交流项目	法国	法国里昂高等化学物理及电子学校	材料化学，应用化学
18	华东理工大学与法国南锡高等商学院优秀本科生国际交流项目	法国	法国南锡高等商学院	信息管理与信息系统，工程管理，物流管理，经济学，金融学，国际经济与贸易，工商管理，市场营销，人力资源管理，会计学，财务管理

（邓中华）

2017 年国家公派留学研究生项目录取人员名单

序号	姓名	申请留学身份	申报国别	留学单位（中文）
1	张军晖	博士研究生	西班牙	加泰罗尼亚理工大学
2	张雨潇	博士研究生	日本	大阪大学
3	傅志伟	博士研究生	英国	利物浦大学
4	徐云	博士研究生	德国	卡尔斯鲁厄理工学院
5	王文志	博士研究生	法国	法国波尔多大学

续表

序号	姓名	申请留学身份	申报国别	留学单位（中文）
6	果实	博士研究生	法国	斯特拉斯堡大学
7	黄昊	博士研究生	英国	贝尔法斯特女王大学
8	封文亮	博士研究生	西班牙	马德里材料科学研究院
9	付幼心	博士研究生	澳大利亚	昆士兰大学
10	江国灿	博士研究生	德国	德累斯顿工业大学
11	江志伟	博士研究生	法国	巴黎十一大
12	高川	博士研究生	法国	斯特拉斯堡大学
13	常馨月	博士研究生	瑞士	伯尔尼大学
14	张超	博士研究生	意大利	都灵大学
15	高晓伟	博士研究生	荷兰	阿姆斯特丹大学
16	王引引	博士研究生	芬兰	赫尔辛基大学
17	程方正	短期研修生	加拿大	麦吉尔大学
18	陈晨	硕士研究生	德国	乌尔姆大学
19	王雨蕾	联合培养博士研究生	美国	加州大学伯克利分校
20	王媛玮	联合培养博士研究生	澳大利亚	澳大利亚联邦科工组织工业部
21	李唱	联合培养博士研究生	新加坡	新加坡国立大学
22	陈炳旭	联合培养博士研究生	挪威	挪威科技大学
23	薛金	联合培养博士研究生	加拿大	西安大略大学
24	仪得志	联合培养博士研究生	美国	西北大学
25	王云伟	联合培养博士研究生	德国	达姆施塔特工业大学
26	薛双湄	联合培养博士研究生	美国	加州大学洛杉矶分校
27	刘宝	联合培养博士研究生	加拿大	阿尔伯特大学
28	刘苗苗	联合培养博士研究生	美国	橡树岭国家实验室
29	袁镇豫	联合培养博士研究生	荷兰	代尔夫特工业大学
30	黄盼	联合培养博士研究生	德国	慕尼黑工业大学
31	伍宏馆	联合培养博士研究生	美国	新泽西州立罗格斯大学
32	蒋瑞	联合培养博士研究生	加拿大	多伦多大学
33	季辰浩	联合培养博士研究生	美国	加州大学洛杉矶分校
34	张少泽	联合培养博士研究生	美国	加州大学河滨分校
35	梁波	联合培养博士研究生	美国	加州大学圣地亚哥分校
36	陈薇	联合培养博士研究生	美国	得克萨斯大学奥斯汀分校
37	李晓晓	联合培养博士研究生	瑞典	林雪平大学
38	孙宇	联合培养博士研究生	德国	吉森大学
39	李焱恺	联合培养博士研究生	美国	新泽西州立罗格斯大学
40	王文冉	联合培养博士研究生	美国	佐治亚理工学院

续表

序号	姓名	申请留学身份	申报国别	留学单位（中文）
41	钟继如	联合培养博士研究生	加拿大	萨斯喀彻温大学
42	张尚林	联合培养博士研究生	美国	北卡罗来纳州立大学
43	马洪顺	联合培养博士研究生	美国	得克萨斯大学奥斯汀分校
44	王强	联合培养博士研究生	日本	东北大学
45	孙文龙	联合培养博士研究生	美国	奥本大学
46	韩瑞琪	联合培养博士研究生	美国	波士顿大学
47	季春丽	联合培养博士研究生	加拿大	萨斯喀彻温大学
48	朱凤云	联合培养博士研究生	日本	东京大学
49	张婷	联合培养博士研究生	美国	华盛顿州立大学
50	孙攀	联合培养博士研究生	美国	密歇根大学安娜堡校区
51	李文霞	联合培养博士研究生	美国	加州大学圣塔芭芭拉分校
52	张亚茹	联合培养博士研究生	奥地利	国际应用系统分析研究所
53	季敬儒	联合培养博士研究生	加拿大	滑铁卢大学
54	岳鹏	联合培养博士研究生	瑞士	苏黎世联邦高等工业学院
55	康姣	联合培养博士研究生	美国	休斯顿大学
56	赵云亭	联合培养博士研究生	加拿大	麦吉尔大学
57	姜春艳	联合培养博士研究生	美国	南加州大学
58	吴熠潇	联合培养博士研究生	德国	马克思普朗克复杂技术系统研究所
59	薛子孝	联合培养博士研究生	以色列	耶路撒冷希伯来大学
60	厉晓波	联合培养博士研究生	丹麦	丹麦工业大学
61	孙懿	联合培养博士研究生	美国	新泽西州立罗格斯大学
62	陈飞飞	联合培养博士研究生	英国	曼彻斯特大学
63	薛梦奇	联合培养博士研究生	美国	加州大学河滨分校
64	陶冶	联合培养博士研究生	英国	伦敦大学玛丽女王学院
65	唐尧	联合培养博士研究生	美国	马里兰大学帕克分校
66	陈文华	联合培养博士研究生	英国	帝国理工学院
67	蒋文	联合培养博士研究生	美国	美国疾病控制中心
68	王璐	联合培养博士研究生	美国	明尼苏达大学双城校区
69	薛云飞	联合培养博士研究生	美国	东北大学
70	张坤	联合培养博士研究生	澳大利亚	昆士兰科技大学
71	郝赫	联合培养硕士研究生	美国	圣托马斯大学
72	王钦澄	联合培养硕士研究生	美国	圣托马斯大学
73	王颖	联合培养硕士研究生	意大利	那不勒斯第二大学

（邓中华）

2017 年优秀本科生国际交流项目录取人员名单

序号	姓名	学院	留学国别	留学单位	留学期限
1	邱玉峰	化工学院	美国	休斯敦大学	9 个月
2	陈家康	化工学院	美国	休斯敦大学	9 个月
3	邢钰	化工学院	美国	休斯敦大学	9 个月
4	龚雪雯	商学院	法国	法国南锡高等商学院	9 个月
5	王微微	商学院	法国	法国南锡高等商学院	9 个月
6	韦钦臣	信息科学与工程学院	美国	密苏里大学	9 个月
7	梁羽洁	化工学院	法国	法国化学工程师学校联盟国立高等化学工艺技术工程师学院	9 个月
8	朴春柏	机械与动力学院	英国	邓迪大学	9 个月
9	赖倍倍	化学与分子学院	英国	贝尔法斯特女王大学	9 个月
10	赵彦博	化学与分子学院	英国	贝尔法斯特女王大学	9 个月
11	桂凌峰	化学与分子学院	英国	贝尔法斯特女王大学	9 个月
12	张欣怡	化学与分子学院	英国	贝尔法斯特女王大学	9 个月
13	石昕柠	化工学院	法国	CPE Lyon	10 个月
14	李世博	材料科学与工程学院	德国	埃朗根-纽伦堡大学	11 个月
15	许文杰	社会与公共管理学院	新西兰	奥克兰大学	4 个月
16	吴琪雯	社会与公共管理学院	新西兰	奥克兰大学	4 个月
17	田雨涵	外国语学院	新西兰	坎特伯雷大学	11 个月
18	陈菊锋	材料科学与工程学院	德国	雷奥本矿业大学	4 个月
19	张盼盼	材料科学与工程学院	德国	雷奥本矿业大学	4 个月
20	顾雪莺	材料科学与工程学院	德国	埃朗根-纽伦堡大学	4 个月
21	吴光南	资源与环境学院	美国	佛罗里达大学	9 个月

（邓中华）

国际教育学院

【概况】 年内，学院有在编行政管理人员 10 人，其中 1 人借调中国驻英国大使馆教育处工作；汉语教师有 8 人，院聘行政管理人员有 3 人。围绕“两学一做”、学习贯彻十九大会议精神，根据学校“十三五”规划、世界“双一流”建设和 2017 年重点工作，真抓实干，积极推进学校留学生教育和管理工作蓬勃发展。年初，成立了来华留学生教育指导委员会和工作委员会；组织教职工认真学习教育部、外交部、公安部联合制定的《学校招收和培养国际学生管理办法》，参加教育部来华留学生招生和管理工作专项检查和学校本科教学评估，并签约参加来华留学质量认证第三批试点院校。重视留学生管理队伍建设，支持管理人员和教师参加教育部和国家留学基金委的来华留学工作业务培训和政策学习，提高留学生管理工作水平。要求汉语教师一岗双责，除了认真完成汉语教学工作之外，兼任部分学院管理工作。在“两学一做”学习教育中，加强党员教工的理论学习，提高党性意识。与继续教育学院党支部联合举办了专题党课“中国文化的‘阴与阳’”；开展专题组织生活，参观了“从石库门到天安门”美术作品展、上海世博会博物馆。

留学生规模稳步扩大，来自 100 个国家的 1 389 人次国际学生来学校学习，其中学历生 431 人次、非学历生 958 人次。学历国际学生人数较去年增加了 8%，总人数增加了 2.3%。开拓途径、争取经费支持，年内获得中国政府来华留学生奖学金 741 万元，上海市外国留学生政府奖学金 166 万元。新增上海“一带一路”高级人才教育培训项目，学校“能源化工技术人才高级研修班”获得了 25 万元的经费资助，新增“丝绸之路”中国政府奖学金项目，学校“石油化工领域全英文硕士项目”获得资助，资助名额为 12 人（约 89 万元/年），新增“上海高校外国留学生英语授课示范性课程建设”项目 1 项（10 万元/项），获得国家留学基金委和中国驻英使馆中英人文交流项目经费支持，与英国邓迪大学开展中英大学生创新实践项目。学校首个本科全英文专业“国际经济与贸易”2017 年 9 月正式开班。

开展多样化的留学生活动，学院举办了第二届华东理工大学国际文化节，承办了第十届上海高校外国留学生龙舟比赛，组织留学生撰写“我与华理的故事”征文、举办“一带一路”文化专题系列讲座、去浙江杭州开展中国传统文化体验、参加 2017 上海旅游节风筝会、第十五届

“张江杯”外国友人乒乓球比赛等活动，这些活动加深了留学生对中华文化和中国社会的理解。学院上线了新版中英文网页，并启用了国际学生管理服务平台。

【签约来华留学质量认证】 12 月 15 日，学校副校长、中国科学院院士刘昌胜在北京签署了高等学校来华留学质量认证协议。为了提升来华留学教育的规范化水平，进一步提高教学质量，学校申请了第三批高等学校来华留学质量认证试点。来华留学质量认证着重从办学指导思想、办学硬件条件、教学建设、教学管理、学生活动、办学质量与影响力、办学特色等方面对参评高校进行质量认证。

（包华）

【表彰来华留学生教育先进集体、先进个人】 召开 2016 年华东理工大学来华留学生教育工作表彰和交流大会。化工学院等 5 个学院获评“来华留学生教育先进集体”，信息科学与工程学院虞慧群等 10 人被评为“来华留学生优秀指导教师”，研究生院王燕春等 6 人被评为“来华留学生教学管理先进个人”。

（王东）

【建设首个本科全英文专业】 为了提高学校国际学位学生的比例，扩大本科国际学生规模，学院积极推动全英语本科专业建设。根据来华留学市场需求，与教务处、商学院、理学院、信息科学与工程学院等多次开会沟通、推进落实，并为每门本科通识课程建设提供一万元的启动经费。在多方共同努力下，学校首个本科全英文专业“国际经济与贸易”于 2017 年 9 月份正式开班。

（林颖）

【新增上海高校外国留学生英语授课示范性课程】 2017 年，国际教育学院积极组织申报上海市高校外国留学生英语授课示范性课程建设，本年度共有一门课程入选建设名单：材料科学与工程学院郭卫红教授的“聚合物材料与工程”，课程建设资助标准为 10 万元。材料科学与工程学院徐世爱的“高分子物理”、商学院彭德雷的“投资中国：法律与案例”和商学院赵炎的“国际经济学”三门课程建设周期结束，申请结项并顺利通过上海市教委评审，获评“上海高校外国留学生英语授课示范性课程”。

（刘晗）

【成立首个外国留学生社团】 12 月 18 日，华东理工大学首个外国留学生社团——羽毛球协会成立。成立仪式暨第一次训练活动在徐汇校区举行，来自俄罗斯、也门、巴基斯坦、越南、埃及等国家的近 30 名留学生参加了该项活动。

（梁乘）

附录：

外国留学生情况统计表　　单位：人

学院/类别	博士	硕士	本科	进修	语言	合计
化工学院	4	34	41	16		95
生物工程学院	10	8	10	7		35
化学与分子工程学院	6	5	3	5		19
药学院	1	1	4	1		7
材料科学与工程学院	6	1	2	4		13
资源与环境工程学院	7	6	6	3		22
机械与动力工程学院	3	3	13	1		20
信息科学与工程学院	16	9	21	5		51
商学院	4	92	72	26		194
社会与公共管理学院	10	5				15
艺术设计与传媒学院		1	8	1		10
理学院	1	1	1			3
外国语学院		1	1	1		3
法学院		8	3	2		13
国际教育学院					306	306
体育科学与工程学院		2		1		3
马克思主义学院	1					1
长期生小计	69	177	185	73	306	810
化工学院				17		17
生物工程学院				4		4
材料科学与工程学院				1		1
商学院				43		43
法学院				45		45
国际教育学院					469	469
短期生小计				110	469	579
共　计	69	177	185	183	775	1 389

（田野）

2016 年华东理工大学来华留学生教育工作获奖名单

类别	学院/姓名
来华留学生教育先进集体	化工学院
	信息科学与工程学院
	资源与环境工程学院
	商学院
	社会与公共管理学院

续表

类别	学院/姓名	
来华留学生优秀指导教师	化工学院	欧阳福生
		徐心茹
	化学与分子工程学院	牟伯中
	机械与动力工程学院	易建军
	信息科学与工程学院	虞慧群
	资源与环境工程学院	吕树光
	理学院	刘剑平
	商学院	杨逢珉
	外国语学院	赵　宏
	法学院	任　虎
来华留学生教学管理先进个人	研究生院	王燕春
	化工学院	张曙慧
	化学与分子工程学院	李　翠
	信息科学与工程学院	徐　群
	理学院	江　散
	商学院	缪　慧

（王东）

公共保障体系与后勤服务

Gonggong Baozhang Tixi yu Houqin Fuwu

校园信息化建设

【概况】 年内，信息化办公室结合学校综合改革方案、“十三五”发展规划以及“双一流”建设总体方案要求，遵循“服务全局、融合创新、深化应用、完善机制”的指导思想，确立“统一管理、大平台建设、数据共享、一站式服务”的信息化建设发展思路，系统推进学校信息化建设可持续发展。

基础建设不断夯实。更新徐汇校区2台核心路由器，升级校园网的出口流控设备，启动SDN交换机建设，推进新一代的“云网络”统一架构建设，提升基本网络用户的可靠性；进一步扩大无线覆盖范围，共计新增部署无线AP 2 254颗。实现徐汇和奉贤校区教学实验区、徐汇宿舍区95%以上区域的无线覆盖；持续提升校园网用户带宽容量，免费用户带宽从4M提升到6M，收费带宽从12M升至15M；奉贤数据中心新增部署1台防火墙和1台安全流量导向设备，基本建立安全防范框架；更新VPN系统，方便教师通过外网访问校内核心信息资源，可满足校外1 000人同时访问校内核心网的需求；徐汇校区网络核心机房布线系统引入智能化管理，建成后线路标记率可达到80%，在改善机房环境的同时，加强了底层物理网络的基本保障。承担建设创新创业服务器集群平台（部署于奉贤数据中心），为双创大平台、门户及创新教育平台提供了高可靠性、高扩展性的基础硬件环境，助力学校创新创业活动顺利开展。

应用建设重点突破。启动了校级用房管理平台的建设任务，全面梳理全校用房资源数据。教师个人主页平台上线内测运行，规范了教师个人主页的展现形式和内容。启动了校园卡升级改造项目的先期准备工作，结合学校现状及高校建设经验，论证了学校下一代校园卡的技术方案。进一步加强软件建设统筹管理，组织了二级部处2018年软件项目的申报工作，对15个二级部处的19个信息化软件项目进行评审，对下一年度的信息化建设项目进行了评审、归并、排序。启动校级数据全面共享工作，召开协调研讨会，广泛调研全校各单位现有数据情况及数据需求情况，全面落实各类数据的维护责任，树立数据即资产的观念，着手制定数据使用规范。年内，多个项目在数据共享的支撑下取得了进展：实现科研、人事、财务数据对接，打通数据共享通道；扩充数据仓库，新增科研、图书、招生、人事、财务到款等数据；在人事年度考核期间，为系统提供了教学（本科、研究生）、科研、财务等相关数据，自动生成考核数据，有效减轻教师填写工作量；在数据仓库的基础上，推进构建校情分析平台（数据挖掘平台），其应用成效正在逐步显现，已有本科教学、人事、一卡通等分析数据；更新核心数据库服务器6台，数据库软件升级至Oracle12C，部署了数据保护软件，提高了数据库系统50%的性能，增强了数据安全性；协助教务、人事、学工、档案、实装、采招中心等部门开展核心系统的升级改造；完成了7个学院、部处的主页新建和改版任务。

网络安全持续保障。徐汇数据中心部署了虚拟化安全防护软件，对其上运行的100余台核心服务器提供了基础安全保障；启动测试并采购了WEB安全监测设备，可实现对二级网站的及时告警；推进私有云基础设施建设，加强云信息安全防护。定期对学校各级信息系统进行安全扫描，有效保障学校信息系统的安全稳定运行；处理安全事件8次，高危漏洞53个；安全测试新上线信息系统（含网站）16个。开展“华东理工大学网络信息安全检查及整改工作”，对校内的信息系统、直通IP的使用情况进行了自查和梳理。常态化推进校内信息系统等级保护的定级、备案、测评和整改工作；已完成了学校主页、新闻网的等保测评工作。启动3个系统的等保测评工作和15个系统的等保备案工作；面对WanaCry勒索病毒爆发，信息办第一时间做出应急响应，有效避免了勒索病毒在校内的传播。完成重要时间节点的值班工作，在3月全国“两会”、5月“一带一路”峰会、6月初敏感时间段等共计安排值班32天，未发生重大安全事件；十九大召开期间，重点落实网络安全保障工作，安排24小时连续值班长达42天；九月开学季，开展“网络安全宣传周”活动，完成了网络安全常识展板展示、《网络安全常识手册》发放、新生及新教工安全意识培训等一系列活动。

运维服务以人为本。继续推广集中式“虚拟化服务器云平台”，深化信息系统托管服务；为18个部门落实了80余台虚拟服务器的托管使用服务。对华理云盘进行了全新升级，完成了学生邮箱由亿邮向网易校园邮箱的无缝迁移。为广大师生员工提供正版化操作系统激活服务37 574次，Office激活服务81 770次；人工收费达1 300余人次；开户17人次，用户管理操作（含改套餐、密码及强制下线）800余人次；门户密码修改580余次；上门服务600余次，其中徐汇校区350余次、奉贤校区250余次；电话服务7 300余次；二级域名申请49次；虚拟主机租用20次；采用集中培训与专题培训相结合的方式，为全校师生提供信息化培训服务4 000余人次。

学习调研建章立制。注重职员专业水平的提升，派遣20人次参加各类技术及培训会议，与兄弟院校及信息厂商广泛交流，获取前沿技术资讯，不断提升职业素质。组织召开学校信息化建设方案（2018—2020年）论证会暨网络信息安全建设专家研讨会，结合学校信息化现状和发展需求，信息办制定了学校信息化建设方案（2018—2020年）。发文成立“网络安全与信息化领导小组”和五大“工作推进小组”，新增“网络安全中心”。

参赛科研情况。带领学生团队参加2016—2017年铁人三项赛华东区决赛，获得企业赛二等奖，数据赛、个人赛优秀奖；同时，成为中国信息产业商会信息安全产业分会人才建设专业委员会授予的“信息安全铁人三项赛训练营”挂牌单位。带领学生团队参加“2017高校网络信息安全管理运维挑战赛”，获得全国优胜奖和华东区二等奖。主持开展教育信息化研究项目，推动信息化与教育教学改革的深度融合，具体项目如下：上海市教委2017专项项目“基于数据驱动的本科专业评估体系建设”（111万元），校2017重点教改项目“基于高校大数据的教学资源优化调配模型研究”（20万元）。

图书情报

【概况】 年内，新增纸版图书 24 226 种、66 198 册，其中中文图书 23 156 种、64 736 册，外文图书 1 070 种、1 462 册。期刊新增 1 954 种，合订本 4 753 册。新增数据库 4 个，数据库资源累积达 146 个。纸本资源与电子资源购置经费分别占 2017 年总购置经费的 26.65%和 73.35%。获得上海市“高校治安安全示范点”、学校“综合治理工作先进单位”“模范教工小家”“新媒体应用先锋”等荣誉称号。

学科服务。现有 7 个学科服务团队，专兼职学科馆员共 19 人。学科服务工作联系学院及科研团队近 40 人次，举办各类讲座 24 场次，发布学科简报 9 期，各类分析报告 21 份，其中学科分析报告 14 份，覆盖环境、物理、农学、化工、生工、社会等学科。自 9 月开始每月推出《世界一流大学发展动态》，年内共发布 4 期，主要栏目包括名校纵览、他山之石、学科热点、学生培养、管理创新、发展战略集萃、大科学装置等。

信息服务。校内免费全文传递完成 406 篇，上海研发平台全文传递共完成 6 878 篇。全年馆际互借 130 册（篇），在上海市图书馆协作馆馆际互借量排名中位列第三。完成科技查新 373 项，其中国内外查新 190 项，占查新总量的 51%；国内查新 183 项，占查新总量 49%。查新总量相比去年上升近 10%。提供查收查引服务 429 项。

文化建设。组织开展第十届读书月活动，设计校园行、校园情、校园展和校园风四大系列共 11 项活动，吸引 1 000 余名在校生参加；开展以院士墙为依托的系列文化活动，包括院士墙揭牌仪式、王基铭院士赠书活动、袁渭康院士与大学生面对面活动，强化学生成长成才教育。开展真人图书馆、E 读空间、研磨之味、创客空间、译鸣惊人翻译大赛、阅读马拉松比赛等活动，举办了建校 65 周年学校精品教材展等 22 期展览，推动了校园文化建设，营造了读书育人文化氛围。

教学科研。共完成 62 个教学班、3 000 余名学生的本科生课程“文献检索”教学，完成 9 个教学班、800 余名学生的研究生课程“文献检索与检索案例研究”教学。通过情报学二级硕士学位点评估，完成图书情报与档案管理硕士学位一级点的申报并成功进入公示目录。1 人荣获上海市优秀毕业生称号。发表学术论文 29 篇，其中 SSCI 收录 1 篇，CSSCI 收录 15 篇；出版专著2部、教材1部；新增科研项目20项，经费到款近40万元，获得校内外各类科研奖励22项。

智慧图书馆建设。完成图书馆新版门户网站正式上线，推出微信卡门禁扫码进馆、微信卡选座签到、在借图书查询及续借等功能，实现了从物理空间系统操作到云盘空间运行。

（梅海东）

档案工作

【概况】 年内，全校共归各类档案 5 641 卷、OA 文件 2 326 件、照片 2 093 张、财会凭证 3 751 册，硕士研究生学位论文 2 515 本；接待档案利用 5 401 人次，利用档案 7 405 卷次，出具各类档案证明 27 523 份。

征（收）集到一批与学校相关的资料和实物，有 1955 年华东化工学院录取通知书，1960 年华东化工学院纪念徽章，成思危夫人舒允宜校友捐赠的图书《经世济民：智者成思危的一生》，成思危 1956 年获优秀毕业生奖励证明，马誉澂教授使用的抗生素专业相关著作，无机材料系使用过的晶体教学模型，原金山校区实验室使用的扭力天平、示波器等实验器材。

围绕学校年度工作重点，积极配合生物反应器国家重点实验室评估、“双一流”建设、本科教学工作水平审核评估、纪念建校 65 周年和奉贤校区启用 10 周年、校庆宣传片拍摄、新生入学教育、校友秩年返校、各地校友分会成立等提供查档利用服务。取消档案利用收费，对校友师生的档案利用服务全部实行免费。

积极拓展校史育人的载体和途径。与人事处、学工部、校友总会等部门协作，探索将校史教育纳入新教工培训、新生入学教育、学生课堂、校友讲座等环节。在新生报到日举办“校史微课堂”专题展览，在新生入学教育中开设校史教育专题讲座，在“形势与政策”课中开辟“华理人的家国情怀”校史专题；为艺术学院“博物馆设计与实践”课程提供实践基地；为青少年科学营华理分营、优秀大学生夏令营、校友、师生和新教工组织校史馆参观等。全年接待校史馆参观逾 2 600 人次，较 2016 年增长 90%，校史教育课覆盖达 5 000 人次。

依托有限的馆藏资料，对学校史料进行研究挖掘，撰写《抗生素厂与小白楼》《我国青霉素是怎样诞生的》《学校早先培养外国留学生二三事》《奉贤校区之立项始建、地理位置、区划演变等考》《崇明岛围垦和农场建设细节》《1989 年 4 月学校首次获得上海市文明单位称号》《学校人民助学金“演变史”》等一批校史研究文章。为纪念建校 65 周年和奉贤校区启用 10 周年，学校出版了第一部专门介绍张江树、苏元复、朱正华等 23 位专家学者求学成长、献身教育、躬耕科学、为国做贡献的故事的《笃行：华理学人传略》，编印了见证奉贤校区传承拓展、追求卓越的画册《通海湖影》。

（段义严）

【开发新一代档案管理系统】 开发新一代档案管理系统。该系统实现了归档数据的批量导入、档案信息的全文检索、查档结果的遮挡打印、统计年报的自动生成等新功能，增添了更多智能化、自定义操作，明显减少了档案员的归档工作量，提高了档案管理工作的效率。

（段义严）

【开通“华理档案”微信公众号】 公众号设置了服务大厅、移动展厅和我要参与功能区，实现了终端查档。校友、在校学生、机构只需完成身份认证，即可在线办理各类档案材料，自主选择材料密封和快递代寄送等延伸服务，即时查询办理进度；还可以预约参观校史馆，在线参与互动，联系捐赠档案资料，或是“晒宝”和“鉴宝”，和档案馆一起讲述档案故事，传播华理文化。“华理档案”是上海地区首家实现终端在线查档和预约参观的微信平台。

（段义严）

【全面取消利用档案收费】 自6月1日起，除保留对认证机构和翻译服务的收费外，全面取消了针对师生校友的查档收费。

（段义严）

校园基本建设

【概况】 年内，基建处以推进学校“十三五”基本建设规划实施为目标，以落实2017年度工作计划为重点，促进学校各建设项目顺利开展，切实改善学校用房条件。基础设施建设共完成新建项目投资12 216万元；完成奉贤校区学生公寓二期和游泳馆项目，竣工建筑面积为26 000平方米。

职能调整。4月，陈龙同志接替黄樑同志负责基建处工作，同时将原后勤保障处的修缮职能并入基建处，由基建处统一管理学校建设工程（含新建、改扩建和修缮）。基建处现设4个科室，分别为投资与合约管理部、技术与前期管理部、工程部和行政管理办公室。

制度建设。在行政管理制度建设方面，修订《基建处行政管理规定（2017年修订）》《基建处处务会议管理办法（2017年修订）》《基建处行政印章管理办法（2017年修订）》《基建处考核与奖惩管理办法（2017年修订）》等4项制度；新制定《基建处职工年度绩效考核办法》和《基建处人员经费管理办法》。在建设工程管理制度建设方面，制定《华东理工大学基本建设管理制度（试行）》（校基〔2017〕2号）、《华东理工大学基建工程变更及签证管理制度（试行）》（校基〔2017〕3号）、《华东理工大学基建项目管理委员会例会制度实施办法》（校基〔2017〕4号）、《华东理工大学基建工作廉政规定》（校基〔2017〕5号）、《华东理工大学基建合同管理制度（试行）》（校基〔2017〕6号）、《华东理工大学建设工程安全管理办法》（校基〔2017〕8号）、《华东理工大学建设工程项目管理单位管理办法》（校基〔2017〕10号）、《华东理工大学建设工程竣工验收、移交及保修管理办法》（校基〔2017〕11号）和《华东理工大学建设工程项目储备库管理办法》（校基〔2017〕12号）等。

管理队伍建设。新入职3人，全部具有研究生学历，其中包括高级工程师1人。50岁以上职工占比下降到40%，40岁以下青年占比上升到25%。建筑相关专业硕士以上学历达到40%。

修缮项目完成情况。房屋修缮面积约8万平方米，完成徐汇校区电力扩容项目。共完成房屋修缮和基础设施改造投资约14 500万元。全年完成两个大型修缮项目，分别是徐汇校区商学院和团结楼大修工程。完成奉贤校区教学楼、学生公寓5—8楼。徐汇校区学生12舍、团结楼

1—4 楼、大学生俱乐部等的修缮工作，完成奉贤、徐汇两校区公共设施，包括围墙、低杆路灯、河道、闸门、绿化、污水管等的更新、维修工作。

筹备项目情况。徐汇校区先进材料大楼项目于 9 月取得教育部可行性研究报告批复。该项目被纳入教育部“双一流”项目建设专项资金，2018 年获得拨款 5 000 万元。

（王筱芃）

【实验十九楼取得施工许可证】 1 月 10 日，徐汇校区实验十九楼项目取得上海市住房和城乡建设管理委员会颁发的施工许可证。项目建筑面积约 36 622 平方米，合同价格为 1. 54 亿元，合同工期为 608 天。项目由上海建工五建集团有限公司承建，监理单位为上海智达工程顾问有限公司，设计单位为中船第九设计研究院有限公司。

（胡卫东）

【实验十九楼项目开工典礼】 3 月 10 日，徐汇校区实验十九楼项目举行开工典礼，校党委书记杜慧芳、校长曲景平、副校长胡宝国出席典礼，杜慧芳书记和曲景平校长讲话，希望参建各方高质量、高标准建设一流工程。

（陈礼平）

【基建处职能调整】 学校十届第 111 次党委常委会讨论并同意基建处职能调整和部门设置，将后勤保障处的修缮职能并入基建处，由基建处统一管理学校建设工程（含新建、改扩建和修缮）。职能调整后，基建处定编为 20 人。

（潘元虎）

【电力扩容二标段工程竣工】 8 月，徐汇校区电力扩容二标段工程竣工，徐汇校区学生公寓具备了安装空调的条件。

（许君）

【教学二楼取得施工许可证】 10 月 13 日，奉贤校区教学二楼项目取得上海市住房和城乡建设管理委员会颁发的施工许可证。项目建筑面积约 11 710 平方米，合同价格为 4 040 万元，合同工期为 500 天。项目由上海溧泰建设发展有限公司承建，监理单位为上海一测建设咨询有限公司，设计单位为华东建筑设计研究院有限公司。

（周传尧）

【学生一食堂取得施工许可证】 11 月 16 日，徐汇校区学生一食堂项目取得上海市住房和城乡建设管理委员会颁发的施工许可证。项目建筑面积约 16 470 平方米，合同价格为 7 746 万元，合同工期为 365 天。项目由上海建工二建集团有限公司承建，监理单位为上海三凯建设管理咨询有限公司，设计单位为青岛时代建筑设计有限公司。

（许君）

【商学院改造项目取得竣工验收备案证书】 11月15日，徐汇校区商学院（教师学术活动中心）改造项目取得竣工验收备案证书并交付商学院使用。

（陈忠兴）

教育技术

【概况】 年内，现代教育技术中心完成多项教育技术现代化的建设工程项目，广播级演播室投入运行，成立现艺影视工作室等，在平台、技术、服务等方面开展了卓有成效的工作。

平台与系统开发。发挥多媒体教学平台和多媒体教学监控系统的作用，实现教学质量监控远程可视化，也使得教务处、教学顾问组能实时掌握教学情况，实施教学督导。完成奉贤校区标准化考场建设和徐汇校区第六教学辅楼演播室摄录编系统升级改造。

队伍建设与人事变动。完成中心办公室主任及两个科室副主任的调整、任命，4 人晋升工程师，3 人退休。

重要数据汇总。完成“一师一麦”惠师项目。两校区多媒体教室共有 233 间，其中徐汇校区有 108 间，奉贤校区有 125 间（包括 2 间沉浸式远程直播智慧教室）。课程中心访问量超 10 万次。媒资系统在线资源 7 240 G，其中课件约 1 120 节。教室出借 11 000 余次。

工作研究与获奖。“探索并建成能适应混合式教学模式的教育技术平台”“基于 MOOC 的混合式教学模式构建与实践”项目获得 2016 年校级教育教学成果奖二等奖，中心被评为 2016 年度安全文明单位。1 人挂职副镇长回岗并获江苏省科技镇长团省优秀称号，1 人被授予 2016 年度“华东理工大学青年五四奖章”提名奖，1 人被评为校综合治理工作先进个人，1 人获 2017 年综合治理拾金不昧奖，1 人作为优秀共产党员代表在校七一座谈会上发言。

（林琳、于九红、沈健、朱剑平、卢尚罂）

实验室与装备资产管理

【概况】 年内，共入账登记固定资产 8 156 台件，总金额约 1. 28 亿元。其中，进口仪器设备总计 809 台件，比上一年的 136 台件增加 495%；总值 4 333. 64 万元，比上一年的 2 199. 63 万元件增加 97%。审核资产报废申请合计 71 784 台件，资产原值约 1. 01 亿元。处置报废仪器设备共计 20 批次，累计处置 71 662 台件，资产原值 9 917. 78 余万元。已请国拍公司评估、拍卖 5 次，扣除评估拍卖费用后残值收入为 15. 07 万元，全部上交。两校区仓库物资供应共计出库金额 306 万元、出库笔数 56 705 笔。颁布实施了《物资类采购合同管理细则》，同时废止了《仪器设备采购管理办法》《机电产品进口管理办法》。全年共计审核合同 1 089 件，合同总金额 1. 2 亿左右。材料类发票审核平均每月 4 000 笔，金额为 700 万。

用房管理工作。发布《学院用房定额管理办法》，完成 16 个学院的定额收费。开展中央“八项规定”精神落实情况专项督查，完成新任干部 50 人、职务变动领导干部 39 人办公用房实地查看，对办公用房进行了测量和拍照，未发现超过上限标准的现象。将校领导和处级领导干部的用房信息长期公示在学习信息门户，接受全校师生监督。配合地铁 15 号线建设和实验十九楼建设工程，完成有关实验室搬迁、安置工作。为做好全校国有资产管理系统和用房管理系统建设，保证账目清晰、名实相符，配合国资办开展用房管理系统数据的核准与对接，对现有三校区总计 4 406 间、22. 6 万余平方米的科研、教学、办公用房进行加班加点的全面核准，并对部分不明确的用房信息进行实地考证和重新测量。

实验室与大型仪器管理工作。与评估中心、教务处组织召开“本科实验教学中心迎接本科教学审核评估工作推进会”，部署迎评相关工作，完成 36 732 条本科教学审核评估数据上报工作，完成本科教学评估报告实验室部分纂写工作，完成 835 块实验教学中心实验室安全信息卡制作、挂牌工作，指导实验教学中心进一步开展环境建设项目、评估准备等工作。制定《实验教学中心开放管理办法》，同时开展 2017—2018 学年第一学期教学及兴趣实验项目公示，共计有 8 个实验教学中心的 29 项开放项目获得本科生 520 人次报名参加。整理汇总全校 18 个实验教学中心现行实验室的管理制度，人员守则，学生守则，安全、开放管理制度，仪器操作规程等管理文件 152 份，编辑成《实验教学中心管理文件汇编》。先后组织实验教学中心相关教师 24

人次先后参加高等教育学会实验室管理工作分会及全国高校实验教学示范中心联系会组织的相关交流学习活动。全年共有7批次直接申请进口采购的大型进口仪器设备通过教育部政府采购网完成备案工作。学校有40万元以上大型仪器共334台，比上一年度增加17台，完成使用机时488 323.5小时，平均机时数为1 462小时，同比提升3.2%。在上海市大型科学仪器设施共享服务平台入网的27台大型仪器共计通过该平台开放服务2 946次，比去年增长65.9%；入网仪器平均机时1 339.63小时，比去年增长4.8%。

安全环保管理工作。编制学校《实验室安全制度汇编》。在学校原有的安全环保管理规定的基础上，重新主持制定了15个专项安全管理规定，完善实验室安全管理体系，巩固校园安全基础。出台《实验室化学废弃物收集处理管理规定》，试行实验室化学废弃物有偿处理机制。进一步加强安全检查力度，引入第三方专业公司进行安全检查，每周将实验室安全检查情况进行网上通报。2017年，第三方共进行实验室安全检查92次，检查实验室2 903间，查出隐患3 526条，检查情况在实验室与装备处主页信息公开栏目的徐汇校区实验室安全检查通报中进行公示。以实验室安全教育网上平台“安开网”为抓手，推行实验室安全准入制度，对2017年研究生新生开展安全教育与考试，要求考试合格后方可进行学院“三级”安全教育。开展学校“实验室安全月”系列主题活动，开展个人防护用品、气体钢瓶安全使用等专题讲座，赴上海化工区开展“华理-巴斯夫”安全环保研讨会，开展实验室化学品泄漏应急演练、核辐照装置应急演练等活动。做好易制毒化学品、易制爆化学品、病原微生物、实验动植物及特种设备的审批工作，全年共审批易制毒化学品2 576人次、易制爆化学品928人次；管制类化学品申报公安备案，登记易制毒化学品1 972批次、易制爆化学品633批次，严把入口关，确保实验室管制类化学品的安全、有序使用。集中处置一批历史遗留化学品，消除危险源，确保安全。做好实验室废液的外送处置工作，全年徐汇、奉贤校区共外送废液36批次，共计129余吨。两校区共有特种设备2 606台，做好特种设备的相关材料存档，督促相关使用部门做好特种设备的年检、保养，督促安全管理人员和特种设备作业人员的上岗资质培训，配合奉贤区质监局做好校区特种设备安全的相关工作。

仪器设备情况。加大对教学、科研仪器设备的投入。与2016年相比，教学、科研设备的台件数由85 527台件增加到86 299台件，增加了772台件；总金额由136 104.62万元增加到148 900.54万元，净增加了9.40%。其中单台10万元以上的大型仪器设备的台件数由1 811台件增加到2 073台件，净增加了14.47%；总金额由66 315.91万元增加到76 492.91万元，净增加了15.35%。

材料类物资采购平台上线运行。10月，“华东理工大学材料类物资采购平台”正式上线运行，并实现与财务系统对接，自动确认账户名下的材料费，线上须经过经费负责人审核及实验室与装备处审核，供应商才能发货，解决了内控合规问题。师生购买的商品送货到校，线上签单，由实验室与装备处及供应商统一结算，省去师生财务排队报销、填报账单等烦琐事务，同时也减轻了财务部门的工作压力。

持续提升化学品平台服务质量。对所有在平台上销售的供应商的经营资格、运输条件重新进行了审查，与审查合格的供应商重新签订了协议书。各类气体购买纳入化学品管理平台统一管理，并对商家严格管理，对两家违纪供应商提出警告，对一家违纪供应商取消销售资格。为加强学校钢瓶管理，帮助各学院处理废旧钢瓶，合计处理废旧气体钢瓶119只，消除和减少学校危险源，确保学校安全。

移动端实验室安全管理系统上线试运行。提升实验室安全管理信息化水平。在手机移动端实现气体钢瓶的动态化、可视化管理，根据软件显示，其气种、规格以及分布情况在移动端界面中均可动态实时显示，为实验室安全管理提供了便利。

装备资产管理平台新增调剂功能。采用条形码识别技术制作新版固定资产标签，以便日常管理和清查。在全面实行网上固定资产入账、网上申请报废处置、动态管理的基础上，新增装备资产校内闲置调剂功能，搭建装备资产网上调剂平台。年内共发布两批次装备调剂公告。

附录：

2017年华东理工大学特种设备使用统计表

校区	钢瓶	锅炉	其他压力容器	电梯	场内机动车	合计
徐汇	2 330	4	72	46	1	2 453
奉贤	97	2	5	30	1	135
合计	2 472	6	77	76	2	2 588

2017年华东理工大学化学品管理平台购买化学试剂统计表

2017年全校化学品采购情况统计表

校区	总订单数	总金额/元	管制类（易制毒）		管制类（易制爆）		普通类	
			订单数	金额/元	订单数	金额/元	订单数	金额/元
徐汇	34 626	8 253 832. 47	1 762	142 762. 27	510	61 447. 43	32 354	8 049 622. 77
奉贤	406	125 145. 25	38	9 944. 56	20	3 623. 93	348	111 576. 76
合计	35 032	8 378 977. 72	1 800	152 706. 83	530	65 071. 36	32 702	8 161 199. 53

2017年学院用房超额收费情况

学院汇总	定额合计面积/米^2	实际面积/米^2	折算面积/米^2	超额面积/米^2	收费金额/元
化物工程学院	12 278.85	19 799.00	18 264.50	59 85.65	2 154 835.17
生物工程学院	7 677.87	12 699.00	11 790.12	4 112.25	1 578 799.44
化学与分子工程学院	16 856.45	23 157.00	18 836.99	1 980.54	712 995.07
药学院	5 974.43	6 868.00	6 418.04	443.61	159 699.63
材料科学与工程学院	9 531.46	12 380.00	11 046.84	1 515.38	545 537.41
信息科学与工程学院	12 484.20	15 626.80	12 742.66	258.46	93 046.48
机械与动力工程学院	8 946.26	11 405.00	10 027.64	1 081.38	371 295.85
资源与环境工程学院	6 332.96	9 068.50	8 146.76	1 813.80	652 967.69
理学院	6 534.63	8 503.00	6 741.22	206.59	74 371.89
商学院	3 720.58	4 961.70	4 387.36	666.78	240 040.06
社会与公共管理学院	2 117.41	1 904.00	1 642.22	0.00	0.00
艺术设计与传媒学院	3 140.70	3 539.00	3 147.04	6.34	2 281.99
外国语学院	5 147.81	6 906.60	5 229.90	82.09	29 551.27
法学院	947.84	802.00	668.98	0.00	0.00
体育科学与工程学院	2 001.95	2 604.40	2 002.58	0.63	225.08
人文科学研究学院	977.94	1 113.00	975.96	0.00	0.00

华东理工大学2017年教学、科研仪器设备一览表

单位名称	2016年期末数		2017年期末数		其中：10万元以上大型仪器	
	台件数	金额/万元	台件数	金额/万元	台件数	金额/万元
合　　计	85 527	136 104.62	82 048	137 451.53	1 827	67 984.55
化工学院	10 363	23 802.68	10 143	23 854.20	361	13 625.48
过程系统工程教育部工程研究中心	15	98.50	16	105.50	3	69.38
大型工业反应器工程教育部工程研究中心	969	2 169.20	900	2 156.63	39	1 368.19
化工专业实验教学中心	2 877	4 976.74	2 766	5 059.54	75	2 371.78
化工原理实验教学中心	849	1 272.15	856	1 177.44	27	462.76
上海市多相结构材料化学工程重点实验室	18	16.17	264	407.72	1	91.56
化学工程研究所	744	1 094.43	817	1 149.26	16	491.68
国家超细粉末工程中心	51	80.58	54	69.59	1	25.27
中石化联反所华理分所	4 369	13 569.63	3 952	13 011.92	192	8 445.68
国重点固定床反应工程	51	170.90	145	408.83	7	299.18
化工学院办公室	420	354.39	373	307.77	0	0.00

续表

单位名称	2016 年期末数		2017 年期末数		其中：10 万元以上大型仪器	
机械与动力工程学院	6 178	11 210.94	4 921	10 698.35	124	5 426.15
机械实验教学中心	1 200	1 111.68	982	973.51	15	275.53
化工机械基础实验室	122	291.40	270	617.89	7	307.86
摩擦学实验室	69	66.92	51	90.73	1	20.59
机械专业实验中心	3 276	7 681.30	2 395	7 059.78	82	4 066.99
绿色高效过程装备与节能教育部工程研究中心	558	1 006.32	522	996.68	11	453.17
防腐蚀技术开发中心	26	27.75	6	15.06	0	0.00
机械工程系	361	728.10	287	689.53	7	290.80
机械设计及理论中心	163	55.97	117	47.21	0	0.00
机械工程学院办公室	403	241.49	291	207.96	1	11.20
生物工程学院	8 739	16 822.11	7 684	16 006.59	247	7 984.42
生物工程实验教学中心	2 514	3 107.31	2 129	2 976.37	40	1 025.68
生化反应器实验室	9	5.04	7	3.49	0	0.00
中国轻工业生物基材料工程重点实验室			54	48.87	0	0.00
生物反应器工程国重室	3 422	9 112.73	3 162	8 614.49	141	4 919.90
生物分离工程研究所	25	40.70	13	36.34	1	19.51
国家生化工程研究中心	1 148	1 924.34	1 159	1 996.80	30	979.42
生物化学研究所	269	462.06	42	244.42	9	226.40
鲁华联合研究所	782	1 163.79	594	1 078.06	15	488.43
阿华生物工程研究所	352	845.09	358	878.11	10	290.43
天方-华东联合所	48	89.45	26	79.14	1	34.64
生物工程学院办公室	170	71.60	140	50.50	0	0.00
材料科学与工程学院	6 453	12 160.02	6 970	12 781.64	173	6 006.60
材料实验教学中心	2 414	5 616.85	1 843	4 743.22	74	2 938.04
无机材料研究所	1 051	1 618.14	913	1 322.92	19	452.40
上海市先进聚合物材料重点实验室	331	337.37	1 794	2 241.60	26	664.95
国家宝石检测中心	2	0.31	91	96.22	2	33.12
特种功能高分子材料及相关技术教育部重点实验室	1 379	2 241.67	794	1 719.09	24	1 002.65
材料科学与工程学院行政办公室			141	95.16	0	0.00
超细材料制备与应用教育部重点实验室	766	1 555.29	754	1 587.70	16	657.19

续表

单位名称	2016 年期末数		2017 年期末数		其中：10 万元以上大型仪器	
医用生物材料教育部工程研究中心	510	790.40	640	975.72	12	258.25
化学与分子工程学院	11 940	19 766.11	12 346	21 477.13	242	12 531.34
化学实验教学中心	7 485	8 480.50	7 306	9 225.95	105	4 132.50
精细化工系	6	4.91	6	2.66	0	0.00
工业催化研究所	1 050	2 205.09	1 144	2 391.73	39	1 382.45
上海市功能性材料化学重点实验室	179	313.87	163	299.09	8	185.54
化学系			275	427.13	4	136.30
分析测试中心	523	5 184.01	550	5 269.05	43	4 906.20
应用化学研究所	485	493.90	298	317.61	5	128.09
结构可控先进功能材料及其制备教育部重点实验室	2 068	3 018.67	2 433	3 465.03	38	1 660.25
化工研究所（康拜）	4	2.44	4	2.44	0	0.00
化学与制药办公室	140	62.72	167	76.44	0	0.00
信息科学与工程学院	10 310	10 307.85	9 407	10 250.12	105	3 405.75
电子信息实验教学中心	5 002	3 505.37	5 031	3 509.23	16	331.36
电信系	226	183.57	299	300.96	2	53.07
化工过程先进控制和优化技术教育部重点实验室	260	2 550.56	288	2 674.95	54	1 954.89
计算机系	10	400.08	41	430.68	5	382.21
计算机实验教学中心	3 060	2 413.02	2 483	2 291.90	23	555.40
自动化系	1595	1 187.68	1 136	987.13	5	128.82
信息科学与工程办公室	157	67.57	129	55.28	0	0.00
资源与环境工程学院	6 247	12 405.49	6 341	13 156.89	205	7 040.03
资源与环境专业实验教学中心	3 507	5 865.68	3 483	5 847.89	88	2 627.16
洁净煤研究所	1 388	3 815.86	1 438	3 990.96	66	2 504.21
国家环境保护化工工程环境风险评价与控制重点实验室	672	798.03	718	949.88	13	345.13
国家盐湖资源综合利用工程技术研究中心	562	1 863.17	627	2 334.66	38	1 563.53
资源环境学院办公室	118	62.74	75	33.50	0	0.00
商学院	1 907	1 633.84	2 683	2 498.14	21	539.60

单位名称	2016 年期末数		2017 年期末数		其中：10 万元以上大型仪器	
商学院综合实验室	1 907	1 633.84	2 683	2 498.14	21	539.60
外国语学院	1 025	982.99	1 105	1 058.16	12	310.01
外国语实验教学中心室	1 025	982.99	1 105	1 058.16	12	310.01
理学院	4 019	3 670.99	4 309	4 083.66	51	1 121.30
物理实验教学中心	3 090	3 041.72	3 293	3 251.60	49	1 049.90
数学实验教学中心	695	471.97	665	518.99	1	55.00
应用数学所微机室	5	3.79	5	2.93	0	0.00
近代物理研究所	41	36.20	36	35.80	0	0.00
理学院办公室	188	117.30	193	111.74	0	0.00
辐射化学研究室			117	162.61	1	16.40
继续教育学院	451	249.99	406	258.35	2	23.20
继续教育学院办公室	451	249.99	406	258.35	2	23.20
艺术设计与传媒学院	982	1 049.49	908	1 007.67	19	419.93
文化艺术学院办公室	129	63.73	113	54.55	0	0.00
艺术设计与传媒教学中心	849	983.60	791	950.91	19	419.93
台湾研究所	4	2.16	4	2.20	0	0.00
社会与公共管理学院	1 026	691.78	844	609.50	4	115.62
社会与公共管理学院办公室	778	549.45	641	498.02	4	115.62
社会工作系	87	69.02	50	46.67	0	0.00
行政管理系	57	33.44	48	24.65	0	0.00
社会与公共管理实验室	20	8.59	20	8.59	0	0.00
社会工作与社会管理研究中心	84	31.27	85	31.58	0	0.00
网络教育学院	574	991.77	566	1 050.30	16	412.97
网络教育学院办公室	574	991.77	566	1 050.30	16	412.97
法学院	308	203.47	339	250.16	1	15.20
法律系	308	203.47	339	250.16	1	15.20
药学院	4 061	8 507.78	4 127	8 708.46	146	4 961.43
药学实验教学中心	133	206.33	388	602.80	6	218.96
制药工程与过程化学教育部工程研究中心	345	667.10	412	732.77	15	426.32
上海市新药设计重点实验室	125	966.93	118	983.64	13	753.37
中药现代化工程中心	42	37.60	10	2.05	0	0.00
药物化工研究所	1	7.90	720	1 683.11	28	974.82
农用化学品研究所	669	1 745.92	0	0.00	0	0.00

续表

单位名称	2016 年期末数		2017 年期末数		其中：10 万元以上大型仪器	
药学院办公室	2 746	4 876. 00	2 479	4 704. 09	84	2 587. 94
人文科学研究院	286	162. 64	271	133. 51	0	0. 00
中德工学院	213	101. 50	238	111. 05	0	0. 00
中德工学院办公室	213	101. 50	238	111. 05	0	0. 00
国际教育学院	853	255. 10	878	264. 01	3	38. 90
国际教育学院办公室	853	255. 10	878	264. 01	3	38. 90
体育科学与工程学院	1 611	2 207. 56	1 713	2 248. 70	19	1 121. 26
大学生体质健康测试中心	1 611	2 207. 56	1 713	2 248. 70	19	1 121. 26
图书馆	2 169	1 977. 16	2 179	2 209. 62	24	930. 71
现代教育技术中心	3 170	3 996. 74	3 101	3 775. 14	37	1 630. 71
工程训练中心	557	949. 06	569	960. 17	15	323. 95
金山校区	2 085	1997. 56	0	0. 00	0	0. 00

2017 年新增大型仪器设备一览表（金额为 40 万元以上）

序号	设备名称	购置日期	型号	设备金额/元	生产厂家	所属学院
1	静动态同步激光光散射仪	2017-06	ALV/CGS-3	915 592. 00	德国 ALV 公司	化工学院
2	高速显微分析系统	2017-03	vw-9000	461 202. 00	日本基恩士公司	化工学院
3	激光粒度仪	2017-08	S3500SI	671 779. 00	美国麦奇克有限公司	化工学院
4	紫外/可见光分光光度计	2017-02	Lambda 750	535 130. 00	美国 Perkin Elmer 股份有限公司	化工学院
5	多通道研究超声平台	2016-11	USD142278	1 008 510. 00	美国 Verasonics Inc 公司	机械与动力工程学院
6	飞秒激光系统	2017-10	IMC-Fs-MicroM200	1 027 943. 00	美国先进光波公司	机械与动力工程学院
7	量子效率测试仪	2016-09	PVE300	420 000. 00	新加坡 Bentham 公司	材料科学与工程学院
8	飞行时间二次离子质谱仪	2015-09	TOF SIMS	9 178 908. 93	德国 ION-TOF 公司	化学与分子工程学院
9	电子倍增光谱探测器	2016-04	SR-303I-A+DU-888U-C	512 447. 00	英国 Andor 公司	化学与分子工程学院
10	紫外分光光度计	2016-09	lambda 950	520 000. 00	美国 Perkin Elmer 股份有限公司	化学与分子工程学院
11	近红外分析仪	2016-12	MATRIX-F	717 614. 00	德国布鲁克公司	信息科学与工程学院

续表

序号	设备名称	购置日期	型号	设备金额/元	生产厂家	所属学院
12	核心交换机机箱	2017-09	DCRS-9816	562 375.00	北京神州数码云科信息技术有限公司	信息科学与工程学院
13	核心交换机机箱	2017-09	DCRS-9816	562 375.00	北京神州数码云科信息技术有限公司	信息科学与工程学院
14	高速动态分析仪	2016-01	pco. dimax S4	494 566.00	德国 PCO 公司	资源与环境工程学院
15	实时荧光定量 PCR 仪	2017-10	480II	413 252.00	瑞士罗氏公司	资源与环境工程学院
16	气相色谱仪	2017-03	安捷伦 7890B	448 359.00	美国安捷伦公司	资源与环境工程学院
17	在线反应分析系统	2016-12	ReactIR 15	770 342.00	美国梅特勒托利多集团	资源与环境工程学院
18	金相显微镜	2017-12	BX53M	501 808.00	日本 Olympus Japan	资源与环境工程学院
19	流场测量系统	2017-12	FLOWSENSE-DUALPOWER	600 024.00	丹麦 Dantec Dynamics A/S	资源与环境工程学院
20	激光粒度分析仪	2017-12	MAZ3000	495 868.00	英国 Malvern 公司	资源与环境工程学院
21	旋转流变仪	2017-12	EC-TWIST 502	812 214.00	奥地利 Anton Paar GmbH	资源与环境工程学院
22	投影机	2017-06	Panasonic PT-SDZ18K2	429 000.00	日本松下电器产业株式会社	商学院
23	混合高清数字媒体矩阵（含板卡）	2017-06	Crestron 机箱 DM-MD32	420 674.00	美国 Crestron 公司	商学院
24	光谱仪	2015-10	PI IsoPlane-320	488 551.00	美国 Princeton Instruments 公司	理学院
25	高效液相色谱仪	2017-06	1260	568 817.00	美国安捷伦公司	药学院
26	超高效液相色谱仪	2015-11	UPLC	641 200.00	上海沃特世科技有限公司	药学院
27	出口流量控制设备	2017-05	SG-9500	505 050.00	以色列 Allot 通信公司	信息办

财务工作

【概况】 年内，学校资产总额为654 435.84万元，其中：流动资产为211 850.04万元，非流动资产为442 585.80万元。年末负债总额为44 983.91万元，年末净资产总额为609 451.93万元。

财务收支情况。本年度，学校各类收入共计226 605.12万元（比上一年减少1 852.71万元，减少了0.81%），其中：财政补助收入为108 096.98万元，比上一年增加了896.14万元；事业收入为93 661.43万元，比上一年增加了1 214.25万元，主要是科研事业收入增加了1 250.66万元；其他收入24 846.71万元，比上一年减少了3 963.10万元。各类支出共计245 603.49万元，其中：人员经费支出124 074.65万元，商品服务支出80 104.07万元，基本建设支出4 618.05万元，其他资本性支出36 529.33万元，债务利息支出277.39元。动用上年结转和结余18 998.38万元。

资金管理工作。以建立统一领导、分级管理的校院两级预算体制为目标，在试点的基础上，全面推行校院两级预算改革工作，建立了学院层级的全口径财务预算体系，扩大学院管理本单位范围内各类资金的责任、权力和能力范围，实现了学校管理重心下移、财权与事权相结合的管理架构。梳理了后勤部门的收支情况，实行全面预算管理，完善后勤管理体制，明确经济政策。建立并启用了二级学院预算申报系统；完成二级学院预算编制工作及预算资金下拨；编制完成学院财务预算管理指引文件，指导和规范二级学院预算管理行为。制定《华东理工大学项目支出预算管理办法（暂行）》等3项制度，建立适合新形势要求的预算管理制度；试行全面预算管理工作，重点建立健全预算资金分配的评审机制。

安排建设资金，协同各归口管理部门，提前启动中央财政专项建设工作，加大专项资金预算执行的过程监控和管理，会同有关部门试行专项资金预算执行进度和质量与项目负责人的绩效工作挂钩制度。2017年财政专项拨款执行率为97.30%，创历年新高。2017年学校坚持狠抓财政拨款执行进度和执行效率，对项目执行实行全过程管理与控制，并采取有效的绩效评价机制，确保学校的财政拨款按计划执行。

内部控制制度建设。全面修订和更新财务管理制度，全年财务处新增《华东理工大学公务卡管理办法（暂行）》等7项制度；编制完成《财务管理制度汇编》《财务报销手册》等财务管理资料，并在全校范围内发放。对内控手册进行增补，完成《华东理工大学内部控制手册（经济活动2017年版）》的修订工作。委托安永（中国）企业咨询有限公司进行第三方评估，对学校内控建设情况进行全面检验。

科研经费管理工作。配备科研经费管理岗专职管理人员，与科研院、人文社会科学处协同开展科研经费管理，完善了制度建设，开展多种形式的政策宣讲和培训。加强财务创新，推行科研财务助理制度。制定科研财务助理管理办法，加快推进科研助理工作的落实，并在4个学院试点建立专用的财务助理工作室，真正将服务端口下移至学院。

财务信息系统建设工作。继续建设财务管理信息系统。推进无等候预约报销方式，预约报销业务已达到90%以上。实施以二级单位为对象的财务管理宣导活动，宣传各个新增单项财务管理信息系统的功能和使用方法，扩大财务管理信息系统的应用范围。

学校已建立起集成会计核算、网上预约报销、薪酬个税管理、无现金进卡、测试费与校园卡关联即时转账、支付宝为校园卡充值、经费查询、经费到款查询、学费缴纳与学籍管理相关联等多个子系统的一体化财务信息管理系统。

（邢琳华）

采购与招投标工作

【概况】 年内，共计完成招投标项目 164 项，总计采购金额为 4.47 亿元。其中，工程类 43 项，共计 3.28 亿元；货物类 54 项，共计 7 316 万元；服务类 26 项，共计 3 786 万元；政府集采类 41 项，共计 770 万元。政府集采类项目的招标公告和中标公示皆依法在中国政府采购网上发布。其中，重大基建项目包括徐汇校区实验十九楼施工，徐汇校区教师学术活动中心大修工程，徐汇校区教师学术活动中心教学楼弱电及智慧教学系统建设项目，徐汇校区学生一食堂建设施工，奉贤 A、B 教学楼修缮工程招标，徐汇校区国际学术交流中心物业管理项目；大规模服务项目包括徐汇校区部分学生公寓物业管理项目、华东理工大学宽带接入服务供应商入围等项目；政府集采大宗物资包括台式计算机、无线网管软件、高档磁盘阵列等。

加强制度建设，印发《华东理工大学关于印发〈采购管理办法〉的通知》（校采〔2017〕1 号）、《华东理工大学关于印发〈采购工作廉政规定〉的通知》（校采〔2017〕2 号）、《华东理工大学关于印发〈货物与服务采购管理实施细则〉的通知》（校采〔2017〕3 号）、《华东理工大学关于印发〈工程采购管理实施细则〉的通知》（校采〔2019〕4 号）、《华东理工大学关于印发〈科研仪器采购管理实施细则（试行）〉的通知》（校采〔2017〕5 号）、《华东理工大学关于印发〈二级单位采购管理办法（试行）〉的通知》（校采〔2017〕6 号）等文件。通过制度建设、规范管理、前期介入、专业指导、协同合作等方式，服务教学、科研、师生，围绕学校建设“双一流”的目标，保障学校各项事业顺利、有序开展，较好地完成了 2017 年的采购与招投标任务。

【确定 2017 年工作重点，完善采购与招投标管理制度】 3 月 8 日，学校召开 2017 年采购与招投标重点工作推进会议，讨论下一阶段采购与招投标相关管理规范性文件的修订内容，落实 2017 年重点项目的推进情况。会议确定了 2017 年的工作重点是采购与招投标相关管理文件正式发文，形成用制度管权、按制度办事、靠制度管人的良性机制；完成采购与招投标信息化管理系统建设；推进简政放权、优化服务、放管结合相关政策的积极举措，为学校各项工作的顺利开展提供保障。

（张群）

【下放权限，推出二级单位采购备案制】 4 月 12 日，对学校集中采购的限额标准进行调整，下放采购权限给二级单位。学校集中采购管理的工程类施工项目金额由 20 万元调整为 30 万元；货物和服务类项目金额由 10 万元调整为 40 万元。为确保二级单位采购工作能“接得住，管得好”，出台了《华东理工大学二级单位采购指导办法（试行）》，指导二级单位采购工作按照规范化、程序化管理。通过召开政策宣讲会，对部分学院开展了多次针对性强、互动性强的宣讲活动，打造全方位服务平台。备案的二级单位采购项目达到 310 余项。

（张群）

【界定设备仪器范畴，扩大采购自主权】 4 月 12 日发布《华东理工大学科研仪器设备采购实施细则（试行）》对科研仪器设备进行界定，并对限额标准、组织形式、采购操作程序、专家论证、变更审批流程、评审专家的选择等进行了规定。进一步完善学校对于科研仪器设备的采购管理，扩大学校科研仪器设备采购的自主权。

（张群）

【打造信息化管理平台，以科技提高服务效率】 利用信息化手段，建立健全单位内部信息平台，打造“采购与招投标管理系统”，建立了采购项目从立项到归档的全流程信息化服务流程，并建立了供应商库和专家库，提高采购工作效率和采购便利化程度。已有 213 家供应商在平台注册登记。

（张群）

【融入全国高校政府采购大平台，争当业务标兵】 5 月 9 日，中国教育会计学会高校政府采购分会第一届常务理事会议第一次会议在广州中山大学召开，华东理工大学作为理事单位正式加入中国教育会计协会高校政府采购分会。学校作为参与单位承担了教育部《政府采购政策讲解》《直属高校政府采购风险管理与内部控制》两项课题的研究，参加教育部、财政部组织的政府采购培训会 7 次。采购与招投标中心主任陈康被中国教育会计协会高校政府采购分会评为全国“高校政府采购优秀业务标兵”。

（张群）

审计工作

【概况】 年内，审计处坚持“依法审计，实事求是”的审计工作理念，紧紧围绕学校中心工作，主动发挥审计“免疫系统”功能和建设性作用，稳步推进审计全覆盖，较好地完成了各项工作任务。

项目审计。完成审计项目179项，审计总金额为307 509.34万元。其中，经济责任审计15项、科研经费审计10项、内部控制审计1项、工程审计153项。共发现问题42个，提出审计建议27条，为学校增收节支386.23万元。此外，审计处把好资产采购关，共参与学校组织的大宗物资、设备、服务采购招标项目128项。

制度宣讲。抓住政策宣讲会、新提任中层干部培训班、审计进点会等契机进行审计制度宣讲，向二级单位负责人介绍审计相关制度，特别是经济责任审计制度，并对审计中发现的问题进行了分析。

制度建设。加强工程管理制度建设，制定《华东理工大学基本建设工程管理审计实施办法》和《华东理工大学修缮工程项目审计实施办法》，修订《华东理工大学关于调整非招投标基建修缮工程项目施工费用计价标准的意见》，且为各项制度编制了工作流程图。

信息化建设。继续完善审计项目管理信息系统的建设及使用，并新增复翼作业审计软件，结合学校的信息化建设、天翼财务软件、审计工作需求等进行定向研发，提高软件的适用性与实用性。

其他工作。承担上海市教委《高校内部审计状况基础性评价体系研究》的审计课题，并圆满结题。组织工作小组与华天公司就房屋拆迁安置等问题进行多次谈判，参与华化摩擦片厂谈判和应诉工作。选派池璧参与上海市教委高职高专专项巡察工作，后赴上海市教委审计处挂职锻炼。年内，审计处获评2016年度学校安全文明单位，审计处推荐的“华东理工大学××处原处长任期经济责任审计项目”获上海市教育系统内部审计项目“优秀奖”。

（池璧）

校董事会、基金会及校友会工作

【概况】 年内，校友与发展联络处紧密围绕学校中心工作，不断加强校友会组织建设，着力搭建各类校友工作平台，积极推进海内外地方校友会、学院校友会、行业校友会“三位一体”的校友工作体系构建。不断拓展社会资源，全力做好基金会工作及校董会秘书处工作。各类校友活动有序开展，校友工作信息化建设稳步推进。相关举措有效加深了校友与母校间的情感联络，对凝聚校友力量、助力校友发展起到良好的促进作用。

高度重视校董会及校友会理事会的指导作用。切实履行校董会秘书处职能，认真做好校董会联络及服务工作。召开华东理工大学校友会理事会一届三次会议、华东理工大学校友会常务理事会一届六次会议。

大力推进地方校友会及学院校友会建设。实地走访 9 个省级地方校友组织、11 个地市级校友组织、1 个海外校友组织，直接拜访校友 700 余人次。浙江、重庆、无锡、江西、河北、深圳、安徽、湖南、上海、云南等 10 个地方的校友组织成功换届。加强学院校友组织建设，指导 16 个学院完成学院校友会的成立或换届工作。积极搭建行业校友平台，指导社会与公共管理学院、法学院分别成立了社会工作行业校友会和法律行业校友会。分别与药学院、资源与环境工程学院共同主办行业校友高峰论坛。

组织多种形式的校友活动。组织开展“百舸争流迎校庆、凝心聚力添华彩”华理第二届校友龙舟赛，以“大手牵小手”为主题的华理校友亲子定向游园会，“一路有你 助力母校”2017 年华东理工大学校友乐跑活动，1997 届、1987 届校友毕业 20 周年、30 周年秋年返校活动，以及 1967 届校友毕业 50 周年返校活动，累计组织并接待近 4 000 名校友返校，接待校友自发组织的日常返校近 1 000 名。在校友会策划下，1967 届校友捐资修建“春晖园”，在感恩母校的同时，也传递了对母校发展的祝福和对在校师生的殷切期望。

完善校友信息资源库及其应用系统建设。维护 30 万余条校友名册及 15 万余条档案信息。校友信息激活率有较大增长。全日制校友信息激活率为 64.4%，较 2016 年增长了 10.8%；非全日制校友信息激活率为 28.6%，较 2016 年增长了 17.9%。

“华东理工大学校友会”微信公众号平台建设。全年累计发布微信图文信息 45 条，图文 72

篇，阅读量达30万人次。微信公众号连续多年被评为“华东理工大学新媒体应用先锋”，现粉丝达21 000余人。完成校友工作信息化建设三期项目的审核验收。校友工作信息化建设四期项目——“华理校友服务交流平台系统”有序进行。

大力推进基金会建设。年内，基金会账户资金总额为3 774万元，较2016年增长了31.79%；新签捐赠协议76项，协议募资金额3 273.18万元，较2016年增长61.59%。捐赠到款1 736.67万元，较2016年增长23.86%。完成了2017年中央财政捐赠配比专项资金的申报工作，成功获批1 285万，比2016年增长了79.72%。基金会获得中国高等教育学会教育基金工作研究分会授予的“2016—2017年度先进集体”称号，李建伟获2017年度“教育基金工作先进个人”称号。

【华东理工大学校友会理事会一届三次会议、常务理事会一届六次会议召开】 9月23日，华东理工大学校友会理事会一届三次会议及常务理事会一届六次（扩大）会议在徐汇校区召开。华东理工大学校长曲景平、校党委副书记陈麒、各地校友理事、各学院校友工作负责人等60余位理事和代表参会。会议由校友会理事长吴柏钧副校长主持。

会议增补曲景平、王芝眉、王向东、王野、史伟、刘成平、李南高、张俊、戴各生、赵思韬、符虎、朱启高、张建平共13人为华东理工大学校友会理事（其中曲景平为常务理事），聘任校友与发展联络处副处长王芝眉为副秘书长。因工作调整，吴柏钧辞去理事长、法定代表人职务。理事会一致推选曲景平校长为华东理工大学校友会新一任理事长、法定代表人。

【上海华东理工大学校友会第二届校友代表大会及第二届理事会一次会议召开】 9月23日，上海华东理工大学校友会（以下简称上海华理校友会）第二届校友代表大会及第二届理事会一次会议在徐汇校区逸夫楼报告厅、演讲厅召开。校长曲景平、副校长吴柏钧、上海华理校友会理事会理事及校友代表参与了本次大会。会议由上海华理校友会秘书长、校友与发展联络处副处长王芝眉主持。

会议审议通过了《上海华东理工大学校友会章程》（修订案）。选举华东理工大学副校长吴柏钧为上海华理校友会理事长、法定代表人，严晓俭、吴海君、吴德荣、姜亚新、奚力强五位校友为副理事长，校友与发展联络处副处长王芝眉为秘书长。

【举行华东理工大学第二届校友龙舟赛】 5月7日，“迎校庆”华东理工大学第二届校友龙舟赛在奉贤校区举行，来自15个学院的400余名校友参与了本次龙舟竞技。经过激烈角逐，化工学院校友代表队摘得本次比赛桂冠，商学院校友代表队获得亚军，药学院校友代表队获得季军。与此同时，校友会还组织了端午游园会及校友沙龙。

【举行华东理工大学第一届校友乐跑活动】 10月22日，近五百名校友及部分在校师生来到奉贤，共同参加由华东理工大学校友会主办、体育学院协办的“一路有你 助力母校”2017年华东理工大学校友乐跑活动，庆贺母校建校65周年及奉贤校区启用10周年。本次活动由校友与发展联络处副处长王芝眉主持。华理校友会秘书长、校友与发展联络处处长李建伟出席并致辞。

【组织1967届校友毕业五十周年秋年返校活动】 6月27日，400余名1967届校友在华东理工大学建校65周年之际，受学校邀请返回母校，同庆母校生日及毕业50周年。

当日下午，67届校友毕业50周年返校大会开始。大会由副校长吴柏钧主持。校友与发展联络处处长李建伟向校友介绍了学校辉煌发展历程及校友会工作。潘家祯、梅龙、蔡甫娣三位校友分享了毕业以来的心路历程和对母校的深厚情感。校党委书记杜慧芳代表曲景平校长，代表学校对各位前辈学长重返母校表示热烈的欢迎。在致辞中，杜慧芳对经历过多次历史考验的67届校友致以深深的敬意，对校友自发捐助母校“春晖园”的善举表示衷心的感谢，也向校友们介绍学校目前的办学情况，感谢校友们50年来对学校发展的关心和支持。

【组织1987、1997届校友毕业二十、三十年秋年返校活动】 10月14日、21日，学校1987届、1997届两千余名校友重返母校同贺母校生日，参加校友返校大会。华东理工大学副校长吴柏钧出席了校友返校大会并致辞，会议由校友与发展联络处副处长王芝眉主持。校友与发展联络处处长李建伟向校友们介绍了学校近年来发展成就及学校校友会及基金会工作。为进一步发挥班级联络员功能，两次返校大会还举行了班级联络员聘任仪式，在87、97届校友中共聘任104名校友担任班级联络员，李建伟为班级联络员代表颁发了聘书。吴唯芳、任鲁海等五位校友代表先后发言。校友会向参与活动校友特别赠送了毕业纪念徽章和毕业纪念册。

【基金会第二届理事会五次会议召开】 12月21日，上海华东理工大学教育发展基金会理事会二届五次会议在和平楼第三会议室召开。第二届理事会理事长、校党委书记杜慧芳出席并主持会议。校董会主席王基铭院士，校长办公室主任王爱祥，学生工作（部）处（部）处长倪炜等基金会理事，基金会秘书长、校友与发展联络处处长李建伟，基金会监事、纪委副书记、监察处处长童之敏等出席会议。副校长吴柏钧应邀出席会议。

理事会审议并通过了《基金会2017年工作报告》以及基金会理事变更、管理细则修改等事项，并就“慈善组织认定”、“规范化评估工作”等议题进行了讨论。杜慧芳提出，基金会的工作要朝着更加规范，更有公信力的方向努力，不断壮大自身发展，最终成为支持学校发展的重要力量之一。王基铭对基金会一年来所取得的成绩给予了充分肯定。希望学校基金会在今后的工作中，能通过策划组织各种活动、加强媒体宣传等手段扩大社会影响力，多向其他优秀的高校基金会学习经验，进一步提高管理运营水平。

附录：

华东理工大学校友会理事会调整名单

理事长（1 人）

曲景平　华东理工大学校长

副理事长（1 人）

刘训峰　上海华谊（集团）公司党委书记、董事长

常务理事（28 人）

王宏力　河南省化工研究所总工程师

石良平　上海社会科学院经济研究所所长

叶汝强　上海市委第六巡视组组长

曲景平　华东理工大学校长

乔庆安　吉林燃料乙醇有限责任公司副总经理

任洪青　锋泾（中国）建材集团有限公司董事长

刘训峰　上海华谊（集团）公司党委书记、董事长

刘坐镇　华东理工大学华昌聚合物有限公司董事长

寿子琪　上海市科学技术委员会主任

严晓俭　中国海诚工程科技股份有限公司党委书记、总裁

李青平　深圳市燃气集团股份有限公司副总裁

李建伟　华东理工大学校友与发展联络处处长

李深梁　杭州新纪元消防科技有限公司原董事长

吴柏钧　华东理工大学副校长

吴海君　上海赛科石油化工有限责任公司党委书记、副总经理，兼上海石化股份公司副董事长

吴德荣　中国石化集团上海工程有限公司董事长兼总经理

陈千茂　南京国家高新技术产业开发区管委会副主任

郑柏存　上海三瑞高分子材料有限公司董事长

郝鸿志　贵阳鸿宝集团公司党委书记、董事长兼总经理

胡伟庆　中国石化炼油销售有限公司总经理

侯晓明　中国石化上海高桥石化公司总经理

俞　路　国家食品药品监督管理总局办公厅副巡视员，中共广安市委常委（挂职），广安市人民政府副市长（挂职）

姜亚新　上海市华夏文化经济促进会常务副会长

夏永强　帝斯曼（DSM）中国区 EHS 经理

黄志明　霍尼韦尔 UOP 公司总经理

韩志国　中国国际石油化工联合有限公司人力资源部总经理

谢应波　上海泰坦化学有限公司董事长

戴叔铭　中石化集团上海工程有限公司党委书记、副总经理

理事（153 人）

丁　灏　华东理工大学法学院党总支书记

山红红　中国石油大学（北京）党委书记

马希荣　宁夏回族自治区科技厅副厅长

马秋林　江苏省人民政府副省长

王子宗　中国石油化工集团公司副总工程师

王立新　上海中陆机电工程科技有限公司广州分公司董事长

王芝眉　华东理工大学校友与发展联络处副处长

王向东　安徽省特种设备检测院原主任

王应虎　陕西星王企业集团有限公司董事长、总裁

王宏力　河南省化工研究所总工程师

王英茹　中国乐凯胶片集团公司副总经理、技术总监

王树德　中石化青岛炼油化工有限公司总经理

王铁松　浙江泰鸽安全科技有限公司总经理

王　野　辽宁省沈阳市农业银行

王　喆　华东理工大学外国语学院党委书记

王　强　中国石油化工集团公司安全管理局局长

王福顺　黑龙江省牡丹江市政协副主席

卞凤鸣　中石化茂名分公司副总经理

文志成　中国石化集团长岭分公司党委书记

方向晨　中石化抚顺石油化工研究院院长

古共伟　西南化工研究设计院院长

石良平　上海社会科学院经济研究所所长

叶汝强　上海市委第六巡视组组长

史　伟　中石化长城能化（贵州）有限公司总经理

田　禾　华东理工大学党委常委、化学与分子工程学院院长，中国科学院院士

田　锋　中国石油兰州石化公司生产技术处处长

付　巍　北京天勤艾尔文商贸有限责任公司总经理

包　华　华东理工大学国际教育学院副院长

邢建良　中石化扬子石油化工股份有限公司副总经理

朱广忠　华东理工大学校长助理，图书馆党总支书记

朱启高　上海市科委副主任

朱星河　江西恒大集团董事长

朱海兴　中国石化集团公司发展计划部副主任（正局级）

乔庆安　吉林燃料乙醇有限责任公司副总经理

任洪青　锋泾（中国）建材集团有限公司董事长

邬智勇　中国石化化工销售华中分公司总经理、党委书记

庄英萍　华东理工大学生物工程学院院长

刘东志　天津大学副校长

刘训峰　上海华谊（集团）公司党委书记、董事长

刘成平　重庆邦瑞新材料有限公司副总经理

刘伟兰　华东理工大学理学院党总支书记

刘坐镇　华东理工大学华昌聚合物有限公司董事长

刘明辉　中国石油独山子石化公司副总工程师

刘荣旋　福建纳川管材科技股份有限公司副董事长、总经理

刘钧厚　深圳市国有免税商品（集团）有限公司董事长

刘勇弟　华东理工大学资源与环境工程学院院长

刘家海　中石化武汉分公司董事长、党委书记

江正洪　中石化股份公司副总裁兼企业改革管理部主任

孙　明　中信国际商贸有限公司董事长、党委书记

孙树祯　中国石油吉林石化公司总经理、党委书记

曲景平　华东理工大学校长

寿子琪　上海市科学技术委员会主任

严晓俭　中国海诚工程科技股份有限公司党委书记、总裁

李小松　青海省经济委员会巡视员

李从福　江苏省南通市食品药品监督管理局原副局长

李永林　中石化北海炼化公司总经理

李　华　中国石化集团长岭分公司总经理

李　华　青海省科学技术厅副厅长

李青平　深圳市燃气集团股份有限公司副总裁

李南高　云南昆明制药集团原董事长、党委书记

李建伟　华东理工大学校友与发展联络处处长

李　涛　华东理工大学组织部部长

李鸿根　中石化上海石油化工股份有限公司副总经理

李深梁　杭州新纪元消防科技有限公司原董事长

李缉超　四川化工控股（集团）有限责任公司副总经理

杨龙文　中国石化海南长城机械工程公司总经理

杨伟庆　凯盈集团总裁

杨自军　安徽淮化集团有限公司总经理、党委副书记

杨志远　广西北海市政协副主席

杨　苏　华东理工大学马克思主义学院副院长

杨贤金　福建省副省长、福建省行政学院院长

杨绍兴　云南化工设计院有限公司党委书记、董事长

杨　栋　中国石化长城能源化工有限公司总经理、党委书记

吴柏钧　华东理工大学副校长

吴海君　上海赛科石油化工有限责任公司党委书记、副总经理，兼上海石化股份公司副董事长

吴　唯　华东理工大学中德工学院院长

吴　渝　重庆市化工研究院院长

吴德荣　中国石化集团上海工程有限公司董事长兼总经理

何少民　青海省商务厅厅长

何仲文　中海石油宁波大榭石化有限公司总经理

何辛幸　广西河池市委副书记、市长

宋恭华　华东理工大学校长助理，药学院院长

张玉英　宁夏回族自治区国土资源厅副厅长

张玉明　中国石化股份公司镇海炼化分公司总经理

张东平　中国石油四川石化有限责任公司副总经理

张庆庚　赛鼎工程有限公司董事长兼总经理

张克华　中石化炼化工程（集团）股份有限公司副董事长

张春生　中石化金陵石油化工有限责任公司副总经理

张春宇　中国石油吉林石化公司总经理助理

张建平　中国石化扬子石油化工有限公司总经理

张　勇　中国石化北京化工研究院院长

张　俊　无锡创达新材料股份有限公司董事长

张　淳　上海化学工业区发展有限公司党委书记、总经理

陈千茂　南京国家高新技术产业开发区管委会副主任

陈连财　中国石化长城能源化工（宁夏）有限公司总经理

陈明功　安徽理工大学科技产业处副处长

陈　波　中国国际石油化工联合有限公司总经理

陈琴珠　华东理工大学机械与动力工程学院副院长

陈　锋　吉林化学工业公司科技开发部原主任

陈　辑　中国第一汽车集团公司组织人事部部长

范先国　四川龙蟒集团有限责任公司总裁

尚建选　陕西煤业化工集团有限责任公司副总经理

侍洪波　华东理工大学信息科学与工程学院党委书记

金　强　中国石化上海石油化工股份有限公司副总经理

庞玉学　成都市通用工程技术有限责任公司董事长

郑　东　华东理工大学学生就业服务指导中心主任

郑柏存　上海三瑞高分子材料有限公司董事长

房詹杰　河北省沧州市石油化工局局长

赵日峰　中国石化股份有限公司炼油事业部主任

赵思韬　河北省防腐保温协会副会长兼秘书长

郝明学　第一汽车集团技术中心主任、高级工程师

郝鸿志　贵阳鸿宝集团公司党委书记、董事长兼总经理

胡伟庆　中国石化炼油销售有限公司总经理

胡松平　杭州努博科技开发有限公司总经理

段良伟　中国石油大连石化公司总经理

侯晓明　中国石化上海高桥石化公司总经理

俞　路　国家食品药品监督管理总局办公厅副巡视员，中共广安市委常委（挂职），广安市人民政府副市长（挂职）

俞慰刚　华东理工大学社会与公共管理学院工会主席

姜亚新　上海市华夏文化经济促进会常务副会长

姚维广　陶氏化学亚太区首席技术官

夏永强　帝斯曼（DSM）中国区 EHS 经理

夏翔鸣　中石化扬子石油化工股份有限公司副总经理

顾越峰　中国石化福建炼油化工有限公司董事长

高正龙　西藏电视台人事处处长

高　清　江苏省经济和信息化委员会副主任

郭杨龙　华东理工大学化学与分子工程学院副院长

席　达　内蒙古自治区食品药品监督管理局药品注册处处长

唐苏欣　中国石油化工集团公司外事局局长

唐颂超　华东理工大学材料科学与工程学院党委书记

辛志强　江西省质量技术监督局计财处处长

黄布毅　河南省科学技术厅党组书记

黄志明　霍尼韦尔 UOP 公司总经理

黄庐进　华东理工大学商学院副院长

黄顺福　四川省投资集团公司原董事长、党委书记

黄　婕　华东理工大学教务处处长

曹作斌　大连大特气体有限公司总经理

符　虎　海南方圆建设工程检测有限公司董事长

龚　亮　江苏华建能源集团有限公司董事长

章敦辉　东华工程科技股份有限公司副总经理

蒋　晨　福安药业（集团）有限公司执行董事、总经理

蒋德军　中国石化第五建设有限公司党委书记

韩志国　中国国际石油化工联合有限公司人力资源部总经理

韩海波　贵州省化工研究院院长

韩　骏　华东理工大学体育科学与工程学院副院长

程　华　华东理工大学继续教育学院、网络教育学院党委书记

谢在库　中石化集团科技开发部主任

谢应波　上海泰坦化学有限公司董事长

鲍永忠　中国石油辽阳石化公司副总经理

蔡水洪　上海东岳生物化工有限公司总经理

廖增太　烟台万华聚氨酯股份有限公司总裁

樊　俊　华东理工大学外国语学院副书记

戴各生　深圳高迪科技有限公司总经理

戴叔铭　中石化集团上海工程有限公司党委书记、副总经理

秘书长（兼，1人）

李建伟　华东理工大学校友与发展联络处处长

上海华东理工大学校友会第二届理事会理事名单

丁　伟　华东理工大学艺术设计与传媒学院副院长

丁晓阳　诺华制药（中国）上海园区健康安全环境与可持续运营管理负责人

丁　灏　华东理工大学法学院党总支书记

王芝眉　华东理工大学校友与发展联络处副处长

王　跃　华东理工大学体育科学与工程学院院长

王　喆　华东理工大学外国语学院党委书记

龙　浩　上海华鸿实业（集团）有限公司总裁

叶文邦　中石化集团上海工程有限公司党委书记、总经理

田　俊　上海申通轨道交通研究咨询有限公司副董事长、总经理

包　华　华东理工大学国际教育学院副院长

曲成洋　上海德特自动化工程有限公司董事长

朱肖然　中国石化上海石油化工研究院党委副书记、纪委书记

朱学栋　华东理工大学化工学院党委书记、院长

任洪青　锋泾（中国）建材集团有限公司董事长

任鲁海　上海昊阳创业投资有限公司执行董事、总经理

严晓俭　中国海诚工程科技股份有限公司党委书记、董事长

杜仕菊　华东理工大学马克思主义学院党委书记

李建伟　华东理工大学校友与发展联络处处长

李建奎　华东理工大学理学院院长

李　剑　华东理工大学药学院党委书记

杨珏菁　浦东新区人力资源和社会保障局农村社会养老保险管理中心主任

杨毓莹　中国石化上海石油化工研究院副院长

吴荣良　金茂律师事务所合伙人、律师

吴柏钧　华东理工大学副校长

吴海君　上海赛科石油化工有限责任公司党委书记、总经理

吴　唯　华东理工大学中德工学院院长

吴德荣　中国石化集团上海工程有限公司董事长、总经理

何雪松　华东理工大学社会与公共管理学院院长

沈　健　上海浩登材料股份有限公司董事长

张文清　华东理工大学化学院党委书记

张洪志　百联集团人力资源部执行总监

张　淳　上海化学工业区发展有限公司党委书记、总经理

陆　兵　华东理工大学生物工程学院党委书记

陈柯达　中石化集团上海工程有限公司副总经理

侍洪波　华东理工大学信息科学与工程学院党委书记

金　强　中国石化上海石油化工股份有限公司副总经理

封晓骏　海华永泰律师事务所高级合伙人

修光利　华东理工大学资源与环境工程学院院长

姜烈民　中国石化上海工程有限公司原党委副书记

姚维广　陶氏化学（中国）有限公司亚太区首席技术官

顾春华　上海理工大学党委副书记、副校长

党齐民　上海社会科学院信息研究所副所长

倪福弟　中国科学院上海生命科学研究院副院长

徐大同　中国海诚工程科技股份有限公司总裁

奚力强　申能股份有限公司总经理

唐颂超　华东理工大学材料科学与工程学院党委书记

阎海峰　华东理工大学商学院院长

惠　虎　华东理工大学机械与动力工程学院常务副院长

鲁习文　华东理工大学继续教育学院、网络学院院长

谢应波　上海泰坦化学有限公司董事长

潘国平　中青旅海江投资发展有限公司总裁

薛绛颖　森松（中国）集团公司董事、总裁

霍立安　圣象集团美国居奇有限公司总裁

上海华东理工大学教育发展基金会第二届理事会成员名单

理事长（1 人）

杜慧芳　华东理工大学党委书记

理事（6 人）

王基铭　中国石化集团公司科技委顾问

齐家珊　裕昌集团有限公司董事长

王爱祥　华东理工大学校长办公室主任

张爱民　华东理工大学财务处处长

倪　炜　华东理工大学学生工作部（处）部（处）长

李建伟　华东理工大学校友与发展联络处处长

秘书长（兼，1 人）

李建伟　华东理工大学校友与发展联络处处长

监事（1 人）

童之敏　华东理工大学纪委副书记

后勤工作

【概况】 年内，后勤保障处坚持围绕学生、关照学生、服务学生，坚持将育人工作贯穿后勤工作始终，努力丰富后勤内涵化建设，通过更优质的服务和更高效的管理，提升全校师生的获得感和幸福感，为学校一流学科建设提供一流的后勤保障。

聚焦师生需求，着力提升后勤服务能力和水平。积极响应师生需求，做好餐饮保障工作，延长供餐时间，将桃李园西餐厅调整为教工餐厅，四食堂一楼午餐就餐高峰时段开设“速取打包”专窗。徐汇高知餐厅增加砂锅、米线、面条和粗粮等品种，奉贤教工餐厅调整5元套餐菜单。改善学生住宿条件，全面落实空调进宿舍工作，徐汇校区已有2 240间学生宿舍完成空调安装。完成奉贤校区22号学生公寓储热水箱及配套设备改造工程，满足学生小浴室洗浴需求。完成公共浴室浴帘加装及女生浴室通风设备安装工程，改善学生洗浴环境。完成奉贤校区篮球场照明系统。规范快递管理，徐汇校区新快递中心投入使用。强化班车职能，教师班车车辆已全部安装ETC和监控系统，可通过“华理小蜜蜂”进行班车GPS定位并实现即时路线查询。继续推进规范化建设，“学生公寓服务国家级标准化试点”已顺利通过中期评估。开展奉贤校区商业街商户普法培训，规范商业街经营秩序。完善各项规章制度，结合变电所、供水泵站、污水处理站及电梯管理等工作特点，及时完善应急措施、救援预案和工作流程等制度，确保教学、科研正常、有序开展。争创“六T”，两校区共有10个单位食堂被授予上海高等学校“六T”实务现场管理达标食堂称号，5个单位食堂被上海市食品药品安全协会授予“餐饮服务行业安全规范化管理单位”称号。上海高校学生公寓“六T”管理五星级达标公寓2幢，上海高校学生公寓“六T”管理四星级达标公寓6幢，上海高校学生公寓“六T”管理三星级达标公寓3幢。及时处理突发事件，落实上海“五违四必”区域环境综合整治要求，开展“9·17”徐汇校区商业街环境专项整治行动，安全、有序地拆除了学生宿舍3舍前、20舍商铺门前、19舍与20舍西侧等处违章搭建的建筑，完成补绿、增设花坛等商业街环境优化工作。迅速响应并处理徐汇校区学生宿舍8舍214室局部木地板破裂问题，第一时间奔赴现场耐心做好学生情绪安抚工作。有效处理徐汇校区学生宿舍12舍空气异味问题，委托专业公司对12舍家具进行安全性检测，检测结果均显示正常。

建设美丽校园，着力增强师生获得感和幸福感。不断改善校园环境质量，奉贤校区被授予“上海市绿化合格单位”称号。校庆、节假日期间在两校区多区域进行绿化景观布置，增强师生爱校意识。积极响应“乐教在奉贤”活动要求，启动奉贤校区油菜花、芦苇湿地景观、荷花池等工程建设，努力打造集学研休闲、科普教育、生态保护及观光游览为一体的美丽校园。徐汇校区完成庭院灯改造项目，增加夜间照明亮度，降低了30%的能耗，增加了师生夜间出行舒适度。开展公共卫生间异味治理行动，完成两校区卫生间异味排查工作，通过提高打扫力度、引入学生团队监管等措施改善卫生间环境。与徐汇区中心医院合作，安排专家进驻徐汇校医院相关科室，师生可以通过“华理小蜜蜂”查询相关科室，截至年底已累计为师生提供专家门诊服务1 722人次。推出“上海市徐汇区中心医院云医院”网上智慧医疗服务平台，为师生提供线上与徐汇区中心医院医生进行“视频面对面”健康医疗咨询、精神卫生咨询和预约特色专家门诊等服务。截至年底，“云医院”平台通过电脑终端已累计为师生服务近80人次。圆满完成2017年度研究生复试体检和2017级新生入学体检工作，其中研究生体检3 074人次，本科新生体检4 142人次。完成2017年本科新生疫苗接种工作，应接种4 142人，实际接种3 402人，接种率达82.13%，比2016年提高了6.43%。严格执行大学生医保政策，认真做好学生医疗费审核工作，截至11月底，两校区累计审核报销医疗费有2 666人次，累计报销金额为74.5万元。完成药品供应商招标工作，改由上海医药控股股份有限公司和古华药业有限公司为校医院提供药品服务，不断增加药品种类。定期通过校园新闻网、“花梨哥哥”、“华理小蜜蜂”等平台宣传常见疾病知识，做好公共卫生和健康管理工作。做好献血动员及保障工作，2017年共完成献血1 970人。定期召开安全工作会议，层层落实责任，按照“全覆盖、零容忍、严执法、重实效”的要求，形成安全隐患整改闭环机制。组织开展高空坠物、空调外机等设施安全隐患排查、秋季大检查，食品安全、消防安全等专项检查，及时消除安全隐患。以预防为主，消杀为辅，认真做好学校有害生物防治工作。开展“放心食堂”、特种设备使用、消防知识讲座等安全培训，不断增强员工安全意识。组织员工参加“教师心理压力的自我调适”等心理健康讲座，帮助员工形成健康的心态。组织宿管、物业、医护人员与学工系统一起进行危机干预和心理援助培训，为构建平安校园出力。

强化服务育人，将育人工作贯穿后勤工作始终。构建服务育人体系，深入开展实践育人工作，开设“相约快乐食间，共享品质生活”师生烹饪培训班系列课程，选派专业厨师队伍现场教授师生制作包子、蛋糕等美食，已有180名师生学员体验烹饪乐趣。开展“乐教在奉贤：美食美刻”校园美食评选和“夯实基础 提升素养”技能大比拼等活动，由师生评选出“最美味的菜肴”“最佳切配”等奖项，充分发挥师生主体作用。联合环保协会、生活联合会等学生社团开展“植树增绿系列活动”，两校区约100余名学生参与奉贤校区北部河边绿地、奉贤图书南侧和徐汇团结三楼南侧花园义务植树活动，增强感情交流，营造良好服务育人氛围。创新管理育人模式，组建“华理小蜜蜂”学生团队，现有成员50余名，组织学生参加摄影技巧、文案撰写、排版美化等培训，通过媒体宣传、线上线下活动等形式培养学生自我管理与实践能力。组织学生参与商业街调研、后勤满意度问卷调查、食品安全检查等后勤管理工作，组建“报修——随手拍联系群”，让学生多方面参与后勤管理工作。与学院共建，完成艺术学院景观设计专业实践基地、药学院药用植物实践基地与植保实验基地及生物工程学院植物生理学生实践基地建设工作，为学生提供专业实践锻炼机会。不断丰富后勤文化建设。加强餐饮文化建设，着重体现华理温度。开展“端午节包粽子送粽子”“毕业季红烧肉派送”，报到季46道家乡菜开启“舌尖上的迎新”、开学典礼新生“爱校餐”和中秋节免费送“华理logo”月饼等活动（中秋节当天共免费向师生派送6 000多块“华理logo”月饼），强化师生爱校荣校意识。打造宿舍文化，结合学校特色、学科优势和住宿学生分布特点，引导学生以“学风建设”“校园风采”“社团活动”“文艺长廊”等来确立“宿舍走廊文化”主题，让学生参与宿舍文化建设。在每个公寓围合设立“爱心小屋”，营造“守望相助”的宿舍文化。全面打造节约文化，开展“节水口号征集”“环保主题明信片展览”“节水主题文化衫手绘与文化衫走秀”等活动，培养学生节约意识。充分利用“青未来”平台资源，加强校级合作，让学生在对校园节能方面调查和研究的过程中深刻认识到节能的重要性，真正成为建设节约型校园的主体力量。组织师生参加全国节能知识竞赛，被上海市节能协会授予“优秀组织奖”。

围绕中心工作，着力建设服务型后勤。不断夯实基层党组织建设，深入开展“两学一做”学习教育系列活动，通过专题学习、研讨交流、支部书记述职、党员上党课、主题党日活动、知识竞赛、支部共建等活动形式提高党员理论素养，强化党员责任意识。2017年共举行“学习贯彻十九大精神系列活动”，“学习黄大年先进事迹”，“两学一做”学习教育，“逐梦新时代·上海2012—2017”大型主题展参观，“两会”精神专题学习，与武警上海市消防总队奉贤支队、金汇中队慰问交流等主题活动10余场。编印并向每位党员发放《学习贯彻党的十九大会议精神参考资料》《中国共产党章程（修订版）》等学习资料，加强学习型后勤建设。与师生建立常态化联系机制。为着力提高后勤服务质量和水平，后勤保障处启动“大走访、大调研、大讨论”活动，在工会、学工部、校团委的支持下，组织召开了两校区学生代表、物业服务单位和教师代表座谈会，广泛听取师生对后勤工作的意见和建议。4次座谈会分别组建了由后勤保障处与奉贤校区学生代表、徐汇校区学生代表和教师代表构成的后勤信息反馈微信群，以便后勤保障处能够第一时间了解师生的意见和建议。此外，建立生活联“随手拍”反馈微信群，由生活联学生向后勤保障处反馈各项管理问题，提高服务质量。微信公众号“华理小蜜蜂”开通投诉意见功能，建立统一协调、反应灵敏、高校畅通的网上舆情交流反馈机制，实施留言每日必审制度，及时了解网络舆情，推动服务型后勤建设。贯彻落实中央“八项规定”及党风廉政建设。配合纪委、实装处等部门，开展两校区办公用房面积自查整改工作，做到每间办公室均入室测量，发现问题立即整改；高度重视，认真梳理厉行节约、反对浪费等工作完成情况，基本完成节能目标，落实能耗监管、节能改造、宣传教育等节能措施，做好自查与整改工作；定期召开党政联席会、后勤工作会议、处务会及部门工作例会等会议，严格落实党风廉政建设责任制，形成权力约束，做好风险点排查工作。

【获全国教育后勤系统信息宣传先进单位】 3 月 28 日，后勤保障处荣获“2016 年度全国教育后勤系统信息宣传工作先进单位”称号。

【食堂“六 T”实务现场管理获荣誉称号】 4 月 20 日，学校获评“上海市学校创建食堂‘六 T’实务现场管理工作先进集体”荣誉称号，曹建方荣获“上海市学校创建食堂‘六 T’实务现场管理工作先进个人”荣誉称号。

【荣获市绿化合格单位】 5 月 10 日，华东理工大学（奉贤校区）被上海市绿化委员会评为上海市绿化合格单位。

【荣获高后双争奖励】 6 月 15 日，上海高校后勤服务中心、上海高校后勤服务股份有限公司召开上海高校后勤 2016 年度“双争”活动文明窗口和服务明星表彰大会，我校动力与修缮工程中心奉贤校区报修服务窗口、奉贤校区教师公寓管理窗口、饮食服务中心友谊餐厅服务员团队获得“文明窗口”称号，李竹频、阙永康、袁礼喜获得“服务明星”称号。

【开展徐汇校区商业街专项整治】 9 月 17 日，后勤保障处开展“9·17”徐汇校区商业街环境专项整治行动，拆除学生宿舍 3 舍前、12 舍商铺门前、19 与 20 舍西侧等处违章搭建的建筑，完成补绿、增设花坛等工作。

【徐汇校区学生公寓完成空调安装】 为改善徐汇校区学生住宿条件，后勤保障处全面落实空调进宿舍工作，截至 2017 年 9 月底，徐汇校区 2 240 间学生宿舍完成空调安装。

【医疗健康服务协作点揭牌】 11 月 24 日，副校长胡宝国在徐汇校区和平楼第一会议室主持召开华东理工大学校医院与徐汇区中心医院合作“医疗健康服务协作点”揭牌仪式。“云医院”平台为师生提供与徐汇区中心医院网上医生进行“视频面对面”健康医疗咨询、精神卫生咨询和预约特色专家门诊等服务。

附录：

后勤保障处获奖情况

序号	单位/姓名	获奖名称	获奖时间	授奖单位
1	华东理工大学后勤保障处	2016年度全国教育后勤系统信息宣传工作先进单位	2017-3	中国教育后勤协会秘书处
2	华东理工大学	上海市学校创建食堂“六T”实务现场管理工作先进集体	2017-4	上海市学校后勤协会
3	曹建方	上海市学校创建食堂“六T”实务现场管理工作先进个人	2017-4	上海市学校后勤协会
4	华东理工大学（奉贤校区）	上海市绿化合格单位	2017-3	上海市绿化委员会
5	华东理工大学	上海市高校悬铃木修剪大赛三等奖	2017-2	上海市学校后勤协会
6	动力与修缮工程中心奉贤校区报修服务窗口	上海高校后勤2016年度“双争”活动文明窗口	2017-6	上海高校后勤服务中心、上海高校后勤服务股份有限公司
7	奉贤校区教师公寓管理窗口	上海高校后勤2016年度“双争”活动文明窗口	2017-6	上海高校后勤服务中心、上海高校后勤服务股份有限公司
8	饮食服务中心友谊餐厅服务员团队	上海高校后勤2016年度“双争”活动文明窗口	2017-6	上海高校后勤服务中心、上海高校后勤服务股份有限公司
9	李竹频	上海高校后勤2016年度“双争”活动服务明星	2017-6	上海高校后勤服务中心、上海高校后勤服务股份有限公司
10	阙永康	上海高校后勤2016年度“双争”活动服务明星	2017-6	上海高校后勤服务中心、上海高校后勤服务股份有限公司
11	袁礼喜	上海高校后勤2016年度“双争”活动服务明星	2017-6	上海高校后勤服务中心、上海高校后勤服务股份有限公司
12	华东理工大学能源管理中心	《上海节能》节能绿色知识竞赛优秀组织者奖	2017-6	上海市节能协会
13	华东理工大学	上海高校2016年“六T”学生公寓创建师生共建奖	2017-2	上海市学校后勤协会
14	奉贤校区学生2号公寓	2016年上海高校学生公寓“六T”管理五星级达标公寓	2017-5	上海市学校后勤协会
15	奉贤校区学生4号公寓	2016年上海高校学生公寓“六T”管理五星级达标公寓	2017-5	上海市学校后勤协会
16	奉贤校区学生1号公寓	2016年上海高校学生公寓“六T”管理四星级达标公寓	2017-5	上海市学校后勤协会

续表

序号	单位/姓名	获奖名称	获奖时间	授奖单位
17	奉贤校区学生3号公寓	2016年上海高校学生公寓“六T”管理四星级达标公寓	2017-5	上海市学校后勤协会
18	徐汇校区学生11舍	2016年上海高校学生公寓“六T”管理四星级达标公寓	2017-5	上海市学校后勤协会
19	徐汇校区学生5舍	2016年上海高校学生公寓“六T”管理三星级达标公寓	2017-5	上海市学校后勤协会
20	华东理工大学	2016—2017年度上海高校后勤团体采购“先进单位”	2018-1	上海高校后勤服务中心、上海市学校后勤协会、上海高校后勤服务股份有限公司
21	仓堃	2016—2017年度上海高校后勤团体采购“先进个人”	2018-1	上海高校后勤服务中心、上海市学校后勤协会、上海高校后勤服务股份有限公司
22	华东理工大学	2017年度食品安全先进单位	2018-1	徐汇区食品药品安全协会

金山科技园

【概况】 华东理工大学国家大学科技园金山科技园地处上海市金山区学府路1300号，占地面积约238亩。金山科技园现有职工22名，入驻金山科技园的上海中博专修学院职工人数为90名，学生人数为1 744名。金山科技园充分发挥高校在人才、师资、科研、设备、平台等资源的优势以及优质的孵化服务，重点在技术研发、科技转化、招商引资、延伸教育、社会服务等相关的产业领域为企业提供支持。

【金山科技园管委会召开年度职工及会员大会】 1月9日，第二届第二次职工大会、第二届第二次会员大会在毅园多功能厅召开，园区工会主席张超主持会议并做工会工作报告，园区管委会主任蓝闽波做园区行政工作报告，园区管委会副主任、直属党支部书记周兴吉就2017年园区工作进行了部署并提出了要求。会议还表决通过了《金山科技园工会帮扶慰问管理办法（草案）》。

【金山科技园管委会召开治安综合治理工作会议】 3月8日，金山科技园管委会副主任、直属党支部书记周兴吉主持召开金山科技园治安综合治理工作会议。会上传达了校安全工作会议精神，并就2017年及近期的安全工作进行了部署，贺钦谋、缪国辉、张超及中博专修学院奚修文书记、傅建辉副院长、院办主任察征参加了会议。

【华东理工大学副校长吴柏钧来园区检查、指导工作】 3月13日，副校长吴柏钧来园区实地检查、指导安全工作，校保卫处处长陈坚陪同，金山科技园管委会副主任、园区直属党支部书记周兴吉做了工作汇报。

【金山科技园直属党支部组织全体职工听取“两会”辅导报告】 4月1日，金山科技园直属党支部组织全体党员、干部及职工听取由全国政协委员、金山科技园管委会主任蓝闽波所做的全国两会精神辅导报告，金山科技园直属支部书记周兴吉主持会议。

【华东理工大学校长曲景平来园区就安全工作视察、指导】 4月27日，校长曲景平在校长办公室主任王爱祥的陪同下来园区进行安全实地视察，金山科技园管委会副主任、直属党支部书记周兴吉陪同视察并做了工作汇报。校长曲景平特别查看了理化楼与教学楼之间天桥，并要求有关部门尽快进行测评、加固。

【金山科技园直属党支部组织全体党员及干部到嘉兴南湖参观党的一大会址】 5 月 25 日，金山科技园直属党支部开展以“不忘初心，重温入党誓词”为主题的活动，组织园区全体党员和干部到嘉兴南湖参观党的一大会址，还参观了南湖中国共产党党史展览馆。

【金山科技园直属党支部与上海中博专修学院党总支联合开展主题党日活动】 9 月 28 日，园区直属党支部与上海中博专修学院党总支组织全体党员联合召开了“群策群力保园区平安，欢欣鼓舞喜迎十九大”主题党日活动，园区管委会副主任、直属党支部书记周兴吉以“党员要在园区安全稳定工作中起表率、当先锋”为课题给全体党员上党课，贺钦谋和中博专修学院党总支书记奚修文分别做了交流发言，金山区金卫镇党委委员、综合工作党委副书记陆佰君参加会议并做了重要讲话。会上，金山科技园管委会与上海中博专修学院还签订了消防安全责任承诺书，会议由张超主持。

【金山科技园管委会与上海中博专修学院联合开展 2017 年“119”消防演习】 11 月 9 日，在金山科技园区学生一食堂前，金山科技园管委会与上海中博专修学院联合组织 2017 年“119”消防演习，中博教职工、学生及园区管委会分别组队参加消防演习，金山科技园管委会副主任、直属党支部书记周兴吉及上海中博专修学院的领导参加了此次消防演习。

校办产业

【概况】 年内，学校共有科技企业 44 家（不含资产公司）。资产公司所属的 41 家企业净资产为 26 386. 8 万元。其中：科技园运营平台 5 家，净资产为 1 479. 89 万元；科技型企业 18 家，净资产为 17 017. 73 万元；孵化企业 8 家，净资产为 555. 34 万元；委托管理企业 3 家，净资产为 664. 06 万元；拟工商注销企业 6 家，净资产为 373. 35 万元；出版企业 1 家，净资产为 6 296. 43 万元。

企业规范管理与制度建设工作。 资产公司所属全资、控股和实际控制管理的公司未发生拖欠职工工资的现象和行为，全年未发生伤亡事故，也没有一家因产品质量问题而受到法律起诉，职工上访为零。资产公司连续荣获校“安全文明单位”称号，华昌聚合物有限公司入围上海民营制造企业 100 强，荣获百强企业称号，再次荣获上海市高新技术企业称号。与华谊集团达成股权转让协议，下半年启动了华昌聚合物有限公司的股权转让工作，目前双方的专业评估以及审计机构已经进场开展工作。

共有 6 家企业完成了注销工作，其中上海翼熠机电设备有限公司和上海敏光化学科技有限公司已完成正常歇业注销（工商、税务注销）；上海浩思海洋生物科技有限公司已退出投资；上海华理生物医药有限公司已完成股权转让；上海华力索菲科技有限公司已完成司法注销（工商、税务注销）；上海华理化学专用品有限公司已完成税务注销，法院委托的律师事务所正在办理工商注销。上海华化生物制品厂和华东理工大学催化剂厂（近 20 年未经营的“僵尸”企业）因“三证合一”无法办理，紧急启动上述两家企业的清算和注销工作。相关清算工作已全面启动，专业清算机构已开展清算工作。上海衡和环保新材料科技有限公司、上海华理自动化系统工程有限公司、上海博商经济技术有限公司以及上海华凯科技贸易公司等 4 家企业已经启动了退出或关停工作；上海伯瑞生物技术发展有限公司已进入清算阶段。以上 5 家企业在 2018 年可完成注销歇业工作。

修订《上海华理资产经营有限公司章程》，依据教育部关于高校企业党风廉政建设相关文件精神，制定《上海华理资产经营有限公司派出董事、监事管理办法（试行）》《上海华理资产经营有限公司董事会议事规则》《上海华理资产经营有限公司监事会议事规则》等一系列规章制度。坚持党政联席会议制度，全年召开党政联席会议 23 次。按照《党政联席会议事规则》和《“三重一大”实施细则》议定公司事项。走访调研华东理工大学工程设计研究院有限公司、上海华理安全装备有限公司、上海国佳生化工程技术研究中心有限公司、上海华明高技术（集团）有限公司等科技企业。对校产企业进行了摸底分类，为后续落实相关工作做好充分的准备。

产业论坛与文化活动工作。主办以“科技成果转化，服务产业发展”为主题的第一届产业发展论坛，上海国佳生化工程技术研究中心有限公司、上海华东理工科技园有限公司、华东理工常熟研究院有限公司给予了大力支持，分别承办了“绿色智能生物制造”“筑梦未来——大学生创新创业趋势和实践”“集聚创新资源、协同互动——校外研究院的建设与发展”三个分论坛。论坛的举办引起了上海广播电视台看看新闻、第一财经、东方财经等媒体及社会的广泛关注。

承担第十九届中国国际工业博览会（以下简称“工博会”）的参展工作，参展的“大型乙烯装置全流程先进控制与运行优化系统应用”荣获工博会高校展区优秀展品特等奖，“全自动超声波铁轨探伤车”荣获工博会高校展区优秀展品二等奖，大学生创业项目“人工智能无人值守智能停车管理系统”荣获工博会高校展区优秀创新创业展品奖，学校第十二次蝉联工博会高校展区优秀组织奖。

举办了首届“校产杯”职工龙舟赛，开展“喜迎校庆 65 周年 • 我与华理产业的成长岁月”主题征文活动，借退休教职工返校之际，各企业新老产业人共话产业发展等多形式的文化活动，增强了产业职工的归属感、爱校荣企的使命感和责任感，坚定了产业职工与产业同进步、同发展的信心。

科技园建设与大学生创业工作。科技园已建成 300 多平方米的创业苗圃、6 000 多平方米的孵化基地、3.2 万平方米的园区加速器和约 4 万平方米的创业基地。基本已经形成了科技企业孵化的完整产业链：园区内既有大学生创业项目，成长期的中小型科技企业，也有全球 500 强企业的研发机构。2017 年，上海华东理工科技园有限公司获得第十八届“上海市文明单位”称号。

推动大学生创新创业，积极搭建大学生创新创业平台。2017 年，大学生创业初审通过项目 22 个，参加复审项目 17 个，通过复审项目 13 个；已经资助项目 9 个，资助金额为 245 万元。退出项目 6 个。其中，姆爱妇婴项目荣获 2017 年全球创业周中国站“雏鹰奖”，人工智能无人值守智能停车管理系统项目获得第十九届工博会“优秀创新创业展品奖”；参展中国国际工业博览会第十三次蝉联荣获中国高校优秀组织奖；上海市大学生科技创业基金会华东理工大学分会荣获 2016 年度优秀分会称号。

出版工作。出版社下设编辑中心（社项目部、理工事业部、社科事业部、外语事业部、基础教育事业部、编校室、总编办公室）、营销中心（销售部、市场部、储运分部）、制作部、信息技术部、社长办公室、财务室等部门，还拥有电子音像出版社和上海化工书店（校教材中心、校特许纪念品中心）。共有员工 82 人（含书店员工 2 人），其中学校编制 11 人，企业编制 71 人；非正式职工 22 人（劳务派遣 17 人，退休返聘 5 人；其中书店派遣 4 人，退休返聘 3 人）。年内，出版社出版图书 1 188 种。其中，新版图书 353 种，重版图书 35 种，重印图书 800 种；音像制品 17 种；电子出版物 67 种。“食品安全社会共治研究丛书”和“战略前沿新材料——石墨烯出版工程”入选“十三五”国家重点出版物出版规划项目。“中国能源新战略——页岩气出版工程”首次版权输出至世界著名出版集团——施普林格·自然集团。《在日本》日文版、《重大工程项目建设的环境管理》英文版获批 2016 年度上海市版权“走出去”扶持项目。“非常规油气前沿译丛”（图书、音像类）、“战略前沿新技术——太赫兹出版工程”（图书、音像类）、“健康中国工程——重大新药创制研究丛书”（图书、音像类）、“中国社会工作史料汇编”（第一辑）（图书、音像类）、“中国非常规油气知识服务平台”（数字项目类）、专业书店转型改造（发行渠道类）等获批 2017 年度上海市新闻出版专项资金。《当代西方风险社会理论研究》、“社会工作流派译库——玛丽·埃伦·里士满系列”（第一辑）、《农民工向产业工人的转化研究》、“社会工作流派译库——玛丽埃伦里士满系列”（第二辑）获批 2017 年第一期上海文化发展基金（图书出版专项基金）。《功能化石墨烯及其复合材料》《太赫兹表面等离子现象及其应用》《法庭科学：让证据说话》获批 2017 年度上海科技专著出版资金项目。“化学品风险与环境健康安全（EHS）管理丛书”“社会政策前沿译库”获批 2017 年度上海市文教结合项目。《在日本·岛国 88 元素》《起风了》被上海市新闻出版局、上海市出版工作者协会授予 2015—2016 年上海书籍设计艺术奖最佳封面设计奖。《在日本·岛国 88 元素》《戒瘾社会工作》分别被江西省出版工作者协会评为第九届华东书籍设计双年展奖二等奖、优秀奖。《小分子调控大分子结晶——理论与实践》获得 2017 年度中国石油和化学工业联合会优秀出版物奖·图书奖一等奖；《页岩气压裂技术》获得 2017 年度中国石油和化学工业联合会优秀出版物奖·图书奖二等奖；《化工原理实验（第三版）》获得 2017 年度中国石油和化学工业联合会优秀出版物奖·教材奖一等奖；《分离分析化学（第二版）》获得 2017 年度中国石油和化学工业联合会优秀出版物奖·教材奖二等奖；《老年人合理用药知识 120 问》获得 2017 年度上海科普教育创新奖。华东理工大学出版社迪士尼项目组荣获首届出版百强团队最具成长价值奖（颁奖机构：中国出版传媒商报、《中国编客》）。《创新药物发现——实践、过程和展望》荣获 2016 年度引进版优秀图书奖（中国出版协会国际合作出版工作委员会、中国新闻出版研究院、出版参考杂志社）。在“教育·出版·互联”高峰论坛上，《小学数学思维拓展32讲/32练》获最佳营销拓展奖。《迪士尼大电影双语阅读》获品牌助学阅读读物银奖，戎炜获教辅发展领军人物提名奖，郭艳获教辅金牌策划编辑。出版社被京东集团授予2016年度最具潜力合作伙伴。组织的“名家对谈：中国文化‘走出去’，汉学家的功与过”获评上海书展活动策划奖。出版社公众号在全国书业2017年度最受欢迎公众号评选中，获评“最受欢迎公众号”。

【第一届“科技成果转化，服务产业发展”论坛举办】 11月4日，资产经营有限公司负责举办华东理工大学第一届“科技成果转化，服务产业发展”论坛，多家新闻媒体、电视台对此进行宣传报道。

【举行云南寻甸华东理工大学出版社阅读空间揭牌仪式】 8月21日至22日，出版社社长、总编辑张辉，副社长、出版社党支部书记、工会主席欧聿红，社长助理、基础教育事业部主任戎炜，出版社党支部委员、社科事业部主任刘军一行赴华东理工大学对口支援的定点扶贫县——云南省昆明市寻甸县——开展图书捐赠系列活动。寻甸县副县长郭沁，县教育局局长马兴礼、副书记杨福春及相关部门、受捐学校负责人参加活动。在仁德二小、仁德一中两所学校举行“华东理工大学出版社阅读空间”揭牌仪式。出版社代表学校向寻甸县正式捐赠5 045册、共计16.29万元码洋图书。

（秦静良）

附录：

2017年学校各企业名单及出资和投资比例表

序号	企业名称	注册资本/万元	出资额/万元	投资比例/%
	科技园运营平台			
1	上海华东理工科技园有限公司	2 500.00	700.00	28.00
2	上海华理化工科技发展有限公司	200.00	40.00	20.00
3	华东理工常熟研究院有限公司	200.00	102.00	51.00
4	上海海湾科技园发展有限公司	600.00	60.00	10.00
5	南通华理功能材料研究院有限公司	200.00	50.00	100.00
小计		3 700.00	952.00	—
	科技型企业			
6	华东理工大学华昌聚合物有限公司（合并报表归属母公司数）	6 588.00	2 890.22	43.87
7	上海华明高技术（集团）有限公司	5 200.00	2 028.20	37.04

续表

序号	企业名称	注册资本/万元	出资额/万元	投资比例/%
8	华东理工大学工程设计研究院有限公司	1 505.00	602.00	40.00
9	上海国佳生化工程技术研究中心有限公司	950.00	850.00	89.47
10	上海华理安全装备有限公司	518.00	107.74	20.80
11	上海华理远大技术有限公司	95.00	95.00	100.00
12	上海伊特工程技术有限公司	380.00	340.10	89.50
13	上海多佳水处理科技有限公司	502.00	131.40	26.18
14	上海现代中医药技术发展有限公司	7 650.00	150.00	1.96
15	上海华化摩擦材料有限公司	425.00	175.00	41.18
16	上海瑞邦生物材料有限公司	2 222.00	187.64	8.45
17	上海四达石油化工科技有限公司	300.00	120.00	40.00
18	上海华天生物科技有限公司	175.00	70.00	40.00
19	华东理工大学科技服务部	11.00	11.00	100.00
20	上海华友科贸实业有限公司	50.00	10.00	20.00
21	上海华泰科技贸易有限公司	50.00	5.00	10.00
22	上海理凯材料科技有限公司	200.00	88.27	44.14
小计		26 821.00	7 861.57	—
	孵化企业			
23	上海倍谙基生物科技有限公司	422.40	111.51	26.40
24	苏州百福安酶技术有限公司	90.00	27.00	30.00
25	苏州黎智同创环保科技有限公司	60.00	12.00	20.00
26	上海合达炭素材料有限公司	3 765.00	527.10	14.00
27	上海华理能源生物技术有限公司	500.00	175.00	35.00
28	青海盐湖镁业有限公司	895 252.43	297.00	0.03
29	上海宝利纳材料科技有限公司	500.00	100.00	20.00
30	嘉兴泽元生物制品有限责任公司	3 000.00	735.00	24.50
31	上海熠能燃气科技有限公司	100.00	30.00	30.00
32	上海华理自动化系统工程有限公司	200.00	40.00	20.00
33	上海衡和环保新材料科技有限公司	300.00	90.00	30.00
小计		903 617.43	1 994.10	—
	委托管理企业			
34	上海华东理工安全工程咨询有限公司	500.00	500.00	100.00
35	上海华理置业有限公司	500.00	400.00	80.00
36	上海博商经济技术有限公司	50.00	10.00	20.00
小计		1 050.00	910.00	—
	拟工商注销企业			

续表

序号	企业名称	注册资本/万元	出资额/万元	投资比例/%
37	上海华方建筑装饰工程公司	500.80	500.80	100.00
38	上海华凯科技贸易公司	89.00	89.00	100.00
39	上海华卫装潢公司 *	54.00	54.00	100.00
40	华东理工大学服务公司 *	50.20	50.20	100.00
41	华东理工大学催化剂厂 #	103.70	103.70	100.00
42	上海华化生物制品厂 #	20.00	20.00	100.00
43	上海华商企业发展智力服务公司	10.00	10.00	100.00
小计		827.70	827.70	—
出版企业				—
44	华东理工大学出版社有限公司	1 100.00	1 100.00	100.00
小计		1 100.00	1 100.00	—
合计		937 116.13	13 645.50	—

2017 年大学生科技创业基金会华理分基金债权资助名单

序号	项目编号	分基金会	项目名称	公司名称	申请人	资助时间	资助金额/万元	所属行业
1	Z17066815	华东理工大学分会	光伏太阳能电池导电银浆的关键材料	上海允秋新材料科技有限公司	刘守超	2017-12-25	30	新材料
2	Z17066569	华东理工大学分会	四川香天下火锅	上海瞿鼎餐饮管理有限公司	瞿晓平	2017-11-30	30	连锁餐饮
3	Z17065641	华东理工大学分会	山南樱桃园淘宝店	上海探肴果业有限责任公司	张震东	2017-11-30	20	新农业
4	Z17065294	华东理工大学分会	乙辛共享打印终端	乙辛（上海）智能科技有限公司	宋佃普	2017-08-31	20	数字媒体
5	Z17064987	华东理工大学分会	精密刃具检测设备	上海爰且普自动化设备有限公司	高宇阳	2017-07-11	30	机械与电子
6	Z17064770	华东理工大学分会	西红花培育种植及互联网营销	上海悦畔生物科技有限公司	冀梦佳	2017-08-07	25	其他
7	Z17060008	华东理工大学分会	“V&Me”蜂蜜产品销售	上海辛晟投资管理有限公司	胡博威	2017-04-26	30	新农业
8	Z16061498	华东理工大学分会	智能挂车系统平台项目	润光信息科技（上海）有限公司	崔光永	2017-01-09	30	数字媒体
9	Z16060900	华东理工大学分会	痕量有机污染水质净化解决方案	上海祈宁环保科技有限公司	赵泫然	2017-02-16	30	节能环保
10	Z16060577	华东理工大学分会	卓因青少年创意工场	上海蚁壳信息科技有限公司	刘红周	2017-12-25	30	现代服务

对口支援与定点扶贫工作

【概述】 年内，学校定点帮扶云南省寻甸回族彝族自治县，制订并实施《2017年年度定点扶贫工作计划》。一是在寻甸设立远程教育中心（华东理工大学网络教育寻甸学习中心），通过现代远程教育手段，免学费帮助寻甸县干部职工提高学历层次和文化水平。二是采取异地培训与上门教育相结合的方式，帮助寻甸县干部职工和教师提升综合素养和管理能力。三是通过招投标、设立代销平台等方式，帮助寻甸县打通农特产品销往上海市场的“绿色通道”。四是依托寻甸丰富的旅游文化资源，将寻甸纳入学校教职工休养、工会活动目的地，助力寻甸旅游事业的发展。五是利用学校科研优势及校友资源，帮助寻甸优化工业产业布局和提高绿色发展水平。

学校赴寻甸县调研15批次，其中专家教授116人次，调查贫困村63个；召开定点扶贫座谈会6次；完成党政干部培训520人次，村干部（含第一书记、驻村工作队员）培训173人次；举办两届寻甸农产品来沪展销会；20名寻甸建档立卡家庭优秀高中生来沪参加上海市科学营；7名研究生前往寻甸县3个乡（镇）中学支教一年；捐赠小学精品读物5 000余册、电脑50台。年内投入资金210.86万，继续支持各寻甸县打好扶贫攻坚战，扶贫工作取得新成效，8个贫困乡镇134个贫困村52 510人达到退出标准。学校负责同志5人次到寻甸县调研，召开定点扶贫座谈会，签订定点扶贫重点工作备忘录等一系列帮扶协议，为华东理工大学网络教育寻甸学习中心揭牌，捐赠教学一体机、电脑、图书等物资，举办产业转型升级促脱贫攻坚培训班，深入寻甸建档立卡贫困户家庭，慰问考取华理的寻甸籍“励志计划”学生，了解当地教育情况，看望挂职干部，调研当地特色农业产业及旅游文化产业发展情况。组织教授专家“送教上门”，“华东理工大学——云南省寻甸县现代产业体系建设助推脱贫攻坚专题培训班”在寻甸开班，培训学员达500余人次。围绕产业布局与发展，邀请林业产业专家、投融资领域企业家以及农业农村领域教授前往寻甸文化报告厅为广大干部职工授课。在寻甸县委党校设立“华东理工大学现代远程教育寻甸学习中心”。通过严格的筛选、考试和选拔，寻甸学习中心2017年春季招收专升本学历层次学生38人。

成立华东理工大学定点扶贫寻甸前线工作临时党支部，在全校范围内遴选优秀干部前往寻甸县挂职，参与到脱贫攻坚战役第一线。选派一名处级干部挂职寻甸县委常委、副县长，两名管理干部任驻村第一书记，驻村开展工作。挂职干部所驻村党总支荣获年度昆明市先进基层党组织荣誉。召开扶贫项目和资金管理总结会，确保定点扶贫资金使用处于“阳光”下。华理财务处、审计处和纪委监察处对年度扶贫项目和扶贫资金的使用情况开展了专项梳理总结。

（满永博）

【“沪紫黑糯 1 号”播种，开启产业扶贫新局面】 经华理生物工程领域专家协调，上海农科院培育的适合当地土壤、气候条件的玉米种子——“沪紫黑糯 1 号”，在前期“小试”的基础上，已在寻甸鸡街镇播种。“沪紫黑糯 1 号”是学校结合寻甸县高原特色农业实际，重点支持和实施的一个项目。寻甸地处云贵高原，如何因地制宜让高原特色农业增产增收，让群众特别是贫困群众的“钱袋子”鼓起来一直是华理师生所思考的问题。玉米（当地称苞谷）是当地老百姓普遍种植的农作物，亩产量偏低，主要用来喂养牲口，剩余量才推向市场交易。截至年底，“沪紫黑糯 1 号”使得约 4 万名农民受益。

（满永博）

【华理师生聚力教育扶贫】 寻甸县有各类学校 293 所，在校学生 85 261 人，是教育大县也是教育力量薄弱县。华理结合自身优势，精心设计贯穿小学、初中、高中的全过程教育帮扶体系，实现对寻甸县乡村三级教育的精准支援。一是授之以“鱼”，改善寻甸教育条件。为寻甸乡镇小学捐赠图书，捐赠百余万元的电脑和教学一体机，提高当地高中信息化建设水平。二是拓宽学生视野，助力学生成长。邀请寻甸县建档立卡、品学兼优的高中学生，到上海参加“假期科学营专项行动”“名师讲坛”“校园文化生活体验”“探究性课题学习”“实验室及科技场馆参观”等精彩活动。协调华理附小参与结对共建，组织寻甸教师到上海交流学习。三是多方携手改善师资。派遣由 7 名研究生组成的支教团赴寻甸乡镇的初级中学开展为期一年的支教，有力充实了村镇初级中学的教师队伍。积极组织大学生团队暑期赴寻甸农村开展实践活动，为精准扶贫提供数据支撑。四是为贫困学生提供人生出彩的机会。自 2012 年起，学校便把云南纳入实施定向招生专项计划的地区。2017 年，5 位寻甸学子考取华理。

（满永博）

【华理师生开展健康扶贫】 华理协调药学院师生从农村群众的健康入手，寻甸县柯渡镇卫生院、金所街道卫生院先后调研农村常见病情况，并走村入户，宣传并发放良好卫生习惯、常见病预防手册。覆盖群众 400 余人次，发放血压计、体温表、医用创可贴等物资。同时，药学院师生到寻甸县人民医院开展实践活动。

（满永博）

党建与思想政治工作

Dangjian yu Sixiang Zhengzhi Gongzuo

组织工作

【概况】 年内，党委组织部（党校）在校党委的领导下，学习贯彻落实党的十八大及十八届历次全会精神，认真学习习近平总书记系列重要讲话精神，深入学习、宣传、贯彻党的十九大精神，围绕学校中心工作，聚焦全面从严治党，推进“两学一做”学习教育常态化制度化，不断加强领导班子和干部队伍建设，夯实基层党组织建设，积极做好校第十一次党代会各项组织工作，为学校事业发展提供坚强的组织保证。

聚焦全面从严治党，推进“两学一做”学习教育活动。推进“两学一做”学习教育常态化、制度化，将“两学一做”学习教育融于日常、抓在经常，教育引导全体党员用习近平总书记系列重要讲话和十九大精神武装思想，统一行动，推进工作。

把党的政治建设摆在首位，加强政治理论学习。组织和引导各级党组织和广大党员认真学习习近平总书记系列重要讲话精神，深入学习宣传贯彻党的十九大精神，把习近平总书记系列重要讲话精神、习近平新时代中国特色社会主义思想、党的十九大报告和新修订的党章列为二级党组织专题学习和基层党支部组织生活理论学习的重点内容。加强政治理论学习，帮助干部加深对讲话和会议精神的理解，使得广大党员干部更加牢固树立“四个意识”，切实增强“四个自信”，自觉提高履职尽责的本领。

完善制度拓展形式，推进学习教育常态化、制度化。制订《华东理工大学推进“两学一做”学习教育常态化制度化实施方案》，巩固和拓展学习教育成果；制定《华东理工大学加强教师党支部建设的实施意见》，推进学校教师党支部建设的制度化、规范化和科学化。采用专家辅导、党课报告、集中研讨、调研考察、走访实践等灵活多样的方式，开展“三会一课”。抓住关键人，开展二级党组织书记、党支部书记、组织员培训，加强党务工作者队伍建设。督导基层党组织开展党员发展、支部组织生活、党员组织关系管理、党费收缴等内容的推进和自查工作。组织二级单位组织员和信息员，重点开展了基层党组织和党员信息填报和党管系统输入维护工作。

建设高素质专业化干部队伍。不断完善制度建设，开展干部选任工作。制定了《华东理工大学推进领导干部能上能下实施细则（试行）》和《华东理工大学中层干部兼职管理办法（试行）》，对形成能上能下的选人用人机制进行了有益探索，进一步明确中层干部兼职的界定、数量和取酬办法等，提高干部管理的规范性和科学性。共任免处级干部 65 人，其中新提任 24 人、平级交流 24 人、免职 17 人。完成 7 批共 60 名新提任干部的试用期考核。干部队伍年龄结构不断优化。新提任的处级干部中，一批“70 后”“80 后”干部脱颖而出，他们的平均年龄为 41 岁。

严格执行干部交流轮岗制度，统筹学院机关干部队伍交流、党政交流，为优秀干部到多岗位锻炼创造条件，其中学院机关之间交流 8 人、党政之间交流 7 人。完成中层副职后备干部库建设。开展中层副职后备干部调研工作，初步掌握了一支结构合理、数量稳定、质量优秀的后备干部队伍。完善干部管理系统，不断提高干部工作信息化水平。

从严从实管理监督干部。坚持现场述职，开展中层领导班子和领导干部考核。25 位二级党组织书记围绕“三大主体责任”落实情况进行抓基层党建现场述职，41 位机关职能部处、学院、直属单位行政负责人围绕德、能、勤、绩、廉等方面进行述学述职述廉。严格落实《关于防止干部“带病提拔”的意见》精神，坚持“四凡四必”。严格执行领导干部个人有关事项报告制度，认真开展干部人事档案审核工作，全面落实干部任职征求纪检部门意见和任前公示制度，对 6 名领导干部进行提醒、函询和诫勉谈话。加强领导干部因私出国（境）证件集中管理，严格执行特定身份人员登记备案制度。在离退休局级干部中开展社会团体兼职情况的摸底自查工作，在全体领导干部中开展领导干部接受国际和民间奖励情况的摸底自查工作。委托审计处对 11 位离任干部开展经济责任审计。

优化干部培养锻炼机制，拓宽向社会输送渠道。举办第 21 期青年干部培训班，共培训 20 名青年教师和管理骨干，其中党外人士有 5 名。注重干部培训培育，选派 163 人次参加国家教育行政学院等各级各类党校的学习培训。注重干部在艰苦和一线岗位锻炼，选送 39 名干部到教育部、有关区县和西部等地进行挂职锻炼和借调工作。接收昆明理工大学、安徽科技学院、上海市社会主义学院等单位 4 名干部来校挂职。

提升基层组织力，加强基层党组织建设。规范基层党组织建设，提升基层组织力。推动 7 个二级党组织完成换届工作，围绕学习贯彻中央精神、教书育人、科研攻关等主题，组织安排 30 场主题党日和组织生活观摩交流活动。抓好“两个答辩”，坚持完善党员民主评议机制。《人民日报》等近 20 家新闻媒体对学校的“两个答辩”机制的有关做法和成效做了报道。加大党建研究力度，立项并培育 30 个基层党建创新项目，引领基层党建聚焦重点、精耕深度、培育精品、形成品牌。2017 年共获得市教卫工作党委系统党建研究成果一、二、三等奖各 1 项；重点课题立项 1 项，一般性课题立项 4 项。

以质量为核心夯实党员发展、入党积极分子和党员教育管理工作。不断夯实初、中、高“三级党校”培训体系，形成教育培训分类实施、全面覆盖的工作机制。深入落实《中国共产党发展党员工作细则》，按照坚持标准、保证质量、改善结构、慎重发展的原则，继续完善党员发展规程，优化材料文本的内容和结构。年内共发展党员 587 名，转正党员 576 名。

加强部门自身建设。重视政治建设，坚定理想信念，努力做到在政治上讲忠诚、在组织上讲服从、在行动上讲纪律，做严守政治纪律和政治规矩的清醒人、明白人、带头人。强化组织建设，坚持民主集中制原则，坚持每周例会制度，决策前注重充分调研，广泛征求意见，加强与相关部门和服务对象沟通，努力提高管理水平。加强作风建设，坚持将党风廉政建设作为自身建设的重要内容，将党风廉政建设与部内各项重点工作同部署、同督查和同落实，努力形成勤俭办事、艰苦朴素、精打细算的工作作风。党委组织部获评 2016—2017 年度华东理工大学文明示范单位。

（杨雅伟）

【召开学校领导班子和成员年度考核及干部选拔任用“一报告两评议”大会】 2 月 24 日，2016 年度学校领导班子和成员年度考核及干部选拔任用“一报告两评议”大会在徐汇校区逸夫楼报告厅举行。校党政领导班子成员出席会议，学校党委书记杜慧芳主持会议。杜慧芳首先代表学校党政领导班子做述职报告，通报了领导班子专题民主生活会召开情况，并对 2016 年度干部选拔任用工作进行了专题报告。校党委书记杜慧芳，校长曲景平，党委副书记宋来，副校长钱锋、吴柏钧、刘昌胜、辛忠分别进行个人述职述廉报告。与会人员对学校领导班子和成员履职情况以及干部选拔任用工作进行了民主测评和民主评议。

（杨雅伟）

【学校组织部分职能部门负责人赴北京学习调研】 3 月 13 日—3 月 15 日，学校组织部分职能部门负责人，含党委办公室、校长办公室、党委组织部、人事处、教务处、学科与专业发展规划处、科研院、信息办、实验室与装备处、采购与招投标管理中心等部门负责人，参加国家教育行政学院举办的国家教育“十三五”规划专题培训班学习。3 月 16 日，学校党委副书记陈麒率队带领学习培训人员赴北京大学、北京航空航天大学进行了学习调研。

（杨雅伟）

【二级学院院长和新提任中层干部赴北京参加集中学习培训】 3 月 22 日—4 月 20 日，学校分 3 批组织部分二级学院院长和新提任中层干部赴北京参加国家教育行政学院第十二期高校中层干部专题研修班学习。学习培训前，学校举行了干部培训交流会，校党委副书记陈麒做学习动员讲话。培训以党的十八届六中全会和全国高校思想政治工作会议精神为指导，重点学习新时期高等教育的机遇与挑战、高等教育的内涵发展与质量建设、高校管理创新与领导干部能力建设3个板块内容。培训期间，学员组团先后赴清华大学、北京理工大学、北京工业大学、北京化工大学、中石化安全环保局等单位开展工作调研。

（杨雅伟）

【学校选举产生市第十一次党代会代表】 3月31日，中国共产党华东理工大学代表会议在徐汇校区举行，经过全校党员代表会议差额选举，根据无记名投票结果，杜慧芳同志当选为学校出席市第十一次党代会代表。校党委书记杜慧芳，校长曲景平，副校长辛忠、胡宝国，党委常委田禾出席会议。校党委副书记陈麒主持会议。

（穆为来）

【学校召开学习贯彻领导干部报告个人有关事项两项法规专题培训会】 4月5日，学校党委召开学习贯彻领导干部报告个人有关事项专题培训会议，对中央印发的《领导干部报告个人有关事项规定》和《领导干部个人有关事项报告查核结果处理办法》进行了传达学习，对2017年学校领导干部报告个人有关事项工作进行了全面部署。校党委副书记陈麒出席会议并讲话。党委组织部部长、人事处处长王慧锋在会上就两项法规的主要精神和内容、年度领导干部报告个人有关事项工作安排以及填报注意事项进行了专题辅导。机关各职能部门、直属单位的副处级及以上干部参加了培训会议。

（杨雅伟）

【学校第21期青年干部培训班开班仪式暨首场专题报告举行】 5月26日下午，学校第21期青年干部培训班在和平楼第二会议室举行开班仪式暨首场专题报告，校党委副书记陈麒出席开班仪式并做动员讲话，党委组织部副部长兼党校常务副校长柴华主持仪式和首场专题报告会。首场专题报告邀请上海市教卫工作党委委员、宣传处处长曹荣瑞解读全国和上海高校思想政治工作会议精神。本期青年干部培训班学员共20人，其中，中共党员15人，占75%；具有博士学位的8人，占40%；具有硕士学位的12人，占60%；副高级以上职称有6人，占30%；中级职称9人，占45%，平均年龄36岁。

（刘海宾）

【学校举行2017年新上岗中层干部培训班】 6月11日—16日，学校举行2017年新上岗中层干部培训班，培训分为校内学习和校外交流（赴上海交通大学学习、参观）两部分。培训历时5天，共有7场主题报告、4场经验交流、2次现场观摩、1次分组讨论，既有形势分析也有政策解读，既有理论教学也有经验传授，每个模块主题鲜明、衔接紧凑、安排有序、针对性强。6月16日，2017年新上岗中层干部培训班结业仪式在徐汇校区和平楼第二会议室举行，校党委副书记陈麒出席结业仪式并讲话，校党委组织部部长李涛主持结业仪式。

（刘海宾）

【学校组织开展2017年基层党组织书记培训】 9月29日，为深入贯彻落实全国高校思想政治工作会议精神，扎实推进“两学一做”学习教育常态化、制度化，全面加强和改进教师党支部建设，不断提升新形势下高校基层党组织书记开展党建工作的能力和水平，学校在逸夫楼报告厅开展2017年基层党组织书记集中培训。学校党委书记杜慧芳，党委副书记陈麒，党委副书记、纪委书记沈志超出席培训会，杜慧芳做讲话，陈麒主持培训会。各二级党组织书记、副书记和教工党支部书记参加了此次培训会。

（刘海宾）

【学校召开试用期满干部正式任职集体谈话会】 11月1日，学校召开试用期满干部正式任职集体谈话会。校党委副书记陈麒，党委副书记、纪委书记沈志超出席会议并讲话，党委组织部部长李涛、副部长柴华以及试用期满的6名干部参加会议。会上试用期满正式任职的干部签署了任职承诺，向学校党委承诺爱岗敬业、勤奋工作、作风正派、学术端正，廉洁自律、率先垂范。

（穆为来）

【学校组织基层教工党支部书记在上海、嘉兴开展实践教育教学】 为深入学习贯彻党的十九大精神，扎实推进“两学一做”学习教育常态化、制度化，切实加强教工党支部书记队伍建设，按照学校2017年基层党组织书记培训班学习计划，经过前期认真筹备，党委组织部（党校）分批组织百余名基层教工党支部书记在上海、嘉兴开展党性国情实践教育教学。11月3日—10日，组织教工党支部书记参观了革命纪念地嘉兴南湖红船旧址、南湖革命纪念馆和中共二大会址，参观了现代化大型企业上海飞机设计研究院、上海振华重工（集团）股份有限公司和洋山深水港。

（刘海宾）

【学校举行2017年度中层领导干部履职考核现场述职会】 12月6日、7日，学校在和平楼第二会议室举行2017年度中层领导干部履职考核现场述职会。校党委书记杜慧芳，校长、党委副书记曲景平，党委副书记陈麒，党委副书记、纪委书记沈志超，副校长吴柏钧、刘昌胜、辛忠出席。26 位机关职能部处、直属单位行政负责人和 15 位学院院长分别从德、能、勤、绩、廉 5 个方面依次进行现场述职，汇报 2017 年取得的工作成绩，总结工作经验，查找工作中存在的不足，提出未来工作举措。现场述职后，曲景平代表校领导班子讲话。陈麒主持会议。

（杨雅伟）

【学校开展二级党组织书记抓基层党建述职评议】 12 月 8 日，学校党委召开第十届十二次全委扩大会议，开展二级党组织书记抓基层党建述职评议工作。校党委书记杜慧芳，党委副书记陈麒，纪委书记、党委副书记沈志超，副校长吴柏钧、刘昌胜、辛忠、胡宝国、轩福贞出席述职会。校第十届党委委员、纪委委员、党群部门负责人、学院和直属党政负责人参加会议。25 位二级党组织书记结合落实“三大主体责任”依次进行了现场述职，汇报了 2017 年以来抓基层党建工作的情况和成效，提出了今后需要思考和整改的方向和问题。部分“两代表一委员”、基层党员干部、支部书记和师生代表参加会议。杜慧芳主持会议并讲话。

（刘海宾）

宣传思想文化工作

【概况】 年内，党委宣传部在校党委的领导下，以“重点工作出彩，常规工作扎实”为目标，围绕中心、服务大局，主动作为、务求实效，重点围绕党的十九大、65周年校庆、本科教学工作审核评估、全国高校思政会和校第十一次党代会等重点工作，着力抓好意识形态管理、宣传舆论引导和文明文化建设，为学校事业发展营造良好氛围和舆论条件。

扎实高效推进重点工作。聚焦党的十九大精神宣传，引领师生统一思想、爱党爱国。配合校党委发出《华东理工大学关于学习宣传贯彻党的十九大精神的通知》。依托马克思主义学院，组建学校理论宣讲团。运用橱窗、校园网、电子屏等，营造良好氛围。校园媒体设立专栏聚焦宣传报道十九大动态。官博关于十九大召开当天学校组织收看的内容，第一时间被“上海教育”转发。积极策划外宣，合计在《光明日报》《解放日报》和人民网、澎湃新闻等媒体上推出原发报道30余篇。聚焦65周年校庆宣传，激励师生爱校荣校、共创一流。制作宣传片《薪传》《十年》，全面宣传学校办学成就，深受好评。制作短片《理·享》，展示校庆系列精彩活动。校园媒体立体宣传校庆工作和办学成就。据不完全统计，校庆月，学校官微共推出10期推文，其中，《喜迎校庆｜*Nature*期刊推出华理65周年校庆纪念专版》阅读量高达17.07万，喜创纪录。校庆月，围绕高端校庆活动，在《中国科学报》《解放日报》《文汇报》等重要媒体上原发报道50余篇。聚焦本科教学审核评估宣传，为人才培养鼓与呼。校园媒体开设《本科教学迎评促建第一线》等专栏，聚焦本科教学，刊发专栏文章近百篇。制作《迎评促建 我们在行动》宣传视频等，营造迎评氛围。选树马新玲、王燕、谢静莉等教师育人典型和中国大学生年度人物木纳瓦尔·木沙、毕业生励志典型高羽烨等优秀学生典型。分别汇编《华东理工大学典型人物报道集（教师篇）》和《华东理工大学典型人物报道集（学生、校友篇）》。经大力宣传和积极推荐，马新玲获评2017年上海市“教书育人楷模”。推出形势与政策课改革等外宣主题，获得《人民日报》《光明日报》等多家重要媒体的报道。高羽烨的励志故事及毕业典礼演讲视频获得“央视新闻”官微与官博、《人民日报》、新华社官微等原发报道，总阅读量过亿。聚焦贯彻落实全国高校思政会精神，深化宣传思想工作内涵。召开学校宣传思想文化工作会议，重点解读部署。汇编《习近平总书记关于高等教育重要论述》。将思政会精神作为中心组学习和教职工理论学习的重要内容。围绕思政会精神，立项思研会课题 13 项。开展 2017 年教师思想政治状况调研并向校党委常委会专题汇报。配合校党委制定《华东理工大学意识形态工作责任清单和问题清单（2017 年）》《华东理工大学二级学院意识形态工作责任清单和任务清单（2017 年）》，建立工作台账，加强意识形态工作。邀请教育部高校社科中心综合信息研究处处长祝念峰做意识形态工作专题培训。校园媒体专栏聚焦，刊发专栏文章 80 余篇。推出了“入党公开答辩机制实施 30 年”、“通海茶叙”、思政“课联网”等外宣主题，《人民日报》《光明日报》《中国教育报》等重要媒体原发报道 60 余篇。其中，《解放日报》在 7 月 1 日要闻版头条位置，对学校严把党员质量关、加强基层党建的做法做了深度报道。

稳步有序做好常规工作。强化理论武装，筑牢师生思想基础。配合校党委制定《2017 年党委中心组学习计划》和《中共华东理工大学委员会关于深入学习贯彻习近平总书记在省部级主要领导干部专题研讨班上重要讲话精神的通知》，并会同党办组织 9 场党委中心组学习。制定《2017 年二级党委中心组学习指导性计划》和《2017 年教职工理论学习参考主题》。选送了 13 位教师参加各级各类哲学社会科学教学科研骨干培训班。通过推荐理论读物等形式，为校领导和教职工发放《习近平的七年知青岁月》《习近平讲故事》《全面从严治党面对面——理论热点面对面·2017》《党的十九大报告辅导读本》《习近平总书记系列重要讲话读本（2016 年版）》等理论学习书籍近 9 000 套册。围绕服务中心，提升舆论引导时度效。一是正面宣传重强度。围绕学校党代会、“双一流”建设等中心工作，开设“迎党代会 谋新发展”“抓规划 促改革 创一流”等栏目，采写深度报道 40 余篇。一年来，在两校区举办了“关于推进‘两学一做’学习教育常态化制度化的意见”“砥砺奋进的 5 年——热烈迎接党的十九大胜利召开”“不忘初心 继续前进——认真学习贯彻党的十九大精神”等 9 期 15 场次主题橱窗展。二是网络宣传重效度。修订完善了信息宣传工作考核办法、各单位新媒体管理办法等多个网络宣传管理制度，加强管理，锁紧“责任链”，确保网络阵地可管、可控。加强舆情监测，全面检查校内各二级网站内容，强化登记备案和年检制度。会同信息办，与各二级单位签订网络信息安全管理承诺书，一旦发现问题及时督促整改。建立和执行重要时间节点零报告制、24 小时值班制，加强网络舆情的搜索，及时分析研判和报送，根据应急预案做好应对重大舆情的准备。做强网上宣传，积极申报市教卫工作党委“上海高校网络文化研究室”项目并获得立项。加强网宣队伍建设，组建网络文明学生志愿者队伍，扩大新媒体矩阵，组织校内外培训 17 场。开展“网络正能量，献礼十九大”首届网络文化节等活动，开展校园网络文化创新培育项目评选活动，立项 8 个项目。三是对外宣传提亮度。对焦学校人才培养、教育教学、科技创新、党建思政、服务社会等各项工作的经验成果、重大活动、优秀典型，对接公众关注和教育话题，自主设置议题，全年推出上海市科技奖励大会获奖项目等30余个外宣主题。中央电视台两次针对社会热点来校采访专家。据不完全统计，年内，宣传部提供新闻服务合计322人次，为145场校内重要活动提供新闻服务，采写深度报道和消息200余篇。在舆情收集方面，编辑《媒体看华理》每日信息专报188期、每周集锦汇编40期。在校报出版方面，合计出版18期，编辑出版本科招生和科技创新2期专刊，以学校思政工作会议等为主题的12个专版报道。在网络平台方面，新闻网发布稿件3 600余篇；官微推送220余期、320余篇文章，阅读量累计149万余次（较去年同期增加23万次），粉丝数由2016年12月底的2.83万人增长到2017年12月底的4.36万人，增长了54%。在社会媒体报道方面，合计推出关于学校的报道1 000余篇（条），其中，国家级和上海市重要媒体原发报道300余篇（条），重要媒体的数量和篇幅较去年同期均有了较大增长，并有12个整版报道。在宣传部的大力宣传和积极推荐下，洁净煤技术研究所团队荣获“2016年度中国石油和化工行业影响力人物”称号；应佚伦获评“2016上海教育年度新闻人物”，宣传部荣获“组织推荐奖”。在上海市学生德育中心主办的2017高校网络文化论坛暨辅导员论坛上，宣传部报送的作品也分别获得优秀案例奖、优秀网文奖和优秀论文奖等不同奖项。突出目标导向，夯实文明创建基础。完成上海市文明单位终期检查工作，学校获评“第十八届（2015—2016年度）上海市文明单位”称号。修订学校文明单位创建评价指标体系，开展2016—2017年度校级文明单位、文明文化建设优秀项目及精神文明好人好事评选工作。学校推荐的“华东理工大学EMBA学生‘爱心一百，幸福壹佰’公益助学”荣获2016年上海市教卫工作党委系统十佳好人好事提名。与学工部合作，组建文明督导员队伍，作为文明校园创建的有力抓手与学生党性锻炼的重要岗位，不断强化学校宣传思想文化阵地管理。围绕党的十九大、65周年校庆、本科教学审核评估等学校重点工作以及徐汇区全国文明城区创建、奉贤区全国文明城区复查测评等工作，在徐汇和奉贤校区以道旗、横幅、展板、电子屏、微信推送等方式全方位、立体化营造浓厚的校园氛围。注重品牌培育，提升文化育人引导力。立项“徐汇校区建筑改造提升规划设计”等3个2017年学校重点文化项目。立项第三届“优秀校园文化创新发展培育项目”10项。开展“高雅艺术进校园、进剧院”活动，引进或参与组织了上海国际艺术节演出剧目等近20场高质量演出。在教育部高校校园文化建设优秀成果评选中，选送的“实践砥砺青春 创业实现梦想——华东理工大学十六载大学生暑期创业实战赛”项目获得一等奖。开展第20届全国推普周系列活动，通过悬挂横幅、张贴海报、发放宣传资料等，积极营造校内宣传氛围。组织师生参与“上海市2017诗词创作征集活动”，学校获“优秀组织奖”。组织学生参加“‘博阳杯 文化寻根’上海市大学生创意大赛”，获三等奖一项；会同国际教育学院组织留学生参加“隽永诗文，友谊之歌——上海市2017年留学生中国诗文诵读大会决赛暨展演活动”，获三等奖一项。会同教务处等部门完成3589名本科生的免费普通话水平测试工作。

【媒体集体采访高校思想政治工作研究中心成立】 1月7日，“新形势下高校思想政治工作的使命担当”高端论坛暨高校思想政治工作研究中心成立仪式在华理举行。《光明日报》、新华网等近20家媒体进行了相关报道。

（张婷）

【学校召开2016年信息宣传工作总结表彰会】 1月10日，学校在和平楼第二会议室召开2016年信息宣传工作总结表彰会。会议对新闻宣传工作先进集体、网站建设与管理工作先进集体、新媒体应用先锋、新闻宣传工作进步奖、学术外宣组织奖、华笙奖、新闻宣传工作先进个人、优秀通讯员和“好新闻”奖的获奖集体和个人进行了表彰。

（王静）

【洁净煤技术研究所团队获“2016年度中国石油和化工行业影响力人物”称号】 1月15日，经党委宣传部推荐，洁净煤技术研究所团队荣获“2016年度中国石油和化工行业影响力人物”称号。

（张婷）

【应佚伦获“2016上海教育年度新闻人物”】 1月16日，经党委宣传部推荐，化学与分子工程学院应佚伦获评“2016上海教育年度新闻人物”，党委宣传部获组织推荐奖。

（张婷）

【《光明日报》报道“通海茶叙”】 2月9日，《光明日报》以“华东理工大学：一杯茶的‘思政温度’”为题，深度报道了学校打造的浸润式思政教育平台“通海茶叙”。

（张婷）

【党委宣传部获评“上海市三八红旗集体”】 3月，党委宣传部获评“上海市三八红旗集体”。

（杨艳生）

【学校网络文化研究室获上海高校网络文化研究室首批试点建设】 3月，市教卫工作党委宣传处发布上海高校网络文化研究室首批试点建设名单，学校党委宣传部申报的“华东理工大学网络文化研究室”获立项，校团委申报的“‘小花梨’网络文化与舆情研究工作室”获试点培育立项。

（王静）

【华理 3 200 余名学生参加“在校大学生普通话水平测试”】 3 月—5 月，在党委宣传部、教务处、信息科学与工程学院以及各学院通力的合作下，学校 3 200 余名大二学生分 5 批次参加了上海市在校大学生普通话水平测试。

（曲珩）

【校文化建设委员会召开全体会议】 3 月 14 日下午，学校在和平楼第三会议室召开文化建设委员会全体会议，对 2016 年立项的 4 个重点文化项目进行中期考核，对 2017 年申报的文化项目进行讨论研究和立项评审。校党委副书记陈麒主持会议并讲话，校文化建设委员会全体成员参加会议。

（吴月欣）

【华理一项目获 2016 年上海市教卫工作党委系统十佳好人好事提名奖】 4 月，2016 年上海市教卫工作党委系统十佳好人好事评选结果揭晓，“华东理工大学 EMBA 学生‘爱心一百，幸福壹佰’公益助学”荣获 2016 年上海市教卫工作党委系统十佳好人好事提名奖。

（吴月欣）

【中央电视台采访华理法学院吴亮副教授】 4 月 2 日中央电视台新闻频道《朝闻天下》栏目关注新规实施下的电动车管理，学校法学院副院长吴亮从专业角度分析认为，对于违规电动车的管理，应提高违法成本，纳入征信体系。

（张婷）

【媒体集体采访入党“公开答辩”】 4 月 11 日，在党委宣传部的组织下，新华社、央广网、《文汇报》、东方网、《东方教育时报》、上海教育新闻网、东方广播电台、上海教育电视台等媒体组成的新闻采访团，到奉贤校区集体采访了学校实施 30 年的入党“公开答辩”机制。

（张婷）

【中央电视台采访华理材料科学与工程学院刘学良老师】 4 月 16 日，中央电视台报道了学校宝石检测中心技术负责人刘学良博士关于真假钻石的鉴别方法。该条新闻除了在 CCTV13 播放外，还在央视新闻客户端、央视新闻移动网、央视新闻官方微信、央视新闻官方微博等新媒体平台进行了推送。

（张婷）

【“东航校园惠”系统上线发布】 4 月 16 日，“东航校园惠”系统在学校官微上正式上线发布。

（王静）

【华理再获“上海市文明单位”称号】 4月18日，2017年上海市精神文明建设工作会议在市委党校召开，华东理工大学荣获“2015—2016年度（第十八届）上海市文明单位”称号。学校已12次获得“上海市文明单位”称号。自1995年起至今，学校更是连续11届获此殊荣。

（吴月欣）

【中国武警军乐团专场音乐会走进华理】 5月3日晚，2017“上海之春”国际音乐节管乐艺术节——中国武警军乐团专场音乐会走进华理，受到师生的热捧。武警北京总队副政委苟春燕少将、杨浦区人民政府副区长徐建华、中国武警军乐团团长苑新海上校，学校副校长胡宝国、党委宣传部部长兼马克思主义学院院长夏江雯，以及学校800余名师生共同观看了演出。

（吴月欣）

【青海省海西州民族歌舞团专场在华理精彩上演】 5月17日晚，青海省海西州民族歌舞团走进大学校园巡回演出之华东理工大学专场，在学校徐汇校区大礼堂激情上演，为华理师生献上了一场独具风情的民族歌舞表演。演出开始前，校党委副书记陈麒会见了青海省海西州文体广电局副局长兼海西州民族歌舞团团长郭继平与全体演职人员。

（吴月欣）

【党委宣传部新闻中心和张婷分获华东理工大学青年五四奖章集体和青年五四奖章】 6月，新闻中心获评2016年度“华东理工大学青年五四奖章集体”；张婷获评2016年度“华东理工大学青年五四奖章”。

（张婷）

【《人民日报》报道形势与政策课改革】 6月1日，《人民日报》以“‘漫灌’加‘滴灌’，效果更明显”为题，深度报道了学校对形势与政策课程进行的革命性改革。

（张婷）

【大型沪剧《回望》在徐汇校区大礼堂精彩上演】 6月14日晚，高雅艺术进校园之大型沪剧《回望》在徐汇校区大礼堂精彩上演。学校新上岗处级干部、第21期青年干部培训班学员以及全校600余名师生共同观看了演出。

（吴月欣）

【2017届毕业生高羽烨励志故事引爆网络】 6月16日，学校2017届毕业生高羽烨“从先天失聪到赴美深造”的励志故事及毕业典礼演讲视频引爆网络，被包括《人民日报》、央视新闻、新华社官微在内的国内主流媒体报道及转发，总阅读量过亿，引起社会各界的热烈反响。

（张婷）

【校党委中心组（扩大）学习观看红色歌剧《江姐》】 6月30日晚，校党委中心组成员、处级领导干部等共计90余人走进上海大剧院观看红色歌剧《江姐》，在重温革命历史的同时，体悟英雄人物江姐大无畏的牺牲精神和坚若磐石的理想信念，接受革命先烈英雄事迹的精神洗礼。

（吴月欣）

【校文化建设委员会召开全体会议】 7月7日下午，校文化建设委员会在徐汇校区和平楼第一会议室召开全体会议，校党委副书记陈麒主持会议并讲话。会议听取了《奉贤校区教学楼墙面改造及文化建设工程》专题汇报。该工程由教务处委托艺术设计与传媒学院进行方案设计。

（吴月欣）

【《人民日报》报道入党“公开答辩”实施30年】 7月13日，《人民日报》就学校30年坚持实施“三级党校培训”“公开答辩”及多岗位锻炼党性机制进行了专题报道。

（张婷）

【马新玲老师获评2017年上海市“教书育人楷模”】 9月，2017年度上海市教书育人楷模评选结果揭晓，机械与动力工程学院马新玲老师获评2017年上海市“教书育人楷模”。

（吴月欣）

【华东理工大学65周年校庆宣传片《薪传》发布】 10月22日，华东理工大学65周年校庆宣传片《薪传》在“费林加诺贝尔奖科学家联合研究中心”揭牌仪式上发布。

（张婷）

【媒体集体“费林加诺贝尔奖科学家联合研究中心”揭牌】 10月22日，作为学校65周年校庆重要系列活动之一，“费林加诺贝尔奖科学家联合研究中心”正式揭牌。《解放日报》《文汇报》《中国科学报》《青年报》《劳动报》，新华网、光明网、中国新闻网、央广网，科学网、中青在线、腾讯大申网、看看新闻网以及东方卫视、上视新闻频道、上观新闻、文汇App、周到上海、上海热线等近20家媒体对该中心的成立背景、研究领域、重大意义等相关信息进行了报道。

（张婷）

【《华东理工大学周报》报送作品在中国及上海高校校报好新闻评选中获多奖】 11月，在中国高校校报研究会好新闻评选中，《华东理工大学周报》报送作品获得三等奖两项、优秀微信微博奖一项。12月，在上海高校校报研究会好新闻评选中，《华东理工大学周报》报送作品获得一等奖、三等奖各两项。

（卞慧）

【学校多个作品在 2017 年高校网络文化论坛暨辅导员论坛上获奖】 11 月，在由上海市学生德育发展中心主办的“2017 年高校网络文化论坛暨辅导员论坛”征文评选活动中，法学院吴亮的《高校大学生的网络不当表达及防治》、党委宣传部刘稳风的《微语境下高校教工党员法纪教育微模式探索》获得“优秀论文奖”；党委宣传部李铁军的《新时期加强高校网络文化建设的探索——以华东理工大学网络文化研究室为例》获“优秀案例奖”；党委宣传部张婷的《感动｜毕业典礼上最长的掌声为什么给了她?》获“优秀网文奖”。

（王静）

【校第三十一届文化艺术节开幕式暨第十九届中国上海国际艺术节校园行活动《唐诗逸舞》演出在华理举行】 11 月 8 日晚，学校第三十一届文化艺术节开幕式暨第十九届中国上海国际艺术节校园行活动《唐诗逸舞》演出在奉贤校区大学生活动中心剧场举行。副校长胡宝国、中国上海国际艺术节中心党总支副书记杨靖、中国上海国际艺术节中心艺术教育部副主任陈伦杰、学生工作部部长兼团委书记倪炜出席开幕式，各学院党委副书记、团委书记以及 700 余名师生现场观看了演出。

（吴月欣）

【第十九届中国上海国际艺术节校园行活动——来自“一带一路”西北延伸线芬兰的青年演奏家音乐会在华理精彩上演】 11 月 14 日晚，第十九届中国上海国际艺术节校园行活动——来自“一带一路”西北延伸线芬兰的青年演奏家音乐会在徐汇校区大礼堂精彩上演。来自芬兰的青年演奏家胡杰明、胡杰森兄弟与路泽曼三兄妹共同为大家带来了一场音乐盛宴。芬兰著名钢琴家佛克·格拉斯贝克作为特邀嘉宾出席并演奏。

（吴月欣）

【《解放日报》报道费林加将获“中国绿卡”】 11 月 24 日，《解放日报》头版头条报道了诺贝尔化学奖得主、学校客座教授伯纳德·费林加将成为首批来沪工作并拥有“中国绿卡”的诺贝尔奖得主。包括《人民日报》官方微信在内的多家媒体转载了该报道。

（张婷）

【《新丝路上的华理“小骆驼”》获上海大学生广播电视联盟成立仪式暨首届音视频大赛三等奖】 12 月，在上海大学生广播电视联盟成立仪式暨首届音视频大赛中，由学校华讯社学生制作的参赛作品《新丝路上的华理“小骆驼”》获三等奖。

（王静）

【学校举行 2017 年度“新媒体应用先锋”现场展示交流会】 12 月 1 日，学校举行 2017 年度“新媒体应用先锋”现场展示交流会，22个二级单位官方新媒体进行了展示和交流。

（王静）

【学校学生罗泽波的作品《京剧》获得第四届上海市大学生公益广告大赛视频类银奖】 12月23日，以“微公益·洽以礼”为主题的第四届上海市大学生公益广告大赛颁奖典礼在同济大学举行，学校学生罗泽波的作品《京剧》获得视频类银奖。

（吴月欣）

【学校在“上海市2017年‘家国情怀 自由正义’——诗歌创作活动”中获佳绩】 12月底，上海市语言文字工作委员会举办的“上海市2017年‘家国情怀 自由正义’——诗歌创作活动”评选结果揭晓。活动自学校发布通知时起，得到了全校师生的积极响应和热情参与，共收到116份原创诗歌作品，学校评选其中的优秀作品上报上海市参评。最终，学校报送的诗歌作品获1个二等奖和3个三等奖，学校荣获“优秀组织单位奖”。

（曲珩）

附录：

2017年“媒体看华理”数据统计（平面媒体和网络媒体）

序号	发表时间	媒体名称	新闻标题
1	2017-01-01	“上海发布”官方微信公众号	【就业】华东理工2016届毕业生：硕士平均签约月薪7 131元
2	2017-01-01	科通社	“英达姐姐”说石油焦是雾霾罪魁祸首？京津冀进口很少，影响被夸大
3	2017-01-03	《文汇报》	沪上多所高校发布2016年就业质量报告
4	2017-01-03	《青年报》	沪上多所高校发布新年贺词建更美校园做一流贡献
5	2017-01-04	第一财经网	金融、IT行业月薪高居榜首创业成上海高校毕业生潮流
6	2017-01-04	《上海科技报》	我们“贩卖”科技信息
7	2017-01-04	《文汇报》	2017年高招：岗位结构性变动明显
8	2017-01-05	《上海日报》(英文版)	2016 Good Year for Graduate Salaries
9	2017-01-06	《解放日报》	今天，我们需要培养什么样的“君子”
10	2017-01-06	《科技日报》	郭燕川：绿色明胶筑梦者
11	2017-01-06	上海教育新闻网	华东理工2016年度总体就业率98%　明年将迎“毕业潮”
12	2017-01-07	人民网	高校思想政治工作研究中心在上海成立
13	2017-01-07	央广网	“新形势下高校思想政治工作的使命担当”高端论坛在沪举办
14	2017-01-07	中国新闻网	上海成立高校思想政治工作研究中心

序号	发表时间	媒体名称	新闻标题
15	2017-01-07	上海热线	上海高校思想政治工作研究中心揭牌成立
16	2017-01-07	东方网	沪高校思想政治工作研究中心成立 为思政工作改革创新凝聚智慧
17	2017-01-08	《新民晚报》	华理人都粉“小花梨”“微时代”思政大平台
18	2017-01-08	《文汇报》	上海成立高校思政工作研究中心
19	2017-01-08	《新闻晨报》	上海建高校思想政治工作研究中心 建设学生培养大数据平台
20	2017-01-08	“第一教育”微信公众号	上海成立高校思想政治工作研究中心 为思政工作改革创新凝聚智慧
21	2017-01-09	《文汇报》	上海高校学子毕业后乐于“西行”
22	2017-01-09	人民网	上海获52项国家科学技术奖
23	2017-01-09	科学网	上海52项成果获2016年度国家科技奖
24	2017-01-09	“上海教育新闻网” 官方微信公众号	【今日头条】上海成立高校思想政治工作研究中心
25	2017-01-09	《光明日报》	上海成立高校思想政治工作研究中心
26	2017-01-09	《解放日报》	高校党委书记们怎么带头上思政课
27	2017-01-09	上观新闻	新思政之三｜大学党委书记们怎么抓这项“一把手”工程?
28	2017-01-10	《新华每日电讯》	从国家科技大奖看中国创新走向
29	2017-01-10	每日科技网	沪52项科技成果荣获2016年度国家科学技术奖
30	2017-01-10	《中国食品报》	食安问题需从整个法治体系高度全面解决
31	2017-01-11	新华网	上海成立高校思想政治工作研究中心
32	2017-01-11	上海教育新闻网	华理举办师生互动项目“通海茶叙”
33	2017-01-12	《新民晚报》	华理发布最新大学生就业报告：民营企业最受宠
34	2017-01-12	《宜兴日报》	宜兴企业收获第七个国家科技进步奖
35	2017-01-15	上海教育新闻网	两会提案：途径大学的地铁站点应尽可能以大学命名
36	2017-01-15	上海教育新闻网	两会提案：提高本市高校国家级教学名师医疗和生活待遇
37	2017-01-15	澎湃新闻	政协委员：上海以大学命名地铁站仅3个，建议尽可能增多
38	2017-01-15	上观新闻	仅交大同济上大3站？地铁站用大学命名有意义， 但也需一事一议
39	2017-01-16	澎湃新闻	沪幼儿园男教师团队等当选2016上海 教育年度十大新闻人物
40	2017-01-16	上观新闻	十大上海教育年度新闻人物书写同一个字：创新的“新”
41	2017-01-16	人民网	“2016上海教育年度新闻人物”揭晓
42	2017-01-16	《中国化工报》	从引进到输出的跨越
43	2017-01-17	《中国化工报》	华东理工大学洁净煤技术研究所：改写中国煤气化产业历史

续表

序号	发表时间	媒体名称	新闻标题
44	2017-01-17	《中国教育报》	华东理工："小花梨"聚人气
45	2017-01-17	第一财经	上海"磁吸"优势制造：让先进制造业扎根大都市
46	2017-01-17	《十堰晚报》	天津一调料造假中心年产值过亿
47	2017-01-17	《现代快报》	注意！你买的名牌调料可能是假的
48	2017-01-17	《南国早报》	工业盐勾兑色素造"名牌"酱油
49	2017-01-17	东方网	华理学区首届班主任论坛暨2016年工作总结会日前召开
50	2017-01-17	《劳动报》	上海教育年度新闻人物评选揭晓
51	2017-01-17	《兰州晨报》	天津静海区独流镇每天数千件假调料流向全国
52	2017-01-17	东方网	华理学区首届班主任论坛暨2016年工作总结会日前召开
53	2017-01-18	《解放日报》	他们共同书写一个"新"
54	2017-01-19	央广网	上海市人大代表康青：加强老年保健品市场监管
55	2017-01-20	《新民周刊》	信用奖惩将进一步细化
56	2017-01-21	央广网	华东理工大学着力"智力+"精准扶贫　寻甸年货来串门
57	2017-01-22	中国新闻网	华东理工大学着力开展"智力+"精准扶贫
58	2017-01-22	上海教育新闻网	4年发表7篇《自然》子刊论文　超级科研团队如何炼成?
59	2017-01-23	中国科技网	华东理工大学着力开展"智力+"精准扶贫
60	2017-01-23	《新民周刊》官方微信公众号	夜话 ｜ 795万毕业生经历最难就业季，毕业了，该去哪儿?
61	2017-01-24	中国新闻网	华理中国风"家宴"为留校学子暖心
62	2017-01-24	《青年报》	"双创"时代一起努力　共同成长
63	2017-01-24	《新民周刊》	品味新春茶酒，在变与不变之间
64	2017-01-24	腾讯·大申网	华理中国风"家宴"为留校学子暖心
65	2017-01-25	央广网	华理中国风"家宴"为留校学子暖心
66	2017-01-26	上海教育新闻网	氤氲茶香里的思政温度
67	2017-01-26	环球网	曹锦清：以历史视角全面理解中国平稳转型
68	2017-01-27	《青年报》	高校中国风"家宴"暖心留校学子
69	2017-02-01	上海教育新闻网	龙丽群："文火慢炖"得真心
70	2017-02-01	上海教育新闻网	上好思政课，华理有个"课联网"
71	2017-02-04	上观新闻	新春寒假守望大学校园的那些最美雕塑，哪一座最合你意?
72	2017-02-05	"青春上海"微信公众号	【厉害了我的学弟学妹】刚毕业能挣多少钱，最近各高校都晒了晒……
73	2017-02-06	《中国青年报》	工科院校怎么搞思政教育?
74	2017-02-08	《东方教育时报》	同频共振：辅导员思政"全天候"
75	2017-02-09	上海教育新闻网	"主题+朋辈"思政教育新模式：让同龄人影响同龄人
76	2017-02-09	《光明日报》	华东理工大学：一杯茶的"思政温度"

续表

序号	发表时间	媒体名称	新闻标题
77	2017-02-10	《东方教育时报》	华理有一门课，不但好玩，还很养眼！
78	2017-02-13	《中国科学报》	华东理工大学等振动诱导发光研究获进展
79	2017-02-15	《东方教育时报》	积极践行：学生成思政“新主角”
80	2017-02-16	《中国科学报》	华东理工教授杨化桂：“超级”科研团队养成记
81	2017-02-19	《新民晚报》	用最好的耐心做村民知心人
82	2017-02-21	中国新闻网	华理有门课，课堂上老师与学生“把酒言欢”
83	2017-02-22	《解放日报》	企业出资创办科技成果转化平台
84	2017-02-22	“中国军网”官方微信公众号	毕业｜一位国防生的自述：我为什么主动申请去西藏？
85	2017-02-23	中国新闻网	华东理工大学“通海茶叙”系列活动探索“谈式”育人新模式
86	2017-02-24	澎湃新闻	上课时酿点儿啤酒、喝点儿白酒，华东理工这门课选修人数爆棚
87	2017-02-24	上观新闻	这门课真酷！师生不仅喝酒还酿酒，在这里“发酵”是一种文化
88	2017-02-25	《光明日报》	不能让粗鄙语言大行其道
89	2017-02-27	《新民晚报》	4年发表7篇《自然》子刊论文
90	2017-02-27	《中国科学报》	化学生物学助力新药研究模式转变
91	2017-02-28	新民网	蓝闽波：电动车充电设施　配套政策规范须进一步完善
92	2017-02-28	周到上海	华东理工有门课：老师学生“上课喝老酒”
93	2017-03-01	新华网	助力改革　情系民生——在沪全国政协委员履职掠影
94	2017-03-01	澎湃新闻	学者｜张锋：从遗传学角度解读不孕不育
95	2017-03-01	《东方教育时报》	教育学生需“文火慢炖”
96	2017-03-01	《东方教育时报》	思政如何走上协同创新路
97	2017-03-03	“阿财金融”微信公众号	艺术在线　｜　科学鉴定宝石　远离收藏陷阱
98	2017-03-03	央广网	全国政协委员蓝闽波：完善配套标准推进电动汽车充电网络健康发展
99	2017-03-03	央广网	全国政协委员蓝闽波：完善配套标准推进电动汽车充电网络健康发展
100	2017-03-04	上海教育新闻网	诺奖得主受聘华东理工大学名誉教授
101	2017-03-04	《中国科学报》	让我们撸起袖子加油干
102	2017-03-04	《中国科学报》	政协会议开幕侧记：届末之年责任不懈
103	2017-03-04	《新民晚报》	人均GDP上升期　更需关注城市安全
104	2017-03-04	上观新闻	【声音】电动汽车正飞入百姓家，充电网络不给力怎么办
105	2017-03-05	《科技日报》	政协委员　争看科技日报

续表

序号	发表时间	媒体名称	新闻标题
106	2017－03－06	《光明日报》	弘扬担当精神　不负殷切期望
107	2017－03－06	央广网	全国政协委员蓝闽波：建议试点建设河网环境数据观测站　推进我国生态治理
108	2017－03－06	上海教育新闻网	华东理工打造“教授有约”　加强“一流本科”建设工作
109	2017－03－06	中国新闻网	华东理工大学打造“教授有约”系列活动
110	2017－03－06	《光明日报》	习近平总书记关于知识分子的讲话引起强烈反响
111	2017－03－07	上海教育新闻网	政协委员：优化高校工科教师结构，提升工程教育水平
112	2017－03－07	腾讯·大申网	70、80、90后共话“妇女工作”：年代不一决心一致
113	2017－03－07	《科技日报》	别让科学资源成了“暗物质”
114	2017－03－07	21世纪经济报道	汽车代表建言新能源：“后补贴时代”的多元化路径
115	2017－03－08	《新民晚报》	课堂上师生“把酒言欢”
116	2017－03－08	《青年报》	樱花下晒心愿　男生“择愿”助行
117	2017－03－08	央广网	全国政协委员钱锋：建议优化高校工科教师结构提升工程教育水平
118	2017－03－08	《解放日报》	尽快作出大的创新取得大的突破
119	2017－03－08	东方网	上海高校师生热议政府工作报告　关注教育改革发展
120	2017－03－08	《中国科学报》	找准特色路　打造“双一流”
121	2017－03－08	《中国青年报》	“孔雀东南飞”真的无解吗
122	2017－03－08	澎湃新闻	全国政协委员：高校招聘工科教师应增设工程背景入职门槛
123	2017－03－09	中国化工仪器网	关注两会：科研仪器、实验室、科技人才之“冷思考”
124	2017－03－09	《法制日报》	散会不散场
125	2017－03－09	澎湃新闻	全国政协委员：公共充电设施利用率低，建议做好运营加大补贴
126	2017－03－09	“上海检察”官方微信公众号	监督｜职务犯罪不起诉谁来监督？新一届上海市人民监督员首次履职
127	2017－03－10	《联合时报》官方微信公众号	休会不休息　｜　蓝闽波终于有空参观中国航天城
128	2017－03－10	东方网	蓝闽波委员：电动汽车充电桩太少　新建住宅应纳入规划
129	2017－03－10	《长江日报》	上海天津广州三城代表委员献策“长江新城”
130	2017－03－10	《中国科学报》	发展低碳经济须全社会共同参与
131	2017－03－11	新华网	蓝闽波委员：完善标准加大补贴　解决新能源汽车充电难
132	2017－03－12	《新民周刊》官方微信公众号	发酵食品背了太多黑锅
133	2017－03－13	新华网	代表委员建议提升工程师培养质量
134	2017－03－13	《青年报》	优化工科教师结构提升教育水平

序号	发表时间	媒体名称	新闻标题
135	2017-03-14	《北京晚报》	豆浆开锅后　再煮5分钟
136	2017-03-15	决策网	媒体梳理“撤县设市”时间轴：大规模“县改市”已尘封20年
137	2017-03-16	光明网	引资逾千亿　54个重点项目签约落户崂山
138	2017-03-16	《人民政协报》	两会上的“水”话题
139	2017-03-17	中青在线	华东理工商学院入选AACSB启示性创新示范院校
140	2017-03-17	科学网	华理商学院入选AACSB启示性创新示范院校
141	2017-03-17	央广网	华理商学院入选AACSB启示性创新示范案例
142	2017-03-20	上海教育新闻网	把商业实战带进课堂　华理商学院创新“双创”教学
143	2017-03-20	上海教育新闻网	华理商学院入选AACSB启示性创新示范院校
144	2017-03-21	《中国科学报》	人才培养的“工程环节”需进一步打通
145	2017-03-21	《中国科学报》	华东理工大学商学院入选AACSB启示性创新示范院校
146	2017-03-22	中国科技网	让先进技术助力化工智造
147	2017-03-22	中国科技网	与国际领先者共舞
148	2017-03-22	中国新闻网	俄罗斯籍专家与上海学者合作研究微生物采油技术
149	2017-03-22	科学网	上海市265项（人）创新成果获科学技术奖
150	2017-03-22	上海教育新闻网	华理辅导员“午间工作坊”助力思政工作
151	2017-03-22	央广网	与国际领先者共舞——记2016年上海市国际科技合作奖背后的故事
152	2017-03-22	《法制日报》	社会组织参与安置帮教效果好
153	2017-03-22	《上海科技报》	华理商学院入选国际高等商学院协会启示性创新示范院校
154	2017-03-23	《文汇报》	为开放型世界经济发展提供新动力
155	2017-03-23	《中国化工报》	PAO润滑油基础油获奖
156	2017-03-23	《文汇报》	科创路上，千里马竞相奔腾
157	2017-03-23	浙江在线	院士专家聚焦绿色农药　为浙江农药企业转型升级提出新方向
158	2017-03-23	上海教育新闻网	上海科学技术奖揭晓　华东理工再揽11项大奖
159	2017-03-24	央广网	上海市科技奖励一等奖：把脉环境　为健康支起绿色防护网
160	2017-03-24	浙江新闻网	农药也“绿色”？其实，很多农药早就“绿色”了
161	2017-03-26	中国新闻网	2017年大学日语教育与日语测试国际论坛在华理举办
162	2017-03-27	上海教育新闻网	2017年大学日语教育与日语测试国际论坛在沪举行
163	2017-03-27	上海教育新闻网	第八届全国大学生数学竞赛落幕
164	2017-03-27	搜狐网	华东理工大学和柏能集团来访宿迁技术交易服务中心

续表

序号	发表时间	媒体名称	新闻标题
165	2017-03-27	“上海发布”官方微信公众号	吃货们注意！申城13所高校“网红小青团”上线啦
166	2017-03-29	《东方教育时报》	华东理工：辅导员“午间工作坊”助力思政
167	2017-03-29	中国新闻网	华东理工教授开发新型红外荧光染料
168	2017-03-29	《青年报》	上海13所高校齐卖“网红青团”
169	2017-03-29	中国新闻网	华理海上平台生产水高效深度除油技术与装备研发成功并获应用
170	2017-03-30	《科技日报》	打一针疫苗　多宝鱼跟病害说“拜拜”
171	2017-03-31	《农资导报》	紧抓供给侧改革机遇促杀虫剂提质增效
172	2017-04-01	《上海科技报》	华理教授开发成功新型红外荧光染料
173	2017-04-02	中央电视台	上海：关注新规实施下的电动车管理　无牌电动车上路　依法暂扣
174	2017-04-03	《新民晚报》	与国际领先者“共舞”事半功倍
175	2017-04-03	《新民晚报》	师生相约一小时　通海湖畔叙真知
176	2017-04-03	东方网	我国首个海水鱼活疫苗投产　将覆盖半数多宝鱼养殖基地
177	2017-04-04	科学网	钱旭红院士团队成功研发新型红外荧光染料
178	2017-04-05	《文汇报》	学术自由与政治底线相统一
179	2017-04-05	《人民日报》	校园有了更多“光盘侠”（如何让“光盘”成为习惯）
180	2017-04-06	中国新闻网	华理教师为中学生启蒙工程伦理意识
181	2017-04-07	中国新闻网	上海高校“中国系列”思政课别开生面引关注（图）
182	2017-04-08	《新民晚报》	【高校思政新探索】上海高校“第二课堂”思政教育实现全覆盖
183	2017-04-10	《新民晚报》	让德育之光闪耀校园各个角落
184	2017-04-11	央广网	华东理工大学入党“答辩”制 把住党员质量关
185	2017-04-11	《上海科技报》	大学日语教育与日语测试国际论坛举办
186	2017-04-11	《上海科技报》	华理工“海上平台生产水除油技术与装备”实现成功应用
187	2017-04-11	《新华每日电讯》	上海：高校思政“课内开花课外香”
188	2017-04-11	东方网	华东理工建入党前后“答辩”机制　学生党员的群众满意度99%
189	2017-04-11	中青在线	华东理工大学：“两个答辩”机制已陪伴学生党员30年
190	2017-04-11	中国新闻网	华理“两个答辩”机制全程培育学生党员成长成才
191	2017-04-12	《青年报》	华理建答辩机制严把学生入党关
192	2017-04-12	《文汇报》	公开答辩，入党前后都要接受考验
193	2017-04-12	上海教育新闻网	华东理工学生党员的“两次答辩”
194	2017-04-12	《中国化工报》	智能制造为石化转型升级插上翅膀

序号	发表时间	媒体名称	新闻标题
195	2017－04－12	科学网	龙亿涛等肿瘤分子标志物单细胞逐层成像获新进展
196	2017－04－12	《中国知识产权报》	科技点亮未来　创新改变生活
197	2017－04－14	中国新闻网	钱锋院士为华理学生上“思政课”
198	2017－04－14	《青年报》	解读“隐藏纠纷”助劳动者“避坑”
199	2017－04－14	《中国青年报》	华东理工大学“两个答辩”促进大学生成长成才
200	2017－04－16	上观新闻	重庆山区学子到了上海后，为何能成长为企业家？
201	2017－04－16	中央电视台	女子首饰店修钻石项链遭调包　三招教你辨别真假钻石
202	2017－04－17	上观新闻	河海鲜养殖不再“吃错药”，首开“绿色药方”杜绝孔雀石绿、多宝鱼事件
203	2017－04－17	中青在线	告别“嗑药”鱼，我国首个海水鱼活疫苗投产应用
204	2017－04－17	中国新闻网	中国首个海水鱼活疫苗投产应用
205	2017－04－17	中央电视台客户端	告别“嗑药”鱼！我国首个海水鱼活疫苗投产应用
206	2017－04－18	腾讯网	华东理工 MBA 主任陈亮：在线教育是挑战更是机遇
207	2017－04－18	周到上海	高校这项研发接地气，市民餐桌告别“嗑药”鱼有指望了
208	2017－04－18	《上海日报》（英文版）	Colleges Find Ways to Make Fish Safer to Eat
209	2017－04－18	《解放日报》	让河海鲜养殖不再“吃错药”
210	2017－04－18	《文汇报》	我国首个自主开发鱼类疫苗投产
211	2017－04－18	《文汇报》	“最后一公里”为何走了那么久
212	2017－04－19	《青年报》	高校开出“绿色药方”保障舌尖上的安全
213	2017－04－19	澎湃新闻	华东理工学者首倡“材料生物学”，或将促进交叉学科研究
214	2017－04－20	上海教育新闻网	华东理工大学教授提出“材料生物学”新学科概念
215	2017－04－20	《中国社会科学报》	保护土地流转下农村剩余人口生计
216	2017－04－20	科学网	“流程工业智能优化制造”国际研讨会在沪举行
217	2017－04－20	央广网	贯彻“中国制造 2025”　流程工业智能优化制造国际研讨会在沪举行
218	2017－04－21	光明教育	华理传统文化进课堂十五载　立德树人载体又创新
219	2017－04－21	《联合时报》	弘扬传统文化，应有一份自信和从容
220	2017－04－21	中青在线	“流程工业智能优化制造”国际研讨会在沪举行
221	2017－04－21	中国新闻网	“流程工业智能优化制造”国际研讨会在沪举行
222	2017－04－22	上海教育新闻网	上海公共经济与社会治理研究中心揭牌
223	2017－04－22	中国新闻网	上海公共经济与社会治理研究中心揭牌成立
224	2017－04－22	央广网	上海公共经济与社会治理研究中心今于华东理工大学成立
225	2017－04－23	科学网	上海公共经济与社会治理研究中心在华东理工大学成立
226	2017－04－23	澎湃新闻	上海公共经济与社会治理研究中心成立，社区治理成讨论重点

续表

序号	发表时间	媒体名称	新闻标题
227	2017-04-23	东方网	上海公共经济与社会治理研究中心成立
228	2017-04-23	东方网	社区基金会成徐汇社会基层创新治理新“手段”
229	2017-04-24	《中国青年报》	大学生创业英雄：帮助更多人成就自身价值
230	2017-04-24	大辽网	大连50家重点企事业单位省外招贤
231	2017-04-24	人民网	专家学者聚集华东理工大学 共谋社区基金会发展
232	2017-04-24	新华网	入党前的“红红脸、出出汗”——华东理工大学入党“答辩”见闻
233	2017-04-24	《中国科学报》	指出流程工业需要依托信息物理系统
234	2017-04-25	《郑州晚报》	他是敬业奉献环保人
235	2017-04-26	《中国社会科学报》	探索社会治理创新路径
236	2017-04-26	《中国化工报》	流程工业瞄准智能优化制造
237	2017-04-28	《文汇报》	工程伦理应该成为工程教育“第一课”
238	2017-04-28	《新民晚报》	上海强化居民区书记队伍建设　小巷总理越来越年轻
239	2017-04-29	《新民晚报》	上海公共经济与社会治理研究中心在华东理工成立
240	2017-05-01	《文汇报》	“实验室的淘宝”见证科创生态之变
241	2017-05-03	科学网	钱锋院士：流程工业迈向智能制造时代
242	2017-05-03	《中国科学报》	推进肿瘤分子标志物“层层解装”
243	2017-05-04	上海教育新闻网	【本网专题“砥砺前行，推进上海高校思政工作新发展”之五】网络思政育人
244	2017-05-04	《光明日报》	一群人　一团火　一个梦
245	2017-05-04	科学网	华东理工大学新型太阳能电池关键材料研究进展
246	2017-05-06	“上海教育”微信公众号	推进科技成果转移转化，上海高校给力！
247	2017-05-08	上海教育新闻网	“喀热宛”女孩获评2017年中国大学生年度人物
248	2017-05-09	中国科技网	《纳米能源》报道华理新型太阳能电池关键材料研究进展
249	2017-05-09	《上海科技报》	新型太阳能电池关键材料研究有进展
250	2017-05-09	《中国科学报》	流程工业迈向智能制造时代
251	2017-05-09	上海文明网	上海首个医联体志愿服务联盟成立
252	2017-05-10	《中国化工报》	智能制造刷新流程工业面貌
253	2017-05-10	《青年报》	高校须勇立潮头　教师要立德树人
254	2017-05-10	《文汇报》	依靠创新，激发释放发展新动能
255	2017-05-10	《上海科技报》	上海公共经济与社会治理研究中心成立
256	2017-05-10	《新疆日报》	轮台女孩入选“中国大学生年度人物”
257	2017-05-10	《扬州日报》	钱旭红：“家乡有需要，我努力去做”
258	2017-05-10	《巴音郭楞日报》	轮台姑娘入选“中国大学生年度人物”！丝路新“驼队”有那么多热血沸腾的故事！

续表

序号	发表时间	媒体名称	新闻标题
259	2017－05－10	《文汇报》	创新，未来上海最鲜明的气质
260	2017－05－11	《大学生科技报》	声名远扬的华理“鱼医生”
261	2017－05－11	《人民日报》	第十二届中国大学生年度人物、特别奖事迹简介
262	2017－05－11	新疆网	新疆女孩获评中国大学生年度人物
263	2017－05－11	《人民日报》	沙龙式党课，让有意义的事有意思（深观察）
264	2017－05－12	《新民晚报》	丝路新“驼队”助力“一带一路”
265	2017－05－14	中国新闻网	华理助力新上岗导师成为“良师益友”
266	2017－05－14	央广网	华东理工助力新上岗导师成为良师益友 “双重身份”有利学生成长
267	2017－05－15	《中国教育报》	打造形势与政策课“教学闭环”
268	2017－05－15	央广网	新疆轮台维吾尔族女孩入选“中国大学生年度人物”
269	2017－05－16	《科技日报》	菜鸟驿站：在快递末端1公里创业
270	2017－05－16	上海教育新闻网	华东理工大学打造思想政治教育“闭环”
271	2017－05－16	上海教育新闻网	新上岗导师如何成为“良师益友”
272	2017－05－17	央广网	灾害、创伤与危机管理研讨会：聚焦灾害社会工作 交流中美经验
273	2017－05－18	中国新闻网	中美学者在沪交流“灾害、创伤与危机管理”
274	2017－05－18	中国新闻网	华理举办民族文化博览会　打造独具特色的文化盛宴
275	2017－05－19	《工人日报》	“新工科”，能否培育“中国制造”所需新型人才
276	2017－05－20	上观新闻	【多图创意】四千大学生520向谁表白？ “奔跑吧，兄弟姐妹！”
277	2017－05－20	澎湃新闻	“灾害、创伤与危机管理”研讨，专家： 微信可提升灾难响应
278	2017－05－20	《扬州晚报》	首届江苏发展大会今天开幕　中外大咖纷纷对扬州“表白”
279	2017－05－21	央广网	上海市第十届青少年创新峰会开幕
280	2017－05－22	温州网	温籍学霸布局智能家居　智能插座46天众筹2100万
281	2017－05－22	上海教育新闻网	青少年科技节开幕　沪上学校共绘科学创新“新蓝图”
282	2017－05－23	《新民晚报》	展示孩子“玩”的能力　沪第十二届青少年科技节开幕
283	2017－05－23	中国社会科学网	学者为《中国民间文学大系》出版工程建言献策
284	2017－05－24	“上海发布”官方 微信公众号	沪13家高校食堂粽子节放大招！小龙虾、牛肉、泡菜、 白瓜……招招“俘获”你的胃
285	2017－05－24	新浪网	华东理工大学以化工特色闻名
286	2017－05－24	上观新闻	这所理工特色名校，为啥要开“1＋15”门传统文化课？
287	2017－05－25	《解放日报》	理工特色校为何开16门传统文化课
288	2017－05－26	《经济日报》	华东理工大学携手普莱克斯共筑工科女性成才平台

续表

序号	发表时间	媒体名称	新闻标题
289	2017-05-26	上海热线	注工科女成长 沪校企合作女性储才班初见成效
290	2017-05-26	《平顶山日报》	“有了驻村工作队，变美变好会更快一些”
291	2017-05-26	《如皋日报》	以“精”破题加快人才项目落地
292	2017-05-26	《青年报》	沪多所高校食堂供应端午粽子
293	2017-05-26	《青年报》	时刻提升自己　做好青年“引路人”
294	2017-05-27	澎湃新闻	上海交大票选粽子口味，广式咸肉粽“战胜”众多甜粽子夺魁
295	2017-05-27	东方网	徐汇各高校食堂粽子节放大招 哪款最诱人
296	2017-05-27	东方网	“魔都高校食堂品鉴小分队”第一站：华理
297	2017-05-27	上海教育新闻网	华理携手普莱克斯共筑工科女性成才平台
298	2017-05-28	上海热线	注意！沪上13家高校食堂粽子节放大招，招招动心！
299	2017-05-28	上海热线	一大波猛男美女来袭　沪14所高校学生同台秀美体
300	2017-05-28	东方网	沪上大学生比拼健美健身　同场“秀肌肉”
301	2017-05-28	文汇 App	上海高校学子同场“秀肌肉”：头脑很发达，身材更健硕！
302	2017-05-28	《新民晚报》	直播包粽子　分享儿时忆
303	2017-05-30	中国新闻网	中国高校探索新经济时代创新人才培养路径：让商业拥抱科技、知行合一
304	2017-05-30	东方网	第一次吃上自己包的粽子　端午节大学生认真学烹饪像做实验
305	2017-05-31	上海教育新闻网	华理商学院发布全新专业学位项目培养方案
306	2017-05-31	东方网	知行合一，共谋创新创业成为中国高校探索新经济时代创新人才培养路径
307	2017-05-31	上海热线	连接商业与科技　华理商学院力推全新培养方案
308	2017-05-31	中国社会科学网	华东理工大学商学院专业学位项目全新培养方案发布
309	2017-05-31	《青年报》	广式咸肉粽“战胜”甜粽子夺魁
310	2017-06-01	齐鲁壹点	华理商学院推出全新培养方案，培养复合型人才
311	2017-06-01	科学网	华理商学院专业学位项目全新培养方案发布
312	2017-06-01	《人民日报》	华东理工大学提升“形势与政策课”吸引力
313	2017-06-02	人民网	中国首套自有水煤浆技术项目关键设备吊装成功
314	2017-06-03	《上海日报》(英文版)	Dragon Boat Race for International Students
315	2017-06-03	东方网	申城高校外国留学生在华东理工竞渡龙舟
316	2017-06-03	科学网	上海高校外国留学生在华理竞渡龙舟
317	2017-06-03	央广网	第十届上海高校外国留学生龙舟赛今天举行 29所高校于通海湖畔披荆斩浪
318	2017-06-03	新华社	上海：多所高校留学生体验中国传统文化

续表

序号	发表时间	媒体名称	新闻标题
319	2017－06－03	人民网	29 所大学留学生斩浪竞渡体验中华传统文化
320	2017－06－03	《文汇报》	留学生赛龙舟体验中华文化
321	2017－06－04	上海热线	外国留学生沪上赛龙舟　体验多元中华文化
322	2017－06－04	新华网	第十届上海高校外国留学生龙舟赛在沪举行
323	2017－06－05	上海教育新闻网	第十届高校留学生龙舟赛落幕
324	2017－06－05	中青在线	29 所高校外国留学生在华东理工竞渡龙舟
325	2017－06－05	中国社会科学网	29 所高校外国留学生在华东理工大学竞渡龙舟
326	2017－06－05	中国新闻网	传统文化大餐助兴 沪上 29 所高校外国留学生竞渡龙舟
327	2017－06－05	《青年报》	29 所高校千余名留学生竞渡龙舟
328	2017－06－05	《人民日报》（海外版）	上海外国留学生赛龙舟
329	2017－06－06	科学网	华东理工大学等成功研发细胞代谢研究原创技术
330	2017－06－06	《新闻晨报》	教育｜千余名留学生披荆斩浪体验中国传统文化
331	2017－06－06	《光明日报》	大学生入党须“公开答辩”
332	2017－06－07	东方网	2017“迪奇宝”杯第五届中国高校 MBA 龙舟邀请赛顺利闭幕
333	2017－06－07	生物通	华东理工大学再发 *Nature Methods* 文章：细胞代谢研究新技术
334	2017－06－07	《中国科学报》	提出细胞代谢研究原创技术
335	2017－06－08	证券时报网	新材料产业有望再收政策红包　概念股值得关注
336	2017－06－08	中化新网	中国石油和化工可持续发展论坛召开
337	2017－06－08	《新闻晨报》	华理携手普莱克打造工科女性成才平台
338	2017－06－08	《中国教育报》	规范使用学生教育资料
339	2017－06－10	《新民晚报》	双创项目把实战引进课堂
340	2017－06－12	上海教育新闻网	首届 Chem-E-Car 竞赛落幕　华理学子获最具创意汽车设计奖
341	2017－06－12	中国石化新闻网	第三届中国石油与化工可持续发展论坛在上海举办
342	2017－06－12	央广网	华理学子获首届中国大学生 Chem-E-Car 竞赛最具创意汽车设计奖
343	2017－06－13	《上海科技报》	“灾害、创伤与危机管理”国际研讨会举行
344	2017－06－13	东方网	华理学子获大学生最具创意汽车设计奖
345	2017－06－13	科学网	华理获 Chem-E-Car 竞赛创意汽车设计奖
346	2017－06－13	上观新闻	俄院士为何先婉拒上海国际科技合作奖？并非因为普京颁给他“为国贡献奖”
347	2017－06－14	《上海科技报》	华理携手企业共筑工科女性成才平台
348	2017－06－14	《北京青年报》	控制情绪，预防疾病？你该懂点“肠识”

续表

序号	发表时间	媒体名称	新闻标题
349	2017－06－14	《解放日报》	合作15年，中国可采石油储量增加5亿吨
350	2017－06－14	“上海发布”官方微信公众号	【福利】今起3天，华理工又双叒叕给毕业生送红烧肉啦！
351	2017－06－15	《大学生科技报》	华理学子获首届中国大学生Chem-E-Car竞赛最具创意汽车设计奖
352	2017－06－16	中青在线	毕业典礼上最长的掌声为什么给了她？
353	2017－06－16	《联合时报》	感动于一次观点的共鸣
354	2017－06－17	《文汇报》官方微信公众号	热泪盈眶！她的毕业演讲全程泪点，她就是扼住命运喉咙的那个人啊！
355	2017－06－17	周到上海	从先天失聪到赴美深造，这个华理女生在毕业典礼上的发言，让在场的人潸然泪下……
356	2017－06－17	“文汇教育”官方微信公众号	今年最感人毕业演讲！这位女生虽然口齿不清，却收获了最长久掌声和最多的眼泪……
357	2017－06－17	《新民晚报》官方微信公众号	从先天失聪到赴美深造，这个华理女生在毕业典礼上的发言，让在场的人潸然泪下……
358	2017－06－17	“青春上海”官方微信公众号	又一位女生毕业演讲惊艳全场，这次就在上海！只两句，就让人潸然泪下……
359	2017－06－17	“上海发布”微博	她的毕业演讲，为何获得了最长掌声？
360	2017－06－17	上海教育新闻网	聋人女孩的蜕变：从先天失聪到赴美深造
361	2017－06－17	澎湃新闻	从先天失聪到赴美深造，华东理工女生毕业典礼收获最长掌声
362	2017－06－17	央视新闻	励志丨她的毕业演讲“只听了两句我的眼泪就掉下来”
363	2017－06－18	长江网	期待先天失聪女孩创造更多生命奇迹
364	2017－06－18	“团中央学校部”官方微信公众号	完整版 ｜ 一位女生毕业演讲惊艳全场，只听两句，就让人潸然泪下……
365	2017－06－18	《中国教育报》官方微信公众号	今年最感人毕业演讲！她先天失聪却代表毕业生发言，收获了最长久掌声和最多的眼泪…… ｜ 精选
366	2017－06－18	“华东理工大学”官方微信公众号	安徽失聪女孩高羽烨：毕业典礼上最长的掌声为什么给了她？
367	2017－06－18	搜狐网·微上海	这位上海女大学生的毕业演讲，才听了两句我就落泪了……
368	2017－06－18	《人民日报》官方微信公众号	她的毕业演讲，只听了两句我的眼泪就掉下来
369	2017－06－19	《中国青年报》官方微信公众号	送吃送喝！这些高校让人羡慕到哭！最后一所赢了……

序号	发表时间	媒体名称	新闻标题
370	2017－06－19	科普中国	高油、高盐、高能量……所谓的“垃圾食品”真的垃圾吗？丨头条
371	2017－06－19	《吉林卫视》官方微信公众号	一开口就叫人泪崩的女主角找到了
372	2017－06－19	中安在线	合肥失聪女孩励志做学霸将赴美深造　毕业演讲获最长掌声
373	2017－06－19	《生活晨报》	失聪女孩毕业演讲收获最长掌声
374	2017－06－19	《新安晚报》	她听不见，却能让大家认真听
375	2017－06－19	《青年报》	只听了两句眼泪就流了下来
376	2017－06－19	“新华社”客户端	华东理工失聪女生毕业演讲成“网红”，有梦想谁都了不起
377	2017－06－19	《光明日报》	毕业典礼上最热烈的掌声为何给她
378	2017－06－20	《解放日报》	透过汉字，看到怎样的先人智慧
379	2017－06－20	中国社会科学网	华东理工大学举行2017届毕业典礼暨学位授予仪式
380	2017－06－20	《青年报》	百年财大上演灯光秀煽情　实惠华理奉上红烧肉回味
381	2017－06－20	上观新闻	罗建平：伟大的汉字　深邃的密码　杰出的智慧
382	2017－06－20	科学网	华东理工举行2017届毕业典礼暨学位授予仪式
383	2017－06－20	《上海日报》（英文版）	Deaf Graduate Moves People to Tears with Graduation Speech
384	2017－06－20	《解放日报》	什么是最好的毕业礼
385	2017－06－20	《联合时报》	两回“碰钉子”与一次“不依不饶”
386	2017－06－21	《经济日报》	中国社会政策研究第一届青年学者论坛在沪举行
387	2017－06－21	中青在线	中国社会政策研究第一届青年学者论坛在华东理工大学举行
388	2017－06－21	中新网上海	中国社会政策研究第一届青年学者论坛在华东理工大学举行
389	2017－06－21	中青在线	华东理工大学举行2017届毕业典礼
390	2017－06－21	《人民日报》	“最长掌声”为什么而响起（人民时评）
391	2017－06－22	《苏州日报》	帮扶残疾人，有不少关爱要反思
392	2017－06－22	《大学生科技报》	毕业典礼上最长的掌声为什么给了她？
393	2017－06－22	《南方都市报》	她的毕业演讲听哭老师
394	2017－06－25	东方网	80、90后职业如何发展　大咖论坛上“探路”设现场咨询招聘
395	2017－06－25	科学网	华东理工大学举行职业发展论坛
396	2017－06－26	中青在线	华理职业发展论坛为80、90后指明职业发展规划
397	2017－06－26	中国经济网	第二届职业发展论坛在沪举办
398	2017－06－26	中国新闻网	第二届职业发展论坛在华理开幕
399	2017－06－27	上海热线	专家学者齐聚华理　共话80、90后职业发展路
400	2017－06－27	《上海日报》（英文版）	Agreement to Introduce US Curriculum to Local University

续表

序号	发表时间	媒体名称	新闻标题
401	2017-06-27	青年报	进高校图书馆　只需手机扫一扫
402	2017-06-28	澎湃新闻	华东理工"入党公开答辩"三十年，严格程度堪比学位论文答辩
403	2017-06-28	"上海教育"微信公众号	最新｜九校"综评"校测今天开始　彰显公平和特色
404	2017-06-28	"教师博雅"微信公众号	最新｜九校"综评"校测今天开始　彰显公平和特色
405	2017-06-28	周到上海	新高考｜最新！九校综评校测今起进行～～九校如何选学生？看官方怎么说！
406	2017-06-28	东方网	沪9高校举行自招面试 高中学生综合素质纪实报告成重要参考
407	2017-06-28	《新民晚报》	高考综评批次校测面试陆续展开　筛选优生：专家考生面对面交流
408	2017-06-28	上海教育新闻网	400余位七旬老人重返华理忆青春
409	2017-06-28	东方网	稀老人重返母校忆青春 捐建景观带"春晖园"
410	2017-06-28	中国新闻网	400余位七旬老人重返母校华理忆青春
411	2017-06-28	央广网	华东理工大学举行67届校友毕业50周年庆祝大会 400余位七旬老人重返母校忆青春
412	2017-06-29	中新网上海	华理生物反应器工程国家重点实验室喜获优秀
413	2017-06-29	澎湃新闻	上海9校举行综合评价校测面试，专家：挖掘学生特定专业潜力
414	2017-06-29	上观新闻	【独家】今天复旦交大等沪上9所试点高校综评校测告终，这些校招办负责人作何评价？
415	2017-06-29	央广网	上海高校"综评"改革，专家怎么看？
416	2017-06-29	人民网	上海9高校综合评价录取展开面试
417	2017-06-29	上海教育新闻网	入党"公开答辩"机制实行30年　华理严把党员质量关
418	2017-06-29	东方网	华理入党"公开答辩"严把党员质量关 30年发展党员1.8万余名
419	2017-06-29	中国新闻网	30年发展18 500余人　华理入党"公开答辩"机制严把党员质量关
420	2017-06-29	央广网	30年发展18 500余名共产党员　华理入党"公开答辩"机制严把党员质量关
421	2017-06-29	上观新闻	拿学位要论文答辩，入党也要公开答辩？【新老照片对照】
422	2017-06-29	《青年报》	400余七旬"学生"回母校忆青春
423	2017-06-30	《中国教育报》	华东理工：30年发展1.8万学生党员
424	2017-07-01	《解放日报》	在华理，入党要过"答辩关"
425	2017-07-03	新民网	【治国理政新实践·上海篇】培养动物细胞当生物科技"发动机"

续表

序号	发表时间	媒体名称	新闻标题
426	2017－07－03	《中国化工报》	华理生物工程国重室获评优秀
427	2017－07－03	《新民晚报》	培养动物细胞　当生物科技“发动机”
428	2017－07－04	中国网	中国品牌日确立之后，世界选手阜丰黄原胶机会来了
429	2017－07－04	《昆明日报》	寻甸20名贫困学子　赴上海参加夏令营
430	2017－07－05	腾讯·大申网	2017年徐汇区食品安全宣传周启动仪式隆重举行
431	2017－07－05	《上海科技报》	道器合一　服务农医
432	2017－07－06	澎湃新闻	“快闪”、话剧、演讲……上海高校这样吸引大学生入伍
433	2017－07－06	上海热线	华东理工大学：抓住关键环节，确保征兵任务完成
434	2017－07－06	上观新闻	崇明世界级生态岛建设要打造“生态司法样本”，需过“几道关”?
435	2017－07－07	《长江商报》	星巴克Costa冰块检出“粪大肠菌群”
436	2017－07－07	东方网	华理工征兵抓住关键环节　广泛发动与精准动员相结合
437	2017－07－07	《劳动报》	华理工会举办迎校庆技能比武活动
438	2017－07－10	浙江新闻	34名名校研究生为什么要来桐乡企业打暑期工?
439	2017－07－11	《上海科技报》	400余位七旬老人重返母校忆青春
440	2017－07－11	《上海科技报》	华理新能源研究获重要进展
441	2017－07－11	“上海发布”官方微信公众号	沪上高校首批录取通知书陆续发出啦！快来抢鲜看
442	2017－07－12	《青年报》	首批大学录取通知书已被“签收”，细看今年的“花样经”
443	2017－07－12	上观新闻	没有AR，也无书单，但首印新生照片的大学录取通知书也很独特
444	2017－07－13	《人民日报》	严把大学生入党质量关（教育眼）
445	2017－07－14	《劳动报》	申城近18万高校毕业生去哪儿了?
446	2017－07－18	《青年报》	学习和健身都需要自律和坚持
447	2017－07－18	《中国科学报》	制备出新型太阳能光解水催化材料
448	2017－07－27	《青年报》	送绿豆汤　发花露水　开清凉菜单
449	2017－07－31	《新民晚报》	这里寻找到了“超级细菌”的克星
450	2017－08－02	《东方教育时报》	全面构建“大思政”格局
451	2017－08－03	《中国青年报》	九五后暑期充电　激活“红色基因”
452	2017－08－03	上观新闻	高校思政工作与协同创新育人机制
453	2017－08－03	《解放日报》	高校思政工作与协同创新育人机制
454	2017－08－10	中国上海	华东理工大学扎实开展学生社会实践工作
455	2017－08－10	观察网	曹锦清：以制度研究推进中国话语体系重建
456	2017－08－12	东方网	第一期“平行语宙”上海市青年创意分享季启动

续表

序号	发表时间	媒体名称	新闻标题
457	2017-08-14	《大庆日报》	向生物产业链高端迈进
458	2017-08-14	商业评论网	企业大学：找到新的价值点
459	2017-08-18	上海热线	喵妈孔同现书展　分享迪士尼大电影图书阅读感悟
460	2017-08-18	上海热线	“达斯维达”空降书展《星球大战》中文版来了
461	2017-08-18	央广网	华东理工大学商学院阎海峰院长做客央广《青春无限》
462	2017-08-21	新华网	华东理工大学商学院院长阎海峰：培养知行合一的经管人才
463	2017-08-22	《生活周刊》	聆听设计的喜与痛
464	2017-08-23	《解放日报》	中国页岩气亮出“家底”
465	2017-08-23	上观新闻	页岩气第三大国首次向世界“亮家底”，可采储量可达全球第一
466	2017-08-24	央广网	华东理工大学：打造生命共同体　追求内外在驱动力量
467	2017-08-24	《光明日报》	中国故事为何迷人　听听国外出版社怎么说
468	2017-08-27	中国新闻网	中国大学生机械工程创新创意大赛在上海举办
469	2017-08-27	科学网	中国大学生机械工程创新创意大赛在沪举行
470	2017-08-27	文汇 App	为过程装备领域的大学生创新人才搭建成长平台
471	2017-08-28	上海教育新闻网	35 秒苹果削皮去核　64 校工科生角逐机械工程大赛
472	2017-08-28	上海热线	学生创新创意无限　多项高科技发明亮相华理
473	2017-08-28	央广网	华东理工大学商学院：回到商学教育本身　走内涵式人才培养道路
474	2017-08-28	《科技日报》	中国首个页岩气专著实现版权输出
475	2017-08-29	东方网	自动削皮机、水上巡航机器人　大学生机械工程赛创意十足
476	2017-08-29	《青年报》	大学生机械工程双创大赛举行
477	2017-08-30	中国青年网	上海大学生走进西藏：牵手一带一路，建设雪域天堂
478	2017-09-01	《汴梁晚报》	提升自主创新能力　努力实现科技强区
479	2017-09-01	《上海科技报》	会聚食品青年才俊　领略食品学术前沿
480	2017-09-04	《新民晚报》	科学“魔法师”将化学污染变无害
481	2017-09-05	《生活周刊》	用放大的眼光看设计
482	2017-09-05	科学网	龙亿涛团队构建高空间分辨新型纳米孔道
483	2017-09-05	《中国科学报》	中国大学生机械工程创新创意大赛在华东理工大学举办
484	2017-09-06	上海教育新闻网	上海市教书育人楷模马新玲：帮助学生成长是教师的价值
485	2017-09-06	新民网	萌新报到必备安全指南　教你如何应对各类“花招”
486	2017-09-06	《中国科学报》	构建高空间分辨新型纳米孔道
487	2017-09-08	人民网	上海为高校思政教学研究创设专项支持计划
488	2017-09-08	新民网	耕耘者之歌｜华东理工大学马老师：“帮助学生成长是教师的价值!”

序号	发表时间	媒体名称	新闻标题
489	2017－09－08	“文汇教育”微信公众号	2017年上海市教书育人楷模揭晓，他们的故事让人感动落泪
490	2017－09－08	《新民晚报》	走进学生心里的班导
491	2017－09－08	上观新闻	最新｜“我听过你的课，我的好老师”，2017上海教书育人楷模揭晓
492	2017－09－09	《文汇报》	高校创设育人奖回归立德树人根本
493	2017－09－09	东方网	舌尖上的迎新　46道家乡菜亮相华东理工食堂
494	2017－09－09	科学网	华东理工大学为新生预支勤工助学工资
495	2017－09－09	中国新闻网	华理迎新：立体化全方位教育织牢新生校园安全网
496	2017－09－09	《劳动报》	沪上高校迎新　推出多种暖心举措
497	2017－09－09	《新民晚报》	华东理工大学新生报到日　46道家乡菜亮相迎新暖心暖胃
498	2017－09－09	文汇App	“温度”迎新、“花样”迎新、美食迎新，让新生“沉浸式”体验华理
499	2017－09－09	上观新闻	申城大学开学季｜每个贫困生可拿三千元勤工助学预付工资，谁还理会“校园贷”？
500	2017－09－10	澎湃新闻	上海交大首颁“教书育人奖”，最高个人奖15万团队奖30万
501	2017－09－10	《光明日报》	激励学生报效祖国服务人民奉献社会
502	2017－09－10	上海热线	沪多所高校迎新生报道　这DIY宿舍和家乡菜亮了
503	2017－09－10	央广网	华理为新生预支勤工助学工资　创新信用助学避陷校园贷陷阱
504	2017－09－10	周到上海	开学季　华东理工大学46道家乡菜迎新　每道菜3～5元　真心便宜
505	2017－09－10	《光明日报》	激励学生报效祖国服务人民奉献社会
506	2017－09－11	《青年报》	沪上高校纷纷设立高额育人奖
507	2017－09－11	新华网	创新信用助学：上海高校为新生预支勤工助学工资
508	2017－09－11	澎湃新闻	预防不良校园贷，华东理工大学为贫困生预支三千元勤工助学金
509	2017－09－11	上海教育新闻网	杜绝“校园贷”华东理工“预支计划”护航新生校园安全
510	2017－09－11	《新闻晨报》	为家庭经济困难新生 预支“勤工助学工资”
511	2017－09－12	《中国科学报》	我的“拿来主义”
512	2017－09－12	《上海科技报》	一批参赛作品具备转化产品潜力
513	2017－09－12	东方网	为这样的“爱心大礼包”点赞
514	2017－09－12	文汇App	预付工资、助学贷款……杜绝“校园贷”，沪上高校出台有力举措助寒门学子顺利入学

序号	发表时间	媒体名称	新闻标题
515	2017－09－13	“上海教育”微信公众号	读懂中国，书记、校长来上新生第一课；精准帮扶，沪高校纷纷出招！
516	2017－09－13	《上海科技报》	沪上各高校迎新贴心更“赢心”
517	2017－09－13	《青年报》	新生需过关“安全教育”考试
518	2017－09－13	《青年报》	华东理工大学为新生预支助学金
519	2017－09－14	《文汇报》	牢牢把握以马克思主义为指导这个灵魂
520	2017－09－14	“文汇教育”微信公众号	“老师，今天我们玩什么?”华东理工大学副教授的课上，学生这么问
521	2017－09－14	《文汇报》	一站上讲台，就没想过要离开
522	2017－09－15	《半月谈》(内部刊)	创业教育：教赚钱还是育品格
523	2017－09－16	《经济导刊》	曹锦清：中国共产党时代叙事与历史使命
524	2017－09－16	观察网者网	曹锦清：中国共产党时代叙事与历史使命
525	2017－09－18	中国新闻网	华东理工邀请院士为研究生上“入学第一课”
526	2017－09－18	《中国石化报》	镇海炼化和科研院所共建创新研究中心
527	2017－09－18	中国社会科学网	科学道德与学风建设是迈好学术生涯的第一步
528	2017－09－19	《中国法制报》	保护知情同意权应修改医疗机构管理条例
529	2017－09－19	《中国环境报》	普查方案设计要与现行环境管理制度衔接
530	2017－09－19	《青年报》	李宝力：路途艰辛　但仍勇往直前
531	2017－09－19	科学网	陈凯先院士为华东理工研究生上“入学第一课”
532	2017－09－21	平湖网	院士专家平湖行提供发展新路径
533	2017－09－21	“文汇教育”微信公众号	“双一流”名单出炉！听听复旦交大同济华师大掌门人打算怎么建“双一流”
534	2017－09－22	《文汇报》	“双一流”是“扶优、扶需、扶特、扶新”
535	2017－09－24	中国宁波网	2017 国家智能制造论坛慈溪举行掀起超级“头脑风暴”
536	2017－09－25	《现代金报》	国内顶尖专家齐聚慈溪　探讨智能制造发展热点
537	2017－09－25	《宁波日报》	中国・慈溪 2017 国家智能制造论坛举行
538	2017－09－25	《劳动报》	徐汇“创业梦之星”决赛揭幕
539	2017－09－26	东方网	“汇聚文明力量 彰显城市温度”第二届城市文明论坛今举行
540	2017－09－26	《新闻晨报》	鸭脖子是道风味美食，但是不宜多吃
541	2017－09－28	国际在线	第十届全国体育收藏博览会将在上海举行
542	2017－09－28	《青年报》	口味多多创意足　诚意满满含深意
543	2017－09－28	新民周刊	高等教育　内涵发展迈上新台阶
544	2017－09－30	上海教育新闻网	华理喜迎校庆年　开学典礼演绎“华理味道”

序号	发表时间	媒体名称	新闻标题
545	2017-09-30	东方网	用“华理味道”为新生讲述“光荣与梦想”
546	2017-09-30	上海热线	华理开通“花梨直播”超7.6万人次观看开学典礼
547	2017-09-30	周到上海	开学典礼　华东理工用“华理味道”讲述“光荣与梦想”
548	2017-09-30	科学网	用“华理味道”讲述“光荣与梦想”
549	2017-09-30	央广网	华东理工大学举行2017届新生开学典礼：用“华理味道”讲述“光荣与梦想”
550	2017-10-02	《东方教育时报》	当65岁厚重遇上18岁青春：华东理工大学举行2017届新生开学典礼
551	2017-10-04	“青春上海”微信公众号	向美味势力低头！中秋节，沪上高校食堂的大师傅都拼了，远不止月饼这么简单！
552	2017-10-05	《新民晚报》	接过冷冻电镜技术接力棒的，是一个个中国面孔！感谢开拓者！
553	2017-10-05	《青年报》	小菜暖心暖胃　化解思乡之情
554	2017-10-06	“五星体育广播”官方微信公众号	乐·享 ｜ 上海市体育消费发展的几点思考
555	2017-10-07	中国社会科学网	华东理工大学举行2017届新生开学典礼
556	2017-10-08	中国新闻网	华东理工大学举行2017届新生开学典礼 用“华理味道”讲述“光荣与梦想”
557	2017-10-09	《新民晚报》	科创新地标 ｜ 让养鱼告别化学药物，“鱼疫苗”的中国标准将在这里诞生
558	2017-10-09	央广网	学生在课堂“上天入海”：华东理工环境工程专业打造VR实训体验课
559	2017-10-10	《泉州晚报》	美丽乡村“筑梦者”7天建19个微公园
560	2017-10-10	《中国科学报》	华东理工大学获全国大学生化工设计竞赛特等奖
561	2017-10-10	上海教育新闻网	课堂里“上天入地”华东理工打造VR实训体验课
562	2017-10-10	中国新闻网	华东理工大学环境工程专业打造VR实训体验课
563	2017-10-11	上观新闻	上海嘉定这个居委用房经过“折叠”后，没想到竟出现了这样的变化……
564	2017-10-11	环球网	曹锦清：摆脱卑怯，知识分子请睁眼看祖国
565	2017-10-11	澎湃新闻	华东理工首次用VR技术教学，让学生“深入”污水处理厂
566	2017-10-12	上海教育新闻网	华东理工助新教工扣好入职“第一粒纽扣”
567	2017-10-12	《大学生科技报》	华东理工大学环境工程专业打造VR实训体验课
568	2017-10-15	科学网	第二届创新创业大会在华东理工大学举行
569	2017-10-15	周到上海	“90后、00后”创业者告诉你 创业该具备怎样的特质

序号	发表时间	媒体名称	新闻标题
570	2017－10－15	中国新闻网	第二届创新创业大会暨ABC新时代双创新生态新领地论坛在沪举行
571	2017－10－15	上观新闻	沪江网伏彩瑞为何说“网师”年收入不必超200万，可实现桃李满天下
572	2017－10－15	央广网	第二届创新创业大会暨ABC新时代双创新生态新领地论坛在沪召开
573	2017－10－16	文汇网	展现人体力与美，2017上海城市业余联赛健身健美公开赛在沪举行
574	2017－10－16	《中国渔业报》	鱼疫苗要建“中国标准”
575	2017－10－16	《文汇报》	体育收藏博览会在沪举行
576	2017－10－17	上海热线	崇明“海上花岛”健身健美公开赛精彩纷呈
577	2017－10－17	《联合时报》	推动政协民主监督迈向深入
578	2017－10－17	《中国科学报》	华东理工大学打造VR实训体验课
579	2017－10－18	“上海教育”微信公众号	心声｜上海教育系统干部师生聚焦开幕会盛况，心潮澎湃！
580	2017－10－18	东方网	【十九大时光】“以自己的砥砺奋斗 助力中国梦”申城高校师生热议十九大报告
581	2017－10－18	《上海日报》(英文版)	International Chemical Biology Conference Held in Shanghai for First Time
582	2017－10－18	科学网	国际化学生物学年会首次在中国举办
583	2017－10－18	光明网	国际化学生物学领域的中国声音
584	2017－10－18	腾讯·大申网	2017上海城市业余联赛“海上花岛”健身健美公开赛举办
585	2017－10－20	《青年报》	十九大，让年轻的心心跳同频
586	2017－10－20	《上海科技报》	2017年国际化学生物学年会在沪举办
587	2017－10－20	《上海科技报》	让学生在课堂里“上天入海”
588	2017－10－22	中国新闻网	“费林加诺贝尔奖科学家联合研究中心”在沪揭牌
589	2017－10－22	央广网	3位2016年诺贝尔化学奖获得者齐聚华东理工　费林加诺贝尔奖科学家联合研究中心今日揭牌
590	2017－10－22	中青在线	华理成立诺奖联合研究中心
591	2017－10－22	《劳动报》	华理“联合研究中心”揭牌
592	2017－10－22	看看新闻网	费林加诺贝尔奖科学家联合研究中心在华东理工大学揭牌
593	2017－10－22	上观新闻	这些天，4个诺贝尔奖得主齐聚上海一校，其中3个都是去年刚拿的诺奖
594	2017－10－22	科学网	“费林加诺贝尔奖科学家联合研究中心”揭牌成立
595	2017－10－22	文汇App	华理联合2016诺贝尔化学奖得主共建“费林加诺贝尔奖科学家联合研究中心”

序号	发表时间	媒体名称	新闻标题
596	2017-10-22	周到上海	沪上这所大学建了一个世界级研究中心 3位诺奖大咖来助力
597	2017-10-23	《光明日报》客户端	3位诺贝尔化学奖获得者齐聚华东理工大学
598	2017-10-23	上海热线	华理成立费林加诺贝尔奖科学家联合研究中心
599	2017-10-23	国际在线	第十届全国体育收藏博览会在沪闭幕
600	2017-10-23	腾讯·大申网	华东理工大学65周年校庆宣传片《薪传》权威发布!
601	2017-10-23	嘉兴在线新闻网	牛！96年海宁姑娘　因为这个设计　赴新加坡领取“设计界奥斯卡”大奖
602	2017-10-23	《解放日报》	3位诺奖得主齐聚上海高校
603	2017-10-23	《文汇报》	诺奖化学家在沪建联合实验室
604	2017-10-23	新华网	华东理工大学成立“费林加诺贝尔奖科学家联合研究中心”
605	2017-10-23	《中国科学报》	费林加诺贝尔奖科学家联合研究中心在沪成立
606	2017-10-23	《青年报》	“费林加诺贝尔奖科学家联合研究中心”成立 3位诺奖大咖刮起“科学旋风”
607	2017-10-23	腾讯·大申网	3位2016年诺贝尔化学奖获得者为何齐聚华理
608	2017-10-24	《科技日报》	诺贝尔奖科学家联合研究中心落户华东理工
609	2017-10-24	“文汇教育”微信公众号	工程类院校不应该培养“年轻的机器人”，未来工程师必须要有软实力
610	2017-10-24	周到上海App	如何培养科技创新的工科新人？今天的工程教育校长论坛上有答案!
611	2017-10-24	央广网	“工程教育”校长论坛在华东理工大学举行　国内外9大高校校长谈工程教育的改革和发展
612	2017-10-24	《解放日报》	回应人民群众对美好生活的向往
613	2017-10-25	《劳动报》	“工程教育”校长论坛在沪举行
614	2017-10-25	科学网	“工程教育”校长论坛在华东理工大学举行
615	2017-10-25	《文汇报》	未来工程师软实力培养受关注
616	2017-10-26	《中国科学报》	国际化学生物学会年会首次在中国举办
617	2017-10-27	上海教育新闻网	明灯讲堂启动　指路青春逐梦
618	2017-10-27	上海教育新闻网	上海高校召开“习近平新时代中国特色社会主义思想教学研究研讨会”
619	2017-10-28	中国新闻网	上海高校思想政治理论课教学指导委员会召开研讨会
620	2017-10-29	“上海教育”微信公众号	上海高校思想政治理论课教学指导委员会召开“习近平新时代中国特色社会主义思想教学研究研讨会”
621	2017-10-29	“教师博雅”微信公众号	上海高校思想政治理论课教学指导委员会召开“习近平新时代中国特色社会主义思想教学研究研讨会”

序号	发表时间	媒体名称	新闻标题
622	2017－10－29	上海热线	新时代思政课：运用新媒体新技术让教育鲜活
623	2017－10－29	澎湃新闻	理工科高校如何发展人文学科？学者：不能借助优势时失去自我
624	2017－10－29	人民网	华东理工大学成立社会科学高等研究院　专家学者共议“新时代社会科学发展”
625	2017－10－30	东方网	华东理工大学成立社会科学高等研究院
626	2017－10－30	新华网	上海：将十九大精神融入高校思政课建设
627	2017－10－30	《解放日报》	95 年前诞生地，党章明灯照亮学子
628	2017－10－30	《青年报》	上海高校举行研讨会
629	2017－10－31	上海教育	19th 工博会③抢先看！高校展区亮点多，“高精尖”特接地气～
630	2017－10－31	周到上海	工博会上海高校亮点抢先看，第一弹来了！
631	2017－11－01	温都网	大学教师下海打造“机械长城”，创建温州首家企业院士工作站
632	2017－11－01	上海教育新闻网	华理上线信息化管理系统，确保实验室安全
633	2017－11－01	新华网	华理工第二届国际文化节暨第十届商学院国际日开幕
634	2017－11－01	澎湃新闻	作为文化想象的社群：广场舞群体的生活写照
635	2017－11－01	《解放日报》	前行，使命传承中坚定方向
636	2017－11－01	《新闻晨报》	复旦第六代机器人　能逗娃、做保姆，还能当老中医
637	2017－11－01	澎湃新闻	防火防盗还能远程看家，家庭服务机器人“睿豆”将亮相工博会
638	2017－11－02	人民网	十九大精神进校园：风正扬帆当有为　勇做时代弄潮儿
639	2017－11－03	《文汇报》	一批高校创新成果将亮相工博会
640	2017－11－03	《青年报》官方微信公众号	上海首家！华理这个刚成立的学生社团厉害了！
641	2017－11－03	“青春上海”微信公众号	华理成立习近平新时代中国特色社会主义思想研究会
642	2017－11－03	科学网	华理成立习近平新时代中国特色社会主义思想研究会
643	2017－11－03	新民晚报	华东理工成立习近平新时代中国特色社会主义思想研究会
644	2017－11－03	《光明日报》	在这里聆听跃动的初心
645	2017－11－03	《文汇报》	在为人民利益的不懈奋斗中书写人生华章
646	2017－11－03	《青年报》	做十九大精神的学习者、践行者
647	2017－11－04	看看新闻网	华东理工大学首届产业发展论坛　聚焦科技成果转化新机制
648	2017－11－04	央广网	华理首届产业发展论坛今日举行　构建科技成果转化新机制
649	2017－11－04	人民网	华东理工大学成立习近平新时代中国特色社会主义思想研究会

序号	发表时间	媒体名称	新闻标题
650	2017-11-05	“上海教育”微信公众号	溜娃机器人、人工韧带、声波灭火器……下周工博会高校展区大揭秘!
651	2017-11-05	澎湃新闻	【澎湃问吧】我是华东理工大学社会学系讲师，关于广场舞群体的生活世界，问我吧!
652	2017-11-05	周到上海	怀揣创业梦的大学生们，来听听过来人的创业故事
653	2017-11-05	科学网	华理举办中国与“一带一路”国家产能合作论坛
654	2017-11-06	上海教育新闻网	华理成立“习近平新时代中国特色社会主义思想研究会”
655	2017-11-06	澎湃新闻	“上海学校习近平新时代中国特色社会主义思想研究中心”成立
656	2017-11-06	中国网	国内外学者云集华东理工大学　研讨公共服务和城市治理
657	2017-11-06	澎湃新闻	学者谈服务型政府建设：比过去内涵更深、范围更广、站得更高
658	2017-11-06	上海热线	校企“联姻”共话科技成果转化落地及产业发展
659	2017-11-06	《国际金融报》	EMBA 招生门槛提高，商学院告别“粗制滥造”步入洗牌期
660	2017-11-07	周到上海	一边康复一边玩 VR？今天开幕的工博会高校展，周末约吗？
661	2017-11-07	《经济日报》	华东理工大学成立习近平新时代中国特色社会主义思想研究会
662	2017-11-08	《新民晚报》	无人机变身高楼灭火“特种兵”
663	2017-11-08	央广网	服务高铁安全出行：智能探伤小车基于深度学习为钢轨做“体检”
664	2017-11-08	上观新闻	聚焦“中国制造 2025”：构建智能制造生态体系，“大国”如何转身“强国”?
665	2017-11-08	中国新闻网	中国与“一带一路”国家产能合作论坛在华理举行
666	2017-11-08	上海热线	阎海峰：新时代中国企业要走全球产能合作路
667	2017-11-09	《上海科技报》	动力无限：充满智慧的科技盛宴
668	2017-11-09	《上海科技报》	智能小车给钢轨做“体检”
669	2017-11-09	澎湃新闻	“一大会址”日记丨青年：了解民族未来方向，定要知其过往
670	2017-11-09	上观新闻	【学思践悟十九大】围绕习近平新时代中国特色社会主义思想，上海 12 校成立新理论社团
671	2017-11-09	《新闻晨报》	华东理工举办“一带一路”国家产业合作论坛
672	2017-11-10	周到上海	华东理工科技创新大会上 这些举措鼓励科技创新
673	2017-11-10	中国新闻网	徐汇区与华理签署合作框架协议携手推动科创中心建设
674	2017-11-10	科学网	华东理工大学召开科技创新大会
675	2017-11-10	央广网	上海市徐汇区携手华东理工大学签署合作框架协议共推科创中心建设

续表

序号	发表时间	媒体名称	新闻标题
676	2017-11-10	光明网	徐汇区与华东理工大学签署合作框架协议
677	2017-11-10	《文汇报》	认真学习贯彻党的十九大精神全面加强教卫系统基层党建工作
678	2017-11-11	东方网	华东理工与徐汇区携手打造高端创新人才聚集平台
679	2017-11-12	人民网	徐汇区与华东理工大学签约协力推进科创中心建设
680	2017-11-12	“上海发布”官方微信公众号	【记忆】化学工程师的摇篮，华理65年底蕴慢慢道来！
681	2017-11-13	《劳动报》	毕业了，还想回去吃的食堂美味
682	2017-11-13	看看新闻网	格瓦拉惊爆大量账户被盗刷　竟现边改密码边被盗
683	2017-11-13	《中国教育报》	告别抗生素，我国鱼类活疫苗“破冰”
684	2017-11-13	上海教育新闻网	徐汇华理协力推动科技创新中心建设
685	2017-11-13	《徐汇报》	创新引领发展　科技成就未来
686	2017-11-14	《上海科技报》	为科技工作者提供优质高效服务
687	2017-11-14	中国新闻网	第九届京沪学工部长论坛在华东理工大学举行
688	2017-11-14	央广网	高校学工部长学习贯彻十九大精神研讨会暨第九届京沪学工部长论坛于华理举行
689	2017-11-14	新浪体育	一个大学老师是如何跑成上海业余圈“野人”的
690	2017-11-14	环球网	曹锦清：“中国何以富强”成时代之问
691	2017-11-14	法制网	上海首提超大城市数据治理
692	2017-11-14	《中国科学报》	智能小车给钢轨做“体检”
693	2017-11-15	《青年报》	京沪高校学工部长学习贯彻十九大精神
694	2017-11-15	《青年报》	沪高校用美食吸引学生回流食堂
695	2017-11-16	《中国工业报》	我国推进流程工业向绿色高效化发展
696	2017-11-17	正义网	拿到户口就辞职　高额违约金能“绑住”人才吗？
697	2017-11-17	中国新闻网	华理邀请钱锋院士为研究生讲述科学精神
698	2017-11-17	央广网	中国工程院院士钱锋：向研究生讲述科学精神、迈好学术生涯关键步伐
699	2017-11-17	《青年报》	参加“挑战杯”的路上小小心思结出累累硕果　发表论文　出版书籍　硕博连读
700	2017-11-18	央广网	2017长沙国际马拉松赛18日开跑
701	2017-11-19	看看新闻	传承上海家训类非物质文化遗产　首届钱氏家教家风高峰论坛在沪举行
702	2017-11-19	新浪网	传承上海家训类非物质文化遗产　首届钱氏家教家风高峰论坛在沪举行
703	2017-11-19	东方网	传承家训类非遗　首届钱氏家教家风高峰论坛举行

序号	发表时间	媒体名称	新闻标题
704	2017-11-19	人民网	中国工程院院士钱旭红："小人固当远，断不可显为仇敌"
705	2017-11-19	《三湘都市报》	中国选手夺得"全马"冠军
706	2017-11-19	《长沙晚报》	长马福地　明年我还要再来！
707	2017-11-19	《海东时报》	中国男选手登顶2017长沙国际马拉松全程比赛
708	2017-11-19	《潮州日报》	中国男选手首夺全程冠军
709	2017-11-19	《湖南日报》	中国体育教师打破非洲选手垄断
710	2017-11-19	新华社	中国男选手登顶2017长沙国际马拉松全程比赛
711	2017-11-20	《中国青年报》	第十五届"挑战杯""院士进校园"主题论坛系列活动结束
712	2017-11-20	科学网	钱锋院士为华理学生讲述科学精神
713	2017-11-21	《时代周报》	广场舞：被压缩的空间
714	2017-11-21	《洛阳日报》	中石化洛阳公司"牵手"华东理工大学
715	2017-11-23	人民网	中俄合唱国际研讨会在沪开幕
716	2017-11-23	《青年报》	做有诚信之人　坚持严谨作风
717	2017-11-24	《解放日报》	两位诺奖得主将在沪拿"中国绿卡"
718	2017-11-26	上观新闻	【领航新征程】陪伴独居老人、帮助受家暴女性……创新社会治理，上海这支力量不可小觑
719	2017-11-27	中国青年网	2017长安汽车杯·青春愉悦跑　华东理工越跑越青春
720	2017-11-27	《科技日报》	上海张江示范区：创新驱动，构造人才生态的"地心引力"
721	2017-11-27	和讯网	工业4.0时代：从数字化、智能化提升智能制造
722	2017-11-27	《中国渔业报》	我国首个海水鱼活疫苗投产
723	2017-11-27	《中国经济时报》	汇智全球共解智能制造实践
724	2017-11-28	《广州日报》	全球智能制造　产业联盟落地深圳
725	2017-11-28	正义网	"随手拍"曝光或涉侵权　专家：要判断是否触及"公共利益"
726	2017-11-28	《法制日报》	道交法"不影响过往车辆通行"规定存争议
727	2017-11-28	文汇App	上海10位专家入选中科院2017年新增院士，来看他们究竟有多牛！
728	2017-11-28	上观新闻	上海新增科学院院士刘昌胜 | 50岁的他获发明专利38项，发SCI论文201篇
729	2017-11-29	《新闻晨报》	10名在沪专家新当选中科院院士
730	2017-11-30	《大学生科技报》	为城市"追梦人"刷出"存在感"
731	2017-11-30	《新民晚报》	运动点燃激情　梦想照亮未来
732	2017-11-30	上观新闻	十九大报告中提到的"新时代"，对应的不是"旧时代"
733	2017-12-01	东方网	第五届上海院士专家峰会在浦东举行　探讨上海产业变革与创新

续表

序号	发表时间	媒体名称	新闻标题
734	2017-12-01	《文汇报》	规范学术道德，从大学育人开始
735	2017-12-02	人民网	全国民办高校负责人聚三亚　探讨民办高校发展大计
736	2017-12-03	“上海发布”官方微信公众号	【滋味】如何做出肥而不腻的红烧肉？吃货们来看教程！
737	2017-12-03	《文汇报》	积淀再深，都要随时勇于跨界
738	2017-12-04	《人民日报》	上海：对标全球最高　开放之风劲吹（新时代　新气象　新作为）
739	2017-12-04	《人民日报》官方微信公众号	两名诺贝尔奖得主将拿到中国“绿卡”
740	2017-12-04	澎湃新闻	新时代新气象新作为｜上海高校学习十九大精神新招多
741	2017-12-05	上海热线	沪大学生自编自演戏剧　华理原创《金珠玛米》
742	2017-12-05	中国新闻网	上海高校大学生自编自演戏剧献礼建军 90 周年
743	2017-12-05	央广网	沪上大学生国防教育专题剧演今日举行自编自演献礼建军 90 周年
744	2017-12-06	《光明日报》	听！上海科技创新之潮在奔涌
745	2017-12-06	《人民日报》官方微信公众号	你一定想不到！中国“绿卡”的珍贵程度才是世界第一
746	2017-12-06	《新民晚报》	沪大学生自编自演戏剧献礼建军 90 周年
747	2017-12-06	周到上海	沪大学生自编自演这场戏剧献礼建军 90 周年
748	2017-12-06	上海教育新闻网	自编自导自演 沪大学生原创军旅剧献礼建军 90 周年
749	2017-12-06	《新民晚报》	沪大学生自编自演戏剧献礼建军 90 周年
750	2017-12-06	《新民晚报》	运动点燃激情　梦想照亮未来——2017 上海市学校阳光体育系列奖项展示
751	2017-12-06	《解放日报》	大学生自编自演国防戏
752	2017-12-07	科学网	香港回归 20 周年何梁何利基金图片展和高峰论坛在华理举行
753	2017-12-07	上观新闻	“大气十条”第 5 年，年底“结账”能否达标？从 2020 到 2050 年还有“三步走”
754	2017-12-07	上观新闻	大学课堂纷纷“虚拟现实”：VR 头盔＋交互手柄，两人合装一辆新能源车
755	2017-12-07	《青年报》	4 部国防大戏取材于真实事件
756	2017-12-07	中国新闻网	2017 浙江省设计师创客大赛决赛在浙江义乌举行
757	2017-12-07	《文汇报》	研究和转化，永远处于“创新进行时”
758	2017-12-08	人民网	香港回归 20 周年何梁何利基金高峰论坛举办

序号	发表时间	媒体名称	新闻标题
759	2017－12－09	观察者网	曹锦清：利玛窦困惑，西方人自己给自己出的中国谜题
760	2017－12－11	《劳动报》	互联网家政创新月嫂薪酬模式
761	2017－12－11	中国科技网	逆转“十面霾伏”大气与水防治还需持久战
762	2017－12－11	科学网	华东理工大学发展转录因子调节剂设计新方法
763	2017－12－12	新华网	华理工商学院举办“新能源汽车产业发展与新技术应用”主题论坛
764	2017－12－12	上观新闻	乡村振兴靠什么：产业、乡愁与社会创业 ——新时代乡村振兴与社会创业研究会在沪成立
765	2017－12－13	《中国科学报》	院士专家共谋大气和水污染应对之策
766	2017－12－13	《中国青年报》	上海：“诚信教育”成大学生“正面成长”必修课
767	2017－12－13	科学网	院士专家共谋大气和水污染应对之策
768	2017－12－14	《中国新闻出版广电报》	版权合作中完成自我提升
769	2017－12－14	科学网	华东理工大学教授王卫：“让病菌开口‘说话’”
770	2017－12－15	“微言教育”官方微信公众号	震撼！这部航拍大片，直击高校思政“靓”在哪儿
771	2017－12－18	《文汇报》	创新解决体育课“风雨有阻”痛点
772	2017－12－18	《北京日报》	超越“利玛窦困惑”
773	2017－12－18	《中国化工报》	上海大力改造地下储油罐
774	2017－12－19	《解放日报》	后羿：不仅是神箭手还是“科学家”
775	2017－12－19	澎湃新闻	在文明的深处思考乡村振兴
776	2017－12－19	《北京晨报》	第三届德国莱茵 TUV 失效分析论坛举办
777	2017－12－20	中国江西网	华东理工大学与新余校地合作洽谈会召开
778	2017－12－20	《新余日报》	华东理工大学与新余校地合作洽谈会召开
779	2017－12－20	央广网	2017 央广教育盛典专访华东理工大学商学院阎海峰
780	2017－12－20	《文汇报》	确保大飞机“神经元”安全运行百年
781	2017－12－20	《中国科学报》	华东理工等研制新型光可控化学探针工具
782	2017－12－21	腾讯·大申网	华东理工大学成立国际社会工作学院
783	2017－12－21	中国新闻网	华东理工大学成立国际社会工作学院
784	2017－12－21	科学网	华东理工大学成立国际社会工作学院
785	2017－12－21	新华网	在文明的深处思考乡村振兴
786	2017－12－24	《信息时报》	地方教育公益论坛启动
787	2017－12－24	《解放日报》	从大飞机到小铅笔，渗透设计“魔力”
788	2017－12－25	《中国青年报》	“放牛娃”也有春天
789	2017－12－26	《科技日报》	“中国绿卡”能吸引更多外籍科学家吗

续表

序号	发表时间	媒体名称	新闻标题
790	2017-12-27	“上海闵行”微信公众号	包括华东理工大学附属闵行科技高中在内，未来三年闵行又将新添这几所学校，快来看看有没有你家附近的
791	2017-12-27	东方网	走向企业觅科普人才　科普志愿者协会覆盖16区
792	2017-12-28	澎湃新闻	“一大会址”日记丨冬雨拦不住瞻仰热潮，参观队伍安静有序
793	2017-12-29	《中国青年报》	全团学校战线广泛开展主题组织生活会
794	2017-12-30	《经济日报》	图书消费变形记
795	2017—12—31	“上海发布”官方微信公众号	【教育】华理2017届毕业生就业质量：本科生首月均薪超5 400元

统战工作

【概况】 年内，党委统战部在深入学习贯彻中央、上海市统战工作会议精神和《中国共产党统一战线工作条例（试行）》的基础上，牢牢把握迎接党的十九大、学习贯彻党的十九大精神这条主线，围绕中心，服务大局，在各民主党派、统战团体换届以及迎接高校统战工作调研检查工作上抓落实、补短板、求实效、促发展，充分发挥统一战线成员的优势，稳步推进学校统一战线各领域的工作。

加强思想引领，凝聚政治共识。加强党的领导，健全工作机制。为了进一步贯彻落实中央统战工作会议精神、《中国共产党统一战线工作条例（试行）》以及《中共中央统战部、中共教育部党组关于加强新形势下高校统一战线工作的意见》精神，学校调整了校民族工作领导小组及二级党组织统战委员，修订和出台《关于加强新形势下学校党外代表人士队伍建设的意见》《关于加强华东理工大学二级党组织统战工作的意见》等6项统战工作制度。

加强理论学习，提升政治觉悟。组织和引导统战成员学习“两会”精神，召开民主党派及统战团体工作交流会、“建言献策实践与思考”专题报告会，组织统战战员参加“凝心聚力 巩固发展最广泛的爱国统一战线”专题网络培训班，组织民主党派、无党派人士参观“光辉的历程——中国民主党派历史陈列馆精品展”。在十九大召开期间，积极引导各民主党派、统战团体观看和学习十九大开幕式和报告精神，并围绕“不忘初心、牢记使命”开展主题鲜明的学习考察活动，如参观中共一大会址、陈云纪念馆等。

夯实工作基础，加强队伍建设。加强培养选拔，推进队伍建设。协助各民主党派完成了对新成员的考察工作，发展民主党派成员20人、发展欧美同学会会员5人。推荐60余名党外教师参加国家教育行政学院、各级党校、社会主义学院及民主党派组织的各类培训班。完成了市教卫系统“70后”“80后”民主党派成员和党外优秀人才32名重点人选、16名专业领域领军人才、34名后备人才的推荐工作，为党外代表人士和党外优秀人才的培养与使用做好准备。

搭建选人平台，加强推荐力度。在民主党派换届中，2人当选党派中央委员，1人当选党派市委副主委，2人当选党派市委常委，5人当选市委委员。在统战团体换届中，1人被推选为上海中国和平统一促进会第一届理事会理事，1人增补为市知联会会员，1人当选徐汇区中青年知识分子联谊会副会长，4 人当选徐汇区中青年知识分子联谊会会员。在市人大、政协换届推选中，完成了 7 名上海市第十三届政协委员候选人推荐工作。在徐汇区侨联换届中，完成 2 名区侨联委员推荐工作。

充分发挥优势，加强社会服务。发挥人才优势，凝聚智慧力量。引导和鼓励广大统战成员为社会及学校的建设发展积极建言献策。组织召开双月座谈会，围绕“上海中小学生减负和规范教育培训市场”这一主题组织撰写建言 30 篇。组织统战成员参与统战课题研究，向市教卫工作党委统战处提交 7 个课题（其中 2 个课题立项）、1 个院系统战工作特色案例，向上海市委统战部上报 7 个课题，向上海市政府侨办上报 3 个课题。

校民盟委员会先后与民盟绍兴市上虞区基层委员会、民盟崇明区委员会签署共建协议，实现资源互补共享，促进了合作发展平台的搭建；为发挥高校“侨”人士的作用及优势，承办了上海市高校、科研院所侨联 2017 年第一次工作例会。

发挥智力优势，服务社会发展。学校民主党派、统战团体基层组织和成员充分发挥自身优势，立足于为社会经济发展服务，在各领域取得了显著的成绩。农工党华东理工大学支部委员会获评农工党中央“开展坚持和发展中国特色社会主义学习实践活动参政议政工作先进集体”，颜静兰获评农工党中央“开展坚持和发展中国特色社会主义学习实践活动先进个人”，九三学社华东理工大学委员会获评九三学社市委“坚持和发展中国特色社会主义学习实践活动先进集体”，民盟委员会获得民盟上海市委“2016 年度社情民意先进集体”，彭昌军等 5 人获评“坚持和发展中国特色社会主义学习实践活动先进个人”，杨逢珉获评“2015—2016 年度民革上海市委三八红旗手”，宋晓涛获评“上海市侨务工作先进个人”等。

坚持主动服务，提高自身建设。扎实做好统战成员的服务工作。坚持重大节日慰问走访归侨及党派、团体老同志，探望生病教师，为遇到困难的统战成员提供帮助。在元宵佳节与凌云街道共同举办欢庆元宵佳节活动，组织部分老归侨及侨眷参加市侨联组织的爱心休养等活动。关心困难少数民族学生，2017 年共计资助少数民族学生 27 余人次，申请助学金 6.8 万元。组织少数民族学生、澳台侨学生参加毕业生专场招聘会，组织海外校友子女参与“寻根之旅”夏令营，等等。

加大工作宣传力度，提升工作水平。以校园网、部门网站和统战简报为载体，加大宣传力度。年内，在校园网上发布统战新闻 48 篇，在统战网页上发布统战动态 85 篇，编辑《华理统战简报》4 期；制作了“我与华理共成长”展板；利用微信工作群平台开展“聚焦十九大”专题学习宣传报道。

（顾嘉乐）

【上海市教卫工作党委统战处领导来校调研统战工作】 1月5日下午，上海市教卫工作党委统战处处长金勤明一行来学校调研统战工作，校党委副书记陈麒、统战部部长焦家俊等接待了来宾。焦家俊重点汇报了2017年校统战工作计划以及学校“70后”“80后”党外知识分子的基本概况。金勤明对华东理工大学统战工作给予高度肯定，并就“党外后备干部培养、高校统战工作绩效评价指标等问题提出指导性意见。

（顾嘉乐）

【校领导拜访九三学社上海市委】 4月1日，校党委副书记陈麒、统战部部长焦家俊等一行专程拜访九三学社上海市委专职副主委周锋。在交流中，陈麒感谢九三学社市委对学校九三学社委员会工作的关心和支持。周锋对陈麒等人的专程到访表示欢迎。双方围绕换届工作及党派后备干部的培养、选拔、任用等事宜进行了沟通和协商。

（宋晓涛）

【学校8名教师担任市委委员及以上职务】 3月28日—4月28日，上海各民主党派市委完成换届，学校8名教师担任市委委员及以上职务，4名教师当选各民主党派全国代表大会代表。民建会员刘百祥当选民建上海市第十三届委员会委员；民盟盟员安琦、常雅宁分别当选民盟上海市第十五届委员会常委、委员。陈英南、黄发荣当选为中国民主同盟第十二次全国代表大会代表；九三学社社员钱锋、刘海峰分别当选九三学社上海市第十七届委员会副主委、委员，钱锋当选九三学社第十一次全国代表大会的代表；致公党党员李建奎当选致公党上海市第八届委员会委员；民进会员赵玲当选民进上海市第十六届委员会委员；农工党党员蓝闽波当选农工党上海市第十三届委员会常委及农工党第十六次全国代表大会代表。

（宋晓涛）

【统战部开展专题网络培训】 4月14日上午，统战部“凝心聚力　巩固发展最广泛的爱国统一战线”专题网络培训班开班式在和平楼第三会议室召开。党委副书记陈麒出席开班仪式并讲话。本次培训依托国家教育行政学院进行，包括“思想政治引领”“统战工作解读”“意识形态安全”“党外队伍建设”“民族宗教工作”“文化交流融合”等六大网络课程模块，为期两个月。参加本次培训的有学校各民主党派、统战团体基层组织领导班子负责人和党委统战部干部等31名学员。

（宋晓涛）

【上海市高校、科研院所侨联2017年第一次工作例会在华理召开】 5月12日下午，上海市侨联基层工作部在和平楼第一会议室召开了上海市高校、科研院所侨联2017年第一次工作例会。市侨联副主席徐大振，市科技党委统战处处长宋明毅等领导及各高校、科研院所侨联负责人等出席会议。会前，副校长胡宝国会见了徐大振一行，并就进一步发展学校侨联组织工作等进行了交谈。

（李静）

【民盟华理委员会与上虞基层委员会共建基层组织建设发展平台】 6月29日下午，“民盟华东理工大学委员会-民盟绍兴市上虞区基层委员会共建基层组织建设发展平台”签约仪式暨组织交流会议在和平楼第一会议室召开。会上，民盟华东理工大学委员会与民盟绍兴市上虞区基层委员会共同签署了《民盟华东理工大学委员会-民盟绍兴市上虞区基层委员会共建基层组织建设发展平台》的协议，民盟华理委员会副主委安琦及民盟绍兴市上虞区基层委员会主委方静分别介绍了党派的发展历史和基本情况等。校党委副书记陈麒及上虞区委统战部副部长任中华出席会议并讲话。

（李浩）

【九三学社上海市委主委赵雯一行来学校调研座谈】 7月13日下午，九三学社中央副主席、市政协副主席、社市委主委赵雯带队来九三学社华东理工大学委员会调研走访，并与社员座谈。座谈会前，赵雯和校长曲景平，党委副书记陈麒等进行了会谈。九三学社市委专职副主委吴健生、副主委钱锋以及校统战部部长王慧锋、常务副部长焦家俊出席了会谈。

（李晓霞）

【刘漫丹当选为徐汇区知联会副会长】 8月1日，上海市徐汇区中青年知识分子联谊会第五届会员大会在徐汇区行政学院报告厅举行。刘漫丹当选为徐汇区第五届知联会副会长，王艳芹、刘朝晖、蒋丽华、张锐当选为第五届知联会会员，统战部常务副部长焦家俊应邀出席开幕式。

【杨逢珉当选上海中国和平统一促进会第一届理事会理事】 2017年9月27日，上海中国和平统一促进会成立仪式在上海举行。上海市委统战部部长施小琳出席仪式并当选为第一届理事会会长，民革中央委员、华东理工大学杨逢珉当选为第一届理事会理事。

（刘少伟）

【民盟华理委员会与民盟崇明区委员会签署合作共建协议】 11月19日，民盟委员会与民盟崇明区委员会进行组织交流并签署合作共建协议。民盟崇明区委员会主委施蕾、副主委黄宗逵，民盟华东理工大学委员会副主委常雅宁等19位盟员出席了签约仪式。

（李浩）

【钱锋、黄发荣当选民主党派中央委员】 12 月 3 日上午，九三学社第十一次全国代表大会在北京开幕，会议选举了九三学社第十四届中央委员会，钱锋当选九三学社第十四届中央委员会委员；12 月 6 日，中国民主同盟第十二次全国代表大会在北京开幕，黄发荣当选中国民主同盟第十二届中央委员会委员。

（顾嘉乐）

【校党委召开征求党外人士意见座谈会】 12 月 14 日下午，校党委在和平楼第三会议室召开第三场中共华东理工大学第十一次代表大会党委工作报告、纪委工作报告征求意见会，出席会议的有民主党派、无党派人士等 13 名教师代表。会上，党委办公室主任沈海涛向与会成员做了关于中共华东理工大学第十一次代表大会党委工作报告（20171211 征求意见稿）的汇报。与会代表们认真听取并审读了党代会工作报告，从各自代表的党派、团体、教师人群等方面积极踊跃发表了想法和建议。会议由副校长胡宝国主持。

（顾嘉乐）

纪检监察工作

【概况】 年内，纪委办公室（监察处）认真贯彻落实党的十八、十九大精神和十八届中央纪委七次、八次全会精神，以习近平新时代中国特色社会主义思想为指导，严明党的政治纪律和政治规矩，严肃党内政治生活，加强党内监督，强化监督执纪问责，深入践行监督执纪“四种形态”，驰而不息纠正“四风”，按照上级纪委要求和部署，围绕学校中心工作，忠诚履行党章赋予的职责，推动全面从严治党向纵深发展，为学校各项事业健康发展提供坚强政治制度保障。

贯彻落实上级决策部署，确保政令畅通。认真贯彻中央纪委、驻部纪检组和上海市纪委的决策部署，协助党委抓好党的十九大精神和十八届六中全会、中央纪委七次全会精神的学习和贯彻落实。3 月初，学校部分党政领导班子成员、两委委员和二级单位负责人等 70 余人集体参加教育系统党风廉政建设工作视频会议分会场的学习。3 月 28 日，协助党委组织召开全校党风廉政建设干部大会，进一步传达落实中央、教育部和上海市会议精神，总结 2016 年学校党风廉政建设工作，部署 2017 年工作任务，全校副处级以上干部、二级党组织纪检委员、重点岗位负责人等 300 余人参加会议。下半年，协助党委做好校第十一次党代会筹备工作，完成纪委工作报告起草任务；在代表选举、两委委员等推荐工作中，严把政治观、廉洁关。

落实中央八项规定精神，持之以恒纠正“四风”。深入贯彻落实中央八项规定精神，层层压实责任，严明各项纪律，紧盯关键少数，强化监督执纪问责。针对教育部巡视整改意见，再次对后勤部门所有人员的办公用房进行了核查，进一步规范办公用房管理工作。组织协调财务、后勤、资产经营公司等部门开展违规公款购买消费高档白酒问题自查自纠工作。根据上海市教卫工作党委要求，协助学校党委在全校范围内开展自查工作，对党的十八大以来学校贯彻执行中央八项规定精神的情况进行了全面梳理。紧盯节点，锲而不舍、驰而不息纠正“四风”，在春节寒假和中秋、国庆前夕，下发通知重申纪律要求，通过短信平台提醒干部，编制并发放多期典型案例让处级干部对照学习检查。加大监督执纪问责力度，对违反中央八项规定精神的干部进行严肃处理。

推进全面治党责任落实，强化党内监督。深入落实党风廉政建设主体责任和监督责任。上半年，协助党委制定《2017年华东理工大学党政领导班子成员党风廉政建设和反腐败工作责任分工》和《2017年华东理工大学党政领导班子成员和各分管范围党风廉政建设工作任务责任分解》。制定《落实党风廉政建设责任承诺书》，全校二级党组织书记和职能部门主要负责人共53人签订了承诺书。推进二级单位落实党风廉政建设责任制，制定《2017年华东理工大学二级单位党风廉政建设责任制落实情况考核要点及评价标准》；根据校党委统一部署，与组织部、宣传部联合组成5个检查组，对全校27家二级党组织开展“三大主体责任”落实情况专项检查。协助党委开展落实“三大主体责任”述职评议考核工作。向处级干部下发年度廉政工作记录，督促领导干部认真履行“一岗双责”等要求，年底回收并进行汇总分析，进一步了解掌握领导干部廉政工作开展的情况。

加大监督执纪力度，践行“四种形态”。坚持挺纪在前，践行监督执纪“四种形态”。3月，颁布实施《华东理工大学关于践行监督执纪“四种形态”的实施办法》。年内，纪委书记先后约谈43位二级党组织书记、职能部门主要负责人，针对各单位的廉政工作重点、难点及存在问题进行提醒。紧盯重点人、重点事，进一步加强和规范问题线索处置工作。一年来共处置问题线索10件，函询2人，诫勉1人，提醒谈话5人，立案3件，给予纪律处分3人。6月，组织开展纪律审查安全自查自纠和党纪政纪处分决定执行情况自查工作。7月，在自查的基础上，顺利通过了上海市纪委组织开展的案件质量检查工作。

聚焦重点领域关键环节，规范权力运行。持续深化“三转”，进一步加强对重点领域和关键环节的监管，规范权力运行。督促招生、采购、基建修缮等重点领域和关键环节的制度建设和执行，与财务处一起完成2017年规范教育收费及教育政风行风建设自查工作。严把干部选拔任用“党风廉洁意见回复”关，坚持执行干部选拔任用书面征求纪委意见制度，一年来共出具意见105份；坚持做好新提任处级干部上岗廉政谈话，一年来共开展上岗廉政谈话17人次；加强对党员领导干部执行廉政规定情况的监督检查，一年来共受理领导干部礼品礼金登记上交23人次，所收礼品、礼金严格按照文件要求进行分类处置。

推进校园廉政文化建设，营造良好政治生态。通过全校党风廉政建设干部大会和专题学习会，强化对副处级以上领导干部的教育。以警示教育为重点，组织基建项目管理委员会成员开展专题学习并观看警示教育片《高墙悲歌》。对青年干部培训班学员开展警示教育。协助实验室与装备处、宣传部、信息科学与工程学院等单位开展党员的廉政教育活动。完成“反腐倡廉建设”网的改版工作，通过网站内容的及时更新和开设“学习贯彻十九大精神”“纪委委员谈体会”等新专栏，进一步推进党风廉政宣传教育工作。完成对《中国共产党问责条例》贯彻执行情况和开展谈心谈话工作情况的调研。与宣传部、团委、艺术学院等多部门合作，在全校范围内开展廉政文化作品征集活动，选送优秀作品参加教育部第六届廉政文化作品大赛。

加强自身建设，打造忠诚干净有担当的队伍。坚持“打铁必须自身硬”原则，通过加强理论学习、组织培训等方式，进一步强化纪检监察干部的政治责任，提升履职能力。一年来，共组织 50 余人次参加上级纪委的各类培训学习。组织专职纪检干部赴部分部属院校就有效落实监督执纪“四种形态”的做法等方面开展调研。牵头 15 所部属高校，完成驻部纪检组《高校践行监督执纪“四种形态”的实证分析及常态化制度化建设》廉政理论课题的研究。积极参与驻部纪检组开展的“十八大以来片组高校纪委工作经验汇编”工作，报送《新形势下高校纪检监察部门强化监管工作的研究》和《不做当代“扁鹊”——高校纪委践行监督执纪“四种形态”途径探析》两篇论文。纪委书记沈志超为纪委委员、纪监审干部、法学院师生等 50 余人上题为“深入学习贯彻十九大精神，坚定落实全面从严治党部署，砥砺奋进引领事业新辉煌”的党课。继续加强学生监督员队伍建设，一年共处理学生提供的信息、意见或建议 268 条。

【开展纪检干部网络培训工作】 为深入贯彻中央纪委七次全会精神，落实教育部党风廉政建设工作视频会议要求，提升纪检干部的思想认识和履职能力，4 月 26 日至 7 月 15 日，学校党委组织部、纪委办联合举办了纪检干部党风廉政建设专题网络培训班，校纪委委员、二级党组织纪检委员和专职纪检干部共 43 人参加培训学习。

【对本科招生管理工作开展专项检查】 5 月初，纪检监察部门向教务处招生办公室下发《关于开展本科生招生（自主招生）工作专项检查的通知》，对开展专项检查工作进行部署。11 月 21 日，在招生办公室自查的基础上，纪检监察部门对本科招生管理工作开展专项检查工作，重点检查了特殊类招生中的自主招生工作。

【廉政文化作品获教育部奖项】 2 月 27 日，按照《教育部办公厅关于公布第五届全国高校廉政文化作品征集暨廉洁教育系列活动结果的通知》（教思政厅函〔2017〕5 号）要求，学校选送团委教师包雷晶的作品《为官者，盘里装着鱼肉，心里怎有百姓》参评，该作品被评为艺术设计类优秀作品。

安全保卫工作

【概况】 年内，保卫处围绕学校党政工作要点的要求，以“预防为主，打防结合”为工作主线，以维护学校的安全、稳定为目标，以服务师生为宗旨，保证了学校正常的教学、科研、工作、生活秩序，以及人员、财产的安全。华东理工大学连续七届荣获“2016—2017 年度上海市安全文明校园”称号；在上海高校技防建设“十二五”规划完成情况检查验收中，华东理工大学被评为优秀。

党建工作。以“不忘初心　砥砺前进”为主题，全体党员前往嘉兴南湖革命纪念馆进行参观学习，深刻领会党的十九大精神，践行社会主义核心价值观。党支部书记以“对十九大报告若干重要问题的认识”为主题，为全体党员开展专题党课学习。支部党员利用工作之余积极参与机关党工委组织的各类理论学习活动。

服务工作。加强精神文明建设，以培育和践行社会主义核心价值观为引领，积极开展文明单位创建活动，营造安全的育人环境。坚持“以人为本，周到服务”的理念，不断改进工作作风，提高服务水平和管理质量，树立良好的“窗口”形象，不断推进和谐部处建设，在诸如户籍管理方面，积极与政府职能部门沟通，简化新生户籍的迁移手续。

综合治理工作。积极落实学校的综合治理指导意见，开展群防群治，安全责任书层层签约，落实了综合治理责任制。召开“2017 年安全工作会议暨 2015—2016 年综合治理总结表彰大会”，对 22 家先进单位和 42 名先进个人进行表彰，并对 2017 年的综合治理工作提出了要求。在校园环境整治过程中，保卫处协助后勤保障处做好学校商业街拆违工作，确保学校商业街拆违工作有序进行。

维稳工作。搜集和完善特殊群体的基础工作，加强对重点对象的管控，做好反邪教、反恐等工作。在敏感时间节点，保卫处加强信息排摸、排查不稳定因素，做到底数清、情况明，确保校园安全、稳定。另外，处理群访、闹访等涉稳事件，始终站在一线解决难题。年初，华天公司因拆迁问题来校闹访并雇用社会人员封堵学校办公大楼，造成严重的影响，保卫处积极配合学校相关部门做好安抚劝导，协调公安机关做好应急处置，避免了事态进一步扩大，同时安排专门安保力量维护校园秩序，确保校园稳定、安全。

安全教育。多形式、多途径开展安全教育。为入学新生发放《华东理工大学校园安全服务手册》，开展新生安全教育和宣传，实现了本科生、研究生、留学生的新生安全教育全覆盖。组织法制宣传、校园交通安全宣传、119消防安全宣传系列活动等专项安全教育活动；利用诸如“平安华理”微信公众号等新媒体进行安全宣传和教育；编写“每周一案”分析最新案件情况并及时提醒师生近期安全注意事项。开展了对学校2016级学生进行安全教育为网络课程和标准化考试的工作，通过率达99%，优秀率达35%，完满完成了市教委的工作要求。成立学校平安志愿者协会，引导学生在校园安全管理中发挥作用。

交通管理。邀请专家对学校长短期交通规划进行了论证，在梅陇路增设了临时校门，新建智能化停车收费系统，通过合理布局、拓展资源，新增了160余个停车位；同时不断改进管理模式，使得车辆进出学校更加快速、便捷，交通秩序得到了显著改善，校园交通压力得到减轻，外来人员对学校资源的占用情况也得到改善。

治安管理。重点加强了人防、物防和技防建设，并取得了一定的成果。2017年6月，市教委对上海各高校技防建设“十二五”规划完成情况进行了实地检查与验收，学校被评为“优秀”。年内，学校治安状况始终保持良好的状态，案发率呈下降趋势，立案数同比去年下降了19.5%。通过伏击守候和视频巡控，保卫处协助公安机关抓获犯罪嫌疑人10人，成功破获17起案件。帮助师生员工找回遗失电脑7台、手机16部、自行车18辆等各类物品，追回各类财物共计15万余元。通过巡查及时处理夜间未锁门的事件共122起，处置、保管房内主要财物累计有374台台式电脑、276台笔记本电脑、2部手机、1台相机以及各种仪器等。重点加强了大型活动安全审查工作，做好大型活动的安全保卫工作，如2017年本科教学评估、“费林加诺贝尔奖科学家联合研究中心”成立、65周年校庆等。

消防管理。加强日常巡检查，完善台账制度，积极开展消防安全宣传。共组织消防巡查130人次，发现消防安全隐患122起，并开具整改通知书26起；先后组织开展消防安全讲座19次，1场疏散逃生演练，7场灭火演练以及2场灭火比赛，教职员工参与数达530余人次，在校学生参与数达6 500余人次。年内专发安全工作文件6份，组织安排全校性安全大检查6次，共出动检查人员600余人次。对徐汇、奉贤两个校区部分建筑内共计4 416个灭火器进行了更换和充装，并对校内已有的消防栓、火灾报警系统、泵房以及消防水系统等消防设施设备进行了32次检查和保养，修复各类消防设备故障及问题280余起。学校微型消防站经过精心筹备正式投入使用。举行一年一度的119消防安全宣传系列活动，其间组织了徐汇校区和奉贤校区的消防灭火比赛。

人口管理。为全校师生办理户籍迁入共计 2 089 人，2017 届本科生、研究生共迁入 1 770 人、毕业生迁出 1 976 人（不包括上海落户审批通过的学生），为集体户口的教工子女报出生 34 人，办理新进教工落户 93 人，为学生办理出国、结婚、购房贷款、驾照、身份证补办等各项事宜开具户籍证明和办理身份证联系单 7 500 多张，接待电话咨询 1 700 多人次。对外来人员进行实有人口管理服务，配合凌云街道社区事务中心，为师生办理（临时）居住证进行审核，年内共办理 320 人次。对外来施工队进行治安、消防管理，签订安全协议书。

（郑倩倩）

【华东理工大学安全工作会议暨综合治理先进表彰大会举行】 6 月 13 日，华东理工大学 2017 年安全工作会议暨综合治理先进表彰大会在徐汇校区逸夫楼报告厅举行。大会由副校长胡宝国主持，校党委书记杜慧芳，校长曲景平，校党委副书记陈麒，副校长钱锋、刘昌胜、辛忠、轩福贞等校领导出席了大会。各学院、部处主要领导，各二级单位安全管理人、安全员、实验室工作人员及重点安全岗位负责人等 300 余人出席会议。陈麒代表学校宣读了《华东理工大学关于表彰 2016 年度综合治理先进单位、先进个人和安全文明单位的决定》，与会领导为 22 家先进单位和 42 名先进个人代表颁发了获奖证书。各二级单位安全责任人与学校签订了 2017 年《综合治理目标管理责任书》。

（郑倩倩）

机关党建

【概况】 年内，机关工作党委以落实全面从严治党要求为中心，以深化机关作风建设为主线，不忘初心、牢记使命，全面推进党的政治建设、思想建设、组织建设、作风建设、纪律建设，把制度建设贯穿其中，深入推进反腐败斗争，努力打造学习型、服务型、创新型、担当型的和谐机关。

政治建设。认真学习贯彻习近平新时代中国特色社会主义思想和党的十九大精神，将“四个意识”贯穿党的政治建设全过程，不断推进“两学一做”学习教育常态化、制度化，认真学习党章、尊崇党章，严格执行新形势下党内政治生活若干准则，增加党内政治生活的政治性、时代性、原则性、战斗性。

思想建设。制定《机关工作党委2017年中心组学习计划》《2017年机关教职工理论学习计划》《2017年机关工作党委宣传思想文化工作要点》，要求各支部每学期制订组织生活计划，形成机关工作党委中心组、机关党支部书记、机关党员和机关全体教职工多层面、全覆盖的学习网络。（1）学习宣传贯彻党的十九大精神。组织全体党员集中观看党的十九大开幕会、闭幕会和十九届中央政治局常委同中外记者见面会，邀请校党委副书记陈麒做专题报告，面向机关全体教职工开展“党的十九大精神知识问答”，推送“十九大精神十九人讲”网络音频课程。（2）贯彻落实全国高校思想政治工作会议精神。传达学习习近平总书记在全国高校思想政治工作会议上的重要讲话精神，集中学习刘延东、陈宝生同志在直属高校工作咨询委员会第26次全体会议上的讲话精神，组织听取市教卫工作党委宣传处处长曹荣瑞做的“深化思想认识，抓好贯彻落实”专题报告。（3）紧扣时事热点开展学习。组织学习“两会”精神，观看红色歌剧《江姐》，组织参观中共一大会址、“逐梦新时代·上海2012—2017”大型主题展览，学习廖俊波和黄大年先进事迹，学习“7·26重要讲话”精神，学习韩正在新一届市委常委第一次会议上的讲话等。一年来，组织全体教职工集体学习3次，机关工作党委中心组学习10次，机关党支部书记集体学习12次。（4）坚守意识形态阵地。组织听取“当前高校意识形态工作面临的形势、问题及对策”专题报告，组织学习《华东理工大学意识形态工作责任制实施细则》，建设开通机关工作党委网站，拓宽党务公开渠道，建设意识形态工作阵地。

组织建设。认真落实“三会一课”制度，使党支部真正担负起教育党员、管理党员、监督党员以及组织群众、宣传群众、凝聚群众、服务群众的职责，引导党员发挥先锋模范作用。（1）扎实做好基础工作。年内共有8个课题立项；选优配强党支部书记，协调部分双肩挑干部将组织关系转至所在职能部门党支部；规范发展党员审批流程，严把质量关，新发展1名党员，审批1名预备党员转正；认真开展专题组织生活和党员民主评议；做好十九大代表和上海市第十一次党代会代表推荐工作；做好校十一次党代会两委委员推荐和机关工作党委出席校第十一次党代会党代表选举工作。（2）制定常态长效制度。制定《机关工作党委议事规则》，修订《机关离退休人员福利活动费使用办法》，完善机关工作党委例会和党支部书记例会制度，落实组织生活记录本检查制度和机关工作党委委员联系党支部制度。年内共召开机关工作党委会11次、机关党支部书记会议11次，检查组织生活记录本2次，党委委员至少联系支部1次。（3）探索创新组织生活。把政治学习和业务工作相结合，探索创新党内教育和组织生活的有效方法。财务处党支部举办“充分发挥党员财务人员在科研经费管理中的作用”特色主题党日活动，科研院文科处党支部启动“青年科学家成长俱乐部”项目，宣传部党支部承办全校新闻摄影大赛，校办党支部承办全校公文写作比赛，实装处采招中心党支部承办全校化学实验技能大赛，组织部党支部开设微党课人人讲，学工部（武装部）党支部开设“习得讲坛”，工会党支部与上海市教育工会党支部结对共建，研究生院党支部开展读书分享系列活动，基建处党支部、档案馆党支部、党办党支部、纪监审党支部探索多层次交叉的联合组织生活。各支部还充分利用实践课堂，赴陈云故居纪念馆、嘉定外冈游击队纪念馆、金山卫抗战遗址纪念公园、中共二大会址、洋山深水港、南湖革命纪念馆、沙家浜革命教育基地等进行参观、接受教育。

作风建设。始终坚持把机关作风建设作为机关党建的重点工作，以作风建设为主线，加强机关服务型党组织建设。开展机关作风大调研，机关工作党委会先后两次研究机关作风建设问题，在支部书记层面召开了一次推进作风建设动员会，在部分新入职教工中召开了一次推进作风建设座谈会；机关工作党委正副书记深入机关各基层党支部，与党支部书记谈心谈话。主动关心困难党员和群众，为12人提供了帮困补助。

纪律建设。坚持民主集中制原则，坚决贯彻落实各级文件要求，切实履行党风廉政建设主体责任，明确党委委员党风廉政建设责任分工；通过支部建设带动各部处主要负责人认真履行“一岗双责”，巩固落实中央八项规定精神成果；组织党委委员、党支部书记、重点领域及关键岗位的同志参观青浦区看守所、徐汇区检察院党风廉政警示教育基地，参加教育部党风廉政建设大会视频会、学校党风廉政建设大会。

群团工作。举办“和谐机关·凝聚你我”机关迎新春联欢会；组织教工参加学校体育赛事，获得教工运动会总分第一名，篮球、羽毛球 2 项冠军，足球、80 分比赛 2 项亚军；组织机关“传承华理精神，弘扬乒乓文化”乒乓球比赛；举办“喜迎校庆乐教在奉贤”主题活动；组织机关合唱队参加上海市西南片高校声乐交流演唱会；修订《机关福利费使用办法》，组织帮困、推优、献血等活动；推动成立机关青年教师联谊会；支持机关团总支换届选举工作，支持团总支开展与退休前辈恳谈等活动，2 人荣获学校“青年五四奖章”，1 人荣获学校“青年五四奖章”提名，1 个集体荣获校“青年五四奖章集体”。

工会（妇委会）工作

【概况】 年内，学校有27个部门工会，177个工会小组，会员总数为3 702人（其中编外会员有700人），发展新会员231人（其中编外会员有112人）。一年来，校工会深入学习贯彻习近平总书记系列重要讲话精神和治国理政新理念、新思想、新战略，落实全国高校思想政治工作会议精神，围绕学校中心工作和学校事业发展战略，增强服务、维护和创新意识，努力为广大教职工做好事、办实事、解难事。

教代会工作。（1）落实教代会职权。顺利召开八届二次教代会、十五届二次工代会，形成四份大会报告的审议意见。闭会期间表决通过2017年上海市五一劳动奖状（奖章）、工人先锋号候选对象；票决通过《华东理工大学教职工违纪违规处分暂行规定》《华东理工大学教师及其他专业技术职务聘任实施办法》《华东理工大学教师及其他专业技术职务任职条件》《华东理工大学二级教代会的实施细则》《华东理工大学徐汇校区机动车收费管理实施细则（试行）》等重要文件。（2）推进教代会提案工作。八届二次教代会新征集网上提案97件，立案68件，已全部办结。评选优秀提案2件，优秀组织奖2家，优秀承办奖2家，促进履职能力和工作质量提升。牵头组织实装处、人事处2场提案专场沟通会，跟踪督促提案落实情况，调研督办八届一次教代会提案69件，其中33件已落实。新推《提案工作简报》3期，报道提案工作进度，分析现状、交流经验。（3）发挥教代会代表作用。围绕"奉贤校区教职工餐补""徐汇校区道路交通机动车管理及停车场建设""本科教学评估工作的开展"等教职工关注的问题举办3场代表座谈会，开展巡视工作；围绕"商业街整治""教师公寓""教工班车""美丽校园建设"等问题召开后勤服务工作推进座谈会。（4）规范二级单位教代会运作。起草完成《华东理工大学二级教代会的实施细则》，明确规定二级教代会职权、代表要求，并就二级教代会运行程序和议事规则等做出规定。

教职工帮扶工作。（1）搭建法律援助平台。工会法律咨询中心做到服务方式、服务时间、服务对象全覆盖，法律咨询服务覆盖180余人次，开展了"3·15"、"三八节"、教师节专场普法等活动，积极参加总工会组织的农民工普法宣讲，7场次宣讲服务农民工380人，提升了教职工的自我维权能力。（2）继续实施补充医保和校内互助计划。学校行政投入140余万元实施全体教职工两大补充医疗保障计划，866 人次得到赔付 112.3 万元。“一日捐”活动收到全校 3 174 人捐款 25.8 万元，140 人次得到帮困补助 21.8 万元。有效推进教职工健康工程。(3) 做好疗休养工作。补贴力度由 2015 年的 2 800 元/人增长到 2017 年的 4 000 元/人。暑期休养跟进式服务 13 条线路 24 支团队共 678 人次。(4) 畅通心理健康服务通道。邀请校内外心理专家为教职工提供“危机识别”“危机干预”以及“教师心理压力的自我调适”等三场辅导讲座。(5) 做好“家”文化建设。新婚、添丁、荣退、献血、意外等十大慰问覆盖 328 人次，共 20.8 万元。全校教职工生日、节日类慰问达 17 176 人次，共 218.2 万元。组织的 30、40、50 岁教职工生日联谊、退休教职工迎送、亲子活动等覆盖全校三分之一教职工。主动推进“华理学区”建设，传播同根文化，通过设立校园开放日、组织志愿者、共享大创实验等，服务学区内中小学师生，为教职工子女提供幼升小、小升初入学服务。

文化建设。(1) 开展“校庆”系列活动。65 周年“校庆杯”龙舟赛多达 30 支队伍 1 000 余人参与；5 项“夯实基础，提升素养”教职工岗位技能展示比武活动吸引 15 个二级部门工会百余名教职工参赛；开展“薪火相传，砥砺前行”65 周年校庆健走活动；“寄语传情 筑梦华理”迎校庆祝福语征集、首届教职工油画展、摄影作品展、社团文化展、龙舟文化展等活动营造了良好的校庆氛围。(2) 组织推荐上海市级各类先进奖项。组织推荐上海市五一劳动奖状、奖章和“上海市三八红旗手（集体）”等工作。庄英萍获“2017 年上海市五一劳动奖章”，陈建定获“上海市三八红旗手”称号，党委宣传部获“上海市三八红旗集体”称号，王慧锋、傅蓉蓉获“上海市教育系统三八红旗手”称号。(3) 完成青年教师联谊会换届。持续搭建青年教师交流与成长平台。(4)“一会”“一赛”“一班”“一社”，构筑群众性活动新天地。体育节教工运动会吸引 24 个部门工会共 1 600 余人次教职工参与；承办上海市第八届教工运动会首届龙舟赛，为全市 40 只队伍共 2 000 余队员提供优质服务；参加市八届运动会 13 项获得团体总分 160 好成绩，并获“特殊贡献奖”“优秀承办奖”；文体培训班吸引 19 大类 37 个班级共 1 200 人次教职工参与；23 家教职工文体社团共 1 816 名会员自主开展活动，承办、参加各类交流及比赛 26 场，合唱团、舞蹈团、书画协会参加教育系统活动均获优秀组织奖。(5) 组织“华理一家亲”活动。丰富活动形式，组织单身青年教师、女教师、亲子、25 年银婚、30 岁、40 岁、50 岁及退休教职工等各类教职工联谊活动。(6) 组织“乐教在奉贤”系列文化活动。活动由各单位内开展向单位间联动、师生互动转变，18 个二级部门 7 个教职工社团共 1 600 余位师生参与，提升了奉贤“人气”。

部门建设。(1) 加强制度建设，规范工作流程。制定和完善会议、经费、社团等 6 项管理制度。制定和完善《华东理工大学工会经费收支管理办法》《华东理工大学工会预决算管理办法》《华东理工大学教工帮困、慰问工作实施办法》《华东理工大学工会工作会议制度》《华东理工大学工会关于落实“三重一大”决策制度的实施细则》等。强化经费使用规范，成立工会采购工作小组，负责各类采购项目的运行。(2) 开展第五届工会工作课题研究。22 项课题顺利结题，1 项课题获教育系统优秀成果二等奖，2 项课题获教育系统自主研究课题支持。(3) 与上海市教育工会党支部共建。深入推进党组织活动，发挥党员的先锋模范作用。(4) 与浙江大学、复旦大学等 10 所高校开展学习研讨。通过“走出去”与“请进来”的方式，在汲取宝贵工作经验的同时宣传了华理群众工作。(5) 加强对新一届工作干部培训。开展了理论学习、业务培训、沙龙研讨、工作联动四大系列的能力提升活动。(6) 推进工会信息化“三位一体”建设多渠道展示工会工作内容。推送《劳动报》4 篇专题新闻、工会网站新闻 100 篇、校园新闻网 43 篇、教育工会网 40 篇、微信平台 86 篇。

【庆祝国际劳动妇女节表彰大会召开】 庆祝国际劳动妇女节 107 周年表彰大会暨“巾帼建新功　双创显担当”论坛在八角亭二楼召开，校党委书记杜慧芳致辞。上海市“三八红旗集体”代表、党委宣传部部长夏江雯，上海市巾帼建功标兵、信息科学与工程学院院长杜文莉，校“三八红旗手”、机械与动力工程学院教师马新玲做交流发言。

【举行“专注、情绪、学业与亲子沟通”儿童节讲座】 工会（妇委会）在徐汇校区八角亭举办题为“专注、情绪、学业与亲子沟通”的六一儿童节讲座，领祥儿童心理工作室创办人、上海多所学校及教育机构的心理顾问及督导孙领祥做了讲座。

【党支部开展“不忘初心跟党走　苏州高新看发展”特色活动】 工会（妇委会）党支部全体党员开展“不忘初心跟党走　苏州高新看发展”为主题的党支部特色活动；同时，启动与上海市教育工会党支部共建仪式。上海市教育工会常务副主席王向群，上海市教育工会党支部书记吉启华、校工会常务副主席沈悦萍，工会（妇委会）党支部书记王莉及党员教师等参加了此次活动。

共青团工作

【概况】 年内，学校认真学习宣传贯彻党的十九大精神和习近平新时代中国特色社会主义思想，紧紧围绕教育部、团中央的重要决策部署和学校的中心工作，在深化共青团和学生会组织改革、推进基层团组织建设、推动网络思想政治教育工作、丰富第二课堂育人渠道、加强大学文化建设等方面形成了较好的局面，勇当高校思想政治工作的生力军。

群团工作。贯彻落实全国高校思想政治工作会议精神，根据团中央《高校共青团改革实施方案》的要求，学校党委印发《华东理工大学共青团改革实施方案》。继续实施“活力团支部”“红旗团支部”“十佳团支部”三级创建工程，推进“1+100”直接联系青年制度。学校多个共青团组织和个人获得全国及上海市各类五四表彰：资源与环境工程学院环境142班团支部、材料科学与工程学院复材142班团支部荣获“全国活力团支部”称号，周元凯、李宝力同学荣获“全国大学生创业英雄百强”称号，曹婵同学荣获第七届“上海市科技创新市长奖”，生物工程学院团委荣获“上海市五四特色团委”称号，洁净煤研究所、江浩、卢扬等荣获“上海市青年五四奖章（集体）”称号，陈庆升、曹婵、王诗佳等荣获“上海市优秀共青团员（团干部）”称号。构建“一心双环”团学组织格局，指导学生会、研究生会做好自身建设。学校党委印发《华东理工大学学生会组织改革实施方案》，学校也因此成为全国率先出台学生会组织改革方案的高校。成功召开第35次学生代表大会和第17次研究生代表大会，首次组织教务处、研究生院、保卫处、信息办、实装处、基建处、后勤保障处等与学生学习和生活密切相关的职能部门的负责人做客“花梨桥”校情报告会，与学代会代表、研代会代表面对面交流。在全校所有本科生团支部中设立“权益委员”，校院两级学生会设立权益部，推动学生权益维护工作常态化有序开展。学生会、研究生会共提交学生提案63份，并通过学代表微信群、研代表微信群、后勤师生沟通微信群，及时解决学生反映的学习、生活等方面的问题。

意识形态工作。开展一批主题教育活动。组织发起“青春华理·祝福祖国”“带着国旗去旅行”等主题活动，用身边的故事讲述思想引领的大道理，使学生真信、真懂、真行动。组织举办“与信仰对话”“名师论道”“优青下午茶”等系列讲座，邀请知名校内外专家学者采取座谈、对话等多种形式，对信仰、人生、成长等进行深入解读，促进学生全面成长。

形成了一批“互联网+”思想政治教育精品。依托“小花梨”“花梨哥哥”等微信平台不断丰富“互联网+”思想政治教育的形式和内涵，不断扩大共青团工作的覆盖面。“小花梨”微信公众号年内总阅读量达213余万次。“小花梨”微信公众号长期位于全国高校团组织微信公众号排行榜30强和上海学校共青团微信公众号排行榜前两位，在2017年“校媒·全国高校新媒体评选”中荣获“十佳运营创新奖”，获评2017年“全国学校共青团优秀新媒体专业工作室”“上海共青团十大微信公众号（学校类）”。

实施了一批基层团组织建设品牌活动。指导全校基层团支部开展主题团日活动和特色团日活动，开展班徽设计展示大赛、寝室装饰大赛。在励志团校中面向新生班长、团支书和新生党员开设了“远志班”第3期新生班团骨干培训班，面向校、院两级团学组织主要学生骨干开设了“英才班”第5期团学骨干培训班，等等。9月份，本科班级团支部集中进行了统一换届，团支委、班委架构和职能也得到统一规范。

人才培养工作。拓展志愿服务渠道和项目。开展志愿服务近1 600次，参与志愿服务学生1.8万余人次，比上一年度增长28%。社会与公共管理学院学生木纳瓦尔·木沙发起“喀热宛”公益支教项目，在新疆贫困偏远地区为当地儿童开展普通话教学。凭借在志愿公益服务中的突出表现，木纳瓦尔被评为第十二届“中国大学生年度人物”“上海市大学生年度人物”。

开展多层次社会实践活动。积极组织学生参与“三下乡”社会实践和全国、上海市各类社会实践专项行动，组织选拔了约3 800余名学生组成的1 700余支社会实践团，围绕“一带一路”“红色基因”“脱贫攻坚”等主题活动，深入基层开展内容丰富多样、形式灵活的社会服务实践活动。学校荣获全国大中专学生志愿者暑期“三下乡”社会实践活动“优秀单位”称号。在上海市“知行杯”大赛中，学校参赛团队获得特等奖1项、二等奖1项、三等奖5项，在特等奖获奖上实现零的突破，学校捧得“知行杯”大赛“优胜杯”。

大学文化建设。广泛开展各类校园文化活动。加强对校园文化活动的规划和指导，举办了以“励志勤学助青春飞扬，厚德博学增青春能量”为主题的第30届思想学术节，以“青春践行十九大，砺奋进新时代”为主题的第31届文化艺术节，以及以“金秋飞韵，逐梦华理”为主题的第18届“研究生秋韵节”。共举行20余场精品文化艺术活动，从学术、文艺、体育与服务4个方面丰富学校研究生文化生活，提高综合素质，培育高品位的校园文化。继续开展“青春华理　活力三走”主题体育锻炼活动，帮助学生提高身心素质、培养意志品质。

深化艺术教育内涵，提升学生艺术修养。重点加强对大学生艺术团和10个艺术教育实践基地的扶持和指导。伊卡斯特合唱团赴新加坡参加第十届“歌韵东方”国际合唱节，获得银奖2

项。为纪念中国人民解放军建军 90 周年，话剧团与学校退伍兵、国防生等以学校退伍兵真实故事为原型，自编自导自演了军旅题材话剧《金珠玛米》并在学校进行公演。牵头组织“庆祝建军 90 周年上海大学生国防教育专题剧演”，精编版《金珠玛米》在剧院中演出。举办华理电影节、高雅艺术进校园等 50 余场精品文化艺术活动，营造“高品位、宽领域、全方位”的校园文化氛围。

创新创业教育。构建创新创业教育新模式。在校内指导创新创业社团开展活动，举办各类双创辅导讲座、暑期创业实战赛、创业训练营，在校园营造浓郁的双创氛围。组织参加“挑战杯”全国大学生课外学术科技作品竞赛，在国赛中获得二等奖 1 项、三等奖 1 项；在市赛中获得一等奖 3 项、二等奖 5 项、三大奖 3 项，再度捧得“优胜杯”。

武装工作。完成 2016 级 4 000 余名学生 18 学时的军事理论教学任务。完成 2017 级 4 100 余名新生为期 10 天的军训任务，由上海警备区海防二旅的 96 名官兵担任教官。67 名大学生光荣入伍，50 名退伍学生返校复学。做好拥军优属工作，在春节、八一建军节两大节日组织人员对全校烈军属、伤残和复退转军人以及共建部队——上海警备区海防二旅进行慰问。结合庆祝建军 90 周年，以刘佳玮、曾繁荣等进藏从军本科生事迹为原型，自编自导自演了军旅题材话剧《金珠玛米》，通过巡演激发学生报国热情。华东理工大学被上海市警备区评为民兵工作先进单位，被徐汇区人民武装部评为基层先进武装部。施健同志被徐汇区人民武装部评为基层武装工作先进个人。

附录

2017 年获奖情况一览

获奖者	获奖者所在部门/学院	奖项名称	获奖时间	主要颁发单位
校团委		全国大中专学生志愿者暑期“三下乡”社会实践活动优秀单位	2017－11	团中央、中宣部、教育部等
校团委		2017 年“知行杯”上海市社会实践大赛“优胜杯”	2017－11	团市委、市委宣传部、市教卫工作党委等
生物工程学院团委	生物工程学院	上海市五四特色团委	2017－5	团市委
复材 142 班团支部	材料科学与工程学院	全国活力团支部	2017－5	团中央学校部

续表

获奖者	获奖者所在部门/学院	奖项名称	获奖时间	主要颁发单位
环境 143 团支部	资源与环境工程学院	全国活力团支部	2017－5	团中央学校部
木纳瓦尔	社会与公共管理学院	第十二届“中国大学生年度人物”	2017－4	中宣部、教育部、团中央、人民日报社
周元凯	机械与动力工程学院	全国大学生创业英雄百强	2017－2	团中央学校部
李宝力	药学院	全国大学生创业英雄百强	2017－2	团中央学校部
洁净煤技术研究所	资源与环境工程学院	上海市青年五四奖章（集体）	2017－5	团市委
江浩	材料科学与工程学院	上海市青年五四奖章	2017－5	团市委
卢杨	马克思主义学院	上海市青年五四奖章	2017－5	团市委
陈庆升	商学院	上海市优秀团干部	2017－5	团市委
曹婵	化学与分子工程学院	上海市优秀团员	2017－5	团市委
王诗佳	材料科学与工程学院	上海市优秀团员	2017－5	团市委
曹婵	化学与分子工程学院	第七届上海市科技创新市长奖	2017－11	团市委
城市追梦人：新生代农民工社会公平感研究——基于 3 542 个样本的实证分析	社会与公共管理学院	第十五届“挑战杯”全国大学生课外学术科技作品竞赛二等奖	2017－11	团中央
抗超级细菌新药萘替芬二代衍生物的开发	药学院	第十五届“挑战杯”全国大学生课外学术科技作品竞赛三等奖	2017－11	团中央
黄大发——一生只修一条渠	商学院	2017 年“知行杯”上海市社会实践大赛特等奖	2017－11	团市委
美丽中国视角下的乡村园林景观设计	艺术设计与传媒学院	2017 年“知行杯”上海市社会实践大赛二等奖	2017－11	团市委
西部地区互联网＋教育关爱服务支教——兰州市红古区窑街回民小学支教	化学与分子工程学院	2017 年“知行杯”上海市社会实践大赛三等奖	2017－11	团市委
大美寻甸，同心同行——赴云南开展常见病与常用药宣讲	药学院	2017 年“知行杯”上海市社会实践大赛三等奖	2017－11	团市委

续表

获奖者	获奖者所在部门/学院	奖项名称	获奖时间	主要颁发单位
“大美西藏行·探访新丝路”华理学子赴藏调研考察行动	生物工程学院	2017年“知行杯”上海市社会实践大赛三等奖	2017-11	团市委
鼓岭历史文化的研究	艺术设计与传媒学院	2017年“知行杯”上海市社会实践大赛三等奖	2017-11	团市委
大美川西，邂逅岷江——探索岷江上游区域河长制推进及生态经济发展状况	商学院	2017年“知行杯”上海市社会实践大赛三等奖	2017-11	团市委
青春华理媒体中心	校团委	“校媒·全国高校新媒体十佳运营创新奖”	2017-7	中国青年报
青春华理媒体中心	校团委	全国学校共青团优秀新媒体专业工作室	2017-10	团中央学校部
小花梨微信公众号	校团委	上海共青团十大微信公众号（学校类）	2017-11	团市委
大学生艺术团伊卡斯特合唱团	校团委	新加坡第十届“歌韵东方”国际合唱节混声组、民歌组银奖一等；《小河淌水》获“最佳演绎奖”	2017-8	国际合唱节评委会

表彰与奖励

Biaozhang yu Jiangli

1. 2016—2017 学年国家奖学金名单（本科生）

化工学院

简雨培　侯林怡　贾梦蕾　余柳莹　吴　杰　何宇航　刘恒源　陈晴川　乔奕达　赵雨菲
林子超　田　果　彭　城　陈圣伟

生物工程学院

李　晔　李媛媛　吉　雷　郑荣淇　年珂晴　潘必睿　汤丁越　滕馨雨　肖志宏　于一帆
蒋　璐

化学与分子工程学院

曹　琛　杨　晶　丁　敏　许嘉琰　朱天翼　胡佳仪　贲　放　王舒琪　熊莹莹

药学院

吴欣怡　韩雨婕　杨冰雪　马慧君　刘浩波　陈佳莹

材料科学与工程学院

邹君逸　丁　宁　叶佶恺　康欣悦　焦安琪　石隽秋　吴怡清　阿博涵　杨怀斌　贺逸昕
倪璧君

信息科学与工程学院

房金宝　何逸辉　辛佳德　蒲艺华　刘　飏　孙琦钰　张志鹏　张斌杰　刘熠珺　钟雪颖
谢忻南　郭家骅　孙鸿彬　杨天歌

机械与动力工程学院

陈泽坤　吴荣耀　杨　琳　唐鉴颖　周相阳　肖　邦　刘丁楠　缪云鹏　姚亦雨　郝若夷
郭昕育　焦义飞

资源与环境工程学院

刘婉莹　何伟煜　严嘉玮　吴怡昀　王　挺　张紫薇

商学院

栗　靓　金沁言　季芃妤　肖金津　谢奇芸　丁佳艳　胡立晗　龚嘉楠　向伟林　王珊珊
顾凯文　黄彦婕　房慧敏　夏　萍　金诗博　杨璐铭　高金锋　李伊凡

社会与公共管理学院

胡晓蒙　张苑松　邹　敏　王湖葩　张梦婷　李　佳　滑　越

理学院

张宇珂　陆鹏皓　陈雅馨　袁雨桐　李素雅　张伟华

艺术设计与传媒学院

叶晓妮　陈怡洲　汤心怡　杨嘉妍　郝谊莲　王家玉　徐园园

外国语学院

齐艺青　姜　昊　刘赫喆　王嘉洋　孙敏唯

法学院

陈　亮　刘一诺

体育科学与工程学院

常馨心

中德工学院

华亦晨　卢　沁　毛轶轩

2. 2016—2017 学年国家励志奖学金名单（本科生）

化工学院

赵　岩　周庆港　渠　凯　钱智玲　林宇航　曹　晔　吴　园　王晓宇　苏　磊　夏广荣
覃　露　郑依图　赵　瑞　夏　灿　李新爽　赵丹阳　张　露　许小娜　龚　莉　陈双静
周　菊　尹　艳　高秀鲁　刘海艳　段海风　刘剑坤　张　婷　王聪莹　王紫竹　姚　蕊
岳成燕　赵　洋　凌辰昊　张祥雪　陈虹莉　汪水波　王雪松　江　翠　苏基雄　王　洋
张　超　张诗琪　陈明榕　吴逸蓉　程玉娇　任　琴　岳景雪

生物工程学院

王少辉　王高雅　孙光宗　缪宗杰　刘　旭　李舒心　刘天贤　赵佳琪　陈姣姣　张　怡
黄玉萍　孔令卓　龚秀龙　戴文静　刘　建　洪文清　张玉鑫　王　勋　杨智学　杨灿灿
王　涛　何敏琳　王　蔚　王　琳　程　健　王稳稳　占静茹　雷　进　吴逸杰　李春丽
崔璐瑶　李华栋　张　琦　赵　佳　弓丽芝　易新宇　赵晶晶　祝永昌　孙　飞　宋丽丽
朱斌强

化学与分子工程学院

唐冰静　郭绍萌　张亚琴　谭富欣　刘丹丹　吴金妍　孙亚茜　陈开荼　董卓雅　孙学志
周志明　封晓晓　高师泉　高　峰　宋　健　孙　瑶　周芳芳　陈新悦　张　杰　陆宏宇
周浪萍　李翔宇　徐子星　张　硕　安国强　陈曙晖　叶壮壮　杨　丁　杨昭颖　张俊茹
寻丽娇　姚博琳　袁　媛　张　维　刘文元　朱海洋　王玉杰　赵芙朵

药学院

徐小丽 崔佳燕 常华荣 吴　楠 王晓欢 李得峰 刘　茜 许　晴 丁伟东 邓雨翩
周娟英 廖家佳 蔡昌彧 孙　锐 张莉娟 孙　凯 王承诺 吴　雨 马　辉 冷钰婷
贺菁菁

材料科学与工程学院

雷　锦 林静宇 朱富威 马丽霞 牛浩鑫 刘　杰 王朝锋 蔡湉鋆 游　莉 胡雪莹
蒯颐熹 姚　兵 史迎利 张　鹏 金梓琳 刘春朋 周　涛 丘晓婷 徐世宇 雷玉立
郭文帅 郭翔蔚 祝宇鹏 陈　娜 邵斐斐 闫志威 王增国 赵　璐 王丽雯 周明蕾
丛自豪 肖希勉 王雅馨 张李巽 廖翔宇 徐绍华 朱　凯 陈春雨 姜　瑶 王　帆
常　强 贾文丽 刘　露 尹延林 靳惠宇

信息科学与工程学院

左春玲 王赛威 冉启兰 张贤益 金季豪 张传法 杨　迈 马文芳 郎凯琪 王建远
刘立军 李倩玉 余飞越 陈书田 冯　勇 李　阳 孙　骏 袁　洋 周　照 杨孟平
陈孜维 刘金琳 武海霞 张文龙 吴　鑫 陈志刚 耿泽龙 杨正壮 张　超 夏　志
王钰馨 曾文惠 许依培 熊珞琳 王玉昊 张　帆 赵　静 钟传宇 孙鑫宇 陈飞鹏
陶　婕 范瑞静 孙　宇 管　耀 王　雨 叶田地 谢嘉佳 马起明 蔡　淦

机械与动力工程学院

郑风华 商华政 田　慧 李潇宁 程　峰 胡孝凯 钟文清 王富豪 彭　娉 郑文龙
夏　慧 迪盼祺 张金辉 汪浩洋 谷　琳 闫嘉豪 王媛媛 侯嘉良 沙鹏星 白逸凡
方艺伟 黄　霖 卢秉伦 卢　桥 唐雯婷 江梦慧 熊文婷 徐文强 姚佳旭 余鸿飞
张小奇 许更书 杨大圣 陈　童 马铭键 邵荣辉 刘祥远 王廉胜 李　楠 代晓帆
曾　飞 涂章鹏 郭佳宝 姜龙滨 赵可佳 廖兴雨 夏　文 张　碧 朱新雅 王泽厚
谢广年 袁思楠 邵聪鹏

资源与环境工程学院

梁　纤 吴东全 董伟超 余俊钦 鲁泉玲 姜　丽 刘金河 钦传慧 周雨凤 朱国强
杨儒民 冯前源 范思楠 陈万桂 李一波 宋彦瑜 马晨铭 任凯玥 占　锐 李华华

商学院

顾　倩 刘成明 杨　梅 章静娴 李　娜 甘　莉 吴倩倩 潘俊秀 刘　婷 陈丹璇
李运豪 赵　琳 张　静 游佳敏 路晓迪 刘　莉 颜莉琴 张文革 贾　琳 迟晓彤
刘楚芸 许楠楠 潘枝峰 王馨卉 赵莉媛 刘　维 申嘉钰 邵祖培 王涵潇 盛翠梅

张　璇　　蔺　健　　王　璐　　李　萌　　张　蔓　　孔文彬　　陶雪颖　　董　琳　　洪亚丽　　朱楚楚
王燕萍　　彭雪美　　张玉靖　　田　珊

社会与公共管理学院

王誉洁　　方　静　　季冬愉　　孙　碧　　吴思雨　　贾　姗　　刘　杨　　展　雪　　储韦韦　　李欣然
李　悦　　付学玲　　宋梦冉　　王文秀　　霍雨佳　　娄非杰　　董慧玲　　汪楷茗　　何东琴　　黄　雪
孟　昕　　彭　丽　　石思慧　　宋文欣　　孙二扣　　孙静旋　　关永红

理学院

刘岚慧　　周国龙　　郝家岗　　裘栩炀　　贺钰雯　　纪　腾　　杨　璐　　王　凯　　王　丽　　吴　帆
李林骏　　陈　甲　　于春龙　　谢　璟　　张　琪　　吴立龙　　薛啸天　　郭嘉豪　　樊旭成　　高子和

艺术设计与传媒学院

吴静宇　　陈德芳　　怀　露　　杨慕华　　罗梦莹　　邹玉洁　　牟　璇　　付曼君　　徐建文　　彭雪林
吴佳磊

外国语学院

董　情　　何笑颖　　朱文杰　　张怡斐　　汪徐莹　　朱如意　　罗梦玲　　杨苗苗　　周　毅　　郑春秀
黄　培

法学院

吴　影　　汪楷程　　冯子航　　张梦想　　金赵鑫　　王江霞　　韦书豪　　孙　珍　　骆之兰　　张永利
杨金铭　　李　颖　　陈应长

3. 2016—2017学年上海市奖学金名单（本科生）

化工学院

蔡　颖　　袁满林　　闫俊妤　　黄怡佳

生物工程学院

王海艺　　叶佳琳　　刘平辉

化学与分子工程学院

王维一　　郝同港

药学院

王运召　　李怡琛

材料科学与工程学院

汪昭明　　曹小涵　　张媛颖

信息科学与工程学院

吴思玥　王雨晨　张莞婷

机械与动力工程学院

许柯华　廖书信　孔　婕

资源与环境工程学院

蓝金晶

商学院

黄思懿　王园园　李雪平　杜子琳

社会与公共管理学院

孙静博　王　卉

理学院

姜唯亮　童雨欣

艺术设计与传媒学院

马蓁蓁　陈　慧

外国语学院

韩亦琳

法学院

武建功

体育科学与工程学院

刘子卿

中德工学院

华　韵

4. 2017 年成思危名誉校长奖学金名单（本科生）

特等奖

孙天峰

一等奖

郭佳雯　张媛颖

二等奖

吴钰哲　张贤益　张苑松　曹文灏　马慧君

三等奖

李　晔　丁　敏　王维一　倪璧君　唐鉴颖　徐佳颖　周瑞琪　薄　帆　孙齐蔚　毛镇达

5. 2016—2017 学年优秀奖学金名单（本科生）

化工学院

特等奖

张梦洋　毛舒岚　刘开达　沈姝婕　杨宇琦　李雨柔　吴玉学　简雨培　侯林怡　贾梦蕾
余柳莹　吴　杰　何宇航　刘恒源　陈晴川　乔奕达　林子超　田　果　陈圣伟　闫俊好

一等奖

王路路　周　雨　谢辉豪　曹昕宇　李睿涵　王一帆　郝亚琪　王思潭　李雪文　徐郑策
申益铭　谈天泓　茆雨欣　笪　蔚　陈巧琳　章承浩　杨叶青　史玉玲　田丽颖　李萍萍
徐基鹏　斯泽浩　吴钰哲　沈　迪　凌铁杰　赵恩佑　陈熙理　王晓宇　代立恒　张　舸
张郑珂　陈哲琪　赵雨菲　张诗琪　袁满林

二等奖

于观旭　谷官耀　俞小叶　朱恩赐　金道明　徐慧敏　陈　君　盛冰纯　倪佳莹　龚　珊
张以任　杨璐彬　廖莹灵　郭天瑞　邢朝阳　陈翀昊　杨丰远　张琬钰　张冰雁　李天宇
朱佳龙　卢亚辉　梁钰彬　陈是昭　翟紫航　王兆鹏　汪炜之　吴　帆　周志强　杨语敏
吴　越　高一凡　储　宣　杨邵毅　万立滨　周克明　薛芸娜　茅新宇　毛也嘉　赵诗奇
冯彦炜　曲士峰　刘　佳　颜克琳　张嘉豪　王宏琳　李　钊　许　海　郭　欣　吴家瑜
黄　楠　张　瑞　李　琨　邢　钰　李　安　董　炜　朱宇杰　朱臻业　刘　颖　周　瑾
王鹏宇　李梦楠　张雅曼　汪瑜懿　丁晓旭　钱　震　陆俊男　赵一权　沈君尧　汤嘉伟
吕春枚　郑朱峰　李临风　马宏超　陈家康　李　岚　周　健　陈　卓　周家禾　王　迪
曹峻博　贾炎涛　唐梦亚　徐劭晗　方　圆　彭　城　赵　岩　周庆港　渠　凯　钱智玲
曹　晔　吴　园　王晓宇　郑依图　赵　瑞　李新爽　张　露　陈双静　张　婷　岳成燕
凌辰昊　张祥雪　陈明榕　任　琴　蔡　颖　黄怡佳　柳彦恺　万天韵　孙晨轩　姜　铠
蔡亦慧　李吉利　郭佳雯　曹怀轩　姜沁源　周　璐　陈宥霖　罗蕴涵　万雨婷　白圣禹
汤诗怡　刘陈怡　李卓群　苏　哲　张慧洁　陆家伟　李沐豪　董　赫　王　炎　林　静

三等奖

郭彦琪　于戴奕　刘雨洁　冯　昊　郭　曼　朱雪影　易　珊　范小鲁　张越成　成凤仪
陈　晶　黄　海　郭继宁　郄冠钰　王海榕　夏紫薇　丁含卓　洪可正　金家昱　刘祎琦

姚 钱	沈 亮	童奕皓	林珊雅	赵佳丽	袁 方	龚伟中	雷霆钧	李晓婷	付子启
刘世钰	肖可寒	盛喆宇	陈棹桦	王千红	杨 菲	李鉴玙	黄禹沁	马哲杰	李乐祺
程枫斌	高 天	谈 天	严思燕	施润铭	朱沁宇	宋文达	刘雅茹	方海灿	杨少妍
郭 晗	陈荣起	杨 悦	刘佳文	常 辉	蔡 健	朱悦婷	梁睿莉	赵晨苗	李浦源
高 津	王子熠	杨施默	林起明	陈 铭	侯子燕	周 齐	宋建华	朱剑楠	原晓涵
沈逸超	朱佳乐	石瑞芳	张予佳	邱立亮	戴宁偕	王子阳	严世超	郭子毓	陈 博
黄乙旦	陈伟鹏	刘忠梁	王慧艳	何侃麒	谭溢馨	郝秦臻	阎梓萱	徐 铖	李诗谊
罗嘉莉	童喆瑞	姜文政	曲虹宇	郝斯尘	关峪嘉	石 易	沈淑雯	徐逸鸣	龚承恩
陈 昊	张浩磊	张海港	陈宏博	陈介禹	冯苏阳	王林盛	赵洪阳	郑 实	杨鑫鑫
金 俊	高延昊	白东宇	涂柏均	冯英健	鲁 微	牟浩源	樊雨婷	鲁旭升	李 响
胡 珂	辛晓禹	朱雨崴	王冠丰	王 鑫	徐唯一	李丽娟	章 涛	李 捷	陈家豪
段润梓	姚中阳	徐炳坤	胡之涣	邱子跋	解秋实	林 浩	周 洲	吕 雨	党欣悦
李 通	范晨冉	杨志伟	郑雯雨	刘传磊	赵 陈	赵羽菲	王梅煌	李 哲	张 扬
周欣语	朱炅灵	张 俊	徐启凯	沈怡婷	闫锦蕊	范海波	杨卿云	李佳娟	朱 童
顾景玉	曾宇清	刘雨芹	潘俊颖	张水溢	邱纯龙	鲁月佳	卢梦想	王雅秋	陈嘉懿
梁鑫屹	范 玉	郭新悦	任美衡	陈文良	王瑞颢	李 茜	石昕柠	杜 威	陈琪炯
陈怡沁	朱亚子	邱玉峰	高维群	吉龙彪	刘慧清	刘翔宇	翟伊舒	郭 浩	郑智源
俞 洁	闫瀚钊	沈帅君	杨小娟	刘巧巧	李鑫磊	韩晓菲	杨 柳	王 伟	徐健元
崔 然	王佟玥	岑宇昊	朱海元	陈顾中	阮舒成	施华溢	陈鹏鹏	李 征	陈倚霄
陈 杨	赵李川	高悦辰	王誉欢	梁 晨	夏清源	李天越	申子龙	崔海峰	尹学睿
葛金城	蒋志宇	郑威彬	王智勇	高 鹏	李智鹏	程林栋	鲍刘毅	陈 扬	万金煜
王子豪	陈思磊	吴子灵	王雪阳	张雨婷	王鑫琦	陈永灏	彭 恬	赵瑀晴	何 牧
龙子钊	覃兴龙	孙新格	余 航	王 赫	李文强	郭 琛	向 迎	王 煜	彭 祺
张宏伟	徐美昌	李定聪	马辉煌	刘毓蓉	陈 辰	薛 静	李 秀	张 柯	严伟琦
冯志恒	乔 倩	温杨斌	王子健	何 铜	王敬鑫	李孜萌	吴盛根	卞嘉文	林瑞儒
张鹏举	窦鑫玮	曹大群	陈柳伊	孟 佳	徐冯辉	鲍静怡	潘柏成	赵子浩	张德凯
林宇航	苏 磊	夏广荣	覃 露	夏 灿	赵丹阳	许小娜	龚 莉	周 菊	尹 艳
高秀鲁	刘海艳	段海风	刘剑坤	王聪莹	王紫竹	姚 蕊	赵 洋	陈虹莉	汪水波
王雪松	江 翠	苏基雄	王 洋	张 超	吴逸蓉	程玉娇	岳景雪	齐之垚	翟咏昕
辛朝冉	唐 睿	章雨柔	朱铭娅	王旌馨	赵兴玥	莫 栩	陈芷晗	葛 真	赵若冰

杨叶馨蕾

生物工程学院

特等奖

肖梦圆	张嘉北	周梦情	丁彦方	李媛媛	吉　雷	郑荣淇	年珂晴	滕馨雨	于一帆

一等奖

郭晓涵	沈乐山	马一川	沈子璇	徐　佳	余伟光	黄卿云	唐雨婷	吴泳琪	王　颖
陈思园	涂冰冰	李奕欢	赵　迪	李　晔	潘必睿	汤丁越	肖志宏	蒋　璐	缪宗杰
刘　旭	龚秀龙	刘平辉							

二等奖

张　仝	张　萍	王天宇	赵　晖	邢　政	彭　越	郝亚丽	丁思文	吴　迪	康继月
徐文皓	曹冬梅	吴安迪	刘　宇	王明达	沈奕琳	张念民	金钰尧	许　诺	唐晨瑜
钱迪凡	刘雅倩	吴瑞昕	陶炜华	项抒宁	黄守城	余君珺	龚梦雪	黎飞雪	钱静雯
郭鹏业	盛思铭	金钱蔚	胡诗佳	孔丹丹	张　媛	向　岚	王梦娇	吴文浩	周钰颖
闫皓宇	陶　恒	魏　颖	陶　晨	丁　杰	廖语嫣	何筱妍	姚启蒙	沈　瑜	周晓敏
王琨雅	丁璐璐	钱芷兰	包志昌	刘耘莉	底宇飞	余　楚	蒋明莉	孔凡晶	陈伟杰
王怡旻	陈怡辉	杨　劲	苍玉德	刁诗晴	冯　瑶	施晓予	徐昭勇	唐　好	岳雅妮
曹佳妮	王少辉	王高雅	孙光宗	李舒心	黄玉萍	刘　建	洪文清	王　勋	杨智学
王　涛	程　健	王稳稳	占静茹	李春丽	崔璐瑶	李华栋	弓丽芝	赵晶晶	祝永昌
孙　飞	宋丽丽	王海艺	叶佳琳						

三等奖

陆郅皓	冯涛涛	杨　睿	俞钰典	吴宇扬	严云峰	谢婷婷	石嘉楠	郭　玥	凌菲香
李彦君	唐欣悦	田　琳	熊万栗	王若瑶	聂鹏兴	王心鸽	吕康杰	章　苇	徐思悦
任泽枫	陈玉玲	宋永佳	季　亮	牟　迪	吴　宵	冉　鹏	杨慧仪	刘宜林	王芊芊
宋佳瑶	洪秀菁	王艺洁	李奉庭	李勤睿	卢巧慧	王雨晴	汪　伟	郝　媛	冯　鼎
丛展任	赵李辉	陈天雷	黄富文	缪书婷	陆丹琳	李沂蔚	万嘉峻	蔡书善	陈　茹
高　伟	鲍　帼	庄昕晔	章启豪	杨玉伟	朱　玥	王志强	吴好书	朱雨燕	闫晓媛
田景涛	刘　畅	王思聪	杨旦祺	孙沁然	苏海洋	欧阳琛	付金硕	潘国富	汤葳葳
要超颖	史寅杰	陈思微	翟洪伟	李奇林	曾晓倩	张露丹	申小蝶	张　峒	段梦媛
崔含月	施鸿杰	陶思然	张旺萍	江俊峰	夏晨萱	马　薇	康艺嘉	李晓娴	迟鑫浩
胡　静	程嘉悦	吴　悦	谭宁杰	胡瑾怡	张　涛	陈哲淇	邢泽菁	吴玉珍	赵思涵
李卓渝	陈　成	段怡蒙	包鹭翔	兰小青	许海潮	吴　琼	陈天怡	赵　江	胡　磊

吴　萍　肖怡凡　付卓婷　徐　帅　丁万晴　陈渝强　王　江　汪　超　张　薇　朱俊龙
巢圣安　徐鹏飞　张委滨　贾志豪　高遹宸　李　贝　陈亚文　那道远　胡仕钰　陆治锦
王清鑫　母朝泰　徐嘉泽　罗　兹　朱　赏　倪家杰　李　彬　周申玉　李佳宁　潘小旭
吴　琪　张润怡　吴高辉　李丹丹　王建宇　初美玲　卢志文　柯　翔　况昱瑶　朱自婷
柏　玫　杜文静　吴　玲　明丽艳　汪雪梅　杨　肖　周劭颉　徐一鸣　陈建东　鹿婉莹
张　茜　刘文斌　罗　超　李悦薇　李家辉　庄家丰　胥孙婕　张晓晨　阮青云　杨雨播
王红霞　赵任杰　王　蕾　王　艳　陆柳妹　林　清　杨　帆　芦　璐　朱益君　张铠政
曹　磊　赵海玉　冯锦尧　罗钟源　杜逸楠　王宇秋　赵越欣　沈思艺　韩心怡　王淑敏
蒋陈添　刘艳琼　张　迪　田天贞　游江珊　董飞祥　汪　浩　何时雨　祝越超　张馨宁
郑璐悦　袁　妍　郑筱萌　何煜璐　姚　彤　吴　严　张　雪　刘　丹　秦佳文　金　鑫
俞君杰　刘天贤　赵佳琪　陈姣姣　张　怡　孔令卓　戴文静　张玉鑫　杨灿灿　何敏琳
王　蔚　王　琳　雷　进　吴逸杰　张　琦　赵　佳　易新宇　朱斌强

化学与分子工程学院

特等奖

徐丽成　李书扬　梁舒瑜　许邹宏　谢　琦　曹　琛　杨　晶　丁　敏　许嘉琰　胡佳仪

一等奖

汪　钰　李　冰　李圆圆　郭依萍　娄思超　李妍榆　裴悦恬　潘婉莹　张　璐　王训辉
张精涛　陆圣璐　王　风　施晨宇　许艳艳　汤林林　陈　跃　贲　放　王舒琪　封晓晓
王维一　郝同港

二等奖

舒雅键　曹诗莹　刘帅君　林楚慧　韩秋伟　谢延诚　施　懿　张冠伦　曹凌志　成　烨
张懿琳　李怡凡　惠成功　乔子淳　房香凝　章　敏　吴倩云　殷佳苗　曾宪容　张心仪
张丽颖　蔡文君　汪　莹　赵可嘉　邰群飞　周浩洋　孙一硕　陈佳辉　逯佳琳　陈淼鑫
林慧耀　孙承阳　李月悦　段　奇　洪婷玮　徐天鸿　施智罡　陈章洋　徐　玥　王文辉
郭万君　曹茂丰　韩雨青　赵　宇　罗佳鑫　佚　磊　董　磊　王仪萱　杨青颖　杜清阳
涂晨升　杨怡德　朱天翼　熊莹莹　唐冰静　郭绍萌　张亚琴　谭富欣　刘丹丹　吴金妍
孙亚茜　陈开荼　董卓雅　孙学志　周志明　高师泉　高　峰　宋　健　孙　瑶　陈新悦
张　杰　周浪萍　徐子星　陈曙晖　杨昭颖　张　维

三等奖

钟诚兵　沈　佳　于祥钦　陈靖钰　吴　宇　李梓菡　王国华　汪肖原　赵蕴涵　代建锋

顾　铭　佟　薇　柏笠宸　范　梨　徐爱杰　刘　伟　王石林　池智力　廖俊楠　郑　龙
何大寅　唐智聪　周佳祺　陈　扬　王雨航　李　玲　金泽宸　李子桐　钟佳妙　张语桐
郭志豪　王佩瑶　沈姗姗　顾沁莹　鲁锡存　潘旖旎　李泳谊　杨卓燃　马宝润　竺　玲
周旭东　周尚武　李东治　崔泽鹏　王　昊　郭小娇　杨文静　沈海欣　孙佳军　牛彦超
周忻宇　陈杰明　李　丽　杨泽仁　卢　耀　乔艺洁　茅潜龙　张天乐　王一丹　王丙张
王　峒　王显东　井日峥　孙旸焜　潘斗成　周敬凯　刘海璐　吕培卓　李金勇　杨　啸
李　昱　唐可鉴　茆华女　杨熠博　刘　健　齐　今　裴一韬　郑庭安　蔡雨昂　李缮彤
徐泽弘　龙甬杰　郭　宸　赵小丹　罗翌峰　付嘉琦　程　颖　肖展帅　代宁馨　杨之武
张显杨　任雄涛　刘　畅　李天悦　王婧玮　张嘉宽　范逸玮　李　浩　姜　森　丁　琳
刘峪烨　李申旎　周心悦　李鹏城　胡文琪　祁　桢　颜　萌　卢钰丰　陈　宇　朱式铭
李　洋　王东航　丛宇辰　徐润鑫　缪建文　李方慧　张　珩　刘才齐　靳旭康　庄钰玥
杨　敬　王　芳　曹苏杭　卢　睿　桂凌峰　刘晔宏　樊灵刚　李思凡　张晨焕　陆鸿宇
许素文　谢伊灵　周　丹　刘宇婧　赵智峥　王可心　常　帅　火静怡　陈宏柢　崔凌飞
黄靖菲　杜　宇　王　顺　黄文薏　邓　聪　吴梦思　胡晓东　刘　桐　黄东波　常茂菊
张家文　师　航　吴　琼　韦章鹏　徐清爽　刘　旭　阮琳琪　陈子钰　吴琳琳　张雨康
张敏玉　诸葛敏　周鑫佑　柴　琳　张晋东　董建昕　王曼曼　王　骞　郑　玉　陆经天
曾安然　黄子钊　吴　婧　钟志华　魏号召　张晨慧　张澄玺　奚梦婷　叶方圆　赵彦博
金益钿　薛晨丽　钟怡雯　李超逸　虞苗杰　赵敏如　龚建秋　周芳芳　陆宏宇　李翔宇
张　硕　安国强　叶壮壮　杨　丁　寻丽娇　姚博琳　袁　媛　刘文元　朱海洋　王玉杰
赵芙朵

药学院

特等奖

叶晨钰　宋凌钰　孙语欣　吴欣怡　韩雨婕　杨冰雪　马慧君　陈佳莹　王运召

一等奖

卓　卿　黄雅莉　徐智康　杨佳鸿　孙田越　王星宇　边依真　苑子涵　孙　玥　武梦玉
施莹莹　李锦雯　戴　琪　刘浩波　李怡琛

二等奖

阮　莉　祝晨宇　王艺飞　刘欣莹　李嘉铭　赵　琳　张　茜　王艳兵　李佳雯　罗　露
徐　诺　李宇轩　曹淑莹　李馨蔚　叶佳依　熊慕雅　徐金萍　苗怡圆　何伊菲　杨梓琪
夏如枫　冯紫燕　孙晨蕴　胡心茹　张满湛　戴彤彤　杜昱璇　王熙临　邓　妤　陈晓倩

连书茵	钱赫雯	潘梓蓉	方思琦	孙　瑞	王步骧	于如月	陈嘉瑶	林　慧	江卓媛
郑　伟	孙　冰	林　婕	倪思炜	徐小丽	崔佳燕	常华荣	吴　楠	王晓欢	李得峰
刘　茜	许　晴	周娟英	廖家佳	吴　雨					

三等奖

王怡璜	王沙沙	武培敏	蒋　瑜	俞卓杭	洪晓倩	胡立傲	王梓人	葛丹丹	李占鰲
杨佳圣	刘佩雯	刘晓琳	王子涵	王佳颖	徐博涵	方　芳	廖奕晨	李雪晴	尹　蕾
顾倩兰	施　怡	邢文倩	陆影晴	杨筱钰	王晓磊	孙余吉	张　洁	徐敏捷	孔琴怡
胡　玲	宗晓莹	薛济文	吴佳芸	李秋豪	刘瑞辉	魏晓丽	李迎香	蒋珺怡	朱吟慈
郭　佳	刘亚松	林东明	陈　馨	孙　锦	王佳瑞	戚文新	丁　丰	杨作栋	刘秋谷
汪楚豪	张馨予	李　婷	邹　野	何　海	卢　周	李甜雨	刘丽萍	陈奕江	冯珏雯
王　袆	魏秋琼	杨静怡	周欣溢	刘晨俊	卢雨欣	夏　禹	林锦璇	谈凌云	江　滢
屠铭燕	王艺之	张赛男	戴　僖	朱柯沄	梅　婕	朱芜芸	贾舒宇	黄梦婷	蔡思敏
汪晓蕾	程　驿	杨玄琳	林韵琛	郑丹婷	吕英妮	蔡忆川	郎佳琳	王冶凡	胡　江
潘日钊	羊永辉	张　苗	周　韵	丁昭文	唐慧瑢	田　威	陈岩青	楼超峰	沈子豪
夏子航	施雅怡	余年达	卢思思	李华琴	孙佳敏	吴文伟	梁　嘉	李　恒	孙成宇
董　岳	王瑞昕	林瑞浩	崔梦宇	王　羽	蔡方钧	施浩宇	吴高星	赵心蕾	江暐玥
王　娜	李丹琳	杨　蓓	丁伟东	邓雨翩	蔡昌彧	孙　锐	张莉娟	孙　凯	王承诺
马　辉	冷钰婷	贺菁菁							

材料科学与工程学院

特等奖

谢忱妤	郑　汉	解洁奇	林　铮	戚功文	周子田	季陆丽	夏　蕾	顾雪莺	张盼盼
文子聪	邹君逸	丁　宁	焦安琪	贺逸昕					

一等奖

王慈松	袁佩家	葛孟淇	蔡睿赟	赖镇涛	孙田依姗	余思婧	许佳瑶	齐宴宾	沈晓雪
吴　航	李　珣	甘　甜	黄文杰	王文杰	高泽华	吴伊旸	张媛婷	马文隽	田　恒
许　达	康欣悦	杨怀斌	倪璧君	刘春朋	曹小涵				

二等奖

范朋硕	洪佳婵	胡晨悦	夏文汐	徐玲玲	陆雨飞	叶凯茹	赵阶瑞	罗玉欣	应　蕙
江汉文	陆诚之	曹洁琦	刘天宇	胡子安	万江林	邓宇洲	张婷婷	刘士琦	崔如馨
范晓彤	姚　钰	张力月	刘心雨	林昕琦	陈瑾瑜	陆雨瑄	李朋翰	王亚婷	应　蕾

杨培情	钱祺弘	高国恒	王冠宇	朱唯楚	张佳欣	王福君	邹景橙	冯 兰	左丹阳
许远琳	贺聪泽	马文浩	高文豪	李金凤	陈婧雯	熊锦琳	李文婧	秦明鑫	马凯茜
王明华	程子强	龚长俊	张家豪	王诗佳	陈菊锋	吕帅康	褚衍盟	毕玉芳	吴雪枫
陈锰炯	周 杨	胡恬怡	张 薇	杨 柳	季显文	许鑫垚	柏佳璐	张安安	金锐琦
高 曼	刘袁微	陈美万	朱华威	陆鸣雷	谢 淼	张宇晗	叶佶恺	石隽秋	吴怡清
阿博涵	雷 锦	林静宇	朱富威	马丽霞	蒯颐熹	周 涛	丘晓婷	徐世宇	雷玉立
郭文帅	陈 娜	张李巽	徐绍华	姜 瑶	常 强	贾文丽	汪昭明	张媛颖	

三等奖

黄小菡	王文清	陈容振	董 露	金抒晗	孙媛媛	姜翔宇	陆 瑶	张宇浩	顾雨冬
刘文轩	李韵雨	陈 袁	顾佳蔚	吴程越	郑思琪	张良媛	刘波蔚	董 进	王 婷
谈斌喆	邱雨晴	张新悦	汪毅官	郭佳欣	袁 令	谷雨泽	季家伟	康朴华	王正夫
周初骜	刘于婷	任彧晟	刘彬秀	卢子健	王一斐	刘小雨	郭婉君	顾紫梦	陈 蓝
曲芃宇	马德毅	单慧敏	翁嘉炜	张 行	佟佳欣	李晨希	徐雪培	段田田	韩 脉
李小雨	佘蕴芮	倪好闻	王珍珍	俞 佳	姜 堃	刘熙濛	高 路	杜文通	高翊然
王超凡	杨 洪	杨亚利	潘雪勇	艾金鑫	陈家琛	李 鑫	纪康宁	张沛文	张鑫平
斯宇晗	徐云帆	薛靖怡	朱鹏达	张依楠	徐艺凝	庄芳芳	曾庆浩	杜汇泽	柏景森
金洪波	郭新月	金朝恩	徐时杰	涂奕飞	徐崟壹	邓天博	崔 影	程思雨	魏 琦
邓 帅	刘 洋	王博慧	程 越	高永盛	张雨荟	纪苏洋	余晨希	郑家昕	翁炜竣
赵 亮	叶祥飞	王 亮	徐礼锋	谭雅方	孙 勇	张甜甜	刘宇松	孙星颉	李紫晗
曾思凡	王 杰	朱新宇	黄森鹤	王宇飞	周秦鹏	季浙敏	吴菁菁	刘白杨	王 宁
薛 涛	尹会松	王 敏	王鼎睿	王 正	何文俊	文应强	汪宇明	刘家和	冯 浩
殷祥春	张世港	李 轲	池哲人	谭舒天	田力学	杨 双	赵雨铖	王旭东	肖耀东
郑皆鑫	朱承贤	韩 强	甘丽婷	秦倓阳	陈柯林	余 迪	何英杰	陈雨欣	郭净嘉
曾 通	田莫充	赵加悦	王 杰	华 娇	赵 爽	许梦瑶	黄小烨	苏 凡	黄忠凯
宋金泽	韩 刚	王 钰	许 飞	马萌颖	邱连振	彭凌子	蒋洁超	刘昊楠	侯 璐
都 仕	薛 源	刘龙强	袁 佑	张君宇	刘 帆	董仕龙	马炬乐	陈国礼	李世博
张逸凡	杨锦昀	高雨朦	谌雅雯	陆林子钰	竺益辉	张昌入	于俊茹	张 慧	赵文林
颜舒婷	龚晨宇	李 丹	李可可	赵 珩	赵鸿孟	王泽凤	戴淑一	梁月梅	赖铱麟
喻泽中	李开远	袁铭霞	阮碧强	张章龙	李曦阳	胡家桢	濮子叠	梁羽洁	薛良耀
余盛伟	丁 虹	高小榆	陈俊旭	丁彦桢	刘 欣	李明炆	周 磊	王裕超	何思远

崔博雯 牛浩鑫 刘杰 王朝锋 蔡湉鋆 游莉 胡雪莹 姚兵 史迎利 张鹏
金梓琳 郭翔蔚 祝宇鹏 邵斐斐 闫志威 王增国 赵璐 王丽雯 周明蕾 丛自豪
肖希勉 王雅馨 廖翔宇 朱凯 陈春雨 王帆 刘露 尹延林 靳惠宇

信息科学与工程学院

特等奖

何逸辉 辛佳德 蒲艺华 刘飏 孙琦钰 张志鹏 张斌杰 王禹博 梁磊 唐宸
何逸辉 洪惠芬 田一彤 王泽华 秦祥翔 刘熠珺 钟雪颖 熊珞琳 王雨晨

一等奖

房金宝 林昊琪 杨竣乔 丁怡 黄慕轶 金鹏 吴文斌 秦锦玉 王亦凡 唐仙娥
李远志 朱理森 莫泽坤 樊宇曦 房金宝 杨逸俊 丁亚丹 雷丽琪 苗书宇 朱斯琪
桂少军 谢忻南 郭家骅 孙鸿彬 杨天歌 马文芳 周照 耿泽龙 许依培 吴思玥
张莞婷 丁如枫 张效艇 李巍 王泽明 吴超 曹嘉玲 王晨 王寅宇

二等奖

姚志婷 范玮 任天宇 叶晓波 金春晓 文姝璇 陈世宽 刘涛 左佳斌 孙麒萱
卢宇晟 董裕峰 顾庞 贺睿远 张嘉琛 薛魁 严徐迪 曾健骏 姚义 宋丹阳
马榕 林嘉树 余芙丽 高君钢 张晗 朱东辉 杨韫宁 陈家邦 李遥 张宇杰
顾笑宇 高天维 曹凌峰 薛盛丰 张佳乐 李世芬 沈一峰 张子琪 郭建龙 付佳
冯磊 肖若诚 孙浩 沈阳 郭帅 徐逸峰 潘金佳 黄佳琳 林思莹 赵超强
朱思敏 梁佐 王世豪 蓝鑫 江志峰 黄文斌 张知行 钱梦薇 王喆琪 陈一敬
余守波 岳文骄 楼宇新 季思凡 胡俊杰 龚雯妍 王泓程 陈晨 左春玲 冉启兰
张贤益 金季豪 张传法 杨迈 王建远 刘立军 李倩玉 冯勇 李阳 杨孟平
刘金琳 武海霞 吴鑫 陈志刚 张超 王钰馨 曾文惠 赵静 钟传宇 孙鑫宇
范瑞静 管耀 王雨 马起明 蔡淦 张嘉寅 顾凌峰 蒋玥婷 吴天宇 任温琦
徐昆 柳俊 王诗珂 李聪聪 陈希豪 周潇 林宇翩 郑政 李锦程 赵歆苇
董文杰 苏永煜 林雅娜 金逸超 虞自立 陈天宇 张蓉 李俊卿 倪玮栋 张憬晗
王珩

三等奖

蔡文韬 张寒泊 陆俞悦 范广兴 程予任 赵金敏 王高建 李行 孟昭阁 朱欣怡
田子蕾 马思芸 柳钰 赵雪晴 黄怡涛 吴信 傅昊 孙惟宜 杭添 吴若虞
王嘉瑛 王家骏 赵志达 邓昭宏 史亿帆 徐庆 李语桐 陈学良 徐皖婷 杨丹
邵亦安 王腾飞 王承天 郭威 吴诗佳 姜昕妤 张旭 丁佳谦 张毅成 罗楚妍

黄金基	徐雁波	张哲源	石 勇	全 权	安 杰	郭俊健	夏健君	郁浩然	蔡婷婷
谢方舟	李增鹏	储逸然	许鑫磊	刘 燕	王 鹏	高胜宇	潘行之	蒋宇豪	汤春晨
王懿鸣	桂 翔	谭璐洋	蔡欣雨	刘俊杰	陈智磊	宋景涛	褚 旭	姚素杰	胡 珀
袁智杰	王慧慧	李昀灿	于俊杰	黄昊然	李 萌	龚飞洋	刘 渝	姚怡欢	沈梦姣
刘志航	李镇港	方传涛	龚致阳	周 园	程 磊	张博晨	夏源祥	吴宇彤	余仁杰
邱燕燕	严诗烨	傅志凌	董永昊	李江声	胡博典	何雨旻	李 靖	沈浩奕	王 婷
杨 涵	沈 喆	杨金良	钱 南	李炳蔓	周德伦	王佳钦	周嘉麟	钱海龙	李翔宇
虞亦隆	赵嘉豪	刘 镇	杨梦琳	徐梦麟	陈挺铃	张晨曦	吴琪雯	陆莉霞	龚雨昭
范博辉	季陈毓	秦 博	李楠希	李佳鑫	邬东辉	许乔伊	丁文杰	王 杰	罗伟杰
洪朱超	汪子堃	陈志超	王宇帆	周俊杰	裘昊天	任佳伟	董政霖	牛子原	王业相
杨 帆	奚子安	李修远	李煜杰	蔡慧婷	张佳影	陈志阳	张逸航	邹 杰	仇 隽
齐 薇	沈子良	杨佳承	潘燕娜	毛方亮	楼亚楠	黄斌浩	张昌崇	姚逸夫	赵 展
毕 成	林宇飞	蔡根根	刘 凯	钟 敏	郑道杨	劳正达	付锡欣	刘子文	季敏飞
马 磊	姜 特	薛洪滢	童嘉慧	李 佳	桂欣雨	马雪娇	王 坤	黎思泉	孟 婷
彭媛媛	李永强	祖一帆	袁晴龙	权畅睿	康文斌	林毅凯	李璟菲	周宇杰	王赛威
郎凯琪	余飞越	陈书田	孙 骏	袁 洋	陈孜维	张文龙	杨正壮	夏 志	王玉昊
张 帆	陈飞鹏	陶 婕	孙 宇	叶田地	谢嘉佳	潘 登	朱 浩	赵杰羽	付仕奇
张 阳	文家璇	游兴旺	姚 堃	顾冬洋	王好点	古弘毅	张玉鹏	伏爽阳	王俊杰
徐哲真	安文凤	李伟盈	李若弘	梁 伟	郭翼骏	黄凯宁	郑涵文	邢 旺	韩志彦
彭 程	龙梦晓	张无极	叶哲昊	于 航	郦雪雯	华淳钧	段梓威	赵 宇	蔡理杰
蒋如意	闵彦钧	赵明辉	孙 博	汪宇涵	严家茵	姚 镇	孙宇翔	赵呈涛	徐威极
刘嘉丽	肖博文	李程峰	张奕晨	盛泽宇	茅铭心	王嘉丰	王 琴	张琮昊	袁 潮
计晨旭	陆纯昊	肖嘉瑞	李天琪	徐 涣	董圳棋	陈金星	张 猛	章寒捷	杨冬冬
张逸飞	阮颖怡	叶舒澜	李元昊	彭宇凡	欧子文	杨百威	姚迟亮	卢鹏程	赵李洋
张 帆	谭圣潮	张帮旺	董 涛	邹 昕	干子雄	郑庆文	薛连昊	王奎敬	汪澜江
雷 晗	张紫钰	姜一帆	谢 锋	赵向前	黄 元	李东方	姜晓媛	肖彬广	任文杰
张希厚	康松磊	唐亦忻	罗彬杰	李一帆	徐春雨	张 瑞	金 梦	董泽宇	杨崇云
李兆进									

机械与动力工程学院

特等奖

张逸豪	顾钧诚	吴 峋	陈泽坤	吴荣耀	杨 琳	唐鉴颖	周相阳	肖 邦	缪云鹏
郝若夷	焦义飞	陈 童	廖书信						

一等奖

王 建	金博宇	张浩楠	陈泽宇	车 竞	郑鑫霄	张亦伟	夏 添	李 侃	张天宇
张 蕾	戚昊晨	罗鹏程	张佳豪	段云昊	周小晓	王 何	刘丁楠	姚亦雨	郭昕育
沙鹏星	许更书	马铭键	涂章鹏	许柯华	孔 婕				

二等奖

万 舟	相浩洁	严 昊	马前畅	王一凡	肖伟铜	李诗豪	蒲俊吉	郑枫弋	陶贤超
李沁霏	陈元昊	南 浩	任 和	杨 鼎	鞠 然	陈李炜	张新科	曾黎斌	赵俊军
周正旸	陆 诚	钟天奕	葛宇航	殳 韬	孙 敏	李禹昊	郑阳阳	季金捷	冯 凯
陈先琪	房 杰	钱彬丞	李孟科	肖海彦	朱 骧	张周宇	阮慧祺	陆子民	金徐洁
李帆鑫	李郁松	王琦深	米希聪	张 涵	顾琦悦	张英培	王一皓	郭文超	刘 琳
张志远	陈弘毅	严瑞涛	连江卫	陈艺中	王新平	朱钰婷	钟昊男	马 岳	税正伟
陈思佳	钱剑勇	周雨晴	杨 文	姜治康	吕 懿	胡馨丹	洪天骄	王杏伟	颜孙超
於晔鸿	张 英	刘珂嘉	刘志滔	张 鹏	王庆宇	郑风华	田 慧	李潇宁	钟文清
王富豪	彭 娉	郑文龙	夏 慧	迪盼祺	汪浩洋	谷 琳	闫嘉豪	侯嘉良	白逸凡
方艺伟	黄 霖	卢秉伦	卢 桥	江梦慧	姚佳旭	杨大圣	曾 飞	赵可佳	张 碧
谢广年									

三等奖

王 乔	郑 辉	黄 浩	吉 悦	张子旸	陈卓超	王 楠	李心怡	曹 拯	韩 彬
王林怡	周锐东	李凌威	郑淑芬	徐家玮	王 健	李真仪	李恩泽	毕鹏华	李帅宾
魏赟杰	王黎望	姚逸鸣	武世汉	王紫阳	刘涑凡	李 越	辛集忠	张 卓	陈若璇
陈 诚	伍 丹	颜仁章	刘方威	程佳博	吴 昊	李起扬	徐毅翔	李 博	庄彬彬
陈迩文	朱文琪	王世飞	韩清壮	马诗尧	曹港生	潘嘉裕	荆为记	蔡祥磊	周 兵
徐 虎	陈 攀	严宇昂	刘炎烽	凤栩宸	金熙来	曹建方	吴尚恒	沈钧诣	丁希成
陆恒锋	雷意楠	马晓宇	陈 锐	王 京	冯佳俊	李志发	黄双全	梁飞洋	许鉴鉴
全宸希	高天一	陈 锴	秦玉杰	戴友洵	覃 胜	王易知	卞慧敏	刘敏杰	李嘉鑫
卜志超	陈厚儒	周赫明	王锟钰	殷璐鹏	黄 吉	赵旭杰	张佳楠	刘杭其	傅 强
牛寒柏	孙兆星	韩宏宇	李文涛	朱毅仁	刘朋帆	刘伯群	王 旭	周如辰	徐晓通
洪淦森	陈玉婷	孟紫薇	江 鑫	陈 翔	谢宇飞	周云迪	肖 遥	刘文辉	徐启辉
盛 然	汤忠翔	肖直坤	黄 勉	陈 博	朱晨涛	冯麒毓	赵炯毅	石熙鹏	黄海涛
王一方	唐 沛	黄自豪	张笑凡	宋柳直	王 尚	王忠泽	王文惠	黄天睿	许芳维

孙鲁颖　赵洲翔　高森辉　王学强　孙高亮　陈　彤　王天宇　王　猛　袁　旗　陈　雄
鲁　恒　张汉驰　柏毓徽　朱旭滔　许志超　钱俊霖　黄琪红　汪锦云　陈雨欣　徐文天
吴杨宇　耿春鹏　胡丰怀　李桂成　曾敏萍　蔡　巍　顾臻皓　丁文姣　席潇然　徐孝诚
步若晨　何家隆　郭浩杰　祁　祺　张佳敏　刘雨辰　许志杨　曹　政　吕　凡　徐明旭
杨晨捷　郑嘉镭　鞠　宽　钟思蒙　谷彦颉　席　天　胡文琪　邱茂垚　匡　鹏　郭世杰
张世光　吴　为　徐　锴　羊　众　舒煦朗　赵　星　蔡华军　陈启凡　陈怡州　李烨浩
孟宸宇　张牧寒　喻展祥　张世雄　张君天　师　赛　王　诚　张毅恒　冯子傲　霍世杰
张昊天　周建伟　曹舒凯　陈　波　关少杰　朴春柏　曾　鑫　潘　薇　金前程　冷仓田
刘瑀珂　王睿卿　张宇庭　吕蕴韬　吴宇星　林　坤　王　一　吴　韡　唐　强　林瑞行
张　冲　李星念　张宇吉　谢远春　谢剑斌　毕文涵　曹佳铭　赵子博　谈洪斌　李思雨
刘　彬　李红峰　曾繁荣　商华政　程　峰　胡孝凯　张金辉　王媛媛　唐雯婷　熊文婷
徐文强　余鸿飞　张小奇　邵荣辉　刘祥远　王廉胜　李　楠　代晓帆　郭佳宝　姜龙滨
廖兴雨　夏　文　朱新雅　王泽厚　袁思楠　邵聪鹏

资源与环境工程学院

特等奖

徐佳颖　张鹏刚　刘婉莹　严嘉玮　吴怡昀　王　挺　张紫薇　蓝金晶

一等奖

宋　雪　杜云珠　范佳露　孙楠楠　刘文荟　郭广欣　张飞宇　李晔瑾　闫瑞宁　吴东全
杨儒民　宋彦瑜

二等奖

刘少凡　张　旭　张　巍　林凡斐　孙思鸣　朱盛强　吕月池　刘子瑜　彭思雨　郑　芳
魏傲松　黄　晴　汪　敏　刘志航　章雪凝　黄洁莹　霍　欣　申心瑶　章睿忻　盛　越
吴　昊　陆晗涛　吴屹洲　沈凯莉　孙瑞阳　郭　康　姚根吉　刘玉龙　何梦达　李紫霞
王泽宇　杨　洁　金子钰　张　雨　冯浩然　王哲妮　姜伟楠　旷　哲　谷　萌　柳　畅
周胜钰　杨佳程　杨家宝　周丽丽　汪　涛　何伟煜　钦传慧　冯前源　陈万桂　李一波
马晨铭　李华华

三等奖

成鹏飞　王　征　唐　杰　杨　澜　徐旭东　汪白洋　郑智淋　朱伟卓　张洲锋　张玮珊
郑　志　程　晨　顾嘉乐　孙　硕　吴雨婷　王鼎鼎　符家瑞　任炯秋　成　睿　王　旭
周铮原　杨莹莹　刘紫瑾　王　鑫　俞洪杰　刘智鑫　汤　敏　刘　达　孟广源　樊洋成

唐偲嘉　耿绍然　於　峰　丁宁恺　束弘泽　沈文愔　张　锟　马逸譞　金铭杰　李文亮
王　阳　董亦衡　李雨萌　力　玮　吴欣荣　姜兆义　蔡志阳　宋成斌　吴心祎　陈仕镇
米博文　洪千惠　闫　帅　王敬杰　王思敏　宋涵艺　李柯兵　高　天　吴　昊　孙凯进
朱馨萍　曹　敏　吴一凡　卢云青　陈智翀　胡　岩　顾　昊　陈　睿　蒋杰伦　丁泽阳
李　娟　张晓波　陈椿林　黄　静　张心雨　吴怡晨　曹世昕　魏玉擎　吕雯玥　林思妤
张潇阳　张子文　杨吉娜　龚佳怡　姚嘉聿　林晨颖　黄逸俊　朱　江　杨俊劼　吴光南
仲莉杰　王　菲　赵艺茗　阎　明　马舒晴　张　磊　林素芬　程堂颖　包　晗　王佩宇
钱泽颖　谷　原　杨嘉宁　赵翰斌　黄靖瑶　贾　磊　马铃慧　郑凯丽　潘瑞昕　曹嘉琨
颜佳峰　高德志　高　明　周小粮　刘昊坤　吴　安　张晟宁　王子钰　扈博洋　梁　纤
董伟超　余俊钦　鲁泉玲　姜　丽　刘金河　周雨凤　朱国强　范思楠　任凯玥　占　锐

商学院

特等奖

于　辉　陈清扬　黄春敏　兰　天　徐梓童　叶雨卉　胡海燕　罗靖怡　朱敏洁　燕　潇
李锦锦　王　想　孟　佶　栗　靓　金沁言　季芃妤　肖金津　谢奇芸　丁佳艳　胡立晗
龚嘉楠　王珊珊　黄彦婕　房慧敏　夏　萍　杨璐铭　李伊凡

一等奖

陈依婷　孙天峰　郭梦婷　徐小乔　狄子钰　翁东玲　宋晓芳　李逸然　应雨婷　蔡雨晗
张银婷　王新怡　陆已苏　王宽亮　李心怡　施艺恬　沈张琪　陆伊伊　陈　铭　潘雍睿
邵弘毅　吴绍迪　高冰烨　翟俊晓　张露文　翟金蕊　刘哲宏　刘　静　吴红杰　辛　娜
李秀琳　潘　婷　向伟林　顾凯文　金诗博　高金锋　刘楚芸　许楠楠　张　蔓　杜子琳

二等奖

韩　晏　张　罕　王雪纯　李嘉欣　汤　怡　吉　捷　瞿晓楠　刘伊凡　蒋馨月　赵雪晨
殷之璇　叶思宇　朱惠冬　李曼玉　李非凡　王宇涵　徐一钊　龚雪雯　魏佳丽　曹欣悦
迟钰萌　许勤楠　朱海莹　彭钰婧　贺　翌　何雨沁　梁婧琳　李骄阳　黄　仟　张亦欣
王雪锦　沈樱樱　曹　语　张　琪　贺佳琦　赵晓雅　李聪聪　丁冬蕾　王映辉　张枫琳
石益姝　周　芸　林思源　费旭晴　林家辉　于　洋　朱弈秋　施文予　杨再飞　董怡君
钱昱舟　严小艳　丁　悦　潘文劼　孙嘉诚　薛天赐　张竞羽　项　飞　伍梓君　晋旸晨
沈伊婷　赵　菲　陈隽旎　张轶杰　戴爱君　肖一鸣　刘思捷　冉剑臣　曲　晨　张永峰
徐　帆　祁亚亚　宋泓臻　闫连青　张佳懿　高晗敏　张唐珺　林　橦　李宗祎　范怡雯
斯佳丽　刘涵戈　俞久勉　姜昊初　赵晋萱　曹君杰　沈雪晨　吴晨汐　唐　悦　李瑾宣

卢津冉	韩　爽	鲁璘麾	姚欣辰	傅欣岚	郅　谋	黄琴琴	白晓樱	俞嘉炜	李嘉淇
胡天仪	沈　扬	李文都	宋彦菁	刘静茹	曲　旸	周舜宣	叶鹏卉	陈江婷	孙　彧
张　帆	孙樱斐	赵子恒	陈汉真	范新晨	王　颖	王妙韵	金伟杰	胡玥歆	张细雨
张琬昕	张玉丽	夏强伟	周瑞琪	邹倩倩	蒋　蕾	孙家悦	李　睿	章静娴	李　娜
甘　莉	吴倩倩	潘俊秀	刘　婷	张　静	路晓迪	刘　莉	颜莉琴	贾　琳	迟晓彤
潘枝峰	王馨卉	张　璇	孔文彬	陶雪颖	董　琳	洪亚丽	朱楚楚	王燕萍	黄思懿
王园园	李雪平								

三等奖

张唯佳	刘晓钰	范丽靖	郁楚凡	逄增阳	晏佳敏	蔡雯雯	陈茹茹	张天伦	孙丽玮
朱明敏	罗珮文	余英杰	诗　苇	吴一凡	陈奕沛	张　卉	崔世杰	管思敏	颜　萌
刘瑞东	徐彦昊	周成臣	李梦玲	龙梦泽	陈　玥	冯洁妮	张志仑	傅琼琳	王柏超
吕哲洁	杜一雄	陈向可	王雨凡	刘家玲	余书勤	孟大淋	林少华	刘　奇	沈恺飞
车　轩	黄诗然	申如阳	顾端东	盛竞仪	王晓通	闫夏诗	张晓磊	陈冬婷	王舒凡
曹大维	韩嘉桐	陈子琪	张欣捷	王微微	袁怡菱	顾佳萍	李晓越	王　茹	顾文韬
陈家骥	徐文程	陈　瑞	惠诗絮	陈好皓	李梦桥	程泽宇	戴晶晶	杨子明	张瑗竹
俞　倩	鲁　珍	郑君烨	王润霄	王宇鹏	解胜男	杨雨濛	许嘉璐	葛奇奇	杨　立
何诗雯	叶　姗	孙雪璐	丛方辰	罗　昊	陈　思	关佳怡	方晓倩	郭新宇	王嘉慧
赵玉玲	简佳欣	丁　今	唐雨睿	何晗笑	夏知非	严正晴	何家雄	于思倩	张凯霖
王　灿	蔡　颖	曾佳莹	方俊萍	张　艺	李语晨	陆伊宁	叶思雨	奚瑜婷	苏桂兰
王徐嵘	陈雪雯	陈家宜	贾丽雪	刘欣彤	成　诚	张艺伟	王子翔	周　乔	刘芳燕
陆诗语	廖书逸	王　赞	王荟琳	顾祎芸	樊艺欣	张玉靖	陶倩颖	杨慧敏	唐佳纯
郑宇恺	董宇烁	夏晓妮	闾丹文	吴倩怡	许　诺	陈丽春	伍雅婷	王雅慧	沈瀚舟
郭桐言	贾宇丹	徐　吉	吕沣航	邵闰静	黄雨萍	韩　爽	朱　溢	张　婷	田　珊
周梦洁	肖凌韵	秦伊宁	肖　婕	罗捷婕	顾　怡	田韵含	陆冬冬	张　洵	徐　鑫
尹艺凝	陈一平	傅丹丹	沈健喆	陶　淳	王婷婷	秦菁微	吕　雯	倪菁娴	沈　洁
潘心瑜	戴　涵	史佩玉	黄紫婧	顾格格	黄艳玫	仲轶民	颜冬雷	谭　欣	张辰绮
龚　煜	徐　端	孙叙含	梁　洁	陈　乐	黄建君	于　婷	张颖寅	陈欣蕾	庄彦诚
肖思琦	董璐璐	龚丽婧	林耀伟	王　睿	林巧婷	杨思钰	和小田	吴　优	刘文秀
吕钟林	许　敏	姚昀辰	杜乐琼	卫宇迪	张　羽	陈晓琪	朱林兴	张文楠	杨必慧
顾宇昂	巩浩博	陈志伟	张雅端	沈天恒	仲　鼎	毛唯臻	黎　征	王银海	李伟祯

谢文青	曹志贤	山雪曼	卢静娴	郭思淇	范柯丽	乌珊珊	刘力玮	王诗航	俞　婕
张昕煜	刘雅楠	许静怡	许　茜	侯储璇	姜博源	陈清扬	张亚飞	洪　岩	朱文怡
马寅杰	林雨澄	茅子璇	陈昳昀	曹戴玉	李家彬	范少锋	汪　辉	苏　毅	高家萍
王宇凤	陈牟瑶	禹　嫣	韦嘉男	王晓婷	李锦华	林小湄	罗钦予	陈佳羽	刘芳媛
蔡家元	曹诗琴	施　蕾	鲍　珂	闵　天	吕天舒	姚雨昕	侯逸凡	陈璐怡	李劲亨
黄奕涵	夏甘凝	马徐佳	刘竞择	郑　潇	洪永年	罗晓雯	李若晨	陈　琪	陈佳浓
刘启帆	袁　锦	卢子豪	周　洋	高亮亮	金　昊	万敏慧	胡意成	蔡依伶	王晓燕
陈心蓉	陈鸿坚	商佳琪	王鲜盛	陈　辉	徐言婕	孙燕萍	周树理	胡镒琼	吴日源
王雪曈	陈　晨	胡　娟	杨淑霞	付世鹏	黄怡琳	朱志强	胡宇辰	胡　安	周思雯
唐罗洁	石红妃	郭　晴	丁页嘉	谭梦妍	腾春月	蒋子潇	周　玮	齐新华	刘成东
刘成颖	吴嘉卉	谢培珊	张姝婷	陈　爽	季凯珺	何　恬	周昇琪	张琳妍	马里千
吕　赟	张亚婷	金　晶	杨静雅	匡　倩	冯　潇	徐晓倩	沈智伟	陈睿闻	胡钰婷
王浩任	赵海翔	孙　婷	卢　德	莫玲钰	梁　冲	宋　佳	颜　安	张婵婵	陆金玲
王晟亦	耿　彤	鲍薪羽	陈闻宇	陈梅梅	黄仪琳	周　磊	徐梦霞	刘　悦	陈妍茜
彭　丽	相晓冉	黄　新	孙佳晨	陈　庆	顾　倩	刘成明	杨　梅	陈丹璇	李运豪
赵　琳	游佳敏	张文革	赵莉媛	刘　维	申嘉钰	邵祖培	王涵潇	盛翠梅	蔺　健
王　璐	李　萌	彭雪美	欧阳仲琳	徐颜慧子					

社会与公共管理学院

特等奖

蔡梓萌　陈海云　朱惠薛　杨　洁　伍方仪　胡晓蒙　张苑松　邹　敏　王湖葩　孙静博

一等奖

陶　敏　王　卉　向若瑜　张沛文　管好好　周　枫　吕文富　王语薇　赵冬冬　李　佳
滑　越　霍雨佳　祝雄美子

二等奖

汪楷茗	孟　昕	石思慧	宋文欣	关永红	何东琴	黄　雪	彭　丽	孙二扣	孙静旋
唐潇潇	葛　倩	鞠彤洁	于星苑	郑　娉	酒　毓	盛艳梅	张月亭	王小语	董萌宇
李天宁	胡淳然	杨馨怡	王张钰	王　灿	孙奕欣	许文杰	张潞艺	曹　靓	成子菱
赵伏坤	王　寅	朱雨新	马　婧	刘诗梦	王景怡	周浩男	彭清溪	祝玫逸	马歆玥
王海擎	张天真	杜依蒙	胡峥静	石观瑜	刘慧敏	戴　颖	陆媛静	冯　燕	孙晨晗
赵唯杜	余朝洋	向依琳	肖彦喆	赵　璐	陈紫婷	德吉白珍	施宇玮	梁佳瑄	查心瑜

诸秋纯	马　力	张梦婷	吴思雨	董慧玲					

三等奖

王冰清	尤　越	孙文璇	庞　辰	徐佳雯	许兆婉	董舒涵	谢　萌	吴晓然	张馨予
曹梦婷	魏妍妍	任青青	詹夏情	丛珊珊	刘　瑶	杨　佳	宋雨沁	陈欣钰	吴鹤遥
陈昭希	田佳灵	吕思凡	崔方婷	李懿君	周晨怡	张　薇	宋文芳	方韵秋	俞佳傲
曹安琪	张嘉辰	殷　涛	朱海龙	徐　杨	沈伊娴	季蒋磊	朱　昳	张万里	李聿铭
陈　莉	黄　灿	俞莉莉	吴慧媛	黄文博	甘雪梅	臧梦阳	王巧林	滕梓含	朱程婷
孙恺怡	赵维杨	刘蓓蓓	沈露莹	龙婷婷	蒋　炜	张钰婷	牛诗梦	张新阳	吴　怡
童　曼	赵枫颀	夏华天	施　思	陈燕而	朱璇格	许杨炀	陈奕菲	王乙芝	王嘉仪
严雨琦	唐凤娇	王丽琴	吴佳莹	王寒温	张　巍	任佳媛	齐　雨	齐　青	蒋屹浏
吕慧敏	印君怡	肖静芊	尤　慧	商叶儿	郭方晨	叶子安	王　黎	王　磊	韦　悦
林佳雯	朱　旗	李　龙	薛　璐	葛丽君	邵筠怡	郑中悦	付晓鸣	王　晨	王雅雄
黄　静	朱盈哲	张郁芊	施　怡	庄丽侠	赵　倩	孙思怡	朱义妮	董　贞	李怡雯
王亦翔	沈雯怡	但孝贤	董宇文	高俊雅	王　瑶	王韶康	周　洲	茆点点	聂　璞
刘　莹	刘文倩	李晓奕	梅　楠	韩　冰	张琛琪	王玉妍	王佳欣	王誉洁	方　静
季冬愉	孙　碧	贾　姗	刘　杨	展　雪	储韦韦	李欣然	李　悦	付学玲	宋梦冉
王文秀	娄菲杰	何东琴	黄　雪	彭　丽	孙二扣	孙静旋			

理学院

特等奖

徐　豪	袁哲诚	郭金华	柳辰琛	胡豪杰	陆鹏皓				

一等奖

苏晨昊	王莅豪	陆李威	陶翌成	刘琮寅	陈　莉	孙瀛吉	王炜畅	吴思敏	张宇珂
陈雅馨	张伟华	薛啸天							

二等奖

张力文	欧阳朝武	侯静阳	高　昊	任丹妮	张伊人	卢　县	童雨欣	黄　尹	郎舒博
严一栋	段　卉	戴祎雯	汤璐璐	于哲涵	姚慧敏	缪　锋	周雪茗	唐佳诚	陈文涛
连子桁	陶峙澔	甘人壬	陈煦朝	朱　怡	胡胜宇	贾　旋	柳士俊	白若诗	朱超宇
杨　蕾	潘天宇	袁佳乐	孙樱子	郝珊锋	陈梓浩	任嘉瑞	周文豪	史华宇	计之皓
华雨晨	李文昌	袁雨桐	李素雅	裘栩炀	贺钰雯	纪　腾	陈　甲	谢　璟	姜唯亮
杨洋飞飞									

三等奖

王巍翰	李文君	吴浩轩	李成茜	卢满红	张　鑫	华文菁	邵嘉晨	赵雅楠	黄雅雯
王逸明	高　乾	李瑞杰	黄景宣	郑钟屹	张兆云	吴旻越	罗　凡	杜隆昆	樊子杰
周梦洁	王　硕	段新宇	曹士奕	郭　胜	潘松勇	杨　航	单乐乐	桂博瀚	张力江
束智杰	林华冠	王　超	韩健伟	宗伟泽	赵艺远	马英杰	赵国淦	唐宗凯	陈翔宇
崔淦维	宋文韬	赵　宇	战一帆	邹超逸	路毅松	张珂凡	范　超	杨露梅	徐诗竹
赵　源	程乐菲	曾国庆	梁　鑫	吴晓炜	杨安怡	方　磊	王思璇	王新瑀	谢雯怡
李明辰	肖博聪	毕程欢	邱云程	冯新春	邵博文	赵谌碁	李仕明	刘泽文	牛泽宇
宋思远	彭佳臻	唐荆剑	郭　琦	马　俊	陆逸豪	张玉铉	黄俊松	何威阳	陈启帆
张雅惠	王泽宇	舒　勤	郝文婷	赵一帆	黄远航	范雯蕾	姚钰雯	张浩宇	张瑜轩
朱雨杰	井冈山	孙超凡	房　明	孙　溢	董晨扬	徐陈铭	程俊宏	吴　昊	李宜臻
曾佳典	高浩锋	曾慧慧	方圣欢	朱唯一	金敏峰	贾淑珍	李弘松	张叶峰	吕壬斌
陈　成	杨　磊	杨东明	孙永强	藏嘉琦	杨钰林	陶　冶	朱若愚	胡　帆	陈　昊
王　斌	刘岚慧	周国龙	郝家岗	杨　璐	王　凯	王　丽	吴　帆	李林骏	于春龙
张　琪	吴立龙	郭嘉豪	樊旭成	高子和					

艺术设计与传媒学院

特等奖

周　怡	王　晗	曹文灏	张今英	陈子玄	杨嘉妍

一等奖

吴　涵	罗雨欣	王婧旸	朱诗漪	江伦欣	朱　洁	王安缘	孙舒逸文	陈　雨	裘梦芸
叶晓妮	陈怡洲	汤心怡	王家玉	徐园园	陈　慧				

二等奖

张　沁	曹叶晨	王　昱	孙菁鸿	吕智慧	张韡倩	沈丹伊	冯亦安	刘　毅	林　捷
王潇阳	张倩瑜	陆家辉	胡子西	钱　诚	姚昌蕾	陈　郑	瞿嘉阳	陈　霏	鲍韵石
沈烨佳	周漪婷	陆添翼	季嘉奕	周哲琛	文菁玲	刘可嘉	张奕欣	叶　璐	余哲寅
沈思慧	惠将城	江笑笑	刘　晶	钱　尧	李晓萱	徐向賨	刘梓彰	沈依旻	朱哲灏
许可葭	何佩玲	姚静夜	倪昊莹	陆含芝	李倩倩	凌贝帆	翟羽顺	吕祎琳	刘开宇
孙吉如	李　想	潘怡迈	陆钰怡	周金鑫	林瑞雪	郝谊莲	吴静宇	陈德芳	怀　露
彭雪林	马蓁蓁								

三等奖

吴佳利	郑一凡	刘子嘉	朱萱怡	马文杰	曹　中	顾雪阳	王寅双	江艺滔	许金华

桂凯欣　朱凌云　赵浅怡　岳　昊　姚凌云　郭诗瑜　黄慧佳　石苏栋　陈哲鹏　张心悦
蒋弘敏　岑糜嘉　吴佳磊　吴润闰　毛卓尔　李　静　刘宏恩　郁怡君　何佳娜　李春瑶
张明妍　张　雪　徐子溢　潘依然　吴晓菁　刘蔓婷　赵佳柠　卞子文　韩秋霞　吴妍雯
唐　朝　侯聪慧　马意盎　罗泽波　刘　畅　王伊雯　刘　茜　杨　一　胡跃辉　郑廷轩
周寅初　傅众杰　成一诺　曹怡晴　代文满　王镱颖　蔡佳煊　解雨歌　牛安君　曹婉庆
周琴琴　谢心远　王　越　邱思源　卢佳楠　黄钰婷　郭泽鹤　葛予冰　梁佳莉　李容川
黄鹭馨　陈夏童　金羽洁　王　希　吴　倩　郭名城　朱思怡　余彦纬　陈晓轩　赵贤卿
蒋伊敏　张钰铭　杨业海　徐晨氤　徐建文　林馨怡　高　越　崔景怡　丛　琳　陶麦邱
宋歌阳　周　萸　黄媛媛　张佳音　沈星妤　狄小筱　董　睿　陈　珊　吴倩倩　金笑笑
陈秋仪　孔晚燕　张晓燕　凤　鸣　王思琪　杨非絮　张雨蕙　沈嘉歆　谈家辰　王泽垚
王鑫宇　陈书含　高茗晰　李怡炜　潘逸炜　张鹤馨　华　妍　郑宇璐　陈　晨　郑婧玮
宋伊柔　李　莹　张韦钰　胡又琦　潘雨婷　王怡卉　李艺晖　钱若晨　杨若莹　崔秀丽
倪超群　率静文　吴婧垚　王瑜斐　姜　倩　蔡璐璐　黄立雯　吴笑翡　向　园　高亦心
王梦杰　史钧文　沈焙凤　汪怡凡　杨慕华　罗梦莹　邹玉洁　牟　璇　付曼君　冯于天韫
张王银萱

外国语学院

特等奖

隋　缘　薄　帆　刘赫喆　王嘉洋　孙敏唯

一等奖

陆嘉妮　丁圣彦　双　颖　徐颖姝　孔嘉琪　秦恺悦　时新昊　齐艺青　姜　昊　汪徐莹
郑春秀　韩亦琳

二等奖

张笑怡　吴　萱　王梦琪　张　路　李芊芊　蔡弋鸣　王　云　许　威　李佳蔚　庄　悦
李　森　贺清新　周叶子　吴文君　陈雅晴　潘叶舟　李亭霖　吕姝婷　吴　蓉　孙淑琪
万洪君　戎　易　沈　成　曾欣然　陈伊芸　张　屹　刘　菁　吴丽莉　张颜薪　昂晓凡
王忆南　胡桑琪　曹心缘　徐翊然　蔡佳佳　陈　璐　林妮妮　劳杰女　唐　朝　王子莹
何笑颖　罗梦玲　周　毅

三等奖

朱佳莹　邵　奕　周　婕　王陶涛　金梦莹　王佳君　杨沁若　陈超仪　李　慧　樊冰钦
黄逸松　张　鑫　朱文捷　施筱韵　汪于琢　姚懿珊　房天寒　许梦怡　乔　伊　陈玉婷

王舒姣　金柳含　田雨涵　史慕凡　蔡永锋　沈悦沁　谢　飞　刘　玲　牛华倩　蒋　慧
汪师捷　陈铃之　谢勤文　熊鹏雁　杨皓然　李　婕　吴　灿　张慧文　孙欣然　梅佳丽
胡　宇　刘　洋　高鸣远　薛冯旭　陶　晗　胡文双　焦秦珩　王思敏　方思微　韩雪婷
施春敏　葛沛汝　董　梁　朱行志　施　淇　林　悦　郭　帅　李甜甜　余文兵　邵国栋
吴诗韵　刘怡然　王金鹏　段钰炜　姚未蔚　李可汇　陈　洁　毛惠铭　马一洲　谭善琦
汪恒帆　章奕纯　缪小琪　戴林玉　庞怡圆　李文宇　连瑞颖　金　姿　黄梦菲　桂羽婕
周　丽　兰　蕙　孙居一　陈怡蕾　王依婷　陈　颖　顾祎蕾　董子凌　王蔚玲　李昕怡
毕　钰　张璐瑶　叶伊婷　张清梅　郑　植　王宇晴　范又月　王小涛　郭逸珺　费雯英
李　强　莫晓妍　赵哲文　沈乐怡　袁　娅　翁　鑫　李淑娴　董　情　朱文杰　张怡斐
朱如意　杨苗苗　黄　培

法学院

特等奖

孙铭悦　孙齐蔚

一等奖

陈　雨　焦士凌　陈　亮　刘一诺　武建功

二等奖

吴秀楠　寿宁静　葛奕男　杨金铭　王　倩　陶奕源　刘璐涵　黄子宸　张墨涵　高子涵
季禾子　范香娜　陆佳怡　刘　敏　吴　影　汪楷程　冯子航　金赵鑫　王江霞　韦书豪
张永利　米娜尔·素尔坦别克

三等奖

刘志毅　汪　菁　葛若芸　张京京　邓洁雅　郑涔涔　宋　叶　邓瑜瑛　王　琦　杨子薇
仲瑞洋　欧亚琴　李　丹　李　晔　黄　涵　宣守霏　张　璞　黄　泱　侯义慧　陈卓远
李黎明　罗大千　黄浩铭　林姿洁　师毅婷　陈应长　胡梦笑　李　艳　吴质文　曾　好
丁　蓉　余安妮　李小双　李　静　张绍华　张　琴　俞　倩　应伟锋　单晓慧　王佳婧
陈兵兵　郑　冉　詹　瑾　张芳凝　张梦想　孙　珍　骆之兰　李　颖　司马金妹

体育科学与工程学院

特等奖

郭眉辰　毛镇达　常馨心

二等奖

秦嘉楠　李　钰　余嘉宸　季申泽　陈紫滢　刘子卿

三等奖

邱竞阅	丁 超	冯逸文	刘瑞慈	林紫颖	顾思源	金 凡	史蕊瑜	周嫣然	邵佳玮
黄玉莉	连悦寒	吴俊霆	顾恺颖	肖佳琪	庄轲铭	范博容	陈维维	刘紫昕	易 歆
王翊超									

中德工学院

特等奖

沈 端	华亦晨	王佳珉	侯诗莹

一等奖

石文彬	韩 奇	华 韵	吴竹清	宋 歌	吕浩正

二等奖

陈思捷	陈 旭	顾启文	杨霖辉	惠靖云	沈 强	陶娟娟	卢 沁	罗一凡	张梓峰
孙潇安	周亦宸	毛轶轩	蔡 真	杨家睿	王雨婷	陈自迪	刘添元	邵逸帆	唐雨枫
周亦翀	张家乐	姚文凰							

三等奖

邵 刚	邴冠齐	王 炜	胡正江	杜正仪	宋煜超	王 悦	马 强	张枭越	王雨纯
王怡萍	刘笑成	陈 丰	李昕昊	王定昌	卓少斌	辛志斌	钱慧成	潘心怡	时心悦
贺 恬	周凯文	刘嫣然	宋 睿	王雨轩	张宇辰	贺忆宁	张照悦	陈家桢	唐 果
干天浩	宋家福	雷 妮	蔡卓尔	杨子越	朱燕敏	叶天承	许兆林	陈思瀚	吴沁扬
黄孜立	凌 玮	熊怡秋	肖梓剑	蔡一玮	田 浩	石文杰	周泽华	李成钰	覃诗琪
王芷琳	姚澄阳	马榕泽	鲍维涛	张庐千雪					

6. 2017届毕业班综合课程奖学金名单（本科生）

化工学院

特等奖

李嘉辉	曹 飘	傅忠旺	韩宇晴	孙晶莹	宋贵瑶	成晓敏

一等奖

盛想英	何 清	唐艳玲	王 尊	董 浩	王 颖	王利杰	马清艳	刘义涛

二等奖

刘梦雪	沈冰洁	马榆垒	李斓蒨	彭思源	窦佳红	曹天浩	孙 悦	刘宏韬	马莉茹
于弘平	郭天浩	苑 媛	周自扬	吴一墨	吴克德	凌诗佳	黄 倩	安嘉元	李莎婷

周 倩	应佳迪	陈 澜	崔 秀	刘 霖	蒋 彤	冯新慧	吴 田	李晨丹	汪 成
赵 楠	徐智良	丁 宁	江 鹏	楼仕丰	陆鹏程	施晓艳			

三等奖

史怡坤	邱召梅	曹建成	童钰涛	徐桂馨	余雅心	范雯婷	张 政	陈雪琴	汪若晨
刘亚婵	周佳琦	司 巍	贺 睿	谈金辉	王艺霖	吕 成	王维婷	金恒超	宁力源
刘江鸿	王圳男	刘伟良	滕 玥	沈夏禹	吴博航	张 琦	单宏伟	许博文	陆奕权
陈明哲	王天琪	陈亦佳	江浩然	陈泽华	顾 皓	黄嘉益	夏成志	刘锦泽	叶思睿
贺辰昱	吴 锴	张秋源	周 桐	韩翔宇	尹 怡	朱奕潼	张梦琪	梁 娟	李 昂
朱丹凤	韦 萍	谢兴泽	钱伟娟	徐 东	张文静	邬龙安	阎旭冉	罗 吉	萧 傲
哈静婷	陈宛莹	田 莹	周思依	蔡文药	陈 阳	王 宁	欧苏慧	张 俊	殷 婷
李 昱	颜培坤	谭家伦	张迈文	周伟凯	蒋为璇	温 珊	高 楠	马潘明	石晓雨
訾 雪	李志华	张 鹏	曾昭炼	李 睿	袁纯怡	孙 静	王 丹	张松岩	代超燕

生物工程学院

特等奖

张幸子　何秋琳　孙雨薇

一等奖

姚溢融　应丹妮　梁冰玉　孔婧雯　李虹锐　黄 珍　傅淑霞

二等奖

邢燕子	姚 静	王晨桐	肖 霞	黄河舟	华康敏	徐名强	龚美玲	周英骏	陈焕芸
傅雅文	梁 旭	朱筱婧	李嘉祥	赵琪琪	尹晓梦	余招伟	王乃琪	林嘉宇	翟纬坤
汪湘湘	刘 意	冯 亢	佘思瑶	宋宇锋	陈緦璐	陆 烨	曹承嘉	马静怡	

三等奖

伍仪权	胡 蝶	田 桢	饶森乐	王 彤	黄慧敏	王梦蕊	张佳妮	李宗霖	郑高帆
邹 茂	张欣然	于少洋	陆嘉育	彭新月	张炜坚	杨 洁	曹夏尧	朱睿文	夏祎凡
白春丽	朱梓昂	李雨嘉	杨清泽	郑芬彬	瞿 立	周乐豪	龙思达	庄 伟	翟星玮
张登强	刘筱菲	唐卢屹	李航宇	沈彤彤	刘佳星	王 可	陈姜蕊	康雅君	白雪狄
丁星月	聂塍骕	郭利成	黄绪蒙	梁 潇	林阳琛	田雪帆	黄胜浩	王丽平	谢丽炎
李林红	黄钊禹	朱佳莹	陈 磊	贺鸿伟	陈秀秀	叶莉婷	孙 圳	丁 晟	吴荟初
王亚妮	李炜桓	黄丽华	陈诗怡	张添添	周士琪	晏 鸣	石 雪	陈淑敏	周定鹏
杜嘉佳	王鸣雨	张晚桐	程贝贝	张鹏云	陆 雯	赵丽东	段 镝		

化学与分子工程学院

特等奖

张玮杰　徐天奕　王正　杨昊烨

一等奖

李永琪　郭昕　卢欢欢　覃潇　陈璐　李维伟　董言欣　桂绍军

二等奖

卢海洋　许乐瑾　付志博　施磊　申岳　吴永雷　李诗文　黄昊　李方舟　渠亚蓉
王超　鄢立阳　廖杰　蒋会杰　肖逸飞　潘礼汉　马嘉渝　金彦焕　薛炜楠　雒玉升
姜青伶　张枫易　吕月珊　潘诗涛　尚莹　孙峤昳　曹丰

三等奖

戈尔东　樊孝祥　蔡鹏飞　赵珏棕　刘振兴　王思雨　张婷婷　陆艳双　胡诗渝　覃颖
杨铖宇　王东斌　赵长兴　王睿喆　夏婕　华玲嫣　蔡瑞林　董春光　邢若洁　刘冬宁
顾侹　李缘杰　李爽　徐程　刘修芮　李宙显　李绍程　杨梦媛　王惜时　王志扬
颉晨亮　邦杨　杨洁　朱莹　夏倩　李洁　马兆宁　李竹韵　杨仪　管志鹏
孔康屹　王佳熠　赵灵珊　承伟杰　苏玉云　朱金康　薛陈伟　李乐航　郜瑞潇　谢宝成
毕思琦　张政成　刘祥隆　顾凡　武雪原　郑景阳　孙家伟　陈志远　朱明明　杨景倩
郎剑桥　候琦琳　郭晓涵　袁晓宇　胡倩玉　芦捷　丁媛媛　彭财财　王宇　杨卓燃
陈杰明　李泳谊　张豪　王昊　沈海欣　张天乐　周尚武　张杰　安国强　李昕蕾
黄继弘　卢耀　杨文静　王峒　牛彦超　陆镜禾

药学院

特等奖

万枫　郝艳萍　陆征宇　许歆瑶

一等奖

王万艳　孙斯琪　马利溶　闫梦迪　胡雅雯　葛媛媛

二等奖

胡家晶　杜瑶瑶　王梦　姜枫　方梦悦　石晓玉　陈晨　师语聃　林诗源　陈剑辉
徐逸凡　张杰　马先强　李洁　罗淇瑜　陈静雯　仲文博　刘子越　黄艳　周晔璇
杨吉娜

三等奖

赵倩文　江念慈　毛之凡　辛蕾　顾蕾　江晓帆　黄悦蕾　沈文妍　束瑞　王盈悦

刘荣坤	万子旖	黄　亮	陆齐天	梁馨予	陆佳颖	寿晨汀	王铁平	苏　琳	张雨萌
王熳炯	龚倩怡	胡潇艺	宁尚琦	李　野	郑贤子	卜程阳	郑新羽	孙宇薇	高金晖
王艳妮	王　彬	朱璐男	郭颖华	孙　雯	耿辉亮	方晓雪	陈欣彤	姚　璇	李　彦
朱润宇	张　晗	赵文莉	杨志空	李宗英	张　键	徐　秀	吕　欣	燕　鸣	陈雨寒
周旭烨	刘一静	朱骆岚							

材料科学与工程学院

特等奖

倪竞男　邵　宁　黎记显　陈　胜　秦　兴　袁　梦

一等奖

程　乐　吴晓颖　刘思源　骆佳伟　吕昱宏　张　俊　陈　凯　李一擎

二等奖

刘婧媛	李艳晓	程志敏	金　玲	刘　瑾	尹　睿	刘晏辛	宋鹏宇	张旭雯	马景阁
高柳杉	金莉莉	张　涛	朱涵睿	蔡海峰	李勇强	马明明	杨晓燕	苑伟豪	谢佳洋
张水铨	罗　炜	沈　桐	胡雅茜	徐　东	杨　柳	胡俊杰	乔　祥	李欣禧	刘英辉
宁宝星	张　明	陈　晨							

三等奖

王立轩	胡强强	蒋永和	李姝怡	钟　鹏	高镜铭	单怡琳	龙俊聪	陈　平	宋　群
林家豪	王正一	侯嘉倩	张　仪	李进杰	崔方旭	王　帆	孟祥申	孙　博	徐　威
葛文哲	曹艺霖	苟　敬	顾单飞	沈莎莎	曹伟男	刘雨婷	古沁懿	沈骁遥	王清华
王宜鑫	宋梦凯	胡含佳	杨建华	倪鑫瑶	姜　男	王　颖	马晓宁	孙　尧	黄琦婧
韩　磊	黄灵丽	游　洋	吴　锴	刘晶晶	李紫莹	文绘晶	侯璐烨	崔瑞骅	江伟男
夏　睿	高　桐	郭　峰	刘威彤	葛　雅	吕言言	高菲菲	李业泓	杨博文	刘　琦
钟沛耘	施俞帅	张　涛	谷　玮	朱立志	陈　佳	叶家晖	李应荣	陈应爽	闵罡红
严江豪	陈中南	张毅琦	熊志凯	赵丽玮	姚懿珂	江　全	余海峰	苗馨文	范伟明
李郝然	袁　静	刘艺军							

信息科学与工程学院

特等奖

李许强　罗廷慧　颜世福　阮丹薇　陈　聪　于文欣

一等奖

滕　腾　刘颖超　郑宇欣　郑紫芊　许乔依　葛学伟　魏　亮　秦佳妮　曾慧然

二等奖

曹文康	刘静秋	孟艳雯	顾吉峰	乔辛磊	朱学辉	林增鸣	郑应豪	陈裕如	戴　鑫
余天宇	韩世位	孔昳昊	毛　帅	李健舒	肖语堂	谢雨珩	郑小宇	邱家辉	李　俊
邬彦泽	林静娴	江　嘉	刘旭利	郑　昊	杨　嫔	彭　飞	吴安雯	魏江平	陈　群
马一男	张伟良	董　凯	陈嘉凡	周彦捷					

三等奖

叶春玲	李宇琦	俞袁缘	王　凤	刘禹含	杨尊涵	蒋成福	张思雨	方　成	黄　松
杨　涛	王一鸣	于慧晶	邱志楠	陈兰萍	刘宇璇	袁巧迪	陆乔丹	冯丹妮	毛轶鑫
陈思青	袁　野	伍文慧	王泽泰	陈凯炎	刘健伟	林瀚宇	张丫丫	张　薇	赵　芮
徐金金	吴潇颖	李登科	张倩翎	黄鹏飞	王立豪	应宇晖	梁青山	赵经纬	黄家豪
汪婷婷	卢伟鹏	赵婧秀	段续皇	徐哲豪	任　强	严俊杰	李瑾瑾	马振伟	朱　昀
江　鼎	陈文丽	高守信	胡超亭	陆佳琦	蔡妤婕	杨　晓	魏嘉旺	姜　靖	蒋琪雷
赵鹏飞	徐英皓	刘　潇	刘道文	马佳敏	饶婷霜	肖　豪	邢国强	陈　诚	谢　峰
叶　剑	孙融清	严　秋	蔡　静	赵冰冰	贾啸天	许奕杰	徐丹阳	李　娜	陈心蕾
宋宇晖	曹逸尘	肖　悦	董德平	马国剑	王守宇	李沛东	黄　帅	钱毅诚	朱　萍

机械与动力工程学院

特等奖

许　聪	何　旺	余　静	朱晨鑫	余　婷	胡豆豆

一等奖

王　尧	单喜良	陈施栋	严武林	张　昭	朱　盾	黄　昊	杨　晨	于国辉

二等奖

王田田	杨争争	朱惠豪	易怀旺	宋　果	方小亮	林一超	丁大有	曹恒督	闵锦阳
赵伟豪	张诗雨	刘　荣	许浩杰	朱培英	李铭杰	潘奕辰	邓厚阳	甄一羽	陈　韬
钱　磊	黄艺卉	刘张羽	黄应霞	徐　磊	毛炜炜	李　涛	秦佳怡	黄　超	吴　浩
陈超峰	邱长亮	盖赛优	方焕杰						

三等奖

杨　中	钱　旭	陈　郡	李金铭	滕雪飞	李晓婵	罗　俊	史玉凯	王杨慧	陈凯伦
王　彤	张沁春	刘　琼	张　振	赵　明	李　浩	徐重阳	谢　昱	谭晓东	宋明远
崔晋恺	王英灏	李晟浩	宋天宇	王宗宇	淡　京	顾慧君	任　旭	樊雨薇	赵子建
汪　俊	马哲锴	蒋之文	许尔超	王　飞	张　悦	张　旭	吴恒达	吴炫毅	粟爽格

李建龙 蒋天蕊 张耀中 万敏俊 洪炳辉 徐　坤 唐梓豪 夏天晨 程雅卉 钱恒岳

李连福 谢佳智 张思超 钱锦烨 魏怡飞 王艺霖 时　欣 李思宽 吴　仪 崔雪晴

王永乐 何嘉欣 王　婷 陈薇苇 沈学成 刘　斌 王志斌 张　帅 张　倩 李　杨

郝　韵 余昱东 刘宗凯 徐英杰 熊雪瑶 马郢程 孙鑫南 陈　鑫 翁之钥 黄　帆

刘龙华 姚　成 刘佳蕾 陈　莹 姚子叶 闫冬秀

资源与环境工程学院

特等奖

陈　婷 蒋威宇 符弘岚

一等奖

孙淑慧 姚金池 郭　俊 吴晓翔

二等奖

侯晓林 王　珂 杨雪瑞 田云浩 孙　勇 马成龙 沈其铖 陆薇儿 周志豪 唐　彪

赵纪源 魏　旗 王嘉剑 杨曹立 诸葛杨炀

三等奖

陈　潇 穆星茂 龙　贵 张　超 李嘉晨 王鸿仪 邱远航 吴璐超 王佳琦 马　乐

张　淑 黄韵竹 周其骏 王烨锴 王怡乔 何璇婷 王芙蓉 李　慧 李晴宜 杨　澍

李惜然 俞　霞 董　晨 张继轩 罗莹洁 单　朋 鄢博超 敬卓林 何忠励 陆子叶

赵悦涵 龚碧瑶 程　杨 徐　杰 王春雨 遇家轩 尹振辉 李简单

商学院

特等奖

向　彤 李　鹏 唐诗韫 李欣宇 徐　骞 余亚男 陈先强 乔雪莹 祁家宝 吴佳迅

方　頔

一等奖

王语溪 陈泽艇 戚玉婷 梁鑫鑫 尤　娜 陈一帆 蔡美玲 蒋　喆 徐若瑜 王彦力

二等奖

刘迎柱 葛云峰 谢金清 林新波 邹凤莉 沈倚天 姚　越 姜宇倩 金宇澄 宋羽纶

吴梦怡 朱雨静 黄小鸥 向　鑫 章宇宁 郭梓樱 王圆美 郑作栋 王成锴 李滕如

倪成亮 纪卉莹 孔梦雪 郭　倩 彭雅哲 李骁驰 毛蓓蓉 贾丽婷 鲁梦琪 杨　晸

王茹文 张顺星 聂宇鸣 冯静雯 陈小华 陈　帅 何乔丹 马海程 后兴乐 孙　敏

郑　锐 周佳倩 高　雅 向　攀 安　琪 芮伟强 玛伊热·麦麦提

三等奖

毛　艳　寿文昊　康　妍　丁雨馨　蒲　琪　姚雪薇　蒋微微　曹容宪　王子豪　陈　璐
黄蔚达　宋兆宇　徐　宁　陈　曦　李梦露　姚思梦　柳鹏浩　张佳璐　周　翔　徐若芬
陈佳圆　张　硕　池浩艺　倪赛塘　贾雷雷　朱靖祎　于　娇　焦　妍　孙晓蕾　秦　玥
孙亦仁　王　欣　腾格尔　钱佳琳　吴艾琳　陆　煜　靳函琨　徐　溪　陈璐瑜　戴文镜
董佳艳　徐　婷　文　婧　姜晓丹　刘　婧　李西亚　夏　雪　高夏莉　周　乔　郭　瑞
王　暖　唐梦泽　张哲宇　吴长锵　赵　琳　赵昊坤　沈超丹　刘靖爽　钱　隆　陈铭杰
吴　优　刁亚雯　朱诗雯　苗双麒　凌伟豪　刘烨慧　陈　欢　李潇睿　马旭鸥　张子睿
张　杰　辛泽锋　祁娇娇　俞怡清　沈　灼　李　里　周士吉　陈超洋　胡启凡　李泽宇
杜红彪　曹佳莉　朱永强　马月箫　马　莉　杨　筱　丁悦茗　朱可钦　林清越　刘泽旭
冯楹楹　屈雅萍　朱嘉弘　余　哲　孙彦文　郭　妙　项诗卉　黄　奕　岳青青　姜灵雨
赵婷婷　朱　斐　刘梦秋　史宇薇　张　昱　马倩昱　倪嘉辉　张晋通　周冬颖　栾志宏
黄中伟　陈金龙　刘　磊　苗　赛　张致远　金靖杰　詹海婷　严　迪

社会与公共管理学院

特等奖

闫　堃　杨雨莎　丁　彤　顾微波　王　贺

一等奖

许安琪　施　旅　张忠强

二等奖

逄程涵　潘　樾　周慧慧　王　超　时小雅　赵宇鑫　吴姿怡　龚思慧　张婷婷　许海玲
刘俞如　陈芷睿　桑思雨　郑珊珊　张　鑫　唐秀玲　雷奕鸣　于雪艳　木合塔尔·万力

三等奖

马诗思　孙晓彤　王　璐　杨　婉　刘华露　黄文草　胡　敏　张洺硕　付　洋　茅乾渊
任佳艺　杜　婧　孟云婷　花　蕾　孙承琳　孙艺一　王晓芳　罗语初　韩　雯　刘远晴
赵　琦　陆计静　吕　源　刘　超　罗　晨　周雨婷　沙　涵　徐莹莹　王俊舒　朱佳欣
杜　楠　陈志舜　张丹妮　韩雨晴　唱思迪　张　媛　袁晓静　王宇青　张　颖　赵雪芳
陆依婷　支润楠　刘亚飞　徐　滢　张　欣　王杏然

理学院

特等奖

汪　鹏　吴赛博　吴赵龙

一等奖

王家辉	李沅汐	况心怡	凌海天

二等奖

吴倚天	杨 洋	申弋斌	毛卓远	丁玉洁	彭先伦	张宇清	李连花	沈 成	陈 星
叶跃振	徐晓俊	朱程灿	秦棠霜	张震霄					

三等奖

迟景升	郑增豪	袁昳桢	陈基玮	陈 永	曹晨杰	余 金	王晨晨	林俊辰	颜 昊
徐 翔	李梦雨	张子健	孙语星	钱文佳	王 玮	刘 鑫	黄新倩	陈 昕	王丽玲
杨宗耀	严仕凯	杜志伟	李 妍	张 桐	马春良	刘 洋	余玮玥	刘杨洋	于家伟
高在青	周宣宇	辛良辰	姚清照	王 蒙	武 越	吴佳宇	尹 赵	张 寓	李佳玮
洪世杰									

艺术设计与传媒学院

特等奖

林麦琪	高羽烨

一等奖

鲍欣宁	丁诗意	刘晨婧	左文静

二等奖

高 宇	毕亦清	陆金尧	赵浩宇	刘巧玲	刘惠倩	翁琛隆	丁文佳	何宇瑶	马佳晨
吕姗姗	曹庆松	宋子健	冯 璐	王璐璐	陆心怡	纪静怡			

三等奖

华星杰	陈昕儿	刘雨蒙	刘家倩	朱汉宇	黄哲燕	丁一凌	张志亮	蓝庭光	李欣昱
潘晓雯	杨伊鸣	蒋澄雯	丁 煜	刘 缙	吉 喆	倪冰清	陈嘉瑶	张 宁	陈琳丹
顾诗婕	杨 柳	黄美娟	葛 姝	张佳焱	卢弥君	郦奇耀	朱艾琳	任 慧	刘佳旻
王思齐	潘行超	胡正圆	高 杨	叶倩薇	王安琪	顾佳男	王 磊	石 涛	张冬鸣
叶 琪	张楚媛	倪 斐	张咪娜						

外国语学院

特等奖

朱 婕	董玉文

一等奖

朱海蓉	殷斯琦	林 玥

二等奖

赵　楠　刘　瑶　范凌云　张诗剑　吴珍妮　郭诗韵　蒋润园　王　琪　刘晓宇　徐雅恬
葛军华　王书盈　茹鲜姑丽·吾拉音

三等奖

李林珊　高佩玉　胡越风　章　媛　蒋佳君　阮嘉慧　胡一琦　蔡媛媛　李宇侃　刘美然
杨梦倩　江珺蕊　唐妍斐　张宇雁　王倩雯　张丽丽　周润洋　唐　雯　朱雅清　薛晨蕾
李　妍　王永伊　刘　舒　余孙文　梁芳莹　韩　奔　许苑祺　周　茵　刘　璇　应丽琴
艾　雾　龙晓晨　尚娅晴　闫仁彬　李炜嘉

法学院

特等奖

刘　薇

一等奖

奚雨莹　鲍丹丹

二等奖

黄孔婕　张睿智　孙佳斐　周　希　汤怡佳　胡欣琪　益西措姆

三等奖

冯子芮　潘　佳　章诗媛　沈嘉伟　周殷霖　陈冰茹　刘欣琪　刘晓玲　扈芳琼　沈艳邱
王子剑　张旭东　朱童榕　张优优　穷达次仁

体育科学与工程学院

一等奖

徐梦泽

二等奖

刘炎斌　朱　涛　顾秉成

三等奖

李敏佳　陈佳刚　张美慧　江浩岚　谢雨潇　袁文章　甄子伟　刘芸希

中德工学院

特等奖

张昊泽

一等奖

马晓琦　裘明昊

二等奖

徐活泼　舒柯玮　刘昊成　龚晓婷　徐逸晨　蔡梦媛　丁梦苑

三等奖

孙　赟　张民佳　郭旦威　申　遥　吕天奇　黄永盛　杨林翰　陈铭羽　周子凯　龚钊文
宋亭锋　陶　然　朱茜昕　邹　旭　陈君懿　彭奕霖　肖何子建　高陶友维

7. 2016—2017 学年励志奖学金名单（本科生）

化工学院

何　力　张晨悦　卢　璇　邢增铭　郭文慧　姚圣泽　胡春梅　李　琦　刘雅茹　张熙祥
袁　野　李江山　何瑞昌　李嘉煜　刘耘娜　罗福院　王小龙　范港涛　周　晴　郭怡悦
王　杰　陈星星　冯卫东　宋建华　陈持德　李雪林　张云峰　杨壹荃　郝亚琪　马振轲
胡　超　李　炜　辛　慧　张宁波　涂柏均　张攀攀　杜心源　冯明浩　周　刚　张志强
张　帆　刘晓玲　陈巧琳　李　通　范晨冉　吕　雨　李瑞琳　罗仕梅　李浩宇　张　俊
朱　童　唐春玉　潘俊颖　范　玉　任美衡　邱纯龙　卢梦想　王露露　朱路遥　金治宇
张　阳　刘宏基　左　骥　黄邵峰　张永杰　刘　伟　阿曼·阿克木江

生物工程学院

唐欣悦　聂鹏兴　梁晨曦　凌菲香　王若瑶　江振洲　吴　宵　冉　鹏　姜正日　周　佳
李　祥　季　亮　郝　媛　冯　鼎　万嘉峻　高　伟　田　园　常坤林　闫晓媛　欧阳琛
刘　畅　田景涛　苏海洋　陈露露　张旺萍　胡　静　康艺嘉　余安平　丁万晴　汪　超
卢鸿烨　王　江　兰小青　吴玉珍　李卓渝　李冬媛　吴　琼　李佳宁　糟文学　安海峰
马领领　廖新日　李　贝　那道远　陈慧真　陈鑫洁　马　可　刘学勇　屈田乐　王　攀
谢国豪　张少康　刘坤山　郑世媛　阿米娜·阿布力米提

化学与分子工程学院

于祥钦　王国华　汪肖原　代建锋　徐爱杰　刘　伟　池智力　郑　龙　韦　冠　李　娟
刘力滔　张语桐　王佩瑶　沈姗姗　黄艳萍　高　杨　王　芳　刘　捷　马宝润　竺　玲
崔泽鹏　郭小娇　杨文静　牛彦超　张　航　杨泽仁　王丙张　符贵清　王邦森　王西翔
赵宝中　张　蛟　贾　京　雷新桥　邢可迪　马容萍　姬晓宇　毛元兴　侯赛文　王　峰
张顺江　马嘉伟　马　富　唐　余　邓　璐　王其飞　杨　博　许立人　马苗霞　曾铭泉
刘少杰　刘竹君　李　丹　程　锦　金　欣　陈安之　郑伟健　袁　雪　何月凤　赵　丹
程　禹　阿力亚·铁木尔　阿地拉·阿不里米提

药学院

廖承云 张林萍 赵晓松 魏 鸿 张 新 夏云凡 阮 英 李兆国 何勇强 王凤至
陈 凡 袁雪花 胡 仪 王 宁 赵 婧 刘晓琳 方 芳 杜银平 沈佳欢 沈钦磊
蔡晓才 吴佳芸 魏晓丽 谢梦婷 陈丹丹 陈艺菲 詹伟豪 李迎香 向正英 王权超
兰霖玲 庞双双 方宏龙 张 令

材料科学与工程学院

沈晓雪 秦明鑫 应 蕾 高文豪 冯 浩 殷祥春 徐礼锋 王蓉蓉 曾思凡 刘小伟
周秦鹏 张 卓 刘白杨 杨逸尘 王旭东 肖耀东 赵子伟 程 跃 文应强 杨云翀
刘 洋 王博慧 赖德超 赵显明 吕宏坤 郭文涛 陆海梅 陶 俊 林博文 岳建宏
葛旺鑫 邓 琼 张婷婷 袁 令 唐 涛 王译炜 谢廷鑫 肖锦蕾 段田田 刘彬秀
孙裕棚 郭婉君 刘艳萍 顾思庆 王超凡 杨亚利 杨 洪 艾金鑫 李 鑫 王 栋
杜文通 高 路 唐宏峰 汪 虎 顾思庆 牛林燕 杨子龙 田雲冰 张潮洪 杜汇泽
柏景森 马海龙 陈 娜 王柳迪 陆洁流 冯玉平 王友长 洪伟进 邢宝元 洪 侃
阿丽特娜依·杰恩斯别克

信息科学与工程学院

王高建 李 行 马思芸 常 硕 陈学良 王腾飞 郭 威 张 旭 黄金基 石 勇
彭竞超 王爱民 莫 桐 储逸然 高 强 谭璐洋 蔡欣雨 姚素杰 田润泽 方传涛
吴中乐 许博仁 张誉心 任丹丹 游兴旺 王 锴 韩志彦 梁荣凯 邢 旺 刘 雪
姚 镇 陈 浩 陈金星 李金明 张丁旗 张琮昊 彭宇凡 王渊博 黄进杰 叶舒澜
司东旭 郑钧泰 赵向前 李文华 倪 雪 屈苗苗 谢 锋 肖彬广 王文静 袁婷婷
赵 伟 查鳗倩 唐先梦 姚蔓婷 陆大公

机械与动力工程学院

蔡祥磊 周 兵 曹建方 陆恒锋 李志发 黄双全 梁飞洋 黄红兵 石 渊 陆柠檬
宋光权 孙晓寒 武世汉 辛集忠 伍 丹 颜仁章 陈迩文 王世飞 薛 龙 马前畅
陈卓超 李心怡 李帅宾 李东鹏 何思远 谢 睿 郝 进 罗孙科 闫世贤 纪秋晗
陈玉婷 王 欣 王澍伟 刘文辉 李晓晨 张 涛 侯超凡 阿玉莲 苏雅琪 王艺涵
王 旭 刘朋帆 郑阳阳 郭建城 陈佳庆 李文涛 陈文凤 张延萌 汪小勇 王一兴
耿计凯 苏亚超 李静怡 朱晓基 葛 甲 陈星宇 马立新 黎信溶 王 伦 王洋涛
董海超 赵 起 汪 永 王安明 赵 兵

资源与环境工程学院

魏　晓	何　鲨	方星泽	刘　畅	潘林辉	刘少凡	范佳露	张宝琳	车　程	张　静
李雨萌	武贵阳	张心雨	曹　敏	李永烽	张东平	张　蕾	李　娟	李若飞	孙楠楠
洪千惠	宋涵艺	邵　帅	虎　慧	闫　帅	杨慧生	贺倩文	杨　涵	曲晓静	

商学院

陈荣辉	汤　怡	陈依婷	张沪玲	张　倩	石　梦	李星瑶	马秀梅	贾　琳	陈　静
侯　彬	崔世杰	章钰菊	吉　欢	王家元	王泇渲	黄文运	华　夏	张　涛	翁东玲
马乐竹	叶　姗	陈　瑞	张芸云	董　琪	张　洁	迟宏利	彭　娟	贾丽雪	贾雪莲
黄　仟	刘芳燕	王　灿	顾格格	刘文秀	许　敏	吴　优	杨必慧	朱林兴	张　辉
李　晔	杨成各	彭景帅	李　萌	庄慧慧	冯云国	高玉芳	李志文	刘　越	范柯丽
范少锋	张亚飞	王宇凤	李文慧	姜林萍	聂　琦	陈江新	叶杭锋	童　凯	宋宇莹
王璐璐	吴海真	刘佳玮	李　菊	李嘉莉	杭天琳	董陈淼	李阿丹	李　珊	王道鹏

社会与公共管理学院

徐光鑫	柯　露	刘安娜	赵阿楠	曹　闯	朱海龙	徐　杨	杨泽淇	赵祖远	姜铁宁
吕艳艳	陈　曦	陈　莉	刘　钰	任青青	潘钰婷	徐可可	岑琰琦	聂倩倩	童　曼
杨峰春	杨晨晨	王佳妮	刘春阳	杨　木	严玉莉	王寒温	吴佳莹	李希雯	杨培楠
季欣怡	王艺蒙	茹海燕	黄　丽	徐贝贝	周乃远扬				

理学院

赵金宇	冯　昭	韩朝霖	明拉拉	罗　凡	张兆云	白　鑫	侯　可	秦玉陶	高晓青
程　杰	郭　胜	刘炳权	赵国淦	张国文	陈国龙	王新欣	刘昌洪	吴　珂	赵　宇
曾国庆	王保伟	马连杰	郑　锐	刘　江	卢旺利	张欢欢	井　鑫		

艺术设计与传媒学院

廖雪妮	常青青	易　志	王清露	尤　超	董季华	吕雪梅

外国语学院

邹永宏	张　妍	孙安东	杨苗苗	沈星晗	凌雨凡	苏慧军	高浩双	闵海燕	刘庆龄
池　伟	李易玲	王　俊	董佳宁	詹超惠	梁超凡	石婉秋	方　洁		

法学院

刘志毅	张京京	邓瑜瑛	欧亚琴	李汝芸	于　充	高顺青	杨秀萍	汪若兰	刘璐涵
李　丹	侯义慧	李黎明	师毅婷	何希亚	李　艳	汪雪含	马　媛	张家城	唐　姣
方　辰	司马金妹								

体育学院
刘思岐

8. 2016—2017学年民族班奖学金名单（本科生）

化工学院
一等奖
敖日根　　王　迪　　徐慧敏　　阿曼·阿克木江
二等奖
米合巴·吐尔迪　　罗丝桐
生物工程学院
一等奖
苍玉德　　郭舒奕　　魏　颖　　蒋　璐　　金钰尧　　阿米娜·阿布力米提
化学与分子工程学院
一等奖
王　风　　阿力亚·铁木尔
材料科学与工程学院
一等奖
苏鸿睿　　阿丽特娜依·杰恩斯别克
信息科学与工程学院
一等奖
张莹莹　　宋东阳　　马文芳
机械与动力工程学院
一等奖
麦麦提艾力·图尔荪
资源与环境工程学院
一等奖
阿克宝塔·叶尔太
商学院
一等奖
张琬昕　　次旦卓嘎　　李　睿　　阿热帕提江·艾尼

社会与公共管理学院

一等奖

卓旦增玉增　沈　忱　德吉白珍　潘多峰　索朗德吉　安尼盼·沙德尔　张艳丙　米玛措姆
焦巴东智　边巴次仁　白玛拉姆　索朗旺秋　娜菲莎·艾尔肯　央金拉姆　旦增达珍　永　西
美合日阿依·艾力　迪丽胡马尔·买卖提艾力　次仁宗吉　旦吾然·塔依尔

二等奖

益西曲措　佟圣智

理学院

一等奖

阿瓦古力·吐尔地

外国语学院

一等奖

段松蕾　赛嘉钰　高明页　张宝晴　王希睿　白玛央金　伊力米努尔·艾克拜尔

二等奖

帕提古丽·伊力哈木

法学院

一等奖

迪丽娜尔　乌仁娜　高家正　马　媛　米娜尔·素尔坦别克　古丽米热·艾尔肯　德吉央珍
迪拉拉　萨拉麦提·艾赛提　迪力热巴·艾热提　苏尔玛加甫·佳丽根巴依尔　古丽飞然·马合买提

二等奖

次仁旺姆　艾克拜尔·木合塔尔

9. 2017届毕业班民族班奖学金名单（本科生）

化工学院

一等奖

王开宇　李莎婷　阿曼·阿吉　胡加布都拉·买买提孜

生物工程学院

一等奖

朱　倩　索朗央金　艾散江·亚库普　谢伊代·塞提瓦尔地　希尔扎提·吐尔逊

机械与动力工程学院

一等奖

阿尔拿乐·哈甫赛买提　欧玉丽格　陈志强　欧　灯

二等奖

刘建成

资源与环境工程学院

一等奖

艾合买提·牙森

二等奖

佳依娜·哈斯特尔

商学院

一等奖

武　毅　王　琦　李　浩　赤列平措　玛伊热·麦麦提　迪达尔·别力彦汉　齐那尔·沙坎

社会与公共管理学院

一等奖

苏布德　卓玛央宗　措　姆　德吉曲珍　扎西卓玛　普　尺　木合塔尔·万力　迪依娜
巴才旺　次丁曲措　比丽克孜·吾莆尔　克迪丽娅·希尔扎提　阿尔森江·阿地力
热海曼·阿扎提　努尔吾·吴尔娜

二等奖

晋　美　拉巴卓嘎　扎西央宗　罗布曲珍

三等奖

次邓尼玛

外国语学院

一等奖

茹鲜姑丽·吾拉音　格桑卓玛　阿依努尔·麦麦提敏

二等奖

格桑央宗

法学院

一等奖

苏明月　益西措姆　洛桑罗布　嘎玛索措　亚地卡·亚力坤　阿布地热西提·吐尔地

10. 2017年度社会奖学金名单

阿科玛奖学金

张浩轩　吴雨帆　马志明　张　飞　朱　林　徐　银　亓鲁城

埃克森美孚奖学金

毛舒岚　李圆圆　王冠宇　许　欣　张雅娟　邓逸凡　胡兴龙　曹海霞

付智楠　葛　洋　薛亚楠

艾利丹尼森发明奖学金

彭　城　黄怡佳　董璐璐　陆　瑶

艾仕得卓越科技

张征湃　曹　波　蓝程程　李　磊　景亚轩

爱普奖学金

燕宸旭　茆　敏　张维伟　楚占营　王　建　宋鹤丽　张志昂　饶斯佳

王　玺　文　帅　陈小星

安琪酵母英才奖

缪书婷　翟洪伟　曾晓倩　陈哲淇　郑筱萌　刘　畅

俺来也奖学金

陈文尧　张　琦　邹君逸　张斌杰　曾繁荣　花宇哲　向伟林　洪　佩　许可葭　周叶子

BLG奖学金

丁彦方　吴泳琪　李奕欢　徐昭勇　冯　瑶　刁诗晴　刘一奇　马培强　徐　娅　刘　培

何　娟　周　雅　莫雪君　范碧琴　祝加伟　刘雅凡　张　敏

巴玖奖学金

胡　磊　刘　旭　刘天贤　周钰颖　闫皓宇　张嘉北　陈　超　于海园　孙琦皓　丁　奕

黎穗子　游佳琪　程跃娟　陶　珺　谢　莉　刘　晗　郑　鑫

宝钢奖学金

陈泽坤　胡豪杰　明尊振　傅晓日　刘安林

博禄奖学金

周相阳　张梦洋　左丹阳　王圣琪　李东奇　卿乐英

长兴材料奖学金

蔡洋奔　李　珣　林　铮　陆雨飞　张盼盼

辰竹优秀生奖学金

张　宇　许依培　陈家邦　范　玮　姚志婷　顾　庞　吴苏宝　吴小龙　魏灵峰　夏　泉

成思危奖学金

范佳露　王哲妮　申心瑶　李吉利　徐郑策

大连化物所奖学金

董　磊　曹　琛　徐丽成　李圆圆　封晓晓　汪　钰　李　冰　李书扬　李妍榆　王舒琪

东阿阿胶杰出奖学金

赵　迪

都伟奖学金

冯　皓　戚功文　夏　蕾　余双敏

E+H 奖学金

李远志　洪慧芬　林昊琪　丁　怡　左佳斌　卢宇晟　张佳乐　高天维　曹凌峰　赵　宇

Fluor 奖学金

曹怀轩　孙晨轩　王一帆　曹昕宇　姜　铠　吴思玥　文姝璇　杨竣乔　叶晓波　蒲艺华

陈　童　张浩楠　李诗豪　侯嘉良　肖　邦

格桑奖学金

唐雨婷　张嘉北　徐　佳　王天宇　王明达　刘雅倩　吴　宵

浩登奖学金

柳彦恺　邹君逸　刘子瑜　王圆圆

恒大高新朱星河奖学金

李睿涵　王思潭　万立滨　许嘉琰　熊莹莹　王亚婷　葛孟淇　严　昊　郭昕育　涂章鹏

华昌奖学金

洪佳婵　王慈松　许　达　杨　健　姚　钰　张　赛　张远豪　周子田

华陆科技奖学金

茆雨欣　刘　飏　姚亦雨　郭　奕　方　焜　苏保川　张一鸣　丁　强　刘琪麟　唐　博

周　爽

华谊奖学金

代立恒　吉　雷　谢　琦　许　晴　季陆丽　张志鹏　焦义飞　孙瑞阳　柳辰琛　李伊凡

诸秋纯　王　晗　隋　缘　陆佳怡　毛铁轩　梁　虹　孙姚良　张　潇　刘可华　田亚飞

李宇刚　张宇萌　郭晓红　彭玉兰　杨默轩　付晓伟　王伟杰　陈文尧　黄　健　王　喆

化学化工奖学金

翟紫航　杨叶青　陈森鑫

金龙鱼奖学金

杨宇琦　赵恩佑　于观旭　周　雨　刘开达　陈巧琳　李媛媛　年珂晴　于一帆　郑荣淇
施晨宇　梁舒瑜　张斌杰　杨　琳　郝若夷　魏傲松　宋　雪　闫瑞宁　霍　欣　房慧敏
孟　佶　刘哲宏　傅欣岚　罗靖怡　孙樱斐　向伟林　殷之璇　蒋馨月　李曼玉　许勤楠

金鑫奖学金

蒋明莉　王怡旻　徐文皓　包志昌　曹冬梅　胡诗佳

凯茂生物奖学金

邢　政　陈伟杰　金钰尧　肖梦圆　刘　宇　张念民

乐科热力创新奖

朱　彬　袁晓倩　刘鹏建　刘　洋　史中一　王引引

乐科热力工程奖

陈　宁　李　强　周必健　姜文俊　孙函静　吴艳放

林清轩奖学金

周　健　谷官耀　郭　欣　周克明　薛芸娜

龙蟒集团奖学金

董春华　曹约强　徐浩川　周夏青　张　虎

梅特勒－托利多过程分析奖学金

石嘉楠　吴　玲　李彦君　庄家丰　陈玉玲　宋永佳　牟　迪　宋晓青　余海军　张　琴

宁和奖学金

雷晓宁　周旭辉　周　扬　李婷婷　吕维佳　夏晓倩　赵瑶瑶　李　祯　梁雪珂　柳　畅
龚佳怡　杜云珠　汪　敏　刘文芸

PPG 奖学金

高泽华　顾雪莺　解洁奇　雷玉立　刘春朋　秦明鑫　沈晓雪　田　恒　张婷婷　周　涛

普莱克斯奖学金

施浙杭　张宾宾　贺理珀　段　炼　李宏俊　郑　楠　何　磊　郑忆南　马雅诗

齐家珊社会工作专业奖学金

向若瑜　赵冬冬　王丽圆　余　婷　洪　佩

祁柳奖学金

曲士峰　滕馨雨　周浩洋　宋凌钰　蔡睿赟　王雨晨　朱新雅　汪　涛　杨莹莹　罗一凡

勤志奖学金

金沁言　王　卓　晋旸晨　施文予　栗　靓　翟晗冰

润英联奖学金

曾　铮　段绍君　巫舒恬　孙　瑞　陈　燕　王路路　申益铭　李雨柔　章承浩　郝亚琪

赛多利斯奖学金

刘耘莉

上海医药雏雁励志明德奖学金

段海风　吕　雨　王志强　黄玉萍　刘文元　杨孟平　赵向前　张心雨　郭　胜　许　敏

生农生化创新奖

陈信飞　曾凡勋　陈修雷　潘正骅　栗广龙　杨　韵　刘鹏建　曹海敬

生农生化投身奖

栗广龙　赵祥虎　胡　健　杨　韵　郝有武　卢奥运　曹晓峰　杨关天　李佳录　张瑞峰
乔　治　李晓阳　吴　桐　韩　爽　章先飞　李延娣　倪鸿飞　朱晓冲　王梦飞　籍云帆
徐久永　张　楠　王素素

泰坦阿达玛斯奖学金

李登峰　李　腾　蔡　亮　刘　宝　顾　雍　简星星　周平平　顾勃琦　代文朋　杨弘宾
王　浩　张如红　王　磊　俞　洁

廷亚奖学金

郑　芳　钦传慧　吴雨婷

万华化学奖学金

斯泽浩　田丽颖　罗蕴涵　杨　晶　郝同港　胡佳仪　张家豪　雷　锦　吴　崹　王　何

维凯奖学金

刘　双　黄　岩　熊家培　吴　限　鲁云花　郁林烽　周于人　赵蕾蕾　吴梦琪

吴泽炜奖学金

孔　婕　缪云鹏

五华里奖学金

栗　靓　孙天峰　金沁言　翁东玲　陈　铭　陆已苏　邵弘毅　戴爱君　施文予　逄增阳
吴绍迪　沈张琪　沈瀚舟　晋旸晨　王燕萍　綦雨薇　张雨露　徐　畅　周　玲　俞丽娟

新华扬奖学金

郝亚丽　张　媛　吴安迪　金钱蔚　郭鹏业　沈奕琳　底宇飞　施晓予　陶　晨　钱迪凡
黎飞雪　孔丹丹　王琨雅　洪秀菁　柯　翔　曹玮强　孙靖淳　张佳佳　刘长青　陈国枝
周　刚　董莉莉　刘晓翠

学而思培优奖学金

莫　栩　刘平辉　徐子星　李文婧　刘丁楠　周梦洁　龚嘉楠　丁圣彦　茅潜龙　祝雄美子

雪迪龙奖学金

张　坤　刘　亚　严　静　吴越美　胡憧憬　林凡斐　朱盛强　刘志航　彭思雨　张飞宇
盛　越　孙楠楠　杨家宝　王　菲　冯浩然

液空奖学金

薛志村　卫俊涛　朱诗杰　柳　明　陈丽诗　刘定超

赢创奖学金

付鹏波　段莎莎　高　飞　张婧玉　张小宇　郁　洁　邵杰伟　张梦钊　温　莹　张　怡
聂嘉睿

于遵宏奖学金

陈　曦　胡翀赫　薛怡珺　喻思霞

中钞油墨奖学金

谢涵广　臧成杰　王雨蕾　赵俊杰　陈立伟　施马凯

中国科学院过程所奖学金

李萍萍　凌铁杰　徐基鹏　李　安　沈　迪　姜沁源　万天韵　陈宥霖　万雨婷　白圣禹

11. 2017年博士研究生国家奖学金获奖名单

张海珍　魏艳菊　余　超　陈雅华　郑伟中　陈文尧　沈少凰　邱忠洋　王　伟　邵　帅
刘源炀　刘欣欣　宋　军　王　蓓　朱昱锦　邓宗南　王雨蕾　陈　灵　王海燕　高　梁
张　琦　杨　松　樊　菲　余刘柱　高　瑞　豆伟涛　张维伟　任振伟　于汝佳　周　易
王润梓　王　强　何佳珍　张尚林　李　洋　张　祥　高　洁　卫俊涛　戴跃华　李文霞
徐　驰　洪　佩　胡业方　纪鑫飞　吴曾睿　倪帅帅　陈文华　张　娟　李腾野　孙文龙

12. 2017年硕士研究生国家奖学金获奖名单

盛依依　刘建飞　左艺诚　余　湛　晁　贺　韩　笑　王佳佳　刘　双　陈兆轩　张　博

徐梦龙	张世林	邵祥胜	杨天慧	孙瑞	刘晓娟	郭中原	邢蓝吁	束铭杰	黄梦男
史航	罗力	赵媛媛	孙磊	宋光涛	聂嘉睿	江敏	张怡	徐时东	柳磊
张云	徐莹	程欢	刘兆鹏	赵彬	龚子祯	程强	王建琴	蒋昕祎	黄俊平
薛苏杰	程娇	胡婷婷	周徐萍	张玉	唐佳炜	韩松	董严	汪世杰	曾露
刘阳	赵婷婷	郑通	徐睿	倪光耀	陈嘉豪	朱景润	赵俊杰	王圣琪	赵淑楠
巨佩雯	邵肖肖	杜旭雷	印海伟	马坤	许欣	段冰	李宗亮	孙雨浓	孙立萍
王洋	吴限	李萧	李延慧	余娟	郁洁	陈海峰	邢娇娇	黄佳丽	张申平
王晴	邓媛昕	胡明明	李俏颖	廖冬芳	彭玉兰	孙娜	唐俊马	徐运	张成杰
束远	谷梦媛	刘晓龙	翟琳琳	陈少杰	马聪云	曹奇敏	罗文强	朱轩辰	罗承强
李书翔	刘蕾	王家顺	王启越	孙荣江	陈浩	黄蒂	向志远	张玉	郑欣然
常江	卓亚昆	康晓蕾	蔡力伟	陈丽诗	涂婧清	李晶	韦灵慧	柳明辉	汪林威
张永明	读人	李君如	姜豪	胡博成	胡国恒	陈雯雯	唐鑫	高菁颖	侯秋宇
王丽圆	唐安	陈逸飞	张虹	姚漪捷	孙蕾蕾	朱润秋	周阳	陈维安	徐博文
刘宁宁	侯晴晴	尚少静	王蓉	朱京燕	李威	齐甜甜	吴君茹	徐以香	仲晨
刘伟	毛宇	钱夏娜	魏汉文	杨魏强	袁丛龙	卫炳铄	魏向苗	迟翔宇	高丹
胡瑞瑞									

13. 2017年国家励志奖学金获奖名单（研究生）

化工学院

曹飘	成晓敏	韩翔宇	马帅	王利杰	陈雪琴	汪成	付琼龙	韩宇晴	何清
贺睿	彭思源	王颖	陈阳	汪若晨	何璐铭	李晨丹	刘霖	蒋惠	彭文丽
魏子行	程顺	王宁	刘锦泽	王圳男	楼仕丰	蒋彤	邱召梅	吴锴	丁宁
王尊	潘嘉晟	应佳迪	宋贵瑶	李姜无忌	沈冰洁	徐智良	窦佳红	韦萍	杨沛屿
余雅心	童钰涛	李睿	司巍	许博文	冯新慧	吴田	周林杰	范雯婷	王艺霖
李莎婷	孙达	袁纯怡	葛霞	武莉	金恒超	江浩然	赵楠	李鑫	孙晶莹
苑媛	何景豪	萧傲	张晓婉	李斓蒨	周思依	李昱	孙悦	张铭杰	黄倩
徐桂馨	张利	刘义涛	曹俊翔	刘宏晓	谈金辉	张挺	江鹏	杨硕	梁娟
齐麟	吴克德	刘梦雪	汤鲁馨	周佳琦	廖彬伶	杨再兴	马铭科	施晓艳	马莉茹
刘伟良	唐秋雨	朱奕潼	凌诗佳	张静雪	涂天翼	吴博航	代超燕	陆鹏程	唐艳玲

蔡文药	刘思源	陈 澜	吴华初	于弘平	管文隽	陆奕权	滕玥	曹建成	史怡坤
崔 秀	徐 东	张 政	郭天浩	马清艳	汪语扬	陈 威	田 莹	单宏伟	周 倩

生物工程学院

王优蓓	李虹锐	夏 枫	顾厉明	梁冰玉	应丹妮	朱佳莹	马佳菲	瞿 立	徐名强
余家明	林阳琛	刘佳星	曾仕琪	顾赵嫣	王亚妮	寿利斌	陈 敏	张日煜	庄 伟
石 雪	张 锦	郭利成	邢燕子	刘 妍	陈淑敏	张炜坚	陈焕芸	隋川石	周乐豪
梁 旭	叶莉婷	姚 静	胡 蝶	张欣然	傅淑霞	汪湘湘	邹 茂	刘 静	尹晓梦
黄慧敏	王 彤	周定鹏	黄河舟	王 慧	曹承嘉	刘乐诗	张添添	张幸子	周士琪
朱筱婧									

化学与分子工程学院

顾 凡	薛炜楠	李芯蕊	李 菲	肖 颖	蔡鹏飞	马静怡	邢若洁	胡宏龙	袁晓宇
尚 莹	唐 璇	杨铖宇	陈钰媛	马一宇	朱金康	胡松昌	付志博	陈迪志	谢宝成
詹启亮	刁瑞敏	毛文乐	费 晨	刘振兴	李宙显	胡诗渝	王 元	张 飞	高 洁
王朝阳	郭 昕	潘礼汉	施 磊	雒玉升	李 爽	朱明明	管志鹏	王晓东	金彦焕
徐 程	王振兴	申 岳	李永琪	薛陈伟	孔康屹	王学斌	李傲然	徐天奕	武雪原
许晓佳	李缘杰	李文静	刘祥隆	王玉帛	刘雅洁	任冠华	杨 洁	陈 璐	渠亚蓉
赵长兴	柳 月	王 正	夏 婕	王 宇	杨昊烨	董春光	孙文倩	赵雨薇	卢欢欢
王梓妃	张婷婷	游 阳	郎剑桥	郭晓涵	夏 倩	张向坤	马嘉渝	肖逸飞	赵天豪
周海进									

药学院

杨青青	王熳炯	李世佳	朱璐男	龚倩怡	林诗源	徐嘉俊	仲文博	张 键	王万艳
刘子越	朱润宇	顾 蕾	刘雅杰	徐 秀	黄靖博	郭颖华	陈静雯	宁尚琦	陈 晨
胡家晶	楼琦欣	闫梦迪	黄赛须	李宗英	邓克钻	王轶平	陈剑辉	黄 艳	马利溶
张 杰	杨志空	刘荣坤	杜瑶瑶	杨金月	方梦悦	李 洁	寿晨汀	张雨萌	张欢欢
王 彬	方晓雪	姚 璇	耿辉亮	梁馨予	辛 蕾	郑新羽	孙晓梦		

材料科学与工程学院

陈 凯	刘 瑾	王 颖	张逸枫	高菲菲	江伟男	刘婧媛	孟祥申	陈 帅	刘乐乐
谢佳洋	赵丽玮	苟 敬	金莉莉	刘晏辛	潘 钰	单怡琳	毛嘉毅	许佳辉	蔡海峰
郭 峰	金 玲	龙俊聪	沈 桐	东春晓	倪鑫瑶	杨晓燕	曹立奇	韩 磊	李进杰
吕昱宏	孙 尧	何 苗	宁宝星	姚懿珂	陈 胜	侯嘉倩	李勇强	罗 炜	王立轩

胡雅茜　秦兴　游洋　程志敏　胡俊杰　李紫莹　骆佳伟　吴锴　姜男　邵宁
余海峰　代承志　黄琦婧　林家豪　马长丘　徐杰宇　黎记显　王帆　张俊　戴妮娉
訾雪　刘晶晶　马明明　严江豪　张涛　庄金陽

信息科学与工程学院

戴鑫　颜世福　陈兰萍　李登科　罗廷慧　伍文慧　赵芮　邱家辉　黄家豪　于慧晶
陈思青　李宇琦　孟艳雯　叶春玲　郑紫芊　阮丹薇　毛帅　张丫丫　陈裕如　刘静秋
饶毓和　应宇晖　葛学伟　王家辉　肖语堂　魏江平　胡伟岸　刘禹含　王砚溱　张薇
刘旭利　魏嘉旺　徐金金　严秋　孔昳昊　卢伟鹏　王燚婷　赵灿华　马振伟　朱逸文

机械与动力工程学院

陈亮　许聪　何旺　王杨慧　甄一羽　盖赛优　刘龙华　魏怡飞　胡超杰　袁宇阳
李晟浩　王中宇　朱盾　胡豆豆　刘张羽　徐磊　任茂烨　朱惠豪　刘荣　吴镜清
陈超峰　黄艺卉　钱锦烨　闫阿晨　孙玉萧　曹恒督　闵锦阳　谢佳智　单喜良　靖雅
秦佳怡　杨婷　王康康　陈凯伦　钱旭　许浩杰　丁大有　李浩　孙银莎　杨争争
王武琳　陈施栋　沈啸彪　余静　方焕杰　李思宽　王凯　易怀旺　王梓萌　顾慧君
王飞　张诗雨　方小亮　李涛　王尧　于国辉　张贺民　陈潇　王珂　张超

资源与环境工程学院

郭俊　吴晓翔　朱利卓　孙勇　姚金池　王春雨　黄韵竹　钱梦成　钱嘉澍　鄢博超
马成龙　田云浩　俞霞　杨曹立　刘琪铭　邱远航　王嘉剑　姚志鹏　沈其铖　杨雪瑞
沈尹　周志豪　陆薇儿　宋友桂　王佳琦　王怡乔　诸葛杨炀

商学院

唐诗韫　王暖　张萌　朱雨静　潘倩兰　姚越　吕可夫　仇丽娟　徐璐　余亚男
李志香　陈泽艇　屈雅萍　于跃　王语溪　董辉　蔡美玲　顾丽玲　孙晓蕾　高雅
孙敏　詹冲　向彤　方頔　陈欢　华双仕　吴梦怡　姜宇倩　汪鹏　邹凤莉
杨静　郭鹏　纪卉莹　邱丹霞　吴倚天　刘雪琴　王婧怡　蒋微微　杨璐　蒋喆
李秀　苏晨　向鑫　马海程　谢莹莹　李海越　尤娜　聂宇鸣　刘靖爽　张杰
于娇　马倩昱　杨芳　梁津铭　安琪　向攀　杨晸　叶凯月　赵嘉欣　郑金利
周卿钰　朱可钦

社会与公共管理学院

付洋　张鑫　杜楠　朱佳欣　雷奕鸣　唐秀玲　吴姿怡　张洺硕　王璐　陈志舜
钱智玲　孙承琳　凌菲　韦香　杨雨莎　周慧慧　韩雯　周雨婷　王超　唱思迪
金星　徐莹莹

理学院									
李沅汐	熊家丰	彭先伦	胡　倩	陈　永	干晨晨	况心怡	王定树	沙凯健	颜　昊
张玉洁	徐一丹	丁玉洁	高在青						
艺术设计与传媒学院									
鲍欣宁	杜尚秋	徐佳叶	刘巧玲	丁一凌	何宇瑶	林麦琪	吴双菲彦	丁文佳	翁琛隆
左文静	宋子健	高　宇	李文娟	王征宇	葛　姝	纪静怡	蒋偲佳		
外国语学院									
葛军华	吕淑珍	余孙文	蒋润园	乐凌艳	鲁　婷	王　锦	翁　婷		
法学院									
鲍丹丹	陈冰茹	孙佳斐	张睿智	张旭东	杜嘉佳	张译文			
体育学院									
顾　超	刘炎斌	王　玥	许嘉铭						

14. 2017年成思危名誉校长奖学金（研究生）

奖项		序号	学院	姓名
成思危名誉校长奖学金	特等奖	1	材料科学与工程学院	刘鹏飞
	一等奖	2	化工学院	马成
		3	化学与分子工程学院	柳莹
	二等奖	4	化工学院	张小满
		5	化工学院	刘圣慧
		6	化学与分子工程学院	张琦
		7	机械与动力工程学院	王翠英
		8	药学院	李晓康
	优秀奖	9	化工学院	李媛媛
		10	化工学院	彭晓珊
		11	化工学院	杨磊
		12	生物工程学院	马培强
		13	材料科学与工程学院	谭理
		14	化学与分子工程学院	包沈源
		15	化学与分子工程学院	董春阳
		16	化学与分子工程学院	杜骏
		17	机械与动力工程学院	叶骠
		18	化学与分子工程学院	李相呈

15. 2017 届优秀毕业生名单（研究生）

化工学院（33 人）

*张雯裴（020120092）	*刘乃旺（010130051）	*宋　震（010130041）	*赵　青（Y30140920）
*焦冷康（Y30140856）	*陈　益（Y30140000）	*张　迁（Y30141121）	*张　洪（Y30140817）
*石鑾金（Y30140781）	*谢　浩（Y30140903）	*陈湘玲（Y30140726）	*陶颖卿（Y30141104）
*徐宏杰（Y30140805）	*吕俊锌（Y30140767）	*朱仪枚（Y45140207）	*李　布（Y45140162）
*牛梦旗（Y45140176）	曹文荣（010130038）	贾献峰（010140053）	王　梅（010140054）
栾雨骅（Y30140882）	韩　瑜（Y30141095）	何　萧（Y30141117）	鲁　航（Y30140880）
黄志娟（Y10140746）	刘石金（Y30140874）	杨大强（Y30140907）	张　俊（Y30140822）
邵光印（Y30140890）	郑天文（Y30141113）	施丽丽（Y30140892）	毛　杰（Y45140174）
王　龙（Y45140184）			

生物工程学院（14 人）

*马金亮（010130182）	*姜水琴（Y10150056）	*李　昊（Y10150131）	*周　雯（Y30141221）
*郑云翀（Y30141220）	*谢潘潘（Y30140957）	*王　晶（Y30141215）	*张一平（Y30140304）
*林　冰（Y30140287）	徐骏宇（020120030）	潘正骅（020120115）	郑明敏（020120118）
熊志苗（Y30140958）	李佳瑞（Y30141128）		

信息科学与工程学院（17 人）

*宋　冰（020120076）	*谢群义（Y30140613）	*张　浩（Y30140681）	*李知聪（Y30140646）
*张国威（Y30140716）	*张　成（Y30140679）	*沈惠玲（Y45140090）	*于坤杰（010140043）
*苏　旭（Y30140658）	*宋勔翔（Y45140121）	陈　伟（Y30140623）	李　阳（Y30140700）
刘学彦（Y30140650）	江　伟（Y45140103）	谢成阳（Y30140664）	王渊博（Y30140710）
朱红林（Y30140687）			

材料科学与工程学院（24 人）

*陈　潇（020120036）	*李　楠（020120039）	*王　钊（Y30140461）	*张傲峰（Y30140493）
*吴柄含（Y30140243）	*王　铮（020120049）	*王重午（020120050）	*钱　岭（020120045）
*孙彩侠（Y45140043）	*李庚南（010140026）	*方立军（Y30140384）	*刘　雪（Y30140429）
章海泳（Y30140509）	傅丽娜（Y30140388）	李申喆（Y30140415）	刘帅帅（Y30140426）
柏　波（Y45140021）	王传鑫（Y45140046）	王　倩（Y30140458）	罗　磊（Y30140435）
李　旭（Y30140416）	马一帆（Y30140437）	徐　蕾（Y30140470）	张雨潇（Y45140059）

化学与分子工程学院（29 人）

*李　星（010140018）	*姬丁坤（010140080）	*焦　爽（020120005）	*蔡云松（020120025）
*邱博诚（020120125）	*封文亮（Y30140134）	*王凤蕊（Y30140141）	*崔　景（Y30140149）
*孙原明（Y30140193）	*张骏达（Y30140265）	*江国灿（Y30140522）	*刘沣慧（Y30140990）
*史　文（Y30140997）	*宋熊荣（Y30140998）	*吴强芳（Y30141005）	李星光（010130008）
杜中林（010140004）	田国建（010140073）	胡习乐（010140079）	白　婷（020110057）
顾开智（020120026）	练　成（020120085）	陈　辉（020120120）	曹占奇（Y10150146）
朱天懿（Y30140169）	胡庆霞（Y30140178）	金飘飘（Y30140185）	项　宁（Y30141007）
魏田田（030131035）			

药学院（18 人）

*雷祖海（020120166）	*杨武林（020120171）	*梁　芳（Y30141068）	*孙晓华（Y30141074）
*王　瑜（Y30141078）	*周佳斌（Y30141086）	*陈菲菲（Y30141240）	*姚　雪（Y30141289）
*秦文静（Y53140011）	张家毓（Y30141083）	何福生（010140090）	邹春城（020120146）
丁一容（Y30141248）	冯　舒（Y30141253）	潘慧玲（Y30141272）	徐　婷（Y30141306）
杨丛斌（Y45140258）	应一君（Y45140262）		

机械与动力工程学院（18 人）

*钟　飞（Y30140597）	*张少甫（Y30140596）	*朱　勇（Y30140599）	*韩腾腾（Y30140566）
*徐　阳（Y30140366）	*侯甜甜（Y30140567）	*陈　刚（Y30140371）	*刘　波（020110064）
*戚敏新（Y30140551）	刘洪生（Y30140550）	刘馨雨（Y45140010）	刘红周（Y45140008）
邢耀华（Y45140077）	刘素琴（Y30140329）	许　翔（Y30140590）	谢　涛（Y30140345）
曲　浩（Y45140072）	赵志伟（Y30140556）		

资源与环境工程学院（14 人）

*沈中杰（010140038）	*崔童敏（020120094）	*彭洪江（Y30141188）	*赵梦飞（Y30141204）
*方兴斌（Y30141172）	*王熠梦（Y30140533）	*付　明（Y30140529）	徐旻辉（020120159）
聂骁垚（020120158）	涂宝声（Y45140234）	赵哲萱（Y30141205）	董雁春（Y30140847）
韩复谦（Y30141054）	樊友雯（Y30140525）		

商学院（12 人）

*赵江江（010140097）	*周　剑（Y30140024）	*欧阳璐璐（Y30140028）	*龙　梅（Y30141327）
*黄李辉（Y30141342）	*吴少华（Y30141368）	石怀龙（010140100）	杨　淼（Y30140021）
丁建江（Y30140031）	范俊杰（Y30141312）	张　亚（Y30141336）	陈　伟（Y30141339）

商学院专业学位中心（5人）

＊田衎衎（Y41150253）　＊朱巧丽（Y41150342）　＊孙　临（Y57150010）　虞伟丽（Y41140345）

赵秀敏（Y41150332）

马克思主义学院（2人）

＊黄　盼（Y30140052）　濮鲁萍（Y30140074）

外国语学院（3人）

＊蒋甜雨（Y30140099）　＊李珊妮（Y30140087）　徐　洁（Y30140106）

社会与公共管理学院（10人）

＊侯利文（010140105）　＊朱灵艳（Y30140072）　＊李　旭（Y30141377）　＊苏晓芳（Y30141399）

＊王　静（Y49140020）　王伯承（010140110）　王亚捷（Y30141384）　徐少睿（Y30141402）

李　玲（Y30141407）　高　丽（Y49140008）

艺术设计与传媒学院（6人）

＊杜佳佳（Y30141418）　＊夏圣雪（Y30141437）　＊鲍如霜（Y51140001）　严　欢（Y30141439）

赵　灿（Y30141442）　周　萌（Y45140286）

体育科学与工程学院（1人）

＊黄红媛（Y30140080）

理学院（3人）

＊孙沛智（Y30140132）　＊朱　燕（Y30140126）　秦伟莉（Y30140119）

法学院（4人）

＊夏　伟（Y30140046）　＊姚有原（Y48140013）　潘灵翼（Y48140008）　赵庆新（Y48140017）

科技信息研究所（1人）

＊赵晓黎（Y30141414）

注：以上在姓名前打“＊”号表示同时被授予上海市优秀毕业生。

大事记

Dashi Ji

1月

3日　经党委十届101次常委会讨论并投票决定：周玲同志任高等教育研究所直属党支部书记（兼），柴华同志任机关党委委员、书记（兼），包华同志任国际教育学院直属党支部书记（兼）（华委字〔2017〕2号）。

同日　经党委十届101次常委会讨论并投票决定：因年龄原因，免去应卫勇的网络教育学院常务副院长职务（校组〔2017〕1号）。

7日　“新形势下高校思想政治工作的使命担当”高端论坛暨高校思想政治工作研究中心成立仪式在学校举行。教育部社科司副司长徐艳国，上海市教卫工作党委副书记、教委副主任高德毅等出席。校党委书记杜慧芳致辞，副校长胡宝国、校长助理张彦铎参加。上海市教卫工作党委宣传处处长曹荣瑞主持。

9日　校党委书记杜慧芳主持召开2016年度校领导班子民主生活会。上海市纪委驻市教卫工作党委纪检组纪检室主任朱兵出席，全体校领导班子成员参加。

同日　校洁净煤技术研究所团队与山东兖矿集团有限公司合作完成的项目“大型高效水煤浆气化过程关键技术创新及应用”获国家科技进步二等奖。

10日　学校召开离休干部迎春茶话会，校党委书记杜慧芳、副书记陈麒，副校长钱锋、吴柏钧、辛忠等出席。

13日　2017年全国教育工作会议召开，校党委书记杜慧芳、校长曲景平等班子成员及各部处负责人在分会场和平楼第二会议室参加视频会。

同日　校学位评定委员会主席曲景平主持召开校学位评定委员会第十二届二次会议。会议审议并同意授予刘小驰等65名毕业生博士学位、授予陈冰等1 004名毕业生硕士学位；审议并批准段学志等37人为新增硕士生导师。

同日　2017年机关迎新联欢会在工会八角亭举行，校党委书记杜慧芳、校长曲景平、党委副书记陈麒、副校长刘昌胜等出席。

15日　“基本科学指标”数据库（ESI）更新的数据显示，学校药理学与毒理学进入ESI国际排名的前1%。至此，学校共有化学、材料学、工程学、生物学与生物化学、药理学与毒理学等5个学科进入ESI全球排名前1%。其中，化学在ESI全球排名的机构中位列第52位。

同日　校洁净煤技术研究所团队获“2016年度中国石油和化工行业影响力人物”，是本年度唯一获此殊荣的团队。

16 日　社会与公共管理学院徐永祥教授领衔的“中国特色社会体制改革与社会治理创新研究”、何雪松教授领衔的“社会治理背景下我国社会工作行动本土化理论框架与实践体系研究”和张广利教授领衔的“特大城市社会风险系统治理研究”3 项国家社科基金重大项目开题论证会在逸夫楼演讲厅举行。中共上海市委宣传部副部长、上海市社联党组书记燕爽、我校副校长吴柏钧出席并致辞。

16—20 日　校党委书记杜慧芳、校长曲景平参加在中央党校举行的加强和改进新形势下高校思想政治工作专题研讨班。

20 日　2017 迎春团拜暨音乐会在逸夫楼演讲厅、报告厅举行。校领导和离退休老领导、老同志，各级人大代表、政协委员，民主党派、统战团体负责人以及高层次人才代表、师生员工代表欢聚一堂，共迎新春。

21 日　经学校研究决定，成立人才培养质量监控与评估中心（简称“评估中心”，英文名为 The Center for Education Quality Evaluation）（校规〔2017〕5 号）。

同日　教育部网站刊登题为《华东理工大学大力加强基层党组织建设》的文章，专题报道学校基层党组织建设的相关工作。

2 月

17 日　教育部网站刊登题为《华东理工大学不断加强研究生思政队伍建设》的文章，专题报道学校加强研究生思政队伍建设的相关工作。

17—18 日　学校在奉贤校区召开一流本科建设暨本科审核评估动员大会。校党委书记杜慧芳致开幕辞，校长曲景平发表讲话。校领导，相关部处负责人，学院院长、书记、教学副院长、专业责任教授、督导组组长及国家教学名师等参加会议。

18 日　学生返校报到日，校党委书记杜慧芳、校长曲景平及陈麒、钱锋、吴柏钧、刘昌胜、辛忠、胡宝国、张彦铎等校领导赴奉贤校区检查新学期开学准备工作。

20 日　经党委十届 103 次常委会讨论并投票决定：包瑞荣同志任产业工作党总支委员、书记，王喆同志任外国语学院党总支委员、书记；免去包瑞荣同志的外国语学院党总支书记、委员职务，免去王喆同志的药学院党委书记、委员职务；因年龄原因，免去李蓉同志的产业工作党总支书记、委员职务。（华委字〔2017〕8 号）

同日　经党委十届 103 次常委会讨论并投票决定：姚文同志任体育科学与工程学院党总支书记（试用期一年）；徐永桢同志任党委组织部专职组织员（副处级，试用期一年）；胡兵同志任学生工作部（处）副部（处）长（试用期一年）；免去司忠业同志的学生工作部（处）副部（处）长职务，姚文同志的体育科学与工程学院党总支副书记职务。（华委字〔2017〕11号）

24日 2016年度校领导班子成员年度考核及干部选拔任用“一报告两评议”大会在徐汇校区逸夫楼报告厅举行。校党政领导班子成员杜慧芳、曲景平、宋来、陈麒、钱锋、吴柏钧、刘昌胜和辛忠出席会议，杜慧芳主持会议。全体中层干部，近期退出校领导班子的同志，市级以上人大代表、政协委员和民主党派负责人，教师代表、教代会代表和离退休老同志代表等参加会议。

同日 校党委书记杜慧芳、副校长辛忠与教务处全体教职工在和平楼第三会议室，就教务处工作职能迁移至奉贤校区等相关事宜进行座谈、沟通。

28日 校党委书记杜慧芳会见来访的美国西北大学化学综合中心主任、校名誉教授詹姆斯·弗雷泽·斯托达特勋爵。副校长刘昌胜，校党委常委、学术委员会主任田禾院士等参加会见。

2月 自然出版集团更新2017年自然指数排行榜，学校在全球高校排名中位列第114位、在中国内地高校排名中位列第16位。

同月 在“寻访2016年大学生创业英雄活动”中，机械与动力工程学院博士生周元凯和药学院博士生李宝力入围大学生创业英雄100强。其中，周元凯同学位列全国前十强。

3月

1日 2017年教育系统党风廉政建设工作视频会在北京召开。校党政领导班子成员及校党委委员、纪委委员和各二级单位负责同志在学校分会场和平楼第二会议室参加会议。

2日 校党委书记杜慧芳、副校长胡宝国在党委办公室、学生工作部（处）、团委、教务处等部门负责同志的陪同下，走访慰问在奉贤校区工作的教职员工。

同日 校长曲景平、副校长吴柏钧和刘昌胜、校长助理张彦铎等一行赴上海华谊集团总部交流访问。华谊集团党委书记、董事长刘训峰，副总裁黄德亨、魏建华、顾春林等出席交流会。

3日 2017年学院校友工作会议在徐汇校区逸夫楼演讲厅召开。校党委书记杜慧芳出席会议并讲话，副校长吴柏钧主持会议。

7日 辽宁团省委书记赵红巍一行在上海团市委副书记刘刚、团市委学校工作部副部长任涔的陪同下来校调研共青团工作。校党委书记杜慧芳接待宾，副校长胡宝国主持座谈会。

同日 校长曲景平，副校长吴柏钧、胡宝国在相关部门负责人的陪同下，到财务处及实验十九楼、国际学术交流中心的施工现场视察指导工作。

7—13 日 应校长曲景平之邀，德国勃兰登堡工业大学校长 Jörg Steinbach 教授、生物工程研究所所长 Katrin Scheibner 教授以及国际关系办公室主任 Mareike Kunze 女士来校访问。校长曲景平、副校长刘昌胜会见来宾。

8 日 学校举行国际劳动妇女节 107 周年表彰大会暨“巾帼建新功双创显担当”论坛，校党委书记杜慧芳出席并致辞，校党委副书记陈麒参加，校工会常务副主席沈悦萍主持。一批市级与校级“三八红旗集体”与“三八红旗手”称号受表彰。其中，材料科学与工程学院陈建定教授获上海市“三八红旗手”称号，党委宣传部获上海市“三八红旗集体”称号；党委组织部部长、人事处处长王慧锋，艺术学院副院长傅蓉蓉获上海市教育系统“三八红旗手”称号，大学英语教学部获上海市教育系统“三八红旗集体”称号。

11 日 云南省寻甸县委书记何健升一行 12 人来校访问交流。校党委书记杜慧芳、副书记陈麒会见来宾。双方在和平楼第三会议室就定点帮扶寻甸县工作进行座谈。

13—17 日 校长曲景平应邀率团先后访问日本札幌大学、北海道大学和千叶大学等高校，拜访了我国驻日本使馆教育处，并与三菱化学控股株式会社及昭和电工株式会社等世界著名企业的高管进行交流。

14 日 经 2017 年 3 月 6 日党委十届 104 次常委会讨论并投票决定：刘敏任人事处副处长，赵俊玲任审计处副处长，徐宏勇任实验室与装备处副处长兼安全环保办公室主任（副处级），王喆任信息科学与工程学院副院长，陈雪莉、孙贤波和孙玉柱任资源与环境工程学院副院长（以上同志的试用期均为一年）；因年龄原因，免去叶肇敏的安全环保办公室主任兼实验室与装备处副处长（正处级）职务、胡若军的人事处副处长职务；免去徐晶的国际合作与交流处副处长（试任）职务、虞慧群的信息科学与工程学院副院长职务、王辅臣和黄光团的资源与环境工程学院副院长职务。（校组〔2017〕8 号）

17 日 中国科学院院士唐本忠教授受聘校名誉教授仪式在逸夫楼举行。校党委书记杜慧芳，党委常委田禾院士出席受聘仪式。杜慧芳代表学校致辞，为唐本忠院士颁发聘书并佩戴校徽。

同日 生物工程学院阳大海博士获中国科协生命科学联合体“青年人才托举工程”项目资助。

19 日 在第八届全国大学生数学竞赛中，高材 155 班邹君逸、化工 152 班姜沁源分别获得非数学专业类全国一等奖和二等奖，邹君逸以全国第 7 名的成绩进入“全国十强”。

22 日 上海市科学技术奖励大会在上海展览中心友谊会堂召开。由学校作为牵头单位的项目获一等奖 4 项、二等奖 3 项、三等奖 1 项，学校教师参与的项目获一等奖 1 项，刘海峰获青年科技杰出贡献奖，学校合作科学家米哈伊尔・弗拉基米诺维奇・伊万诺夫（俄）获国际科技合作奖。另外，校友、上海泰坦科技股份有限公司董事长谢应波获青年科技杰出贡献奖。

同日 国家自然科学基金委员会副主任姚建年院士率国家基金委考察组一行，来校考察由副校长刘昌胜教授牵头的创新研究群体项目的推进情况。校长曲景平、副校长刘昌胜，材料科学与工程学院院长李春忠、科研院副院长陈锋、化学与分子工程学院刘洪来，以及林嘉平、李永生、刘润辉、林绍梁等群体成员出席。

23 日 学校党委在逸夫楼报告厅举行党委中心组（扩大）学习报告会，传达十二届全国人大五次会议和全国政协十二届五次会议精神。校党委书记杜慧芳主持，全国政协委员钱锋、蓝闽波应邀做辅导报告。

24 日 学校第八届二次教代会、第十五届二次工代会在逸夫楼报告厅开幕。校党委书记杜慧芳，校长曲景平，党委副书记陈麒，副校长吴柏钧、刘昌胜等党政领导出席开幕式。校长曲景平做学校行政工作报告，副校长吴柏钧做学校财务工作报告，党委副书记陈麒主持。

28 日 2017 年党风廉政建设干部大会在逸夫楼报告厅举行。校长曲景平主持，校党委书记杜慧芳讲话，党委副书记陈麒做工作报告。副校长刘昌胜、辛忠、胡宝国，党委常委田禾，校长助理张彦铎及副处级以上干部、二级党组织纪检委员、部门工会主席、重点领域和关键岗位负责人、团干部、民主党派代表、离退休老同志代表等 300 余人出席。各二级党组织书记和职能部门主要负责人签署了《落实党风廉政建设责任承诺书》。

同日 2016 年毕业生就业工作总结表彰暨 2017 年就业工作推进会在逸夫楼演讲厅举行，校就业工作领导小组组长、校长曲景平，校就业工作领导小组副组长、副校长辛忠出席，副校长胡宝国主持。

同日 后勤保障处获“2016 年度全国教育后勤系统信息宣传工作先进单位”称号。

31 日 学校第八届第二次教代会、第十五届第二次工代会闭幕式在逸夫楼报告厅召开，校党委副书记陈麒主持。会议通过了对学校行政工作报告，财务工作报告，教代会工会工作报告，工会财务工作报告、经费审查委员会工作报告的审议意见。校党委书记杜慧芳做题为“奋发进取　勇于担当　共创学校发展新辉煌”的讲话。

同日 实验十九楼暨信息科学与工程学院大楼建设项目开工典礼在徐汇校区举行。校党委书记杜慧芳、校长曲景平、副校长胡宝国，上海建工五建集团有限公司总裁田哲，副总裁黄国昌、施其龙等出席典礼。

同日 中国共产党华东理工大学代表会议在徐汇校区举行，校党委副书记陈麒主持。会议选举产生了学校出席中国共产党上海市第十一次代表大会代表。根据无记名投票结果，杜慧芳同志当选学校出席市第十一次党代会代表。

4月

4—11日 校党委书记杜慧芳应邀率团对澳大利亚昆士兰科技大学、堪培拉大学以及新西兰奥克兰大学进行访问，其间还拜访了我国驻澳大使馆教育处，并专程看望我校澳大利亚校友代表。

5日 经2017年3月27日党委十届105次常委会讨论并投票决定：朱姝同志任中德工学院直属党支部委员、书记；免去朱姝同志的商学院党委副书记、委员职务，王惠文同志的中德工学院直属党支部书记、委员职务，王海明同志的后勤党委委员职务。（华委字〔2017〕25号）

同日 经2017年3月27日党委十届105次常委会讨论并投票决定：王惠文为档案馆馆长（试用期一年），王海明为校长办公室副主任；免去陆宪良的档案馆馆长职务，王海明的后勤保障处副处长职务。（校组〔2017〕10号）

6日 原名誉校长成思危先生的夫人、校友舒允宜，成思危先生的长子成朋一行来校访问。校长曲景平，中国工程院院士钱旭红，副校长吴柏钧，以及党办、校办、校友与发展联络处、资源与环境工程学院等相关负责人出席座谈。

7日 中共教育部党组经与中共上海市委商得一致，2017年4月1日研究决定：曲景平同志任中共华东理工大学委员会副书记。（教党任〔2017〕50号）

12日 校长曲景平、副校长钱锋在相关部门负责人的陪同下，到学校分析测试中心调研指导工作。

13日 中共教育部党组经与中共上海市委商得一致，2017年4月1日研究决定：轩福贞同志任中共华东理工大学委员会委员、常委。（教党任〔2017〕57号）

同日 教育部2017年4月1日研究决定：任命轩福贞为华东理工大学副校长（试用期一年）。（教任〔2017〕24号）

18日 学校获“2015—2016年度（第十八届）上海市文明单位”称号。至此，学校已12次获此殊荣。

19日 校党委书记杜慧芳、党委副书记陈麒、副校长吴柏钧一行到校出版社调研指导工作。

20 日 校党委书记杜慧芳、副校长辛忠在相关部门负责人陪同下，走访调研奉贤校区部分单位，并慰问在奉贤校区工作的一线教职员工。

同日 由学校、英国伦敦大学学院、英国谢菲尔德大学主办，英国皇家工程院和中国工程院作为支持方的“流程工业智能优化制造”国际研讨会在上海举行。来自英、美、澳以及我国的 70 余位学者参加，大会主席、我校副校长钱锋院士出席并致辞。

同日 中共徐汇区委书记鲍炳章一行访问学校结构可控先进功能材料及其制备教育部重点实验室，调研诺贝尔科学家联合研究中心筹建工作进展。校党委副书记陈麒、校党委常委田禾院士出席调研活动。

22 日 上海公共经济与社会治理研究中心成立暨学校 65 周年校庆文科高峰论坛在徐汇校区举行。校党委书记杜慧芳出席并致辞，副校长吴柏钧主持开幕式。教育部社会科学司副司长谭方正，徐汇区委常委、区委组织部部长王珏，上海市社会科学界联合会专职副主席解超出席开幕式并讲话。校党委书记杜慧芳和上海市政府发展研究中心副主任周国平共同为研究中心揭牌。

23 日 学校与大连市人才工作精准对接会在徐汇校区举行。校长曲景平、大连市人才工作领导小组办公室专职副主任戴紫童、上海市人才服务中心主任楼莉莎、大连市人才服务中心主任王强等出席会议。副校长胡宝国主持会议。

24 日 经党委十届 107 次常委会讨论并投票决定：陈龙任基建处副处长（试用期一年，自 2016 年 8 月 18 日起计算）；免去黄樑的基建处处长职务。（校组〔2017〕17 号）

25 日 接沪教工组〔2017〕46 号文通知，中国教育工会上海市委员会同意校工会委员会全体会议的选举和表决结果：陈涛同志任华东理工大学第十五届工会委员会常委、副主席；庄启昕同志不再担任华东理工大学第十五届工会委员会副主席、常委职务。（华委字〔2017〕32 号）

5 月

2—3 日 学校思想政治工作会议在徐汇校区召开。校党委书记杜慧芳和校长曲景平分别发表讲话。全体校领导，各党群、行政部处负责人，各二级党组织书记，各学院院长、党委副书记、副院长，相关部门全体干部，各学院团委书记、全体辅导员和马克思主义学院全体教师近 400 人参加会议。

3 日 生物工程学院庄英萍教授获 2017 年上海市“五一”劳动奖章荣誉称号。

4 日 校党委书记杜慧芳为 800 余名师生讲授以“当代青年的历史使命与担当”为主题的“形势与政策”课，共同度过一个互勉互进的五四青年节。

同日 上海市科学技术协会副主席李虹鸣一行 3 人来校就推进高校科协组织建设进行座谈交流，校长曲景平、副校长刘昌胜会见来宾。

5 日 第 31 届体育节开幕式在奉贤校区举行。校党委书记杜慧芳，校长曲景平，校党委副书记陈麒，副校长吴柏钧、刘昌胜、辛忠、胡宝国、轩福贞，校长助理张彦铎以及各学院、部门主要负责人出席开幕式。

同日 校党委书记杜慧芳、校长曲景平、副校长刘昌胜一行到上海市科委拜访，并与上海市科委主任寿子琪、副主任朱启高等座谈，就服务上海科创中心建设等事宜进行交流。

13 日 由中共上海市教育卫生工作委员会、上海市教育委员会和上海市教育工会主办，学校承办的上海市第八届教工运动会首届龙舟赛在我校奉贤校区通海湖举行，来自全市高校系统、普教系统及教委直属单位的 40 支队伍参赛。中国教科文卫体工会全国委员会主席王科，上海市教卫工作党委副书记、教育工会主席成旦红，上海市教育工会常务副主席王向群等出席开幕式。副校长胡宝国出席开幕式并致辞。

同日 商学院李英教授指导，周瑞琪、李明霏和毛谦昂共同参与的项目“基于物联网的智能充电桩管理系统”获第四届全国高校物联网应用创新大赛全国三等奖。

15 日 校党委书记杜慧芳主持校党委常委会专题学习，传达上海市十一次党代会精神，交流其本人作为党代表的小组发言及参会体会。

16 日 华谊集团奖助学金颁奖仪式在和平楼第二会议室举行。华谊集团党委书记、董事长刘训峰和副总裁魏建华、顾春林，校长曲景平、副校长刘昌胜等出席。本年度共有 5 名博士研究生、10 名硕士研究生和 15 名本科生获得此项荣誉，另有 10 名本科生获得助学金。

18—24 日 第 20 届“外研社杯”全国大学生英语辩论赛总决赛在外交学院举行。由外国语学院英 133 班徐雅恬和日 152 班蔡弋鸣组成的代表队获全国二等奖；指导教师高攀被授予“外研社功勋培训师”称号。

19 日 校长曲景平、副校长刘昌胜带队到上海化学工业区洽谈上海国际化工新材料创新创业与成果转化科创基地建设合作事宜。上海化学工业区管委会主任马静、上海华谊集团副总裁魏建华、上海化工研究院副院长陈保华等多家单位的负责人参会。

22 日 经 2017 年 5 月 15 日党委十届 108 次常委会讨论并投票决定：李剑同志任药学院党委书记（试用期一年），韩骏同志任体育科学与工程学院党总支副书记（兼）。（华委字〔2017〕37 号）

25日 经2017年5月15日党委十届108次常委会讨论并投票决定：凌昊任人才培养质量监控与评估中心副主任（试用期一年），丁伟任艺术设计与传媒学院副院长（试用期一年）。（校组〔2017〕18号）

26日 药学院召开教师干部大会，宣布学校党委关于药学院党委书记任免的决定。校党委书记杜慧芳出席会议，党委副书记陈麒主持会议。陈麒受学校党委委托，宣读干部任免决定：任命王喆为外国语学院党总支委员、书记，免去王喆药学院党委书记、委员职务；任命李剑为药学院党委书记（试用期1年）。

同日 经2017年5月22日党委十届109次常委会讨论并投票决定：朱为宏任科学技术发展研究院常务副院长（正处级），朱学栋任化工学院院长；免去朱学栋的科学技术发展研究院常务副院长职务，徐殿胜的资产经营有限公司董事长、总经理职务，赵玲的化工学院院长职务。（校组〔2017〕20号）

同日 经2017年5月22日党委十届109次常委会讨论决定：恢复资产经营有限公司正处级级别，恢复总经理岗位的正处级职级和副总经理岗位的副处级职级。（华委字〔2017〕40号）

5月 社会与公共管理学院本科生木纳瓦尔·木沙获"第十二届中国大学生年度人物"称号，成为学校首位获此荣誉的大学生。

6月

1日 校长曲景平在和平楼第三会议室主持召开院长座谈会。副校长轩福贞出席，各学院院长及校办主任王爱祥、人事处处长王慧锋参加座谈。

1—2日 中国石化青岛安全工程研究院院长孙万付、副院长牟善军一行6人来校洽谈合作。校长曲景平、副校长钱锋会见来宾。

3日 由15名化工学院学生和4名机械与动力工程学院学生组成的竞赛队获第一届中国大学生Chem-E-Car竞赛设计奖

5日 经2017年5月22日党委十届109次常委会讨论并投票决定：朱学栋同志任化工学院党委委员、书记；免去李涛同志的化工学院党委书记、委员职务。（华委字〔2017〕42号）

同日 经2017年5月22日党委十届109次常委会讨论、投票决定，并报经中共上海市教育卫生工作委员会批准同意：李涛同志任党委组织部部长；免去王慧锋同志的党委组织部部长职务。（华委字〔2017〕43号）

同日 经2017年6月5日党委十届110次常委会讨论决定，成立党委教师工作部，与人事

处合署办公，王慧锋同志任党委教师工作部部长（兼）。（华委字〔2017〕44号）

同日 经2017年5月22日、6月5日党委十届109次、110次常委会讨论并投票决定：庄英萍同志任生物工程学院党委副书记，宋恭华同志任药学院党委副书记，杜文莉同志任信息科学与工程学院党委副书记，修光利同志任资源与环境工程学院党委副书记，阎海峰同志任商学院党委副书记，何雪松同志任社会与公共管理学院党委副书记，吴唯同志任中德工学院直属党支部副书记。（华委字〔2017〕45号）。

6日 经2017年6月5日党委十届110次常委会讨论并投票决定：免去周美玉的艺术设计与传媒学院副院长职务。（校组〔2017〕22号）

12日 校党委在和平楼第二会议室举行新上岗中层干部培训班开班仪式。校党委书记杜慧芳出席并做开班动员讲话。校党委副书记陈麒主持开班仪式。2015年9月以来新上岗的64名中层干部参加。

13日 2017年安全工作会议暨综合治理先进表彰大会在逸夫楼报告厅举行。校党委书记杜慧芳，校长曲景平，校党委副书记陈麒，副校长钱锋、刘昌胜、辛忠、轩福贞等出席，副校长胡宝国主持。各二级单位安全责任人与学校签订了2017年“综合治理目标管理责任书”。

16日 2017届毕业典礼暨学位授予仪式在大礼堂举行。校党委书记杜慧芳，校长曲景平，校党委副书记陈麒，副校长钱锋、吴柏钧、刘昌胜、辛忠、轩福贞出席，副校长胡宝国主持。曲景平发表以“与华理同行·为祖国添彩”为题的讲话。2017年，3 659人获学士学位，2 497人获硕士学位，316人获博士学位。

18日 2017年校园开放日在徐汇校区举行。约800名考生及家长来校咨询学校本科招生信息、专业设置、招生政策等。

19日 经党委十届111次常委会讨论并投票决定：刘汉伟任基建处副处长，免去刘汉伟的后勤保障处副处长职务。（校组〔2017〕26号）

同日 经党委十届111次常委会讨论并投票决定：龙亿涛任化学与分子工程学院院长（试用期一年），龚向明任后勤保障处副处长（试用期一年）；免去朱为宏的化学与分子工程学院院长职务。（校组〔2017〕27号）

21日 由上海市教卫工作党委原书记李宣海，市教卫工作党委副书记、市教委副主任高德毅任组长的市委第一专项督查组来校，对我校思想政治工作会议精神落实情况进行实地督查。

同日 校长曲景平在逸夫楼第三会议室会见来访的中国宝武钢铁集团有限公司总经理陈德荣一行并座谈交流，副校长刘昌胜主持。

25 日　依托学校建设的教育部“结构可控分子工程国际合作联合实验室”立项建设论证会在逸夫楼举行。教育部科技司副司长李楠，教育部科技发展中心高校科技产业处苑杰，上海市教委巡视员蒋红，教育部科技委委员、上海开放大学校长袁雯，中科院理化技术研究所佟振合院士，中科院上海有机化学研究所林国强院士，国家自然科学基金委化学学部主任、清华大学张希院士，清华大学李亚栋院士，中科院上海有机化学研究所丁奎岭院士，中国科学技术大学谢毅院士及我校校长曲景平、副校长刘昌胜、党委常委田禾院士等出席会议。张希主持会议。

26 日　科技部发布 2016 年生物和医学领域国家重点实验室评估结果。学校的生物反应器工程国家重点实验室获评“优秀”。（国科发基〔2017〕183 号）

27 日　经 2017 年 6 月 19 日党委十届 111 次常委会讨论并投票决定：龙亿涛同志任化学与分子工程学院党委副书记，龚向明同志任后勤党委委员；免去刘汉伟同志的后勤党委委员职务。（华委字〔2017〕53 号）

同日　化学与分子工程学院召开教师干部大会，宣布学校党委关于化学与分子工程学院院长任免的决定。校党委书记杜慧芳，党委副书记陈麒，校党委常委、学术委员会主任田禾出席，陈麒主持。党委组织部部长李涛受学校党委委托，宣读“任命朱为宏为科学技术发展研究院常务副院长，龙亿涛为化学与分子工程学院院长（试用期一年）、党委副书记，免去朱为宏的化学与分子工程学院院长职务”的干部任免决定。

同日　400 余名 1967 届校友在学校建校 65 周年之际返校同庆母校生日及毕业 50 周年。校党委书记杜慧芳出席返校大会并致辞，副校长吴柏钧主持大会。

30 日　学校庆祝中国共产党成立 96 周年座谈会在和平楼第二会议室举行。校党委书记杜慧芳出席并讲话，副书记陈麒主持。

同日　本科教学工作审核评估推进会在逸夫楼报告厅召开。校长曲景平发表讲话，副校长辛忠主持。各职能部处负责人，学院院长、书记、教学副院长、学工委主任、系主任、专业责任教授及教师代表约 300 人参加会议。

6 月　在第 33 届泛波罗的海大学生运动会中，学校代表队获 3 金、3 银、1 铜。其中，郑诗畅、王姝、黄文倩分获乒乓球女子单打冠亚季军，夏易正、王麒凯分获乒乓球男子单打冠亚军，郑诗畅、王姝获乒乓球女子双打冠军，王麒凯、于廸扬获乒乓球男子双打亚军。

同月　艺术设计与传媒学院高羽烨同学作为本科毕业生代表在 2017 届毕业典礼上的演讲获“央视新闻”官方微博、官方微信，《人民日报》及其官方微博、官方微信，新华社客户端、官方微信，《光明日报》，《中国教育报》官方微信等近 40 家媒体关注。

7月

2—9日 校党委书记杜慧芳一行应邀访问比利时布鲁塞尔自由大学、里昂大学集团以及卡尚高等师范学校。其间，还拜访了驻法国大使馆教育处，并看望了我校旅法校友代表。国际合作与交流处处长李永生、社会与公共管理学院院长何雪松、资源与环境工程学院刘勇弟教授和党委办公室副主任王珊等陪同出访。

6—12日 校大学生艺术团伊卡斯特合唱团一行55人赴新加坡参加第十届“歌韵东方”国际合唱节，并获混声组、民歌组银奖一等，《小河淌水》获得由评委会颁发的“最佳演绎奖”。

8—9日 以2014级本科生为主体的134个班级近3 700名学生，从奉贤校区平安搬至徐汇校区。

10日 经2017年6月19日、7月10日党委十届111、112次常委会讨论决定：付尧为上海华理资产经营有限公司董事长、总经理（试用期一年）。（校组〔2017〕32号）

同日 经党委十届112次常委会讨论并投票决定：刘涛任研究生院学位办公室主任，李浩任药学院副院长；免去李浩的研究生院学位办公室主任职务，李剑的药学院副院长职务，张雪芹的继续教育学院副院长职务。（校组〔2017〕33号）

11日 学校“一流学科建设”务虚会在徐汇校区召开，校党委书记杜慧芳和校长曲景平分别发表讲话，副校长轩福贞主持。

同日 武汉工程大学党委书记程幼金、办公室主任李志旭、组织人事部部长丁一刚来校访问，就武汉工程大学副校长张彦铎挂职担任我校校长助理期间表现进行座谈交流和考察。校党委书记杜慧芳、校长曲景平、党委副书记陈麒、副校长辛忠分别会见来宾一行。

同日 经2017年7月10日党委十届112次常委会讨论并投票决定：王慧锋同志任党委统战部部长（兼），焦家俊同志任党委统战部常务副部长，张雪芹同志任党委教师工作部副部长；免去焦家俊同志的党委统战部部长职务。（华委字〔2017〕65号）

同日 教育部网站刊登题为《华东理工大学推进“形势与政策”课程改革》的文章，专题报道学校推进“形势与政策”课程改革的相关工作。

13日 九三学社中央副主席、市政协副主席、社市委主委赵雯带队来九三学社华东理工大学委员会调研走访，并与社员座谈。社市委专职副主委吴健生、社市委副主委钱锋及社市委组织部、研究室等机关部室负责人参加座谈会。座谈会前，赵雯和校长曲景平、校党委副书记陈麒等进行了会面。

20—22 日　第七届全国大学生电子商务“创新、创意及创业”挑战赛全国现场总决赛在西安交通大学举行。在现场总决赛中，商学院学生王卓、解胜男、周一、刘维和李唯姣的参赛项目“‘预停’智能泊车管理系统”获国家二等奖（指导教师：李英）；在总决赛的通讯赛中，商学院学生李聪聪、赵玉玲、赵晓雅、吴静悦和信息科学与工程学院郑道杨的参赛项目“大学生视频社交与知识共享平台——士界”获国家三等奖（指导教师：钱丽霞）。

27 日　启东市委书记王晓斌，市委副书记、市长黄卫锋一行来校就深化校地科技合作交流调研会在和平楼第三会议室举行，校长曲景平出席，副校长刘昌胜主持。

8 月

8 日　2017 年对口支援青海大学工作会议在青海大学召开，校党委书记杜慧芳出席并做交流发言，党委办公室主任沈海涛、教务处处长黄婕等相关部门负责人参加。

12 日　原副校长卢冠忠教授因病医治无效，于 14 时 12 分在上海逝世，享年 60 岁。

17 日　化学与分子工程学院马骧、贺晓鹏，药学院赵玉政和机械与动力工程学院杨强等 4 位青年教师获国家优秀青年科学基金项目。至此，学校共 19 人获此项目资助。

22—23 日　校党委书记杜慧芳、副校长胡宝国及相关部门负责人赴云南寻甸县开展定点帮扶工作。寻甸县委书记何健升、县长马郡，县委、县政府、县人大、县政协等相关负责人参加活动。

23 日　学校以李天越同学为队长的“Echo”参赛团队获 2017“东华科技—陕鼓杯”第十一届全国大学生化工设计竞赛全国特等奖。

25—26 日　由中国食品科学技术学会青年工作委员会主办，学校参与承办的“第三届中国食品科学青年论坛”在上海光大会展中心召开。校长曲景平出席开幕式并致辞。

27 日　由中国机械工程学会和教育部高等学校机械学科教学指导委员会过程装备与控制工程专业分教学指导委员会共同主办，学校承办的“卓然杯”第八届过程装备实践与创新大赛颁奖及成果汇报会在逸夫楼报告厅举行。校长曲景平出席并讲话，副校长轩福贞参加。

30 日　校长曲景平应邀开始访问俄罗斯门捷列夫化工大学、俄罗斯科学院微生物研究中心、哈萨克斯坦科学与教育部国际项目中心和列·尼·古米列夫欧亚国立大学；8 月 30 日至 9 月 6 日其间，还访问了我国驻俄罗斯大使馆教育处、阿斯塔纳 Tau-Ken Altyn 金银矿公司。陪同出访的有化学与分子工程学院牟伯中、资源与环境工程学院王辅臣、高等教育研究所周玲、商学院马铁驹，以及国际合作与交流处唐纪敏。

8 月 信息科学与工程学院学生董政霖、陈志超在孙京诰和王华忠老师的指导下，获第五届“AB 杯”全国大学生自动化系统应用大赛全国特等奖。

9 月

7 日 校党委书记杜慧芳主持召开党委常委会扩大会议。教育部人事司陈伟来校宣布中共教育部党组关于我校领导班子干部调整的决定。陈伟宣读中共教育部党组关于沈志超同志任职的决定：中共教育部党组经研究与中共上海市委商得一致，任命沈志超同志为中共华东理工大学委员会委员、常委、副书记、纪律检查委员会书记（教党任〔2017〕180 号）。杜慧芳代表曲景平校长、领导班子讲话。校领导陈麒、吴柏钧、辛忠、胡宝国、轩福贞、田禾及相关职能部门负责人、纪委办全体人员出席。

9 日 2017 级 4 200 名本科新生报到入学。校党委书记杜慧芳，校长曲景平，副校长刘昌胜、辛忠、胡宝国到迎新现场指导工作。

10 日 2017 级学生军训动员大会在奉贤校区体育场举行。军训团政委、副校长胡宝国，军训团团长、东部战区陆军第 72 集团军特种作战旅副政委李多瑜上校和其他团部领导出席动员大会。

11 日 经党委十届 114 次常委会讨论决定：撤销中共华东理工大学继续教育学院直属支部委员会、中共华东理工大学网络教育学院直属支部委员会建制，成立中共华东理工大学继续教育学院和网络教育学院联合直属支部委员会。（华委字〔2017〕70 号）

同日 经党委十届 114 次常委会讨论并投票决定：倪炜同志任党委学生工作部（处）部（处）长兼武装部部长、机关工作党委委员，高永煜同志任化学与分子工程学院党委委员、常务副书记（正处级），程华同志任继续教育学院和网络教育学院联合直属党支部书记（兼），岳海洋同志任后勤党委委员；免去岳海洋同志的党委学生工作部（处）部（处）长兼武装部部长、机关工作党委委员职务，高永煜同志的后勤党委委员职务。（华委字〔2017〕71 号）

同日 经党委十届 114 次常委会讨论并投票决定：岳海洋任后勤保障处处长，周彦波任学科与专业发展规划处副处长；免去高永煜的后勤保障处处长职务，周彦波的人事处副处长职务，刘涛的学科与专业发展规划处副处长职务。（校组〔2017〕34 号）

同日 2017 级 3 500 余名研究生报到入学。校长曲景平，副校长辛忠、胡宝国到迎新现场指导工作。

11—14 日 由国家自然科学基金委员会化学科学部主办，学校承办的第七届化学工程青年学者学术交流研讨会在上海光大会展中心举行。校长曲景平出席开幕式并致辞，副校长刘昌胜做大会报告。

13日 校长曲景平在徐汇校区主持召开学生座谈会。副校长辛忠、胡宝国出席，20余名本、硕、博学生代表及相关职能部门负责人参加座谈。

15日 2017年秋季学期干部大会在徐汇校区逸夫楼召开。校党委书记杜慧芳主持会议并讲话，校长曲景平代表校领导班子做学校工作报告。全体校领导，全校副处级以上干部、部分教师代表参加。

19日 校党委书记杜慧芳，党委副书记陈麒，党委副书记、纪委书记沈志超与离休干部一同学习习近平总书记“7·26”重要讲话精神，并向离休干部通报学校发展情况。

20日 教育部、财政部、国家发展改革委联合发文公布世界一流大学和一流学科建设高校及建设学科名单。学校入选一流学科建设高校，其中化学、材料科学与工程、化学工程与技术等3个学科入围一流学科建设名单。(教研函〔2017〕2号)

21日 校党委书记杜慧芳在和平楼第三会议室主持召开2017年对口联系专家学者、党外人士座谈会。

23日 华东理工大学校友会理事会一届三次会议及常务理事会一届六次会议在徐汇校区逸夫楼演讲厅召开。校长曲景平、校党委副书记陈麒、各地校友理事、各学院校友工作负责人等60余位理事和代表参会，副校长、校友会理事长吴柏钧主持。因校友会建设发展和实际工作需要，经理事会表决，增补曲景平、王芝眉、王向东、王野、史伟、刘成平、李南高、张俊、戴各生、赵思韬、符虎、朱启高、张建平共13人为华东理工大学校友会理事（其中曲景平为常务理事），聘请校友与发展联络处副处长王芝眉为副秘书长。因工作调整，吴柏钧辞去理事长、法定代表人职务。理事会推选曲景平为华东理工大学校友会新一任理事长、法定代表人。

同日 上海华东理工大学校友会第二届校友代表大会及第二届理事会一次会议在徐汇校区逸夫楼报告厅、演讲厅召开。校长曲景平、副校长吴柏钧、上海华理校友会理事会理事及校友代表参加。上海华理校友会秘书长、校友与发展联络处副处长王芝眉主持。第二届校友代表大会审议通过了《上海华东理工大学校友会章程》(修订案)，审议并表决同意第二届理事会候选人当选。当选理事在逸夫楼演讲厅召开了第二届理事会一次会议，通过无记名投票方式，选举副校长吴柏钧担任上海华理校友会理事长、法定代表人，严晓俭、吴海君、吴德荣、姜亚新、奚力强5位校友担任副理事长，校友与发展联络处副处长王芝眉担任秘书长。

24日 材料科学与工程学院教师孙金煜和毛荐分别获得第二届全国高校无机非金属材料专

业青年教师讲课比赛特等奖、二等奖。

25 日 党委十届第 116 次常委会专题学习新修改的《中国共产党巡视工作条例》，校党委书记杜慧芳主持。

25—27 日 学校进行本科教学审核评估诊断评估。

27 日 校教师及其他专业技术职务聘任委员会审议并票决，决定聘任 21 位同志为正高级专业技术职务。其中，教授（18 人）：李少萍、赵双良（化工学院），郁惠蕾（生物工程学院），王海丰、张军、郭志前、詹望成（化学与分子工程学院），邵旭升（药学院），李欣欣、曾惠丹（材料科学与工程学院），陈志华（信息科学与工程学院），项延训（机械与动力工程学院），李伟锋、陈秀荣（资源与环境工程学院），常香云（商学院），张良（社会与公共管理学院），郑致刚（理学院），徐立功（体育科学与工程学院）；研究员（2 人）：陈芳萍（材料科学与工程学院），聂波（机械与动力工程学院）；享受教授待遇的高级实验师（1 人）：孙学芹（化学与分子工程学院）。（校人〔2017〕30 号）

同日 校教师及其他专业技术职务聘任委员会审议并票决，决定聘任 48 位同志为副高级专业技术职务。其中，副教授（32 人）：刘振（化工学院），肖婧凡（生物工程学院），张隽佶、梅菊（化学与分子工程学院），任江萌、刘宏伟*、张永强（药学院），姚远（材料科学与工程学院），谭帅（信息科学与工程学院），王宁、李锦（机械与动力工程学院），沈晓波、陆海峰（资源与环境工程学院），杨继波*、郑凯、彭德雷、顾高峰（商学院），方学梅、卢崴诩、黄锐（社会与公共管理学院），王圣强、王潇、安丰鹏、张启迪、姚媛媛（理学院），章彰（艺术设计与传媒学院），韦晓保、张之燕（外国语学院），徐明（法学院），高杰荣（体育科学与工程学院），卢杨*、刘芳（马克思主义学院）；副教授（专职思政教师）（2 人）：崔美娜（商学院），魏星（团委）；副研究员（8 人）：宗原（化工学院），赵亮（生物工程学院），马巍（化学与分子工程学院），杨明磊、姜庆超、赵亮、胡贵华（信息科学与工程学院），许建良（资源与环境工程学院）；高级实验师（4 人）：王月荣（化学与分子工程学院），滕鑫（材料科学与工程学院），吴清（机械与动力工程学院），王晓霞（资源与环境工程学院）；高级工程师（1 人）：吴婷（化学与分子工程学院）；副研究馆员（1 人）：严素梅（图书馆）（注：*为教学系列）。（校人〔2017〕31 号）

28 日 *Nature* 期刊推出学校 65 周年校庆纪念专版，以“Engineering，a Better World”为题刊载学校的学科特色和科研成果。

29 日 2017 级新生开学典礼在奉贤校区体育场举行。7 000 余名本科新生和研究生新生参加。校党委书记杜慧芳，校长曲景平，校党委副书记陈麒，校党委副书记、纪委书记沈志超，副校长钱锋、吴柏钧、刘昌胜、辛忠、轩福贞，校长助理王华以及优秀校友代表，各学院、相关职能部处负责人和教师代表出席。胡宝国主持。

同日 教育部公布2017年度国际合作联合实验室立项建设评审结果（教技函〔2017〕52号），学校结构可控分子工程国际合作联合实验室获批立项建设，实现学校国际合作联合实验室“零的突破”。该实验室依托我校建设，由田禾院士担任实验室中方主任，以色列科学院院士、德国科学院院士、欧洲科学院院士 Itamar Willner 院士担任外方主任，国家自然科学基金委化学学部主任、清华大学张希院士担任国际合作联合实验室学术委员会主任。

30日 经2017年9月25日党委十届116次常委会讨论并投票决定：免去徐宏的科学技术发展研究院副院长（正处级）职务，付尧的校学术委员会副秘书长职务。（校组〔2017〕35号）

9月 在第十二届全国大学生“恩智浦杯”智能汽车竞赛全国总决赛中，由信息科学与工程学院杜红彬老师和刘笛老师指导的双车对抗组4M队（参赛队员：房金宝、李远志、张贤益、董奇超、王赛威）获全国二等奖。

同月 在2017年“西门子杯”中国智能制造挑战赛全国总决赛中，由信息科学与工程学院房柏辰、何逸辉、孙浩同学组成的运动系统设计开发组参赛队（指导教师：郭丙君）和由李佳鑫、洪朱超、秦博等同学组成的参赛队（指导教师：孙京诰）分别获得全国二等奖。

10月

9日 学校党委十届第117次常委会专题学习“习近平在上海”系列报道，校党委书记杜慧芳主持。

同日 经研究决定，成立“华东理工大学社会科学高等研究院”（英文名：Institute for Advanced Study in Social Sciences at East China University of Science and Technology）。（校规〔2017〕8号）

10日 经2017年9月25日党委十届116次常委会讨论并投票决定：吕遐任校学术委员会副秘书长（试用期一年），于炜任艺术设计与传媒学院副院长（试用期一年）。（校组〔2017〕36号）

12日 经2017年9月25日党委十届116次常委会讨论决定：吴柏钧任华东理工大学社会科学高等研究院院长（兼），范体军任华东理工大学社会科学高等研究院副院长（兼）。（校组〔2017〕37号）

14 日　千余名 1997 届校友返校参加纪念毕业 20 周年活动，副校长吴柏钧出席返校大会并致辞。

17 日　团中央学校部副部长李骥应邀来校，在和平楼第一会议室为学校全体专职团干部作题为“喜迎党的十九大，深化共青团改革”的专题辅导报告。团中央学校部学联办副主任张德辉等出席。报告会前，校党委书记杜慧芳会见李骥一行。团中央学校部副部长（挂职）、校党委副书记宋来，副校长胡宝国，团上海市委学校部部长徐速，校党委办公室主任沈海涛，校团委书记倪炜陪同参加会见。

17—18 日　学校原名誉校长成思危先生的夫人、校友舒允宜来校参观访问。校党委书记杜慧芳、校长曲景平、中国工程院院士钱旭红等分别与其会见。17 日，在奉贤校区大学生活动中心举行了 2017 年成思危奖助学金颁奖暨座谈会，舒允宜为 10 名学生颁发奖助学金，杜慧芳出席并致辞，副校长胡宝国主持。2017 年是舒允宜毕业 60 周年，杜慧芳为其送上了一幅摄于 1957 年 8 月 23 日的华东化工学院第五届毕业生合影纪念照。

17—20 日　由学校和国际化学生物学学会（ICBS）共同主办的第六届国际化学生物学会年会在学校举行。包括诺贝尔化学奖获得者 Karl Barry Sharpless 教授等 9 位国内外院士在内的近 500 位中外专家学者，围绕“化学创新点亮生命”的主题进行交流研讨。我校校长曲景平、ICBS 国际化学生物学学会副主席 Jonathan Baell 教授和上海市科委副主任朱启高等出席开幕式并致辞。大会期间，2001 年诺贝尔奖获得者美国科学院院士、美国斯克利普斯研究院 Karl Barry Sharpless 教授和中国台湾研究院院士、美国得克萨斯大学奥斯汀分校刘鸿文 Hung-Wen（Ben）Liu 教授受聘为校名誉教授。

18 日　学校党委组织全校师生党员分别在 30 余个会场收看党的十九大开幕式直播实况，全体校领导参加。

同日　东京大学 Eiichi Nakamura 教授受聘校名誉教授仪式在和平楼第二会议室举行。校长曲景平、校党委常委田禾院士出席，曲景平为 Eiichi Nakamura 颁发聘书并佩戴校徽。

21 日　千余名 1987 届校友返校参加纪念毕业 30 周年活动，副校长吴柏钧出席返校大会并致辞。

21—22 日　学校举办 65 周年校庆“诺贝尔奖科学家校园行”系列活动。杜慧芳、曲景平、刘昌胜、胡宝国、田禾等校领导在逸夫楼演讲厅会见相关诺贝尔奖获得者。

22 日　65 周年校庆宣传片正式发布。宣传片紧紧围绕“立德树人”根本任务，紧扣“薪火相传”的主题，勾勒了学校砥砺创业的历程，呈现了人才培养、科学研究、社会服务等方面的特色亮点和突出成就，全面展示学校 65 年特别是近 5 年来的发展成就。

同日 法国斯特拉斯堡大学的让-皮埃尔·索瓦日教授受聘校名誉教授仪式在逸夫楼第三会议室举行。校长曲景平致辞并为索瓦日教授佩戴校徽、颁发聘书，田禾院士介绍了索瓦日教授的科研经历。副校长刘昌胜主持仪式。

23 日 校董会主席、中国工程院院士、中国石油化工股份有限公司原总裁王基铭，校董会副主席、十二届全国政协委员会常务委员、原北京市政协主席阳安江等北京校友一行返回母校参观访问徐汇和奉贤校区。校党委书记杜慧芳，校长曲景平，副校长吴柏钧、辛忠、胡宝国、轩福贞等会见来宾，并分别参加了王基铭院士传记赠书仪式和“薪火相传，砥砺前行”名师论道报告会等活动。

同日 教育部网站刊登题为《华东理工大学“两个答辩”机制做好学生党建工作》的文章。

24 日 学校 65 周年校庆中欧大学“面向新时代，提升大学工程教育新内涵”校长论坛在逸夫楼举行。来自荷兰格罗宁根大学、天津大学、法国化学工程师学校联盟、同济大学、德国勃兰登堡工业大学、英国邓迪大学等 9 所国内外院校的校长、副校长出席。上海市教育委员会副主任李永智出席并致辞，校长曲景平致辞并全程参加论坛，副校长刘昌胜主持开幕式。副校长辛忠代表学校做题为“坚持五大发展理念，培养 GI3 型工程人才”的报告。

25 日 学校党委组织召开二级党组织书记会，专题学习十九大精神。校党委书记杜慧芳，校党委副书记陈麒，校党委副书记、纪委书记沈志超以及各二级党组织负责人、党群部门负责人出席，陈麒副书记主持。

同日 学校院士墙落成典礼在奉贤校区图书馆举行。校长曲景平、中国工程院院士袁渭康共同为院士墙揭牌并讲话，副校长轩福贞主持。

27 日 学校举行“喜迎 65 周年校庆，欢度第 29 个敬老节”离退休教职员工返校日活动。

28 日 新时代社会科学发展研讨会暨华东理工大学社会科学高等研究院成立大会在逸夫楼演讲厅举行。校党委书记杜慧芳，教育部社会科学司副司长谭方正，上海市科委副主任朱启高等出席开幕式并致辞。杜慧芳、谭方正、朱启高和社会科学高等研究院院长、副校长吴柏钧共同为社会科学高等研究院揭牌。成立仪式后，来自清华大学、北京大学、复旦大学等国内知名高校 30 多名资深学者和科研部门相关领导，围绕“新时代社会科学发展”这一主题展开研讨。

同日 “建校 65 周年‘校庆杯龙舟赛暨第十一届教工龙舟赛”在奉贤校区通海湖举行。曲景平出席开幕式并致辞，陈麒主持开幕式。

30 日 学校党委常委第十届 118 次会议在和平楼第三会议室召开。会议专题学习党的十九大精神，并研究学习宣传贯彻党的十九大精神的方案。校党委书记杜慧芳主持会议。

11月

2日　经6名2017级博士生发起，11月1日校党委批准的习近平新时代中国特色社会主义思想研究会正式揭牌成立，此为上海市首家成立的同类型学生社团。副校长胡宝国与共青团上海市委常委、宣传与网络工作部部长陈立俊为研究会揭牌。

4日　以“科技成果转化，服务产业发展”为主题的学校首届产业发展论坛在逸夫楼报告厅举行，校长曲景平出席并致辞，副校长吴柏钧主持。

6—7日　由钱旭红院士承担的中国工程院重大战略咨询项目“培育绿色发展新动能”课题报告研讨会在逸夫楼第三会议室召开。课题组组长、中国工程院副院长刘旭院士主持，项目组组长、钱旭红院士，中国环境科学院张林波所长、中国工程院战略咨询中心宝明涛等参加。校长曲景平出席7日上午的研讨会。

7—11日　第19届中国国际工业博览会在国家会展中心举办。学校13个科技项目参展。其中，信息科学与工程学院王振雷领衔的“大型乙烯装置全流程先进控制与运行优化系统应用”项目获高校展区优秀展品特等奖，机械与动力工程学院易建军教授领衔的“超声波铁轨探伤小车”获高校展区优秀展品二等奖。

8日　由中国工程院与工业技术研究院（设于中国台湾地区）共同主办，学校承办的“2017两岸产业工程科技交流论坛”在逸夫楼报告厅举行。中国工程院党组书记李晓红院士、工研院院长刘仲明、校长曲景平出席论坛并在开幕式上致辞。来自两岸的10余位院士、30余位专家学者以及200余位师生代表参加。大会组委会主席、钱旭红院士主持开幕式并做大会总结。

同日　华东理工大学科学技术协会第一次全代会在和平楼第二会议室召开，副校长吴柏钧、刘昌胜出席。会议审议通过华理科协章程和第一届委员会建议名单，选举产生第一届委员会常委会，涂善东当选第一届主席，吴柏钧、刘昌胜当选副主席，朱为宏、范体军当选秘书长。

同日　机械与动力工程学院轩福贞教授入选2017年国家百千万人才工程。（教人厅函〔2017〕9号）

9日　工业技术研究院院长刘仲明、副院长张培仁、特聘专家吴东权等17位专家来校交流访问。校长曲景平，副校长钱锋、刘昌胜等接待来宾。

10日　2017年科技创新大会在逸夫楼报告厅召开。会上，学校与上海市徐汇区人民政府签订合作框架协议，揭牌成立华东理工大学科学技术协会，为3个交叉研究院和15个科研创新团队授牌，研究部署学校科技工作，总结表彰先进集体和个人等。教育部科技司司长雷朝滋，徐汇区区委书记鲍炳章，徐汇区区委常委、组织部部长沈山州，徐汇区副区长陈石燕，上海市科学技术协会党组书记、副主席杨建荣，上海市科学技术协会副主席李虹鸣等出席。校领导杜慧芳、曲景平、陈麒、沈志超、钱锋、吴柏钧、刘昌胜、辛忠、胡宝国、轩福贞，各职能部处、学院、重点科研基地主要负责人及教师代表等300多人参会。副校长刘昌胜主持会议。

11日 高校学工部长学习贯彻十九大精神研讨会暨第九届京沪学工部长论坛在学校举行。教育部思想政治工作司司长张东刚出席并讲话。上海市教卫工作党委副书记、市教委副主任高德毅，校党委书记杜慧芳出席并致辞。教育部思政司思想教育与网络处处长吕治国、北京市委教育工委宣教处处长王达品、上海市教委德育处处长耿绍宁、副校长胡宝国、校党办主任沈海涛，以及来自北京、上海各高校的学工部长参加。

13日 校长曲景平、副校长刘昌胜在逸夫楼会见来访的澳大利亚昆士兰科技大学校长 Peter Coaldrake 一行。双方续签了合作框架协议。陪同来访的还有该校副校长 Scott Sheppard，化学、物理学、机械工程学院院长 John Bell，科学与工程学院教授 Yin Xiao，中国区经理 Jacqueline Yuan 等。国际合作与交流处处长李永生，材料科学与工程学院院长李春忠、副院长袁媛，资源与环境工程学院副院长陈雪莉等参加接待活动。

14日 在波士顿举办的国际基因工程机器大赛（International Genetically Engineered Machine Competition，iGEM）中，学校代表队首次参赛并获金奖。2017年学校 iGEM 团队由生物工程学院、信息科学与工程学院、艺术设计与传媒学院的13名在校本科生组成，张立新为团队总负责教师。

17日 团中央书记处书记傅振邦在团中央学校部副部长（挂职）、校党委副书记宋来和上海团市委副书记刘刚的陪同下，到学校调研共青团工作，并出席在学校举办的第十五届“挑战杯”全国大学生课外学术科技作品竞赛“院士进校园”主题论坛活动。校党委书记杜慧芳、校长曲景平，副校长刘昌胜、胡宝国陪同调研。

同日 学校举行研究生科学道德与学风建设主题宣讲教育报告会，副校长钱锋院士作题为“恪守学术规范，弘扬科学精神”的报告。报告主会场设在徐汇校区大礼堂，并在6个分会场进行实时转播，共有3 000余名研究生聆听报告。

24日 校党委书记杜慧芳在逸夫楼报告厅为全校研究生党支部书记和研究生辅导员作学习《中国共产党章程》专题报告会，副校长胡宝国主持。

25日 曲景平校长在逸夫楼会见来访的捷克托马斯拔佳大学校长 Petr Saha 教授。

同日 2017年高分子材料前沿论坛在学校举行，校长曲景平出席并致辞。

26日 校党委书记杜慧芳会见来访的墨西哥海洋大学校长 Modesto Seara Vazquez（塞阿拉）。

27日 校友高云龙当选第十二届全国工商联执行委员会主席。

同日 化学与分子工程学院2013级博士研究生曹婵获第七届“上海市青少年科技创新市长奖”。

27—30日 受教育部评估中心委托，以中国高等教育学会第六届理事会会长瞿振元为组长的审核评估专家一行11人，来校进行本科教学工作审核评估现场考察。27日，由瞿振元主持的专家见面会在奉贤校区举行。专家组全体成员，上海市教委副主任郭为禄、高教处处长桑标，全体校领导，各教学院系党政主要负责人，各机关部门、直属单位主要负责人，上海市教学名师、首届“张江树教学名师奖”获得者、本科教学督导组代表出席。校党委书记杜慧芳致欢迎辞，校长曲景平就本科人才培养工作作题为“立德树人，打造一流本科教育工程”的汇报。30日，审核评估反馈会在逸夫楼演讲厅召开。专家组全体成员，国务院教育督导委员会办公室副主任、教育部教育督导局副局长林仕梁，教育部教育督导局评估监测处副处长魏欢，上海市教委副主任郭为禄及高教处副处长赵丽霞，全体在校校领导，各教学院系党政主要负责人，各机关部门、直属单位主要负责人，上海市教学名师、首届“张江树教学名师奖”获得者、本科教学督导组代表出席会议。专家组组长瞿振元主持会议。

28日 中国科学院公布2017年增选院士结果，材料科学与工程学院刘昌胜教授当选中国科学院院士（技术科学部）。此外，校友谢在库、蒋华良、蒋剑春，校董戴厚良，名誉教授詹姆斯·弗雷泽·司徒塔特（James Fraser Stoddart）当选两院院士（含外籍院士）。

12月

3日 外国语学院英152班谢飞同学获第15届“21世纪·华澳杯”全国大学生中澳友好英语大赛特等奖；教师王慧和方朝获“最佳指导教师奖”。

6日 宁夏大学党委书记金能明一行来校访问。校党委书记杜慧芳、校长曲景平、党委副书记陈麒会见来宾。

同日 国家自然科学基金委员会化学科学部基金申请代码调整宣讲会在逸夫楼报告厅举行。国家自然科学基金委员会化学科学部常务副主任陈拥军、副主任杨俊林及各学科处处长、项目主任，校长曲景平、副校长刘昌胜、校长助理王华及科研院常务副院长朱为宏等出席会议。陈拥军主持会议。

6—7 日 2017 年度中层领导干部履职考核现场述职会在和平楼第二会议室举行。26 位机关职能部处、直属单位行政负责人和 15 位学院院长进行现场述职。校党委书记杜慧芳，校长曲景平，党委副书记陈麒，党委副书记、纪委书记沈志超，副校长吴柏钧、刘昌胜、辛忠出席，各机关职能部处、学院、直属单位党政负责人等参加会议。陈麒主持会议。

6—10 日 中国民主同盟第十二次全国代表大会在北京举行。民盟华东理工大学原主委陈英南同志和现任主委黄发荣同志参加会议。会上，黄发荣同志当选中国民主同盟第十二届中央委员会委员。

7 日 由“何梁何利基金”评选委员会主办，学校参与承办的“香港回归 20 周年何梁何利基金高峰论坛”在逸夫楼报告厅举行。校长曲景平出席论坛并致辞，资源与环境工程学院院长修光利主持。

8 日 学校党委在和平楼第二会议室召开第十届十二次全委扩大会议，开展二级党组织书记抓基层党建述职评议工作。25 位二级党组织书记结合落实“三大主体责任”进行现场述职。校党委书记杜慧芳，党委副书记陈麒，纪委书记、党委副书记沈志超，副校长吴柏钧、刘昌胜、辛忠、胡宝国、轩福贞出席会议。校第十届党委委员、纪委委员、党群部门负责人、学院和直属党政负责人参加会议。会议还邀请了部分“两代表一委员”、基层党员干部、支部书记和师生代表参加。杜慧芳主持会议并讲话。

9 日 生物工程学院张立新教授获“药明康德生命化学研究奖”。

11 日 上海市教卫工作党委、市教委人才“30 条”专项督查与调研组一行 8 人来校了解学校对人才“30 条”的实施情况及人才工作特色案例等。校党委书记杜慧芳，校长曲景平，党委副书记陈麒、副校长钱锋与督察组专家在和平楼第三会议室进行座谈。

同日 经 2017 年 11 月 10 日党委十届 119 次常委会讨论并投票决定：马铁驹和董临萍同志任商学院党委委员；免去盛宝莲同志的商学院党委委员职务。（华委字〔2017〕91 号）

同日 学校与北京永真基金会签署捐赠协议。北京永真基金会将捐赠 2 000 万，支持学校建设国际社会工作学院，助力社会学一流学科建设。

12—14 日 校党委召开 5 场座谈会，分别听取各学院党委书记、院长，民主党派代表、无党派人士代表、重点人才代表、群众代表、离退休教师代表、研究生代表和本科生代表，对学校第十一次党代会党委工作报告、纪委工作报告的意见和建议。校党委书记杜慧芳、校长曲景平、党委副书记陈麒、副校长胡宝国分别主持相关座谈会。

13 日 中国驻法国使馆原公使衔教育参赞马燕生受聘学校国际合作与交流顾问仪式在逸夫

楼演讲厅举行。校党委书记杜慧芳、校长曲景平出席会见，副校长刘昌胜主持受聘仪式。

同日　经2017年11月10日党委十届119次常委会讨论并投票决定：侯丽敏、马铁驹、董临萍和吴玉鸣任商学院副院长（试用期均为一年）；免去黄庐进、盛宝莲、李玉刚的商学院副院长职务。（校组〔2017〕45号）

19日　校党委召开听取退休干部对学校第十一次党代会党委工作报告、纪委工作报告的意见和建议座谈会，校党委书记杜慧芳、党委副书记陈麒出席。

21日　由上海市纪委驻市教卫工作党委纪检组组长杨永和、市教委副主任倪闽景带队，上海海事大学原党委书记於世成为组长的第三检查组一行12人来校调研检查“三大主体责任”落实情况。校领导及党委相关处室、行政相关部门主要负责人，二级单位党政负责人，党支部书记，师生员工代表等参加调研检查见面会。校党委书记杜慧芳致欢迎辞，并就学校落实“三大主体责任”的情况，从学校党委总体部署和履行“三大主体责任”方面做了汇报。

同日　上海市教委副主任倪闽景应邀为师生作题为“不忘初心，牢记使命，迈向教育新时代”党的十九大精神专题辅导报告，校党委书记杜慧芳参加，党委副书记陈麒主持。

22日　由化工学院学生张浩磊、杨邵毅和材料科学与工程学院学生刘家和组成的参赛队获2017年全国大学生数学建模竞赛一等奖。此外，学校还有四支队伍获全国二等奖，理学院刘朝晖教授获“全国优秀指导教师”称号。

23—24日　2018年全国硕士研究生入学考试举行。学校考点设有98个考场，约2 900余名考生参加考试，副校长辛忠全程指挥考务工作。

26日　教育部公布2017年国家精品在线开放课程认定结果，以法学院刘金祥教授为负责人的“大学生劳动就业法律问题解读”课程入选。（教高厅函〔2017〕80号）

27日　学校与上海市闵行区教育局共建华东理工大学附属闵行科技高中签约仪式在闵行区区机关会议中心举行。副校长胡宝国代表学校签订合作协议，校党委书记杜慧芳出席并讲话。市教卫党委书记虞丽娟、市教委副主任贾炜，闵行区区委书记朱芝松、区长倪耀明、副区长杨德妹等共同见证签约。

28日　校第十一次党代会代表资格审查小组在和平楼第三会议室召开会议，对297名党代表资格进行审查，校党委副书记、纪委书记、代表资格审查小组组长沈志超主持。在297名代表中，处级以上领导干部代表117名，占39.4%；一线教师代表137名，占46.1%；离退休代表24名，占8.1%；学生代表19名，占6.4%；女代表120名，占40.4%；少数民族代表7名，占2.4%；具有硕士研究生以上学历的代表242名，占81.5%；具有高级专业技术职务的代表

215 名，占 72.4%。代表的年龄结构较为合理，其中：35 岁以下的代表 42 人，占 14.1%；36 岁至 45 岁的代表 107 人，占 36.0%；46 岁至 55 岁的代表 109 人，占 36.7%；56 岁至 60 岁的代表 12 人，占 4.0%；61 岁以上的代表 27 人，占 9.1%；代表中年龄最大的 96 岁，最小的 22 岁。各项结构比例均符合有关要求。

1

学校在奉贤校区体育场隆重举行
2017 级新生开学典礼

2

华东理工大学思想政治工作会议在
逸夫楼报告厅召开

3

市教卫工作党委副书记、教委副主任高德毅和校党委书记杜慧芳为“高校思想政治工作研究中心”揭牌

4

首场辅导员“午间工作坊”系列主题活动举行，副校长胡宝国与辅导员座谈

5

中国科学院院士颁证仪式现场，中科院院长、学部主席团执行主席白春礼为刘昌胜院士颁发证书

華東理工大學
1952-2017
EAST CHINA UNIVERSITY OF SCIENCE AND TECHNOLOGY
第一届“张江树教学名师奖”
安琦
侍洪波
唐颂超

凝聚青春力量
弘扬五四精神
五四精神的核心内容为：爱国、进步、民主、科学

6

校长曲景平为第一届“张江树教学名师奖”获奖老师颁奖

7

校党委书记杜慧芳给学生上“形势与政策”课，共度青年节

8

我校“教授有约”系列活动拉开序幕，钱锋院士讲座现场

9

刘昌胜、南策文和俞大鹏 3 位院士出席“名师论道”报告会，讲述“精彩材料 精彩人生”

10

我校本科教学工作审核评估反馈会
召开

65th ANNIVERSARY OF
EAST CHINA UNIVERSITY OF
SCIENCE AND TECHNOLOGY
华东理工大学
65周年校庆
大学校长论坛——面向新时代，提升工程教育新内涵

11

我校主办中欧“大学校长论坛——面向新时代，提升大学工程教育新内涵”，论坛主报告嘉宾合影

12

我校院士墙落成，校领导曲景平、轩福贞和袁渭康院士参观院士墙

13

我校首支iGEM团队在国际基因工程机器大赛中斩获金奖

14

我校在上海市科技奖励大会上获 11 项大奖，刘海峰、龙亿涛等获奖代表出席会议并合影留念

15

科技部专家组现场考察评估生物反应器工程国家重点实验室

华东理工大学
65周年校庆
新时代社会科学发展研讨会
暨华东理工大学社会科学高等研究院成立大会
中国·上海
2017.10.28
主办单位：华东理工大学

2017
华东理工大学第一届产业发展论坛
暨庆祝华东理工大学建校65周年主题活动
主论坛：科技成果转化，服务产业发展

16

华东理工大学社会科学高等研究院成立大会在逸夫楼演讲厅举行，副校长吴柏钧介绍高等研究院的有关情况

17

我校首届产业发展论坛在逸夫楼报告厅举行

18

学校 2017 年科技创新大会在逸夫楼报告厅隆重召开

宝钢化工
华东理工大学
全日制工程硕士研究生联合培养基地
揭牌仪式
ECUST
华东理工大学
全日制工程硕士研究生联合培养基地

19

我校副校长辛忠，宝武集团副总经理、宝钢化工董事长张锦刚和宝钢化工总经理林秀贞为东理工大学—上海宝钢化工有限公司全日制工程硕士研究生联合培养基地揭牌

20

校党委书记杜慧芳会见到访的2016年度诺贝尔化学奖获得者、美国西北大学詹姆斯·弗雷泽·斯托达特(James Fraser Stoddart)勋爵

21

校长曲景平率团访问俄罗斯科学院微生物研究中心，同皮门诺夫副所长签署共建国际联合科研中心协议

22

法国高等化学工程师大学校联盟（简称 FGL）代表团一行来校访问，双方会谈

23

徐汇区委书记鲍炳章一行来校调研诺贝尔科学家联合研究中心筹建工作，陈麒、田禾陪同考察实验室

24

我校实验19楼暨信息学院大楼正式开工建设，杜慧芳、曲景平等领导挥锹奠基

25

华理扶贫在行动，寻甸风情展示暨
特色农产品展销

2017 年华东理工大学校友乐跑活动
“一路有你 助力母校”开跑

27

校第 31 届体育节开幕式，国际教育
学院代表队出场

28

我校伊卡斯特合唱团（ECUST Choir）参加新加坡第 10 届“歌韵东方”国际合唱节